Der **Schlauer**Macher

Mosaik bei
GOLDMANN

David S. Kidder studierte am Rochester Institute of Technology und ist Experte für Online-Produktentwicklung und Internet-Marketing. Er ist Mitbegründer verschiedener Online-Plattformen wie zum Beispiel Clickable, SmartRay und Net-X. Über seine Arbeit wurde in zahlreichen Zeitschriften wie »New York Times« und »USA Today« berichtet. Vom »ID Magazine« wurde er mit dem Internationalen Design Award ausgezeichnet.

Noah D. Oppenheim absolvierte sein Studium an der Harvard University mit Auszeichnung. Er arbeitete als Produzent für verschiedene Fernsehsender, zum Beispiel für die »Today Show« auf NBC, und schreibt als Journalist für »The Wall Street Journal«, »Esquire«, »Men's Health« und »The Weekly Standard«.

DAVID S. KIDDER
NOAH D. OPPENHEIM

Der SchlauerMacher

365 x Bildung
Aus sieben Wissensgebieten

Aus dem Amerikanischen
von Gabriele Lichtner

Mosaik bei
GOLDMANN

Für José und Jack – *David*
Für Allison – *Noah*

FSC
Mix
Produktgruppe aus vorbildlich
bewirtschafteten Wäldern und
anderen kontrollierten Herkünften

Zert.-Nr. SGS-COC-1940
www.fsc.org

Verlagsgruppe Random House FSC-DEU-0100
Das für dieses Buch verwendete FSC-zertifizierte Papier *EOS*
liefert Salzer, St. Pölten.

1. Auflage
Deutsche Erstausgabe, Oktober 2008

Originaltitel: The Intellectual Devotional
Originalverlag: Rodale, Inc.
Umschlaggestaltung: Design Team, München
Umschlagmotiv: Getty Images/Alex und Laila
Redaktion: Dr. Mirko Schmidt
Satz: Barbara Rabus
Druck und Bindung: GGP Media GmbH, Pößneck
Printed in Germany
WR · Herstellung: IH
ISBN 978-3-442-39164-6

www.mosaik-goldmann.de

Einführung

Schon seit langer Zeit sind kurze Bibelverse – so genannte Losungen – eine beliebte Quelle für Gläubige zur regelmäßigen spirituellen Weiterentwicklung. Zusammengefasst in einem Buch für den Nachttisch, das zum Lesen nach dem Aufwachen oder vorm Einschlafen gedacht ist, stehen 365 kurze Kapitel zur Besinnung und Weiterbildung. So kann man sich leicht jeden Tag einem Eintrag widmen.

*Der **Schlauer**Macher* ist ein weltliches Handbuch, das diese Tradition aufgreift und für ein Jahr tägliche Lektüre enthält, die Ihren Geist erfrischt, Ihren Verstand anregt und Ihre Bildung ergänzt. Jeder Abschnitt innerhalb einer Woche gehört zu einem anderen Wissensgebiet: Geschichte, Literatur, Bildende Kunst, Wissenschaft, Musik, Philosophie und Religion. Lesen Sie ein Kapitel am Tag, und Sie beschäftigen sich einmal pro Woche mit jedem Bereich.

Diese Lektüre bietet die Art regelmäßiger Übung, die das Gehirn braucht, um fit zu bleiben, besonders wenn wir älter werden. Gleichzeitig entfliehen wir damit unserer Alltagsroutine und tauchen ein in das Königreich menschlicher Weisheit. Darüber hinaus eröffnen sich dem Leser neue Horizonte intellektueller Entdeckungen.

Hier folgt eine kurze Zusammenfassung der vor Ihnen liegenden Reise …

MONTAG / GESCHICHTE

Ein Überblick über Menschen und Ereignisse, die die Entwicklung der westlichen Zivilisation geprägt haben.

DIENSTAG / LITERATUR

Ein Blick auf große Schriftsteller und Schriftstellerinnen und eine Übersicht über ihre bedeutendsten Werke – Gedichte und Romane, die noch heute ihre Leser inspirieren.

MITTWOCH / BILDENDE KUNST

Eine Vorstellung der Künstler und künstlerischen Bewegungen, die die einflussreichsten Bilder, Skulpturen und Bauwerke hervorgebracht haben.

DONNERSTAG / WISSENSCHAFT

Vom Ursprung schwarzer Löcher bis zur Beschreibung, wie eine Batterie funktioniert, werden die Wunder der Wissenschaft einfach und verständlich dargestellt.

FREITAG / MUSIK

Was unsere größten Komponisten inspiriert hat, wie man ein Notenblatt liest und warum Mozart so verehrt wird – ein umfassender Überblick über unser musikalisches Erbe.

SAMSTAG / PHILOSOPHIE

Vom antiken Griechenland bis zum zwanzigsten Jahrhundert, die Versuche der größten Denker der Menschheit, die Bedeutung des Lebens und des Universums zu erklären.

SONNTAG / RELIGION

Ein Überblick über die wichtigsten Religionen der Welt und deren Glaubensvorstellungen.

Wir hoffen, dass die Beschäftigung mit dieser Wissenssammlung Ihre Neugier weckt und Sie dazu anregt, neue Bereiche in Ihrem Leben zu entdecken und zu erforschen.

David S. Kidder und Noah D. Oppenheim

Das Alphabet

Um 2000 v. Chr. erkannten die ägyptischen Pharaonen, dass sie ein Problem hatten. Jeder militärische Sieg über ihre Nachbarn brachte ihnen mehr Kriegsgefangene ein, die sie zu ihren Sklaven machten. Aber die Ägypter konnten den Sklaven keine schriftlichen Befehle erteilen, da diese nicht in der Lage waren, ihre Hieroglyphen zu lesen.

Frühe Schriftsysteme wie die ägyptischen Hieroglyphen waren äußerst kompliziert und schwer zu erlernen. Sie bestanden aus Tausenden von Zeichen, wobei jedes Zeichen für eine Idee oder ein Wort stand. Sich alle einzuprägen konnte Jahre dauern. Nur eine Handvoll Ägypter war in der Lage, die komplizierte Schrift tatsächlich zu lesen und zu schreiben.

Linguisten nehmen an, dass fast alle modernen Alphabete von einer vereinfachten Form der Hieroglyphen abstammen, die die Ägypter vor viertausend Jahren erfanden, um mit ihren Sklaven zu kommunizieren. Die Entwicklung eines Alphabets, eines Schriftsystems, das in der gesamten westlichen Welt benutzt wird, veränderte schließlich die Art, in der unsere frühen Vorfahren kommunizierten.

In der vereinfachten Version stand jedes Zeichen nur für einen Laut. Diese Neuerung verringerte die Anzahl der Zeichen von einigen Tausend auf einige Dutzend und machte das Erlernen und die Benutzung dieser Zeichen sehr viel einfacher. Die komplizierte Hieroglyphenschrift geriet völlig in Vergessenheit, und Wissenschaftler konnten die Symbole nicht mehr entziffern, bis im Jahr 1799 der Rosettastein entdeckt wurde.

Das Alphabet war ungeheuer erfolgreich. Als die ägyptischen Sklaven schließlich in ihre Heimatländer zurückkehrten, brachten sie das Schriftsystem mit. Das Alphabet verbreitete sich im Nahen Osten und wurde die Grundlage vieler Schriftsysteme dieser Gegend, zum Beispiel des Hebräischen und Arabischen. Die Phönizier, die einer alten, ausgedehnten Handel treibenden Seefahrernation angehörten, brachten das Alphabet zu den Mittelmeervölkern, mit denen sie in Kontakt traten. So beruhen das griechische und römische Alphabet auf der alten phönizischen Schrift. Heute verwenden die meisten westlichen Sprachen, einschließlich des Englischen, das lateinische Alphabet.

Zusatzinformationen

1. Mehrere Buchstaben der im Deutschen verwandten lateinischen Schrift stammen direkt von alten ägyptischen Zeichen ab. Zum Beispiel ist der Buchstabe B aus dem ägyptischen Zeichen für das Wort Haus abgeleitet.
2. Der Wortschatz der deutschen Standardsprache umfasst ca. 75 000 Wörter, im Wahrig-Wörterbuch stehen rund 250 000 Wörter, doch je nach Quelle und Zählweise wird die Gesamtgröße des deutschen Wortschatzes auf 300 000 bis 500 000 Wörter geschätzt.

Ulysses

Der Roman *Ulysses* (1922) von James Joyce gilt weithin als der bedeutendste englischsprachige Roman des 20. Jahrhunderts. In Anlehnung an Homers *Odyssee* wird im Zeitrahmen eines einzigen Tages, am 16. Juni 1904, in Dublin Homers großer Held Odysseus in der Gestalt des Leopold Bloom neu erschaffen. Bloom ist ein alternder, gehörnter Anzeigenakquisiteur, der diesen Tag damit verbringt, Besorgungen zu erledigen und verschiedene Geschäftstermine zu vereinbaren, bevor er schließlich nach Hause zurückkehrt.

Obwohl Bloom als bescheidener und ganz normaler Mann gezeichnet wird, geht er als heroische Figur aus diesem Tag hervor, die gegenüber jedem der merkwürdigen Charaktere, denen er begegnet, Mitgefühl, Nachsicht und Großzügigkeit zeigt. Durch seine ganz gewöhnlichen und oftmals unbemerkten Taten praktiziert er einen Alltagsheroismus, der vielleicht in der modernen Welt der einzig noch mögliche ist. Und obwohl er sich immer als Außenseiter fühlt – er ist Jude im mit überwältigender Mehrheit katholischen Irland –, bleibt Bloom optimistisch und besiegt seine Unsicherheiten.

Ulysses wird vor allem wegen seiner reichen Charakterporträts, der ungeheuren Anzahl von Anspielungen auf literarische und kulturelle Werke und seines innovativen Sprachgebrauchs gerühmt. Im Verlauf des Romans flirtet Joyce mit literarischen Genres und Formen, die vom Drama über Werbung bis zum Altenglischen reichen. Doch am bekanntesten ist der Roman wohl für den umfänglichen

Gebrauch der Erzählweise des Bewusstseinsstroms (»stream of consciousness«). Durch ihn will Joyce den Gedankenfluss seiner Figuren so wiedergeben, wie er im Moment gerade entsteht, ohne jegliche nachträgliche Ordnung oder Systematisierung. Diese Technik wurde ein Markenzeichen moderner Literatur und beeinflusste zahlreiche Schriftsteller, darunter Virginia Woolf und William Faulkner, die damit in ihren Werken ebenfalls experimentierten.

Es überrascht nicht, dass *Ulysses* für den Leser eine schwierige Reise darstellt. Dies gilt vor allem für das letzte Kapitel, in dem die Gedanken von Blooms Ehefrau Molly wiedergegeben werden. Mollys Träumerei umfasst mehr als 24000 Wörter, die wiederum in nur acht Mammutsätze gegliedert sind. Trotz dieser Herausforderung zeigt sich Joyce in diesem Kapitel am poetischsten, vor allem in den letzten Zeilen, die Mollys noch vorhandene Liebe zu ihrem Mann bezeugen, auch wenn sie ihm untreu war:

»und dann hat er mich gefragt ob ich will ja sag ja meine Bergblume und ich hab ihm zuerst die Arme um den Hals gelegt und ihn zu mir niedergezogen daß er meine Brüste fühlen konnte wie sie dufteten und das Herz ging ihm wie verrückt und ich hab ja gesagt ja ich will Ja.«

Zusatzinformation

1. *Ulysses* war in den Vereinigten Staaten fast zwölf Jahre lang wegen Obszönität verboten. Grund war seine (meist indirekte) sexuelle Metaphorik.

Die Höhlenmalereien von Lascaux

Die Höhlenmalereien von Lascaux gehören zu den frühesten heute bekannten Kunstwerken. Sie wurden 1940 in der Nähe des kleinen Ortes Montignac in Zentralfrankreich entdeckt, als vier Jungen zufällig buchstäblich in die Höhle hineinstolperten. In einer Reihe miteinander verbundener Höhlenräume befinden sich fast 1500 Tierabbildungen, die zwischen 15 000 und 17 000 Jahre alt sind.

Zur Funktion der Bilder gibt es verschiedene Theorien. Die natürliche Beschaffenheit der Höhlenwand könnte für einen prähistorischen Betrachter wie die Form eines Tieres ausgesehen und ihn dazu angeregt haben, den anderen seine Vorstellung durch Linien und Punkte zu verdeutlichen. Da sich viele Malereien in schwer zugänglichen Teilen der Höhle befinden, könnten sie auch magischen Praktiken gedient haben. Vielleicht haben die Menschen prähistorischer Zeiten auch geglaubt, dass sie durch den Akt des Zeichnens Kontrolle über die Tiere erlangen oder ihre Anzahl in Zeiten der Knappheit vergrößern konnten.

Die Tiere sind skizziert oder als Silhouetten dargestellt und oft aus unterschiedlichen Perspektiven gleichzeitig abgebildet – die Köpfe im Profil, die Hörner von vorn. Bei vielen Bildern finden sich Punkte, Linienmuster und andere Formen, die eine symbolische Bedeutung gehabt haben könnten.

Der prachtvollste Höhlenraum, der »Raum der Stiere«, enthält sogar eine gezeichnete Geschichte. Von links nach rechts erzählen die Bilder, wie eine Bisonherde gejagt und eingefangen wird.

Sobald die Malereien untersucht worden waren und man festgestellt hatte, dass sie aus dem Paläolithikum stammten, wurde die

Höhle 1948 für die Allgemeinheit geöffnet. 1955 wurde jedoch immer deutlicher, dass der Besuch von ca. 1200 Besuchern am Tag die Malereien schädigte. Trotz Schutzmaßnahmen musste die Höhle 1963 für den Publikumsverkehr geschlossen werden. Doch wurde nur 200 Meter vom Original entfernt eine genaue Nachbildung gebaut, die seit 1983 für die Allgemeinheit zugänglich ist.

Zusatzinformationen

1. Die Höhlenmaler waren sich bereits der Perspektive bewusst; sie malten die Figuren weit oben an den Wänden auf eine Art, dass sie dem Betrachter nicht verzerrt erschienen.
2. Die einzige menschliche Figur, die in der Höhle abgebildet ist, befindet sich im so genannten »Schacht«. Dass sie gröber gezeichnet ist als die Tiere, deutet darauf hin, dass man ihr keine magischen Fähigkeiten zusprach.

Klonen

1997 machte das neugeborene, durch reproduktives Klonen erzeugte Lamm Dolly Schlagzeilen in der ganzen Welt. Dolly war ein Klon, weil sie und ihre Mutter dieselbe nukleare DNA besaßen, d. h. ihre Zellen hatten das gleiche genetische Material. Sie waren wie eineiige Zwillinge, die allerdings im Abstand von mehreren Generationen aufwuchsen.

Wissenschaftler am Roslin-Institut in Schottland schufen Dolly durch einen Prozess, der als *Nukleartransfer* bezeichnet wird. Dabei wurde das genetische Material einer erwachsenen Geberzelle in ein unbefruchtetes Ei transferiert, das vorher entkernt worden war, also kein genetisches Material mehr enthielt. In Dollys Fall stammte die Geberzelle vom Eutergewebe eines sechs Jahre alten Finn-Dorset-Mutterschafs. Durch einen elektrischen Schock wurde das Ei dann dazu gebracht, sich in ein Embryo zu teilen.

Spektakulär an Dollys Schöpfung war für die Wissenschaft unter anderem der Beweis, dass eine Zelle von einem speziellen Körperteil dazu verwandt werden konnte, einen vollständigen, neuen Organismus zu schaffen. Vor Dolly glaubten fast alle Wissenschaftler, dass eine einmal spezialisierte Zelle auch nur andere spezialisierte Zellen erzeugen konnte, zum Beispiel eine Herzzelle nur Herzzellen, eine Leberzelle nur Leberzellen usw. Dolly jedoch stammte in Gänze aus einer Euterzelle ihrer Mutter und bewies so die Möglichkeit, spezialisierte Zellen vollständig neu zu programmieren.

In vielerlei Hinsicht war Dolly jedoch nicht wie ihre Mutter. Zum Beispiel waren ihre Telomere zu kurz. Telomere sind dünne Proteinstränge an den Enden der Chromosomen, d. h. der Strukturen, die Gene enthalten. Zwar weiß man nicht genau, was die Telomere tun, aber anscheinend helfen sie beim Schutz und der Reparatur unserer Zellen. Mit dem Alter verkürzen sie sich. Da Dolly die sechs Jahre alten Telomere ihrer Mutter erhielt, waren diese von Geburt an kürzer als die eines Durchschnittslamms. Dolly erschien zwar weitgehend normal, wurde jedoch 2004 im Alter von sechs Jahren eingeschläfert, weil sie an Lungenkrebs und schwerer Arthritis litt. Im Durchschnitt erreicht ein Finn-Dorset-Schaf ein Alter von elf bis zwölf Jahren.

Zusatzinformationen

1. Seit 1997 wurden Rinder, Mäuse, Ziegen und Schafe erfolgreich durch Nukleartransfer geklont.
2. Die Erfolgsquote des Klonens ist bei allen Arten sehr niedrig. Veröffentlichten Studien zufolge überleben etwa ein Prozent rekonstruierter Embryos die Geburt. Da jedoch über erfolglose Versuche häufig nicht berichtet wird, könnte die tatsächliche Quote noch sehr viel niedriger liegen.
3. Vor ihrem Tod gebar Dolly sechs Lämmer, alle auf die altmodische Art gezeugt.
4. Eine Gruppe koreanischer Forscher behauptete 1998, einen menschlichen Embryo geklont zu haben. Da ihr Experiment jedoch im Vier-Zellen-Stadium beendet wurde, gab es keinen Beweis für ihren Erfolg.

Die Grundlagen der Musik

Musik besteht aus einer Folge von Tönen, die durch Imitation oder auf der Grundlage von Notenschrift wiederholt werden können. Von Geräuschen unterscheidet sie sich dadurch, dass zum Beispiel das Knarren einer Tür oder das Quietschen eines Fingernagels auf einer Tafel aus unregelmäßigen und unsystematisierten Tönen besteht und komplexe Schallwellen aussendet, die nicht als identifizierbare Tonstufen gehört werden können.

Musikalische Töne werden unter anderem auf der Grundlage folgender Prinzipien analysiert:

Tonhöhe: Wie hoch oder tief ein Ton für das Ohr klingt. Technisch wird die Tonhöhe durch die Frequenz einer Schallwelle gemessen oder dadurch, wie oft sich die Wellen in einem bestimmten Zeitabschnitt wiederholen. In der westlichen Musik gibt es zwölf absolute Tonhöhen (C, Cis oder Des, D, Dis oder Es, E, F, Fis oder Ges, G, Gis oder As, A, Ais oder B, H). Die Tonhöhen, denen ein -is oder -es angehängt ist (mit Ausnahme des B anstatt His), werden mit einem Vorzeichen notiert. Man kann sie sich am einfachsten als die schwarzen Tasten auf dem Klavier vorstellen. Musikalisch betrachtet befinden sie sich je einen halben Ton zwischen den beiden Tonhöhen auf ihren beiden Seiten. Zum Beispiel haben Dis und Es dieselbe Tonhöhe. Spricht man im Zusammenhang von notierter oder aufgeschriebener Musik von Tonhöhen, heißen diese Noten.

Tonleiter: Eine schrittweise Anordnung von Tönen (zum Beispiel C, D, E, F, G, A, H, C), die oft als Grundlage für eine Melodie dient.

Ein Musikstück oder ein Teil eines Musikstücks benutzt oft nur Noten innerhalb einer bestimmten Tonleiter. Westliche Musik beruht hauptsächlich auf Dur- oder Molltonleitern. Für die meisten Menschen klingen Durtonleitern wegen ihrer bestimmten Tonabfolge »fröhlich«, »glücklich« oder »positiv«. Eine Molltonleiter wird dagegen im Allgemeinen als »düster«, »traurig« oder »negativ« empfunden.

Tonart: Eine Stufenfolge von Tönen, die normalerweise auf einer der Dur- oder Molltonleitern beruht. Die Tonart ist Bezugspunkt einer Melodie. Ein Musikstück beginnt und endet oft mit dem Grundton der Tonart – ist ein Stück in E-Dur geschrieben, bildet der Ton E das tonale Zentrum des Stücks.

Zusatzinformationen

1. All diese Grundelemente können in einem Notensystem notiert werden, das aus fünf sich wiederholenden, waagerechten und parallel verlaufenden Linien besteht. Am Beginn jedes Notensystems gibt ein Notenschlüssel die Zuordnung zu einer bestimmten Tonhöhe an.
2. Weicht ein Musikstück von seiner Grundtonart ab, nennt man das Modulation. Tonarten werden in notierter Musik durch Vorzeichen am Anfang jeder Notenlinie gekennzeichnet.
3. In den verschiedenen Musikkulturen der Welt existieren Hunderte von Tonleitern. In Indien zum Beispiel gibt es für die Sitar und andere Instrumente zweiundzwanzig Möglichkeiten, wobei die Entfernungen zwischen den Tonleiterschritten manchmal größer und manchmal kleiner sind als in der westlichen Welt üblich. Dadurch können die Unterschiede zwischen den Tönen extrem klein werden, was von klassischen indischen Musikern hohe Virtuosität verlangt.

Erscheinung und Realität

Eins der großen Themen in der Geschichte der Philosophie ist die Frage nach der Unterscheidung zwischen Erscheinung und Realität. Diese Problematik stand bereits im Zentrum der Überlegungen der frühesten Philosophen, der Vorsokratiker, die in der Zeit vor dem großen griechischen Philosophen Sokrates (469–399 v. Chr.) lebten.

Nach Ansicht der Vorsokratiker unterschied sich die wahre Natur der Wirklichkeit grundlegend von der vom Menschen wahrgenommenen äußeren Erscheinung. Der Philosoph Thales zum Beispiel behauptete, dass die Realität ungeachtet ihrer Erscheinung aus Wasser besteht; Heraklit war der Meinung, dass die Welt aus Feuer errichtet worden ist und sich außerdem ständig in Bewegung befindet. Parmenides dagegen vertrat die Ansicht, dass sich in Wirklichkeit gar nichts bewegt und alle augenscheinliche Bewegung eine Illusion ist.

Die Vorsokratiker zogen auch ernsthaft in Betracht, dass die Realität letztlich aus einer Grundsubstanz besteht, und vermuteten, dass eine unkritische, alltägliche Betrachtung uns ein irreführendes Bild der Welt liefern könnte. Aus diesen Gründen gelten die Vorsokratiker häufig als Vorläufer sowohl der modernen Wissenschaft als auch Philosophie.

Viele spätere Philosophen – darunter Platon, Spinoza und Leibniz – stellten Überlegungen an, die dieser Tradition entsprachen. Sie schufen Modelle der Realität, die ihrer Meinung nach der Wahrheit näher kamen als die normale Wahrnehmung der Welt.

Zusatzinformationen

1. Die Unterscheidung zwischen Erscheinung und Realität steht auch im Mittelpunkt der philosophischen Tradition, die als *Skeptizismus* bezeichnet wird.
2. Auch Immanuel Kant beschäftigte sich mit der Unterscheidung zwischen Erscheinung und objektiver Realität und differenzierte zwischen den Dingen, die wir wahrnehmen, und dem, was er das »Ding an sich« nannte.

Thora

Mit dem Begriff *Thora* bezeichnet man im Allgemeinen die ersten fünf Bücher der hebräischen Bibel oder die fünf Bücher Mose. Bei Christen bilden diese Bücher zusammen mit anderen jüdischen Texten das Alte Testament. Die Bezeichnung *Thora* kann aber auch für die Gesamtheit der jüdischen Gesetze stehen; dann gehören noch mehrere andere Texte und mündliche Überlieferungen dazu.

Auf den fünf Büchern Mose beruhen die drei großen monotheistischen Weltreligionen – das Judentum, das Christentum und der Islam –, und sie bilden die Grundlage der 613 Gesetze des jüdischen Glaubens. Die fünf Bücher sind:

Genesis: Erzählt von der Erschaffung der Welt und enthält die Geschichte der Israeliten, zum Beispiel die Abrahams, Isaaks, Jakobs und ihrer Familien.
Exodus: Beschreibt den Auszug der Israeliten aus Ägypten nach Kanaan und Moses' Empfang der zehn Gebote.
Levitikus: Enthält die Vorschriften und Bräuche des Gottesdienstes.
Numeri: Berichtet vom Zug der Israeliten durch die Wüste.
Deuteronomium: Enthält die Reden, die Moses am Ende seines Lebens gehalten hat und in denen er die Geschichte und die ethischen Lehren der Israeliten wiedergibt.

Die fünf Bücher sollen Moses auf dem Berg Sinai übergeben worden sein. Nach abweichenden Theorien wurde Moses auf dem Berg Sinai nur ein erster Teil der Thora übergeben, und die restlichen Offenbarungen wurden ihm im weiteren Verlauf seines Lebens enthüllt.

Archäologen zufolge wurde die Thora zwischen dem zehnten und sechsten Jahrhundert v. Chr. geschrieben. Die Vierquellentheorie, die im orthodoxen Judentum als häretisch gilt, besagt, dass die fünf Bücher ursprünglich aus vier Quellen stammen und von einem fünften Autor zusammengefasst wurden. Für diese Theorie spricht unter anderem, dass in den Büchern verschiedene Namen für Gott verwandt werden, dass sie sich im Schreibstil unterscheiden und dass manche Geschichten sich wiederholen.

Von Anfang an gehörte zur Thora eine mündliche Überlieferung, die für ihr volles Verständnis notwendig war. Zwar hielt man es für blasphemisch, die mündliche Überlieferung aufzuschreiben, sah jedoch schließlich die Notwendigkeit ein, was zur Niederschrift der Mischna führte. Die spätere kontroverse Diskussion dieser beiden Texte der Rabbiner wurde im Talmud zusammengestellt.

Aus der Thora leiten sich in der jüdischen Tradition unzählige Gesetze und Bräuche ab. Manche Rabbiner haben ein ganzes Leben damit zugebracht, die Bedeutung jedes einzelnen Wortes zu analysieren.

Zusatzinformation

1. Thorarollen, die handschriftlich in Hebräisch aufgezeichnet sind, enthalten 304805 Buchstaben, und ihre Fertigstellung kann länger als ein Jahr dauern. Wird bei der Niederschrift nur ein einziger Fehler gemacht, ist die gesamte Rolle ungültig.

Hammurabis Gesetzeskodex

Hammurabi war von 1792 bis 1750 v. Chr. König von Babylon, einer alten Zivilisation im Gebiet des heutigen Irak. Er führte mehrere erfolgreiche Eroberungsfeldzüge, ist jedoch am bekanntesten als erster Rechtsgelehrter der Geschichte. Gegen Ende seiner Regentschaft erließ Hammurabi eine der ersten schriftlich niedergelegten Gesetzessammlungen der dokumentierten Geschichte, in der genaue Regeln für seine Bürger und Strafen für Gesetzesbrecher festgelegt sind. Zu Hammurabis Zeiten, als die meisten Gesellschaften noch den Launen ihrer despotischen Herrscher ausgeliefert waren, stellte allein das Konzept von Gesetzen, die für jeden galten, ein absolutes Novum dar.

Der Kodex selbst war jedoch gemessen an modernen Standards extrem grausam. Sogar für geringfügige Regelverletzungen schrieb Hammurabi die Todesstrafe vor. Frauen, die ein Wirtshaus betraten, Männer, die entlaufenen Sklaven Unterschlupf gewährten, Ehefrauen, die ihre Ehemänner ohne »guten Grund« verließen – für sie alle galt die Todesstrafe. Dieses barbarische Gesetzbuch spiegelte auch den Aberglauben seiner Zeit wieder. Bei Auseinandersetzungen zwischen babylonischen Bürgern schrieb Hammurabis Kodex vor, dass der Angeklagte in einen Fluss springen musste. Wäre er schuldig, so würde er untergehen. Wäre er unschuldig, würde er unbeschädigt davonkommen, und der Ankläger würde aufgrund des Erhebens falscher Anklage zum Tode verurteilt.

Die Schreiber des Königs meißelten die Gesetze in eine schwarze Steinstele ein, die dem Gott der Gerechtigkeit gewidmet war und öf-

fentlich zugänglich aufgestellt wurde. In der Inschrift fordert Hammurabi »alle kommenden Generationen« auf, die Gesetze zu beachten und »das Gesetz, das ich erlassen habe, nicht zu verändern.« Zukünftige Könige, so fuhr Hammurabi fort, sollten die Gesetzesregeln aufrechterhalten, anstatt nach eigenem Gutdünken zu regieren. Die Vorstellung, dass Herrscher die für ihre Bürger geltenden Gesetze nicht willkürlich verändern konnten, war ein revolutionäres Konzept, und nach wie vor bildet der Respekt gegenüber der Rechtsstaatlichkeit eine der Grundvoraussetzungen demokratischer Regierungen.

Zusatzinformationen

1. Die Stele mit Hammurabis Gesetzestexten wurde 1901 von einem französischen Archäologen ausgegraben und steht heute im Louvre in Paris.
2. Hammurabis Gesetzeskodex wurde in Keilschrift aufgezeichnet, einem komplexen Schriftsystem, das von den meisten antiken Zivilisationen im Nahen Osten benutzt wurde. Bis 1835 waren die Gelehrten nicht in der Lage, Keilschrift zu entziffern.
3. Babylonische Wissenschaftler verwandten ein Zahlensystem, dessen Grundlage die Zahl Sechzig war; darauf beruht die Einteilung einer Minute in sechzig Sekunden.

Ernest Hemingway

Nur wenige bedeutende amerikanische Schriftsteller des zwanzigsten Jahrhunderts waren so einflussreich und wurden so häufig kopiert wie Ernest Hemingway (1899–1961) – und kaum einer hatte so viele Kritiker. Der für seine Romane und Kurzgeschichten berühmte Hemingway wurde schon zu Lebzeiten eine öffentliche Person und errichtete um sich selbst einen so dichten Mythos, dass es manchmal schwer ist, Legende und Wirklichkeit auseinanderzuhalten.

Geboren wurde Hemingway 1899 in Oak Park, Illinois. Er hatte schon früh schriftstellerische Ambitionen, und mit achtzehn Jahren stellte ihn der *Kansas City Star* als Reporter ein. Wenige Monate später meldete Hemingway sich freiwillig als Ambulanzfahrer im Ersten Weltkrieg. Er diente an der italienischen Front, wo er bald darauf verwundet wurde. Nach dem Krieg verbrachte er mehrere Jahre in Paris. Dort verkehrte er mit Gertrude Stein und anderen amerikanischen Schriftstellern, der von der Brutalität des Krieges desillusionierten, so genannten *Lost Generation*. In Paris perfektionierte Hemingway seinen besonderen Stil – eine selbstbewusst anmutende, sehr männlich wirkende Prosa in einer knappen, trügerisch einfachen Erzählweise.

Nach einer Anzahl Kurzgeschichten, deren stoffliche Grundlage Hemingways Kindheit in Michigan und seine späteren Reisen durch Europa bilden, schrieb Hemingway seinen ersten bedeutenden Roman, *Fiesta* (1926). Dieses Buch über einen desillusionierten jungen Amerikaner, der seine Zeit in Spanien und Frankreich verbringt, brachte Hemingway sofortigen Erfolg. Danach verfasste er *In einem andern Land* (1929), eine im Ersten Weltkrieg angesiedelte tragische Liebesgeschichte zwischen einem amerikanischen Ambulanzfahrer und einer englischen Krankenschwester, und *Wem die Stunde schlägt* (1940), eine Erzählung über Guerillas im spanischen Bürgerkrieg, die von Hemingways eigener Arbeit als Journalist während dieses Konflikts inspiriert war. Der Protagonist des Romans verkörpert den typischen Hemingway-Helden, einen stoischen, desillusionierten Mann, der angesichts von Gewalttätigkeit und Elend Würde und Edelmut zeigt.

Mit zunehmender Berühmtheit erwarb – und kultivierte – Hemingway den Ruf, nur über Krieg, Stierkampf, Jagen, Big Game Fishing und andere maskuline Themen zu schreiben. Obwohl manche Kritiker Hemingways Werke als Macho-Gehabe verwarfen, erhielt er für die unbestritten meisterhafte Erzählung *Der alte Mann und das Meer* (1952) 1954 den Literaturnobelpreis. Trotz dieses großen Erfolgs verbrachte Hemingway seine letzten Jahre im Schatten von Depressionen und einer sich verschlimmernden Krankheit. 1961 setzte er mit einem Gewehrschuss seinem Leben ein Ende. Sein Einfluss auf den Stil moderner Literatur bleibt enorm.

Zusatzinformation

1. Beim jährlich stattfindenden »Imitation Hemingway Contest« in den USA gehen Hunderte Einsendungen ein, die dem unverwechselbaren Stil des Autors auf spöttische Art huldigen. Stücke, die Preise erhielten, trugen zum Beispiel die Titel: »The Old Man and the Flea« (Original: The Old Man and the Sea) und »For Whom the Cash Flows« (Original: For Whom the Bell Tolls).

Büste der Nofretete

Eines der berühmtesten Werke der ägyptischen Kunst, die Kalksteinbüste der Nofretete, wurde 1912 von dem deutschen Archäologen Ludwig Borchardt nahe der heutigen ägyptischen Stadt Tell-el-Amarna in der ehemaligen Werkstatt des Bildhauers Thutmosis entdeckt und als zerbrochene Töpferware getarnt außer Landes geschmuggelt.

Nofretete war die wichtigste Königin des Pharaos Amenophis IV., der von 1353 bis 1335 v. Chr. in Ägypten herrschte. Während seiner Regentschaft änderte der Pharao seinen Namen in Echnaton – »einer, der Aton, dem Sonnengott, dient« – und führte eine neue, monotheistische Religion ein. Nofretete besaß einen hohen Status, der dem ihres Ehemannes fast gleichkam. Einige Wissenschaftler meinen, dass sie die treibende Kraft hinter der neuen Religion war und eine Zeit lang sogar als Mitregentin herrschte. Nach Echtnatons Tod wurden fast alle Spuren des mächtigen Paares ausgelöscht, möglicherweise von den Priestern, deren Religion es verworfen hatte.

Nofretetes Büste, die fast 3400 Jahre alt und ca. 50 Zentimeter hoch ist, befand sich bei ihrer Entdeckung in beinahe perfektem Zustand; nur ihre Ohrläppchen fehlten. Die Arbeit war jedoch unvollendet, da die linke Augenhöhle niemals ausgefüllt worden zu sein schien. Möglicherweise verwandte Thutmosis die Büste als Modell für seine Schüler. Ob das Werk eine wirklichkeitsgetreue Abbildung des Kopfes der Königin ist oder ein Schönheitsideal darstellt, bleibt eine offene Frage.

2003 entbrannte um Nofretete eine Kontroverse, nachdem Joann Fletcher, eine britische Archäologin, bei einer vom Discovery Channel finanzierten Expedition die These aufstellte, eine früher entdeckte Mumie sei Nofretete. Trotz der von Joann Fletcher vorgelegten Indizien wurde ihre Hypothese von ägyptischen Experten zurückgewiesen.

Heute kann man die Büste der Nofretete im Alten Museum in Berlin besichtigen. Noch immer gilt sie als eines der berühmtesten ägyptischen Kunstwerke und darüber hinaus als Prototyp weiblicher Schönheit, wodurch sie dem Namen Nofretete, der »die Schöne ist gekommen« bedeutet, alle Ehre erweist.

Zusatzinformationen

1. In den letzten Tagen des Zweiten Weltkriegs wurde die Büste Nofretetes aus dem sowjetisch besetzten Sektor Berlins herausgeschafft, und in der Folge entbrannte ein Streit darüber, wem sie gehörte. 2005 kehrte Nofretete auf die Museumsinsel im Ostteil Berlins zurück.
2. Gibt man bei Google Nofretete ein, werden ca. 220 000 Treffer angezeigt, ein Hinweis auf die auch im einundzwanzigsten Jahrhundert fortbestehende Macht der Königin.
3. Ein ungarisches Künstlerduo löste vor kurzem eine Kontroverse aus, als es im Rahmen einer Kunstaktion Nofretetes Büste auf die kopflose Statue einer Frau in durchsichtiger Kleidung setzte.

Eratosthenes

Schon im antiken Griechenland glaubten viele Wissenschaftler, dass die Welt rund sei. Aber niemand wusste, wie groß sie war, bis im dritten Jahrhundert vor Christus Eratosthenes (ca. 276–194 v. Chr.), der Leiter der Bibliothek von Alexandria, eine geniale Methode entwickelte, um den Erdumfang zu messen.

Eratosthenes wusste von einem besonderen Brunnen in der Nähe von Syene in Ägypten. Am Mittag des 21. Juni, des längsten Tages des Jahres, drangen die Sonnenstrahlen bis auf den Grund dieses Brunnens, was bedeutete, dass die Sonne direkt über dem Brunnen stand. Eratosthenes folgerte, dass die Strahlen der Sonne, wenn diese in Syene im Zenit stand, in Alexandria im Norden von Syene in einem bestimmten Winkel auftreffen mussten. Wenn er den Winkel messen könnte, in dem die Sonne von der direkten Einstrahlung abwich, hätte er den notwendigen Anhaltspunkt, von dem aus er den Erdumfang ableiten könnte. So nahm Eratosthenes am Mittag des 21. Juni in Alexandria einen Messstab und hielt den Winkel fest, der von dessen Schatten geworfen wurde.

Eratosthenes wusste, dass der Winkel des Schattens demjenigen entsprach, der von den beiden Städten und dem Mittelpunkt der Erde gebildet wurde. Er teilte also die Größe dieses Winkels durch 360, die Gradzahl eines Kreises, um den Teil der Erde zu bestimmen, der die beiden Städte trennte. Die Antwort war ein Fünfzigstel. Würde man also zwischen Syene und Alexandria fünfzig Mal hin- und herlaufen, wäre man die Strecke des Erdumfangs gelaufen.

Nun blieb nur noch, die genaue Entfernung zwischen den beiden Städten zu bestimmen. Eratosthenes beauftragte einen professionellen Läufer, der darin ausgebildet war, exakt gleich lange Schritte zu machen. Ausgehend von den Messungen dieses Läufers schätzte Eratosthenes den Erdumfang auf ca. 39 750 Kilometer.

Heute wird von modernen Instrumenten, die die gleichen von Eratosthenes vor über 2000 Jahren entwickelten Prinzipien nutzen, der Erdumfang am Äquator mit 40 075 Kilometern gemessen.

Zu Eratosthenes' Zeiten erstreckte sich nach allgemeiner Kenntnis die Welt von Spanien bis nach Indien. Eratosthenes glaubte, dass ein riesiger Ozean den Rest der Welt bedeckte und es theoretisch möglich wäre, von Spanien nach Indien zu segeln, indem man konstant westlichen Kurs hielt. Es war die gleiche Idee, die Christoph Kolumbus veranlasste, 1492 seine berühmte Seereise zu unternehmen.

Zusatzinformationen

1. Eratosthenes war der erste Geschichtswissenschaftler, der ernsthaft versuchte, historische Ereignisse in chronologische Ordnung zu fassen. Wir nutzen die von ihm aufgestellten Daten für den größten Teil der antiken Geschichte.
2. Eratosthenes verdanken wir auch viele moderne Konzepte wie Längen- und Breitengrade, Tonleitern und Primzahlen.
3. Einige Zeitgenossen nannten Eratosthenes boshaft Beta, weil er so viele verschiedene Interessen hatte, dass sie ihn für einen Dilettanten hielten und er in ihren Augen nur der Zweite, ein Beta sein konnte.

Melodie

Die Melodie ist wohl das am leichtesten erkennbare musikalische Element. Eine Melodie kann auf einem oder auf mehreren Instrumenten gespielt werden und bildet neben Harmonie und Rhythmus eins der drei Grundelemente jeder Musik.

Eine Melodie ist eine Aufeinanderfolge von Tönen, die in einer melodischen Reihenfolge angeordnet sind. Die Töne haben einen Zusammenhang, sie scheinen zusammenzugehören. Bei einer Melodie erklingen im Gegensatz zur Harmonie mehrere Töne nacheinander und nicht gleichzeitig.

Heute umfasst der Begriff Melodie auch Abfolgen von Tönen, die für die Ohren älterer Komponisten eher abenteuerlich oder sogar unangenehm geklungen hätten. Mozart, Schubert und Sibelius gelten als geniale Schöpfer von Melodien. Moderne Komponisten wie Strawinsky schrieben andererseits Melodien – zum Beispiel die eindringliche Melodie am Anfang von Strawinskys Ballett *Sacre du Printemps* –, die viele Komponisten des achtzehnten und neunzehnten Jahrhunderts für unmelodiösen Lärm gehalten hätten und die bestimmt noch heute bei einigen Zuhörern die gleiche Reaktion hervorrufen.

Lange Melodien kann man in kürzere musikalische Einheiten einteilen, die als Phrasen bezeichnet werden. Phrasen enden im Allgemeinen auf Kadenzen genannten Ruhepunkten. Oft erwecken die Phrasen, die normalerweise die Gesamtstruktur einer Melodie ausmachen, den Eindruck von Frage und Antwort. Ein Teil der Melodie stellt eine musikalische Idee vor und ein anderer vervollständigt sie. Wenn eine Phrase auf einer Note endet, die zu einer ungelösten oder unvollständig klingenden Kadenz führt, nennt man die Phrase einen Vordersatz. Entsprechend wird die folgende Phrase mit ihrer vollständig klingenden Kadenz als Nachsatz bezeichnet.

Zusatzinformationen

1. Im Mittelalter benutzten viele Komponisten einfache Grundmelodien wie die französische Melodie »L'homme armé« aus dem fünfzehnten Jahrhundert als zentrales Thema ihrer Stücke.
2. Auch modernere Melodien wie das englische »Twinkle, Twinkle, Little Star« (die Melodie des deutschen Liedes »Morgen kommt der Weihnachtsmann«) wurden auf diese Art benutzt, später legte man jedoch mehr Wert auf das Schreiben von Originalmelodien.
3. Das Arrangement einer Melodie oder eines ganzes Musikstücks für ein großes Ensemble verschiedener Musikinstrumente wird als Orchestrierung bezeichnet. Orchestrierung gehört zur musikalischen Ausbildung an Konservatorien, und einige Komponisten werden besonders für ihre Fähigkeit der Orchestrierung geschätzt.

Sokrates

Sokrates (470–399 v. Chr.) gilt weithin als Begründer der westlichen Philosophie. Es gibt von ihm allerdings keine schriftlichen Zeugnisse; was wir über ihn wissen, ist von anderen aufgeschrieben worden, stammt also aus Sekundärquellen.

Sokrates wurde im fünften Jahrhundert vor Christus in Athen geboren und war eine der außergewöhnlichsten Figuren der Athener Gesellschaft. Er diskutierte mit jedem, der es wollte, vor allem mit den jungen Männern der Stadt. Anders als die Sophisten – bezahlte Lehrer, die durch das Land reisten und jungen Männern Rhetorik und andere politische Fähigkeiten beibrachten – erhielt Sokrates kein Geld und behauptete darüber hinaus, *dass er nichts zu lehren hätte*! Sokrates sagte von sich selbst, dass er nichts wirklich wisse, und wenn er klüger als andere sei, läge das nur daran, dass er sich seines eigenen Unwissens bewusst sei.

Der größte Teil dessen, was wir über Sokrates wissen, ist uns von seinem bedeutendsten Schüler Platon (ca. 427–347 v. Chr.) überliefert. Nach Meinung vieler Gelehrter bilden Platons frühere Dialoge die genaueste Darstellung des historischen Sokrates und seiner Philosophie. In diesen Dialogen fordert Sokrates typischerweise einen anderen Athener heraus, der behauptet, etwas zu wissen – zum Beispiel die Natur der Gerechtigkeit zu kennen. Im weiteren Gespräch beweist Sokrates dann, dass sein Gesprächspartner das, was er zu wissen behauptet, in Wirklichkeit überhaupt nicht weiß bzw. nicht beweisen kann.

399 v. Chr. wurde Sokrates der Prozess gemacht. Ihm wurde vorgeworfen, durch seine Lehren einen verderblichen Einfluss auf die Jugend zu haben. In der von Platon niedergeschriebenen Verteidigungsrede des Sokrates, der *Apologie*, stellt dieser seine berühmte Behauptung auf, dass das nicht in Frage gestellte Leben nicht wert sei, gelebt zu werden. Er erklärte sich für unschuldig, wurde jedoch zum Tode durch Vergiftung verurteilt und gezwungen, den Schierlingsbecher, der das tödliche Schierlingsgift enthielt, zu trinken. Sokrates' letzte Stunden, in denen er mit seinen Freunden und Bewunderern philosophische Fragen diskutierte, sind in einem bewegenden Dokument von Platon, dem *Phaidon-Dialog*, festgehalten.

Zusatzinformationen

1. Die sokratische Methode wird von vielen Rechtsprofessoren noch immer angewandt und beruht auf Sokrates' Stil, seine Schüler zu provozieren und als gesichert angenommenes Wissen zu hinterfragen.
2. Viele Zeitgenossen von Sokrates weisen darauf hin, wie hässlich er war.
3. Der Komödiendichter Aristophanes (448–380 v. Chr.) macht sich in seinem Stück »Die Wolken« über Sokrates lustig.

Noah

Noah ist die Hauptfigur in der Geschichte der Sintflut im biblischen Buch Genesis. Dieser Geschichte zufolge bedauerte Gott beim Betrachten der Schöpfung angesichts der Sünden der Menschheit, den Menschen geschaffen zu haben. Er entschied, alle Menschen zu vernichten, doch dann bemerkte er Noah.

Noah war ohne Fehl, und Gott beschloss, ihn von der Zerstörung auszunehmen. Er teilte ihm mit, dass er es vierzig Tage und vierzig Nächte lang regnen lassen würde, was eine große und furchtbare Flut zur Folge hätte. Dann wies er Noah an, eine Arche zu bauen, groß genug, um ihn selbst, seine Ehefrau, seine drei Söhne mit ihren Frauen und von jeder Tierart ein männliches und ein weibliches Tier aufzunehmen. So würde Noah für die Wiederbevölkerung der Erde sorgen können.

Noah befolgte Gottes Anweisungen und belud seine Arche mit seiner Familie und den Tieren. Nach vierzig Tagen endete der Regen, aber die Erde war noch immer von Wasser bedeckt. Um herauszufinden, wann das Wasser sich zurückgezogen hätte, öffnete Noah ein Fenster und schickte eine Taube hinaus.

Nach 150 Tagen legte die Arche am Berg Ararat an, und nach weiteren 100 Tagen war das Land trocken genug, um mit der Wiederbevölkerung zu beginnen. Noah leerte seine Arche und erlaubte den Tieren, sich zu paaren. Dann wies Gott auch Noah an, dass er »fruchtbar sein und sich mehren« solle (Genesis 8/17).

Gott versprach Noah, die Menschheit nie wieder zu vernichten, und ließ als Symbol für diese Übereinkunft einen Regenbogen erscheinen.

Christliche und jüdische Historiker und Theologen interpretieren die Geschichte von Noah unterschiedlich. Für Christen steht Noah für den idealen, durch Vertrauen und Gehorsam gekennzeichneten Glauben an Gott, aufgrund dessen er und seine Familie gerettet wurden. Für jüdische Exegeten ist Noahs Glaube zögerlich, was ihrer Meinung nach dadurch deutlich wird, dass Noah als einer der Letzten die Arche besteigt. Dies legt die Vermutung nahe, dass sein Glaube nicht sehr stark war. Trotz ihrer Unterschiede gilt in beiden Traditionen die Geschichte von Noah und der Sintflut als eine der wichtigsten biblischen Erzählungen.

Zusatzinformationen

1. In der Geschichte von Noah taucht zum ersten Mal Wein in der Bibel auf. Nach der Sintflut ist Noah betunken, und sein Sohn findet ihn unbekleidet.
2. Die Anweisung »Seid fruchtbar und mehret euch« gibt Gott außer Noah auch Adam und Eva (Genesis 1/28) und Jakob (Genesis 35/11).

Sparta und Athen: Der Kampf um die Vorherrschaft in der antiken Welt

Sparta, eine kleine Stadt in den zerklüfteten Bergen im Süden Griechenlands, schickte die meistgefürchtete Armee der antiken Welt auf die Schlachtfelder. In den zwischen den kleinen Stadtstaaten des antiken Griechenlands fast ständig tobenden blutigen Konflikten verloren spartanische Krieger, abgehärtet durch ein mörderisches, schon bei Geburt einsetzendes Training, niemals eine Schlacht. Für den Aufbau dieser bemerkenswerten Armee wurde in Sparta jedes Neugeborene von Stammesältesten auf Schwächen und Missbildungen untersucht. Die Babys, bei denen es unwahrscheinlich erschien, dass sie einst starke Krieger werden würden, warf man in eine Schlucht. Diejenigen, die die Prüfung bestanden, wurden einem grausamen und unerbittlichen Training unterzogen. Der griechische Historiker und Essayist Plutarch schrieb, dass es für viele Krieger Spartas eine Erleichterung bedeutete, in den Kampf zu ziehen. »Für die Spartaner war der tatsächliche Krieg verglichen mit ihrem harten Training wie Urlaub.«

Die Rivalität zwischen dem militaristischen Sparta und seinem Nachbarn Athen dominierte die Geschichte des antiken Griechenlands. Athen, die Wiege der Demokratie, war eine weitaus weniger strenge Gesellschaft als Sparta. In Sparta blieb wenig Zeit für Kultur, während Athen die Heimat einiger außergewöhnlicher Leistungen der Menschheitsgeschichte in den Bereichen Philosophie, Kunst und

Wissenschaft ist. Die Dramatiker Aischylos, Aristophanes, Euripides und Sophokles sowie die Philosophen Platon und Sokrates wirkten in Athen während des goldenen Zeitalters der Stadt im fünften Jahrhundert vor Christus.

Zwar taten sich Athen und Sparta kurzfristig zusammen, um zwei persische Invasionsversuche abzuwehren, die meiste Zeit konkurrierten sie jedoch um die Führerschaft in der antiken griechischen Welt. Wenn sich die beiden Stadtstaaten bekriegten, wie sie es etwa zwischen 550 und 350 v. Chr. wiederholt taten, bedeutete das einen Zusammenstoß der Kulturen im wahrsten Sinn. Während Spartas berühmt-berüchtigte Soldaten zu Lande überlegen waren, machten die Athener den Nachteil durch ihre Seemacht wett. Schließlich wurden die griechischen Stadtstaaten allesamt dem Reich einverleibt, das Philipp II. und sein Sohn Alexander der Große in einem großen Teil Griechenlands und Asiens schufen.

Zusatzinformationen

1. Sparta war die Hauptstadt der griechischen Region Lakonien. Das Wort lakonisch ist von der wortkargen Art der spartanischen Soldaten abgeleitet.
2. Um ihre Härte zu beweisen, führten spartanische Jungen Wettkämpfe darin aus, wer mehr Peitschenhiebe ertragen konnte.
3. Viele der Gebäude auf der Akropolis in Athen, darunter der Parthenon, wurden während des goldenen Zeitalters der Stadt im fünften Jahrhundert vor Christus errichtet.

Harlem Renaissance

Als Harlem Renaissance oder New Negro Movement wird die Blütezeit afroamerikanischer Literatur und Kunst in den 1920er und frühen 1930er Jahren im New Yorker Stadtteil Harlem bezeichnet. Den Boden für diese Bewegung bereitete die so genannte *Great Migration* – die Migrationsbewegung am Beginn des 20. Jahrhunderts, als Millionen Schwarze nach den im 19. Jahrhundert erlittenen Nöten von Sklaverei und *Reconstruction* aus den Südstaaten nach New York und in andere Städte im Norden der USA zogen. Am Ende des Ersten Weltkriegs hatte sich in Harlem eine zwar arme, aber kulturell äußerst aktive schwarze Community formiert.

Eine bedeutende Rolle bei der Gründung der Harlem Renaissance kommt dem afroamerikanischen Historiker und Sozialtheoretiker W.E.B. Du Bois zu, bekannt vor allem für seine soziologische Abhandlung *The Souls of Black Folk* (1903; deutsch: »Die Seelen der Schwarzen«) und als Gründungsmitglied der NAACP (National Association for the Advancement of Colored People) im Jahr 1909. Du Bois propagierte einen neuen Stolz und ein kulturelles Selbstbewusstsein für Schwarze und inspirierte eine ganze Generation junger Schriftsteller und Künstler, durch ihre Werke einer unverkennbar afroamerikanischen Stimme Ausdruck zu verleihen.

Einer der führenden Schriftsteller der Harlem Renaissance war James Weldon Johnson, der den Roman *Autobiography of an Ex-Colored Man* (1912; liegt auf Deutsch nicht vor) und die gefeierte Sammlung von Predigten in Versform *God's Trombones* (1927; liegt auf Deutsch nicht vor) schrieb. Bekannt wurden auch Nelly Larsen und

Zora Neale Hurston, deren Romane *Passing* (1929; liegt auf Deutsch nicht vor) und *Their Eyes Were Watching God* (1937; deutsch: »Und ihre Augen schauten Gott«) zu den ersten bedeutenden literarischen Werken afroamerikanischer Frauen gehörten, die von der Kritik gefeiert wurden.

An der Literatur der Harlem Renaissance hatte die Dichtung einen besonders großen Anteil. Während einige der Poeten wie Countee Cullen auf traditionelle Formen zurückgriffen, waren die Werke anderer, zum Beispiel die Gedichte von Langston Hughes, von den Rhythmen der aufkeimenden Jazzmusik beeinflusst. Zwischen Musik und Literatur gab es enge Verbindungen, und wichtige Repräsentanten beider Bereiche inspirierten sich gegenseitig.

In den 1930er Jahren ebbte das künstlerische Schaffen der Harlem Renaissance ab, da die schwarze Community in New York von der Großen Depression besonders hart getroffen wurde. Doch die neu entwickelten Stile und Themen blieben erhalten und bahnten den Weg für Ralph Ellison, Richard Wright, Lorraine Hansberry, Toni Morrison, Alice Walker und andere aus der neuen Generation afroamerikanischer Romanautoren, Dichter und Dramatiker.

Zusatzinformation

1. Die Epoche der Harlem Renaissance brachte auch einige bekannte Maler hervor, darunter Palmer Hayden, Lois Mailou Jones und William H. Johnson.

Der Parthenon

Der Parthenon-Tempel wurde auf Initiative des bedeutenden Staatsmannes Perikles zwischen 447 und 432 v. Chr. erbaut, um dem Sieg der Griechen über die Perser ein Denkmal zu setzen. Das Gebäude nahm den Platz eines früheren, zerstörten Tempels auf der Akropolis in Athen ein und war der Stadtpatronin Athene Parthenos gewidmet.

Laut Plutarch sind die Architekten des Parthenon Iktinus und Kallikrates. Die zwölf Meter hohe Statue Athenes im Innern des Tempels stammt von dem Bildhauer Phidias, der auch die Skulpturarbeiten an der Außenseite des Gebäudes überwachte.

Antike griechische Tempel hatten meist eine rechteckige Form und waren von allen Seiten über Treppen erreichbar; viele waren von Säulen umgeben. Beim Tempelbau folgten die Griechen zumeist einem von drei architektonischen Prinzipien: dem dorischen, ionischen oder korinthischen. Diese sind leicht an unterschiedlichen Proportionen und ihren Kapitellen, also den obersten Säulenteilen zu unterscheiden.

Anders als üblich findet man beim Parthenon die Elemente zweier Prinzipien – des dorischen und des ionischen. Seine Architekten benutzten auch architektonische Feinheiten, die das Gebäude optisch noch eindrucksvoller machten. Zum Beispiel weist die Struktur vom Grund des Gebäudes nach oben hin eine leichte Neigung nach innen auf, wodurch der Tempel eleganter erscheint. Die Säulen verjüngen sich nach oben und wirken so für den unten stehenden Betrachter höher.

Ursprünglich hatte der Parthenon eine hölzerne Decke und ein Ziegeldach und war in leuchtenden Farben gestrichen. Über den Säulen verliefen um den Tempel herum rechteckige Reliefs oder Metopen; auf ihnen waren mythologische Schlachten dargestellt – Metaphern für den Sieg der Griechen über die Perser. Hinter den Säulen befand sich auf den vier Wänden des Gebäudes auf einem durchlaufenden Fries eine Abbildung des jährlichen Festes der Athene Parthenos.

Der Parthenon wurde nach dem Untergang Athens viele Jahrhunderte lang als religiöse Stätte genutzt. Im sechsten Jahrhundert wurde er in eine christliche Kirche, später von den Türken, die Griechenland 1458 eroberten, in eine Moschee umgewandelt. In der Schlacht von 1687 traf eine venezianische Granate den als Pulverkammer benutzten Tempel, und die Explosion zerstörte einen großen Teil des Gebäudes.

1801 erhielt Lord Elgin, britischer Botschafter am osmanischen Hof in Istanbul, die Genehmigung, die meisten der gut erhaltenen Parthenon-Skulpturen nach England zu schaffen, wo er sie schließlich der britischen Regierung verkaufte. Sie sind noch heute im Britischen Museum zu sehen – trotz Griechenlands Bemühungen um eine Rückkehr der Werke. Der Parthenon selbst wurde von zahllosen Touristen besichtigt, seit Griechenland 1832 die Kontrolle über Athen wiedergewann.

Das Sonnensystem

In der Grundschule haben wir gelernt, dass das Sonnensystem aus der Sonne, neun Planeten und den Monden besteht. Doch ganz so einfach ist es nicht.

Wie viele Planeten es wirklich gibt, weiß niemand, denn es gibt keine endgültige wissenschaftliche Definition dafür, was ein Planet ist. Alle Astronomen sind sich einig, dass die vier Erdplaneten Merkur, Venus, Erde und Mars und die vier Gasriesen Jupiter, Saturn, Uranus und Neptun dazugehören. Der arktische Pluto ist jedoch ein umstrittener Fall. 2006 klassifizierten Astronomen Pluto als »Zwergplaneten«.

Pluto ist nur etwa zwei Drittel so groß wie unser Mond und braucht 248 Jahre, um einmal die Sonne zu umlaufen. Der winzige Eiskörper reist in einer seltsamen, elliptischen Umlaufbahn auf einer anderen Ebene als die acht Planeten. Aufgrund seiner Kälte, der Entfernung von den anderen Planeten und seines krummen Weges um die Sonne kamen viele Wissenschaftler zu der Ansicht, dass Pluto in Wirklichkeit ein Komet des Kuiper-Gürtels sei, einer Region eisiger Objekte am Rande des Sonnensystems.

Pluto hat im Kuiper-Gürtel einen kürzlich entdeckten Konkurrenten, einen Klumpen eisigen Gesteins, der offiziell als 2003 UB313 und informell als Xena bezeichnet wird. Dieses Objekt ist dreimal weiter von der Sonne entfernt als Pluto, und seine 560 Jahre dauernde Umlaufbahn um die Sonne hat eine noch merkwürdigere Form als die Plutos; sie ist um 45 Grad zur Ebene der Planeten gekippt. Aber da 2003 UB313 größer ist als Pluto, sind viele Wissenschaftler der Meinung, dass er es mindestens ebenso wie Pluto verdient hätte, Planet genannt zu werden, sollte jenem die Bezeichnung weiter zukommen.

Zusatzinformationen

1. Zwei andere große gefrorene Objekte des Kuiper-Gürtels – Quaor und Sedna – sind fast so groß wie Pluto.
2. Der Astronom Michael E. Brown entdeckte 2003 UB313 und gab ihm den Spitznamen Xena nach einer Fernsehserie, in der Lucy Lawless die kriegerische griechische Prinzessin gleichen Namens spielt.
3. Unser Sonnensystem hat 153 bekannte Monde, wobei die Endgültigkeit dieser Zahl höchst umstritten ist.
4. Sieben Monde im Sonnensystem sind größer als Pluto, darunter Jupiters Io mit einer Atmosphäre und aktiven Vulkanen.

Harmonie

Die Melodie mag der Beginn der Musik sein, aber die Harmonie gibt ihr Farbe. Der Begriff Harmonie bezeichnet den Zusammenklang von mehreren Tönen, doch die Zusammenhänge der Harmonie bilden ein so weites Feld und sind derart kompliziert, dass viele Theoretiker einen großen Teil ihres Berufslebens damit verbracht haben, sie zu analysieren.

Die Entfernung zwischen zwei Noten nennt man Intervall, und Intervalle werden numerisch ausgedrückt. Zum Beispiel wird die Entfernung der fünf Stufen von A bis E als Quinte bezeichnet. Die früheste polyphone Musik wurde im Mittelalter geschrieben, und damals favorisierten die Komponisten die hohl klingenden Intervalle der Quarte (z.B. C bis F oder D bis G) und der Quinte. Der Melodie folgte daher eine parallele Harmonielinie, die eine Quarte oder eine Quinte tiefer lag.

In der Renaissance wurde der Dreiklang zur hauptsächlichen Einheit der Harmonie, blieb dies über mehrere Jahrhunderte und ist es in vielen Musikarten noch heute. Dreiklänge sind Akkorde oder eine Kombination dreier oder mehrerer Noten, die gleichzeitig oder in kurzer Abfolge zu hören sind und auf dem Intervall dreier Töne beruhen (z.B. E bis G oder H bis D). Die Intervalle, aus denen die Akkorde bestehen, verleihen ihnen die Qualität einer Dur-Tonart (fröhlich, glücklich klingend) oder einer Moll-Tonart (dunkel, traurig klingend). Die Noten, die einen Dreiklang bilden, können auch so umgestellt werden, dass eine Umkehrung entsteht, was wiederum ein weiteres Mittel ist, um Harmonien zu variieren.

Harmonien haben viele Funktionen: einem Musikstück mehr »Körper« zu verleihen, ihm mehr Tiefe zu geben, eine Melodielinie mit einem Echo zu versehen oder zu ergänzen oder eine Melodie mit einer Begleitung zu unterlegen. Harmonien, die gefällig, stabil oder ruhig klingen, werden als Konsonanzen bezeichnet, während harsch, unvertraut oder unstabil klingende Harmonien als Dissonanzen bezeichnet werden. Ohne die Instabilität einer zeitweiligen Dissonanz wäre tonale Musik langweilig; ohne die Stabilität der Konsonanz wäre sie unbefriedigend. Die Vorstellung, was für unsere Ohren konsonant oder akzeptierbar klingt, hat sich im Laufe der Musikgeschichte erweitert. Sogar die Frage, ob Konsonanz unbedingt nötig ist, ist heute strittig.

Zusatzinformationen

1. Johann Sebastian Bachs Chorwerke sind für ihre meisterhaften Harmonien berühmt, und die Werke Claude Debussys aus dem zwanzigsten Jahrhundert wurden oft stärker durch pralle, wechselnde Harmonien als durch Melodien vorangetrieben.
2. Der Philosoph Pythagoras, der im sechsten Jahrhundert lebte, glaubte, dass die »reinsten« Harmonien auf mathematischen Verhältnissen wie 2:1, 3:2 und 4:3 beruhten. Er formulierte seine Theorie, während er den Klängen lauschte, die Schmiede beim gleichzeitigen Hämmern auf Ambossen verschiedener Größen erzeugten.
3. Das Wort *Harmonie* stammt von dem griechischen Begriff *harmonia* ab, der »Zusammenfügung« bedeutet.

Platon

Platon (427–347 v. Chr.) war der Sohn einer wohlhabenden Athener Familie. Für einen jungen Athener mit seinem Status wäre die Laufbahn eines Politikers üblich gewesen, aber Platon folgte stattdessen dem Weg seines Mentors Sokrates (470–399 v. Chr.) und wurde Philosoph.

Platons philosophische Schriften haben die Form von Dialogen, in denen zwei oder mehrere Personen über ein philosophisches Thema sprechen. Die Hauptfigur in den meisten dieser Dialoge ist Sokrates. Da Platon selbst nie zu Wort kommt, stellt sich die Frage, wie viel von dem, was Platon Sokrates in den Mund legt, Platons eigene Philosophie ist und wie viel davon Sokrates' Meinungen wiedergibt. Man nimmt an, dass Platons frühe Dialoge historisch exakte Schilderungen von Sokrates' Lehren sind und in den späteren Dialogen Sokrates eher als literarische Figur für die Darlegung Platons eigener Ideen dient.

Am bekanntesten ist Platons Ideenlehre – die Ideen existieren abstrakt und immateriell, und die sinnlich wahrnehmbare Welt ist von ihnen abgeleitet.

Eine weitere berühmte Ansicht Platons ist die, dass alles Wissen nur Erinnerung ist. Danach existiert die Seele schon, bevor sie einen Körper bewohnt. In dieser körperlosen Zeit erkannte die Seele die Ideen, ohne durch sinnliche Wahrnehmung abgelenkt oder beschränkt zu sein. Wenn Menschen etwas erkennen, liegt das also daran, dass die Seelen sich an das erinnern, was sie vor ihrer Zugehörigkeit zu einem Körper bereits wussten.

Nach Platons Philosophie besteht die Seele aus drei Teilen: dem begehrenden (der sinnliche Vergnügen wie Essen, Trinken und Sex begehrt), dem muthaften (der nach Ruhm und Ehre strebt) und dem vernünftigen (der das Bedürfnis hat, die Ideen zu verstehen). In seinem Dialog über den Staat, der *Politeia*, beschreibt Platon, was es für eine Seele bedeutet, gerecht zu sein, indem er eine umfangreiche Analogie zwischen einer gerechten Seele und einer gerechten Stadt entwickelt. Demnach besteht die gerechte Stadt aus Gruppen von Bürgern, die den drei Teilen der Seele entsprechen. Nach Platons Meinung sollten diese Gruppen harmonisch auf dieselbe Art zusammenwirken, wie es die drei Teile der Seele tun sollten. In beiden Fällen, dem der Seele und dem der Stadt, sollte die Vernunft dominieren.

Zusatzinformationen

1. Nur in einem seiner Dialoge, der *Apologie*, erscheint Platon selbst. Darin wird der Prozess gegen Sokrates und dessen Verurteilung zum Tode beschrieben. In diesem Dialog ergreift Platon nicht das Wort, aber seine Einbeziehung weist darauf hin, dass er bei der Gerichtsverhandlung anwesend war.
2. Platon war der Lehrer von *Aristoteles* (384–322 v. Chr.).

Kain und Abel

Kain und Abel waren die ältesten Söhne von Adam und Eva und sind nach deren Vertreibung aus dem Paradies geboren worden. Kain, der ältere der beiden, war der erste Mensch, der je geboren wurde – im Gegensatz zur Erschaffung. Kain bestellte das Land, während Abel Schafhirte mit eigener Herde war.

Eines Tages verlangte Gott von Kain und Abel, dass ihm jeder ein Opfer bringen sollte. Abel überlegte, welches Opfer Gott am glücklichsten machen würde, und beschloss, ihm eins seiner wertvollen Lämmer zu opfern. Kain dagegen dachte nur daran, was er am wenigsten brauchte, und opferte Gott einige Früchte und etwas Korn. Gott zog Abels Opfer eindeutig vor.

Daraufhin wurde Kain eifersüchtig auf seinen jüngeren Bruder und ermordete ihn. Als Gott kam, um nach Abel zu sehen, konnte er ihn nicht finden. Er fragte Kain, wo Abel sei, und dieser erwiderte: »Ich weiß nicht; soll ich meines Bruders Hüter sein?« (Genesis 4/9)

Als Gott erkannte, was Kain getan hatte, bestrafte er ihn mit einem Fluch; Kains Land würde keinen Ertrag mehr erbringen, und er musste den Rest seines Lebens auf Wanderschaft sein. Kain aber fürchtete, dass Menschen, denen er begegnen würde, ihm Leid zufügen könnten, also versah Gott ihn mit einem schützenden Zeichen.

Außer den religiösen und moralischen Lehren illustriert die Geschichte von Kain und Abel den historischen Konflikt zwischen Menschen, die das wenige fruchtbare Land bestellten, und jenen, die es nutzten, um darauf Vieh zu halten. Eine ähnliche Erzählung gibt es in der sumerischen Kultur; darin muss eine schöne Göttin zwischen zwei Bewerbern wählen: einem Gott, der das Land bestellt, und einem, der Schafhirte ist.

Zusatzinformationen

1. Die Art des Zeichens, mit dem Gott Kain versah, ist nicht beschrieben. Einige vermuten, dass es sich um ein Zeichen auf seinem Gesicht oder auf seinem roten Haar handelte. Andere meinen, dass es schwarze Haut war, eine Theorie, die später zur Rechtfertigung von Sklaverei benutzt wurde.
2. In einigen muslimischen Versionen der Geschichte wird behauptet, dass Abel keinen Widerstand leistete, als sein Bruder ihn ermordete. Dies wird als ein Symbol des Pazifismus betrachtet.

Alexander der Große

Alexander der Große (356–323 v. Chr.) wurde im Königreich Makedonien geboren, einer bergigen Region im nördlichen Griechenland. Sein Lehrer war Aristoteles. Schon Alexanders Vater König Philipp II. hatte das Gebiet Makedoniens beträchtlich erweitert, so dass die meisten der antiken Stadtstaaten Griechenlands einschließlich Athens dazugehörten. Alexander erbte die Krone im Alter von zwanzig Jahren, nachdem sein Vater in einem Theater einem Mord zum Opfer gefallen war.

Alexander vergrößerte das Reich seines Vaters mit einer erstaunlichen Reihe von Eroberungen. Sein Imperium umfasste schließlich einen großen Teil der damaligen Staaten rund um das Mittelmeer. Kein anderer König hatte je über ein so großes Gebiet der antiken Welt geherrscht. Von ihrem Stützpunkt in Makedonien aus eroberten Alexanders Armeen Griechenland, Syrien, Ägypten, Mesopotamien und das persische Reich. Im Jahr 330 v. Chr., sechs Jahre nachdem er den Thron bestiegen hatte, besiegte Alexander Darius, den König von Persien. Schließlich drang Alexander sogar bis nach Indien vor. Seine Regentschaft endete abrupt, als er im Alter von dreiunddreißig Jahren in der antiken Stadt Babylon starb.

Das von Alexander geschaffene Reich wurde nach seinem Tod unter seine Offiziere aufgeteilt und bestand in Teilen Hunderte von Jahren weiter, bis es von den Römern erobert wurde. Alexander und seine Truppen waren in den von ihnen besetzten Gebieten auf neue

Zivilisationen mit anderen Sitten und Gebräuchen gestoßen; doch anstatt die Kulturen der besiegten Nationen zu zerstören, übernahmen sie Teile davon. So entstand eine neue, als Hellenismus bekannte Kultur. Zum ersten Mal in der Geschichte sprachen ein großer Teil Südosteuropas und der Nahe Osten dieselbe Sprache und hatten einen gemeinsamen kulturellen Hintergrund. Jahrhundertelang blieb in diesem Gebiet Griechisch die Lingua franca – die allgemeine Verkehrssprache. Die Bücher des Neuen Testaments waren ursprünglich in Griechisch geschrieben. Die kulturelle Entwicklung, die durch das Vordringen von Alexanders Armeen angestoßen wurde, bleibt vielleicht sein wichtigstes Vermächtnis für die moderne Welt.

Auch heute noch findet Alexanders Leben großes Interesse. Zeitgenössische Historiker beschäftigen sich noch immer mit seiner harten Armeeführung, seiner Liebe zu Pferden und seinem Studium der Philosophie. In jüngster Zeit wurde sogar seine sexuelle Orientierung hinterfragt.

Zusatzinformationen

1. Als Kind war Alexander nicht erfreut über die Eroberungen seines Vaters. Plutarch schreibt, dass der junge Alexander betrübt darüber war, weil ihm so später als König weniger zu erobern bliebe.
2. Nachdem Alexander Ägypten erobert hatte, gründete er die Stadt Alexandria an der Mittelmeerküste, eine von einem Dutzend nach ihm selbst benannten Städten. In Alexandria bauten die Griechen eine gigantische Bibliothek für die Aufbewahrung Tausender von Pergamenten. Einige Jahrhunderte später brannte die Bibliothek ab, wodurch ein umfangreicher Wissensbestand über die antike Welt verloren ging.
3. Alexander war ein begeisterter Jäger, Berichten zufolge erlegte er während einer einzigen Jagd im heutigen Usbekistan 4000 Tiere. Im antiken Griechenland wurde fast nur mit Speer und Netz gejagt.

Das verlorene Paradies

John Miltons episches Gedicht *Das verlorene Paradies* (1667) ist eine ausführliche und detaillierte Schilderung des Sündenfalls des Menschen, wie er im biblischen Buch Genesis erzählt wird. Miltons Meisterstück gilt als das beste in Englisch geschriebene Gedicht und ist nicht nur ein bedeutender Meilenstein westlicher Literatur, sondern auch ein einflussreiches Werk der protestantischen Reformation.

Das verlorene Paradies ist in Blankversen geschrieben, ungereimten jambischen Pentametern, eine Form mit fünf zweisilbigen Versfüßen pro Zeile. Auch Shakespeare benutzte in vielen seiner Stücke Blankverse, aber Milton erweiterte deren Möglichkeiten und Anwendungen erheblich. Auch machte er ausgedehnten Gebrauch vom so genannten epischen Gleichnis, einer Art langen, komplexen Vergleichs, den Homer und andere klassische Dichter häufig in ihren Epen verwandten.

Am Beginn von *Das verlorene Paradies* haben Satan und andere gefallene Engel gerade gegen Gott rebelliert und den Krieg im Himmel verloren. Zur Strafe hat Gott sie in die Hölle verbannt. Satan und seine Anhänger sinnen auf Rache und wollen den Menschen, Gottes höchstgepriesene Schöpfung, in Versuchung führen. Satan schleicht sich aus der Hölle und betritt den Garten Eden. Während Adam und Eva schlafen, tarnt er sich als Kröte und sät Eva flüsternd die Saat der Unzufriedenheit ins Ohr. Gott, der Satans Plan kennt, schickt den Engel Raffael, der Adam warnen soll. Als Satan wieder in den Garten Eden zurückkehrt, hat Eva Adam überzeugt, sie allein arbeiten zu lassen. Als Schlange getarnt, verleitet Satan nun Eva durch Schmeichelei und List, ihren Gehorsam gegenüber Gott aufzugeben

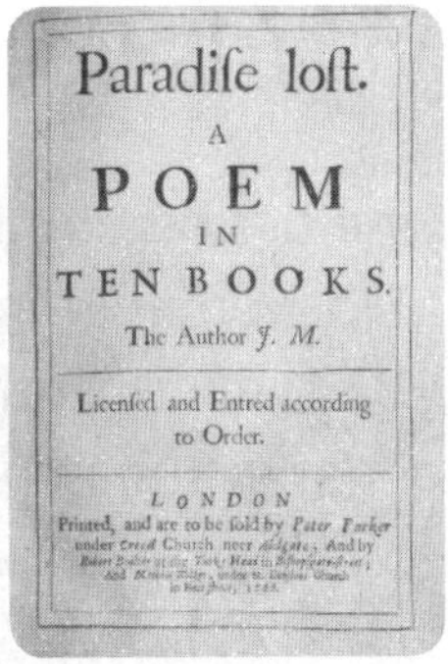
Paradiſe loſt.
A
POEM
IN
TEN BOOKS.
The Author J. M.
Licenſed and Entred according to Order.
LONDON
Printed, and are to be ſold by Peter Parker under Creed Church neer Aldgate; And by

und die Frucht vom Baum der Erkenntnis zu essen. Als Adam von Evas Ungehorsam erfährt, ist er verzweifelt, entscheidet sich aber bewusst, auch von der Frucht zu essen, da er lieber mit Eva in deren gefallenem Zustand zusammenbleiben möchte, als ohne sie im Paradies zu leben. Nach einem Besuch des Erzengels Michael, der Adam eine Vision all der Missgeschicke und Unglücke vor Augen führt, die die Menschheit erwarten, verlassen Adam und Eva Hand in Hand das Paradies, weinend und schleppenden Schritts.

In der Literatur sind Abweichler oft die interessantesten Charaktere, und *Das verlorene Paradies* macht hier keine Ausnahme. Satan ist die komplexeste, am vollständigsten ausgeführte und faszinierendste Figur des Epos. Er ist ein visionärer Antiheld, der Führungsqualitäten und Eloquenz besitzt, die er jedoch in selbstgefälligem Stolz für ein eigennütziges Ziel einsetzt. Darüber hinaus ist er nicht blindlings böse, sondern sich im Gegenteil seiner selbst bewusst, gepeinigt von dem Wissen, dass Gott ihn verbannt hat. Alles in allem erscheint Satan eher als tragische Figur – eine theologische Wendung, die einige von Miltons Kritikern veranlasste, ihm zu viel Sympathie für den Teufel vorzuwerfen.

Zusatzinformationen

1. Milton erblindete 1654 (wahrscheinlich an Grünem Star) und musste von da an seine Texte einem Assistenten diktieren.
2. Nachdem Milton *Das verlorene Paradies* geschrieben hatte, verfasste er *Das wiedergewonnene Paradies* (1671). Darin erzählt er die Geschichte des Neuen Testaments, in der Jesus während seiner vierzig Tage in der Wildnis mit Satan konfrontiert wird.

Venus von Milo

Eine der berühmtesten Skulpturen aller Zeiten, die *Venus von Milo*, verdankt ihren Namen der Tatsache, dass ein Bauer sie 1820 auf der griechischen Insel Milos entdeckte. Die Statue geriet in türkischen Besitz und wurde schließlich einem französischen Marineoffizier verkauft. 1821 wurde das Kunstwerk Louis XVIII. geschenkt, der es dem Louvre in Paris überließ, wo es noch heute besichtigt werden kann.

Die etwa zwei Meter hohe Statue wurde aus Marmor von der griechischen Insel Paros gefertigt. Sie stellt Aphrodite dar, die griechische Göttin der Liebe und der Schönheit, die bei den Römern Venus hieß. In der Nähe des Fundorts wurde der Arm einer Skulptur entdeckt, der einen Apfel hält. Einige Wissenschaftler meinen, dass dieser Arm ursprünglich zu der Statue gehörte. In der Mythologie gab Paris von Troja Venus einen goldenen Apfel und kürte sie damit zur schönsten Göttin.

Künstler und Ursprungsdatum der Skulptur bildeten den Gegenstand vieler wissenschaftlicher Debatten. Anfangs erklärten die Autoritäten des Louvre die Statue zu einem klassischen Werk (fünftes oder viertes Jahrhundert v. Chr.), möglicherweise geschaffen von Phidias oder Praxiteles. Allerdings gab ein Sockelteil, der mit der Statue gefunden wurde, den Künstler als Alexandros von Antiochia am Mäander an, eine Kolonie, die erst später zur Zeit des Hellenismus gegründet wurde. Obwohl die Museumsbehörden schließlich den hellenistischen Ursprung der Skulptur anerkannten, ist sie noch immer als Werk eines anonymen Künstlers ausgestellt.

Die *Venus von Milo* wurde seit ihrer Entdeckung in der ganzen Welt bewundert. Der englische Dramatiker Oscar Wilde erzählte die Geschichte eines Mannes, der eine Plastikkopie der Statue bestellte und dann die Eisenbahngesellschaft verklagte, als die Kopie aus Paris ohne Arme ankam. Was Wilde aber weitaus mehr erstaunte, war die Tatsache, dass der Mann seinen Prozess gewann.

Zusatzinformationen

1. Ludwig I. von Bayern erhob Anspruch auf die Statue und bestand darauf, dass sie auf einem Gebiet gefunden worden sei, das er 1817 auf Milos gekauft hätte.
2. 1964 wurde die Statue in Japan ausgestellt, wo mehr als eineinhalb Millionen Besucher sie von einem sich daran vorbeibewegenden Steg aus betrachteten.

Der Treibhauseffekt

Der Begriff Treibhauseffekt kann zwei unterschiedliche naturwissenschaftliche Phänomene bezeichnen. Das erste ist der vollkommen natürliche Prozess, bei dem durch die Erdatmosphäre verhindert wird, dass Wärme zurück in den Weltraum entweicht. Dieser Mechanismus sorgt dafür, dass die mittlere Durchschnittstemperatur von angenehmen 15 Grad Celsius auf der Erde bestehen bleibt.

Wenn Energie von der Sonne die Oberfläche unseres Planeten erreicht, wird ein Teil davon absorbiert und erwärmt den Erdboden, ein anderer Teil wird zurück in den Weltraum reflektiert. Wasserdampf, Kohlendioxid, Methan und andere Gase in der Atmosphäre – die zusammen als Treibhausgase bezeichnet werden – fangen wie die Glaswände eines Treibhauses einen Teil der wieder abgestrahlten Energie ein. Ohne den Treibhauseffekt wäre die Erde so kalt, dass auf ihr kein Leben möglich wäre.

Andererseits bezeichnet der Begriff Treibhauseffekt auch die Zunahme der Treibhausgase im Verlauf des letzten Jahrhunderts, die zu einer globalen Erderwärmung beiträgt. In den letzten hundert Jahren ist die Oberflächentemperatur der Erde laut der amerikanischen National Academy of Sciences um ein Grad Celsius gestiegen, mit einer besonders hohen Zunahme seit den 1980er Jahren. Das Jahr 1998 war das wärmste Jahr, das auf der Erde je aufgezeichnet wurde. Gleichzeitig haben diejenigen Treibhausgase, die erwiesenermaßen die Wärme zurückhalten, dramatisch zugenommen. Der Anteil an Kohlendioxid in der Atmosphäre ist im Vergleich zum Zeitraum vor der industriellen Revolution um 30 Prozent angestiegen, und das Niveau von Methan hat sich mehr als verdoppelt.

Die folgenschwerste Veränderung dürfte jedoch sein, dass der Wasseranteil in der Atmosphäre sich erhöht. Durch das Abschmelzen der Polkappen ist das Meeresniveau um zehn bis zwanzig Zentimeter gestiegen und hat weltweit die Niederschlagsmenge um ein Prozent wachsen lassen. Dies kann einen Teufelskreis auslösen. Mehr Wasser in der Atmosphäre bedeutet, dass mehr Wärme an der Erdoberfläche zurückgehalten wird. Erwärmt sich die Erdoberfläche stärker, schmelzen die Polkappen schneller, was zu mehr Wasser in den Weltmeeren führt und wiederum zu mehr Wasserdampf in der Atmosphäre, der seinerseits die Erdoberfläche stärker erwärmt und die Polkappen noch schneller schmelzen lässt und so weiter.

Zusatzinformationen

1. Der 4. UN-Klimareport 2007 prognostiziert, dass je nach Entwicklung der Emission von Treibhausgasen die Erdoberflächentemperatur im 21. Jahrhundert um 1 bis 6 Grad Celsius und der Meeresspiegel je nach Entwicklung und Region um 18 bis 59 Zentimeter ansteigen wird.
2. In einem kürzlich erschienenen Bericht der NASA wird geschätzt, dass bei der momentanen Schmelzrate während des Sommers das Eis in der Arktis am Ende des Jahrhunderts völlig verschwunden sein könnte.
3. Die Atmosphäre der Venus ist so stark mit Kohlendioxid gesättigt, dass in einem übermäßigen Treibhauseffekt ein Kreislauf ständiger Rück-Aufheizung der Venus stattfindet. Daher ist ihre Oberfläche so heiß, dass man Blei darauf schmelzen könnte. Der Mars hat fast keine Atmosphäre und also auch keinen Treibhauseffekt, einer der Gründe, warum er so kalt ist.
4. Der Treibhauseffekt wurde 1824 von Joseph Fourier entdeckt.

Frühe Kirchenmusik

Die erste notierte Musik, die uns heute bekannt ist, stammt aus dem Mittelalter. Dabei handelt es sich um Choralgesang – auch bekannt als Gregorianischer Kirchengesang –, Melodien, die von den Mönchen während der katholischen Messe gesungen wurden. Die Messe ist eine rituelle Wiederholung des Letzten Abendmahls Jesu Christi und soll eine spirituelle Verbindung zwischen dem Menschen und Gott herstellen. Ein Teil dieser Verbindung wurde durch die Musik geschaffen.

Die Messe ist in zwei Abfolgen von Riten geteilt: das *Ordinarium Missae* und das *Proprium Missae*. Das Ordinarium umfasst sechs lateinische Gebete *(Kyrie, Gloria, Credo, Sanctus, Agnus Dei* und *Ite missa est)*, die immer den gleichen Text enthalten und Bestandteil jeder Messe sind. Die Gebete des Propriums, zu denen *Introitus, Graduale, Offertorium* und *Communio* gehören, bestehen aus Texten, die je nach Kirchenjahr und örtlicher Tradition wechseln. Mittelalterliche Musiker gaben gregorianische Melodien mündlich weiter und schufen neue, indem sie melodische Formen kombinierten.

Mittelalterliche Musik ist zumeist einstimmig und besteht aus einer einzigen Melodiezeile. Ungefähr im zehnten Jahrhundert begannen einige Musiker jedoch, in einem Organum genannten mehrstimmigen Stil zu schreiben – zwei parallele Melodiezeilen, normalerweise im Abstand einer Quarte oder einer Quinte. Zwei Jahrhunderte später komponierten Léonin und Pérotin (Musikdirektoren an der

Kathedrale Notre Dame in Paris) Organa mit bis zu vier unabhängigen, nicht parallelen Musikzeilen.

Im dreizehnten Jahrhundert entwickelte sich eine komplexe polyphone Form, die als Motette bekannt geworden ist. Sie bestand aus einem Cantus firmus, einer feststehenden Melodiezeile, mit mehreren ergänzenden Stimmen, gesungen in Französisch, Latein oder beiden Sprachen. Guillaume de Machaut war ein früher Meister der Motette und komponierte im vierzehnten Jahrhundert die erste vollständige mehrstimmige Abfolge des Ordinarium Missae.

Zusatzinformationen

1. Ebenfalls im Mittelalter komponierten in Südfrankreich aristokratische Dichter, Troubadoure genannt, weltliche Lieder über Liebe und Krieg. Wandernde Musikanten, die als Jongleurs bezeichnet wurden, reisten von einem Königshof zum nächsten und sangen ihre eigenen Lieder und die der Troubadoure. Noch heute nennt man einen Musiker, der von Stadt zu Stadt zieht, manchmal einen Troubadour.
2. Mitte der 1990er Jahre brachten die Benediktinermönche von Santo Domingo de Silos eine Doppel-CD mit dem Titel *Chant* heraus, die zum ersten Mal seit dem Mittelalter Gregorianische Gesänge populär machte (vor allem für das New-Age-Publikum).
3. Hildegard von Bingen (1108–1179) war die früheste weibliche Komponistin, von der wir Kenntnis haben. Sie war Äbtissin und Mystikerin und schrieb viele polyphone Werke für die katholische Kirche, fast alle für weibliche Stimmen. Auch ein katholisches Mysterienspiel, *Ordo virtutum,* stammt von ihr. Hildegard von Bingen wurde von der katholischen Kirche selig, aber bisher nicht heilig gesprochen.

Ideenlehre

Stellen Sie sich all die schönen Dinge in der Welt vor. Haben sie irgendetwas gemeinsam? Wie erklärt es sich, dass sie alle schön sind? Bei Platon (427–347 v. Chr.) lautet die Antwort auf diese beiden Fragen, dass eine Idee des Schönen existiert und alles Schöne deswegen schön ist, weil es dieser Idee entspricht. Platon zufolge gibt es viele Ideen, von denen wie bei der Schönheit die sinnlich wahrnehmbaren Dinge abgeleitet sind – eine Idee des Roten hinter allen roten Dingen in der Welt, eine Idee des Guten hinter allem Guten in der Welt usw.

Die Ideen, wie Platon sie begreift, sind wie die Schönheit zeitlos und unwandelbar. Darüber hinaus ist die Idee der Schönheit selbst schön. Sie hat keine anderen Eigenschaften, als schön zu sein, und sie ist schön auf unbegrenzte und uneingeschränkte Art. Andere schöne Dinge haben zusätzliche Eigenschaften, zum Beispiel Größe und Form, und sind nur in einem begrenzten Grad schön. Einzelne schöne Dinge sind durch ihre Tugend der Teilhabe an der Schönheit schön. Bei Platon ist Teilhabe eine nicht perfekte Imitation. Bestimmte schöne Dinge imitieren die Schönheit also, aber nur bis zu einem gewissen Grad.

Für Platon haben die Ideen einen höheren Wirklichkeitsgehalt als die sie imitierenden physischen Gegenstände. Die Ideen sind zeitlos und unveränderbar, physische Dinge sind im Fluss, entstehen ständig neu, und ihre Existenz vergeht wieder. Während die Ideen uneingeschränkte Vollkommenheit besitzen, sind physische Dinge begrenzt und abhängig.

Platon glaubte, dass unsere Seelen lange vor unseren Körpern existierten und den Himmel bevölkerten, wo sie direkt Kenntnis von den Ideen selbst erlangten. Wirkliches Wissen ist Wissen von den Ideen. Dieses Wissen kann nicht durch sinnliche Erfahrung erlangt werden, weil die Ideen nicht Teil der physischen Welt sind. Daher muss unser Wissen von den Ideen, unser *wirkliches* Wissen, die Erinnerung unserer ursprünglichen im Himmel erlangten Kenntnis der Ideen sein. Was uns also als Lernen erscheint, ist in Wirklichkeit nur *Erinnerung*.

Zusatzinformationen

1. Platon legte seine Ideenlehre erstmals in dem Dialog *Phaidon* dar, in dem er die letzten Stunden seines Lehrers Sokrates beschreibt. Die Theorie wird Sokrates in den Mund gelegt, aber man nimmt an, dass sie Platons und nicht Sokrates' Meinung wiedergibt.
2. In dem Dialog *Menon* vertritt Sokrates die Theorie des Erkennens durch Erinnerung, indem er zeigt, dass ein junger Sklave ohne Bildung eine Beweisführung Euklids verstehen kann.

Abraham, Isaak und Jakob

Abraham gilt als der Patriarch des Monotheismus. Seine Söhne Isaak (von Sara) und Ismael (von Hagar) und ihre Nachkommen werden als Gründer des Judentums und des Islam betrachtet.

In der Bibel wird im Buch Genesis erzählt, dass Gott Abraham erschien, als dieser ein junger Mann war – um diese Zeit noch Abram genannt – und in Ur lebte. Gott wies Abram an, ins Land Kanaan zu reisen.

Im Alter begann Abram, sich zu sorgen, weil er keine Kinder hatte. Seine Frau Sarai – später Sara genannt – schien unfruchtbar zu sein, daher erlaubte sie ihm, sich mit ihrer Magd Hagar zu vereinen. Hagar gebar daraufhin Abrams ersten Sohn Ismael. Aus Ärger und Eifersucht verlangte Sarai von ihrem Mann, Hagar und Ismael zu verbannen.

Nun schloss Gott einen Bund mit Abram. Im Austausch für dessen Gehorsam und Demut versprach Gott ihm einen Sohn mit Sarai, der Stammvater eines großen und zahlreichen Volkes werden würde, dessen Land Kanaan wäre. Als Zeichen dieses Bundes änderte Abram im Alter von neunundneunzig Jahren seinen Namen in Abraham und den seiner Frau Sarai in Sara. Abraham wurde beschnitten und versprach, dass sein zukünftiger Sohn ebenfalls beschnitten werden würde.

Sara gebar Isaak, und es geschah, was Abraham und Gott vereinbart hatten. Als Isaak ein junger Mann war, trug Gott Abraham auf, ihn als Opfer zu töten. Abraham, der Gott demütig ergeben war, gab dessen Wunsch nach. Doch als er kurz davor war, seinen eigenen Sohn zu töten, erschien ein Engel und hieß ihn innehalten. In der

Thora wird dieses Geschehen als eines der großen Beispiele unerschütterlichen Glaubens angesehen.

Isaak heiratete Rebekka, und sie bekam Zwillinge. Der Zweitgeborene, den Rebekka lieber hatte, war Jakob, später Israel genannt. Jakob bekam zwölf Söhne, die die zwölf Stämme Israels gründeten und damit das Volk der Israeliten. Seine erste Frau Lea gebar Jakob die Kinder Ruben, Simeon, Levi, Juda, Issachar und Sebulon. Eine Magd Leas bekam von Jakob Gad und Ascher. Mit seiner Lieblingsfrau Rahel hatte er Josef (der sein liebster Sohn war) und Benjamin. Und von der Magd Rahels stammten Jakobs Söhne Dan und Naftali.

Zusatzinformationen

1. Dem Islam zufolge sind die Muslime Nachkömmlinge Ismaels. Da Ismael Abrahams erstgeborener Sohn war, beanspruchen die Muslime, die wahren Erben des Bundes mit Gott zu sein. Für sie ist Abraham ein bedeutender Prophet, und sie glauben, dass es in Wirklichkeit Ismael war, den er beinahe opferte.
2. Im christlichen Glauben werden Parallelen gezogen zwischen Abrahams Bereitschaft, seinen Sohn zu opfern, und dem Opfer von Gottes eigenem Sohn, Jesus Christus.

Julius Cäsar

Julius Cäsar (100–44 v. Chr.) war ein römischer Feldherr, der im ersten Jahrhundert vor Christus durch die Eroberung eines großen Gebietes nördlich von Italien – dazu gehörten Teile des heutigen Frankreichs, Belgiens und Deutschlands – zu Ruhm aufstieg. Der Römische Senat, geleitet von Pompeius, fühlte sich durch Cäsars wachsende Popularität bedroht und forderte ihn auf, seine Armee aufzulösen. Cäsar weigerte sich. Er marschierte mit seinen Legionen auf Rom zu und überschritt den Fluss Rubikon – der entscheidende Moment, von dem an er nicht mehr umkehren konnte. Es kam zum Bürgerkrieg. Cäsar jagte seine Feinde durch Europa und schließlich nach Ägypten, wo Pompeius ermordet wurde. Bevor Cäsar Ägypten wieder verließ, verliebte er sich in Kleopatra und setzte sie als Königin ein. Zurück in Rom, regierte Cäsar als Diktator. Er wurde an den Iden (dem fünfzehnten Tag) des März im Jahr 44 v. Chr. von einer Gruppe Verschwörer, zu der auch sein bester Freund Brutus gehörte, ermordet.

Unzählige Legenden ranken sich um die Figur Cäsars. Als er noch ein junger Mann in seinen Zwanzigern war, wurde er im östlichen Mittelmeer von Piraten gefangen. Nachdem er von seinen eigenen Männern freigekauft worden war, stellte er eine kleine Armee aus den örtlichen Anführern zusammen, machte die Piraten ausfindig und kreuzigte sie alle.

Jahre später, während Cäsar nach und nach in der politischen Hierarchie aufstieg, kam es 62 v. Chr. zu einem Skandal. Ein Patrizier namens Publius Clodius wurde bei einer religiösen Kultfeier ent-

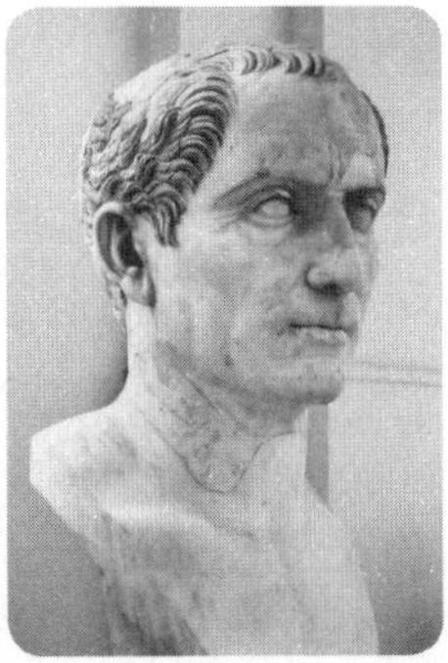

deckt, zu der nur Frauen zugelassen waren. Da das Ritual in Cäsars Haus stattfand, verbreitete sich schon bald das Gerücht, dass Clodius dort zugegen gewesen war, weil er eine Affäre mit Cäsars Frau Pompeia hatte. Cäsar wusste und äußerte auch, dass die Gerüchte nicht stimmten. Trotzdem ließ er sich von Pompeia scheiden, denn seine Angehörigen sollten frei von jedem Verdacht sein.

Mitten im Bürgerkrieg gegen Pompeius wurde Cäsar vom Senat zum Diktator erklärt, um in der Krisenzeit dem Anführer des Senats Entscheidungsmacht für den Notfall zu geben. Doch die Krisenzeit ging nie vorüber – die Republik sollte nicht wiederhergestellt werden.

Cäsar herrschte als Diktator, aber er achtete darauf, den Anschein aufrechtzuerhalten, dass er den Senat – in dem viele seiner Unterstützer saßen – beriet und die republikanischen Traditionen respektierte. In seinen letzten Lebensjahren wurde er jedoch unvorsichtig; er erlaubte seinen Untertanen in Asien, ihn als Gott zu verehren, und es wurden Münzen mit seinem Konterfei geprägt – dies war das erste Mal, dass ein lebender Römer auf solche Art geehrt wurde. Die Münzen trugen die Inschrift »Ewiger Diktator«. Man nimmt an, dass diese unnötigen Ehren den Groll gegen Cäsar weiter schürten, der schließlich zu seinem Sturz und seiner Ermordung führte.

Zusatzinformation

1. Nach einem erfolgreichen Feldzug in Asien sprach Cäsar die berühmten Worte »Veni, vidi, vici«. (Ich kam, ich sah, ich siegte.)

Homer

Die in Homers *Ilias* und *Odyssee* erzählten Geschichten sind schon so lange ein Bestandteil westlicher Kultur, dass man ihnen noch heute in vielfältiger Form begegnet. Vom Trojanischen Pferd bis zu den Zyklopen, von der Achillesferse bis zum Gesang der Sirenen: Elemente beider Epen bleiben auch 3000 Jahre nach ihrer Niederschrift in unserer Literatur und Alltagssprache erhalten.

Die *Ilias* und die *Odyssee* sind Epen – lange Werke in Versform –, die ursprünglich in Griechisch aufgeschrieben wurden. Wahrscheinlich wurden sie lange Zeit vorgetragen oder laut gesungen und über Generationen mündlich tradiert, bevor man sie schriftlich fixierte. Homers genaue Rolle in diesem Prozess bleibt ungeklärt, die Gelehrten streiten sich sogar darüber, ob er wirklich existiert hat. Auf jeden Fall ist man sich einig, dass beide Werke etwa im achten Jahrhundert vor Christus in Ionien aufgeschrieben wurden. Ionien war eine Gegend im antiken Griechenland, die heute zur Mittelmeerküste der Türkei gehört.

In der *Ilias* werden die Heldentaten Achills, Agamemnons, Hektors und anderen Protagonisten im Trojanischen Krieg zwischen Achaea (Griechenland) und Troja erzählt. Der Sage zufolge brach der Krieg aus, als der trojanische Prinz Paris die schöne Helena, die schönste Frau der Welt, aus Sparta entführte und mit zurück nach Troja nahm, um sie zu seiner Frau zu machen. Die *Ilias* beginnt acht Jahre nach Ausbruch des Konflikts. Sie berichtet vom Zorn des griechischen Kriegers Achill und beschreibt Größe und schicksalhafte

Fehler des Helden. Immer wieder flicht Homer anschauliche Metaphern ein wie die »rosenfingrige Morgenröte« und die »weindunkle See«, für die das Epos zu Recht berühmt ist.

Die später entstandene *Odyssee* erzählt von den Abenteuern des griechischen Helden Odysseus, während dieser nach dem Trojanischen Krieg zurück nach Hause zu seiner Ehefrau Penelope segelt. Die Reise dauert zehn Jahre, vor allem weil Odysseus den Meeresgott Poseidon verärgert hat. Daraufhin tut dieser alles in seiner Macht Stehende, um Odysseus an der Heimfahrt zu hindern. Doch aufgrund seiner Klugheit und mit Hilfe von Athene erreicht Odysseus schließlich Ithaka, wo er die zahlreichen Freier tötet, die während seiner Abwesenheit um seine Frau geworben haben. Diese jedoch ist standhaft und ihm damit treu geblieben.

Ungeachtet der nicht endgültig geklärten Autorschaft hatten *Ilias* und *Odyssee* auf das alltägliche Leben im antiken Griechenland einen enormen kulturellen und praktischen Einfluss. Es war durchaus üblich, die Epen von Anfang bis Ende auswendig zu lernen. Auch als Griechenlands Blütezeit in den 100er Jahren vor Christus endete, blieb die Bedeutung der Werke Homers bestehen, die auch im antiken Rom eine Inspirationsquelle waren, zum Beispiel für Vergils *Aeneis*.

Zusatzinformationen

1. Lange Zeit hielt man den Trojanischen Krieg nur für eine Sage; doch Ausgrabungen in der Türkei im späten neunzehnten Jahrhundert legten nahe, dass es dafür durchaus eine historische Grundlage gab.
2. Der berühmte Satz, in dem auf Helena bezogen gesagt wird »War das der Blick, der tausend Schiffe trieb ins Meer«, steht nicht in der Ilias, sondern in Christopher Marlowes Stück *Dr. Faustus* (1604).

Hagia Sophia

Die Hagia Sophia wurde in Konstantinopel (heute Istanbul) unter der persönlichen Aufsicht von Kaiser Justinian als christliche Kirche erbaut. Bei ihrer Einweihung soll der byzantinische Herrscher gesagt haben, dass er Salomo übertroffen habe, den König des alten Testaments, Erbauer des berühmten jüdischen Tempels in Jerusalem.

Es wird oft gesagt, dass die Hagia Sophia die Mystik des Ostens mit den ehrgeizigen Ausmaßen römischer Kaiserbauten wie dem Pantheon vereint. Isidor von Milet und Anthemios von Tralleis, eher Mathematiker als Architekten, entwarfen das Meisterwerk, das zwischen 532 und 537 erbaut wurde. Die Kirchenkuppel erhebt sich in fast 56 Meter Höhe und wird durch vier Zwickel (dreieckige Verbindungsstücke) gestützt, die ihr Gewicht gleichmäßig auf vier Pfeiler verteilen. Durch vierzig Fenster am Grunde der Kuppel flutet Licht herein und lässt das Gewölbe schwerelos erscheinen, als schwebte es hoch oben über den Andächtigen. Anfangs war die Kirche mit Goldmosaiken und dekorativen Mustern versehen. Später folgende Kaiser fügten viele Abbildungen heiliger Figuren hinzu.

Im Laufe der Jahre hat die Hagia Sophia, was im Griechischen »Heilige Weisheit« bedeutet, durch Erdbeben beträchtlichen Schaden erlitten. Ursprünglich die persönliche Kirche der byzantinischen Herrscher, wurde sie nach der Einnahme Konstantinopels durch osmanische Türken 1453 in eine Moschee umgewandelt. Da der Islam verbietet, menschliche Figuren abzubilden, wurden die figürlichen Mosaiken mit Putz überdeckt. Vier Minarette (Türme, von denen aus die Gläubigen zum Gebet gerufen werden) wurden hinzugefügt, außerdem arabische Kalligraphie. 1936 wandelte der türkische Staatspräsident Kemal Atatürk das Bauwerk in ein Museum um, und heute ist es eine der Haupttouristenattraktionen Istanbuls.

1993 wurde die Hagia Sophia von der UNESCO in die Liste der am meisten gefährdeten historischen Stätten aufgenommen. Seitdem ist das Fundament des Gebäudes verstärkt worden, und es wurden weitere der alten Mosaiken freigelegt.

Zusatzinformationen

1. Mitte des sechsten Jahrhunderts wurde die Hagia Sophia im Detail von Prokopius in einer Abhandlung mit dem Titel *Architektur* beschrieben.
2. Porphyrsäulen, ursprünglich von den Römern aus einem ägyptischen Tempel in Heliopolis geholt, wurden nach Konstantinopel gebracht und beim Bau der Hagia Sophia verwandt.
3. Die Kirche wurde während des vierten Kreuzzugs 1204 geplündert.

Schwarze Löcher

Ein schwarzes Loch kann entstehen, wenn ein massiver Stern stirbt. Der sterbende Stern kollabiert, wird kleiner und kleiner, dichter und dichter, bis er nur noch aus einem einzigen Punkt mit keinem Radius und unendlicher Dichte besteht. Dieser Punkt, Singularität genannt, ist so dicht, dass Licht in der Nähe sich seinem Gravitationsfeld nicht entziehen kann. Alles in der Umgebung des Sterns wird in die Schwärze hineingesaugt.

Wenn eine Rakete ins Weltall geschossen wird, muss sie schnell genug sein, um der Erdanziehung zu entgehen. Falls sie die entsprechende Geschwindigkeit nicht erreicht, fällt sie wieder zurück zur Erde. Die Anziehungskraft eines schwarzen Lochs ist so stark, dass die Geschwindigkeit, um ihr zu entgehen, schneller als Lichtgeschwindigkeit sein müsste. Weil aber nichts schneller als das Licht ist, kann auch nichts dieser Anziehungskraft entgehen. Die die Singularität umgebende Grenze, bis zu der die Geschwindigkeit eines fliehenden Objektes größer als die Lichtgeschwindigkeit sein müsste, wird Ereignishorizont genannt. Alles, was hinter diesen Ereignishorizont fällt, wird unweigerlich in die Singularität hineingezogen.

Natürlich ist dies alles Theorie. Wir können schwarze Löcher nicht sehen, weil sie kein Licht abstrahlen. Von ihrer Existenz wissen wir nur, weil andere Objekte im Weltraum mit ihrer Masse interagieren. Eine große Anzahl von Sternen, die sich um eine schwarze Mitte drehen, weist darauf hin, dass sich in der Mitte ein schwarzes Loch befinden könnte. Schwarze Löcher sind so dicht, dass sie auch Licht beugen können. Als Folge sehen Wissenschaftler auf der Erde manchmal mehrere Bilder desselben Sterns. In einem solchen Fall folgern sie, dass sich irgendwo zwischen der Erde und diesem Stern ein schwarzes Loch befindet.

Schwarze Löcher stellen Physiker vor ein Dilemma. Sie scheinen dem Gesetz der Quantenmechanik zu widersprechen, demzufolge Energie weder geschaffen noch zerstört werden kann. Das Licht jedoch, das in die Mitte eines schwarzen Loches hineinfällt, scheint zerstört zu werden, da es in einem unendlich kleinen Raum verschwindet. Wenn das Licht jedoch dort irgendwie bewahrt wird, kann es dann irgendwann auch wieder entweichen? Ist für ein schwarzes Loch ein umgekehrter Prozess möglich? Dies sind ungelöste Fragen der Astrophysik.

Zusatzinformationen

1. Es gibt keinen Grund für den Glauben, dass schwarze Löcher alle Energie im Universum aufsaugen könnten. Sie verschlucken nur Objekte, die den Ereignishorizont überqueren.
2. Albert Einstein, der die Prinzipien der Quantentheorie nicht anerkannte, sagte: »Gott würfelt nicht mit dem Universum«.
   Der Astrophysiker Stephen Hawking sagte einst in Bezug auf schwarze Löcher: »Gott würfelt nicht nur. Er wirft die Würfel manchmal so, dass man sie nicht mehr sehen kann.«
3. Wenn Sie den Ereignishorizont eines schwarzen Loches überqueren würden, sähe das für einen außen stehenden Betrachter aus, als würden Sie sich langsamer und langsamer bewegen, aber den Horizont nie ganz erreichen. Diese Illusion wird durch die ungeheure Anziehungskraft des schwarzen Lochs hervorgerufen. Es zieht an dem Licht, das Sie aussenden, was bedeutet, dass das Licht länger und länger braucht, um den außen stehenden Beobachter zu erreichen. Von Ihrem Blickwinkel aus überschreiten Sie den Ereignishorizont und es passiert nichts Besonderes, bis sie in die Singularität hineingezogen und vernichtet werden.

Instrumente und Ensembles

Mehr als irgendein anderer technischer Aspekt der Musik ist es der kombinierte Klang einer bestimmten Auswahl an Musikinstrumenten, der die westliche Kunstmusik oder die klassische Musik so deutlich erkennbar macht. Die Klangfarbe eines Streichquartetts oder eines Orchesters ist ein wichtiger Teil dessen, was diesen Musiktypus von zeitgenössischer Rock- oder Popmusik unterscheidet.

Zählt man die menschliche Stimme nicht mit, gibt es fünf Kategorien von Musikinstrumenten: Saiteninstrumente (gezupft oder mit einem Bogen gestrichen), Blasinstrumente (gespielt, indem man Luft durch ein Mundstück, ein Loch oder ein Rohrblatt bläst), Schlaginstrumente (normalerweise mit einem Trommelstock oder Schlägel gespielt), Tasteninstrumente und seit dem zwanzigsten Jahrhundert elektronische Instrumente.

Das Barockorchester gibt es ungefähr seit 1750; es umfasst eine Blasinstrumentenabteilung mit Flöten, Oboen, Fagotten, Hörnern und Trompeten; Kesselpauken; ein Tasteninstrument für den Generalbass, das die Akkorde wiedergibt, und zur Verstärkung der Basslinie ein Cello sowie eine Abteilung Saiteninstrumente. Die Violine (auch Geige genannt) war die dominante Stimme der komplexen Melodielinien der Barockzeit. Die Vorgängerin der Violine, die sich in ihrer heutigen Form in der ersten Hälfte des sechzehnten Jahrhunderts in Norditalien entwickelte, war die mittelalterliche Fiedel.

Mit Beginn der klassischen Periode wurden zunehmend Blasinstrumente einbezogen, um das harmonische Gefüge des Orchesters abzurunden. Die größeren Sinfonien Joseph Haydns und Wolfgang Amadeus Mozarts sind im Allgemeinen für jeweils zwei aller Holz-

und Blechblasinstrumente geschrieben, dazu kamen die Kesselpauke und Streichinstrumente.

Mitte des neunzehnten Jahrhunderts schrieben Komponisten wie Hector Berlioz für größere Orchester, zu denen Harfen und neuere Instrumente wie das englische Horn, die Altklarinette und verschiedene Schlaginstrumente gehörten.

Im späten neunzehnten und frühen zwanzigsten Jahrhundert komponierten Richard Wagner, Gustav Mahler und Arnold Schönberg Stücke für sehr große Orchester, manchmal mit einhundert Musikern. Spätere Komponisten bezogen Instrumente aus der populären Musik und dem Jazz mit ein, z. B. Saxophon, Synthesizer und andere elektronische Instrumente.

Zusatzinformationen

1. In der frühen Musik schrieben Komponisten vollständige Stücke, ohne genau zu bestimmen, von welchen Instrumenten sie gespielt werden sollten. Erst seit Claudio Monteverdis Oper *L'Orfeo* (1607) gab es eine Partitur, in der vorgeschlagen wurde, welcher aufgeschriebene Teil von welchem Instrument übernommen werden könnte.
2. Der Name *Piano* für das Klavier leitet sich von dem italienischen Begriff »pianoforte« ab, weil das Klavier sowohl piano (leise) als auch forte (laut) spielen kann. Das Klavier wurde um 1700 in Norditalien von dem Cembalobauer Bartolomeo Cristofori entwickelt.

Platons Höhlengleichnis

»Sieh nämlich Menschen wie in einer unterirdischen, höhlenartigen Wohnung, die einen gegen das Licht geöffneten Zugang längs der ganzen Höhle hat. In dieser seien sie von Kindheit an gefesselt an Hals und Schenkeln, so dass sie auf demselben Fleck bleiben und auch nur nach vornhin sehen, den Kopf aber herumzudrehen der Fessel wegen nicht vermögend sind.«

Platon, *Der Staat (Politeia)*

Platon benutzt in seinen Schriften die Figur des Sokrates, seines Lehrers im wirklichen Leben, um seine eigenen philosophischen Anschauungen darzulegen. *Der Staat* ist in Form eines Dialogs zwischen Sokrates und seinen Studenten geschrieben.

In dem oben stehenden, berühmten Absatz aus *Der Staat* beschreibt Sokrates eine Situation, in der die in einer Höhle gefangenen Menschen nur die Schatten der Gegenstände sehen können, die auf die Höhlenwand geworfen werden. Sie müssen nach vorn schauen, während hinter ihnen ein Feuer brennt. Gegenstände werden vor dem Feuer hochgehalten und erscheinen als Schattenbilder an der Wand. Die Menschen in der Höhle denken nun zum Beispiel, dass sie ein Buch sehen, obwohl sie in Wirklichkeit nur den Schatten des Buchs sehen, das hinter ihnen hochgehalten wird.

Wenn nun ein Mensch der Höhle entkommt und die wahre Natur der Dinge erkennt, ist er zunächst geblendet von der Helligkeit der Sonne und verwirrt von der physischen Gestalt der Gegenstände. Versteht er aber schließlich die Natur der Welt, dann bedauert er die Massen, die nur Schatten kennen. Natürlich wollen die Menschen in der Höhle die Wahrheit nicht wissen; sie halten ihren entkommenen Freund für verrückt, wenn er versucht, sie ihnen zu beschreiben.

In diesem Gleichnis stellen die in der Höhle gefangenen Menschen die unwissenden Massen der Welt dar. Sie nehmen nur Abbildungen der Gegenstände wahr, Anblicke und Töne, die unsere Sinne erkennen können. Der Mensch, der der Höhle entkam und die wahre Natur der Dinge erblickt hat, ist der Philosoph. Indem die Philosophen ihren Intellekt benutzen, sind sie in der Lage, Formen zu erkennen – abstrakte, unwandelbare Wahrheiten, die die Grundlage des Universums bilden. Der Philosoph, der der Höhle entkommt, kennt die wahre Natur der Dinge.

In *Der Staat* geht es letztendlich um die Frage der Gerechtigkeit. Platon glaubte, dass man wissen musste, was gut ist, um Gerechtigkeit zu etablieren. Daher sollten die Philosophen, die die Form des Guten verstanden haben, als Könige herrschen. Die restliche Gesellschaft sollte so organisiert sein, dass sie die Forderungen der Herrscher erfüllt.

Zusatzinformationen

1. Platon wurde ca. 427 v. Chr. in Athen geboren.
2. Platon nannte seine Philosophenkönige »Wächter«.

Sara

Sara war so schön, dass Abraham um ihrer beider Sicherheit fürchtete, als sie zusammen während einer Hungersnot nach Ägypten zogen. Um zu verhindern, dass der Pharao ihn tötete und Sara zu seiner eigenen Frau machte, gab Abraham vor, dass er und Sara Geschwister seien. Der Pharao nahm Sara zu sich, verschonte aber Abraham und beschenkte ihn großzügig. Daraufhin bestrafte Gott den Pharao und ließ Sara und Abraham zusammen aus Ägypten entkommen.

Sara war zwar schön, aber zunächst unfruchtbar, so dass sie Abraham kein Kind gebären konnte. Also ließ sie ihn, wie es Brauch war, ihrer Magd Hagar beiwohnen, damit er seinen Stamm fortsetzen konnte. Hagar gebar daraufhin Abrahams ersten Sohn Ismael.

Nach der Geburt wurde die Beziehung zwischen Sara und Hagar schwierig. Hagar respektierte Sara nicht mehr, und Sara wurde eifersüchtig. Schließlich forderte Sara Abraham auf, Hagar und deren Sohn wegzuschicken. Jüdischer Tradition zufolge besaß Sara mehr prophetische Erkenntnis als Abraham, und so beugte sich Abraham ihren Wünschen.

Als Sara neunzig Jahre alt war, sagte Gott Abraham, dass sie ihm endlich ein Kind gebären würde, was Abraham zum Lachen brachte. Gott beharrte auf seiner Ankündigung, und als Sara sie hörte, lachte sie ebenfalls. Doch Sara schämte sich, weil sie Gottes Wort angezweifelt hatte, und beteuerte ihren Glauben. Ein Jahr später gebar sie Isaak, aus dessen Stamm die zwölf Völker Israels hervorgehen sollten.

Fast vierzig Jahre später starb Sara im Alter von 127 Jahren in Hebron. Manchen Schriften zufolge stand Saras Tod in Zusammenhang damit, dass Abraham fast seinen Sohn Isaak geopfert hätte. In einer Geschichte erzählt der Teufel Sara, dass Abraham Isaak tötete. Als Sara erkannte, dass Isaak in Wirklichkeit überlebt hatte, starb sie vor Freude.

Zusatzinformationen

1. Sara ist zusammen mit ihrem Ehemann Abraham in der Höhle der Patriarchen in Hebron begraben. Ebenfalls dort begraben sind ihr Sohn Isaak und seine Ehefrau, ihr Enkel Jakob und seine erste Frau Lea.
2. Die einzige der Patriarchen und Matriarchinnen des Judentums, die nicht in Hebron begraben ist, ist Jakobs zweite Frau Rahel; diese ist in Bethlehem begraben.

Der Rosetta-Stein

1799 entdeckten Soldaten der Armee Napoleons in der Nähe der Stadt Alexandria in Ägypten im Sand vergraben einen rätselhaften, schwarzen Stein mit Inschriften in drei verschiedenen Sprachen. Der erste Text auf dem Stein war in Griechisch verfasst. Wissenschaftler fanden heraus, dass der Stein aus dem Jahr 196 vor Christus stammte, als Ägypten eine Provinz des von Alexander dem Großen geschaffenen griechischen Reichs war. Die anderen zwei Inschriften auf dem schwarzen Stein waren verschiedene Versionen von Hieroglyphen, den Schriftzeichen der alten Ägypter.

Tausende von Jahren war Ägypten eins der großen Reiche der antiken Welt. Ägyptische Armeen kontrollierten ein Gebiet vom heutigen Sudan bis nach Syrien. Regiert wurde das antike Ägypten von Pharaonen, die florierende Städte errichten ließen, gigantische Bauwerke wie die Pyramiden und die Sphinx und prächtige Gräber für sich selbst.

Doch die vielen, von den Ägyptern hinterlassenen schriftlichen Dokumente konnten in den Jahrhunderten vor der Entdeckung des Rosetta-Steins nicht gelesen werden. Selbst für die gelehrtesten Wissenschaftler blieb die komplizierte Schrift unverständlich.

Der Rosetta-Stein, auf dem ein Erlass der griechischen Behörden für die ägyptische Bevölkerung eingemeißelt ist, löste das Geheimnis der alten ägyptischen Schrift. Ein französischer Gelehrter namens Jean-Francois Champollion entzifferte nach jahrelanger Arbeit durch eine Gegenüberstellung des griechischen Textes mit den Hieroglyphen die komplexe ägyptische Sprache. Historiker und Archäologen konnten nun zu einem sehr viel umfassenderen Verständnis des alten Ägyptens gelangen.

Die Übersetzung des Rosetta-Steins war eine ungeheure wissenschaftliche Leistung. Champollion war ein erstaunlich fähiger Linguist, der Dutzende Sprachen fließend sprach. Auch ein englischer Gelehrter, Thomas Young, half bei der Entzifferung der Inschriften. Der Rosetta-Stein wurde 1801 von den Briten in Besitz genommen und befindet sich heute in London im British Museum.

Zusatzinformationen

1. Im Ersten Weltkrieg wurden der Rosetta-Stein und andere bedeutende Ausstellungsstücke aus dem British Museum in eine U-Bahn-Station gebracht, um sie vor der Bombardierung Londons zu schützen.
2. Der Text auf dem Rosetta-Stein erzählt von den guten Taten des dreißigjährigen griechischen Pharaos Ptolemaios V., um die ägyptischen Untertanen von seiner Göttlichkeit zu überzeugen.
3. Die alten Ägypter balsamierten die Leichen ihrer Könige ein; diesen Vorgang nennt man Mumifizierung. Sogar noch im neunzehnten Jahrhundert verkauften in Europa Scharlatane Puder, das angeblich von zermahlenen Mumien stammte, und behaupteten, dass dieser Puder medizinische Wirkungen hätte.

Herz der Finsternis

Joseph Conrads Roman *Herz der Finsternis* aus dem Jahr 1899 war seiner Zeit weit voraus und kann aus vielen Gründen als typisch für das zwanzigste Jahrhundert bezeichnet werden. Auch wenn das Werk im realistischen Stil des späten neunzehnten Jahrhunderts geschrieben ist, behandelt es doch zahlreiche Themen, die kennzeichnend für die folgende Epoche des Modernismus werden sollten. Bemerkenswert ist auch, dass es das erste literarische Werk ist, das die von europäischen Kolonialisten im 19. Jahrhundert in Afrika und Asien verübten Schandtaten kritisierte.

Herz der Finsternis ist ein knappes Werk von nur etwa achtzig Seiten, erzählt als Rückblende von einem Mann namens Marlow. Marlow hat bei einer belgischen Handelsgesellschaft, die im Buch nur »die Gesellschaft« genannt wird, eine Arbeit als Flussdampferkapitän angenommen. Er soll mit einem Dampfschiff den Kongo hinauf zu einer weit entfernten Station im Landesinnern fahren, die von einem Elfenbeinhändler namens Kurtz geführt wird. Marlow ist entsetzt von den verrottenden Einrichtungen der Gesellschaft und der unverfrorenen Ausbeutung der Ureinwohner Afrikas durch die rassistischen Europäer.

Conrads Kongo ist eine düstere Welt mit intensiver Atmosphäre, in der fast alle Charaktere auf beunruhigende Art namenlos bleiben – der Manager, der Buchhalter und so weiter – und der Dschungel undurchdringlich und bedrohlich jenseits der Begrenzung jeder isolierten belgischen Niederlassung lauert. Während Marlow den Fluss hinauf in immer abgelegenere Gebiete vordringt, weicht die Zivilisation mit jedem Außenposten weiter zurück, und Marlow erlebt sich selbst als Reisender in die ursprünglichen, unbekannten Weiten des menschlichen Bewusstseins. Als Marlow mehr über den rätselhaften Kurtz erfährt, wird deutlich, dass dessen Pläne zur Zivilisierung der afrikanischen Ureinwohner fehlgeschlagen sind. Kurtz ist der ihn faszinierenden Finsternis und Wildheit Afrikas erlegen.

Herz der Finsternis ist heute vor allem aufgrund seiner unorthodoxen, Aufsehen erregenden Filmadaption *Apocalypse Now* (1979) bekannt. Darin ist der Schauplatz der Handlung das Vietnam der 1970er Jahre, und Marlon Brando spielt Kurtz als einen US-Oberst, der in einem entlegenen Teil Kambodschas verrückt geworden ist und dadurch gefährlich wird. Das Drehbuch behält viele Elemente aus Conrads Geschichte bei, aktualisiert jedoch die Darstellung durch Hinzufügung halluzinatorischer Musik und visueller Effekte, die von der Gegenkultur der 1960er Jahre beeinflusst sind.

Zusatzinformationen

1. Alle Hauptwerke Conrads sind auf Englisch geschrieben, obwohl er polnischer Abstammung war (sein Geburtsname war Józef Teodor Konrad Korzeniowski). Nach Polnisch und Französisch war Englisch seine dritte Sprache.
2. Conrads Erkundung des menschlichen Unterbewusstseins in *Herz der Finsternis* spiegelt etwas von den Ideen, die sein Zeitgenosse Sigmund Freud entwickelte. Bis heute wird der Roman oft von einem Freudschen Standpunkt aus analysiert.
3. T.S. Elliot verwandte den berühmten Satz aus dem Buch »Mistah Kurtz – er tot« als Epigraph zu seinem Gedicht »The Hollow Men« (1925; dt. »Die hohlen Männer«).

Byzantinische Kunst

Der Name des Byzantinischen Reichs leitet sich von der Stadt Byzanz ab, die im vierten Jahrhundert von Kaiser Konstantin, der mit seinem Hof aus Rom dorthin übersiedelte, in Konstantinopel umbenannt wurde. Heute heißt die Stadt Istanbul. Nach dem Untergang des Römischen Reichs im Westen existierte der östliche Teil unter der Herrschaft der byzantinischen Kaiser in Konstantinopel weiter.

Die Regentschaft Justinians (527–565) ist in der Kunstgeschichte als das erste Goldene Zeitalter von Byzanz bekannt. In dieser Zeit wurden Bauwerke wie die Hagia Sophia in Konstantinopel und die Kirche von San Vitale in Ravenna geschaffen. In einem zweiten Goldenen Zeitalter vom späten neunten bis zum elften Jahrhundert entstand der Markusdom in Venedig. Der byzantinische Stil breitete sich zusammen mit dem orthodoxen Glauben nach Russland und Osteuropa aus und inspirierte auch den Bau der eindrucksvolle Kathedrale Sankt Basil in Moskau.

Die Themen der byzantinischen Kunst sind fast immer religiös. Vorherrschend sind biblische Geschichten und idealisierte Abbildungen heiliger Figuren. Das Ziel lag weniger darin, Christus, die Jungfrau Maria oder einen Heiligen möglichst wirklichkeitsgetreu darzustellen, sondern ihr spirituelles Wesen zu erfassen. Nackte Figuren und lebensgroße Skulpturen, wie sie in der griechisch-römischen Kultur verbreitet waren, gab es nicht.

Typisch für die byzantinische Architektur sind auf Zwickeln (dreieckigen Verbindungsstücken) ruhende Kuppeln. Die Innenwände der Kirchen sind häufig reich dekoriert mit Marmortafeln, in Flachrelief gearbeiteten Mustern und Glasmosaiken.

Gelegentlich findet man Spuren klassischer Kunst. Auch wenn Skulpturen in der byzantinischen Kunst selten sind, existieren kleine Elfenbeinschnitzereien, die mythologische Szenen darstellen, z.B. das berühmte Veroli-Kästchen mit der auf seinem Deckel dargestellten Opferung der Iphigenie. Die Vorlage zu dieser Darstellung bildet Euripides' Schauspiel *Iphigenie in Aulis*.

In Byzanz wurden religiöse Bilder mit solcher Inbrunst verehrt, dass der Kaiser 726 ein Verbot von Ikonen aussprach, weil er fürchtete, dass ihre Verehrung zum Götzendienst führen könnte. Fast ein Jahrhundert lang waren alle Bilder von Christus und Maria in menschlicher Form verboten. Die so genannten Ikonoklasten (Bilderzerstörer) vernichteten solche Bilder, wo sie sie fanden. Der Widerstand der so genannten Ikonophilen, die die Unterstützung des Papstes in Rom hatten, führte dazu, dass das Verbot 843 aufgehoben wurde.

Zusatzinformationen

1. Der Begriff byzantinisch hat auch eine negative Konnotation und bezieht sich dann auf intrigantes Verhalten (wie es am byzantinischen Hof häufig vorkam) oder extrem komplizierte Sachverhalte (angelehnt an die komplexe byzantinische Kunst).
2. Die Eroberung Konstantinopels 1453 durch die Osmanen leitete das Ende der byzantinischen Kunst ein. Ihr Einfluss setzt sich jedoch in der Orthodoxen Kirche fort, in der bis heute traditionelle Ikonen hergestellt werden.

Supernova

Die meisten Sterne sterben unspektakulär und verbrauchen dabei all ihren Brennstoff durch Kernfusion. Danach werden sie zu Himmelsobjekten, die man Weiße Zwerge nennt. Ist ein Stern aber groß und heiß genug, kann er unter bestimmten Bedingungen explodieren. Diese Explosion nennt man Supernova.

Bevor ein Stern explodiert, fusionieren seine Elemente und produzieren Energie. Seine ungeheure Anziehungskraft führt zur Bildung von Sauerstoff, Silizium, Phosphor und Kalzium und erzeugt alle schweren Elemente bis hin zu Eisen, das eine kosmische Sackgasse darstellt. Eisen in noch schwerere Elemente zu verschmelzen würde Energie verbrauchen anstatt zu erzeugen. Der Stern hat aber nichts zu verbrennen, daher kollabiert sein eiserner Kern durch die Stärke seiner Anziehungskraft in sich selbst. Die meisten massereichen Sterne kollabieren zu schwarzen Löchern. Etwas kleinere Sterne, die immerhin fünf- bis achtmal so groß wie unsere Sonne sind, explodieren.

Eine Supernova dauert weniger als fünfzehn Sekunden. Die Explosion ist so hell, dass die Supernova eines einzigen Sterns monatelang heller als eine ganze Galaxie strahlen kann. Außerdem erzeugt die Explosion genug Hitze, um nun sogar schwerere Elemente zu bilden: Quecksilber, Gold und Silber.

Nach der Urknalltheorie existiert das Leben auf der Erde aufgrund von Supernovae. Demnach entstanden alle Elemente, die schwerer als Sauerstoff sind, bei vergangenen Explosionen riesiger Sterne.

Der Ursprung des Kaliums in Ihrer Banane zum Beispiel liegt dann nicht auf einer karibischen Insel, sondern dieses Kalium könnte vor langer Zeit bei einer Supernova entstanden sein.

Zusatzinformationen

1. Im Jahr 1006 wurde eine extrem helle Supernova in Ägypten, dem Irak, Italien, der Schweiz, China, Japan und wahrscheinlich auch in Frankreich und Syrien beobachtet.
2. Der italienische Astronom Galileo Galilei (1564–1642) widerlegte 1604 mit dem Hinweis auf eine Supernova die Theorie des Aristoteles, dass das Universum sich niemals verändert.
3. Sogar radioaktive Elemente wie Uran bilden sich bei einer Supernova.

Renaissancemusik

Als Renaissancemusik bezeichnet man die von der Mitte des fünfzehnten bis zum Ende des sechzehnten Jahrhunderts entstandene Musik. In dieser Zeitspanne führte das Wirken Martin Luthers zur protestantischen Reformation, die wiederum die katholische Gegenreformation auslöste. Charakteristisch für die Renaissancemusik sind mehrere sich vermischende üppige Stimmen oder Instrumentalstimmen, die alle etwa gleichrangig sind.

Die Musik dieser Zeit hatte denselben ästhetischen Hintergrund wie die zeitgleiche Kunst und Literatur. Bildende Künstler, Autoren und Musiker der Renaissance sahen sich selbst als diejenigen, die die Welt von der dunklen, klerikalen, mystischen Lebensauffassung des Mittelalters befreiten. Für sie stand die Rückkehr zu den Idealen des klassischen Griechenlands und Roms im Mittelunkt, die die Liebe, den Genuss, den Intellekt und die Schönheit des menschlichen Körpers und der menschlichen Gefühle betonten.

Besonders die frankoflämische Region erlebte eine musikalische Blütezeit. Guillaume Dufay (1400–1474) und Gilles Binchois (ca. 1400–1460) schrieben einige der ersten mehrstimmigen Messsätze und weltlichen Lieder in dem neuen Stil. Binchois' Schüler Johannes Ockeghem, Hofkomponist des Herzogs von Bourbon, schrieb Motetten, in denen einige der frühesten Kanongesänge auftauchten. Der Kanon ist eine versetzte Imitation wie in dem Kinderlied »Bruder Jakob, Bruder Jakob, schläfst du noch?«

Josquin Desprez (um 1440–1521) galt als bedeutendster Komponist dieser Zeit. Er war berühmt für seine höchst seelenvollen Messsätze und kunstvollen weltlichen Lieder, darunter auch Liebeslieder. In Italien komponierte Giovanni Pierluigi da Palestrina (1525–1594), ein an unterschiedlichen Stätten wirkender Hofkomponist, zunächst Messen nach den Regeln seiner Vorgänger, entwickelte dann jedoch seinen eigenen Stil. Sein Werk bildet eine Brücke zwischen der Musik der Renaissance und des Barock.

Zusatzinformationen

1. In der Renaissancezeit kam das Singen von Kirchenliedern auf, und viele von ihnen wurden von Martin Luther komponiert.
2. Der größte Teil der Renaissancemusik wurde für einen Hof geschrieben; viele Musikstücke sind nur durch das Siegel desjenigen Adligen zuzuordnen, der das Stück in Auftrag gab, nicht jedoch durch die Unterschrift des Komponisten selbst.
3. Die Form des englischen Madrigals war der erste Liedtyp, bei dem Refrains wie »fa-la-la« tatsächlich mit der Musik zusammen aufgeschrieben wurden.

Aristoteles

»Alle Menschen streben von Natur nach Wissen.«

Aristoteles, *Metaphysik*

Der Einfluss von Aristoteles (384–322 v. Chr.) auf die Philosophie und die westliche Kultur im Allgemeinen kann schwerlich zu hoch eingeschätzt werden. Aristoteles wurde in Makedonien geboren und reiste nach Athen, wo er an Platons Schule, der Akademie, studierte. Nach Platons Tod gründete Aristoteles seine eigene Schule, das Lyzeum.

Im Athen des fünften Jahrhunderts vor Christus umfasste das Philosophiestudium Rhetorik, Naturwissenschaften, Biologie und weitere Disziplinen. Aristoteles leistete zu fast allen Bereichen menschlichen Wissens bedeutende Beiträge.

Aristoteles war der Meinung, dass Philosophie nach einer genau festgelegten Ordnung studiert werden sollte. Zuerst sollte man Logik erlernen, da die Logik erklärt, wie Dinge und Fakten in der Welt zueinander in Beziehung stehen. Aristoteles entwickelte die Theorie der Syllogismen – die logisch-deduktive Schlussfolgerung (Konklusion) aus zwei zugrunde liegenden Prämissen. Er stellte eine Liste grundlegender Syllogismen zusammen und außerdem Regeln, mit denen man komplizierte Sachverhalte auf eine dieser Formen reduzieren konnte. Der wohl berühmteste aristotelische Syllogismus ist:

Alle Menschen sind sterblich.
Sokrates ist ein Mensch.
Sokrates ist sterblich.

Nach dem Studium der Logik sollten sich nach Aristoteles' Meinung die Lernenden der Erforschung konkreter naturwissenschaftlicher Phänomene zuwenden. Aristoteles schrieb darüber viele Werke – darunter *Physik, Über die Teile der Tiere, Naturgeschichte der Tiere, Über die Fortbewegung der Tiere, Meteorologie, Über Generation und Korruption* – und leitete mehrere allgemeine Prinzipien zur Erklärung der physikalischen Welt ab.

Und schließlich sollte man sich laut Aristoteles der praktischen Philosophie widmen, die Ethik und Politik umfasste. Er selbst schrieb zu diesen Themen die Werke *Nikomachische Ethik* und *Politik*. Nach Aristoteles' Vorstellung ist Ethik hauptsächlich eine Sache der guten Ausbildung. Er glaubte, dass Menschen normalerweise wissen, wie man sich gut verhält, und dass sie nur moralisch stark genug sein müssen, um sich in Übereinstimmung mit diesem Wissen zu verhalten. Ein guter Mensch zu sein ist gleichbedeutend mit der Neigung, das Richtige zu tun, und diese Neigung kann uns beigebracht werden. Politisch vertrat Aristoteles die Ansicht, dass es das Ziel des Staates sein müsse, die Voraussetzung für ein glückliches und unabhängiges Leben seiner Bürger zu schaffen. Aristoteles sprach sich für die Demokratie aus, räumte aber ein, dass gelegentlich eine Monarchie angebrachter sein könnte.

Zusatzinformationen

1. Aristoteles wird manchmal auch »der Stagirit« genannt, weil er in der makedonischen Stadt Stagira geboren wurde.
2. Zwischen der Zeit an Platons Akademie und der Gründung seiner eigenen Schule war Aristoteles Lehrer von Alexander dem Großen, der ebenfalls Makedonier war und ein großes Reich regierte.

Sodom und Gomorra

Die Bibelgeschichte von Sodom und Gomorra findet sich im neunzehnten Kapitel des Buches Genesis. Sodom und Gomorra waren zwei Städte im Tal des Flusses Jordan. Die Bewohner der Städte hatten gesündigt, weswegen Gott sie vernichten wollte. Abraham protestierte, er wollte nicht, dass die Gerechten zusammen mit den Gottlosen untergingen. Gott stimmte zu, die Städte zu verschonen, wenn Abraham zehn Gerechte darin fände, und sandte zwei Engel als Kundschafter auf die Erde.

Als die Engel in Sodom eintrafen, begegneten sie Lot, einem Neffen Abrahams. Lot lud die Engel in sein Haus ein und bereitete ihnen eine Mahlzeit. Später erschienen die Männer aus Sodom vor Lots Haus und fragten: »Wo sind die Männer, die zu dir gekommen sind diese Nacht? Führe sie heraus zu uns, dass wir uns über sie hermachen.« (Genesis 19/5) Um seine Gäste zu schützen, bot Lot stattdessen den Männern seine zwei jungfräulichen Töchter an, aber die Männer waren damit nicht zufrieden. Als die Engel den Ernst der Lage erkannten, forderten sie Lot und seine Familie auf, Sodom zu verlassen. Sie sollten sich aber auf keinen Fall noch einmal umdrehen. Doch als Sodom und Gomorra zerstört wurden, sah Lots Frau sich um und wurde in eine Salzsäule verwandelt. Lot selbst konnte sich in ein nahes Dorf retten.

Welcher Sünden die Bewohner von Sodom und Gomorra sich schuldig gemacht hatten, wird in der Erzählung nicht deutlich. Die Juden glauben, dass sie die Sünde begangen hätten, nicht gastfreundlich zu sein. Die Geschichte folgt in der Thora auf eine Passage, in der betont wird, wie sehr Gott Abrahams Gastfreundschaft schätzte. Abrahams Verhalten steht in starkem Kontrast zur Reaktion der anderen Bewohner Sodoms auf die Besucher.

Konservative Christen interpretieren die Sünden der Bewohner Sodoms ganz anders. Sie glauben, dass die Aussage der Männer aus Sodom, sich über die Engel »hermachen« zu wollen, eine Umschreibung für Sex ist. Daher vertreten sie den Standpunkt, dass Sodoms Männer Homosexuelle waren und Gott sie für ihre sexuelle Orientierung bestrafte.

Zusatzinformationen

1. Der heute gebräuchliche Begriff *Sodomie* ist von der biblischen Stadt Sodom abgeleitet.
2. Ob Sodom und Gomorra tatsächlich existiert haben, ist strittig, aber man vermutet, dass die Städte unter dem Toten Meer liegen könnten. Nach Meinung von Historikern könnten die beiden Städte neben einer geographischen Verwerfungslinie gelegen haben, und Gottes Zorn könnte in Wirklichkeit ein schreckliches Erdbeben gewesen sein, das Sodom und Gomorra dem Erdboden gleichmachte.

Kaiser Konstantin

In den frühen Jahren des Christentums wurden im Römischen Reich seine wenigen Anhänger erbarmungslos verfolgt. Im Jahre 64 n. Chr., nur ein paar Jahrzehnte nach Jesu Christi Tod in Jerusalem, befahl Kaiser Nero die ersten vom Staat durchgeführten Christenverfolgungen in Rom. Der römische Historiker Tacitus schildert die besondere Grausamkeit der Hinrichtungen, die von dem geistesgestörten Tyrannen Nero angeordnet wurden und zum Beispiel darin bestanden, dass die Christen Hunden zum Fraß vorgeworfen wurden.

Römische Politiker hielten das Christentum für eine Bedrohung der Sicherheit des Kaisers. Aus ihrer Sicht verehrten die Christen einen Verbrecher, der von den Römern gekreuzigt worden war, und bestritten die Göttlichkeit des Kaisers und der heidnischen Götter. Während sich die Religion weiter ausbreitete, hielten die Verfolgungen zweihundert Jahre lang mehr oder minder stark an. Nichtsdestotrotz zog die Religion, deren erste Anhänger meist arm gewesen waren, nach und nach Gläubige aus allen Schichten des römischen Lebens an.

Kaiser Konstantin (275–337), der zum Christentum konvertierte, nachdem er eine Vision gehabt hatte, erließ 313 das Edikt von Mailand, in dem den Christen im ganzen Reich die freie Religionsausübung gestattet wurde. Um diese Zeit war der christliche Glaube schon weit verbreitet, und einige Generationen nach dem Erlass des Edikts wurde der heidnische Glaube durch das Christentum als offizieller Glaube des Römischen Reiches ersetzt. In Verlauf von nur vier

Jahrhunderten war das Christentum von einem Außenseiterglauben zu einer kaiserlichen Religion geworden. Das Römische Reich zerfiel im fünften Jahrhundert, aber das Christentum breitete sich in Europa immer weiter aus und wurde der einende Glaube des ganzen Kontinents.

Das Oberhaupt der römisch-katholischen Kirche, der Papst, hat noch immer seinen Amtssitz in Rom. Die Vatikanstadt ist nur ein paar Straßen vom Kolosseum entfernt, wo Christen einst von römischen Herrschern den Löwen vorgeworfen wurden.

Zusatzinformationen

1. Konstantins Übertritt zum Christentum hinderte ihn nicht daran, viele seiner politischen Feinde ermorden zu lassen, darunter mehrere Mitglieder seiner eigenen Familie. Während seiner einunddreißigjährigen Herrschaft war Konstantin für den Tod seines Schwagers, seiner zweiten Frau und seines ältesten Sohns verantwortlich.
2. Konstantin sah in Rom keine angemessene Hauptstadt für sein Reich und gründete eine Stadt am Hellespont (heute Dardanellen), wo Europa und Asien zusammentreffen. Ursprünglich wurde die Stadt Neu-Rom genannt, bald jedoch zu Ehren des Kaisers in Konstantinopel umbenannt. Heute heißt sie Istanbul und ist die größte Stadt der Türkei.
3. Konstantin schaffte die Gladiatorenspiele ab, die die Römer jahrhundertelang so sehr amüsiert hatten; sie wurden aber noch Jahrzehnte illegal fortgeführt.

Modernismus

Modernismus ist ein vor allem in der angelsächsischen Literaturwissenschaft benutzter Begriff (»Modernism«) für eine literarische Epoche, die etwa den Zeitraum von 1900 bis 1940 umfasst. In dieser Zeit suchten die Autoren nach neuen Mitteln, um eine Geschichte zu erzählen, wobei es darum ging, die objektive Realität und die Wahrheit angemessener darzustellen. Zu den wichtigsten Vertretern des literarischen Modernismus gehören Marcel Proust, Getrude Stein, James Joyce, Virginia Woolf und William Faulkner und die Dichter T. S. Eliot und Ezra Pound.

Gegen Ende des 19. Jahrhunderts war das literarische Schaffen vor allem von der Strömung des Realismus geprägt. Gustave Flaubert, Theodore Dreiser, Emile Zola und andere Schriftsteller dieser Zeit hatten versucht, Charaktere, Situationen und soziale Verhältnisse akribisch und detailliert wirklichkeitsgetreu darzustellen.

Um die Wende zum zwanzigsten Jahrhundert wurde jedoch die Fähigkeit des Menschen, die Wirklichkeit überhaupt zu erkennen und zu beschreiben, durch revolutionäre Ideen in unterschiedlichen Bereichen in Frage gestellt; sogar die Existenz einer objektiven Wirklichkeit wurde angezweifelt. In der Psychologie entwickelte Freud seine Theorie des Unbewussten, die besagte, dass die menschliche Psyche und das Selbst nur durch Psychoanalyse wirklich erkannt werden könnten. In der Linguistik vertrat Ferdinand de Saussure die Ansicht, dass die Sprache ein willkürliches und unzuverlässiges kulturelles Konstrukt sei. In der Anthropologie brachte Sir James Frazer neue Aspekte in die Erforschung nichtwestlicher Kulturen und Religionen und eröffnete damit der westlichen Weltbetrachtung neue Perspektiven. Und in der Physik untergrub Albert Einsteins Relativitätstheorie sogar die bis dahin für sicher gehaltenen Prinzipien von Raum und Zeit.

All diese neuen Erkenntnisse hatten einen prägenden Einfluss auf die Welt der Literatur und Kunst. Während die Realisten des ausgehenden 19. Jahrhunderts besessen davon gewesen waren, die Welt ganz genau so darzustellen, wie sie war, bewegte die Schriftsteller und Künstler des beginnenden zwanzigsten Jahrhunderts die Frage, wie man die Wirklichkeit genau wiedergeben konnte, wenn eine objektive Wirklichkeit womöglich gar nicht existierte.

Die Autoren des Modernismus versuchten sich diesem Problem durch das Experimentieren mit neuen literarischen Techniken zu nähern. Eine Methode war das Erzählen mittels des »Bewusstseinsstroms« (engl. stream of consciousness), mit dem die Innenwelt eines Menschen ganz direkt wiedergegeben werden sollte. Diese Technik findet sich zum Beispiel in Joyces *Ulysses* (1922), Woolfs *Mrs Dalloway* (1925) und Faulkners *Schall und Wahn* (1929). Einige Autoren betonten die Subjektivität der Wahrnehmung, indem sie dasselbe Ereignis aus unterschiedlichen Perspektiven darstellten, subjektive Schilderungen aneinanderreihten oder einander gegenüberstellten. Ein wichtiges Beispiel für diesen Ansatz ist Woolfs *Die Fahrt zum Leuchtturm* (1927). Andere wiederum, vor allem Gertrude Stein, experimentierten mit einer radikal neuen Sprachverwendung. Stein benutzte zum Beispiel ständige Wortwiederholungen, um verschiedene Untertöne in der Bedeutung von Wörtern herauszuarbeiten. Und praktisch alle Literaten der modernistischen Strömung spielten in ihren Werken mit dem Zeitfluss, verwarfen eine chronologische Erzählweise und sprangen abrupt zwischen Vergangenheit, Gegenwart und Zukunft hin und her – ein Merkmal, das dem literarischen Schaffen dieser Zeit den oftmals berechtigten Ruf einer schwierigen Rezeption eingebracht hat.

Gotik

Die Epoche der Gotik begann im zwölften Jahrhundert mit der Entwicklung eines neuen Architekturtyps in der Provinz Île de France, zu der Paris und dessen ländliche Umgebung gehören. Um 1250 hatte sich der Stil in vielen Teilen Europas ausgebreitet und beeinflusste sowohl Bildhauerei als auch Malerei.

Die Bezeichnung *Gotik* wurde in Italien geprägt und war ursprünglich abwertend gemeint, da sie den Architekturstil mit den Goten verband, die das Römische Reich überrannt hatten. Gotische Künstler selbst dagegen sprachen von ihrem eigenen Werk als *opus modernum* oder *opus francigenum,* dem modernen oder französischen Werk.

Die wiedererrichtete Klosterkirche Saint-Denis nördlich von Paris wird im Allgemeinen als das früheste Beispiel gotischer Architektur angesehen. Zwischen 1137 und 1144 gab der Abt Suger einen neuen Chor für die Kirche in Auftrag. Er wurde mit größeren Fenstern und höheren Bögen gebaut und erschien so luftiger und schwerelos, ein starker Kontrast zu der düsteren Solidität des früheren romanischen Stils.

Eine Weiterentwicklung gotischer Architektur finden wir bei Notre Dame in Paris (begonnen 1163) und Notre Dame in Chartres (umgebaut von 1194 bis 1220). Strebepfeiler und Spitzbogen am Gebäudeäußeren wurden errichtet, um das Gewicht des Gebäudes zu stützen. Diese massiven Bauteile ließen es zu, dass mehr Glasfenster in die Wände eingelassen werden konnten, so dass das Gebäudeinnere heller wurde und farbiger erstrahlte.

Der Einfluss der gotischen Architektur außerhalb Frankreichs wird deutlich bei der Salisbury Cathedral (begonnen 1220) und dem Dom von Orvieto in Italien (begonnen ca. 1310).

In Nordeuropa findet man gotische Malerei vor allem in den gefärbten Glasfenstern und Buchillustrationen, zum Beispiel dem berühmten Manuskript *Les Très Riches Heures du Duc de Berry,* das von den Brüdern Limburg zwischen 1413 und 1416 illustriert wurde. In Italien dagegen prägte der gotische Stil die Malerei Giottos und Simone Martinis.

Bildhauerei fand reichhaltige Anwendung in der Dekoration sowohl des Inneren als auch des Äußeren gotischer Kathedralen, zum Beispiel zu besichtigen in den prachtvollen Portalen der Kathedrale von Chartres oder an der Naumburger Kathedrale in Deutschland.

Der gotische Stil setzte sich in Frankreich und großen Teilen Nordeuropas bis zum sechzehnten Jahrhundert fort. In Italien wurde er bereits früher von der Renaissance abgelöst.

Zusatzinformation

1. Im achtzehnten Jahrhundert wurde die Bezeichnung gotisch mit Literatur in Zusammenhang gebracht, in der das Groteske und Mysteriöse eine Hauptrolle spielten. Heute bezieht sich der Begriff gotisch (engl. goth) oft auf eine Musikrichtung, eine Art sich zu kleiden und eine Kultur, die in den 1980er Jahren ihren Anfang nahmen, zum Beispiel mit Musikgruppen wie Siouxsie and the Banshees.

Nocizeption: Die Empfindung von Schmerz

Schmerzempfindung, auch Nocizeption genannt, ist eine wesentliche Bedingung für das menschliche Überleben. Schmerz ist eine einfache, wirkungsvolle Art, um etwas über die Gefahren der Welt zu erlernen. Er signalisiert uns die Notwendigkeit zu reagieren: vor kochendem Wasser zurückzuweichen, Glasscherben nicht zu berühren, einen verstauchten Knöchel zu schonen.

Alle höheren Spezies, vor allem die dem Menschen am nächsten stehenden, haben Nervensysteme, die Schmerz weiterzuleiten scheinen. Auch wenn wir sie bei Verletzungen nicht danach fragen können, so klagen und winden sich Vögel und Säugetiere doch in der gleichen Art wie Menschen. Wie bei uns auch erhöht sich ihr Blutdruck, weiten sich ihre Pupillen, bilden sie Schweiß und haben eine erhöhte Pulsfrequenz, wenn sie verletzt werden.

Die Fähigkeit, Schmerz zu empfinden, ist eine entscheidende Überlebensvoraussetzung für komplexe Organismen. Kinder, die mit einer sehr seltenen Fehlentwicklung geboren werden, der so genannten kongenitalen Insensitivität für Schmerz und Anhidrose, leben selten länger als fünfundzwanzig Jahre. Bei ihrer Geburt erscheinen diese Kinder ganz normal, aber problematisch wird es, wenn sie Zähne bekommen. Sie können ihre Finger abbeißen, ohne Schmerz zu spüren. Sie brechen sich Knochen, verbrennen sich die Hände und schlagen sich die Knie auf – aber sie wissen nicht, dass sie sich verletzt haben, bis sie Blut, Hautverfärbungen oder Beulen sehen. Oft sterben sie an ernsten Infektionen, die sie sich durch unterschiedliche Verletzungen zugezogen haben, die nicht rechtzeitig behandelt wurden.

So abgedroschen es auch klingen mag, der Schmerz existiert nur in unseren Köpfen. Mehrere Teile unseres Gehirns arbeiten zusammen und bilden in einem Netzwerk das, was auch die Schmerzmatrix genannt wird. Einige Bereiche der Matrix informieren uns über die Intensität des Schmerzes, andere über Ort, Dauer und Schmerztyp – z.B. ein Gefühl des Brennens, des Klopfens oder des Stechens. Die Empfindung des Schmerzes löst ein Gefühl des Leidens aus, für das ein Gehirnteil verantwortlich ist, der als anteriorer cingulärer Cortex (ACC) bezeichnet wird. Interessanterweise unterscheidet er nicht zwischen physischem und emotionalem Schmerz. Er reagiert gleichermaßen auf einen gebrochenen Arm und ein gebrochenes Herz.

Zusatzinformationen

1. Menschen, die stark mit anderen mitfühlen, haben einen aktiveren anterioren cingulären Cortex. Sie empfinden tatsächlich die Schmerzen anderer Menschen.
2. Menschliche Föten bilden die Nervenschaltungen zum Empfinden von Schmerz ab der neunundzwanzigsten Woche bis fast zum Ende der Schwangerschaft aus.
3. Neugeborene, die ohne Betäubung beschnitten werden, zeigen stärkere Reaktionen auf Schmerz, wenn sie mit vier Monaten und sechs Monaten geimpft werden.
4. Amputierte klagen oft über Phantomschmerzen in ihren amputierten Extremitäten. Sie empfinden einen intensiven, stechenden Schmerz, der von dem Glied zu kommen scheint, das gar nicht mehr da ist. Diese Fälle gaben die ersten Hinweise darauf, dass der Schmerz eigentlich im Gehirn entsteht.

Barock

Die Bezeichnung Barock stammt aus dem Portugiesischen, wo sie für eine ungleichmäßig geformte Perle steht – ein passendes Bild für Kunst, Architektur und Musik dieser Periode, die etwa die Zeitspanne von 1600 bis 1750 umfasst. Es war eine Epoche der Kontraste – in der Kunst zwischen hellen und dunklen Farben, glatten und durchbrochenen Oberflächen; in der Musik zwischen laut und leise, schnell und langsam. Kennzeichnend waren zunächst eine Vereinfachung der komplexen Renaissance-Musikstile und schließlich prunkvolle neue ästhetische Strukturen.

Claudio Monteverdi (1567–1643) war der einflussreichste Komponist des frühen Barock, und sein Werk *L'Orfeo* (1607) gilt im Allgemeinen als die erste dramatisch und musikalisch erfolgreiche Oper. Die Barockmusik basierte zumeist auf dem Dialog zwischen einer unterstützenden musikalischen Begleitung, die Generalbass oder Basso continuo genannt wurde – normalerweise gespielt von einer Kombination aus einem Akkorde spielenden Instrument (z. B. Orgel, Gitarre oder Cembalo) und einem Bassinstrument (z. B. Cello, Viola da Gamba oder Fagott) –, und einer ausgefeilten, konzertartigen Melodiestimme, die gewöhnlich auf der Geige oder einem Blasinstrument gespielt wurde (z. B. der Blockflöte, Oboe oder Querflöte).

Kadenzen oder harmonische Haltepunkte wurden betont, und viele Werke waren in Bereiche unterteilt, die zwischen langsamen und schnellen Tempi wechselten und übergingen in gleichmäßige, symmetrische musikalische Phrasen. Regionale Tanzrhythmen wie Menuett oder Gigue wurden einbezogen, und die Violine wurde aufgrund ihrer Vielseitigkeit, ihres Volumens und ihrer Fähigkeit, starke Rhythmen hervorzuheben, zum wichtigsten Instrument. Spätere Barockmusik ist gekennzeichnet durch stetige Rhythmen, starke Emotionalität, ausgeklügelte Melodielinien und hohe Ansprüche an die Ausführenden.

Im Barock wurden die männlichen Hauptrollen in Opern oft von Kastraten gesungen, Sänger, die vor der Pubertät kastriert worden waren, damit sie ihre hohen Stimmen nicht verloren. Kastraten waren bekannt für ihre Stimmlage, ihre Stärke, ihre stimmliche Flexibilität und ihre Atemkontrolle.

Der Frühbarock begann mit Werken italienischer Komponisten (Monteverdi, Francesco Cavalli), später breitete sich der Stil aber auch nach England (Henry Purcell), Frankreich (François Couperin, Jean Philippe Rameau) und Deutschland (Heinrich Schütz, Dietrich Buxtehude) aus. Im italienischen Hochbarock schrieben Arcangelo Corelli (1653–1713) und Antonio Vivaldi (1678–1741) wunderbare, komplexe Konzerte, während in Deutschland Georg Philipp Telemann (1681–1767) und Johann Sebastian Bach (1685–1750) darum wetteiferten, wer Meister der Kirchenmusik in Pfarreien und an königlichen Höfen in ganz Nordeuropa sei.

Zusatzinformation

1. Die Chorknaben der St.-Paul's-Kathedrale in London, der größten Barockkathedrale Europas, wurden oft von Chorleitern anderer Gruppen gekidnappt und gezwungen, für die Konkurrenz zu singen.

Metaphysik

Metaphysik ist die grundlegendste Beschäftigung mit der Wirklichkeit – was ist und wie es ist.

Die erste Frage – Was ist? – wird von der Ontologie untersucht, einem Unterbereich der Metaphysik. Die Ontologie fragt: Ist alles Existierende materiell, oder gibt es immaterielle Dinge wie die Seele? Gibt es abstrakte mathematische Objekte wie Nummern und Mengen? Die Ontologie fragt auch: Was bedeutet es für das Objekt zu existieren? Ist die Existenz eine Eigenschaft, wie zum Beispiel rot sein, die manche Dinge haben und andere Dinge nicht? Oder ist Existenz einfach nur die Erfassung von allem, was ist, so dass es nichts geben kann, das nicht existiert? Wenn ich sage, dass Pferde existieren, Einhörner aber nicht, was sage ich dann über die Pferde, das ich den Einhörnern abspreche?

Die Metaphysik beschäftigt sich auch mit einer zweiten Art der Fragestellung, nämlich der nach den Eigenschaften und den Beziehungen der Dinge. Wenn es zum Beispiel Zahlen gibt, existieren sie im Raum und in der Zeit? Existieren sie nur bedingt, könnte es also theoretisch auch sein, dass sie nicht existieren, oder könnten sie aufhören zu existieren?

Viele Philosophen sind sich einig über den Grundsatz der Metaphysik, der besagt, dass es zwei sehr allgemeine Arten von Dingen gibt, nämlich Substanzen und Eigenschaften. Substanzen sind Gegenstände im üblichen Sinn, während Eigenschaften den Substanzen zugeordnet sind. Zum Beispiel ist ein Hemd eine Substanz, während die Farbe eines Hemdes eine Eigenschaft des Hemdes ist. Viele metaphysische Fragen ergeben sich aus dem Konzept von Substanz und Eigenschaft.

Seit langem beschäftigt Philosophen die Frage, ob Eigenschaften singulär oder universell sind. Geht man davon aus, dass Eigenschaften universell sind, heißt das für zwei rote Dinge, zum Beispiel ein Hemd und eine Rose, dass es eine einzige Eigenschaft, die Röte, gibt, die beide Dinge haben oder die von beiden Dingen instantiiert wird. Instantiierung ist ein philosophischer Begriff, der die Beziehung zwischen einem Ding und einer Eigenschaft beschreibt. Geht man davon aus, dass Eigenschaften singulär sind, dann gibt es zwei verschiedene Eigenschaften – die meines Hemdes und die der Rose. Und diese Eigenschaften gleichen einander.

Zusatzinformationen

1. Der Name Metaphysik stammt von den frühen Schriften des Aristoteles. Themen der Metaphysik werden in dem Buch behandelt, das nach Aristoteles' *Physik* herauskam. Da dies nächste Buch keinen eigenen Titel hatte, nannten die Herausgeber es *Metaphysik* – auf Griechisch »nach Physik«.
2. Was wir heute »Metaphysik« nennen, hieß bei Aristoteles einfach »erste Philosophie«.

Josef

In der Bibel wird erzählt, dass Josef Jakobs elfter Sohn war und der erste, den Jakobs Lieblingsfrau Rahel geboren hatte. Im jüdischen Glauben wird an Josef im Allgemeinen sein Vertrauen in Gott und seine Fähigkeit, als Jude unter Nichtjuden zu leben, geschätzt.

Im Buch Genesis heißt es, dass Josef Jakobs liebster Sohn war – verdeutlicht durch einen bunten Rock, den Jakob ihm schenkte – und dass Josefs unheimliche Fähigkeit, Träume zu deuten, die Eifersucht seiner Brüder erregte. Berühmt ist die Stelle, in der Josef von einem Traum erzählt, in dem sein Vater, seine Mutter und seine älteren Brüder vor ihm als seine Diener niederknien. Dieser Traum erzürnte seine Brüder, und sie schmiedeten einen Plan, um Josef zu töten als dieser siebzehn Jahre alt war. Die Brüder gaben ihren Plan erst auf, als der älteste Bruder, Ruben, eingriff. Stattdessen warfen sie Josef in eine Grube.

Schließlich wurde Josef entdeckt und als Sklave an Potifar, den Oberst der Leibwache des ägyptischen Pharaos verkauft. Josef diente Potifar pflichtbewusst.

Als Potifars Ehefrau ihn zu verführen versuchte, wies er sie ab. Daraufhin klagte sie ihn an, sie vergewaltigt zu haben, und Potifar warf Josef ins Gefängnis.

Im Gefängnis traf Josef einen gefangen gehaltenen Diener des Pharaos, dem er einen Traum deutete. Als der Diener wieder entlassen war, plagte den Pharao ein Traum, und auf Anraten des Dieners suchte er Rat bei Josef. Dieser deutete ihm den Traum so, dass Ägypten sieben Jahre reiche Ernte haben, dann aber sieben Jahre unter einer Hungersnot leiden würde. Der Pharao vertraute Josef und lagerte Vorräte für sieben Jahre. Als Josefs Voraussage in Erfüllung ging, verlieh ihm der dankbare Pharao beispiellose Macht.

Als die vorhergesagte Hungersnot sich in der Gegend ausbreitete, zogen Josefs Brüder auf der Suche nach Nahrung nach Ägypten. Um sie für ihre Sünden gegen ihn zu bestrafen, verkleidete sich Josef, nahm seinen Bruder Benjamin als Sklaven und schickte die anderen nach Hause. Jedoch ein anderer Bruder, Juda, flehte Josef an, ihn an Benjamins Stelle als Sklaven zu nehmen. Dies sah Josef als Zeichen an, dass seine Brüder sich verändert hatten.

Er erlaubte seiner Familie daraufhin, nach Ägypten zu ziehen. Dort gründeten Josef und seine elf Brüder die zwölf Stämme Israels.

Zusatzinformationen

1. Es gibt die Hypothese, dass der Pharao Josef deswegen akzeptierte, weil er ein Angehöriger der Hyksos gewesen sei, die Verbindungen zu den Hebräern hatten.
2. Josefs Geschichte ist die Vorlage für das Musical *Josef und der Traummantel* (Original: Joseph and the Amazing Technicolor Dreamcoat) von Andrew Lloyd Webber und Tim Rice, das 1982 am Broadway Premiere hatte.

Die Ausbreitung des Islam

Nach dem Tod des Propheten Mohammed im Jahr 632 n. Chr. verbreitete sich die Religion, die dieser in Mekka gegründet hatte, mit erstaunlicher Schnelligkeit im ganzen Nahen Osten. Muslimische Armeen eroberten die arabische Halbinsel, Persien, Syrien, Armenien, Ägypten, Nordafrika und Afghanistan. 711, weniger als ein Jahrhundert nach dem Tod des Propheten, eroberten seine Anhänger das heutige Spanien und brachten den Islam nach Europa.

Das islamische Reich oder Kalifat, das sich über drei Kontinente erstreckte, mühte sich, seine zerbrechliche Einheit aufrechtzuerhalten. Die Hauptstadt wurde von Mekka nach Damaskus, der ältesten Stadt der Erde, verlegt, und die Kalifen bauten prächtige Moscheen, um ihre Herrschaft zu festigen.

Mitte des achtzehnten Jahrhunderts begann das Kalifat jedoch auseinanderzubrechen. Das größte der rivalisierenden Kalifate, das Kalifat der Abassiden, verlegte seine Hauptstadt nach Bagdad, während die iberischen Provinzen ihr eigenes Kalifat errichteten. Trotzdem florierte die islamische Welt zur Zeit des Mittelalters. Wissenschaftler, Dichter und Mathematiker machten Bagdad zu einer sagenhaften Stadt der Poesie und Gelehrsamkeit.

Für das christliche Europa, das sich noch immer im so genannten finstersten Mittelalter befand, war der Erfolg des Islam erschreckend. Muslimische Armeen drangen bis nach Frankreich ein, bevor sie schließlich von den Franken unter Karl Martell 732 zurückgedrängt wurden. Einige Historiker halten diese Schlacht für einen Wendepunkt in der Geschichte, der die weitere Ausbreitung des Islam in Europa verhinderte. Später schickte der Papst europäische

Armeen in den Nahen Osten, um einen heiligen Krieg gegen die Muslime zu führen.

Die Zerstörung des Kalifats kam jedoch aus dem Osten. 1258 wurde Bagdad von einer eindringenden mongolischen Armee erobert. Die Mongolen zündeten die großartigen Bibliotheken der Stadt an und ermordeten eine Million Einwohner. Der mongolische Führer, ein Enkel Dschingis Khans, tötete den letzten Kalifen, indem er ihn in einen Teppich rollte und von seinem Pferd zu Tode trampeln ließ.

Zusatzinformationen

1. Im Mittelalter waren islamische Gelehrte wissenschaftlich fortgeschrittener als ihre europäischen Kollegen, und viele mit Mathematik und anderen Wissenschaften zusammenhängende Begriffe kommen aus dem Arabischen, z. B. *Algebra* und *Chemie*.
2. Während eines Krieges in Zentralasien im achten Jahrhundert erfuhr die Armee des Kalifen von einem Kriegsgefangenen das chinesische Geheimnis der Papierherstellung.
3. Eins der berühmtesten Bücher aus dem Kalifat ist *Tausendundeine Nacht*, eine Sammlung von Erzählungen und Sagen, die sich im Westen großer Popularität erfreut, seit sie zum ersten Mal im achtzehnten Jahrhundert übersetzt wurde.

Catch 22

Catch 22 ist der Titel eines mit schwarzem Humor geschriebenen Kriegsromans des US-amerikanischen Autors Joseph Heller. Darüber hinaus wurde der Begriff zu einer im englischen Sprachraum weit verbreiteten Redewendung, die weniger oft auch im Deutschen benutzt wird. Bei der Veröffentlichung des Buches 1961 stieß das ungewöhnliche Werk auf geteilte Kritik. Einige hielten es für brillant, andere fanden es schockierend und beleidigend. Auf jeden Fall war *Catch 22* als Antikriegsroman ein Meilenstein, der die Beschreibung von absurden und surrealistischen Situationen in der amerikanischen Mainstream-Literatur etablierte.

Der Protagonist in *Catch 22,* Yossarian, ist ein Bombenschütze der US-Luftwaffe im Zweiten Weltkrieg und auf der kleinen italienischen Insel Pianosa stationiert. Sein Geschwader wird von einem auf komische Art unfähigen General geführt, der den Fliegern verspricht, dass sie nach einer bestimmten Anzahl von Feindflügen nach Hause geschickt werden. Doch dann erhöht er diese Anzahl immer wieder, so dass niemand nach Hause kann. Die bürokratische Absurdität des Kriegs wird durch die einfache, aber heimtückische Regel für die Luftwaffe verkörpert, die dem Roman seinen Titel gab. *Catch 22* besagt, dass ein Soldat von Kampfaufträgen befreit werden kann, wenn er geisteskrank ist. Stellt er aber tatsächlich einen Antrag auf Befreiung, macht dieser Antrag ja deutlich, dass er psychisch völlig gesund ist, also muss er weiterhin fliegen.

Der Roman ist bevölkert von einer unvergesslichen Mannschaft von Außenseitern und skurrilen Typen. Geschwaderkommandant Major Major Major Major (so getauft, weil sein Vater es für lustig hielt) wird gleich am ersten Tag seiner Berufslaufbahn durch einen Computerfehler die ganze Hierarchie hindurch bis zum Major befördert. Milo Minderbinder, verantwortlich für die Verpflegung, führt ein Schwarzmarktsyndikat und würde alles für einen Profit tun, sogar einen Vertrag mit den Deutschen unterschreiben, der die Bombardierung seines eigenen Geschwaders festlegt. Und der Arzt Daneeka, der durch einen Fehler bei Schreibarbeiten für tot erklärt wurde, kann niemanden überzeugen, dass er in Wirklichkeit lebt – am allerwenigsten seine eigene Frau, die sich über die monatliche Zahlung aus seiner Lebensversicherung freut.

Die Erzählung springt ohne jede Ankündigung und mit nur wenigen Kontexthinweisen in der Zeit vor und zurück, so dass der Leser durch dieses Imitieren des Kriegschaos völlig desorientiert zurückbleibt. Die verrückten Schrullen und Narreteien des Geschwaders machen den Roman ungeheuer komisch – bis die Dinge anfangen, ernst zu werden. Heller ist ein Meister der schwarzen Komödie und enthüllt Einzelheiten der Handlung wie nebenher, bis deutlich wird, dass das, was anfangs komisch erschien, in Wirklichkeit todernst ist.

Heller selbst sagte, dass er mit *Catch 22* nicht nur die Zustände im Zweiten Weltkrieg beschreiben wollte, sondern die Absurdität von Bürokratie und Autorität in der modernen Welt ganz allgemein. Diese Botschaft verhalf dem Roman zu Kultstatus bei den antiautoritären, sich gegen die bürgerliche Kultur wendenden Bewegungen der 1960er Jahre.

Zusatzinformationen

1. *Catch 22* hieß ursprünglich *Catch 18*, aber nachdem der Roman *Mila 18* von Leon Uri 1961 vor Hellers Buch erschienen war, wurde der Name in letzter Minute geändert.
2. Heller selbst flog im Zweiten Weltkrieg Dutzende Bombereinsätze für die US-Armee in Italien und Nordafrika.

Die Kathedrale von Notre Dame in Paris

Die gotische Kathedrale Notre Dame liegt auf der östlichen Seite der Île de la Cité, einer Insel in der Seine mitten in Paris.

Die Kathedrale steht an einem Ort, an dem sich früher ein römischer, dem Jupiter geweihter Tempel befand, der 528 durch eine christliche Kirche ersetzt wurde. Bischof Maurice de Sully, inspiriert von der Prächtigkeit der kurz zuvor ausgebauten Abteikirche in St. Denis, beschloss, die alte Pariser Kirche abreißen und eine größere bauen zu lassen. Die Bauarbeiten an der neuen Kathedrale begannen 1163 und dauerten bis zum Beginn des vierzehnten Jahrhunderts.

Wie die meisten gotischen Kathedralen hat die Fassade der Notre Dame drei Ebenen. Darüber erheben sich zwei Türme, zwischen denen sich die *»Galerie des Chimères«* befindet, eine Galerie mit Wasserspeiern – groteske, hässliche Fabelwesen –, die böse Geister fernhalten sollten. Darunter erstrahlt die prachtvolle Fensterrosette, die aus Hunderten farbiger Glasscheiben besteht und einen Durchmesser von fast zehn Metern hat.

Unter der Fensterrosette befindet sich die Königsgalerie, die ursprünglich mit Statuen der achtundzwanzig Könige von Juda und Israel geschmückt war. Während der Französischen Revolution hielt das aufgebrachte Volk sie für französische Könige und schlug ihnen die Köpfe ab. 1845 wurden die Skulpturen von dem angesehenen französischen Architekten Viollet-le-Duc ersetzt.

Die Fassade von Notre Dame hat drei Portale. Das mittlere und größte ist das Portal des Jüngsten Gerichts, zu dessen Linken ist das Portal der Heiligen Jungfrau und zu dessen Rechten das Portal der Heiligen Anna, Marias Mutter.

Die Kathedrale blickt auf eine bewegte Geschichte zurück. 1185 verkündete Heraclius von Caesarea von hier aus den dritten Kreuzzug. 1431 fand in der Kathedrale die Krönung Heinrichs VI. statt und 1804 die Napoleon Bonapartes. Während der Französischen Revolution wurde die Kirche anfangs in Tempel der Vernunft umbenannt, dann in Tempel des Höchsten Wesens (womit auch die Vernunft gemeint war). 1970 wurden in Notre Dame die Trauerfeierlichkeiten anlässlich des Todes von Charles de Gaulle abgehalten.

Zusatzinformationen

1. Victor Hugo schrieb den Roman *Der Glöckner von Notre Dame* (1831), um die öffentliche Aufmerksamkeit auf die Geschichte der Kathedrale zu lenken, die zu der Zeit vom Abriss bedroht war.
2. Auf dem Platz vor der Kathedrale befindet sich der *Kilomètre Zéro*, Ausgangspunkt für das Messen der Autobahnentfernungen von Paris in andere französische Städte.

Der Placeboeffekt

Mit Placeboeffekt bezeichnet man die positive Wirkung einer Behandlung, die keinen medizinischen Wert besitzt. Eine kranke Person, der eine Kochsalzlösung injiziert wird oder die eine Zuckerpille schluckt, fühlt sich danach oft besser. Dieses Ergebnis findet man vor allem bei sehr subjektiv wahrgenommenen Krankheiten wie Migräne, Rückenschmerzen und Depressionen. Der Placeboeffekt kann auch einen großen Teil der therapeutischen Wirkung ausmachen, die wir den wirklichen Medikamenten zuschreiben.

Bei Schmerzmedikamenten kann der Placeboeffekt zumindest teilweise mit chemischen Prozessen im Hirn erklärt werden. Wenn das Hirn Schmerz wahrnimmt, setzt es Endorphine frei – chemische Stoffe, die auf natürliche Art wie Morphium schmerzdämpfend wirken. Studien mit bildgebenden Verfahren des Hirns haben erwiesen, dass das Gehirn auch dann die Freisetzung von Endorphinen auslöst, wenn eine Person im Glauben, ein Medikament einzunehmen, nur ein Placebo schluckt. Neurologisch gesehen entsteht die gleiche Wirkung, als wenn die Person tatsächlich ein Medikament genommen hätte.

Es gibt auch einen Noceboeffekt, der noch nicht so weit erforscht ist wie der Placeboeffekt, aber genauso mächtig wirkt. Wenn man Personen erzählt, dass ein Medikament negative Nebenwirkungen haben wird, treten diese Nebenwirkungen oft ein, obwohl es keinen medizinischen Grund dafür gibt. Bei einer Untersuchung wurde den Versuchspersonen eine Zuckertablette gegeben, und man sagte ihnen, dass diese Erbrechen hervorrufen würde. 80 Prozent der Versuchspersonen begannen, sich zu übergeben. In einer anderen Studie starben Frauen, denen gesagt wurde, dass sie an einem Herzinfarkt sterben würden, viermal so häufig an einem Herzinfarkt wie Frauen mit genau dem gleichen medizinischen Profil, die sich selbst aber nicht für Risikopersonen hielten. Von sich selbst als krank zu denken kann einen krank machen.

In einigen Bereichen medizinischer Behandlung scheint die Wirkung des Placeboeffekts zuzunehmen. In Untersuchungen wurde festgestellt, dass die Reaktionsrate auf Antidepressiva alle zehn Jahre um sieben Prozent gewachsen ist. 1980 verbesserte sich der Zustand bei 30 Prozent der Personen, die Antidepressiva erhielten, ohne gleichzeitige Behandlung mit einem anderen Medikament. Im Jahr 2000 waren es 44 Prozent. Diese Veränderung könnte damit zusammenhängen, dass heute mehr Werbung für Medikamente gemacht wird und die Menschen höhere Erwartungen an sie haben. Die Öffentlichkeit glaubt heute im Allgemeinen stärker als vor zwanzig Jahren an die Wirkung von Medikamenten bei psychischen Erkrankungen, was Placebos mehr Erfolg verleiht.

Zusatzinformationen

1. Auch die Farbe eines Medikaments spielt bei einigen Patienten eine Rolle. In einer italienischen Studie erwiesen sich blaue Tabletten für Frauen als besonders gut geeignet für Schlaftabletten, bei Männern jedoch war das Gegenteil der Fall.
2. Schmerzhafte Injektionen können eine stärkere therapeutische Wirkung haben als Injektionen, die weniger wehtun.

Form

Der Begriff Form bezieht sich im Zusammenhang mit klassischer Musik auf die Regeln, die der Komposition eines Musikstücks zugrunde liegen; damit sind mehrere Eigenschaften gemeint, die einem bestimmten Musiktypus gemeinsam sind.

Zweiteilige Form (A-B): Der erste Teil des Musikstücks (A) beginnt in der Grundtonart, wird dann moduliert (d.h. die Tonart wird geändert) zur Dominanttonart oder Paralleltonart und dann zurück zur Grundtonart. Steht das Stück also zum Beispiel in A-Dur, beginnt der A-Teil in A-Dur und wechselt dann in die E-Tonart. Der B-Teil beginnt in E und wird zurück in A-Dur moduliert. Ist das Stück in A-Moll geschrieben, beginnt der A-Teil in dieser Tonart und moduliert zu C-Dur, und im B-Teil verläuft dieser Prozess wieder umgekehrt.

Dreiteilige Form (A-B-A): Der A-Teil steht in der Grundtonart, der B-Teil in der Dominant- oder Paralleltonart, und dann wird der erste Teil in der Grundtonart wiederholt, so dass das Stück endet, wie es begonnen hat.

Sonatenform: Bei der Sonatenform handelt es sich um eine dreiteilige Struktur. Der erste Teil, die Exposition, etabliert die Ausgangstonart, stellt ein Hauptthema und zusätzlich oft noch kontrastierende Nebenthemen vor und erzeugt Spannung, indem von der Tonart wegmoduliert wird. Im zweiten Teil, der Durchführung, wird das thematische Material in einer Vielzahl von Kombinationen und Arrangements vorgeführt und oft vielgestaltig moduliert. Im dritten Teil, der Reprise, tauchen die anfänglichen Themen wieder auf, und das Stück endet in derselben Tonart, in der es begonnen hat.

Rondoform: Dies ist eine Variante der dreiteiligen Form, die folgendermaßen dargestellt werden kann: A-B-A-C-A-D-A. Dabei steht jeder Buchstabe für einen thematischen Teil. Die Teile B-C-D werden Episoden genannt und dienen als harmonische und melodische Ergänzungen zu dem anfänglichen A-Thema.

Thema und Variation: Der Komponist stellt eine Melodie vor und variiert diese dann durch Ausschmückungen, Veränderungen der Harmonie, Veränderungen im Gefüge, Veränderungen von Dur zu Moll und andere Techniken. Diese Form kann dargestellt werden durch die Buchstabenfolge A-A′-A″-A‴ und so weiter.

Zusatzinformationen

1. Anklänge an die Sonatenform tauchten zuerst in den späten Barockstücken von Johann Sebastian Bach (1685–1750) auf. Die Verbreitung dieser Form bildet dann eine der größten stilistischen Veränderungen, die den Übergang von der Barockmusik zur klassischen Musik kennzeichnen. Wolfgang Amadeus Mozart (1756–1791) war ein Meister der Sonatenform.
2. Sowohl Bach (z.B. in den *Goldberg-Variationen*) als auch Mozart (in den *12 Klaviervariationen* der alten französischen Volksweise, die in England als *»Twinkle, Twinkle, Little Star«* und in Deutschland als *»Morgen kommt der Weihnachtsmann«* bekannt ist) arbeiteten mit Thema und Variation.

Stoff und Form

Aristoteles' Theorie von Stoff und Form ist einer der wichtigsten und einflussreichsten Aspekte seiner Philosophie. Es handelt sich hierbei jedoch um ein sehr kompliziertes Konzept, das nicht immer richtig verstanden wurde. Im Kern war es ein Versuch, in der Zeit vor den Fortschritten der modernen Wissenschaft die Welt der Natur zu erklären.

Aristoteles (384–322 v. Chr.) sah, dass die Welt von Substanzen bevölkert war – konkreten individuellen Dingen wie Pflanzen und Tieren. Man kann sich Substanzen als die Art von Dingen vorstellen, die typischerweise das Subjekt in einem Satz bilden, wenn wir über sie sprechen. Zum Beispiel ist Sokrates eine Substanz, weil wir sagen »Sokrates ist blass.« Aristoteles nannte bestimmte Eigenschaften von Substanzen wie die Eigenschaft, blass zu sein, Akzidenzien. Akzidenzien sind Dinge, die von den Substanzen gesagt werden, wenn wir über sie sprechen; sie haben in Sätzen normalerweise die Funktion der Adjektive.

Man kann diese Unterscheidung auch verdeutlichen, indem man sich Aristoteles' Unterscheidung zwischen substanziellen Veränderungen und akzidentellen Veränderungen klarmacht. Ein Beispiel einer akzidentellen Veränderung ist es, wenn Sokrates sich vom Zustand des Blass-Seins nach einem Aufenthalt in der Sonne zum Zustand des Gebräunt-Seins verändert. Sokrates, die Substanz, bleibt bestehen, was sich verändert, sind nur Akzidenzien von Sokrates, seine Blässe und seine gebräunte Farbe. Ein Beispiel einer substanziellen Veränderung ist Sokrates' Tod. In dem Fall hört eine wirkliche Substanz, nämlich Sokrates auf zu existieren.

Die Idee von der substanziellen Veränderung führt zu Aristoteles'

Theorie von Stoff und Form. Selbst wenn Sokrates stirbt, existiert sein Körper weiter. Etwas bleibt bestehen. Aristoteles definiert Stoff als dasjenige, was auch nach der substanziellen Veränderung noch bestehen bleibt. Der Stoff von Sokrates jedoch, der einst verschiedene komplizierte biologische Prozesse enthalten hat, hat diese Prozesse eingestellt. Jetzt, da Sokrates tot ist, bleibt der Stoff bestehen, aber die Form des Stoffes hat sich verändert. Form wird als das Prinzip der Organisation und Aktivität definiert, das für die Interaktion der verschiedenen Teile von Sokrates bestimmend war.

Aristoteles folgerte, dass individuelle Substanzen Kombinationen aus Stoff und Form sind. In seinen Werken über Naturphilosophie erklärte Aristoteles eine große Vielfalt von Naturphänomenen, indem er sich seiner Theorie von Stoff und Form bediente.

Zusatzinformationen

1. Aristoteles' Theorie von Stoff und Form wird *Hylomorphismus* genannt.
2. Aristoteles' Hylomorphismus hatte durch Thomas von Aquin einen großen Einfluss auf das westliche Christentum; Thomas von Aquin machte die Theorie zu einer der Säulen seiner eigenen metaphysischen Darlegungen.
3. René Descartes (1596–1650) war ein vehementer Kritiker der Verwendung der Theorie der substanziellen Formen des Aristoteles in der Physik des siebzehnten Jahrhunderts.

Moses

Moses gilt im Allgemeinen als eine der wichtigsten biblischen Figuren in der jüdischen Geschichte. Der Hauptteil der Geschichte Moses' wird in dem Buch Exodus erzählt.

Das hebräische Volk, Nachkommen Abrahams, verließ Israel während einer Hungersnot und ließ sich in Ägypten nieder, wo einer von Jakobs Söhnen, Josef, bei den Pharaonen sehr beliebt war. Doch im Laufe der Zeit wurde die Freundschaft zwischen den Pharaonen und Josef vergessen, und die Ägypter machten das hebräische Volk zu ihren Sklaven.

Moses wurde in Ägypten als Sohn von Amram und Jochebed geboren. Zu dieser Zeit regierte ein besonders grausamer Pharao, Ramses II., auf dessen Geheiß die Kinder der hebräischen Sklaven getötet werden sollten. Zuerst konnte Jochebed Moses noch verstecken, aber schließlich stellte sich das als zu schwierig heraus. So legte seine Mutter Moses, als er drei Monate alt war, in einen Korb und stieß diesen den Nil hinab in der Hoffnung, dass ein freundlicher Mensch sich seiner annehmen würde. Der Korb mit Moses wurde von der Tochter des Pharaos gefunden, die das Kind als ihren eigenen Sohn aufzog.

Moses wuchs heran und erfuhr schließlich von seiner wirklichen Herkunft. Als er kurz darauf sah, wie ein Ägypter einen Israeliten schlug, tötete er den Ägypter. Nach diesem schrecklichen Verbrechen musste Moses aus Ägypten fliehen und lebte vierzig Jahre lang auf der Halbinsel Sinai. Eines Tages sah Moses einen Busch in Flammen stehen, der jedoch nicht verbrannte. Als Moses den Busch näher untersuchte, befahl Gottes Stimme ihm aus den Flammen, nach Ägypten zurückzukehren und die Israeliten von dort wegzuführen.

Moses kehrte nach Ägypten zurück und versuchte, den Pharao zu überzeugen, die Hebräer freizulassen. Der Pharao weigerte sich, woraufhin Gott den Ägyptern zehn Plagen schickte. Erst die zehnte Plage – die Tötung des erstgeborenen Sohns in allen ägyptischen Familien – brachte den Pharao dazu, die Israeliten freizulassen. Nachdem der Pharao ihnen erlaubt hatte, das Land zu verlassen, verfolgte er sie jedoch. Als die Israeliten das Rote Meer erreichten, hatten die Armeen des Pharaos sie eingeholt. Um das Volk der Israeliten zu retten, teilte Gott das Rote Meer, damit die Israeliten es durchqueren konnten, schloss es aber gleich danach wieder, so dass die ägyptischen Verfolger ertranken. Nachdem die Israeliten das Meer durchquert hatten, führte Moses sie durch die Wüste zum Berg Sinai. Er stieg allein hinauf und erhielt auf dem Berg von Gott die Zehn Gebote.

Auch wenn fraglich ist, ob Moses wirklich existiert hat, ist er als Führer und Gesetzgeber eine wichtige Gestalt der jüdischen Geschichte.

Zusatzinformationen

1. Eine Theorie besagt, dass Moses gar kein Hebräer war, sondern ein abtrünniger und mitfühlender ägyptischer Priester.
2. Das antisemitische Klischee, dass Juden Hörner haben, stammt wahrscheinlich aus einer falschen Übersetzung der Beschreibung Moses, nachdem dieser vom Berg Sinai herabgestiegen war. Angeblich hatte die enge Nähe zu Gott sein Aussehen verändert, aber es steht geschrieben, dass »Lichtstrahlen von seinem Gesicht ausgingen«, und nicht, wie manche fälschlicherweise glaubten, dass »Hörner aus seinem Kopf hervorstanden«.

Karl der Große

Nach dem Zusammenbruch des Römischen Reiches 476 nach Christus begann in Europa eine Zeit des Krieges und der Anarchie, die manche Geschichtswissenschaftler später als Finsteres Mittelalter bezeichneten. Ständige Kämpfe rivalisierender Volksstämme um die verfallenden Überreste des Römischen Reiches bestimmten das Leben, und die Entwicklung von Künsten und Wissenschaften stagnierte. Ohne die von Rom aufrechterhaltene Einheit gab es nichts mehr, was den Kontinent zusammenhielt.

Karl der Große (742–814), Regent eines Königreichs in der Gegend des heutigen Deutschlands, schuf im achten Jahrhundert ein großes europäisches Reich, das zum ersten Mal wieder viele der Gebiete vereinte, die einst zum westlichen Römischen Reich gehört hatten. Am Weihnachtstag des Jahres 800 nach Christus krönte der Papst Karl den Großen zum ersten Kaiser des Heiligen Römischen Reiches, den Anführer des wiederauflebenden Christentums.

Zur Zeit seiner Krönung umfasste das Reich Karls des Großen das heutige Gebiet von Frankreich, Belgien, Holland, der Schweiz und den größten Teil Deutschlands. Karl der Große war ein König der Franken, eines germanischen Stammes, der viele Nachbarstaaten annektiert hatte.

Das im Jahr 800 ausgerufene Heilige Römische Reich hat Europa niemals wirklich vereinigt. Wie Voltaire im achtzehnten Jahrhundert witzelte, war es weder »heilig« noch »römisch, noch ein »Reich«.

Nach einer Schätzung umfasste es mehr als 300 mehr oder weniger unabhängige Fürstentümer, einige davon nicht größer als ein paar Quadratkilometer. Nichtsdestotrotz blieb es jahrhundertelang eine bedeutende Macht in Europas Mitte. Die Armeen Karls des Großen verbreiteten das Christentum und kämpften (erfolglos) um die Eroberung von Gebieten, die in Spanien unter der Herrschaft muslimischer Kalifen standen.

Das Erbe Karls des Großen ist noch immer quer durch Europa zu sehen – im wahrsten Sinne des Wortes. Kürzliche Untersuchungen ergaben, dass ein großer Prozentsatz der Europäer von dem Frankenkönig abstammt. Karl wird als einer der Gründungsväter Frankreichs und Deutschlands angesehen. Das von ihm geschaffene Reich blieb erhalten – zumindest in reduzierter Form –, bis der letzte Kaiser des Heiligen Römischen Reiches 1806 zurücktrat.

Zusatzinformationen

1. Das Schwert Karls des Großen wurde Joyeuse (das Freudenreiche) genannt; eine Waffe, die angeblich das berühmte Schwert ist, kann man im Louvre besichtigen.
2. In der mittelalterlichen volkstümlichen Sage war Karl der Große einer der »Neun Guten Helden«, der größten Ritter der Geschichte. Dazu gehören zum Beispiel auch König Arthur und Alexander der Große.
3. Während eines Kampfes in Spanien wurde 778 einer von Karls Edelleuten, Roland, von Basken getötet. Die Geschichte von Rolands heldenhaftem Tod wurde die Grundlage für das *Rolandslied,* eines der berühmtesten literarischen Werke des Mittelalters.

Gabriel García Márquez

Mehr als jeder andere Schriftsteller hat wohl der kolumbianische Autor Gabriel García Márquez im zwanzigsten Jahrhundert die Aufmerksamkeit der Weltöffentlichkeit auf die lateinamerikanische Literatur gelenkt. In seinen Romanen und Erzählungen stellt er Geschichte und Menschen seines Heimatkontinents mit einer Erzähltechnik dar, in der tatsächliche Ereignisse dicht mit Fantastischem und Mythologischem verwoben sind.

García Márquez, der 1928 in dem Ort Aracataca in Nordkolumbien geboren wurde, wuchs mit Familiengeschichten auf, die ihm von älteren Verwandten und Bekannten, vor allem aber von seinen Großeltern erzählt wurden. Nach dem Besuch eines Jesuitenkollegs und einem begonnenen Jurastudium arbeitete er als Journalist für verschiedene ausländische Presseagenturen und lebte in Frankreich, Venezuela, den Vereinigten Staaten und Mexiko. Hier begann er in den 1950er Jahren, Literatur zu schreiben, und veröffentlichte 1961 sein erstes bedeutendes Werk, die Kurzgeschichtensammlung *Der Oberst hat niemand, der ihm schreibt.*

García Márquez' Meisterwerk ist unbestritten der Roman *Hundert Jahre Einsamkeit,* eine breit gefächerte Erzählung, die sich über sieben Generationen erstreckt und in dem fiktionalen Ort Macondo angesiedelt ist. Die Geschichte des Ortes und seiner Gründer – der Buendía-Familie – spiegelt die historischen Entwicklungen ganz Lateinamerikas wider. Während Macondo mehr und mehr in Kontakt mit der Außenwelt gerät, erlebt es von der unverdorbenen ländlichen Isolation über den Bürgerkrieg, die Diktatur, Arbeitsunruhen und andere schwierige Situationen alle gesellschaftlichen Probleme, die den Übergang zur Moderne begleiten. Im Roman bewegt sich die Geschichte zyklisch, da sowohl Individuen als auch Gruppen die gleichen Fehler immer wieder begehen – ein Tatbestand, den García Márquez betont, indem er den Figuren verschiedener Generationen der Buendía-Familie dieselben Namen gibt.

Viele von García Márquez' Werken sind beispielhaft für das Genre, das man mit dem Begriff »Magischer Realismus« bezeichnet – eine Mischung von äußerst realistischer Beschreibung mit Elementen des Fantastischen und Übernatürlichen. In *Hundert Jahre Einsamkeit* zum Beispiel halten in Macondo sintflutartige Regenfälle fünf Jahre lang an, beim Tod einer Romanfigur fällt eine Kaskade gelber Blumen vom Himmel und ein Kind wird mit einem Schweineschwanz geboren. Im Kontext des magischen Realismus werden solche Ereignisse meist als alltäglich hingenommen, weder kommentieren die Figuren des Romans sie, noch wundern sie sich darüber.

Nach zwei weiteren bedeutenden Veröffentlichungen – dem Roman *Der Herbst des Patriarchen* (1975) und der Erzählung *Chronik eines angekündigten Todes* (1981) – erhielt García Márquez 1982 den Literaturnobelpreis. Die Verkaufszahlen seiner Werke bewegen sich in der spanischen Originalversion und in Übersetzungen im zweistelligen Millionenbereich. Márquez gehört so zu den wenigen zeitgenössischen Romanciers, die sowohl beim Publikum als auch bei den Kritikern erfolgreich sind.

Zusatzinformation

1. Viele der Werke von García Márquez spielen in demselben fiktionalen Universum, und einige Charaktere und Orte tauchen in mehreren Geschichten und Romanen auf.

Renaissance-Kunst

Mit dem Begriff Renaissance bezeichnet man die Epoche vom Mittelalter bis zum Barock. Das Wort leitet sich ab vom lateinischen *renascere* – wiedergeboren werden – und bezieht sich auf die Wiedergeburt der griechischen und römischen Kultur. Künstler und Intellektuelle der Renaissance verwarfen die Ideen des Mittelalters und suchten Inspiration in klassischen Leitbildern.

Die Wurzeln der Renaissance reichen bis ins frühe vierzehnte Jahrhundert zurück, als der italienische Dichter Francesco Petrarca eine Philosophie entwickelte, in der das Individuum und menschliche Leistungen hoch geschätzt werden, ein typisches Kennzeichen für den Wandel gegenüber der mittelalterlichen Gesellschaft, die die Macht Gottes in den Mittelpunkt stellte.

In der Bildenden Kunst begann die Renaissance im frühen fünfzehnten Jahrhundert in Florenz. Um diese Zeit fingen Bildhauer und Architekten an, nach antiken Modellen zu arbeiten. Auch die Erforschung der Fluchtpunktperspektive, mit deren Hilfe man auf einer zweidimensionalen Fläche Tiefe und Volumen abbilden kann, fällt in diese Zeit.

Bekannte Florentiner Künstler der Frührenaissance waren unter anderem der Bildhauer Donatello, dessen David die erste freistehende nackte Figur seit der Antike war; Brunelleschi, der Architekt, der die berühmte Kuppel des Doms Santa Maria del Fiore in Florenz entwarf; und Masacchio, der erste Maler, von dem man weiß, dass er die Fluchtpunktperspektive anwandte.

Die Hochrenaissance, im Allgemeinen auf 1495–1527 datiert, brachte einige der größten Meister der europäischen Zivilisation

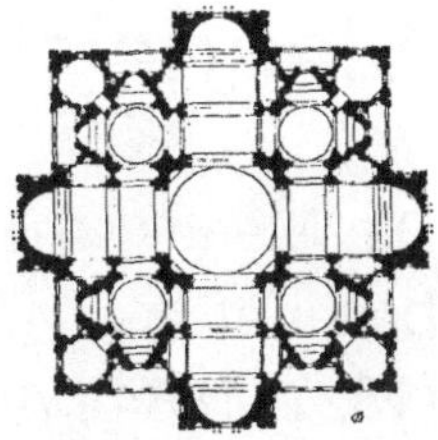

hervor, darunter Leonardo da Vinci, Michelangelo, Raffael und Tizian. In dieser Zeit wurde auch der Neubau des Petersdoms begonnen. Der Architekt Bramante entwarf die erste Version der neuen Kirche. Nach seinem Tod wurde die Weiterführung des Projekts von mehreren Künstlern beaufsichtigt, zu denen auch Michelangelo gehörte. Erst in der Mitte des siebzehnten Jahrhunderts wurde der Bau der Kirche beendet.

Zusatzinformationen

1. In Nordeuropa setzte sich die Renaissance später durch; hier war der gotische Stil bis ins sechzehnte Jahrhundert vorherrschend.
2. Mit Spätrenaissance bezeichnet man den Zeitraum von 1527 bis 1600. Während dieser Zeit entstandene Werke werden auch als manieristisch bezeichnet, da ihre Form hochkomplex und reich an esoterischen und intellektuellen Anspielungen ist.

Mendelsche Regeln

Die Mendelschen Regeln (früher Mendelsche Gesetze) sind benannt nach dem tschechischen Mönch Gregor Mendel (1822–1884). Als dieser Mitte des achtzehnten Jahrhunderts seine Erbsenexperimente durchführte, gab es zwei Haupttheorien über die Vererbung. Die erste ging davon aus, dass die Merkmale der Eltern beim Kind in einer Mischung aus väterlichen und mütterlichen Eigenschaften in Erscheinung treten, die zweite basierte auf der Annahme, dass die Umgebung, in der ein Kind empfangen wurde, die äußere Erscheinung des Kindes bestimmte. Mendel widerlegte beide Theorien.

Bei seinen häufigen Spaziergängen durch den Klostergarten fielen Mendel die einfachen äußeren Merkmale der gewöhnlichen Erbsenpflanze *(Pisum sativum)* auf. Er bemerkte, dass die Blüten der Pflanze entweder rot oder weiß waren, aber nie Mischfarben aufwiesen, und dass die Hülsen entweder gelb oder grün waren. Die Stängel waren lang oder kurz und die Samen glatt oder runzelig. Insgesamt fand Mendel sieben Merkmale, die sich nie zu mischen schienen, und so begann er sein Experiment.

Als Mendel Erbsen aus Pflanzen mit grünen Hülsen und solchen mit gelben Hülsen kreuzte, hatten die Sprösslinge immer grüne Hülsen. Kreuzte er aber nun diese erste Generation mit sich selbst, wies ein Viertel der nächsten Generation gelbe Hülsen auf. Das Gleiche passierte bei der Höhe der Pflanzen. Kreuzte Mendel Erbsen mit langen Stängeln mit solchen mit kurzen Stängeln, hatte die ganze nächste Generation lange Stängel. Bei der folgenden Generation wies jedoch ein Viertel der Pflanzen kurze Stängel auf.

Dieses Muster führte dazu, dass Mendel etwas annahm, das man später Allel nannte – ein bestimmtes Gen –, wobei er von einer dominant-rezessiven Vererbung ausging. Im Wesentlichen folgerte Mendel, dass jede Pflanze von jedem Elternteil für jedes Merkmal eine Erbeinheit oder ein Allel erhielt. Obwohl nur eins der beiden Allele äußerlich zu sehen war – das dominante Allel –, hatten beide die gleiche Chance, an die nächste Generation weitergegeben zu werden. Nachdem also die Erbsen mit langen Stängeln mit denen mit kurzen Stängeln gekreuzt worden waren, hatten ihre Sprösslinge alle ein dominantes Allel für einen langen Stängel und ein rezessives Allel für einen kurzen Stängel. Sie erschienen alle lang, aber sie besaßen alle ein nicht sichtbares Allel für einen kurzen Stängel. Kreuzte man diese Generation jetzt miteinander, hatte ein Viertel ihrer Nachkommen zwei Allele für hohen Wuchs, eine Hälfte hatte ein Allel für Höhe und eins für Niedrigkeit (diese Pflanzen waren hoch) und ein Viertel hatte zwei Allele für einen kurzen Stängel. Diese letzten wiesen auch äußerlich einen kurzen Stängel auf. Diese Beobachtung bildet die Grundlage der modernen Genetik und erklärt, warum bestimmte Merkmale Generationen überspringen.

Zusatzinformationen

1. Zwischen 1856 und 1863 kultivierte und überprüfte Mendel etwa 28000 Erbsenpflanzen.
2. Obwohl Mendel ausgezeichnete Aufzeichnungen verfasste, erschienen Wissenschaftlern später seine Ergebnisse oft allzu genau. Sie mutmaßten, dass er zur Bestätigung seiner Annahmen seine Daten angepasst hatte.
3. Zu seinen Lebzeiten fand Mendels Arbeit kaum Anerkennung, und er starb relativ unbekannt. Botaniker entdeckten sein Werk um 1900 wieder, und es veränderte das Studium der Genetik für alle Zeiten.

Antonio Vivaldi

Antonio Vivaldi (1678–1741) wurde in Venedig als kränkliches Kind eines Violinisten geboren und 1703 zum Priester geweiht. Schon bald darauf wurde er Geigenlehrer, Dirigent und Komponist am Pio Ospedale della Pietà, einer venezianischen Musikschule für Waisenmädchen. Die jungen Frauen erhielten eine strenge Musikausbildung, und ihre Konzerte, bei denen oft Vivaldis eigene Werke gespielt wurden, fanden bei dem Musik liebenden Publikum Venedigs großen Anklang.

Vivaldi war ein erstaunlich produktiver Komponist; er schrieb mehr als 500 Konzerte, mehr als von jedem anderen Komponisten bekannt sind. Obwohl Vivaldi auch Vokalmusik komponierte, sind die meisten seiner Werke Instrumentalstücke. Seine Konzerte sind sehr expressiv und decken eine große Bandbreite an Emotionen ab, von sanfter Traurigkeit bis zu majestätischen und bombastischen Gefühlen.

Viele von Vivaldis Werken sind programmatisch – sie erzählen eine Geschichte, rufen ein bestimmtes Gefühl hervor oder erzeugen den Eindruck eines Geschehnisses im wirklichen Leben, im Allgemeinen einer Begebenheit in der Natur. Die Konzerte bestehen oft aus drei Sätzen: einem Allegro-Satz (lebhaft), einem langsamen Satz in derselben oder einer Paralleltonart und einem abschließenden Allegro-Satz, meist noch schneller als der erste.

Vivaldis Kompositionen tragen Titel wie *Die Nacht, Der Sturm auf dem Meer* und *Der Distelfink,* aber am berühmtesten sind *Die vier Jahreszeiten,* eine Zusammenstellung von vier Konzerten. Dieses eingängige Meisterwerk bleibt bis heute eins der populärsten Stücke westlicher klassischer Musik. Mit diesem Konzert und anderen Kompositionen revolutionierte Vivaldi die Rolle des Solisten und verlieh ihm mit seinem außergewöhnlichen Gefühl für das Dramatische eine noch nie dagewesene Bedeutung. Vivaldis Musik mit ihren einprägsamen Themen, den originellen rhythmischen Motiven und der Klarheit der Komposition hatte auch starken Einfluss auf Johann Sebastian Bach und die Komponisten der klassischen Epoche.

Zusatzinformationen

1. Bei den meisten Manuskripten Vivaldis steht am oberen Rand eine Abkürzung der Wörter *Laus Deo Beataeque Mariae Deiparae Amen,* die bedeuten »Ehre sei Gott und der Gesegneten Maria, der Mutter Gottes«.
2. Während einer Periode seines Lebens soll Vivaldi mehr als 50 000 Dukaten im Jahr verdient haben, eins der höchsten Gehälter, die einem Musiker dieser Zeit gezahlt wurden.

Logik

Logik ist die Lehre von formal gültigen Argumenten. Ein Argument besteht aus mehreren Sätzen, den Prämissen oder Annahmen, und einem Satz, der eine Schlussfolgerung darstellt. Hier ein Beispiel:

Sokrates ist ein Mensch.
Wenn Sokrates ein Mensch ist,
dann ist Sokrates sterblich.
Daher ist Sokrates sterblich.

Dies ist ein Beispiel für ein gültiges Argument. Ein gültiges Argument ist ein Argument, in dem die Wahrheit der Schlussfolgerung aus der Wahrheit ihrer Prämissen hervorgeht. Beachten Sie jedoch, dass die Gültigkeit dieses Arguments von keiner Aussage über Sokrates, die Menschheit oder die Sterblichkeit abhängt. Das Argument ist gültig, weil sein Schema oder seine Konstruktion gültig ist. Das Folgende ist eine schematische Darstellung desselben Arguments:

1. *p*
2. *Wenn p dann q*
3. *Also q*

Egal welche Sätze wir für p und q auch immer einsetzen, ist dies ein gültiges Argument. Das Originalargument ist das gleiche Argument, nur mit ganz bestimmten Sätzen, die für *p* und *q* eingesetzt sind. Wörter wie *und, oder, einige* und *alle* werden logische Begriffe genannt.

Die Lehre der Logik untersucht, welche Schemen für Argumente gültig sind. Sie untersucht die Beziehung zwischen verschiedenen logischen Begriffen wie *wenn-dann* und *und* und die Rollen, die sie im Aufbau gültiger Argumente spielen.

Zusatzinformationen

1. Seit Aristoteles das erste logische System entwickelte, wird Logik häufig als das erste Fach angesehen, das man beim Studium der Philosophie erlernen sollte.
2. Gottlob Frege (1848–1925) entwarf 1879 in seinem Werk *Begriffschrift* die moderne Logik. Obwohl Frege die Logik revolutionierte, ist er bei Nicht-Experten fast unbekannt.
3. Das Prinzip, dass jede Aussage entweder wahr oder falsch ist, wird von einigen Philosophen bestritten. Andere Philosophen bestreiten sogar, dass die widersprüchlichen Aussagen notwendig falsch sind!

König David

König David, der nach König Saul regierte, war Israels zweiter und bedeutendster König. Er war der Sohn Isais und wurde als Schafhirte großgezogen. Seine Geschichte wird in der Bibel im Buch Samuel erzählt. Am bekanntesten ist er wohl durch die Episode von David und Goliath.

Goliath war Philister und ein Riese, der nach manchen Schätzungen fast drei Meter groß gewesen sein soll. Als er David begegnete, befanden sich die Philister im Krieg mit den Israeliten. Bevor Goliath in den Kampf zog, forderte er die Israeliten heraus, einen Krieger zu schicken, der ihn besiegen könnte. Vierzig Tage lang sprach Goliath täglich diese Herausforderung aus, aber kein Israelit nahm sie an. Schließlich entschloss sich David, der noch ein Jugendlicher war und sich nur zufällig auf dem Kriegsschauplatz aufhielt, weil er seinen älteren Brüdern Essen brachte, die Gelegenheit zu ergreifen.

König Saul, den Davids Tapferkeit amüsierte, bot ihm eine Waffe und ein Schild an, aber David lehnte ab. Nur mit einer Schlinge und ein paar Steinen bewaffnet, zog er los, um gegen Goliath zu kämpfen. Bevor Goliath jedoch zuschlagen konnte, schleuderte David einen Stein auf ihn, der ihn am Kopf traf und umwarf. Daraufhin ergriff David Goliaths Schwert und schlug seinem Gegner den Kopf ab.

Von dem Moment an wurde David in ganz Israel so beliebt, dass König Saul ihn als Gefährdung empfand und ihn töten lassen wollte. Sauls eigener Sohn und Erbe, Jonathan, war mit David befreundet und half ihm zu überleben. Schließlich wurde David gewählt, um Saul als zweiter König Israels nachzufolgen.

Als er König war, vereinte David die Völker im Norden und Süden Israels und machte Jerusalem zur Hauptstadt. Er regierte ab ca. 1000 vor Christus ungefähr vierzig Jahre lang. Während seiner Regentschaft verliebte er sich in eine verheiratete Frau namens Batseba, die schwanger von ihm wurde. Um seine Sünde zu verdecken, befahl David, dass ihr Ehemann, ein Soldat seiner Armee, an die Front geschickt wurde, wo er umkam. Daraufhin sandte Gott den Propheten Nathan, um David mit seinem Verbrechen zu konfrontieren.

Trotz Davids Unvollkommenheit ist es jüdischer Glaube, dass Gott David versprach, sein Geschlecht würde Israel für immer regieren. Daher geht die jüdische messianische Tradition davon aus, dass bei der Ankunft des Messias dieser ein Nachkomme Davids sein wird.

Zusatzinformation

1. Es gibt Spekulationen, dass die Größe Goliaths durch einen Defekt der Hypophyse hervorgerufen gewesen sein könnte, der unnormales Wachstum verursacht. Ein anderes Symptom dieses Defekts wäre Tunnelsicht, die auch erklären könnte, weshalb David sich an Goliath anschleichen konnte, ohne dass dieser es bemerkte.

Magna Charta

Englands König John, genannt Johann Ohneland, wurde 1214 in einem Krieg mit Frankreichs König Philipp II. besiegt. John kehrte zurück nach England und wollte seinen königlichen Staatsschatz wieder auffüllen, indem er die Barone, die seine Feldzüge im Ausland nicht unterstützt hatten, mit hohen Steuern belegte. Die Barone rebellierten und nahmen im Sommer 1215 London ein.

Nach dem Fall Londons handelte König John in Runnymede, einem Feld an der Themse, mit den Siegern eine Abmachung aus. Diese garantierte den Baronen grundsätzliche Freiheiten und reduzierte die absolute Macht des Königs durch eine Reihe von Einschränkungen. Festgehalten wurden diese Vereinbarungen in einer Proklamation, der Magna Charta. Am 19. Juni wurde die Magna Charta mit dem königlichen Siegel versehen und im ganzen Land verlesen. Nicht nur König John, sondern auch seine Thronerben sollten für immer daran gebunden sein.

Der erste Entwurf der Vereinbarung bezog sich auf alle Barone, aber in der letzten Version wurde der Text derart verändert, dass nun alle freien Männer von der Vereinbarung betroffen waren. Zur damaligen Zeit waren die freien Männer eine Minorität in der englischen Bevölkerung, aber im Laufe der Jahrhunderte veränderte sich die Bedeutung des Wortes, bis sie alle Bürger umfasste.

Der erste Artikel der Magna Charta besagte, dass die Kirche in England »frei sein sollte und dass ihre Rechte ungeschmälert und ihre Freiheiten unbeeinträchtigt sein sollten.«

Einige Artikel legten die Beziehung zwischen dem König und seinen Edelmännern fest. Die Charta enthielt auch die Garantie, dass niemand ohne Prozess ins Gefängnis geworfen werden durfte, und es gab eine Bestimmung, dass keine Lehnsabgaben ohne die »allgemeine Zustimmung« des Reiches erhoben werden konnten. Der letzte Artikel bestimmte die Bildung eines Rats aus Baronen und Kirchenleuten, der das Recht hatte, die Einhaltung der Vereinbarung wenn nötig mit Gewalt gegen die Krone durchzusetzen.

Die Magna Charta gilt als Fundament von Freiheit und Recht in England und als frühestes Saatkorn der konstitutionellen Monarchie. Allerdings wurde sie während Hunderten von Jahren nach ihrem Erlass in hohem Maße ignoriert. Papst Innozenz II. erklärte das Dokument noch im selben September für ungültig. 1217 wurde es wieder bestätigt, aber rechtlich als irrelevant betrachtet.

Die Bedeutung der Magna Charta wurde im 17. Jahrhundert von dem Parlamentsmitglied Sir Edward Coke neuerlich hervorgehoben. Dieser zitierte wiederholt ihre Grundsätze in seinem Kampf gegen die Stuarts. Später wurde die Magna Charta zur Inspiration für die amerikanischen Kolonialisten in ihrem Unabhängigkeitskampf.

Zusatzinformationen

1. Magna Charta ist Latein und bedeutet »Große Urkunde«.
2. Vier Originalkopien der Magna Charta sind erhalten geblieben, zwei befinden sich in der British Library und die anderen beiden in den Archiven der Kathedralen von Lincoln und Salisbury.
3. 1957 wurde von der American Bar Association (amerikanische Anwaltskammer) in Runnymede ein Denkmal für die Magna Charta errichtet, um deren Bedeutung für das amerikanische Recht zu würdigen.

»Ozymandias«

Ein Mann berichtete aus mythischem Land:
Zwei Riesenbeine, rumpflos, steingehauen
Stehn in der Wüste. Nahebei im Sand
Zertrümmert, halb versunken, liegt mit rauen
Lippen voll Hohn ein Antlitz machtgewöhnt,
Voll Leidenschaften die bestehn; es sagt:
Der Bildner, der es prägte, wusste dies,
Wes Herz und Hand sie speiste und verhöhnt.

Und auf dem Sockel eingemeißelt lies:
»Ich bin Ozymandias, Herr der Herrn.
Schaut, was ich schuf, ihr Mächtigen und verzagt!«
Nichts bleibt. Um den Verfall her riesengroß
Des mächtigen Steinwracks öd und grenzenlos
Dehnt sich die leere Wüste nah und fern…

Percy Bysshe Shelley (1792–1822) war einer der führenden romantischen Dichter Englands im frühen 19. Jahrhundert. Die Gedichte dieser Zeit waren eine Reaktion auf den Rationalismus, der während der Aufklärung im 18. Jahrhundert Kunst und Literatur dominiert hatte. Statt der Vernunft wurden nun die Erhabenheit der Natur und die Kraft menschlicher Emotionen und Leidenschaften gefeiert.

Shelleys »Ozymandias« (1818) ist ein Sonett, geschrieben in derselben strengen vierzehnzeiligen Versform der Werke Petrarcas, Spensers, Shakespeares und anderer Renaissancedichter. Normalerweise ist ein Sonett in fünfhebigen Jamben geschrieben, jede Zeile besteht aus fünf zweisilbigen Einheiten, die eine betonte und eine unbetonte Silbe enthalten. Darüber hinaus gliedert sich ein Sonett von Petrarca wie auch »Ozymandias« typischerweise in zwei Teile:

die ersten acht Zeilen, die Oktave, und die letzten sechs, das Sextett. Oft stellt die Oktave eine Frage, die das Sextett beantwortet; in »Ozymandias« malt die Oktave ein Bild, das vom Sextett ironisch kommentiert wird.

Der Sprecher in »Ozymandias« erzählt eine Geschichte, die er von einer einst großen Statue gehört hat, die jetzt zerbrochen und umgestürzt in der Wüste liegt. Die Lippen voll Hohn, ein Antlitz machtgewöhnt berichten arrogant von der Macht, die Ozymandias einst innehatte. Diese Arroganz erreicht ihren Höhepunkt in der überheblichen Inschrift der Statue: Schaut, was ich schuf, ihr Mächtigen und verzagt!, die sofort konterkariert wird von dem Bild der leeren Wüste, die diese »Werke« schon lange begraben und die Statue mit dem Nichts umgeben hat.

Shelleys Kritik politischer Macht und ihrer Fähigkeit, im Angesicht der Zeit, der Natur und der Geschichte zu überdauern, ist typisch für die romantische Perspektive. »Ozymandias« deutet an, dass die Werte der Kunst länger bestehen als jede zeitlich begrenzte politische Autorität. Und schließlich haben das Gedicht und die darin enthaltenen Bilder sehr viel länger überdauert als die Herrschaft jedes menschlichen Regenten.

Zusatzinformation

1. Inspiriert wurde Shelley zu »Ozymandias« von einer umgestürzten Statue am Totentempel des Pharaos Ramses II. in der Nähe von Luxor. Der antike Historiker Diodorus schreibt, dass auf der Statue einst die Worte standen: »Der König der Könige bin ich, Ozymandias. Wenn irgendjemand weiß, wie groß ich bin und wo ich ruhe, soll er eins meiner Werke übertreffen.«

Die Geburt der Venus

Das Gemälde *Die Geburt der Venus* des italienischen Malers Sandro Botticelli (1445–1510) fängt den Moment ein, in dem Venus, die Göttin der Schönheit, nach ihrer Geburt in einer Muschel stehend vom Wind über das Meer an die Küste getrieben wird. Das Werk wurde 1485 in Tempera auf Leinwand für eine Villa in Castello gemalt, die einer wohlhabenden Florentiner Bankiersfamilie, den Medici gehörte.

In der Frührenaissance waren viele Künstler von neuplatonischen Denkern wie Marsilio Ficino (1433–1499) beeinflusst, die die griechische und römische Kultur mit dem christlichen Glauben in Einklang zu bringen versuchten. In den 1480er Jahren wurde Botticelli von den Medici beauftragt, eine Reihe großflächiger Bilder zu gestalten, die heidnische Mythologien mit christlichen Konzepten verknüpften. Es entstanden Meisterwerke wie Botticellis *Der Frühling, Pallas und der Zentaur* und *Die Geburt der Venus*.

Nach der griechischen Legende wurde Venus aus dem Schaum geboren, der auf der Oberfläche des Meeres erschien, als der Titan Kronos seinen Vater Uranus kastrierte und dessen Genitalien in den Ozean warf. Die Göttin kam auf der Insel Zypern an Land, wo später ein Venus-Kult entstand. Aus neuplatonischer Sicht war die Legende von der Geburt der Venus eine Allegorie für die Schöpfung der menschlichen Seele.

Auf Botticellis Gemälde bläst der Windgott Zephir Venus an Land. Die Göttin, die auf einer großen Muschelschale steht, ist nach dem antiken Typ der Venus Pudica (schamhafte Venus) gemalt, so wie sie zum Beispiel der griechische Bildhauer Praxiteles geschaffen hatte. Rosen schweben durch die Luft um sie her, während sie von einer Frau, die wahrscheinlich die Nymphe Pomona darstellt, begrüßt wird. Die Nymphe reicht ihr ein mit Blumen gemustertes Gewand für ihren nackten Körper. Sowohl die Rosen als auch die Blätter der Orangenbäume weisen Goldsprenkel auf.

In seinen späten Jahren unterlag Botticelli dem Einfluss eines charismatischen Dominikanermönchs namens Savonarola (1452–1498). Savonarola organisierte 1497 ein »Fegefeuer der Eitelkeiten« und hielt Menschen dazu an, Luxusobjekte auf einem großen Scheiterhaufen zu verbrennen. Botticelli, der sein Interesse an heidnischer Kultur bereute, warf angeblich einige seiner eigenen Werke ins Feuer.

Zusatzinformationen

1. Heute befindet sich *Die Geburt der Venus* in den Uffizien in Florenz.
2. Der Orangenhain an der rechten Seite mit seinen dunkelgrünen, mit Gold akzentuierten Blättern könnte den Garten der Hesperiden aus der griechischen Mythologie darstellen.
3. Die Frau, die Venus ein Gewand reicht, trägt ein mit Gänseblümchen, Primeln und Kornblumen geschmücktes Kleid – Frühlingsblumen, die sich zur Feier einer Geburt besonders eignen.

Oberflächenspannung und Wasserstoffbindung

Wasser ist eine auf der Erde allgegenwärtige und sehr sonderbare Substanz. In fester Form besitzt es eine geringere Dichte als in flüssiger Form, was der Grund dafür ist, dass Eis auf Wasser schwimmt. Wasser kann große Mengen Hitze aufnehmen, ohne seinen Zustand besonders zu verändern, weshalb Küstenstädte ein mildes Klima haben. Außerdem hat Wasser eine »Haut«, eine dünne Schicht von Molekülen, die an seiner Oberfläche die Tendenz haben, aneinanderzuhaften.

Die ungewöhnlichen Eigenschaften von Wasser sind das Ergebnis seiner Form. Ein Wassermolekül besteht aus zwei Wasserstoffatomen und einem Sauerstoffatom (H_2O). Es sieht aus wie Micky Maus: Die zwei Wasserstoffatome sind die Ohren und das Sauerstoffatom ist der Kopf. Weil die Elektronen in dem Wassermolekül nicht gleichmäßig verteilt sind, sind die Ohren positiv geladen und der Kopf ist negativ geladen. Da sich die gegenteiligen Ladungen anziehen, ziehen sich die Ohren eines Wassermoleküls und das Kinn eines anderen Wassermoleküls an, und die beiden bilden eine Wasserstoffbindung. Im Eis sind Wassermoleküle fest aneinander gebunden und bilden ein Tetraeder, eine vierseitige Pyramide. Aber beim Wasser ist die Struktur der Wassermoleküle weniger fest. Wasserstoffbindungen zerreißen ständig und bilden sich gleich wieder neu. Eine Wasserstoffbindung hält im Durchschnitt nur einen Sekundenbruchteil.

In der Mitte eines Glases mit Wasser werden alle Moleküle gleich stark in alle Richtungen gezogen, daher gibt es hier keinen Netzeffekt. Aber an der Wasseroberfläche werden die Wassermoleküle nicht nach oben gezogen, sondern zur Seite und nach unten. Das schafft die zusammenhängende Wasserhaut oder Oberflächenspannung. Die Oberflächenspannung macht es möglich, ein Glas knapp über den Rand zu füllen, ohne dass es überläuft. Wegen seiner Oberflächenspannung bildet Wasser auch Perlen und Tropfen und kann zu Blasen ausgedehnt werden.

Zusatzinformationen

1. Wasserläufer – leichte Insekten mit Härchen an den Beinen – nutzen die Oberflächenspannung des Wassers, um sich darauf fortzubewegen, ohne dabei einzusinken.
2. Die Oberflächenspannung des Wassers ist stark genug, um fliegende Insekten, die ins Wasser fallen, zu ertränken. Sie können nicht schnell genug mit den Flügeln schlagen, um dem Zug der Wassermoleküle zu entkommen.
3. Waschmittel vermindern die Oberflächenspannung des Wassers, damit das Wasser wirkungsvoller in Poren und Schmutz eindringen kann.

Die vier Jahreszeiten

Antonio Vivaldi (1678–1741) komponierte *Die vier Jahreszeiten* 1725. Das Werk besteht aus vier Konzerten für Violine und ein kleines Orchester, die jahreszeittypische Stimmungen und Momente darstellen. Jedes der Konzerte ist wiederum in drei Sätze aufgeteilt: den ersten, einen schnellen Allegro-Satz, den zweiten, langsamen Teil, der Adagio oder Largo genannt wird, und einen dritten, ein abschließendes Allegro oder Presto Finale. Im Zusammenhang mit den *Vier Jahreszeiten* veröffentlichte Vivaldi vier Sonette, die mit Worten die Eindrücke beschrieben, die er mit der Musik wiedergeben wollte.

Das erste Konzert »Frühling« ist in E-Dur geschrieben. Sein pulsierender Rhythmus und sein jubilierendes Eröffnungsthema sind sofort erkennbar, sie vermitteln eine freudige und lebhafte Stimmung. Im zweiten Satz stellt die Solovioline einen schlafenden Ziegenhirten dar und der Bratschenteil einen aufgeregt bellenden Hund.

»Sommer« in G-Moll klingt nicht ganz so fröhlich. Im ersten Satz hört man drohendes Donnergrollen und im zweiten das Brausen eines heftigen Sturms. Das Gedicht »Sommer« enthält die Zeilen »Bei gleißender Sonne schmachten Menschen und Herde, und die Pinie verbrennt…«

»Herbst« beginnt mit einem Bauerntanz zur Feier der Ernte. Danach folgt eine ruhige Phase. »Und durch den Trank des Bacchus angeregt, beenden viele die Freude im Schlummer« heißt es in dem entsprechenden Gedicht. Am nächsten Morgen erklingen Geräusche einer fröhlichen Jagd.

»Winter« erinnert an »eisigen Schnee« und »bitterkalten Wind«, und seine langsamen Sätze – die Darstellung des Friedens und der Ruhe im warmen Haus – bewegen sich auf ein abschließendes Allegro hin, das die Vorstellung von ausgelassenem Toben im Schnee und aufgeregtem Schlittern auf vereistem Weg hervorruft.

Zusatzinformationen

1. *Die vier Jahreszeiten* wurden ursprünglich veröffentlicht unter dem Titel *Il Cimento dell'Armonia e dell'Inventione,* was *Der Wettstreit zwischen Harmonie und Einfall* bedeutet.
2. Bei einem Auftritt Vivaldis im Jahr 1715 war das Publikum von seiner Virtuosität auf der Violine äußerst beeindruckt. In einem Bericht heißt es: »Alle waren sehr erstaunt.«
3. Wie Mozart starb Vivaldi arm und wurde in einem namenlosen Grab in Wien beerdigt.

Die Stoiker

Als Stoiker bezeichnet man die Anhänger einer philosophischen Schule, der Stoa, die in der griechisch-römischen Welt vom vierten Jahrhundert vor Christus bis zum zweiten Jahrhundert nach Christus viele Anhänger hatte. Die Stoa wurde von Zenon von Kition aus Zypern (335–265 v. Chr.) entwickelt und breitete sich in der Folgezeit bis nach Athen und Rom und schließlich auch in den Rest des Römischen Reiches aus. Sie hatte bedeutenden Einfluss auf die antike Zivilisation.

Am bekanntesten sind die Stoiker für ihre Ansichten zur Ethik, aber ihre Philosophie umfasste auch Logik, Erkenntnistheorie, Metaphysik und Naturwissenschaft. Die Stoiker glaubten, dass lebende Dinge aus einer passiven Substanz und einer aktiven Kraft, die sie *Pneuma* nannten, bestanden. Gott war für sie ein intelligentes Wesen, das die Welt entworfen hatte und deren Entwicklung und Veränderung nach strengen Naturgesetzen leitete.

Die wichtigste Frage der stoischen Philosophie ist die, wie der Mensch leben soll. Die Antwort der Stoiker lautete, dass man nach Glück – auf Griechisch *Eudaimonia* – streben sollte. Aber was ist Glück? Für die Stoiker war Glück eine »ausgezeichnete Aktivität der Seele« – was bedeutete, tugendhaft, mutig, bescheiden und geduldig zu sein. Die Stoiker hielten es zwar für vernünftig, sich Dinge wie Wohlhabenheit, Berühmtheit und Gesundheit zu wünschen, aber glücklich zu sein hing nicht davon ab, ob man sie besaß. Eine Person, die vollkommen tugendhaft war, konnte nach ihrer Meinung auch glücklich sein, ohne dass ihr physisches Wohlbefinden eine Rolle spielte. Sie konnte sogar glücklich sein, während sie gefoltert wurde.

Außerdem vertraten die Stoiker die Ansicht, dass Gefühle nicht einfach nur Empfindungen waren, sondern immer auch auf dem beruhten, was man glaubte. Zum Beispiel würde man nur Angst vor einer Krankheit haben, wenn man glaubte, dass diese Krankheit schlecht sei. Da jedoch eine wirklich tugendhafte Person auch angesichts von Krankheiten glücklich sein konnte, war es falsch zu glauben, dass eine Krankheit etwas Schlechtes sei. Die Stoiker empfahlen daher die Reinigung der Gefühle.

Zusatzinformationen

1. Der römische Kaiser Mark Aurel (121–180) gehört zu den berühmten Stoikern. Sein Tagebuch, bekannt unter dem Titel *Selbstbetrachtungen*, ist ein wichtiges Werk stoischer Philosophie.
2. Die Philosophie der Stoiker wird Stoa genannt, was sich von der Säulenhalle auf der Agora in Athen ableitet (griechisch *Stoa Poikile* = gemalte Vorhalle), in der sich die Philosophen zum Diskutieren trafen.

König Salomo

König Salomo war König Davids zweiter Sohn mit Bathseba und Davids Nachfolger auf dem Thron. Während seiner Regentschaft festigte Salomo seine Macht durch politische Heiraten und freundschaftliche Beziehungen zu Ägypten und Tyros. Allgemein bekannt ist er vor allem für seine Weisheit und seinen Gerechtigkeitssinn.

Salomos Herrschaft war zum größten Teil ruhmreich. Im zehnten Jahrhundert vor Christus ließ er den ersten Tempel in Jerusalem erbauen, der zum Zentrum jüdischer Gottesverehrung wurde. Dort bewahrte man auch die Bundeslade auf, die nach Darstellung der Thora die von Moses auf dem Berg Sinai empfangenen Zehn Gebote enthielt. Fast 400 Jahre lang blieb der Tempel erhalten, bis er im sechsten Jahrhundert vor Christus von dem babylonischen Herrscher Nebukadnezar II. zerstört wurde. König Salomo ließ weitere prachtvolle Bauwerke errichten, und unter seiner Regentschaft erblühte das Land, in dem es Lagerhäuser voller Gold gegeben haben soll.

Während der Tempel in Jerusalem vielleicht die größte Leistung Salomos darstellt, war er gleichzeitig auch einer der frühesten Gründe für den Niedergang des Herrschers. Er wurde von Teilen der Bevölkerung als ein heidnisches Bauwerk angesehen, da er von der kanaanitischen und phönizischen Architektur beeinflusst gewesen sein soll. Die Kritiker Salomos bemängelten auch, dass der Tempel selbst vergöttert wurde, was dem im Judentum strengstens verbotenen Götzendienst gleichkam.

Salomo sorgte während seiner Herrschaft für Frieden im Land durch Allianzen und politische Ehen. Im 1. Buch der Könige (11/3) steht, dass er 700 Frauen und 300 Konkubinen hatte. Trotz der politischen Vorteile für das Land führte Salomos Polygamie auch zu Kritik, da viele seiner Frauen Götzendienst praktizierten und er sie kaum zur Einhaltung jüdischer Traditionen anhielt. Am Ende seiner Herrschaft wuchsen die Spannungen im Land, und viele sprachen ihm sogar die Fähigkeit ab, das Land zu führen. Nach seinem Tod spaltete sich Israel dann auch wieder in den nördlichen und südlichen Teil, die fast ein Jahrhundert lang vereint gewesen waren.

Heute ist König Salomo vor allem als weiser und gerechter König in Erinnerung, was durch folgende Bibelgeschichte illustriert wird: Zwei Frauen kamen mit einem Baby zum König, und jede behauptete, das Baby sei ihres. Salomo befahl, dass das Baby in zwei Hälften geteilt werden sollte, für jede Frau eine. Während die falsche Mutter dies zulassen wollte, bat die wirkliche Mutter, um das Baby zu schützen, es leben zu lassen und der anderen Frau zu geben. Nun wusste Salomo, wer die wirkliche Mutter war – diejenige, die mit ihrer Entscheidung verhindern wollte, dass dem Baby ein Leid geschieht.

Zusatzinformationen

1. Salomos erster, 586 v. Chr. zerstörter Tempel wurde durch einen zweiten, 515 v. Chr. fertiggestellten Tempel ersetzt. Dieser wurde wiederum 70 n. Chr. von den Römern vernichtet. Die Juden glauben, dass beim Erscheinen des Messias am selben Ort ein dritter Tempel gebaut werden wird.
2. Nach der Zerstörung des Tempels durch die Babylonier war die Bundeslade verschwunden. Allgemein wird angenommen, dass sie gestohlen und zerstört wurde, aber manche glauben auch, dass sie noch existiert und versteckt wurde.

Dschingis Khan

Dschingis Khan (1162–1227) war ein mongolischer Krieger, der über die Zeitspanne von zwei Jahrzehnten mit seiner erbarmungslosen Armee aus nomadischen Stämmen weite Landstriche Asiens eroberte. Zur Zeit von Dschingis Khans Tod war das von ihm gegründete mongolische Reich das größte zusammenhängende Reich in der Weltgeschichte. Auch wenn es unter Dschingis Khans Erben wieder zerfiel, markierten die blutigen Invasionen einen Wendepunkt in der Geschichte sowohl Europas als auch Asiens und brachten dem Mongolenkönig einen Ruf als brutaler Herrscher ein.

Dschingis Khan hieß eigentlich Temudschin und war der Sohn eines mongolischen Klanchefs. Die Mongolen in Ostasien waren Nomaden, die mit ihrem Vieh von einer Gegend zur anderen zogen. Nach dem Mord an seinem Vater wurde Temudschin im Alter von dreizehn Jahren Chef eines mongolischen Stammes. Er war ein charismatischer Führer und einte schließlich die mongolischen Stämme, deren Stammesoberste ihn daraufhin zum Kaiser aller Mongolen machten und ihm den Titel *Dschingis Khan* gaben – was »ozeangleicher« oder »ungestümer Herrscher« bedeutet.

Nach der Einigung der Mongolei begann Dschingis Khan einen Eroberungsfeldzug, der bis zum Ende seines Lebens andauerte. Seine Armeen besetzten Teile Chinas, Russlands, der Mongolei, Irans, Afghanistans, Pakistans, Indiens, Kasachstans, Turkmenistans, Usbekistans und Kirgisiens. Kurz nach Dschingis Khans Tod hatte das Reich seine größte Ausdehnung und erstreckte sich von Korea bis nach Osteuropa. Die mongolischen Armeen waren diszipliniert, wirkungsvoll und notorisch sieghaft. Ihre Strategie bestand darin, einer feindlichen Stadt anzubieten, sich friedlich zu ergeben; lehnte diese das Angebot ab, wurden alle Einwohner getötet. Diese Methode führte dazu, dass ganze Nationen sich Dschingis Khan ohne Kampf ergaben.

Vor der Zeit Dschingis Khans gab es nur wenige Kontakte zwischen Europa und Asien. Doch das von Dschingis Khan gegründete mongolische Reich öffnete den Weg für Handel und Austausch von Ideen zwischen den beiden Kontinenten. Die Mongolen errichteten die Seidenstraße, eine Handelsroute zwischen Asien und Europa, auf der Europäer wie zum Beispiel der Italiener Marco Polo auch später noch ins Land der Khans reisten.

Zusatzinformationen

1. Mongolische Nomaden wohnten in runden Zelten, den so genannten Jurten. Sie konnten leicht ab- und wieder aufgebaut werden, wenn der Stamm in eine andere Gegend zog. Etwa 40 Prozent der mongolischen Bevölkerung lebt noch immer von ihrem Vieh, auch wenn viele Nomaden sich in der letzten Hälfte des zwanzigsten Jahrhunderts in Städten niedergelassen haben.
2. Jahrhundertelang waren westliche Schriftsteller von der Pracht des mongolischen Reichs fasziniert. Eine luxuriöse Sommerhauptstadt, die der Enkel Dschingis Khans, Kublai Khan, erbauen ließ, war Inspiration für das berühmte Gedicht »Kubla Khan«, das der englische Dichter Samuel Taylor Coleridge 1797 schrieb.
3. Die Mongolen versuchten wiederholt, Japan zu erobern, aber ihre Kriegsschiffe wurden vom Wind zerstört. Die Legende vom Kamikaze (dt.: *göttlicher Wind*) wurde in Japan jahrhundertelang als ein Zeichen für Japans Unbesiegbarkeit weitererzählt. Am Ende des Zweiten Weltkriegs stürzten japanische Piloten sich in selbstmörderischer Mission mit ihren Flugzeugen auf amerikanische Kriegsschiffe. Sie wollten den göttlichen Wind wiedererschaffen, der Japan vor den Mongolen gerettet hatte.

William Faulkner

William Faulkner (1897–1962) gilt als die größte literarische Stimme der US-amerikanischen Südstaaten. In seinen Romanen und Kurzgeschichten thematisiert er in radikal neuem Stil die großen Gespenster des Südens – den Bürgerkrieg, die Reconstruction und den Niedergang der alten Aristokratie.

Faulkner wurde in Mississippi geboren, wo er auch aufwuchs und die meisten seiner Geschichten ansiedelte. Er entstammte einer angesehenen, alteingesessenen Südstaatenfamilie. Im amerikanischen Bürgerkrieg (Sezessionskrieg) hatte Williams Urgroßvater als Oberst auf Seiten der Konföderation gekämpft und galt im Staat Mississippi als Held. William Faulkner diente im Ersten Weltkrieg als Kampfflieger bei der Kanadischen Luftwaffe und verrichtete danach jahrelang die verschiedensten Jobs, unter anderem arbeitete er als Angestellter bei der Bank seines Großvaters. Gleichzeitig versuchte sich Faulkner als Lyriker.

Doch seinen ersten großen Erfolg hatte er mit dem Roman *Schall und Wahn* (1929), der noch immer als sein bestes Werk gilt. Detailliert beschreibt Faulkner hier den langsamen Verfall der einst mächtigen Compson-Familie, die schließlich mit ihrer letzten traurigen Generation, dem selbstmordgefährdeten Quentin, der promisken Caddy, dem hasserfüllten Jason und dem geistesschwachen Benjy am Tiefpunkt ankommt. Faulkner erzählt im Stil des Bewusstseinsstroms und springt in der Zeit vor und zurück, ohne sich im Geringsten an die chronologische Abfolge der Ereignisse zu halten.

Schall und Wahn ist nur einer der vielen Romane, in denen Faulkner den Niedergang des alten Südens und das Schwinden der Bedeutung seiner Werte in der modernen Welt beleuchtet. Viele dieser Werke spielen am selben Schauplatz – im fiktionalen Yoknapatawpha County, Mississippi –, und in verschiedenen Büchern tauchen immer wieder dieselben Orte und Familiennamen auf. Die wichtigsten von Faulkners anderen in Yoknapatawpha spielenden Romanen sind *Als ich im Sterben lag* (1930), in dem die Reise einer Familie beschrieben wird, die ihre verstorbene Matriarchin beerdigen will; *Licht im August* (1932), das die Leiden eines Mannes schildert, der seine Herkunft nicht kennt und sich weder als Weißer noch als Schwarzer fühlen kann, und *Absalom, Absalom!*, das Porträt eines Mannes, der zwanghaft seine eigene Dynastie im Süden aufbauen will.

Faulkners Werk ist berühmt-berüchtigt für seine schwere Lesbarkeit, sowohl thematisch als auch erzählerisch. Absurd lange Sätze, die von Adjektiven strotzen, Bewusstseinsstrom, Vor- und Zurückspringen in der Zeit und viele verschiedene (oft unglaubwürdige) Erzähler machen es dem Leser schwer. Das Ergebnis jedoch ist ein Werk, das die Eigenheiten des amerikanischen Südens tiefgründiger als jeder andere Autor wiedergibt. 1950 erhielt Faulkner den Nobelpreis für Literatur. Er starb 1962 in Byhalia, Mississippi.

Zusatzinformation

1. Als Faulkner nach der Entgegennahme des Nobelpreises eine Rede hielt, wurde sie wegen seines starken Südstaatenakzents nur von wenigen verstanden. Am nächsten Tag wurde die Rede in der Zeitung veröffentlicht und gilt seitdem als eine der hervorragendsten, die je bei der Entgegennahme eines Nobelpreises gehalten wurden.

Leonardo da Vinci

Leonardo da Vinci (1452–1519) war eines der großen kreativen Genies der Weltgeschichte. Aufgrund seiner herausragenden Leistungen in diversen Bereichen – Malerei, Bildhauerei, Architektur, Musik, Ingenieurwissenschaften und Physik – gilt er oft als der Renaissance-Künstler schlechthin.

Leonardo da Vinci wurde in Vinci in Italien als unehelicher Sohn Ser Piero da Vincis geboren. Er nannte sich selbst sein Leben lang nur Leonardo (*da Vinci* heißt »aus Vinci«). Seine künstlerische Karriere begann er in Florenz bei dem Bildhauer und Maler Andrea del Verrocchio (1435–1488), bei dem er von 1470 bis 1477 als Lehrling tätig war.

1481 verließ Leonardo Florenz, um für Ludovico Sforza, den Herzog von Mailand zu arbeiten. Während seiner Mailänder Jahre arbeitete er an vielen verschiedenen Projekten, darunter an Entwürfen für Befestigungsanlagen und Modellen für Pferdestatuen. Hier malte er auch sein berühmtes Wandgemälde *Das letzte Abendmahl*. Keines der Modelle für Pferde wurde in Metall gegossen; ein lebensgroßes Tonmodell wurde zerstört, als französische Truppen es als Zielscheibe für ihre Schießübungen verwandten.

1499 kehrte Leonardo nach Florenz zurück, wo er eine Anzahl von Gemälden schuf, von denen das bekannteste die *Mona Lisa* ist. Zwischen 1513 und 1516 hielt sich da Vinci in Rom auf, wie viele seiner Kollegen angelockt vom päpstlichen Hof. Danach folgte er einer Einladung König Franz I. nach Frankreich und lebte dort bis zu seinem Tod im Jahr 1519 in dem Landschlösschen Cloux bei Amboise.

Obwohl Leonardo da Vinci am berühmtesten für seine Werke *Mona Lisa* und *Das letzte Abendmahl* ist, sind auch seine umfangreichen Skizzenbücher von großer Bedeutung für sein Lebenswerk. Dort sind Zeichnungen und Bemerkungen zu den mannigfaltigsten Themen versammelt, von der Physik des Fliegens bis zur menschlichen Anatomie.

Aufgrund seines Genies war Leonardo ein ständiger Quell der Inspiration für andere Künstler. Angeblich nutzte sein Zeitgenosse Raffael für die Gestaltung der Platon-Figur in dem berühmten Fresco im Vatikan *Die Schule von Athen* Leonardo wegen seiner Ähnlichkeit mit Platon als Vorlage. In jüngerer Zeit tauchte die Figur Leonardo da Vincis häufig in fiktionalen Geschichten auf – von der Fernsehserie *Star Trek* bis zu dem Bestseller *Sakrileg,* Grundlage für den Spielfilm *The Da Vinci Code – Sakrileg,* der 2006 ins Kino kam.

Zusatzinformationen

1. 1990 wurden zwei originalgroße Nachbildungen von einem von Leonardo gefertigten Modell für eine riesige Pferdestatue aufgestellt, eine in Grand Rapids, Michigan, die andere in Mailand.
2. Im Januar 2005 wurden in einem Kloster in der Nähe der Kirche Santissima Annunziata in Florenz mehrere verschlossene Räume entdeckt, die möglicherweise eine geheime Werkstatt Leonardos waren.

Erdbeben

Die Erdkruste besteht aus mehreren Platten, die bis zu 80 Kilometer dick sein können und sich langsam auf dem geschmolzenen Kern der Erde bewegen wie Eis auf einem gefrorenen Teich. Wenn zwei Platten auseinanderdriften, kollidieren oder gegeneinander reiben, entsteht ein Erdbeben. Erdbeben fordern jedes Jahr etwa 10 000 Menschenleben.

Der Ort, an dem ein Erdbeben entsteht, wird Hypozentrum genannt. Das Epizentrum ist der Punkt auf der Oberfläche der Erde, der vertikal über dem Hypozentrum liegt. Befindet sich das Hypozentrum tief in der Erde, richtet das Erdbeben im Allgemeinen nicht viel Schaden an. Entsteht das Erdbeben in geringer Tiefe, kann es katastrophale Folgen haben. Erdbeben produzieren verschiedene Wellentypen, die den Boden erschüttern. Die ersten werden Primärwellen oder P-Wellen genannt. Sie fließen der Länge nach wie Klangwellen, komprimieren und dekomprimieren den Boden. Sie bewegen sich sehr schnell – sie können von einer Seite der Erde zur anderen nur zwanzig Minuten brauchen –, richten aber nur geringfügigen Schaden an.

Der nächste Wellentyp heißt S-Welle. S-Wellen bewegen sich quer und langsam und reißen Mauern und Einzäunungen um. Der dritte und bei weitem gefährlichste Typ ist die L-Welle. Bei L-Wellen bewegt sich der Boden nach oben und unten wie eine Welle im Ozean. Diese Wellen verursachen Landrutsche, Feuer und Tsunamis. Nach einem Erdbeben gibt es mehrere Nachbeben – kleinere Erschütterungen, die von dem sich wieder zurechtschiebenden Boden herrühren. Gebäude, deren Stabilität durch das ursprüngliche Erdbeben gelitten hat, können durch Nachbeben einstürzen.

Die Intensität eines Erdbebens wird mit Hilfe der Richterskala angegeben. Jede ganze Zahl auf dieser Skala stellt einen Zuwachs um den Faktor zehn dar. Eine 3.0 auf der Richterskala ist also zehnmal stärker als eine 2.0 und 100-mal stärker als eine 1.0. Erdbeben unter 4.0 sind normalerweise auf der Erdoberfläche nicht zu spüren. Erdbeben über 6.0 gelten als stark, solche über 7.0 als schwer. Die schlimmsten Erdbeben, die durch den Zusammenstoß zweier Platten entstehen (was schon einmal in Alaska und Chile der Fall war), können über 9.0 auf der Richterskala betragen.

Zusatzinformationen

1. Auch ein Vulkanausbruch kann ein Erdbeben hervorrufen. Als 1883 der Vulkan Krakatau auf der heute zu Indonesien gehörenden Vulkaninsel ausbrach, war die Eruption so laut, dass man sie noch 3000 km entfernt in Perth in Australien hören konnte.
2. Nach einer alten indischen Legende wird die Erde von vier Elefanten gehalten, die auf dem Rücken einer Schildkröte stehen, die wiederum auf einer Kobra balanciert. Nach dieser Legende entsteht ein Erdbeben, wenn sich eins dieser Tiere bewegt.
3. Die Ureinwohner Mosambiks glaubten, dass die Erde ein lebendes Wesen mit den gleichen Problemen wie ein Mensch sei. Hat die Erde Fieber und fröstelt, spüren wir, wie sie zittert.

Henry Purcell

Henry Purcell (1659–1695) wurde in die große Tradition königlicher englischer Hofmusik hineingeboren. Sein Vater war Thomas Purcell, einer der königlichen Musiker an der Westminster Abbey. Henry sang als Chorknabe bei der *Chapel Royal*, einer königlichen Sängerkapelle, wurde aber bald Schüler von John Blow (1649–1708), der Organist an der Westminster Abbey war und einer der führenden englischen Komponisten der Epoche. 1677 wurde Henry Purcell Komponist für die *King's Violins*, das königliche Streicherensemble. In dieser Zeit schrieb er die einfachen, aber bezaubernden *Fantasias* für Streicher.

Als er zwanzig Jahre alt war, folgte Purcell seinem Lehrer als Organist an der *Chapel Royal* nach und begann, gelegentlich Musik fürs Theater sowie Kirchenmusik zu komponieren. 1689 schrieb er sein berühmtestes Werk – die Oper *Dido und Aeneas*. Um diese Zeit war die Oper in England noch nicht sehr populär – die meisten Komponisten zogen die *Masque* vor, ein höfisches Maskenspiel mit einer Mischung aus italienischer Kantate, französischer weltlicher Musik und englischem Lied.

Dido und Aeneas hatte einen viel geringeren Umfang als die meisten uns bekannten Opern. Das Libretto, der Text der Oper, handelt von Aeneas, einem Helden, der auf der Flucht aus dem zerstörten Troja an der karthagischen Küste landet. Er verliebt sich in Dido, die

Königin von Karthago, verlässt sie dann aber. Purcells Version stellte Solisten, Chor und Instrumentaltänze einander gegenüber und brauchte nur wenige Solosänger. Mehrere der bekanntesten Teile der Oper basieren auf dem Konzept des Basso ostinato – einem einfachen, sich wiederholenden Thema, gespielt von tiefen Streichern, das den verschiedenen höher gesetzten Melodien eine vertraute, leicht wiederzuerkennende Begleitung liefert. Purcells Melodien sind dramatisch und fesselnd, trotz der Einschränkung des Basso ostinato. So war *Dido und Aeneas* zu seiner Zeit für englische Komponisten ein bahnbrechendes Werk.

Wie Wolfgang Amadeus Mozart und Franz Schubert nach ihm starb Purcell sehr jung. Trotzdem gilt er als einer der größten englischen Komponisten aller Zeiten und wurde von späteren englischen Komponisten wie Ralph Vaughan Williams und Benjamin Britten hoch geschätzt.

Zusatzinformationen

1. Purcells *Dido und Aeneas* war die erste in englischer Sprache geschriebene wirkliche Oper. Anders als vorherige dramatische Musikwerke besteht sie nur aus Musik, ohne dass Schauspieler zwischendurch gesprochene Passagen rezitieren.
2. Purcell veröffentlichte seine erste Komposition – ein kurzes Lied – im Alter von acht Jahren.

Epikureismus

Die Epikureer waren Anhänger einer Philosophenschule, die im vierten Jahrhundert vor Christus von Epikur (341–270 v. Chr.) gegründet wurde. Sie strebten keinen politischen Einfluss an und lebten in Athen als Gemeinschaft zusammen.

Die Epikureer waren der Ansicht, dass alles, was existiert, aus Atomen und leerem Raum besteht. Folglich besteht auch die Seele selbst aus Atomen; sie ist Material und stirbt mit dem Körper. Zwar glaubten die Epikureer auch an Götter, aber ihrer Meinung nach waren diese zu sehr mit ihren eigenen Vergnügungen beschäftigt, um sich mit menschlichen Angelegenheiten abzugeben.

Wie für viele philosophische Schulen in der hellenistischen Welt war auch für die Epikureer die Hauptfrage, was ein gutes Leben ist. Ihre Antwort hieß, dass ein gutes Leben ein glückliches Leben ist. Glück war die Anwesenheit von Lebensfreude und die Abwesenheit von Schmerz. Allerdings war die epikureische Auffassung von Lebensfreude und Schmerz sehr außergewöhnlich.

Die Epikureer unterschieden zwei Arten von Lebensfreude – die katastematische (statische, zuständliche) Lust und die kinetische Lust. Kinetische Lust bedeutet, ein Verlangen zu haben, das Verlangen zu befriedigen und dann die Abwesenheit des Verlangens als lustvoll zu erleben. Zum Beispiel ist das Verlangen nach Essen ein kinetisches Bedürfnis, da man hungrig ist, etwas isst und dann gesättigt ist. Bei einem statischen Vergnügen dagegen verschwindet das Bedürfnis nach dem Genuss nicht. Die Teilnahme an einer philosophischen Diskussion zum Beispiel ist ein statisches Vergnügen: Je mehr man philosophiert, desto mehr möchte man philosophieren.

Die kinetische Lust ist notwendig und gut, solange ihre Befriedigung nicht das Bedürfnis nach immer größeren Mengen und Variationen der Stimulation erzeugt. Zum Beispiel wird die Angewohnheit, regelmäßig besonders erlesene Desserts zu essen, es dem Menschen schwermachen, sich noch an einem einfachen Dessert erfreuen zu können oder auch ohne Dessert zufrieden zu sein. Daher vertraten die Epikureer die Meinung, dass man möglichst genügsam leben, einfach essen und sich nur gelegentlich Luxus gönnen sollte.

Zusatzinformationen

1. Heute bezeichnet man aufgrund einer falschen Interpretation häufig einen Genussmenschen als Epikureer, was nicht der eigentlichen Lehre entspricht.
2. Die Schule, die Epikur in Athen gründete, wurde auch *Kepos* (Garten) genannt, nach dem Garten, in dem Epikurs Anhänger zusammenwohnten.
3. Der römische Philosoph Lukrez (99–55 v. Chr.) war Epikureer. Er schrieb ein langes Gedicht über Physik und Naturphilosophie der Epikureer mit dem Titel *De rerum natura (Von der Natur der Dinge).*

Der Tempel und die Bundeslade

Drei Hauptziele hatte König Salomo im Kopf, als er im zehnten Jahrhundert vor Christus den ersten jüdischen Tempel in Jerusalem erbaute: der Tempel sollte als Zentrum des jüdischen Glaubens in Israel dienen, als Stätte für die Durchführung von Tieropfern für Gott und als dauernder Aufbewahrungsort der Bundeslade, in der sich nach der Thora die von Moses auf dem Berg Sinai empfangenen Zehn Gebote befanden.

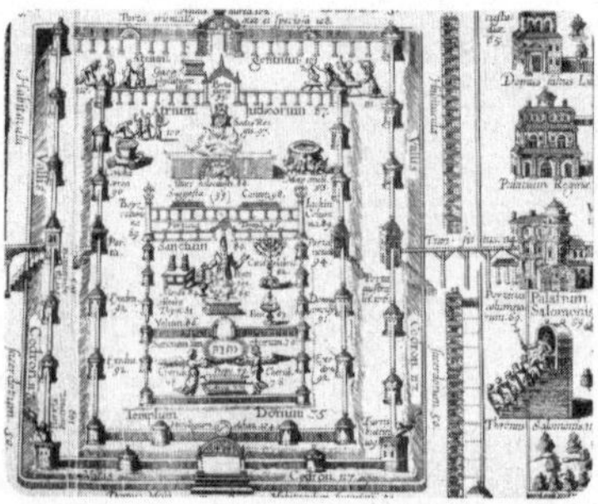

Der von König Salomo während einer der florierendsten Perioden in Israels Geschichte erbaute ursprüngliche Tempel wurde 586 v. Chr. von den Babyloniern unter ihrem Herrscher Nebukadnezar II. zerstört. Die Babylonier plünderten und zerstörten den Tempel, wobei wahrscheinlich auch die Bundeslade mit den Gesetzestafeln der Zehn Gebote zerstört wurde. Die Juden wurden aus dem südlichen Teil Israels, dem Land Juda vertrieben.

Als die Juden aus ihrem Exil zurückkehrten, errichteten sie am Ort des ersten einen neuen Tempel. Es dauerte einunddreißig Jahre, bis dieser zweite Tempel 515 v. Chr. fertiggestellt war. Fünf Jahrhunderte lang kam ihm eine bedeutende Rolle zu, und 19 v. Chr. begann König Herodes mit einem ehrgeizigen Erweiterungsprojekt, das auch eine hohe Mauer um den ganzen Komplex einschloss. Bis zum Ende des ersten Jahrhunderts nach Christus blieb der Tempel in diesem Zustand erhalten.

Gegen Ende des ersten Jahrhunderts wuchsen die Spannungen zwischen Römern und Juden. Zu dieser Zeit machten die Juden ein Zehntel der Bevölkerung des Römischen Reiches aus. Darüber hinaus wurden sie von vielen Nichtjuden unterstützt, die der Religion nur wegen der Beschneidungsvorschrift nicht beitraten. Im Allgemeinen lebten Juden und Römer friedlich zusammen, aber 66 n. Chr. revoltierte eine Gruppe Zeloten. Die Römer fürchteten die Ausbreitung der Rebellion und zerstörten im Gegenzug 70 n. Chr. Jerusalem und den zweiten Tempel. Dies war die zweite Zerstörung der heiligen Stätte der Juden und damit der Anfang des Auszugs der Juden aus Israel und der jüdischen Diaspora.

Zusatzinformationen

1. Der Tempelberg, auf dem die ersten beiden Tempel standen, ist nicht nur die heiligste Stätte der Juden, sondern auch ein äußerst bedeutsamer Ort für Christen und Muslime. Der Felsendom und die Al-Aksa-Moschee, beide im sechsten Jahrhundert errichtet, machen den Tempelberg zur drittheiligsten Stätte im islamischen Glauben.
2. Ein Teil der von König Herodes erbauten Tempelmauer entging der römischen Zerstörung und steht noch heute, bekannt als Westliche Mauer oder Klagemauer. Dieser Mauerteil ist eine heilige Stätte und wird von vielen Pilgern aufgesucht.

Der Schwarze Tod

In den Jahren von 1347 bis 1350 starb ein Drittel der Bevölkerung Europas an den Folgen einer Pestepidemie, die als Schwarzer Tod bezeichnet wird. Von Asien nach Europa gelangt, breitete sich die hochansteckende, bakterielle Krankheit in den nicht sehr sauberen mittelalterlichen Städten mit verheerender Geschwindigkeit aus. Die Opfer starben meist nur einige Tage nach dem ersten Auftreten der Symptome – Erbrechen, Durchfall und schwarze Tumore auf der Haut.

Die Pest tötete nicht nur Menschen, sondern zerstörte auch Gesetz und Ordnung und brachte eine ganze Zivilisation an den Rand des Zusammenbruchs. Giovanni Boccaccio berichtet in seinem nach der schrecklichen Pestepidemie geschriebenen berühmten Werk *Dekameron* von den Auswirkungen der Pest in der prosperierenden italienischen Stadt Florenz:

»In diesem Leiden und Elend unserer Stadt verschwanden die Autorität menschlicher und göttlicher Gesetze fast gänzlich, denn wie andere auch waren die Minister und Ausführenden der Gesetze alle tot oder krank oder mit ihren Familien eingeschlossen, so dass sie ihre Pflichten nicht erfüllen konnten… Jeder konnte daher tun, was ihm beliebte.«

Die Folgen der Pest für die europäische Gesellschaft waren tiefgreifend. Viele europäische Christen machten die Juden für die Katastrophe verantwortlich, und die der Pest folgenden Pogrome gehören zu den schlimmsten antisemitischen Ausschreitungen in der Geschichte.

In Europa begann man, die Lehren der katholischen Kirche und die existierende politische Ordnung in Frage zu stellen. Wie konnte

Gott eine solch grausame Krankheit zulassen? Sekten wie die Flagellanten, die nach ihrem Brauch, sich selbst zu peitschen, benannt waren, bekamen Zulauf. Der Respekt für die Kirche nahm ab. Viele Geschichtswissenschaftler sehen in der Pest den Grund für den Niedergang der alten Feudalordnung des Mittelalters und den Wegbereiter der Renaissance.

Zusatzinformationen

1. Um welche Krankheit es sich genau bei dem Schwarzen Tod handelte, ist noch immer strittig. Am ehesten wird die Beulenpest angenommen, die heute leicht mit Antibiotika therapiert werden kann.
2. Fast alle, die mit der Pest im Mittelalter in Berührung kamen, starben, aber fünf Prozent der Opfer überlebten die Krankheit, und andere steckten sich überhaupt nicht an. Man glaubt heute, dass sie durch eine seltene genetische Eigenschaft geschützt waren, die ihnen eine größere Abwehrkraft gegen den Krankheitserreger verlieh.
3. Nach dem Schwarzen Tod dauerte es vier Jahrhunderte, bis Europa wieder so viele Einwohner hatte wie vor 1347.

Der große Gatsby

Kritiker und Leser versuchen seit langem, ein Werk als *den* großen amerikanischen Roman auszuwählen, und bis heute haben die meisten sich für *Der große Gatsby* (1925) von F. Scott Fitzgerald (1896–1940) entschieden. Tatsächlich hat kein anderes Werk das Wesen des amerikanischen Traums so treffend und meisterlich erfasst, aber auch kritisiert.

Der Protagonist Jay Gatsby ist ein geheimnisvoller Millionär, der eine Villa in der neureichen Stadt West Egg auf Long Island besitzt, die gegenüber dem Hafen von East Egg liegt, wo die Altreichen residieren. Jedes Wochenende veranstaltet Gatsby rauschende Partys, die Hunderte von »Gelegenheitsmotten« anziehen. An einem dieser Abende trifft Gatsby den Erzähler der Geschichte, seinen neuen Nachbarn Nick Carraway. Nicks erster Eindruck ist, dass Gatsby »dieses seltene Lächeln hat, das die Qualität ewiger Sicherheit in sich birgt und dem man nur vier- oder fünfmal im Leben begegnet.«

Aber je mehr Nick erfährt, desto mehr Risse bekommt Gatsbys perfekte Fassade. Es stellt sich heraus, dass Gatsby das amerikanische Ideal eines Self-made-Mannes verkörpert – im schlechtesten Sinne. Im mittleren Westen Amerikas arm geboren, verdiente er Millionen durch unehrliche Geschäfte, unterstützt durch organisierte Kriminalität. Er änderte seinen Namen, zog in den Osten, kaufte die Villa in West Egg, erfand und verbreitete eine falsche Lebensgeschichte seiner Person. Und das alles nur, um seine längst verlorene große Liebe, Daisy Buchanan, zurückzugewinnen, die inzwischen einen anderen geheiratet hat.

Gatsby ist in fast jeder Hinsicht ein Paradox. Er lebt und atmet den amerikanischen Geist der Initiative, des Idealismus und der vorwärtsgerichteten Mobilität, aber er tut das alles nur, um eine Frau zu erlangen, die es gar nicht wert ist. Er verbreitet ein Bild äußersten Selbstvertrauens und großer Durchsetzungskraft, aber innerlich ist er zutiefst einsam und liebeskrank. Seine Bibliothek ist mit Büchern angefüllt, deren Seiten nicht einmal aufgeschnitten sind – keins von ihnen ist je geöffnet worden.

Der große Gatsby ist knappe 180 Seiten lang, aber diesen geringen Raum nutzt Fitzgerald akribisch und meisterhaft. Der Roman ist gleichzeitig Kriminalstück, Liebesgeschichte und Beschreibung der Dekadenz des amerikanischen Jazz-Zeitalters. Aber vor allem ist es Fitzgeralds Prosa – eine der poetischsten der englischsprachigen Literatur überhaupt –, die diese durch und durch amerikanische Geschichte unvergesslich macht.

Zusatzinformationen

1. Fitzgerald hat monatelang nach einem Titel für *Der große Gatsby* gesucht. Im März 1925 sandte er ein dringendes Telegramm an seinen Verlag, in dem er darum bat, den Titel noch in *Under the Red, White, and Blue* zu ändern. Doch da war es schon zu spät.
2. Fitzgerald und seine Frau Zelda waren in der Gesellschaft des Jazz-Zeitalters berühmt-berüchtigte Figuren, die ein turbulentes Leben führten, immer wieder getrübt durch Zeldas psychische Instabilität und Fitzgeralds Alkoholismus.
3. Fitzgerald starb 1940 an einem Herzinfarkt. Er hinterließ einen unvollendeten Roman, *Der letzte Tycoon*, dessen Hauptfigur ein Hollywood-Filmmogul ist.

Das letzte Abendmahl

Leonardo da Vinci malte sein Bild *Das letzte Abendmahl* in Mailand von 1495 bis 1498 für seinen Mäzen Ludovico Sforza im Speisesaal der Mönche von Santa Maria delle Grazie. Es ist eins der berühmtesten Gemälde eines biblischen Themas in der abendländischen Kunst.

Das letzte Abendmahl zeigt Jesus Christus, wie er das Abendmahl mit den zwölf Aposteln zu sich nimmt, kurz bevor Judas ihn an die Römer verrät. Der christlichen Theologie zufolge verwandelte Jesus hier zum ersten Mal Brot und Wein auf dem Tisch in seinen Leib und sein Blut.

Alle Figuren im Bild sitzen auf einer Seite des Tisches, so dass dieser als eine Art Barriere zwischen dem heiligen Ereignis und den lebenden Mönchen fungiert, die ihre Mahlzeit im Refektorium vor dem Bild einnehmen. Von links nach rechts erscheinen die Jünger Bartholomäus, Jakobus der Jüngere, Andreas, Petrus, Judas und Johannes. Jesus befindet sich genau in der Mitte. Dann folgen Thomas, Jakobus der Ältere, Philippus, Matthäus, Taddhäus und Simon.

Giorgio Vasari, der im sechzehnten Jahrhundert Biografien vieler berühmter italienischer Renaissance-Künstler schrieb, war der Auffassung, dass Leonardos Bild genau den Moment darstellt, in dem Jesus sagt: »Einer von Euch wird mich verraten« (Matthäus 26/21). Die Apostel reagieren also auf Jesu Worte, und jeder zeigt eine andere Art von Gefühl – Zweifel, Ablehnung, Zorn, Unglauben oder Liebe.

Eine andere für die Interpretation des Bildes wichtige Stelle aus den Evangelien ist Lukas 22/21, in der Jesus feststellt: »Die Hand meines Verräters ist mit mir am Tisch.« Auf Leonardos Bild ist Judas außer Jesus der Einzige, der seine Hand auf dem Tisch hat. Sein Gesicht liegt im Schatten und sein Körper weicht vor Christus zurück. In älteren Gestaltungen des Themas durch andere Künstler wird Judas isoliert vom Rest der Gruppe dargestellt, entweder sitzt er allein auf der anderen Seite des Tisches oder ihm fehlt der Heiligenschein. Leonardo hat ihn in einer subtileren Weise von den anderen Aposteln abgesetzt, eher durch das Sichtbarmachen seiner psychischen Verfassung als durch äußerliche Attribute.

Das Wandgemälde wies schon bald nach der Fertigstellung Schäden auf. Leonardo, der mit größter Präzision arbeitete, benutzte nicht die traditionelle Fresko-Technik, da sie ein schnelles Arbeiten erforderte. Stattdessen experimentierte er mit einer Mischung aus Öl und Tempera, die sich als sehr unstabil erwies. Risse und Schimmel waren die Folge. Darüber hinaus wurde 1652 in die Refektoriumswand, an der sich das Bild befindet, eine Tür eingebaut und ein Bildausschnitt vernichtet, auf dem vorher Jesu Füße zu sehen waren. Restaurierungsversuche im achtzehnten und neunzehnten Jahrhundert hatten nur zum Teil Erfolg. Im Zweiten Weltkrieg wurde das Refektorium von einer Bombe getroffen, was weiteren Schaden verursachte. 1978 begannen im Auftrag der italienischen Regierung umfassende Restaurierungsarbeiten, die mehr als zwanzig Jahre dauerten und von Pinin Brambilla Barcilon beaufsichtigt wurden. Seit 1999 ist das restaurierte Gemälde in dem nun mit einer Klimaanlage ausgestatteten Refektorium wieder für die Öffentlichkeit zu besichtigen.

Sonnenflecken und Sonneneruptionen

Die explosive Oberfläche der Sonne brennt mit ca. 6000 Grad Celsius und heizt das gesamte Sonnensystem. Das ist ungefähr 180 Mal heißer als ein heißer Tag auf der Erde. Einige Regionen der Sonnenoberfläche sind jedoch kühler als andere. Sonnenflecken, die ungefähr so groß wie unser Planet sind, erscheinen dunkler, weil sie mehr als 2000 Grad kühler als die sie umgebende Oberfläche sind. Sie besitzen starke magnetische Felder, die Hitze aus dem glühenden inneren Kern der Sonne zurückhalten.

Normalerweise treten Sonnenflecken paarweise auf, und jeder Fleck hat ein entgegengesetztes magnetisches Moment. In den Regionen zwischen diesen unterschiedlich magnetisierten Sonnenflecken entstehen Sonneneruptionen. Sie setzen so viel Energie frei wie eine Milliarde Megatonnen TNT-Sprengstoff. Sonneneruptionen bombardieren die Erde mit Röntgenstrahlung und Magnetstrahlung und verursachen geomagnetische Stürme. Sie führen zu vermehrten Polarlichtern und können Stromnetze und Funkübertragungen unterbrechen und stören.

Sonnenflecken und Sonneneruptionen treten in einem Zyklus von rund elf Jahren auf. Der letzte Zyklus hatte seinen Höhepunkt im Jahr 2000. Am 14. Juli 2000 entzündete eine enorme Sonneneruption grell leuchtende Polarlichter, löste Stromausfälle aus und störte den Satellitenempfang. Für Astronauten ist das Auftreten von Sonneneruptionen gefährlich, da Strahlungsstürme tödlich sein können.

Sonnenflecken können auch die Temperatur auf der Erde beeinflussen. Die höchste Sonnenfleckenaktivität geht mit einer leichten Erhöhung der Energiefreisetzung der Sonne einher, einschließlich eines dramatischen Anstiegs an ultravioletter Strahlung. In den letzten Jahren hat sich die Aktivität von Sonnenflecken insgesamt entsprechend der globalen Erwärmung erhöht. In der Zeit von der Mitte des siebzehnten Jahrhunderts bis ins frühe achtzehnte Jahrhundert war die Sonnenfleckenaktivität relativ niedrig, was zusammenfiel mit einer Periode besonders niedriger Temperaturen und langer Winter in Westeuropa. Diese Zeit wird auch die Kleine Eiszeit genannt.

Zusatzinformationen

1. Der italienische Astronom Galileo Galilei (1564–1642) nutzte Sonnenflecken, um die Rotation der Sonne nachzuvollziehen. Da die Sonne hauptsächlich aus Gas besteht, rotieren verschiedene Regionen verschieden schnell. Der Äquator braucht ungefähr fünfundzwanzig Tage für eine Rotation, während die Pole fünfunddreißig Tage brauchen.
2. Chinesische Astronomen haben zum ersten Mal 30 n. Chr. Sonnenflecken beobachtet.

Johann Sebastian Bach

Johann Sebastian Bach (1685–1750) war der wichtigste Barockkomponist und vielleicht der bedeutendste Komponist aller Zeiten. Seine religiöse Vokalmusik – Kantaten und Choräle –, seine Orchesterkonzerte und seine virtuosen Orgelwerke sind voller differenzierter Harmonien und polyphoner Melodien, und sein gesamtes musikalisches Feingefühl kann man wohl zu Recht als genial bezeichnen. Er beeinflusste fast alle Komponisten nach ihm bis hin zu Jazz- und Pop-Musikern des zwanzigsten Jahrhunderts.

Bach wurde am 21. März 1685 in Eisenach in Thüringen geboren. Als junger Mann war er an mehreren lutherischen Kirchen angestellt und hielt sich unter anderem in Arnstadt, Lübeck, Mülhausen und Weimar auf.

Bachs Musik wurde zu seinen Lebzeiten von vielen für mittelmäßig, zu komplex und unbefriedigend befunden. Trotzdem erlangte er während seiner Zeit als Hoforganist in Weimar (1708–1717) den Rang eines Konzertmeisters. 1717 zog er an den Hof des lutherischen Prinzen Leopold in Köthen.

1720 starb Bachs erste Frau, und er heiratete die Hofsängerin Anna Magdalena, der er mehrere Etüden-Bücher widmete. Diese gehören heute zum Repertoire der meisten Klavierstudenten. Während seiner Zeit in Köthen schrieb Bach einige seiner berühmten Kantaten, seine legendären Brandenburgischen Konzerte und die

Matthäuspassion. 1722 wurde Bach Musikdirektor der vier Kirchen und der gesamten Stadt Leipzig, wo er 1750 starb, nur ein Jahr nachdem er seine monumentale Messe in h-Moll fertiggestellt hatte.

Zusatzinformationen

1. Bach hatte sechs Kinder mit seiner ersten Frau und dreizehn mit seiner zweiten Frau.
2. Zehn von Bachs Kindern starben noch im Kindesalter, aber vier – darunter Johann Christian Bach (1735–1782) und Carl Philipp Emanuel Bach (1714–1788) – wurden selbst bekannte Komponisten.
3. Bach erhielt seine frühe musikalische Ausbildung bei seinem Vater und seinen älteren Brüdern, war aber als Komponist zum großen Teil Autodidakt.

Philosophie des Mittelalters

Die Epoche westlicher Philosophie des Mittelalters erstreckt sich vom Ende der klassischen Antike – in etwa im fünften Jahrhundert nach Christus – bis zum Beginn der Renaissance im fünfzehnten Jahrhundert. Im Gegensatz zu anderen wissenschaftlichen Disziplinen, in denen es im Mittelalter kaum nennenswerte Fortschritte gab, leisteten zahlreiche herausragende Persönlichkeiten wichtige Beiträge zur Philosophie.

Der erste bedeutende Philosoph des Mittelalters war der Heilige Augustinus (354–430 n. Chr.), der den Versuch einer Synthese aus Platons Philosophie und den Lehren des Christentums unternahm. Augustinus hatte großen Einfluss nicht nur auf die Kirche, sondern auf westliche Kultur und Philosophie überhaupt.

Eine andere wichtige Gestalt des Mittelalters war Boethius (ca. 480–525 n. Chr.), am bekanntesten für sein Werk *Trost der Philosophie*. Sein wichtigster Beitrag zur Philosophiegeschichte waren jedoch seine Übersetzungen griechischer Philosophen ins Lateinische. Boethius war einer der letzten europäischen Gelehrten, die des Altgriechischen mächtig waren. Nach seinem Tod verschwand die Sprache für Jahrhunderte fast gänzlich aus der europäischen Kultur.

Die frühmittelalterliche Periode endet mit zwei wichtigen Philosophen: Anselm von Canterbury (1033–1109) und Petrus Abaelardus (1079–1142). Anselm ist am bekanntesten für das erste analytische oder »ontologische« Argument für die Existenz Gottes in seinem Buch *Proslogion*. Abaelardus hat Bedeutendes zu den Gebieten der Logik und Semantik beigetragen, bekannter ist er aber wohl für sein Verhältnis zu seiner Schülerin Heloise, die ein Kind von ihm bekam und mit der er eine berühmte Korrespondenz aufrechterhielt.

Spätere mittelalterliche Philosophie hat einen sehr anderen Charakter, was zum Teil auf die Wiederentdeckung antiker griechischer Texte im dreizehnten Jahrhundert zurückzuführen ist, vor allem auf das Werk von Aristoteles. Die großen Philosophen Thomas von Aquin (ca. 1225–1274), Johannes Duns Scotus (ca. 1265–1308) und Wilhelm von Ockham (ca. 1284–1347) waren stark von Aristoteles beeinflusst, und jeder von ihnen schrieb wichtige Kommentare zu einzelnen seiner Werke. Der bedeutendste dieser drei Philosophen war Thomas von Aquin, der ein großes philosophisches und theologisches System entwickelte, das eine Synthese aus aristotelischer Philosophie und christlicher Theologie war. Seitdem geht von diesem Werk Thomas von Aquins ein maßgeblicher Einfluss auf das katholische Denken aus.

Zusatzinformationen

1. Heloises Onkel war so entsetzt über die Affäre zwischen Abaelard und seiner Nichte, dass er Abaelard entmannen ließ. Sowohl Abaelard als auch Heloise verbrachten den Rest ihres Lebens in religiösen Orden, setzten aber eine Korrespondenz fort, die ein frühes und bewegendes Beispiel idealer romantischer Liebe ist.
2. Ockham ist am bekanntesten für das Prinzip, das seinen Namen trägt, »Ockhams Rasiermesser«. Es bedeutet, dass von mehreren Theorien zum selben Sachverhalt die einfachste zu bevorzugen ist, oder dass Theorien so einfach wie möglich sein sollen.

Talmud

Im Talmud sind Kommentare aus mehreren hundert Jahren von Rabbinern zur Thora zusammengefasst. Der Talmud gilt als ein zentraler Text der jüdischen Religion.

Der Talmud besteht aus zwei Teilen. Der erste Teil ist die Mischna, eine Niederschrift ursprünglich nur mündlich tradierter Texte. Als Moses die Thora enthüllt wurde, soll der geschriebene Text von einer Reihe mündlicher Lehren begleitet gewesen sein. Ungefähr 200 n. Chr. wurden die jüdischen Tempel zerstört und die Juden brutal verfolgt; diese Vertreibung machte es schließlich notwendig, die Lehren aufzuschreiben.

Der zweite Teil des Talmuds ist die Gemara. Die Gemara enthält Diskussionen von Rabbinern über die Mischna. Während die Mischna absolute Meinungen enthält, ist die Gemara als ein Dialog verschiedener Meinungen geschrieben.

Der am meisten benutzte Talmud und der, auf den die Juden sich am häufigsten beziehen, ist der Babylonische Talmud oder der Talmud Bavli. Er wurde etwa 400–600 n. Chr. zusammengestellt. Es existiert ein zweiter Talmud, der aus Jerusalem stammt, aber die Niederschriften in dieser Version sind fragmentarischer und sehr schwierig zu verstehen.

Der Talmud wird als eine Quelle des Halakhah oder des jüdischen Gesetzes benutzt und diente dazu, Streitfälle in der Gesellschaft zu entscheiden. Da in jüdischen Gemeinschaften religiöse und weltliche Gesetze traditionell dieselben waren, gab es eine große Bandbreite für die Anwendung des Talmuds.

Zusatzinformationen

1. Ein Teil der Mischna – die *Pirkei Avot,* »Sprüche der Väter« – enthält berühmte Redensarten und Sprichwörter von Rabbinern.
2. Der Talmud wird traditionell nach Art der Havruta-Methode studiert – in Paaren, damit die Schüler jede Zeile besprechen und diskutieren können.

Jeanne d'Arc

Jeanne d'Arc oder Johanna von Orléans oder auch die Jungfrau von Orléans (1412–1431) war eine einfache Bauerntochter, die im Alter von siebzehn Jahren die französischen Armeen im Krieg gegen England anführte. Nach einer Reihe überraschender Siege wurde sie gefangen genommen, wegen Ketzerei verurteilt und auf dem Scheiterhaufen verbrannt. Die Franzosen jedoch – bestärkt durch Johannas mutige Führung – schafften es schließlich, die Engländer von ihrem Territorium zu vertreiben. Jeanne d'Arc ist heute eine Nationalheldin und eine Symbolfigur für die Franzosen.

Kriege zwischen Herrschern in Europa – und vor allem zwischen denen Englands und Frankreichs – waren im Mittelalter an der Tagesordnung. Zu Zeiten Johannas befanden sich England und Frankreich mitten im so genannten Hundertjährigen Krieg, einem immer wieder aufflackernden Konflikt, der insgesamt 116 Jahre andauerte. Dabei ging es den Feudalherrschern Europas im Mittelalter immer um die Eroberung von Land, und durch wechselnde Allianzen und ein Hin und Her von Verlust und Rückgewinn von Ländereien änderten sich die Nationalgrenzen in dieser Zeit ständig. So kam es, dass einfache Leute wie Johannas Familie wenig Loyalität mit einem bestimmten Herrscher empfanden.

In dem Zeitraum, in dem Johanna geboren wurde, änderte sich diese Situation gerade. Johannas Feldzug gegen die Engländer war eines der ersten Beispiele für einen sich anbahnenden europäischen Nationalismus. Für Johanna war Frankreich nicht nur ein mit einer Linie begrenzter Teil einer Landkarte oder der Besitz eines Königs. Es war ihr Land, zu dem sie eine besondere, patriotische Bindung hatte. Nach ihren eigenen Worten hatte Johanna als junges Mädchen Visionen, in denen Gott ihr den Auftrag erteilte, die Engländer aus Frankreich zu vertreiben. Was als Streitigkeit zwischen den alteingesessenen Franzosen und der englischen Aristokratie um Landbesitz begann, wurde zu einem Zusammenstoß zweier Nationalitäten. In den folgenden Jahrhunderten entwickelten sich die verschiedenen feudalen Königreiche Europas zu Nationalstaaten mit eigenen kulturellen Identitäten. Damit einher ging das Entstehen des Patriotismus und seines bösen Zwillingsbruders, des Fremdenhasses.

Nach Johannas Gefangennahme 1431 wurde sie schließlich von den Engländern aufgrund von falschen Anschuldigungen verurteilt und hingerichtet. Jeanne d'Arc wurde später rehabilitiert und 1920 vom Papst heiliggesprochen.

Zusatzinformationen

1. Bevor der französische König Johanna die Führung seiner Armee übertrug, ließ er das Mädchen von seiner Schwiegermutter untersuchen, um sicherzustellen, dass sie Jungfrau war. Sie war es.
2. Der Schriftsteller Mark Twain war fasziniert von der Person Johannas und verbrachte zwölf Jahre seines Lebens mit Recherchen und dem Schreiben eines Buches über die Frau, die für ihn die »bei weitem außergewöhnlichste Person, die die menschliche Rasse je hervorgebracht hat« war. Auch wenn das Buch nicht zu Mark Twains bekanntesten Werken zählt, hielt er selbst es für eins seiner besten.

John Steinbeck

John Steinbeck (1902–1968), einer der beliebtesten amerikanischen Romanautoren des zwanzigsten Jahrhunderts, beschreibt in seinem Werk einfühlsam und anschaulich die besondere Atmosphäre seiner kalifornischen Heimat. Auch wenn viele Kritiker seinen Schreibstil als weniger elegant und wegweisend als den seiner Zeitgenossen beurteilten, war und ist Steinbeck doch bei seinen Lesern besonders erfolgreich. Sein Talent, berührende und sozial relevante Geschichten voller reicher Symbolik zu schreiben, ist unbestritten.

Steinbeck wurde in Salinas im US-Staat Kalifornien geboren, mitten im Herzen der landwirtschaftlich geprägten Region zwischen San Francisco und Monterey. Nachdem er einige Jahre an der Stanford University studiert hatte, nahm er verschiedene Jobs an, unter anderem als Landarbeiter. In den späten 1920er Jahren begann er ernsthaft zu schreiben. Seine ersten Bemühungen fanden weder bei Kritikern noch beim Publikum Anklang, bis er schließlich mit seinem Roman *Tortilla Flat* (1935) seinen ersten großen Erfolg hatte. *Tortilla Flat* handelt von mexikanischen Landarbeitern in Monterey während der Großen Depression. Es folgte die Erzählung *Von Mäusen und Menschen* (1937), die herzergreifende Geschichte von Lenny und George, zwei Wanderarbeitern auf einer kalifornischen Farm.

Steinbecks Meisterwerk und sein berühmtester Roman ist *Die Früchte des Zorns* (1939). Darin beschreibt er das Schicksal der Familie Joad, die zu den vielen gehört, die sich zur Zeit der Großen Depression einem der Trecks anschlossen und sich auf der Suche nach einem besseren Leben auf den Weg aus der »Staubschüssel« (Dust Bowl) von Oklahoma nach Kalifornien machten. Die Reise wird zu einer schweren Zeit für die bitter armen Joads, die jedoch weiterhin Kraft aus ihrem familiären Zusammenhalt ziehen. Der Roman lenkte die Aufmerksamkeit der Öffentlichkeit auf das Schicksal der Armen zur Zeit der Großen Depression und löste bei seinem Erscheinen wegen seiner Kritik an den sozialen Verhältnissen großes Aufsehen aus.

In späteren Jahren experimentierte Steinbeck mehr oder weniger erfolgreich mit unterschiedlichen Genres und Formen. Am bekanntesten aus dieser Zeit sind die Werke *Straße der Ölsardinen* (Cannery Row, 1945), eine humoristische Erzählung von zwei Landstreichern in der industriellen Umgebung von Monterey, und der ausladende Roman *Jenseits von Eden* (1952), eine an die Schöpfungsgeschichte angelehnte, im Salinas Valley angesiedelte Familiensaga. Obwohl Steinbeck *Jenseits von Eden* für sein bestes Buch hielt – und ein Bestseller war es immerhin –, fanden viele Kritiker es zu moralisierend und umständlich. Auf jeden Fall bietet es reichhaltige, detaillierte Menschenporträts und eine anschauliche Geschichte dieser Region und zementierte Steinbecks Ruf als führender literarischer Repräsentant Kaliforniens.

1962 erhielt Steinbeck den Nobelpreis für Literatur für sein »realistisches und einfallsreiches Schreiben, kombiniert mit einfühlsamem Humor und scharfer sozialer Wahrnehmung.« Mit diesem ziemlich einmaligen Kunststück – der Kombination einer brutal direkten, unerschrockenen Beschreibung der Armut mit einer am Ende doch optimistischen Perspektive – hat sich Steinbeck einen Platz in der Runde bleibender amerikanischer Romanciers errungen.

Zusatzinformation

1. In seiner Nobelpreisrede betonte Steinbeck, dass ein Schriftsteller, »der nicht leidenschaftlich an die Möglichkeit der Verbesserung des Menschen glaubt, keine Hingabe und keine Zugehörigkeit zur Literatur hat.«

Mona Lisa

Die *Mona Lisa* wurde 1505 von Leonardo da Vinci gemalt und gilt als Prototyp des weiblichen Renaissance-Porträts. Die Arbeit ist in Öl auf dünnem Pappelholz ausgeführt und misst 76,8 × 53 cm. Trotz des relativ kleinen Formats und der einfachen Komposition ist sie eins der berühmtesten Gemälde der Welt.

Die Identität der abgebildeten Frau bleibt rätselhaft. Giorgio Vasari, der 1550 eine Biografie Leonardos schrieb, behauptet darin, die Frau sei Lisa di Antonio Maria Gherardini (Mona ist eine Zusammenziehung von *ma donna*, italienisch für »meine Dame«), Ehefrau des florentinischen Kaufmanns Francesco del Giocondo. Gegen diese Zuordnung spricht, dass Leonardo das Bild nie an jemanden geliefert hat, sondern es bis zu seinem Tod 1519 selbst behielt. In jüngerer Zeit hat die amerikanische Computerkünstlerin Lillian Schwartz einen digitalen Vergleich der *Mona Lisa* mit einem Selbstporträt Leonardos durchgeführt. Aufgrund der Übereinstimmungen in den Gesichtszügen folgerte Schwartz, dass die *Mona Lisa* ein Selbstporträt Leonardos in weiblicher Gestalt sei. Doch auch dies bleibt nur eine Theorie, genau wie die Annahme, dass es für die *Mona Lisa* gar kein Modell gab, sondern Leonardo in ihr sein Idealbild einer Frau malte.

Ungeachtet der Identität der dargestellten Person ist das Gemälde ein Beleg für Leonardos meisterhafte Verwendung des so genannten *Sfumato* – der weichen, konturlosen Linien, die eine rätselhafte Stimmung schaffen. Diese Technik verleiht der Frau im Bild etwas Vieldeutiges. Unzählige Seiten sind mit Deutungen des Lächelns der Mona Lisa beschrieben worden; tatsächlich scheint ihr Gesichtsausdruck sich zu verändern, je nachdem aus welchem Blickwinkel man das Bild betrachtet.

Seit Leonardos Tod hat das Gemälde eine ereignisreiche Geschichte hinter sich. Zunächst wurde es von Franz I. für 4000 Goldstücke gekauft. Später hing es in Versailles und in Napoleon Bonapartes Schlafzimmer, bevor es in die Sammlung des Louvre gelangte. 1911 wurde es aus dem Louvre gestohlen und tauchte zwei Jahre später in einem Hotelzimmer in Florenz wieder auf. Nachdem 1956 die untere Hälfte des Bildes durch ein Säure-Attentat beschädigt wurde, ist es durch Panzerglas geschützt.

Das Milgram-Experiment, Unterricht in Gehorsam

In den 1960er Jahren führte Stanley Milgram, Psychologe an der Yale University, eine Reihe von Experimenten zum Gehorsam durch, die zeigten, in welchem Maße das Gewissen eines Menschen in einer bestimmten Situation ausgeschaltet werden kann. Die Ergebnisse dieser Untersuchungen wurden mit dazu verwandt, zu erklären, wie einige der schrecklichsten Gräueltaten unserer Zeit geschehen konnten: der Holocaust, das Massaker von My Lai und der Völkermord in Ruanda.

Die Versuchspersonen für die Studie kamen aus allen Lebensbereichen, darunter waren Rechtsanwälte, Feuerwehrleute und Bauarbeiter. Sie alle stimmten zu, für 4,50 US-Dollar pro Stunde an einem Experiment teilzunehmen, bei dem es um Lernen und Bestrafung gehen sollte. Während des Experiments wurde ihnen von einem Arzt im weißen Kittel gesagt, sie sollten als »Lehrer« einem »Schüler« eine Liste von Wortpaaren vorlesen. Der Schüler befand sich im Nebenraum, Lehrer und Schüler konnten sich nicht sehen, aber hören. Gab der Schüler ein Wortpaar falsch wieder, sollte der Lehrer ihm einen elektrischen Schlag versetzen. Nach jeder falschen Antwort sollte die elektrische Spannung erhöht werden. Der erste Stromschlag wurde mit »leichter Schlag – 15 Volt« angegeben, der letzte mit »Gefahr: ernsthafter Schlag – 450 Volt«.

Versuchspersonen waren nur die Lehrer, bei denen getestet wurde, wie weit sie mit ihren Bestrafungen gehen würden. Bei 180 Volt würde der Schüler – in Wirklichkeit ein Schauspieler – schreien, dass er den Schmerz nicht mehr ertragen könnte; bei 300 Volt weigerte er sich, weiter teilzunehmen, bei 330 Volt herrschte Stille. Zu Stanley Milgrams Überraschung führten 65 Prozent der Versuchspersonen die Bestrafung bis zum Ende durch und gaben den Schülern Stromstöße bis zu angeblichen 450 Volt. Sie taten dies sogar dann, wenn ihnen gesagt wurde, dass der Schüler ein schwaches Herz hatte. Viele der Lehrer litten unter der Situation – sie schwitzten stark und bissen sich auf die Lippen –, machten aber auf Drängen des Versuchsleiters im weißen Kittel trotz ihrer offensichtlichen moralischen Skrupel weiter.

Milgrams Untersuchungsergebnisse schockierten die akademische Gemeinschaft der 1960er Jahre, sowohl wegen ihrer ethisch fragwürdigen Methode als auch wegen ihrer erschreckenden Ergebnisse. Doch dieses Experiment zeigte deutlich, wie normale Menschen nur durch die Gegenwart einer Autorität dazu gebracht werden können, sich unmenschlich zu verhalten. Milgrams Experimente bewiesen noch etwas anderes: Je größer die psychologische Distanz war, die die Versuchsperson vom Opfer hatte, desto eher war sie bereit, bis zum bitteren Ende zu gehen. Wenn der Lehrer nur die Fragen vorlas, aber die Stromschläge nicht selbst verabreichen musste, gingen 90 Prozent bis zum stärksten Stromschlag von 450 Volt. Musste der Lehrer jedoch zur Ausführung des Stromschlags das Opfer berühren, waren es nur noch 30 Prozent.

Zusatzinformationen

1. Das Milgram-Experiment wurde in Australien, Deutschland, Jordanien und anderen Ländern auf die gleiche Art durchgeführt, immer mit ähnlichen Ergebnissen.
2. Die Milgram-Studie ergab identische Gehorsamsquoten für Männer und Frauen.

Brandenburgische Konzerte

Diese sechs Konzerte, die Johann Sebastian Bach 1721 komponierte, während er sich in Köthen aufhielt, entstanden im Auftrag des Markgrafen von Brandenburg. Fünf der Konzerte haben drei Sätze, einen schnellen, einen langsamen und einen schnellen, und ein Konzert – das erste – hat sechs Sätze einschließlich zweier Tänze. Die Konzerte sind bekannt für Bachs ehrgeizige Kombination von Soloinstrumenten und eleganten Kontrapunkten. Die *Brandenburgischen Konzerte* gelten auch als gelungene Kombination aus deutschem pompösem Barockstil und dem fröhlichen Duktus von Komponisten wie Antonio Vivaldi.

Das erste Konzert – für Violine, drei Oboen, Streicher, Fagott und zwei Hörner – wird von einem dynamischen Dialog zwischen den beiden Hörnern und innerhalb der anderen Blasinstrumente angetrieben. Beim zweiten Konzert – für Trompete, Blockflöte, Oboe, Violine und Streicher – wetteifern alle möglichen Soli miteinander. Das dritte Konzert enthält Gruppen von drei Violinen, Bratschen und Cellos als Soloinstrumente zusammen mit den Orchesterstreichern. Ungewöhnlich ist, dass die Solisten oft dieselben Stimmen wie das Orchester spielen. Das fünfte Konzert ist für Solovioline, Flöte, Cembalo und Streicher und das sechste für zwei Solobratschen, dunkle Orchesterstreicher (keine Violinen) und ein Solocello. Die Teile, in denen das ganze Orchester spielt, werden Tutti genannt, was »alle« bedeutet, und sie wechseln sich ab mit Teilen, in denen die Soloinstrumente spielen, nur begleitet vom Generalbass.

Das *Brandenburgische Konzert Nr. 4* ist wahrscheinlich dasjenige mit dem höchsten Wiedererkennungswert, und es ist ein typisches

Barockstück. Es ist geschrieben für Solovioline und zwei Blockflöten, Streicher und Basso Continuo. Sein schneller erster Satz hält sich eng an Vivaldis Ritornello-Form, mit seinen wiederkehrenden Tutti und starken Kadenzen. Sein zweiter Satz ist ein Andante und das abschließende Presto eine Fuge, das heißt, es besteht aus langen Themen, die von anderen Stimmen imitiert werden und sich dann überlappen.

Zusatzinformationen

1. Bevor Bach die *Brandenburgischen Konzerte* schrieb, beschäftigte er sich intensiv mit Vivaldi und anderen italienischen Komponisten. Er schrieb sogar ihre Kompositionen in Stücke für Tasteninstrumente um mit dem Ziel, dadurch seine eigene Arbeit zu verbessern.
2. Die *Brandenburgischen Konzerte* sind *Concerti Grossi*, das heißt Konzerte mit mehr als einem Solisten.
3. Obwohl Bach die Konzerte für den Markgrafen Christian Ludwig von Brandenburg schrieb, wurden sie nie für ihn gespielt.

Beweise für die Existenz Gottes

Auch wenn viele – Gläubige und Atheisten gleichermaßen – sich argumentativ mit der Existenz Gottes auseinandersetzen, kann sie nicht bewiesen werden. Philosophen versuchen dies seit Aristoteles.

Es gibt drei verschiedene Arten des Gottesbeweises. Der erste ist der so genannte ontologische, der sich von dem mittelalterlichen Philosophen Anselm von Canterbury (1033–1109) herleitet. Dessen Theorie ist äußerst komplex, vereinfacht könnte man sie in etwa folgendermaßen wiedergeben:

Gott ist das vollkommenste Wesen. (I)
Es ist vollkommener zu existieren,
als nicht zu existieren. (II)
Wenn Gott nicht existierte, dann würde Gott
eine vollkommene Existenz fehlen. (aus II)
Daher existiert Gott. (aus I und II)

Dann gibt es den kosmologischen Gottesbeweis. Der Grundgedanke ist hier, dass es eine erste Ursache für alles Existierende geben muss, eine Ursache, die selbst nicht verursacht ist. Diese erste Ursache muss Gott sein, denn nichts außer Gott könnte existieren, ohne verursacht zu sein. Eine Variation des kosmologischen Gottesbeweises ist der kontingente Gottesbeweis. Dabei nimmt man an, dass alles außer Gott kontingent (zufällig, nicht notwendig) ist, anders gesagt, es ist für alles andere möglich, nicht zu existieren. Aber alles Nichtnotwendige erfordert eine Ursache, die ihrerseits notwendig ist. Diese notwendige Ursache ist Gott.

Die dritte Art Gottesbeweis ist der teleologische. Nicht so streng logisch ausgerichtet wie die beiden anderen, geht es hier darum, dass die Welt Eigenschaften hat, die am besten durch die Hypothese zu erklären sind, dass sie durch einen intelligenten Schöpfer entworfen wurden. Oft zitiert werden als Beispiel solcher Eigenschaften der Welt die Harmonie der physikalischen Gesetze, die das Leben erst möglich macht, die Anpassung von Organismen an ihre Umgebung und die Tatsache, dass Menschen intelligente, sich ihrer selbst bewusste Wesen sind.

Zusatzinformation

1. Seit Charles Darwin (1809–1882) sind viele Philosophen – nicht jedoch alle – der Meinung, dass der teleologische Gottesbeweis nicht haltbar ist, weil alle Eigenschaften der Welt ausreichend durch die Wissenschaft erklärt werden können – hauptsächlich durch die Evolutionstheorie.

Kabbala

Die Kabbala, der jüdische Mystizismus, erklärt die vielen Mysterien des Judentums. Sie versucht, Antworten auf eine breite Palette von Fragen zu geben, von »Warum schuf Gott die Erde und den Menschen?« bis hin zu »Warum gibt es das Böse auf der Welt, wenn Gott doch gut ist?« Das Instrument dafür ist hermeneutische Auslegung der Thora und des Talmuds, und das Ziel ist das Erreichen mystischer Wahrheit oder die Verbindung mit Gott.

Zentral für den kabbalistischen Glauben ist die Vorstellung, dass Gott zwei Formen hat: eine, in der Gott sich manifestierte, um die Erde zu erschaffen, und eine andere, die nicht erkennbar ist. Zwischen diesen zwei Aspekten Gottes gibt es zehn Sefirot oder kreative Kräfte, die zwischen dem nicht erkennbaren Gott und dem manifestierten Gott vermitteln. Anhänger der Kabbala glauben, dass diese Sefirot beeinflusst werden können, um göttliche Kräfte wie Weisheit, Verstehen oder Gerechtigkeit in die Welt zu bringen. Im Kabbalismus hat jeder Buchstabe der Thora eine machtvolle Bedeutung, die dechiffriert werden kann.

Die bedeutendste kabbalistische Schrift ist der Sefer ha Sohar oder einfach Sohar. Dieses Werk wurde im 13. Jahrhundert in Spanien von Mosche ben Schem Tov de León »entdeckt« bzw. wohl eher geschrieben. De León zufolge stammt der Text von einem Rabbi aus dem zweiten Jahrhundert. Wie andere kabbalistische Texte auch war diese Schrift ohne eine sehr umfassende Kenntnis der hebräischen Bibel kaum zu verstehen.

Obwohl die Kabbala im Mittelalter an Bekanntheit zunahm, nahm ihre heute weitreichende Verbreitung ihren Anfang erst im achtzehnten Jahrhundert mit der chassidischen Bewegung. In unserer Zeit erregte die Kabbala Aufsehen, als mehrere Berühmtheiten bekannten, Anhänger kabbalistischer Praktiken zu sein. Die meisten kabbalistischen Experten halten diese Version der Kabbala, zu der spirituelle Amulette, Steine und Ketten gehören, für eine Verfälschung der wahren Kabbala.

Zusatzinformationen

1. Kritiker der Kabbala argumentieren, dass sie von zwei Aspekten Gottes ausgeht, was sich schwer mit dem Monotheismus vereinen lässt.
2. Die roten Bänder, die von sich zur Kabbala bekennenden Berühmtheiten getragen werden, sollen böse Geister abwehren.

Die italienische Renaissance

Die italienische Renaissance, die in Florenz im späten vierzehnten Jahrhundert begann und ihren Höhepunkt während der Herrschaft des Florentiners Lorenzo de' Medici, genannt der Prächtige, hatte, war eine Epoche immenser politischer, religiöser und künstlerischer Veränderungen. Der Begriff Renaissance leitet sich von dem lateinischen Wort für »Wiedergeburt« ab, und tatsächlich erlebten die Intellektuellen die Renaissance wie eine Wiederentdeckung der Künste. Diese fruchtbare Ära entstand als Reaktion auf eine Zeit, die von manchen als eintausendjährige Periode kultureller Stagnation in Europa nach dem Niedergang des Römischen Reiches angesehen wird.

In der Renaissance-Zeit kamen Künstler und Intellektuelle in Scharen an den Hof Lorenzos in der Stadt am Arno. Berühmte Maler, darunter Leonardo da Vinci, Sandro Botticelli und Michelangelo, arbeiteten dort. Auch Lorenzo selbst schrieb Gedichte.

Die Renaissance markierte einen historischen Wendepunkt. Mit ihr endete das Mittelalter und begann die moderne Zeit. Die neue Bewegung breitete sich vom Florenz der Medicis zunächst in andere Teile Italiens und dann nach Nordeuropa aus, wodurch die Kultur Europas eine grundlegende Wandlung erfuhr. Dazu trug auch die deutsche Erfindung einer neuen Art der Druckerpresse bei, die die Massenproduktion von Druckerzeugnissen ermöglichte.

Grundlage der Renaissance war der Humanismus, eine intellektuelle Bewegung, die die blinde Unterordnung unter religiöse Lehren ablehnte und sich wieder auf das klassische Denken besann. Die Bereitschaft, Traditionen über Bord zu werfen, führte zu neuen Entwicklungen in Architektur, Malerei und Wissenschaft. Der Hintergrund für alle neuen Bestrebungen der Renaissance war jedoch vor allem eine Veränderung der Geisteshaltung – weg von engstirnigen, mittelalterlichen Traditionen zu einer eher aufgeschlossenen, modernen Sichtweise auf die Welt.

Zusatzinformationen

1. Mitunter sind Besucher in Florenz so überwältigt von der Pracht der Renaissance-Kunst und -Architektur der Stadt, dass sie ohnmächtig werden. Diese Erscheinung nennen die Bewohner von Florenz Stendhalismo und beziehen sich damit auf den französischen Schriftsteller Stendhal (1783–1842), der angeblich zunächst vor Ergriffenheit nicht laufen konnte, wenn er in der Stadt angekommen war.
2. Bewegliche Lettern, die die Massenproduktion von Büchern in Europa ermöglichten, wurden 1448 von Johann Gutenberg erfunden. Vor dieser Erfindung mussten Bücher per Hand kopiert werden. Einen einzigen Band fertigzustellen konnte Jahre oder sogar Jahrzehnte dauern.
3. Der politische Theoretiker Niccolò Machiavelli, dessen Erfahrungen mit politischem Handeln und dem Regieren als Berater der Medici aus erster Hand stammten, widmete seine bedeutende Abhandlung über Macht »Der Fürst« (1513) Lorenzino de' Medici, dem Sohn Lorenzos.
4. Das vielleicht berühmteste Gebäude in Florenz ist die Kathedrale der Stadt, in der 30 000 Personen Platz finden. Die berühmte achteckige Kuppel, die 1436 fertiggestellt wurde, war die erste ihrer Art und gilt als eins der schönsten Beispiele der Renaissance-Architektur.

Don Quijote

Don Quijote (Teil I: 1605, Teil II: 1615) von Miguel de Cervantes ist wohl der bedeutendste kulturelle Meilenstein der spanischsprachigen Welt. Er gilt als Hauptwerk der spanischen Literatur und wird weithin als der erste moderne Roman überhaupt angesehen.

Die Titelfigur ist ein fünfzigjähriger verarmter Junker aus der Region La Mancha in Zentralspanien. Nach der Lektüre unzähliger Ritterromane der Realität entrückt, verkündet er eines Tages seiner erstaunten Familie, dass er seinen Namen in Don Quijote de la Mancha geändert habe und auf seinem Ross Rosinante – in Wirklichkeit ein klappriger Gaul – in die Welt hinausreiten werde, um gute Taten zu vollbringen und alles Unrecht wiedergutzumachen. Er stellt einen »Schildknappen« ein, einen ungebildeten Bauern namens Sancho Panza, der Don Quijote zwar für verrückt hält, aber trotzdem mitspielt, weil er halb an das Versprechen seines neuen Meisters glaubt, dass dieser ihm eine Insel schenken wird, auf der er Herrscher sein soll.

Das ungleiche Paar macht sich auf den Weg und erlebt eine lange Reihe von Abenteuern, bei denen sie zumeist ordentlich einstecken müssen. Don Quijote sieht die Welt um sich herum nicht, wie sie ist, sondern bevölkert von Figuren aus seiner fantasierten Ritterwelt – Gastwirte sind für ihn Ritter, Prostituierte schöne Ritterfräulein, Mönche Zauberer und Windmühlen Riesen. Oft schaden Don Quijotes »Heldentaten« mehr, als dass sie denjenigen nützen, denen Don Quijote helfen will. Alle seine guten Taten widmet Don Quijote einer »Prinzessin«, der Dame Dulcinea del Toboso – in Wirklichkeit ein Bauernmädchen, dem die Handlungen, die ihm zu Ehren unternommen werden, völlig egal sind.

Don Quijote ist eine Parodie auf Ritterromane und gleichzeitig eine Hommage an sie. Ritterromane waren im Mittelalter ein Hauptzweig weltlicher Literatur. Diese epischen Gedichte erzählten lose zusammenhängende Geschichten von heroischen Rittern und kreisten meist um Themen höfischer Liebe. Einige basierten auf wahren Ereignissen, andere waren bloße Legenden. In *Don Quijote* beschäftigte sich Cervantes mit demselben Gegenstand, aber in einer stärker zusammenhängenden Erzählform, mit einer noch nie dagewesenen psychologischen Tiefe und mit ironischer Selbsterkenntnis. Im zweiten Teil arbeitet Cervantes sogar mit einem überraschenden, eigentlich erst in jüngster Zeit üblichen Mittel: Nachdem ein anderer Schriftsteller 1614 eine von Cervantes nicht autorisierte Fortsetzung des ersten Teils von *Don Quijote* geschrieben hatte, thematisiert Cervantes im von ihm selbst geschriebenen zweiten Teil des Romans dieses Buch. Don Quijote und Sancho Panza reden darüber und geben höhnische Kommentare dazu ab.

Auch wenn wir in der zeitgenössischen Literatur solche Mittel als nichts Besonderes erachten – und auch die Form des Romans an sich als selbstverständlich hinnehmen –, waren sie zu Cervantes' Zeit doch bahnbrechende Neuerungen. Allein die Schöpfung der Figur Don Quijotes ist eine großartige Leistung; dieser Anti-Held wurde zu verschiedenen Zeiten und von verschiedenen Gruppen sehr unterschiedlich interpretiert: als Witzbold, als tragischer Held und als mutige Figur, die sich nicht anpassen will. Die Verkörperung so vieler Eigenschaften ist genau das, was Cervantes' Protagonisten zu einem der zeitlosesten Charaktere in der Literatur macht.

Zusatzinformation

1. Von allen Büchern, die je veröffentlicht wurden, ist *Don Quijote* nach der Bibel dasjenige, von dem am meisten Exemplare gedruckt wurden.

Albrecht Dürer

Albrecht Dürer (1471–1528) ist einer der bekanntesten Renaissance-Künstler Nordeuropas, der großartige Kupferstiche und Holzschnittarbeiten schuf. Bei seinem Vater, einem ungarischen Goldschmied, der sich in Nürnberg niedergelassen hatte, lernte er das Goldschmiedehandwerk, bevor er bei einem Maler in die Lehre ging.

Dürer war einer der ersten Künstler aus Nordeuropa, die nach Italien reisten, um Kunst zu studieren. Nachdem er 1494/1495 einige Monate in Venedig verbracht hatte, kehrte er nach Nürnberg zurück, wo er seine neuen Kenntnisse über die Renaissance mit den Techniken kombinierte, die er in Deutschland gelernt hatte.

1498 erschien ein Zyklus von fünfzehn Holzschnitten, die die Apokalypse illustrieren, wie sie in der Bibel im Buch der Offenbarung des Johannes beschrieben ist. Besonders berühmt ist Dürers Porträt der vier apokalyptischen Reiter: Tod, Hungersnot, Krieg und Seuchen.

Zwischen 1513 und 1514 druckte Dürer seine drei Meisterstiche *Ritter, Tod und Teufel; Hieronymus im Gehäus* und *Melancholie*. Das bekannteste ist wohl *Ritter, Tod und Teufel*, das einen mittelalterlichen christlichen Ritter abbildet, der furchtlos durch Versuchung und Gefahr reitet.

Bald nachdem Martin Luther 1517 seine fünfundneunzig Thesen angeschlagen hatte, wurde Dürer zum leidenschaftlichen Anhänger der Reformation. Sein spätes großes Meisterwerk *Die vier Apostel* (1523–1526) enthält lange Inschriften von Luthers deutscher Übersetzung der Evangelien, in denen die Apostel menschlichen Irrtum und Dünkel anprangern. Dürer schenkte das Gemälde dem Stadtrat

von Nürnberg, einer Stadt, in der die Reformation zu dieser Zeit gerade Fuß fasste.

In seinen späten Jahren interessierte sich Dürer zunehmend für Kunsttheorie. 1525 veröffentlichte er eine Studie zur Perspektive, die auf dem Werk von Piero della Francesca basierte. Zwei Jahre später schrieb er ein Buch über die Befestigung von Städten, und er arbeitete gerade an einer bedeutenden Abhandlung zur Proportionslehre, als er 1528 starb.

Auch bekannt als der »Leonardo des Nordens«, widmete Dürer sein Leben der Aufgabe, die klassischen Ideale der italienischen Renaissance mit dem Naturalismus seines Heimatlandes in Einklang zu bringen.

Zusatzinformationen

1. Obwohl Dürer am bekanntesten für seine Stiche ist, schuf er auch hervorragende Aquarelle. *Das große Rasenstück* wird heute wegen seiner wissenschaftlichen Genauigkeit bewundert.
2. Dürer experimentierte mit einem optischen Gerät zur Abbildung der Wirklichkeit auf einer zweidimensionalen Oberfläche.
3. In seinem Stich *Adam und Eva*, auch bekannt als *Erbsünde*, bildet Dürer vier Tiere ab, die die vier Temperamente darstellen: das sanguinische, das melancholische, das phlegmatische und das cholerische.

Galileo Galilei

Der in Pisa geborene Wissenschaftler Galileo Galilei (1565–1642) wurde als Vater der modernen Physik, Vater der modernen Astronomie und Vater der modernen Naturwissenschaft bezeichnet. Zu seinen bedeutendsten Leistungen gehörten die Entwicklung des zusammengesetzten Mikroskops, die Entdeckung der großen Jupitermonde, Entwürfe für die erste Pendeluhr und die Entwicklung eines Fernrohrs, um Beobachtungen im Weltraum anstellen zu können. Galileis wissenschaftliche Experimente legten den Grundstein für moderne Wissenschaftsmethoden, und sein Konzept der Bewegung von Körpern war zum Teil eine Vorwegnahme der Newtonschen Bewegungsgesetze.

Großen Respekt verdient auch die Haltung, die Galileo gegenüber der römisch-katholischen Kirche einnahm. Zu seiner Zeit galt es als rebellisch, zu lehren, dass die Sonne der Mittelpunkt des Sonnensystems sei, eine Theorie des polnischen Astronomen Nikolaus Kopernikus (1473–1543). Dagegen vertrat die Kirche in Übereinstimmung mit der wortgetreuen Interpretation der Bibel die Auffassung, dass Sonne und Planeten sich um die Erde drehen. In seiner Abhandlung *Dialog über die beiden hauptsächlichen Weltsysteme* stützte sich Galileo auf die von ihm mit seinem neuen Teleskop durchgeführten Beobachtungen, um Kopernikus' Theorie zu untermauern. Während der Zeit der Inquisition wurde das Buch verboten, und der neunundsechzig Jahre alte Galileo musste vor dem Gericht in Rom erscheinen. Er wurde für schuldig befunden, der kirchlichen Doktrin widersprochen zu haben, und zu lebenslanger Haft verurteilt. Später wurde seine Strafe in Hausarrest umgewandelt, und Galileo starb acht Jahre danach in seinem Haus nahe Florenz, wo er der Bewachung von Inquisitionsgarden unterstand.

395 Jahre nach dem Prozess gegen Galileo ließ Papst Johannes Paul II. 1992 eine Kommission bilden, die Galileos Mut anerkannte und sich formal für seine Bestrafung entschuldigte.

Zusatzinformationen

1. Galileos Vater war dagegen, dass sein Sohn Mathematik studierte. Er wollte, dass er Arzt wird.
2. Galileo hat als Erster berichtet, auf dem Mond Berge und Täler gesehen zu haben.
3. Galileo hatte zwei uneheliche Töchter, die beide Nonnen wurden.

Georg Friedrich Händel

Der kosmopolitische und sehr gesellige Georg Friedrich Händel (1685–1759) war neben Johann Sebastian Bach der bedeutendste Komponist des späten Barock. Er wurde in Halle als Sohn katholischer Eltern geboren und schrieb seine ersten zwei Opern, noch bevor er zwanzig Jahre alt war. Dann begann er mit der Komposition großartiger Choräle in Latein für die katholische Liturgie.

Zwischen 1707 und 1711 hielt sich Händel in Norditalien auf, wo er mit den großen italienischen Komponisten Antonio Vivaldi, Arcangelo und Domenico Corelli und Alessandro Scarlatti verkehrte, deren Gefühl für Melodie einen großen Einfluss auf Händel haben sollte. Nach seiner Zeit in Italien nahm Händel einen Posten am Hof des Kurfürsten von Hannover an. Da dieser die britische Krone erben würde, konnte Händel seinen neuen Arbeitgeber überzeugen, ihn für ein Jahr nach London reisen zu lassen. Dort begann er, der englischen Öffentlichkeit die Musikform der Oper nahezubringen. *Rinaldo* (1711) war die erste Oper, die er speziell für London schrieb, und obwohl das Libretto in Italienisch geschrieben war, hatte sie großen Erfolg. Es folgten viele andere Opern, *Acis und Galateo* (1718), *Radamisto* (1720) und *Giulio Cesare* (1724). Diese Werke machten Händel zum König der neu eröffneten Royal Academy of Music, wo die besten Opern Englands zur Aufführung kamen.

Als der Kurfürst von Hannover schließlich 1717 in London eintraf, um als Georg I. die Krone zu übernehmen, fürchtete Händel, der neue Monarch könnte erbost darüber sein, dass er mehr Zeit in London als in Hannover verbracht hatte. Einer Legende zufolge komponierte Händel seine berühmte *Wassermusik*, um die Gunst des Königs zurückzugewinnen. Als der König jedoch hörte, was für wunderbare Musik Händel inzwischen komponierte, verdoppelte er sein Salär.

Während seiner späteren Jahre in England verlagerte sich der Schwerpunkt von Händels Kompositionen von der Oper zu Oratorien, einem dramatischen, aber nicht für die Bühne geschaffenen Musikgenre für Solisten, Chor und Orchester, dessen Inhalt normalerweise religiös ist. Er schrieb mehr als dreißig Oratorien, darunter sein berühmtes Oratorium *Messias* (1742 zum ersten Mal öffentlich aufgeführt), gefolgt von *Samson* (1743), *Semele* (1744), *Solomon* (1749) und anderen. Händel starb 1759 in London.

Zusatzinformationen

1. Händels Vater wollte ursprünglich, dass sein Sohn Jurist und nicht Musiker werden sollte.
2. Händels *Messias-Oratorium* wird jedes Jahr zu Weihnachten in zahllosen Kirchen der ganzen Welt aufgeführt.
3. In Händels erster in England aufgeführter Oper, *Rinaldo*, wurden in einer Waldszene auf der Bühne lebende Spatzen freigelassen.

Skeptizismus

»Hattest du schon mal einen Traum, Neo, der dir vollkommen real schien? Was wäre, wenn du aus diesem Traum nicht mehr aufwachst? Woher würdest du wissen, was Traum ist und was Realität?«

Morpheus, *Matrix* (1999)

Leben Sie vielleicht nur in einer Computersimulation? Woher können Sie das wissen? Sie glauben, dass Sie ein wirkliches Buch in der Hand halten, aus wirklichem Papier hergestellt. Aber woher wissen Sie, dass nicht nur ein Computer Ihrem Gehirn weismacht, Sie hielten ein Buch aus wirklichem Papier? Woher weiß man, dass man dem, was man in der Welt erlebt, auch trauen kann?

Dieses Dilemma ist als das Problem des Skeptizismus über die äußere Welt bekannt. Allgemeiner gesprochen, ist Skeptizismus das Aufstellen von Argumenten oder Behauptungen, die unseren Glauben in ein mutmaßliches Wissen untergraben sollen. Ein Skeptiker ist jemand, der skeptische Argumente benutzt, um unsere normalen Wissensbehauptungen anzuzweifeln.

Eine andere Form des Skeptizismus bezieht sich auf uns selbst: Woher wissen wir, dass andere Menschen Gedanken, Gefühle und Erlebnisse haben? Sie verhalten sich, als ob es so wäre. Und wenn man sie fragt, werden sie sagen, dass sie Gedanken, Gefühle und Erlebnisse haben. Aber woher weiß man, ob sie die Wahrheit sagen? Jeder Beweis, der die Behauptung unterstützt, dass andere Menschen denkende Wesen sind, kann auch so interpretiert werden, dass sie sehr komplizierte, programmierte Roboter sind.

Viele Philosophen haben behauptet, das Problem des Skeptizismus über die äußere Welt und den Menschen gelöst zu haben. Andere haben eingestanden, es nicht lösen zu können.

Zusatzinformationen

1. René Descartes (1596–1650) schrieb die berühmteste und einflussreichste Darstellung des Skeptizismus in seinem Buch *Meditationen über die Grundlagen der Philosophie*, in dem er die Möglichkeit erwägt, dass ein sehr mächtiger, aber bösartiger Dämon ihn geschaffen hat und ihn systematisch täuscht. Descartes fragt seine Leser: Woher weiß ich, dass ich nicht von solch einem Dämon getäuscht werde?
2. Während Immanuel Kant (1724–1804) es als großen »Skandal« ansah, dass die Philosophie das Problem des Skeptizismus noch nicht gelöst hatte, schrieb Martin Heidegger (1899–1976), dass der große Skandal nicht darin bestünde, das Problem nicht gelöst zu haben, sondern darin, dass die Philosophen meinten, es lösen zu müssen.

Chassidismus

Der chassidische Bewegung des Judaismus wurde Mitte des achtzehnten Jahrhunderts von Rabbi Israel ben Eliezer, auch bekannt als Baal Schem Tow (»Meister des guten Namens«) gegründet. Rabbi Israel ben Eliezer lebte von 1700 bis 1760.

Die wichtigsten Glaubenssätze des Chassidismus sind der Pantheismus und die Devekut. Der Pantheismus besagt, dass Gott in allen natürlichen physischen Gegenständen gegenwärtig ist. Diese Kernaussage erregte große Unruhe unter den Juden, da sie im Widerspruch zu dem weit verbreiteten Glauben steht, dass Gott keine physische Präsenz hat. Devekut ist ein Zustand ekstatischer Gemeinschaft mit Gott, der jedem Chassidim offensteht.

Auf Reisen durch Polen und die Ukraine betonte Rabbi Israel ben Eliezer, dass die emotionale Gemeinschaft mit Gott und die Liebe zu anderen Juden wichtiger seien als die reine Thora-Gelehrsamkeit. Er legte großen Wert auf von Herzen kommendes Gebet, das für ihn eine höhere Priorität hatte als das Studium der religiösen Lehre.

Im achtzehnten Jahrhundert verbreitete sich der Chassidismus schnell in Osteuropa, wobei er überall auch auf Widerspruch stieß. Trotzdem bildeten sich verschiedene Sekten heraus, da sich einzelne Gruppen um bestimmte Lehren oder Rabbis oder spirituelle Führer scharten. Der Chassidismus war eine lebendige Religion, bis im Zweiten Weltkrieg von den Nazis viele seiner Anhänger umgebracht und ihre Häuser und Städte zerstört wurden. Die überlebenden chassidischen Juden emigrierten meist nach Israel oder in die USA.

Heute fallen Chassidim am stärksten durch ihr Äußeres auf. Zwar hat jede Gruppierung ihre eigenen Bräuche, doch tragen im Allgemeinen die chassidischen Männer einen langen schwarzen Mantel, einen Gebetsgürtel, einen schwarzen Hut und eine Reihe weißer Quasten, Tzitzit genannt, die um ihre Hüfte hängen. Außerdem dürfen die Männer die Seiten ihrer Gesichter nicht rasieren, weshalb viele chassidische Juden Schläfenlocken und Bärte tragen. Die Vorschriften für chassidische Frauen sind weniger einheitlich, aber sehr streng. Frauen müssen konservative Röcke und Blusen mit langen Ärmeln tragen, und verheiratete Frauen müssen ihr Haar bedecken.

Chassidische Juden wählten diese Art sich zu kleiden, um so viele Bräuche wie möglich aus dem achtzehnten Jahrhundert zu bewahren. Sie halten es auch für wichtig, sich von einer säkularen Gesellschaft zu unterscheiden und ihren Glauben durch ihre Erscheinung zu repräsentieren. Daher wirken die Chassidim heute konservativ, obwohl sie einst radikale Neuerer waren.

Zusatzinformationen

1. Der Begriff *Chassidismus* kann sich auch auf eine Gruppe Juden im dritten Jahrhundert vor Christus beziehen. Diese chassidischen Juden waren konservativ und missbilligten hellenistische Juden, die eine Assimilation befürworteten.
2. Nicht alle chassidischen Gemeinschaften stimmen in ihren Anschauungen überein. Die Satmar-Gruppe ist antizionistisch, während die Chabad-Bewegung den Staat Israel unterstützt.

Die *Reconquista*

Schon bald nachdem Spanien 718 n. Chr. von islamisch-arabischen Herrschern erobert worden war, schmiedete das christliche Europa Pläne, um die Halbinsel wieder einzunehmen. Doch es sollte fast 800 Jahre dauern, bis die *Reconquista* (Rückeroberung) schließlich 1492 erfolgreich abgeschlossen war. In diesem Jahr fiel auf der Halbinsel das letzte Bollwerk unter maurischer Kontrolle, die prächtige Burg Granada, an die Heere der spanischen Monarchen Ferdinand und Isabella. Die Mauren, wie Spaniens Muslime genannt wurden, hinterließen den heutigen Nationen Spaniens und Portugals ein eindrucksvolles kulturelles Erbe.

Während der acht Jahrhunderte maurischer Herrschaft hieß das muslimisch beherrschte Gebiet der spanischen Halbinsel Al-Andalus. Das Kalifat war der einzige über einen längeren Zeitraum bestehende islamische Herrschaftsbereich im ansonsten christlichen Westeuropa und repräsentierte in vielerlei Hinsicht eine erstaunliche Erfolgsgeschichte. Die von den Kalifen gebauten architektonischen Wunderwerke konnten sich mit ihren christlichen Gegenstücken dieser Zeit allemal messen.

Das christliche Europa war von den Mauren zwar fasziniert, fürchtete sie aber gleichzeitig. Die iberische Halbinsel wieder unter eigene Kontrolle zu bringen wurde ein Hauptziel für die Christen des Mittelalters und war ein zentrales Anliegen der Kirche. Karl der Große war einer der vielen, die ihre Truppen aussandten, um gegen die Mauren in den Krieg zu ziehen. Die Kämpfe zwischen Muslimen und Christen in Europa hatten sogar Einfluss auf die Kreuzzüge, auch wenn diese darauf abzielten, islamische Gebiete im Nahen Osten zu erobern.

Ab dem elften Jahrhundert unterlagen immer mehr maurisch kontrollierte Städte den christlichen Armeen. 1118 nahmen die Christen Zaragossa ein. Lissabon, heute die Hauptstadt Portugals, fiel 1147, und Córdoba, die prächtige maurische Hauptstadt, wurde 1236 erobert. Die Einnahme Granadas 1492 beendete die *Reconquista*. Die neuen christlichen Machthaber verhielten sich nicht im Mindesten so tolerant wie die Mauren. Einige Monate nach dem Fall Granadas wurden die Juden aus Spanien vertrieben. Ein paar Jahre später mussten die noch auf der Halbinsel verbliebenen Muslime entweder das Land verlassen oder zum Christentum konvertieren. Aus den Ruinen des einst so blühenden Kalifats waren Spanien und Portugal hervorgegangen, zwei Länder, die bald zu Hauptakteuren auf der Weltbühne werden sollten.

Zusatzinformationen

1. Als die Grenze zwischen Portugal und Spanien noch nicht endgültig festgelegt war, schloss Portugal 1294 einen Bündnisvertrag mit England. Es ist der älteste Vertrag der Welt, der noch heute in Kraft ist.
2. Einer der berühmtesten Krieger der Zeit der *Reconquista* war ein christlicher General namens El Cid, der sowohl für die Christen als auch die Muslime kämpfte.
3. Der Koran verbot die Abbildung menschlicher Figuren in Moscheen, weshalb diese mit üppigen geometrischen Formen und Mustern geschmückt waren. Dieser besondere architektonische Stil ist noch heute in vielen spanischen Städten sichtbar, in denen nach der *Reconquista* Moscheen in katholische Kirchen umgewandelt wurden.

Die *Canterbury Tales*

Die *Canterbury Tales* sind von Geoffrey Chaucer geschriebene, um 1390 entstandene englische Erzählungen. Über Geoffrey Chaucers Leben ist nur wenig bekannt, doch das Vermächtnis seines Werkes ist unumstritten. Es stellte einen wichtigen Meilenstein auf dem Weg des Englischen zur akzeptierten Literatursprache dar, denn bis dahin wurde auch in England hauptsächlich auf Französisch oder Latein geschrieben. Chaucer brach mit der Vorstellung, dass die eigene Volkssprache den klassischen Sprachen unterlegen sei, und bereitete so den Weg für Edmund Spenser, Sir Philip Sidney, Christopher Marlowe, William Shakespeare und die folgenden Größen der englischen Literatur.

Die *Canterbury Tales* bestehen aus vierundzwanzig Geschichten, die von den Teilnehmern einer Pilgergruppe erzählt werden. Die Gruppe ist auf einer Wallfahrt von Southwark, einem Vorort von London, nach Canterbury zum Schrein von Thomas Becket. Der Prolog lässt darauf schließen, dass Chaucer ursprünglich 120 Geschichten schreiben wollte, aber es ist nicht sicher, ob das Werk unvollendet geblieben ist oder Chaucer seine Meinung geändert und deswegen nach vierundzwanzig Geschichten aufgehört hat.

Chaucers Pilger sind ein buntes Gemisch aus verschiedenen sozialen Schichten: der Ritter, der Müller, der Ablassprediger, die Priorin, die Frau aus Bath und so weiter. Ihre Erzählungen umspannen eine ganze Reihe literarischer Genres, von der Predigt über das Gleichnis und die Heiligengeschichte bis zur Ritterromanze. Auch die Themen der Geschichten sind sehr unterschiedlich und erstrecken sich von der höfischen Liebe über religiöse Heuchelei bis zu Episoden derben Humors.

Die *Canterbury Tales* sind in Mittelenglisch geschrieben, die Brücke zwischen dem Altenglischen des *Beowulf* und dem heutigen Englisch. Obwohl sich Schreibweise, Aussprache und Wortstellung inzwischen bedeutend verändert haben, sind die Texte auch heutigen Lesern noch zum größten Teil verständlich.

Bis auf zwei Geschichten sind alle in Versen geschrieben. Chaucer benutzte nicht mehr die vorherrschende französische Versform, sondern schrieb in jambischen Pentametern, die zehn Silben pro Zeile umfassen. Diese Form wird seitdem häufig in englischer Dichtung verwandt und bereitete den Weg für Shakespeare und andere, die in den folgenden Jahrhunderten den jambischen Pentameter meisterhaft in Theaterstücken und Sonetten benutzten.

Zusatzinformation

1. Nachdem der Schwarze Tod in den späten 1340er Jahren in England gewütet hatte, erbte Chaucers Familie ein Vermögen von Verwandten, die der Epidemie zum Opfer gefallen waren. Dieser finanzielle Glücksfall machte es möglich, dass Chaucer sich akademisch bilden konnte und nicht Kaufmann oder Handeltreibender werden musste.

Michelangelo

Michelangelo (1475–1564) gilt im Allgemeinen als der größte Künstler der italienischen Hochrenaissance. Er war ein begabter Maler, Architekt, Dichter und Ingenieur, dessen Vorliebe der Bildhauerei galt. Giorgio Vasari, der Michelangelo persönlich kannte und seine Biografie schrieb, sagte von ihm, er könne Marmor Leben einhauchen.

Michelangelo wurde 1475 in Caprese in der Toskana geboren. Schon als Jugendlicher zeigte sich sein außergewöhnliches Talent, und er wurde eingeladen, sich dem intellektuellen und künstlerischen Kreis anzuschließen, der sich um den wohlhabenden Lorenzo den Prächtigen, einen Angehörigen der mächtigen Medici-Familie, scharte. Von Florenz aus ging Michelangelo nach Rom, wo er den Auftrag erhielt, eine *Pietà* (Bild der Jungfrau Maria, die den toten Körper ihres Sohnes beweint) zu modellieren. Dieses Werk beendete er 1499.

1501 kehrte Michelangelo nach Florenz zurück und begann dort mit der Arbeit an seiner berühmten Statue *David*. Ein paar Jahre später wurde er wieder nach Rom gerufen, um dort ein Denkmal mit vierzig überlebensgroßen Figuren für das Grab Papst Julius II. zu entwerfen und auszuführen. Dieses Projekt wurde bald von einer anderen Anfrage des Papstes unterbrochen, der Michelangelo auserkoren hatte, die gesamte Decke der Sixtinischen Kapelle zu bemalen. Der junge Künstler, der noch wenig Erfahrung in der Arbeit mit der Fresko-Technik hatte, beendete diese Aufgabe in nur vier Jahren.

Nach Fertigstellung der Decke machte sich Michelangelo wieder an das Grabmal für den Papst und arbeitete zwischen 1513 und 1516 an den Figuren von Moses und dem Sterbenden Sklaven. Da Julius II. starb, bevor sein Grabmal beendet war, und seine Familie nicht weiter für das monumentale Denkmal zahlen wollte, konnte Michelangelo die Ausführung seines Entwurfes nicht weiterführen. Enttäuscht ging er wieder nach Florenz und arbeitete in den nächsten zwanzig Jahren an verschiedenen Projekten für die mächtige Medici-Familie, darunter an der Grabkapelle in der Basilika von San Lorenzo.

1534 kehrte Michelangelo nach Rom zurück, um das Fresko *Das Jüngste Gericht* an der Altarwand der Sixtinischen Kapelle zu malen. Dabei gab er dem Antlitz auf der dem Märtyrer Bartholomäus abgezogenen Haut seine eigenen Gesichtszüge. Mehrere Jahre nach Vollendung des *Jüngsten Gerichts* ließ Papst Paul IV. die Nackten in dem Gemälde mit Gewändern bedecken, da er sie als anstößig empfand. In der kürzlichen Restaurierung der Kapelle wurde der größte Teil dieser Gewänder intakt gelassen.

Auch in der Städteplanung Roms in der Renaissance-Zeit finden sich Michelangelos Spuren. 1537 wurde er beauftragt, den Bereich auf dem Kapitol, dem alten Zentrum der Stadt, neu zu gestalten. Neun Jahre später wurde er zum Chefarchitekten der neuen Peterskirche ernannt, deren berühmte Kuppel er entwarf, ohne ihre Vollendung noch miterleben zu können. Michelangelo starb in Rom im Alter von neunundachtzig Jahren.

Zusatzinformation

1. In *Die Erschaffung Adams*, einem Ausschnitt des Deckengemäldes in der Sixtinischen Kapelle, porträtierte Michelangelo Gott in einem Oval, umgeben von Putten. Zwei brasilianische Ärzte, Gilson Barreto und Marcelo de Oliviera, stellten kürzlich die Vermutung auf, dass der Künstler die Komposition bewusst auf dem Querschnitt des menschlichen Gehirns aufgebaut habe.

Statische Elektrizität

Warum »fliegen« Ihre Haare manchmal, nachdem Sie sie gekämmt haben? Warum bekommen Sie an Türklinken ab und zu einen Schlag, wenn Sie im Winter Ihren Mantel angezogen haben? Der Grund dafür ist statische Elektrizität.

Materie besteht aus Atomen. Jedes Atom besteht aus Neutronen, Protonen und Elektronen. Neutronen haben keine elektrische Ladung, Protonen sind positiv geladen und Elektronen negativ. Protonen und Neutronen sind in der Mitte des Atoms, im Atomkern, fest verbunden, während die Elektronen sie umkreisen, so wie die Planeten um die Sonne kreisen. Ist die Anzahl der Protonen und Elektronen gleich groß, ist das Atom nicht elektrisch geladen. Manchmal werden die Elektronen jedoch von anderen Atomen abgerieben. Die Atome, die mehr Elektronen hinzubekommen, sind nun negativ geladen; die Atome, die Elektronen verlieren, sind positiv geladen. Atome mit gegensätzlicher Ladung ziehen einander an oder werden von neutralen Gegenständen ohne elektrische Ladung angezogen. Atome mit derselben elektrischen Ladung stoßen sich ab.

Dies ist der Grund, warum Ihr Haar an den Enden absteht. Die Elektronen Ihres Haars werden von Ihrer Bürste abgerieben. Dadurch wird Ihr Haar positiv geladen. Jede Haarsträhne mit positiver Ladung möchte sich von den anderen Strähnen so weit wie möglich entfernen, Ihre Haare »fliegen«.

Einige Materialien, wie zum Beispiel Metall, ziehen Elektronen an und lassen sie frei durch sich hindurchfließen. Diese Materialien werden Leiter genannt. Andere Materialien, wie zum Beispiel Plastik und Stoff, hindern Elektronen daran, sich zu bewegen. Diese werden Isolatoren genannt. Wenn Sie im Winter Ihren Mantel anziehen, werden Elektronen von Ihrem Mantel auf Sie abgerieben. Sie selbst werden negativ geladen. Berühren Sie nun einen metallenen Türgriff, springen die Elektronen von Ihrer Hand auf die Metallklinke, die ein guter Leiter ist. Dies erhitzt die Luft und erzeugt einen Funken. Ein solcher Prozess findet eher im Winter statt, weil die Luft dann trocken ist, denn Feuchtigkeit in der Luft absorbiert Elektronen (Wasser ist ein guter Leiter) und erstickt so den Funken.

Zusatzinformationen

1. Ein Blitz ist statische Elektrizität in größerem Ausmaß. Während eines Sturms lädt die Bewegung der Elektronen die obere Seite der Wolken positiv auf und die untere Seite negativ. Normalerweise springen die Elektronen von einer Wolke zur anderen, um die elektrische Ladung auszugleichen, aber manchmal springen sie auch als Blitz zur Erde, die neutral ist und keine elektrische Ladung hat.
2. Benjamin Franklin entdeckte in seinem berühmten Drachenexperiment, dass ein Blitz statische Elektrizität ist.
3. Franklin erfand auch den Blitzableiter, ein Gerät, das wahrscheinlich mehr Leben als irgendein anderes in der Geschichte gerettet hat.

Händels *Messias*

Im Jahr 1741 erhielt Georg Friedrich Händel (1685–1759) vom Vizekönig von Irland den Auftrag, ein Stück für ein Wohltätigkeitskonzert in Dublin zu komponieren. Händel begann am 22. August und arbeitete vierundzwanzig Tage lang mit einer rasanten Geschwindigkeit an dem Werk, das sein bekanntestes werden sollte, dem *Messias*-Oratorium. Zu dieser Zeit war Händel in London bereits ein berühmter zeitgenössischer Komponist, doch der *Messias* sicherte ihm allgemeine Bekanntheit für Generationen. Auch heute wird das Stück von Chören in aller Welt um die Weihnachtszeit aufgeführt.

Das musikalische Genre des Oratoriums entstand im siebzehnten Jahrhundert. Sein Name kommt von den Gebetssälen, die im sechzehnten und siebzehnten Jahrhundert den katholischen Kirchen angegliedert waren, Säle, in denen diese Stücke ursprünglich aufgeführt wurden, da die Theater während der Bußzeiten geschlossen waren. Oratorien sind orchestrale Werke oder Chorwerke, in denen sich Sologesang und Chor abwechseln. Die Texte haben zumeist eine erzählende Form mit Personen und einer Handlung. Sie sind Opern vergleichbar, die nicht auf einer Bühne aufgeführt werden, sondern nur konzertant in Sälen ohne Kostüme und theatralische Handlung.

Anders als die meisten Oratorien, hat Händels *Messias* keine lineare Handlung, sondern besteht aus einer Reihe von Meditationen über Christus und Rezitationen biblischer Prophezeiungen – für Händel, den hauptsächlich weltlichen Komponisten, ein ungewöhnlicher Inhalt. Der berühmte Halleluja-Chor ist eins der bekanntesten Barockstücke, ebenso die Chöre »Wie Schafe geh'n« und »Uns ist zum Heil ein Kind geboren«. Die triumphale Premiere seines *Messias* 1742 in Dublin ließ Händels Berühmtheit enorm anwachsen und machte ihn zu einem der kommerziell erfolgreichsten Komponisten seiner Zeit. Keins seiner folgenden Werke reichte ganz an den Erfolg des *Messias* heran, der heute zu den berühmtesten je geschriebenen Oratorien zählt. Doch konnte Händel seine Karriere in London in dem sicheren Bewusstsein beenden, dass sein Name in die Musikgeschichte eingehen würde.

Zusatzinformation

1. Weil Händel seinen *Messias* in so unglaublich kurzer Zeit fertiggestellt hatte, glaubten einige an göttliche Inspiration. Andererseits wurde erzählt, dass Händel immer schneller als durchschnittliche Komponisten arbeitete und der Messias keine Ausnahme darstellte.

René Descartes

René Descartes (1596–1650) wurde in La Haye in Frankreich geboren. Bevor er revolutionäre Werke in den Bereichen Philosophie, Mathematik und Naturwissenschaft schrieb, hatte er einige Jahre als Militäringenieur gearbeitet. Seine Philosophie ist heute als Cartesianismus oder cartesianische Philosophie bekannt.

Descartes' grundlegende Leistung bestand darin, das aristotelische Wissenschaftssystem zu ersetzen, das zu seiner Zeit Grundlage der akademischen Ausbildung in Frankreich und ganz Europa war. Descartes' wohl bedeutendstes Werk war *Meditationen über die Erste Philosophie* (1641). Darin gibt er seine Gedanken über einen Zeitraum von sechs Tagen wieder, an denen er sich während einer Reise in einem kleinen Zimmer aufhielt. Descartes zog in diesen Meditationen alle seine Erkenntnisse in Zweifel, bis auf jene, deren Wahrheit unbezweifelbar evident war. In diesem Zusammenhang machte Descartes auch seine berühmte Beobachtung, dass er nicht daran zweifeln konnte zu denken und folglich ebenso wenig daran zweifeln konnte zu existieren – »Ich denke, also bin ich« oder im lateinischen Original *»Cogito, ergo sum.«*

Während Descartes den Schluss zog, dass es keinen Zweifel an seiner Existenz geben könne, glaubte er doch sehr wohl, die Natur seines Körpers anzweifeln zu können. Weil seine Fähigkeit zu denken unwiderlegbar war, aber die Existenz seines physischen Körpers nicht, argumentierte Descartes, dass Geist und Körper voneinander verschieden seien.

Descartes glaubte, dass Körper durch die Physik zu beschreiben seien. Sie sind geometrische Dinge in Bewegung, die eine Größe, eine Form und eine Geschwindigkeit haben. Der Geist hingegen ist etwas Immaterielles, Denkendes. Daher waren für Descartes Tiere bloße Maschinen. Weil sie nicht denken (wie er annahm), hätten sie keinen Geist und müssten einfach nur komplexe Anordnungen sich bewegender Teile sein.

Zusatzinformationen

1. Descartes nannte das Körperliche res extensa – erweiterte Dinge – und den Geist res cogitans – denkende Dinge.
2. Descartes erfand die analytische Geometrie, die auch Koordinatengeometrie genannt wird.

Jesus Christus

Jesus von Nazareth wurde zur Zeit des Römischen Reiches als Jude geboren und aufgezogen. Im Verständnis des Christentums war er Gottes Sohn und der lange erwartete Messias. Die vier Evangelien im Neuen Testament der Bibel erzählen seine Lebensgeschichte.

Jesus wurde in Bethlehem als Sohn Marias geboren. Nach christlichem Glauben war Maria eine Jungfrau und hatte die Frucht Jesu vom Heiligen Geist empfangen. Marias Ehemann Josef wird in den Evangelien selten erwähnt. Daher nimmt man an, dass er starb, bevor Jesus dem Jugendalter entwachsen war. Jesus übernahm Josefs Handwerk als Tischler, ehe er mit etwa dreißig zu predigen begann.

Jesus lehrte durch Geschichten, Gleichnisse, Paradoxe und Metaphern. Zu seinen berühmtesten Lehren gehören die Bergpredigt und das Gleichnis vom barmherzigen Samariter. Außerdem, so erzählt die Bibel, vollbrachte Jesus zahlreiche Wunder: er heilte Kranke und ließ sogar Tote auferstehen. Er diskutierte mit Frauen und unterwies sie in seinen Lehren, was zu jener Zeit von der religiösen Führung missbilligt wurde.

In seinen Reden betonte Jesus, dass das Gottesreich kommen und dem Menschen seine Sünden vergeben werden würden. Die Bedeutung dieser Aussagen ist auf unterschiedliche Art interpretiert worden. Da Israel von den Römern besetzt war, glaubten einige, dass Jesus von politischer Freiheit spräche. Verbreiteter war jedoch der Glaube, dass er über das Ende der Welt redete. Von diesem apokalyptischen Ende wurde angenommen, dass es das messianische Zeitalter brächte, das in der Thora beschrieben war. Jesus wurde für den Messias gehalten, oder den Retter, von dem im Alten Testament ver-

sprochen wird, dass er ein Zeitalter der Erlösung und Harmonie bringen würde.

Jesus kritisierte häufig die bestehenden Zustände. Als er während des Passahfestes seine Unzufriedenheit mit den Tempelhändlern vor dem Jerusalemer Tempel kundtat, entstand eine große Unruhe. Der Sanhedrin, der jüdische Hohe Rat, zeihte ihn daraufhin der Blasphemie und lieferte ihn unter der Anklage des Aufruhrs gegen den Staat den Römern aus. Der römische Statthalter in Israel, Pontius Pilatus, verurteilte Jesus zum Tod durch Kreuzigung. Drei Tage nach seinem Begräbnis ereignete sich nach christlichem Glauben Jesu Christi Wiederauferstehung aus seinem Grab, ein Beweis seiner Göttlichkeit, bevor er zum Himmel aufstieg.

Zusatzinformationen

1. Im Jahr 532, damals das Jahr 248 der Diokletianischen Ära, bestimmte der christliche Mönch Dionysius Exiguus (500–560) nach eingehendem Studium das Datum von Jesu Geburt – den 25. Dezember im Jahr 1 nach Christus. Danach ist unser westlicher Kalender ausgerichtet, der noch heute in Gebrauch ist. Allerdings beruht dieser Kalender auf einer nicht ganz richtigen Rechnung. Heute glaubt man, dass Jesus vier bis acht Jahre vor dem Jahr 1 geboren wurde.
2. *Christus* ist das griechische Wort für »Messias«.

Die spanische Inquisition

Im Jahrhundert nach 1492 wurde Spanien zum mächtigsten Staat der Welt. Spanische *conquistadores* (Eroberer) brachten riesige Territorien in der Neuen Welt unter ihre Kontrolle, von Peru bis Kuba. Mit Gold und anderen Kostbarkeiten beladene Galeonen kehrten in die spanischen Häfen zurück und bescherten der Krone unvorstellbaren Reichtum. Auch in Europa wurden verschiedene Länder von spanischen Armeen kontrolliert, darunter die Gebiete des heutigen Belgiens und der Niederlande.

Innerhalb der spanischen Grenzen entwickelte sich die Forderung nach »religiöser Reinheit«. Nachdem man die Juden 1492 aus dem Land vertrieben und den Muslimen befohlen hatte, zum Christentum zu konvertieren, war die Obrigkeit in Madrid entschlossen, ihr neuerdings so mächtiges Land in ein frommes christliches Königreich zu verwandeln. Viele spanische Kirchenleute fürchteten, dass die jüdischen und muslimischen Konvertiten insgeheim noch immer ihren alten Glauben praktizierten und so die religiöse Einheit Spaniens bedrohten.

Das Ziel der spanischen Inquisition war, die »Ketzerei« auszurotten und die so genannten »falschen Konvertiten« zu bestrafen, oftmals durch grausige Hinrichtungen. Auch in anderen katholischen Ländern Europas gab es eine Inquisition, doch die spanische war berüchtigt für ihre Härte und Beharrlichkeit. Die letzte Hinrichtung durch Strangulieren mit der Begründung der Ketzerei wurde von der spanischen Inquisition 1826 befohlen.

Heute gilt die spanische Inquisition auch als Synonym der übereifrigen religiösen Verfolgung und Bigotterie des ausgehenden Mittelalters. Diese richtete sich vor allem gegen Juden und schürte den europäischen Antisemitismus. Doch nicht nur in Spanien waren solche Auswüchse zu beobachten. Religiös begründete Gewalt kam im Mittelalter in ganz Europa vor. In Großbritannien wurden Tausende als Hexen hingerichtet, eine Praxis, die erst langsam mit dem Zeitalter der Aufklärung nachließ, in dem fortschrittliche Denker eine wortwörtliche Interpretation der Bibel in Frage stellten.

Zusatzinformationen

1. Bis 1858 durften Juden offiziell nicht nach Spanien zurückkehren.
2. Durch die römische Inquisition wurden auch Wissenschaftler umgebracht oder inhaftiert, so zum Beispiel Galileo, dessen Erkenntnisse der christlichen Lehrmeinung widersprachen.

Die Göttliche Komödie

Die Göttliche Komödie ist das Meisterwerk des italienischen Dichters und Philosophen Dante Alighieri (1265–1321). Die detaillierte Schilderung der Reisen eines Mannes entlang der Stationen des Lebens nach dem Tode hat die christliche Kosmologie für Jahrhunderte beeinflusst und bildet außerdem die Grundlage der modernen italienischen Sprache.

Dante wurde in Florenz geboren und nahm aktiv am öffentlichen Leben der Stadt teil. 1302 floh er ins Exil, da seine politische Haltung dazu geführt hatte, dass die Regierung von Florenz ihn zum Tode verurteilte. Im Exil schrieb er *La Commedia (Die Komödie),* wie er selbst sein Gedicht nannte. Der Titel *La Divina Commedia (Die Göttliche Komödie)* kam erst nach Dantes Tod in Gebrauch.

Die Struktur der *Commedia* beruht auf einer Dreierform und spiegelt so das christliche Konzept der Heiligen Dreieinigkeit. Der Protagonist reist durch drei Reiche – *Inferno, Purgatorio* und *Paradiso* –, die jeweils in dreiunddreißig Gesängen geschildert werden. Mit einem zusätzlichen Gesang, der Einleitung, umfasst das ganze Werk einhundert Gesänge. Sogar die innere Struktur des Epos beruht auf der Dreierform: Dante schrieb das gesamte Werk in Terzinen, einer Versform, in der Gruppen von je drei Verszeilen ein miteinander verkettetes Reimschema bilden (aba, bcb, cdc etc.).

Der Protagonist der *Göttlichen Komödie* ist Dante selbst. Während er den Verlust einer Richtung in seinem Leben beklagt, trifft er in einem Wald auf den Geist des römischen Dichters Vergil. Vergil führt ihn zum Tor der Hölle mit der legendären Inschrift *Lasciate ogne speranza, voi ch'intrate* – »Die ihr eintretet, lasst alle Hoffnung fahren.« Während er durch die neun Kreise der Hölle hindurchgeht, sieht Dante verdammte Seelen, die eine Reihe ewiger Strafen erleiden. Die fürchterlichen Bilder des *Infernos* finden ihren Höhepunkt in der Erscheinung des Teufels selbst, der im untersten Teil der Hölle in einem See aus Eis gefangen ist.

Im zweiten Teil, dem *Purgatorio*, besucht Dante das Fegefeuer. Dort befinden sich die Seelen, die noch nicht rein genug sind, um vor Gott zu treten. Nach dieser Station kann Vergil ihn nicht weiter begleiten, denn als Heide darf er den Himmel nicht betreten. Dante wird von nun an von Beatrice geführt, in der göttliche Anmut in einer Figur romantischer Liebe verkörpert ist. Nachdem er die neun Stufen des Himmels bis zum Paradies hinaufgestiegen ist, sieht Dante für kurze Zeit Gott. Dies ist der Höhepunkt einer Reise, die diejenige der menschlichen Seele auf ihrem Weg zu Gott spiegelt – von der Sünde über die Reue zur Errettung.

Die Göttliche Komödie hatte maßgeblichen Einfluss auf die Entwicklung der italienischen Sprache. Bis zum 13. Jahrhundert war praktisch alle italienische Literatur in Latein geschrieben, und Dantes Entscheidung, italienische Umgangssprache zu verwenden, stellte einen bedeutenden Umbruch dar. Als die italienischen Stadtstaaten 1861 eine nationale Einheit bildeten, wurde der in Dantes Werk benutzte toskanische Dialekt als Standardschriftsprache etabliert und ist es bis heute geblieben.

Zusatzinformationen

1. Der amerikanische Dichter T.S. Eliot schrieb: »Dante und Shakespeare teilen sich die moderne Welt auf; es gibt keinen Dritten.«
2. Das Motiv eines Helden, der sich in die Unterwelt begibt, findet sich auch in zwei bedeutenden Texten, die Dante inspirierten – Homers *Odyssee* und Vergils *Aeneis*.

David

Im Jahr 1501 wurde Michelangelo von der Republik Florenz beauftragt, eine Skulptur von David für die Fassade der Kathedrale zu schaffen. Der König aus dem Alten Testament – ein heldenhafter Krieger, der in seiner Jugend den Riesen Goliath besiegt hatte – galt als der Beschützer der toskanischen Stadt. Ursprünglich hatte ein anderer Künstler den Auftrag erhalten, starb jedoch, kurz nachdem in Carrara für das Werk ein riesiger Block wertvollen Marmors gehauen worden war. Der Legende nach erhielt Michelangelo den Auftrag, weil niemand anders bereit war, mit dem »verdorbenen« Stein zu arbeiten. Als Michelangelo die Statue 1504 vollendet hatte, fand man sie so außergewöhnlich schön, dass man sie nicht mehr hoch oben an der Kirchenfassade anbringen wollte. Stattdessen stellte man sie vorm Palazzo Vecchio auf der Piazza della Signoria mitten im Zentrum von Florenz auf.

Die Statue, unbestritten eins der großartigsten Meisterwerke der Hochrenaissance, porträtiert einen angespannten David kurz vor seinem Angriff auf Goliath. Dies ist nicht der siegreiche Jugendliche, den Donatello in seiner berühmten Skulptur darstellt, sondern ein Jüngling, der dem Kampf entgegensieht. Michelangelos Werk ist durch klassische Modelle inspiriert und zeigt einen schönen, athletischen Körper, dessen Gewicht auf einem Bein ruht und dessen edler Kopf nach links gewandt ist. Davids Muskeln treten hervor, während er Kraft sammelt und sich darauf vorbereitet, den Riesen zu töten. Seine übergroßen Hände und Füße verweisen auf die unstimmigen Proportionen Jugendlicher und das Versprechen zukünftiger Stärke.

Einer Anekdote zufolge, die von Michelangelos Biograf Giorgio Vasari stammt, beschwerte sich der florentinische Bürger Pietro Soderini darüber, dass Davids Nase zu lang sei. Michelangelo reagierte auf die Kritik, indem er vorgab, an der Nase Marmor zu entfernen. Als der Bildhauer fertig war, soll Soderini ausgerufen haben: »Jetzt haben Sie ihm Leben gegeben!«

Als man die Statue zum ersten Mal auf der Piazza della Signoria aufstellte, wurde sie mit Steinen beworfen, wahrscheinlich von Anhängern des exilierten Medici-Clans, die in der Figur ein Symbol der Republik sahen. 1527 wurde während eines Aufstands Davids rechter Arm abgebrochen. Die Statue wurde 1873 von der Piazza entfernt, um sie vor Schäden durch Witterung und Verschmutzung zu schützen. Sobald sie sicher in der Akademie der schönen Künste stand, stellte man eine Kopie der Skulptur auf ihren ursprünglichen Platz. 1991 attackierte ein geistesgestörter italienischer Künstler das Original mit einem Hammer und zerstörte einen Zeh.

Zu ihrem fünfhundertsten Geburtstag wurde die Statue 2003 mit destilliertem Wasser gereinigt. Heute kann man den David in der Galleria dell'Accademia zusammen mit anderen Skulpturen Michelangelos bewundern, darunter die vier unvollendeten Sklaven, die er für das Grabmal Julius II. entwarf.

Die Ozonschicht

Die Atmosphäre der Erde besteht aus mehreren Schichten. Wir leben in der Troposphäre, einem sauerstoffreichen Milieu, das sich bis knapp über die Spitze des Mount Everest erstreckt. Die nächste Schicht, zehn bis fünfzig Kilometer über der Erdoberfläche, wird Stratosphäre genannt. Sie enthält 90 Prozent des Ozons (O_3) der Welt, ein wichtiges Molekül, das das menschliche Leben auf der Erdoberfläche ermöglicht. Die Ozonschicht ist der Teil der Stratosphäre mit der höchsten Ozonkonzentration. Sie befindet sich in einer Höhe von etwa fünfundzwanzig Kilometern über dem Meeresspiegel.

Ozon ist ein seltenes Molekül. Es enthält drei Sauerstoffatome, während normale Sauerstoffmoleküle (O_2) nur zwei enthalten. Auf zwei Millionen Sauerstoffmoleküle kommen nur drei Ozonmoleküle. Die Ozonschicht absorbiert 97 bis 99 Prozent der schädlichen ultravioletten (UV-)Strahlung, die von der Sonne ausgeht. UV-Strahlung verursacht Grauen Star, Sonnenbrand und Hautkrebs. Sie schädigt auch Ernten und das Leben im Meer.

Ozon absorbiert die UV-Strahlung in einem sich selbst aufrechterhaltenden Kreislauf. Wenn die UV-Strahlung auf ein Ozonmolekül trifft, teilt sie es in ein Sauerstoffmolekül (O_2) und ein instabiles einzelnes Sauerstoffatom. Das Sauerstoffatom bindet sich schnell wieder an ein Sauerstoffmolekül und bildet so ein weiteres Ozonmolekül. Doch bestimmte synthetische halogenorganische Verbindungen können diesen sehr effizienten Prozess stören, wenn sie in die Atmosphäre gelangen. Fluorchlorkohlenwasserstoff (FCKW) ist die berühmt-berüchtigtste dieser Verbindungen.

Als Mitte des zwanzigsten Jahrhunderts Fluorchlorkohlenwasserstoffe erfunden wurden, hielt man sie nahezu für chemische Wunderverbindungen. Sie waren stabile, billige, ungiftige Substanzen, die als Kühlmittel, Treibgas in Sprays, Reiniger für elektronische Geräte und als Sterilisatoren in Krankenhäusern eingesetzt werden konnten. 1988 waren bereits mehr als 320000 Tonnen FCKW weltweit verwandt worden. Fluorchlorkohlenwasserstoffe sind so stabil, dass sie in der Atmosphäre mehr als 200 Jahre bestehen bleiben können. Wenn sie die Stratosphäre erreichen, zerstört die UV-Strahlung ihre Moleküle. Dies setzt Chlor frei, welches sich an Ozon bindet und wiederum dieses zerstört. Ein einziges Chloratom kann 100000 Ozonmoleküle zerstören. Die Verringerung der Ozonschicht in der zweiten Hälfte des zwanzigsten Jahrhunderts führte 1987 zum Montrealer Protokoll, mit dem der Gebrauch von FCKW in den Industrieländern offiziell verboten wurde.

Zusatzinformationen

1. Seit den frühen 1980er Jahren entsteht jeden Frühling über der Antarktis ein so genanntes »Ozonloch«. Dabei handelt es sich nicht wirklich um ein Loch, sondern um eine Verminderung des Ozons, die in den schlimmsten Jahren bis zu 60 Prozent betrug.
2. Auch wenn die Ozonschicht noch immer merklich dünner als in der Mitte des zwanzigsten Jahrhunderts ist, deuten kürzliche wissenschaftliche Berichte darauf hin, dass sich der Prozess umkehrt und die Ozonschicht am Ende des einundzwanzigsten Jahrhunderts wiederhergestellt sein könnte.
3. Das Chlor aus Schwimmbädern, dem Meersalz und Vulkanen kann die Stratosphäre nicht erreichen.

Musikalische Formen

Musik wurde ursprünglich aufgeschrieben, um zu bestimmten gesellschaftlichen Gelegenheiten aufgeführt zu werden. Vor dem achtzehnten Jahrhundert diente Musik hauptsächlich drei Zwecken: Die Kammermusik wurde von kleinen Ensembles in den Salons und Wohnzimmern der Aristokratie gespielt; die Kirchenmusik (Messen, Motetten, Hymnen und Choräle) hörte man in der Kirche, und Theatermusik wurde in den Pausen zwischen den Akten eines Theaterstücks oder einer Oper gespielt.

Im Laufe der Zeit haben sich dann verschiedene Standardformen entwickelt, die von vielen Komponisten verwandt wurden. Natürlich gibt es sehr viel mehr als die im Folgenden umrissenen musikalischen Formen, aber dies sind diejenigen, an denen viele große Komponisten sich orientierten:

Ballett: *Ballet d'action*, ein Stil öffentlicher Tanzvorführung, der zu Beginn des 18. Jahrhunderts in Paris vorherrschend war, hatte sich aus den norditalienischen höfischen Tänzen des vierzehnten Jahrhunderts entwickelt.

Kammermusik: Während und nach der klassischen Ära setzten Wiener Meister wie Joseph Haydn, Wolfgang Amadeus Mozart und Ludwig van Beethoven Maßstäbe, wie Kammermusik klingen sollte, welche Strukturen ihr zugrunde liegen und welche Instrumentenensembles sie benutzen sollte – zum Beispiel Streichquartette, Klaviertrios, kleine Bläserensembles etc.

Konzert: Der Begriff leitet sich von dem italienischen Wort *concertare* ab, was »zusammenkommen« bedeutet, und bezieht sich wörtlich darauf, dass eine Gruppe von Instrumenten zusammen spielt. In der Barockzeit wandelte sich die Bedeutung, und der Begriff beschrieb nun eine Musikform, in der ein Orchester ein Soloinstrument oder mehrere Soloinstrumente begleitet und die Hauptthemen der Komposition variiert werden.

Oper: Die Oper ist eine Kombination aus theatralischer Inszenierung, ausdrucksvollem Gesang, Orchestermusik und einem oftmals poetischen Text (Libretto), die zusammen eine Geschichte erzählen. Von einem Oratorium unterscheidet sich die Oper dadurch, dass sie auf der Bühne dramatisiert aufgeführt wird, aber sie unterscheidet sich auch vom Theater, weil der Text gesungen wird und es eine orchestrale Begleitung gibt.

Suite: Eine Suite ist ein aus mehreren Sätzen bestehendes Werk, das Tänze oder andere kurze instrumentale Musikarten enthalten kann oder auch so arrangiert ist, dass es programmatisch eine Geschichte erzählt.

Sinfonie: Die Sinfonie ist ein Stück aus mehreren Sätzen für ein vollständiges Orchester und hat ihre Wurzeln im *concerto ripieno*, einem spätbarocken Stil der Konzertkomposition, bei der als Hauptmelodiestimme das gesamte Ensemble eingesetzt wurde und nicht nur ein oder mehrere Soloinstrumente.

Zusatzinformationen

1. Zu den berühmtesten Konzerten gehören zum Beispiel Johann Sebastian Bachs *Brandenburgische Konzerte*, Wolfgang Amadeus Mozarts *Konzerte für Waldhorn* und Sergej Rachmaninows komplexes *Klavierkonzert Nr. 3.*
2. Andere musikalische Formen sind die vielfältigen Genres der Kirchenmusik (liturgische Musik, Hymnen und Choräle) und der Salonmusik, wie z.B. Frédéric Chopins *Nocturnes* oder Franz Schuberts *Kunstlieder*. Letztere wurden beide als Unterhaltung bei gesellschaftlichen Zusammenkünften aufgeführt oder privat zu Hause am Klavier gespielt.

Cogito, ergo sum

Der wohl berühmteste philosophische Satz überhaupt, *cogito, ergo sum* – Ich denke, also bin ich –, steht in dem Werk *Meditationen über die Erste Philosophie* aus dem Jahre 1641, das von dem französischen Philosophen René Descartes (1596–1650) in Latein geschrieben wurde.

Descartes' berühmte Schlussfolgerung steht am Ende eines Prozesses, in dem er alles, was er glaubt, einem radikalen Zweifel unterzieht. Anders ausgedrückt ging Descartes zunächst davon aus, dass alles, was er nicht mit Sicherheit wusste, zunächst als nicht wahr anzusehen sei. Zum Beispiel verwarf er seinen Glauben in die Welt der sinnlichen Erfahrung, weil er der Ansicht war, dass seine Sinne getäuscht werden könnten. Er fand jedoch etwas, das er nicht bezweifeln konnte – die Tatsache, dass er zweifelte, dass er dachte. Descartes stellte die Behauptung auf, dass er nicht wirklich anzweifeln könnte, dass er dachte, denn während er dies bezweifelte, handelte es sich auch bei diesem Zweifel tatsächlich ja um Denken. Dann erklärte der Philosoph, dass, wenn er mit Sicherheit wusste, dass er dachte, er auch mit Sicherheit wusste, dass er existierte. So hatte Descartes einen nicht weiter hinterfragbaren Glauben gefunden – den Glauben an seine eigene Existenz.

Dieses Argument Descartes' ist ein üblicher Ausgangspunkt für die philosophische Betrachtung des Problems der Selbsterkenntnis. Was ist einzigartig an unserem Bewusstsein von uns selbst? Was ist anders daran, wenn wir über unsere eigenen Gedanken, Gefühle und Bedürfnisse nachdenken, verglichen mit unserem Nachdenken über etwas außerhalb unserer selbst? Einige glauben, dass der Unterschied darin besteht, dass wir uns nicht irren können, wenn wir ehrlich ausdrücken, was wir denken oder fühlen. Dieser Gedanke erscheint plausibel, wenn man zum Beispiel vom Phänomen des Schmerzes ausgeht. Wenn man einen Schmerz empfindet, erscheint es unmöglich, dass das Gefühl des Schmerzes nicht wahr sein kann.

Zusatzinformation

1. Descartes glaubte, dass er einen Beweis für die Existenz Gottes geliefert hätte, der so stark war, dass er unmöglich angezweifelt werden könnte.

Bergpredigt

Diese berühmte Predigt, die Jesus um 30 nach Christus auf einem Berg in Galiläa hielt und die im Matthäusevangelium niedergeschrieben ist, bildet die Quintessenz aus Jesu Lehren.

Während dieser Predigt rief Jesus seine Anhänger dazu auf, noch rechtschaffener zu sein, als die Zehn Gebote es forderten. Er erklärte, dass das Befolgen der Zehn Gebote allein nicht zur Erlösung ausreiche. Die Menschen sollten nicht nur nicht töten, sondern auch keine zornigen Gedanken haben; sie sollten nicht nur keinen Ehebruch begehen, sondern auch keine lüsternen Gedanken haben; sie sollten nicht nur nicht stehlen, sondern in ihren Gedanken keine materiellen Bedürfnisse haben. Jesus forderte von seinen Anhängern, nur dem Wort Gottes zu gehorchen und nicht den Lehren der Rabbis, da nur Gott vollkommen sei und dem Menschen Erleuchtung bringen könne.

Die Bergpredigt enthält auch Jesu Aufforderung an seine Zuhörer, demjenigen, der sie auf eine Wange schlägt, auch »die andere Wange hinzuhalten« und sich der Bestrafung zu unterwerfen, anstatt dem Prinzip der Vergeltung des Alten Testaments zu folgen, in dem es heißt: »Auge um Auge, Zahn um Zahn.« Jesus verlangte sogar, dass die Menschen gegenüber dem Bösen friedfertig bleiben und keinen Widerstand leisten sollten.

Die Bergpredigt wird von Christen auf verschiedene Weise interpretiert. Es hat den Anschein, dass Jesus hier die Messlatte zur Erlösung sogar für seine ergebensten Anhänger zu hoch gehängt hat. Nichtsdestotrotz sind manche der Meinung, dass die Bergpredigt Zeile für Zeile befolgt werden müsse, um Erlösung zu erlangen. Andere Exegeten vertreten die Ansicht, dass Jesus übertriebene Forderungen aufstellte und bei der Anwendung im wirklichen Leben diese Doktrinen nur Leitlinien darstellten, die man den Umständen anpassen müsse.

Albert Schweitzer (1875–1965) glaubte, dass Jesus das Ende der Welt für unmittelbar bevorstehend und daher das Überleben nicht für wichtig hielt. Denn befolgte man die Doktrin, sich nicht gegen das Böse zu wehren, könnte es schwierig werden zu überleben. Ein anderer Interpretationsansatz geht davon aus, dass von den Anhängern Jesu sogar erwartet wurde, dass sie beim Versuch, seine Vorschriften zu befolgen, scheiterten; denn dadurch würden sie lernen zu bereuen.

Trotz der sehr unterschiedlichen Auslegungen bleibt die Bergpredigt eine Hauptquelle des christlichen Glaubens.

Zusatzinformationen

1. Es ist strittig, ob die Bergpredigt, so wie sie im Matthäusevangelium geschildert wird, tatsächlich eine einzige Predigt war oder eine Sammlung von Anschauungen Jesu, die Matthäus anderen, kürzeren Predigten entnahm und zu einem Gesamttext zusammenfügte.
2. Die Bergpredigt enthält auch die Goldene Regel, das Gebet des Herrn (Vaterunser) und berühmte Aussprüche wie »Richtet nicht, auf dass ihr nicht gerichtet werdet.«

Martin Luther

»Ich kann und will nichts widerrufen, weil es gefährlich und unmöglich ist, etwas gegen das Gewissen zu tun.«

Martin Luther

Um 1500 nach Christus hatte sich das Christentum in fast ganz Europa ausgebreitet. Zwar lagen die einzelnen Königreiche des mittelalterlichen Europas in ständigem Streit und Krieg miteinander, doch beteten sie alle zum selben Gott. Nach dem Niedergang des Römischen Reiches im fünften Jahrhundert schritt die Ausbreitung des Christentums rasant voran und erreichte schließlich Frankreich, England, Deutschland, Russland und Skandinavien. Das mittelalterliche Christentum erstreckte sich von den Olivenhainen Italiens bis zu den Fjorden Islands.

Doch diese Einheit verdeckte die wachsende Unzufriedenheit mit der mittelalterlichen Kirche. Die Schrecken der Pest führten bei vielen Europäern zu einer tiefen Enttäuschung, da sie nicht verstehen konnten, warum Gott so viele Menschen sterben ließ. Außerdem war das Gedankengut der Renaissance eine Herausforderung für die traditionellen christlichen Lehren, und die Käuflichkeit und Bestechlichkeit der römisch-katholischen Kirche selbst stieß viele ihrer überzeugtesten Anhänger ab.

Im Jahr 1517 schlug ein enttäuschter deutscher Kirchenmann namens Martin Luther (1483–1546) ein Dokument an die Tore der Kirche in Wittenberg. Das Dokument enthielt Luthers fünfundneunzig Thesen, in denen er Anklagen gegen die päpstliche Kirchenführung erhebt und den allgemeinen Zustand der römisch-katholischen Kirche tadelt. Luthers Hauptvorwurf bestand darin, dass die Kirchenführung in Rom zu gierig und dekadent geworden sei. Um diese Zeit verkaufte die Kirche Ablassbriefe an reiche Laien, um den Bau neuer Kirchen zu finanzieren. Durch den Kauf eines Ablassbriefes wurden dem Käufer offiziell seine Sünden vergeben. Die Praxis, Vergebung an den Meistbietenden zu verkaufen, stieß Luther ab.

Luthers Thesen verursachten alsbald eine Spaltung innerhalb der europäischen Christenheit. In vielen Teilen Europas wurde seine Kritik an der Kirche beifällig aufgenommen. Luthers Anhänger wurden Protestanten und widersetzten sich der traditionellen Autorität des Papstes in der als Reformation bekannten religiösen Bewegung. Innerhalb weniger Jahre kündigten England und viele andere Teile Nordeuropas dem Papst ihre Gefolgschaft auf. Damit war der Kontinent entlang religiöser Glaubenslinien gespalten.

Der Papst verdammte Luther als Ketzer, und in der Folge brachen zwischen Katholiken und Luthers Anhängern eine Reihe von Kriegen aus. Diese dauerten mit Unterbrechungen ein Jahrhundert an, bis die verfeindeten Lager 1648 den Westfälischen Frieden schlossen. Luthers Rebellion gegen den Papst hatte die religiöse Einheit Westeuropas für immer beendet.

Zusatzinformationen

1. Englands König Heinrich VIII. war anfangs kein Luther-Anhänger, doch nachdem der Papst ihm die Scheidung von seiner Frau, Katharina von Aragon, nicht erlaubte, wandte er sich vom Katholizismus ab.
2. 1522 schuf Luther in nur neun Wochen eine deutsche Übersetzung des Neuen Testaments und ermöglichte es so den Deutschen, zum ersten Mal das Heilige Buch in ihrer eigenen Sprache zu lesen.

Beowulf

Das im achten Jahrhundert von einem unbekannten Autor verfasste Gedicht *Beowulf* ist das große Heldenepos des Altenglischen. Aus seinen Seiten haben die Wissenschaftler viel über die Entwicklung der englischen Sprache gelernt. *Beowulf* spiegelt auch die für das nördliche Europa während des frühen Mittelalters charakteristische Mischung aus heidnischen Traditionen und Christentum wider.

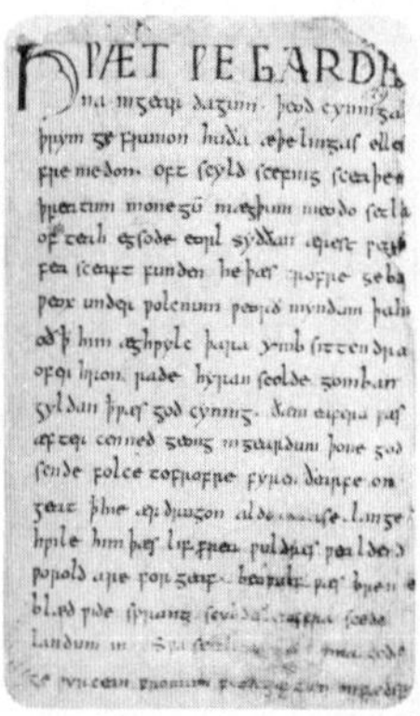

Beowulf spielt in Dänemark im sechsten Jahrhundert. Beowulf, ein junger Prinz aus Geatland (eine Region im Süden Schwedens), kommt mit einer Gruppe Gefolgsleute an den Hof des dänischen Königs Hrothgar. Dieser wird seit Jahren von einem Ungeheuer namens Grendel terrorisiert, das nachts bei ihm einbricht und seine Krieger verschlingt. Beowulf tötet das Ungeheuer. Als Grendels ebenfalls furchterregende Mutter ihren Sohn rächen will, verfolgt Beowulf sie bis in ihre Höhle und tötet auch sie. Beowulf kehrt als Held in sein Königreich zurück und herrscht danach fünfzig Jahre lang als König. Am Ende stirbt er, als er zur Verteidigung seines Volks gegen einen Drachen kämpft.

Thematisch mischt das Epos Motive des alten germanischen Krieger-Kodex mit Elementen des Christentums, das zu dieser Zeit im nördlichen Europa noch ziemlich neu war. Die ursprüngliche *Beowulf*-Legende, wie sie über Generationen mündlich tradiert worden war, glorifizierte Stärke, Mut, Tapferkeit, Loyalität und Vergeltung. Hier und da wird versucht, auch christliches Gedankengut von Demut und Vergebung in die ursprünglich germanische Geschichte einzuflechten; manchmal führt das problematische Verhältnis dieser ungleichen Elemente in der Dichtung zu einer gewissen Spannung und Holprigkeit.

Beowulf ist in Altenglisch geschrieben, dem germanischen Vorgänger des Mittelenglischen und des heutigen Englisch. Heute ist Altenglisch auch für Muttersprachler des Englischen ohne Übersetzung praktisch nicht mehr lesbar.

Wie bei altenglischer Dichtung üblich, benutzt *Beowulf* komplizierte Alliterationsregeln, die den Barden halfen, die Tausende von Zeilen umfassenden Verse aus dem Gedächtnis vorzutragen. Auch so genannte Kenningar werden häufig verwandt – kurze, bildhafte Metaphern, die der Erzählung Farbe verleihen. Zum Beispiel nennt der *Beowulf*-Dichter das Meer »Walstraße« und einen König »Ringgeber«.

Auch wenn der Einfluss des *Beowulf* auf die Entwicklung der englischen Literatur häufig überschätzt wird – denn bis zum 19. Jahrhundert war er fast vergessen –, ist es doch ein unschätzbares literarisches und historisches Dokument. Seitdem er im zwanzigsten Jahrhundert zu neuer Berühmtheit gelangte, inspirierte er die Werke von vielen Poeten und Romanciers, darunter W.H. Auden und J.R.R. Tolkien.

Zusatzinformation

1. Es existiert nur noch ein Manuskript des *Beowulf*, das wahrscheinlich um 1000 niedergeschrieben wurde. In einem Feuer wurde es 1731 schwer beschädigt und wird heute in der British Library in London aufbewahrt.

Die Sixtinische Kapelle

Die Sixtinische Kapelle im Vatikan ist vor allem für ihre Deckengemälde berühmt, die Michelangelo zwischen 1508 und 1512 ausführte. An den Wänden der Kapelle finden sich Fresken von Sandro Botticelli (1445–1510), Pietro Perugino (1450–1532), Luca Signorelli (1445–1523) und anderen Meistern der Frührenaissance. Der Bereich unterhalb dieser Malereien war einst von Wandteppichen bedeckt, die Raffael (1483–1520) entworfen hatte.

Der Begriff Sixtinisch geht zurück auf Papst Sixtus IV., unter dem die Kapelle zwischen 1475 und 1483 erbaut wurde. Der Entwurf folgte den Dimensionen von Salomons Tempel, wie sie im Alten Testament beschrieben sind. 1507 beauftragte Papst Julius II. Michelangelo, die Decke neu zu bemalen, deren Gewölbe ursprünglich mit dem Gemälde eines Sternenhimmels von Pier Matteo d'Amelia bedeckt war. Michelangelo nahm den Auftrag nur widerstrebend an, da er wenig Erfahrung in der Malerei besaß, schuf dann jedoch mit den bildlichen Darstellungen von Schöpfung, Sündenfall und Erlösung des Menschen mit mehr als 300 Figuren ein großartiges Meisterwerk. Michelangelo behauptete, die gesamte Decke selbst entworfen und gemalt zu haben, wahrscheinlicher ist jedoch, dass ihm ein theologischer Berater und mehrere Assistenten zur Seite standen. In seinen Gedichten beschreibt der Künstler, wie schwer es war, ständig in zurückgebeugter Haltung auf einem Gerüst zu arbeiten.

Neun Szenen aus der Genesis sind um die Mitte der Decke gruppiert. Die ersten drei zeigen die Schöpfung, die nächsten drei die Geschichte von Adam und Eva und die letzten drei die Geschehnisse um Noah. Michelangelo malte die Bilder in umgekehrter Reihen-

folge, da er zögerte, Gott darzustellen, solange ihm noch die Erfahrung mit dem Pinsel fehlte. Auf den scheinarchitektonischen Rahmen, die die Szenen teilen, sitzen die *ignudi* – nackte Jünglinge. Kleinere Nackte, die biblische Texte halten, erscheinen in den gemalten Bronzemedaillons, die regelmäßig über die ganze Decke verteilt sind. Die vier Gewölbe an den Ecken des Raumes zeigen Szenen der Errettung der Israeliten. Am unteren Rand der Decke sitzen sieben Propheten des Alten Testaments und fünf heidnische Sibyllen. Unter ihnen werden in sechzehn so genannten Lünetten Jesu Vorfahren dargestellt. Michelangelo achtete darauf, dass er Gott über dem Teil der Kapelle malte, der für die Kardinäle reserviert war.

Eine von Fuji-Film finanzierte vollständige Reinigung der Fresken, die zwischen 1981 und 1994 durchgeführt wurde, brachte zum Vorschein, dass Michelangelo leuchtende Farben benutzt hatte. Diese Entdeckung widersprach der vorherigen Annahme vieler Kunsthistoriker.

Als Johann Wolfgang von Goethe auf seiner Italienreise die Decke bewunderte, notierte er, dass keiner sich eine Idee davon machen könne, was ein Mensch zu leisten imstande sei, bevor er nicht die Sixtinische Kapelle gesehen hätte.

Radiokohlenstoff-Datierung

Wissenschaftler benutzen die Radiokohlenstoff-Datierung, um das Alter abgestorbener Organismen zu bestimmen. Diese Methode kann von Knochen über Kleidung und Holz bis zu Stroh alles exakt datieren. Dabei wird das Vorhandensein von Kohlenstoff-14 (^{14}C), einer seltenen Kohlenstoffform bestimmt, die mit dem Absterben eines Organismus zu zerfallen und zu verschwinden beginnt. Je älter das Objekt ist, desto weniger ^{14}C enthält es.

Das Leben aller Organismen auf der Erde beruht auf Kohlenstoff. Normale Kohlenstoffatome (^{12}C) haben sechs Protonen und sechs Neutronen. Treffen kosmische Strahlen in der Erdatmosphäre auf Stickstoffatome, verwandeln sie sie in eine spezielle Art radioaktiven Kohlenstoffs, der als Kohlenstoff-14 bezeichnet wird. Kohlenstoff-14 hat zwei Neutronen mehr als der übliche Kohlenstoff. Im Verlauf von 5730 Jahren zerfällt die Hälfte einer gegebenen Menge Kohlenstoff-14 zurück in Stickstoff. Kohlenstoff-14 hat also eine Halbwertszeit von 5730 Jahren.

Pflanzliche und tierische Organismen unterscheiden nicht zwischen Kohlenstoff-12 und Kohlenstoff-14. Sie nehmen sie beide zu sich, bis sie sterben. Mit dem Tod beginnt jedoch der Kohlenstoff-14 zu zerfallen, und da der Organismus nicht länger Kohlenstoff zu sich nimmt, wird ^{14}C nicht wieder aufgefüllt. Gleichzeitig bleibt die Menge des Kohlenstoff-12 im selben Organismus konstant, da es ein stabiles Atom ist, das nicht zerfällt. Um das Alter eines toten Objekts zu bestimmen, vergleichen die Wissenschaftler also das Verhältnis von Kohlenstoff-14 zu Kohlenstoff-12 mit dem Verhältnis in einem entsprechenden lebenden Objekt.

Ist im toten Objekt verglichen mit dem lebenden Objekt nur noch der halbe Anteil an Kohlenstoff-14 enthalten, ist es ungefähr 5730 Jahre alt, da der Kohlenstoff-14 eine Halbwertszeit von 5730 Jahren hat. Ist der Anteil nur noch ein Viertel so hoch wie der Anteil im lebenden Objekt, dann ist das Objekt 11460 Jahre alt. Beträgt der Anteil ein Achtel, ist das Objekt 17190 Jahre alt und so weiter. Wenn ein Objekt viel älter als 60000 Jahre ist, reicht die Menge an Kohlenstoff-14 nicht mehr aus, um wissenschaftlich von Nutzen zu sein.

Zusatzinformationen

1. Radioaktives Uran hat eine Halbwertszeit von 704 Millionen Jahren und kann verwandt werden, um etwas auf einer geologischen Skala zu datieren.
2. Kalium-40, das natürlich im menschlichen Körper vorkommt, hat eine Halbwertszeit von 1,3 Milliarden Jahren. Es diente zur Datierung des Beginns des Lebens auf der Erde.
3. Die Radiokohlenstoff-Datierung wurde in den 1950er Jahren von Willard F. Libby an der University of Chicago entwickelt; 1960 erhielt Libby den Nobelpreis für Chemie.
4. Alles, was nach 1940 abgestorben ist, ist mit der Radiokohlenstoffmethode schwieriger zu bestimmen, da die Nuklearaktivität auf der Erde die Mengen radioaktiven Materials auf dem Planeten verändert hat, die vorher in etwa konstant waren.

Klassik

Die klassische Epoche der Musik, die direkt auf die Barockzeit folgte und vor der Romantik lag, dauerte etwa von 1750 (Tod Johann Sebastian Bachs) bis etwa 1827 (Tod Ludwig van Beethovens). Sie fiel zusammen mit dem Zeitraum der intellektuellen Aufklärung, deren Vertreter – Philosophen wie René Descartes, Voltaire und Jean Jacques Rousseau – das Recht und die Freiheit des Einzelnen, den Wert des Menschen und die Vernunft betonten. Viele Beiträge in Kunst, Politik und Philosophie waren eine Lobpreisung der menschlichen Fähigkeit, rational zu denken.

In der Kunst und Musik drückte sich dieser Geist in einer Hinwendung zur griechisch-römischen Kultur und deren ästhetischen Werten aus: harmonische Proportionen, Gleichgewicht und Einfachheit. Apollo, der Gott der Vernunft, das Denken und die Musik wurden verherrlicht. Die Werke der klassischen Komponisten – Johann Christian Bach und später Joseph Haydn, Wolfgang Amadeus Mozart und der frühe Beethoven – wiesen eine bemerkenswerte stilistische Einheitlichkeit auf. Diese Komponisten legten keinen Wert auf experimentelle Wirkungen oder Unvorhersagbarkeit. Eher waren sie Formalisten, die nach Perfektion strebten. Wie die Bildhauer der Renaissance wollten sie Kunst für Jahrhunderte schaffen und möglichst makellos menschliche Ideale darstellen.

Während der Epoche der Klassik wurden die Musikformen des Konzerts, der Sonate und der Sinfonie immer perfekter und einheitlicher und setzten die Standards für die folgenden Jahrzehnte. Dabei opferten sie keinesfalls die emotionale Qualität ihrer Werke. Mozarts

Sinfonien und Opern, Haydns Streichertrios und Beethovens Violinsonaten sind reich an ausdrucksvollen Passagen. Sie werden ebenso wegen ihrer Originalität und ihrer lyrischen, berührenden Melodien bewundert wie aufgrund ihrer Meisterschaft der formalen Gestaltung.

Zusatzinformationen

1. Der Begriff klassische Musik wird oft benutzt, um zwischen europäischer Kunstmusik und Rock, Pop oder Volksmusik zu unterscheiden. Diese Unterscheidung wurde zum ersten Mal in den 1790er Jahren benutzt.
2. Komponisten der klassischen Periode wie auch die des Barocks vor ihnen waren von Mäzenen abhängig, um ihren Lebensunterhalt zu finanzieren. Im Allgemeinen arbeiteten sie an Höfen, hatten dort jedoch einen relativ niedrigen Status als Angestellte des Königs oder ihrer höfischen Herren. Viele große Musiker starben wie Mozart arm und wurden in anonymen Gräbern beigesetzt.

Das Geist/Körper-Problem

Wenn Sie sich den Zeh stoßen, empfinden Sie Schmerz. Dass Ihr Zeh an einen Gegenstand stößt, ist ein physikalisches Geschehen, und es lässt Ihre Nerven in einem bestimmten Muster reagieren, was wiederum das Senden von Signalen an Ihr Hirn auslöst. Aber was genau ist dieser Schmerz, den Sie fühlen?

Zwei Fragen beschäftigen die Philosophen, die sich mit der Beziehung zwischen der Verfassung des Körpers – sich den Zeh stoßen – und der Verfassung des Geistes – Schmerz empfinden – befassen. Erstens: Sind mentale Verfassungen identisch mit physischen Verfassungen? Ist Schmerz nur die Aktivität der Neuronen im Gehirn? Falls es so ist, scheint es, als sei der Geist nichts anderes als das Gehirn. Ist Schmerz aber mehr als nur die Aktivität von Neuronen, dann könnte man sich vorstellen, dass der Geist etwas Besonderes ist, etwas, was man zusätzlich zu Körper und Gehirn hat. Diese letzte Position nennt man Dualismus.

Die zweite Frage ist: Wenn sich der Geist vom Körper unterscheidet, auf welche Art verursachen dann Ereignisse im Körper, vor allem im Gehirn, Ereignisse im Geist und umgekehrt? Und schließlich – wenn der Geist sich vom Gehirn und dem Rest des Körpers unterscheidet, müsste er wohl immateriell sein, also nicht aus Materie bestehend. Aber wie findet dann eine Interaktion mit der Materie statt, aus der Gehirn und Körper bestehen? Manche Philosophen glauben, dass Geist und Körper auf die gleiche Art interagieren können wie Materie und Materie. Andere, die Epiphänomenalisten, sind der Ansicht, dass der Körper im Geist Wirkungen hervorrufen kann, nicht jedoch der Geist im Körper.

Das Geist/Körper-Problem wird in der Philosophie weiterhin lebhaft diskutiert, da es wichtige Fragen im Zusammenhang mit Psychologie und Neurowissenschaft aufwirft. Außerdem stellt die Bewältigung dieses Problems eine ernste Hürde bei der Entwicklung künstlicher Intelligenz dar. Vielleicht sind wir imstande, mit einem Computer das Gehirn nachzubilden, aber können wir auch den Geist schaffen?

Zusatzinformationen

1. Der französische Philosoph René Descartes (1596–1650) glaubte, dass Geist und Körper interagieren, und er glaubte auch zu wissen, wo diese Interaktion stattfindet: in der Zirbeldrüse (Epiphyse), einem Teil des Gehirns!
2. Descartes war ein Substanz-Dualist. Er glaubte, dass Geist und Körper verschiedene Dinge sind und dass sie ohne einander existieren könnten.
3. Gedankenexperiment: Ist es möglich, dass jemand genau das gleiche Gehirn wie Sie hat, so dass alle Neuronen auf die gleiche Art aktiv sind, er aber trotzdem nichts erlebt oder fühlt? Wenn man daran glaubt, dass solch ein Zombie möglich wäre, dann hält man den Dualismus für wahr.

Der barmherzige Samariter

Der barmherzige Samariter zählt zu den bekanntesten der von Jesus erzählten biblischen Gleichnisse. Es findet sich im Lukasevangelium und beschreibt eine Art Liebe, von der Jesus meinte, dass seine Anhänger sie anstreben sollten.

Ein Schriftgelehrter fragte Jesus, wie er errettet werden könne. Jesus stellte die Gegenfrage: »Was steht in der Bibel?« Der Rechtsgelehrte rezitierte die Bibelworte von »Liebe Gott« und »Liebe deinen Nächsten«. Jesus erwiderte, dass die Befolgung dieser Vorschriften zur Errettung führen würde. Daraufhin fragte der Schriftgelehrte sinngemäß: »Wie kann ich erkennen, wer mein Nächster ist?« Als Antwort erzählte Jesus die Parabel.

Ein Reisender wird von Räubern geschlagen, ausgeraubt und auf der Straße liegen gelassen. Ein Priester kommt vorbei, sieht ihn und lässt ihn liegen. Als Nächstes kommt ein Levit vorbei, ein Angehöriger eines der Stämme Israels, und ignoriert den geschlagenen Mann ebenfalls. Schließlich kommt ein Samariter die Straße entlang. Zu dieser Zeit waren die Samariter ein von den Juden geächtetes und verhasstes Volk. Der Samariter hilft dem armen Mann, bringt ihn in eine Herberge und bezahlt dafür, dass man ihn pflegt.

Zu dem Schriftgelehrten gewandt, erklärte Jesus, dass der Samariter dem Reisenden der Nächste war, ausgerechnet derjenige, von dem am wenigsten erwartet wurde, dass er dem Reisenden half, und der dabei nichts zu gewinnen hatte.

Diese Geschichte ist ein ausgezeichnetes Beispiel dafür, wie Jesus seine Zuhörer manchmal schockierte, um seinen Standpunkt klarzumachen. Denn zur Zeit der Erzählung rief es bestimmt großes Erstaunen hervor, dass Jesus gerade einen Samariter auswählte, um die Bedeutung der Hilfe für Menschen in Not und die Nähe aller Menschen zu betonen.

Auch wenn diese Passage im Lukasevangelium ziemlich kurz ist, wurde die Idee des barmherzigen Samariters sowohl bei Christen wie auch bei Nicht-Christen zu einem bekannten und beliebten Gleichnis.

Zusatzinformationen

1. Heute gibt es nur noch einige hundert Samariter oder Samaritaner, die zumeist in Nordisrael leben. So ist die Wirkung durch einen Samariter als Held der Geschichte für die heutige Zeit verloren gegangen. Es gibt Nacherzählungen der Bibelgeschichte, in denen statt des Samariters ein Angehöriger eines bekannteren Volkes die Rolle des Barmherzigen innehat.
2. Mit dem Ausdruck »barmherziger Samariter« bezeichnet man heute eine Person, die einem Menschen in Not selbstlos hilft.
3. In den USA und Kanada gibt es so genannte »Good Samaritan Laws« (Guter-Samariter-Gesetze), die diejenigen Menschen, die anderen helfen, davor schützen, selbst angeklagt zu werden.

Spanien in der Neuen Welt

Als Kolumbus 1492 Segel setzte, suchte er nicht nach der Neuen Welt, sondern für König Ferdinand und Königin Isabella von Spanien nach einem neuen Seeweg nach Asien. Doch dann stieß er auf Amerika, und es ergab sich die Chance für die spanische Krone, diese neu entdeckte Welt zu erobern. Einer solchen Gelegenheit konnte man nicht widerstehen, und so verbrachten spanische Soldaten die nächsten fünfzig Jahre damit, riesige Gebiete in Mittel- und Südamerika zu erobern und dabei tausende Ureinwohner Amerikas zu töten. Spaniens Flotten brachten sagenhafte Reichtümer aus der Neuen Welt mit nach Hause, und Spanien stieg zur Welt-Supermacht auf.

Ferdinands und Isabellas Enkelsohn Kaiser Karl V. berief 1550 zwei berühmte Gelehrte an die Hauptuniversität des Landes in Valladolid, um eine ausführliche Debatte über die Auslandspolitik zu führen. Dem König bereitete das Blutvergießen in den amerikanischen Ländern Sorgen. War es richtig, Spaniens Imperium auf Kosten so vieler Menschenleben weiter auszudehnen?

Einer der Debattanten in Valladolid war ein Dominikanermönch namens Bartolomé de Las Casas. Als Kind hatte Las Casas 1493 die Siegesparade in Sevilla miterlebt, mit der Christoph Kolumbus nach seiner Entdeckung Amerikas begrüßt wurde. 1502 begab sich Las Casas mit mehreren Verwandten nach Amerika und gehörte zu den ersten spanischen Siedlern dort. Doch die Grausamkeit der spanischen Eroberer, deren Zeuge er vor Ort wurde, stieß ihn ab. Las Casas plädierte beim spanischen König für eine humanere spanische Politik in Amerika.

Den Gegenstandpunkt vertrat Juan Ginés de Sepúlveda (1490–1573), ein humanistischer Gelehrter, der glaubte, dass Spanien die Pflicht hätte, die amerikanischen Indianer mit allen dazu nötigen Mitteln zu »christianisieren«. Für Sepúlveda waren Eingeborenenstämme wie die Azteken Barbaren, die Menschenopfer und Kannibalismus praktizierten. Seiner Meinung nach hatten die Spanier nicht nur das Recht, die Eingeborenen zu unterwerfen, sondern die Pflicht, die westliche Zivilisation zu verbreiten. »Das Perfekte sollte dem Nicht-Perfekten befehlen und über es herrschen«, schrieb er 1547 und berief sich damit auf Aristoteles zur Verteidigung dessen, was er den »gerechten Krieg« gegen die Indianer nannte.

Innerhalb zweier Generationen hatten die Spanier die großen Reiche der Azteken und Inkas zerstört. Zwar hatte der spanische König ein offenes Ohr für Las Casas' Anliegen, doch es war schon zu spät. Die Kolonialisierung Amerikas war im Gange, was auch immer daraus werden sollte.

Zusatzinformationen

1. Große Teile Südamerikas blieben die nächsten drei Jahrhunderte in spanischem Besitz, bis die Napoleonischen Kriege in Europa die spanische Kontrolle über seine Kolonien schwächte. Mexiko wurde 1821 unabhängig, und Peru folgte 1824. Seine letzten kolonialen Besitzungen in Amerika verlor Spanien im Spanisch-Amerikanischen Krieg 1898.
2. Sehr viel mehr amerikanische Ureinwohner starben an den von den Europäern eingeschleppten Krankheiten als im Krieg. Die Pocken waren eine der vielen so genannten »Virgin Soil Epidemics«, die Millionen Indianer töteten.
3. Spanische Forscher gründeten 1565 St. Augustine in Florida. St. Augustine ist die älteste, durchgehend besiedelte und von Europäern gegründete Stadt in den USA.

Salman Rushdie

Der Schriftsteller Salman Rushdie wurde 1947 in Bombay (heute Mumbai) geboren. Seine Eltern waren Muslime, und Salman Rushdie wuchs zwischen Hindus und Sikhs auf, erhielt dann eine Schulbildung in England und ist die wandelnde Verkörperung einer Figur der Postmoderne und des Postkolonialismus. Seine ausgeklügelten und ungeheuer gewitzten Romane, realistisch und fantastisch zugleich, gelten vielen als die literarische Stimme des modernen Indiens. Rushdies Romane beschäftigen sich mit politischen und religiösen Themen, vor allem den angespannten Beziehungen zwischen Hinduismus und Islam in Indien und Pakistan.

Ironischerweise ist Rushdie wohl am bekanntesten nicht aufgrund seines bemerkenswerten Werkes, sondern wegen der Reaktion, die sein Buch *Die satanischen Verse* (1988) hervorgerufen hat. Es enthält Passagen, die von vielen Muslimen als blasphemische Beleidigungen des Propheten Mohammed empfunden wurden. Der Roman wurde in Indien, Pakistan, Ägypten, Saudi-Arabien und weiteren Ländern verboten, und vom Nahen Osten bis nach Großbritannien gab es öffentliche Proteste und Buchverbrennungen. Anfang 1989 erließ Irans Staatschef Ayatollah Khomeini eine Fatwa, in der Rushdie zum Tode verurteilt wurde und die Muslime weltweit zur Vollstreckung dieses Urteils aufgefordert wurden. Den größten Teil des folgenden Jahrzehnts musste Rushdie sich verstecken und stand unter Polizeischutz.

Der durch diese Umstände hervorgerufene Bekanntheitsgrad der *Satanischen Verse* drängt oft Rushdies größte Leistung, *Mitternachts-*

kinder (1981), in den Hintergrund. Der Protagonist dieses Romans, Saleem Sinai, wurde um Punkt Mitternacht am 15. August 1947 geboren. An diesem Tag wurde Indien von Großbritannien unabhängig und Pakistan eine eigene Nation. Wie viele der anderen »Mitternachtskinder«, die zum selben Zeitpunkt geboren wurden, hat Saleem übernatürliche Kräfte, und Ereignisse in seinem Leben spiegeln Entwicklungen in der jungen Nation Indien als Ganzes wieder. Die Geschichte ist teilweise autobiografisch – Rushdie selbst wurde 1947 in Bombay geboren –, weite Teile spielen jedoch in einer Fantasie-Landschaft, womit Rushdie in die Fußstapfen von Günter Grass, Gabriel García Márquez und anderen Pionieren des Magischen Realismus trat. Für *Mitternachtskinder* erhielt Rushdie 1981 den Booker Prize.

Auch wenn Rushdie für immer mit der Todesstrafe des Ayatollah Khomeini in Zusammenhang gebracht werden wird, sind seine Romane im Gegensatz zum Ernst dieser Lage sehr heiter und werden für ihren erfinderischen Gebrauch der Sprache gelobt. Rushdies Prosa ist wie ein verbales Klettergerüst, voller Anspielungen und spielerischer Kunstgriffe. Die Hauptfiguren sind wie Rushdie selbst Immigranten und machen ihre Erfahrungen in der modernen, durch ein Gemisch unterschiedlicher Kulturen gekennzeichneten Welt. Trotz der Todesdrohungen gegen ihn schreibt Rushdie weiter in seinem besonderen Stil über die ihm am Herzen liegenden Themen. Die Romane *Harun und das Meer der Geschichten* (1990) und *Des Mauren letzter Seufzer* (1995) gehören zu seinen im letzten Jahrzehnt beendeten Werken.

Zusatzinformation

1. Die sehr unvorteilhafte Schilderung der indischen Ministerpräsidentin Indira Gandhi in *Mitternachtskinder* führte dazu, dass diese Rushdie verklagte. Nach Gandhis Ermordung 1984 wurde die Anklage fallen gelassen.

Raffael

Der in der Nähe von Urbino geborene Raffael (1483–1520) gilt neben Leonardo da Vinci und Michelangelo als einer der drei größten Künstler der italienischen Hochrenaissance.

Zunächst wurde Raffael von seinem Vater Giovanni Santi unterrichtet, doch als dieser die außergewöhnliche Begabung seines Sohns erkannte, schickte er ihn in die Werkstatt Pietro Peruginos, eines führenden Malers dieser Zeit, der in der Gegend von Umbrien lebte. 1504 begab sich Raffael nach Florenz, dem künstlerischen Mittelpunkt Italiens im frühen sechzehnten Jahrhundert. Dort studierte er die Arbeiten Michelangelos und Leonardo da Vincis und fand trotz Übernahme von Elementen beider Künstler zu seinem ganz eigenen Stil.

1508 wurde Raffael von Papst Julius II. nach Rom gerufen, um eine Suite päpstlicher Gemächer, die so genannten Stanzen, mit Wandgemälden zu schmücken. Im ersten Raum, der dem Papst wahrscheinlich als Bibliothek diente, malte Raffael Fresken der vier als hauptsächliche Disziplinen angesehenen Bereiche Theologie, Philosophie, Recht und Dichtkunst. Das berühmteste dieser Gemälde, dessen Thema Philosophie ist und das später die *Schule von Athen* genannt wurde, stellt Platon und Aristoteles dar, die sich in einem weitläufigen, architektonisch sorgfältig ausgestalteten Raum aufhalten und umgeben sind von allen großen Denkern Griechenlands.

Raffael blieb für den Rest seines kurzen, aber sehr produktiven Lebens in Rom. Neben vielen Altarwerken und Andachtsbildern malte er auch mythologische Szenen; berühmt ist das Fresko *Der Triumph der Galatea*, das 1512 für die Villa Farnesina entstand und die Nymphe Galatea zeigt. Raffael machte sich auch einen Namen als Baumeister und wurde mit der Bauleitung des Petersdoms beauftragt, nachdem Donato Bramante, der ursprüngliche Architekt, 1514 gestorben war. Raffael war auch ein talentierter Porträtmaler, wovon unter anderem das Bild Baldassare Castigliones (1478–1529) Zeugnis ablegt. Dieser war ein bedeutender Diplomat und Schriftsteller, der Raffael in seiner berühmten Abhandlung, dem *Buch vom Hofmann* (1528) erwähnt.

Eins von Raffaels bekanntesten Gemälden der Jungfrau Maria mit Kind, die *Sixtinische Madonna* (1512–1514), hat wegen des ungewöhnlich ernsten, fast erschrockenen Ausdrucks auf den Gesichtern von Mutter und Kind viele Diskussionen ausgelöst. Forschungen in jüngster Zeit ergaben, dass das Werk sich in der Kirche ursprünglich an einer Stelle befand, von der aus beide Figuren auf ein Kruzifix schauten.

Raffael gilt im Allgemeinen als der der Klassik am nächsten stehende der drei großen Renaissance-Meister. Goethe äußerte einmal, dass Raffael die Griechen nicht imitieren musste, weil es für ihn natürlich war, wie diese zu denken und zu fühlen.

Zusatzinformationen

1. Die früheste Biografie Raffaels erschien in Giorigio Vasaris *Lebensbeschreibungen der ausgezeichnetsten italienischen Baumeister, Maler und Bildhauer* (1550).
2. In dem Gemälde *Schule von Athen* weist Platons Finger nach oben, um sein Interesse an abstrakten, ätherischen Konzepten zu zeigen, während Aristoteles hinab zum Boden zeigt und damit auf seine Vorliebe für konkrete Gegenstände und weltliche Angelegenheiten hinweist.
3. Raffael erforschte auch römische Ruinen, darunter die Überreste von Neros Goldenem Haus, dem Domus Aurea.

Albert Einstein

Wir neigen dazu, uns Albert Einstein (1879–1955) als einen alten Professor mit schwarzem Schnauzbart und weißen Haarbüscheln vorzustellen, doch tatsächlich schrieb er einige seiner wichtigsten Beiträge zur Mathematik und Physik, als er erst sechsundzwanzig Jahre alt war. Während er 1905 als Angestellter in einem Patentamt in Bern in der Schweiz arbeitete, schrieb er vier Aufsätze, die alle als das Werk eines Genies gelten. Das Jahr 1905 wird als *annus mirabilis*, als Einsteins »Wunderjahr« bezeichnet.

Einsteins erster Aufsatz, *»Über einen die Erzeugung und Verwandlung des Lichtes betreffenden heuristischen Gesichtspunkt«*, enthielt die Hypothese, dass Licht aus extrem kleinen Teilchen besteht, die Energiequanten genannt werden. Heute heißen diese Photonen. Diese Theorie brachte Einstein 1921 den Nobelpreis für Phyik ein.

Einsteins zweiter Aufsatz lieferte den ersten Ansatz eines empirischen Beweises für die Existenz von Atomen. Vor 1905 galt die Idee eines Atoms als der kleinsten Einheit einer Substanz als nützliches theoretisches Konzept. Einstein beschrieb die Bewegung von in ruhenden Flüssigkeiten suspendierten Teilchen, die so genannte Brownsche Bewegung, und bewies, dass Substanz eine zugrunde liegende Struktur haben musste. Diese Struktur wird durch das heutige Konzept des Atoms erklärt.

Bei Einsteins drittem und auch viertem Aufsatz ging es um das Thema, das ihn berühmt gemacht hat – die Relativitätstheorie. Diese erklärt die Beziehung zwischen Energie und Masse mit der berühmten Formel $E=mc^2$ – die Energie eines Gegenstands ist gleich seiner Masse mal der Lichtgeschwindigkeit zum Quadrat. Grob vereinfacht bedeutet dies, dass Masse eine andere Form von Energie ist.

Zusatzinformationen

1. Einsteins Aufsätze zur Relativitätstheorie waren die Fortsetzung einer Arbeit, die er begonnen hatte, als er sechzehn Jahre alt war.
2. Einstein unterstützte aktiv die atomare Abrüstung. Er sagte einmal: »Ich weiß nicht, welche Waffen im nächsten Krieg zur Anwendung kommen, wohl aber, welche im übernächsten: Pfeil und Bogen.«
3. Einstein wurde die zweite Präsidentschaft Israels angetragen; er sagte mit der Begründung ab, dass ihm die nötigen Fähigkeiten fehlten.

Joseph Haydn

In der Wiener Tradition genialer Hofkomponisten war Joseph Haydn (1732–1809) der erste große Stern der klassischen Epoche. Er wuchs als Sohn eines armen Arbeiters in dem österreichischen Dorf Rohrau auf. Schon früh entdeckte man seine musikalische Begabung, und im Alter von acht Jahren wurde er Chorjunge am Stephansdom in Wien.

Von 1759 bis 1761 arbeitete Haydn als Musikdirektor am Hof des Grafen Morzin. Als dieser aufgrund finanzieller Schwierigkeiten seine Musiker entlassen musste, hatte Haydn schon genügend Aufmerksamkeit auf sich gezogen, um von einem ungarischen Prinzen namens Paul Anton Esterházy angestellt zu werden. Den größten Teil seines Lebens verbrachte Haydn am Hof der Familie Esterházy, wo er acht Stunden am Tag komponierte und alle musikalischen Aktivitäten des Hauses organisierte, einschließlich mehrerer Opern- und symphonischer Aufführungen pro Woche.

Wenn einem Haydns tägliches Arbeitspensum schon gewaltig erscheint, dann wohl erst recht die Flut seiner Kompositionen: Er schrieb 104 Sinfonien, 68 Streichquartette, 47 Klaviersonaten, 26 Opern, 4 Oratorien und Hunderte anderer Stücke, die seitdem teilweise verloren gegangen sind. Haydn wird allgemein als derjenige angesehen, der die Standardstruktur der Sinfonie etabliert hat – drei oder vier Sätze unterschiedlicher Tempi, geschrieben für Streicher, vier oder fünf Bläser und Kesselpauken. Entwickelt hat er sie aus den musikalischen Konzepten verschiedener italienischer Rokoko-Komponisten. Haydn gilt ebenfalls als Modernisierer der Form des Streichquartetts. Anstatt vor allem die erste Geige Solos spielen zu lassen, wechseln bei ihm die Melodien und wichtigen Themen zwischen Violine, Viola und Cello.

Die späten Jahre seines Lebens verbrachte Haydn zwischen London und Wien und schrieb während dieser Zeit seine reifsten und heute bekanntesten Sinfonien und Streichquartette. Mit seinem talentiertesten Zeitgenossen, Wolfgang Amadeus Mozart (1756–1791), war Haydn in dessen jungen Jahren befreundet und hatte auch einen starken Einfluss auf sein Werk. Im Alter von siebenundsiebzig Jahren starb Haydn in Wien.

Zusatzinformationen

1. In den meisten Barockkompositionen ist jeder Satz in einer bestimmten Stimmung oder Art der Empfindung geschrieben (z. B. traurig, trübsinnig, fröhlich, ruhig etc.). Haydn war einer der ersten Komponisten, die Musikstücke schrieben – vor allem Sinfonien –, in denen verschiedene Stimmungen nebeneinander ausgedrückt sind. Haydn verzichtete auch auf den Basso Continuo des Barock und ersetzte ihn durch eine komplexere Orchestrierung, indem er auf die vielen Instrumente in einem Orchester zurückgriff.

2. Während Haydn für die Esterházy-Familie arbeitete, wohnte er zwei Jahrzehnte lang in den Unterkünften der Diener und trug eine Livree. Er musste sich auch damit abfinden, dass er dafür gescholten wurde, seine Dienerperücke nicht ordentlich gepudert zu haben.

3. Als Haydns Stimme sich 1749 durch den Stimmbruch veränderte, konnte er nicht mehr im Chor des Stephansdoms singen und wurde mit nichts als seinen Kleidern auf dem Leib einfach auf die Straße gesetzt. Zunächst sorgte er für sich, indem er Musikunterricht gab, für die Reichen der Stadt Unterhaltungsmusik komponierte und bei dem italienischen Komponisten Nicola Porpora (1686–1768) als Diener und Lehrling arbeitete.

Baruch Spinoza

Baruch Spinoza (1632–1677) wurde in Amsterdam geboren, wo seine Familie zur Gemeinschaft der Marranen gehörte, Juden, die einst in Spanien ihre Religion heimlich weiterpraktiziert hatten, bevor sie aus dem Land vertrieben wurden. Spinoza wurde 1656 aus der jüdischen Gemeinde ausgestoßen und änderte später seinen Vornamen zu dem lateinisch klingenden Benedictus.

Spinozas Ideen waren zu seinen Lebzeiten und auch danach heftig umstritten. 1670 veröffentlichte er seinen *Tractatus theologico-politicus (Theologisch-politisches Traktat)*, in dem er darlegte, dass die Bibel wie alle Schriften als ein von Menschen und nicht von Gott geschaffenes Dokument interpretiert werden sollte. Spinoza behauptete, dass der wirkliche Inhalt der Religion nicht die Natur Gottes beträfe, sondern dass damit die Menschen durch Geschichten und Gebote erzogen werden sollten, sich gut und richtig zu verhalten. Religion sei also ein System moralischer und politischer Kontrolle, und alle Religionen seien gleichermaßen gültig, solange sie ihre Aufgabe erfüllten. Diese Ansichten waren im Europa des siebzehnten Jahrhunderts so provozierend, dass Spinoza das Buch anonym veröffentlichte.

Viele von Spinozas philosophischen Überlegungen sind in seinem großen Werk *Ethica, Ordine Geometrico Demonstrata (Ethik, nach geometrischer Methode dargestellt)* niedergelegt, das bald nach seinem Tod im Jahre 1677 veröffentlicht wurde. Darin schreibt Spinoza auf systematische, lehrbuchhafte Art über Gott, die Natur, den Geist und die Erlangung des Glücks. Für Spinoza wurde alles in der Natur von strengen, kausalen Gesetzen bestimmt. Alles sieht er als eine zwingende Folge notwendiger Gesetze, so dass nichts anders sein könnte, als es ist. Spinoza glaubte, dass Gott ganz einfach die Totalität der Natur sei, nicht ein unabhängiger Schöpfer. Seine Schlussfolgerung war, dass es keine Bedeutung und keinen Sinn der Welt gäbe. Im letzten Buch der *Ethik* stellt Spinoza Überlegungen an, wie wir unter der Voraussetzung dieser Schlussfolgerung trotzdem glücklich sein können.

Spinoza arbeitete lange Zeit als Linsenschleifer. Er starb 1677 in Den Haag.

Zusatzinformationen

1. Obwohl keine gesicherten Erkenntnisse darüber vorliegen, wird vermutet, dass Spinoza aus der Gemeinschaft der Juden verbannt wurde, weil er bestritt, dass die Seele unsterblich ist und Gott die Welt zu einem Zweck erschaffen hat.
2. Spinoza nennt den Zustand des Glücks Glückseligkeit.

Die Apostel

Unter den Anhängern Jesu waren dessen Jünger, die mit ihm reisten und von ihm lernten, und seine Apostel, die er auserwählt hatte, seine Lehren nach seinem Tod fortzuführen.

Die zwölf Apostel waren eigentlich die ersten Missionare. Wie es im Neuen Testament erzählt wird, waren sie die zwölf Männer, mit denen Jesus zu Abend aß, bevor er gekreuzigt wurde. Außerdem gehörten sie zu denjenigen, denen Jesus sich zeigte, nachdem er auferstanden war.

Die Zahl zwölf spiegelt die Anzahl der ursprünglichen zwölf Stämme Israels wider. Einige der Anhänger Jesu glaubten, dass die Wiederherstellung des antiken Israels mit dem kommenden Himmelreich zusammenfallen würde.

Zu den bedeutenderen Aposteln gehören:

Simon: Simon wurde von Jesus Petrus genannt. Er wurde mit einer Führungsrolle betraut und schließlich der erste Papst. Jesus sprach zu ihm: »Du bist Petrus, und auf diesen Felsen will ich meine Gemeinde bauen.« (Matthäus 16/18). Es ist strittig, ob Jesus mit diesem »Felsen« Petrus selbst meinte, wie die Katholiken glauben, und so das Papsttum begründete, oder ob er Petrus' Glauben meinte.

Andreas: Andreas war Simons Bruder und einer der ersten Anhänger Jesu. Er überzeugte Simon, auch Jesu Schüler zu werden.

Johannes: Johannes soll der Verfasser des Johannesevangeliums gewesen sein und auch vier weiterer Bücher des Neuen Testaments.

Matthäus: Matthäus, der in einigen auf die Bibel bezogenen Texten auch als Levi bezeichnet wird, soll der Autor des Matthäusevangeliums gewesen sein.

Thomas: Thomas bezweifelte, ob Jesus tatsächlich von den Toten auferstanden sei; er wollte Jesu Wunden berühren, bevor er an das Wunder glaubte.

Judas Ischariot: Judas war derjenige, der Jesus verriet, indem er ihn küsste. Dieser Kuss ermöglichte die Identifizierung Jesu und damit seine Festnahme. Laut einigen Erzählungen beging Judas aus Schuldbewusstsein in den Tagen zwischen Jesu Kreuzigung und seiner Wiederauferstehung Selbstmord.

Zusatzinformationen

1. Die Mormonen glauben, dass Jesus nach seiner Wiederauferstehung nach Südamerika ging und dort zwölf Apostel auswählte. Zu ihnen gehörten die drei Nephiten, die nicht starben, sondern noch heute auf der Erde sind und die zweite Wiederkunft Jesu erwarten.
2. Außer den zwölf ursprünglichen Aposteln haben im Verlauf der Jahrhunderte christlicher Geschichte mehrere andere erfolgreiche Missionare den Titel Apostel erhalten. Die Ehre wird Menschen zuteil, die das Christentum zum ersten Mal in ein bestimmtes Land, eine Gegend oder zu einer Bevölkerung bringen.

Britische Ansiedlung in Nordamerika

Die Küste Amerikas wurde zunächst von zwei unterschiedlichen Gruppen britischer Siedler als neue Heimat auserkoren. Als Erste errichteten in den frühen 1600er Jahren englische Unternehmer eine Kolonie in Jamestown in Virginia, um dem Beispiel der frühen spanischen Siedler in Südamerika zu folgen und vom Reichtum der Neuen Welt zu profitieren. Nach vielen Rückschlägen entwickelte sich diese Kolonie zu einem prosperierenden Handelsunternehmen. Etwa zur selben Zeit siedelte sich eine Gruppe frommer britischer Auswanderer in Massachusetts an. Diesen Menschen ging es darum, ihre Religion frei ausüben zu können, was ihnen in England verwehrt worden war.

Für viele Historiker bilden diese unterschiedlichen Motivationen bei der Besiedlung Amerikas durch die Europäer die Quelle andauernder Spannungen, die die amerikanische Identität kennzeichnen. Die von religiösem Eifer getriebenen Siedler Neu-Englands errichteten im felsigen Boden von Massachusetts eine Gemeinschaft, die beispielhaft für die ganze Welt sein sollte. John Winthrop, der Führer der Puritaner, die sich in Boston ansiedelten, beschrieb deren Mission in seiner berühmten Predigt *Stadt auf dem Hügel* und betonte: »Wir sind wie eine Stadt auf einem Hügel. Die Augen aller Menschen schauen auf uns.« Die Massachusetts Bay Colony erließ einen strengen Gesetzeskodex, der auf der Bibel beruhte. Ehebrecher und mutmaßliche Ungläubige wurden hart bestraft.

Im Gegensatz dazu waren die Kolonisten in Virginia eher damit beschäftigt, Profite zu erwirtschaften. Während die griesgrämigen Kirchenmänner von Boston versuchten, öffentliche Tugenden durchzusetzen, ging es 1619 beim ersten Gesetz in Virginia darum, die Tabakpreise festzulegen.

Die übrigen der ursprünglich dreizehn Kolonien spiegelten mehr oder weniger die unterschiedlichen Motive dieser beiden britischen Siedlergruppen wider. Pennsylvania wurde ein Zufluchtsort für Quäker. New York begann als kurzlebige holländische Handelskolonie und wurde 1664 von den Briten erobert. Die verschiedenen Gruppen britischer Kolonisten fühlten anfangs wenig Verbundenheit miteinander, aber die allen gemeinsame Ablehnung der strengen Regierungsausübung des britischen Mutterlandes half dabei, sie zu vereinen.

Zusatzinformationen

1. 1634 wurde die Kolonie von Maryland als Zufluchtsstätte für britische Katholiken gegründet; deren Religion war in England nach der protestantischen Reformation im sechzehnten Jahrhundert in Ungnade gefallen.
2. Mehrere andere europäische Mächte errichteten Kolonien in Nordamerika, die sich nicht lange hielten. Schwedische Siedler gründeten 1638 Delaware, das nur ein paar Jahre bestehen blieb. In Vermont ließen sich zuerst französische Siedler nieder, dann war es im achtzehnten Jahrhundert für kurze Zeit unabhängig, bevor es 1791 der vierzehnte Staat der Vereinigten Staaten wurde.
3. Die religiöse Verfolgung, der viele amerikanische Siedler in Europa ausgesetzt gewesen waren, hielt sie nicht davon ab, in der Neuen Welt mit aller Härte gegen religiöse Abweichler vorzugehen. Die aus England geflohenen Puritaner in Massachusetts hängten in Boston mehrere ebenfalls aus dem Heimatland gekommene Quäker, weil diese sich der Vorschrift widersetzt hatten, Massachusetts nicht zu betreten.

Stolz und Vorurteil

Stolz und Vorurteil (1813) ist wohl das bekannteste Werk der englischen Romanautorin Jane Austen (1775–1817). Wie in Austens anderen Romanen auch war es ein Novum, dass die Hauptfiguren ihrer Geschichte zur Mittelklasse gehörten. Bis dahin war die englische Literatur thematisch vor allem mit der Welt der Aristokratie befasst gewesen. Die überraschend moderne Handlung, mit Witz und Ironie erzählt, hat *Stolz und Vorurteil* für viele Generationen zu einem Lieblingsbuch gemacht.

Jane Austen war das siebte von acht Kindern. Ihre Eltern stammten aus der Mittelschicht und vermittelten ihren Kindern den Wert des Lesens und der Gelehrsamkeit. Jane besuchte kurze Zeit ein Mädchenpensionat und erhielt damit mehr Bildung als die meisten englischen Frauen in ihrer Stellung. Von ihren Eltern ermutigt, begann sie schon früh zu schreiben und beendete bereits 1796 einen ersten Entwurf von *Stolz und Vorurteil.* Nachdem ein Verleger das Manuskript abgelehnt hatte, legte Austen es erst einmal beiseite und arbeitete zehn Jahre lang an anderen Projekten, bevor sie sich ihm wieder zuwandte.

Stolz und Vorurteil schildert die romantischen Gefühle und Sorgen einer jungen Frau, Elizabeth Bennet, und ihrer vier Schwestern. Wie Austen selbst gehört auch Elizabeth zur Mittelklasse. Mr und Mrs Bennet besitzen ein kleines Anwesen, doch da sie nur Töchter und keinen Sohn haben, ist damit der Erbanspruch verwirkt, und das Anwesen geht nach Mr Bennets Tod an den nächsten männlichen Verwandten, den heuchlerischen und ziemlich unausstehlichen Mr Collins über. Aufgrund dieser unglücklichen Situation denkt Mrs Bennet ständig nur daran, wie sie ihre Töchter unter die Haube bringen kann.

Eines Tages trifft Elizabeth auf einem Ball einen wohlhabenden jungen Mann, Mr Darcy. Obwohl die beiden sich zueinander hingezogen fühlen, ist Elizabeth von Darcys Hochmut abgestoßen und er wiederum von dem oft nicht sehr taktvollen Verhalten ihrer Verwandten aus der Mittelschicht, denen er sich überlegen fühlt. Nach einer langen Kette peinlicher Konfrontationen, gegenseitiger Missverständnisse und Selbstbezichtigungen erkennen Elizabeth und Darcy, dass sie sich lieben, und verloben sich schließlich.

Was *Stolz und Vorurteil* so beliebt macht, sind die humorvolle Sicht der Dinge und die einfühlsame, anschauliche und genaue Zeichnung der Charaktere. Die kluge, unabhängige und manchmal recht kratzbürstige Elizabeth ist eine der großen Heldinnen der Literatur. Mrs Bennet ist eine Glucke von Mutter, die aus allem ein Drama macht und von dem ergebenen Mr Bennet mit Resignation ertragen wird. Eine einprägsame Figur ist auch die snobistische und zuweilen Gift sprühende Tante von Darcy, Lady Catherine, die schockiert ist von der Vorstellung, dass ihr Neffe auf die »Prätentionen eines Emporkömmlings, einer jungen Frau ohne Familie, ohne Verwandtschaft und Vermögen« hereinfallen könnte. Die Kombination dieser liebevoll gezeichneten Porträts mit bissigem Humor und einem glücklichen Ende machen *Stolz und Vorurteil* zu einem der unterhaltsamsten Klassiker der englischen Literatur.

Zusatzinformation

1. Jane Austens früher Tod beendete 1817 ihr produktives Schaffen. Ihre Romane *Die Abtei von Northanger* und *Überredung* wurden 1818 posthum veröffentlicht.

Barockkunst

Als Epoche des Barock wird von Kunsthistorikern im Allgemeinen die Zeit zwischen 1600 und 1750 bezeichnet. Der Stil breitete sich in Westeuropa aus und nahm vor dem Hintergrund der zur selben Zeit stattfindenden Auseinandersetzungen zwischen protestantischer Reformation und katholischer Gegenreformation in verschiedenen Ländern unterschiedliche Merkmale an. Barockkunst wird gewöhnlich als prachtvoll, verschwenderisch, gefühlsbetont und ehrfurchtheischend beschrieben.

Viele Werke der Barockkunst in Italien und anderen katholischen Ländern waren eine direkte Antwort auf den Protestantismus. Martin Luther und seine Anhänger hatten die römisch-katholische Kirche wegen übertriebenen Prunks und übermäßiger Bilderverehrung kritisiert. Die katholische Kirche reagierte darauf, indem sie die Verwendung von Andachtsbildern verteidigte, aber verfügte, dass die Künstler strengeren Richtlinien folgen und Bilder schaffen sollten, die biblische Ereignisse klar, lebendig und realistisch wiedergaben. Die Kirche vertrat die Ansicht, dass solche Bilder helfen könnten, die Frömmigkeit der Gläubigen zu stärken. Die Architektur sollte andererseits die Macht des Papsttums und dessen Sieg über die rebellischen Protestanten feiern.

In Italien war das größte Projekt des Barock die Fertigstellung des Petersdoms. Der Bildhauer und Architekt Gian Lorenzo Bernini (1598–1680) betreute die bildhauerischen Arbeiten des gesamten Doms und schuf den mit Kolonnaden versehenen Platz davor. Carlo Maderno (1556–1629) zeichnete für die Fassade verantwortlich und mehrere Barockmaler führten im Innern Altarstücke aus.

In protestantischen Ländern wie zum Beispiel Holland diente die Stilrichtung des Barock anderen Zwecken. Hier verherrlichte sie die junge Republik anstatt des Papsttums oder des herrschenden Königs. Sie führte auch zu größerem Interesse an atmosphärischen Wirkungen und menschlichen Gefühlen in der Malerei, deutlich sichtbar im Werk der beiden berühmtesten holländischen Künstler des siebzehnten Jahrhunderts, Rembrandt van Rijn (1606–1669) und Jan Vermeer (1632–1675). Im protestantischen England hinterließ die Barockkunst ihre Spuren in der Architektur von Sir Christopher Wren (1632–1723), vor allem in seinem Entwurf für die neue St.-Pauls-Kathedrale, die zwischen 1675 und 1710 gebaut wurde.

Im achtzehnten Jahrhundert machte der Barock nach und nach dem zierlicheren Stil des Rokoko Platz.

Zusatzinformationen

1. Der Begriff *Barock* entstammt dem Portugiesischen und bezeichnete ursprünglich unregelmäßig geformte Perlen. Er wurde im neunzehnten Jahrhundert zuerst abwertend gebraucht, um die Stilperiode zu kritisieren. Heute bedeutet er umgangssprachlich »prunkvoll«, »überladen« oder »pompös«.
2. Das Gemälde *Der Tod der Jungfrau Maria* des italienischen Barockmalers Caravaggio (1500–1534, wirklicher Name Michelangelo Merisi) verursachte einen Skandal, weil der Künstler Maria mit einem aufgeblähten Bauch dargestellt hatte, was für eine Heilige als unschicklich galt. Caravaggios Modell soll angeblich eine Prostituierte gewesen sein.

Charles Darwin und die natürliche Selektion

Charles Darwin (1809–1882) begann 1842 mit der Niederschrift seines Werkes *Die Entstehung der Arten*. Er war nicht der Erste, der die Behauptung aufstellte, dass Arten sich im Laufe der Zeit entwickeln, aber er war der Erste, der dies in einer Theorie schlüssig erklärte.

Darwin wurde in Shrewsbury in England geboren und verlebte eine privilegierte Kindheit. Seine Eltern gehörten zum wohlhabenden Landadel, sein Vater war Arzt und seine Mutter die Tochter des berühmten Keramikers Josiah Wedgwood. Darwin war zu empfindsam, als dass er in die Fußstapfen seines Vaters hätte treten und Arzt werden können. Damit er jedoch durch einen Beruf abgesichert wäre, ließ sein Vater ihn Theologie studieren. Doch Darwins Interesse galt weniger der Religion, sondern der Beobachtung der Natur, der Anatomie, Geologie und Botanik. Nachdem er drei Jahre lang in Cambridge Theologie studiert hatte, bekam er mit zweiundzwanzig Jahren die Gelegenheit zu einer fünfjährigen Weltreise an Bord der HMS *Beagle*, deren Patrizierkapitän Robert FitzRoy ihn als Reisebegleiter einstellte.

Die Reise führte Darwin in den Südpazifik, nach Südamerika und Australien. Seine während dieser Zeit gemachten Beobachtungen von Pflanzen und Tieren, unter denen die der seltenen Tiere auf den Galápagos-Inseln eine besondere Rolle spielten, bildeten die Grundlage für seine Evolutionstheorie. Darwin war besonders beeindruckt davon, wie gut die Tiere ihrer jeweiligen Umgebung angepasst waren, zum Beispiel wenn ein Vogel mit einem langen, schmalen Schna-

bel Nektar aus einer Pflanze mit langen, schmalen Blüten saugte. Darwin schloss aus seinen Beobachtungen, dass dies nicht zufällig so sei. Die Vögel mit den längsten, schmalsten Schnäbeln hätten die besten Überlebenschancen und gäben daher ihre physischen Eigenschaften an die nächste Generation weiter. So entwickelten sich die Vögel im Laufe der Zeit auf eine Art, die zu den Blumen passte. Vögel mit kurzen, dicken Schnäbeln wären in dieser Umgebung ausgestorben. Durch diesen Prozess natürlicher Selektion konnten die Eigenschaften allen Lebens auf der Welt erklärt werden. Von den Meeresalgen bis zum Blauwal, alle Arten, schloss Darwin, entwickelten sich durch »survival of the fittest« (»Überleben der Bestangepassten«).

Zusatzinformationen

1. Darwin hat seine Untersuchungsergebnisse erst nach über zwanzig Jahren veröffentlicht. Er hatte ernste Bedenken wegen ihrer eventuellen Auswirkungen auf die Religion.
2. Als *Die Entstehung der Arten* 1859 schließlich erschien, wurde es ein Bestseller.
3. Nach dem Erscheinen des Buchs litt Darwin an vielen ihn schwächenden Krankheiten. Obwohl er leidenschaftlicher Anhänger der Naturwissenschaft war, versuchte er, sich mit Quacksalbermitteln Linderung zu verschaffen, z.B. indem er seinen Hals mit Essig anfeuchtete und eine Kette darum legte.

Haydns Londoner Sinfonien

Als Joseph Haydn (1732–1809) von 1791 bis 1792 und von 1794 bis 1795 seine zwei längsten Besuche in London unternahm, wurde er mit einer Begeisterung empfangen, wie sie seit Händel keinem anderen ausländischen Komponisten zuteilgeworden war.

Haydn hatte davor in Wien viel Zeit mit seinem jungen Freund Mozart verbracht, und die Werke, die er in England schrieb, tragen deutliche Spuren der gegenseitigen musikalischen Beeinflussung der beiden großen Musiker. Haydn war übrigens auch der einzige Komponist, den der von sich eingenommene Mozart als über ihm stehend anerkannte, obwohl Haydn seinem jungen Kollegen bescheiden den Vortritt ließ.

Die Londoner Sinfonien waren Auftragsarbeiten für J. P. Salomon, einen Impresario, der eine Konzertreihe in Londons Hanover Square Rooms veranstaltete. Die ersten sechs Sinfonien wurden in der Konzertsaison 1791/1792 aufgeführt und die nächsten sechs in der Saison 1794/1795. Diese Sinfonien gehören heute zu Haydns berühmtesten Werken und sind von einer harmonischen Komplexität, die zu einem großen Teil Mozarts sinfonischen Neuerungen geschuldet ist.

Die Sinfonie Nr. 94, die in England auch unter dem Beinamen *Überraschungssinfonie (Surprise Symphony)* und in Deutschland vor allem als *Sinfonie mit dem Paukenschlag* bekannt ist, heißt so, weil in der Mitte des langsamen zweiten Satzes ein plötzlicher lauter Fortissimo-Akkord des ganzen Orchesters die Stimmung abrupt unterbricht. Einige Kritiker behaupteten eher im Scherz, dass dieser Akkord wohl die eingeschlafenen Zuhörer aufwecken sollte.

In der Sinfonie Nr. 103 gibt es zum ersten Mal einen Sinfoniesatz, der mit einem Paukenwirbel beginnt (daher wird sie auch die *Sinfonie mit dem Paukenwirbel* genannt), und die Sinfonie Nr. 104, auch *London-Sinfonie*, ist vielleicht das schönste Beispiel reifer klassischer Sinfoniekomposition.

Zusatzinformationen

1. Als Haydn 1791 nach London aufbrach, soll Mozart angeblich die prophetischen Worte gesprochen haben: »Wir werden uns nicht wiedersehen.« Mozart starb, bevor Haydn zurückkehrte.
2. Haydns Sinfonie Nr. 100 wird wegen des militärisch klingenden Einsatzes von Kesselpauke und Becken auch Militärsinfonie genannt.
3. Während Haydn an den Londoner Sinfonien arbeitete, hatte er eine Affäre mit einer Witwe namens Rebecca Schroeter. Er selbst schrieb, dass sie »noch immer hübsch« sei, obwohl sie schon über sechzig Jahre alt war.

A-priori-Wissen

Ein großer Teil von dem, was wir über die Welt wissen, geht auf unsere Erfahrung zurück. Wir wissen zum Beispiel, dass vor dem Fenster ein Baum steht, weil wir ihn sehen. Wir wissen, dass der Baum zum Gedeihen Sonnenlicht und Wasser braucht, weil Wissenschaftler dies sorgfältig beobachtet und untersucht haben. Im Allgemeinen wissen wir etwas über unsere Umgebung, indem wir es wahrnehmen, und wir gewinnen wissenschaftliche Kenntnisse über die Welt, indem wir Beobachtungen anstellen und Experimente durchführen.

Ein Teil unseres Wissens hängt jedoch nicht auf diese Art von unserer Erfahrung ab. Zum Beispiel wissen wir, dass alle Junggesellen unverheiratete Männer sind. Aber wodurch ist diese Meinung gerechtfertigt? Sie beruht auf keiner Erfahrung. Wenn sie das täte, müssten wir losziehen und Junggesellen überprüfen und dann feststellen, dass sie unverheiratete Männer sind. Das tun wir aber nicht. Nur durch unsere Kenntnis der Bedeutung der Wörter *Junggeselle* und *unverheirateter Mann* wissen wir, dass alle Junggesellen unverheiratete Männer sind. (Allerdings müssen wir überhaupt Erfahrungen in der Welt machen, um zu lernen, was diese Wörter bedeuten. Hier geht es aber darum, ob wir über die Kenntnis der Wortbedeutung hinaus noch weitere Erfahrung benötigen, um zu wissen, dass alle Junggesellen unverheiratete Männer sind. Das ist offensichtlich nicht der Fall.)

Noch deutlicher wird der Unterschied zum Erfahrungswissen, wenn wir uns die Frage stellen, welche Erfahrung wir denn machen müssten, um zu widerlegen, dass alle Junggesellen unverheiratete Männer sind. Wenn eine solche Erfahrung nicht möglich ist, kann man schlussfolgern, dass unsere Meinung unabhängig von einer Erfahrung gerechtfertigt ist.

Wissen, das nicht von Erfahrung abhängt, bezeichnet man als A-priori-Wissen (lateinisch a priori = vom Früheren her). Andere Beispiele für A-priori-Wissen sind mathematische Ausdrücke. Wir wissen, dass 1 + 1 = 2 ist. Aber wir wissen es nicht aufgrund von Erfahrung. Man kann überprüfen, ob eine Behauptung a priori gerechtfertigt ist, indem man fragt: Würde man diese Behauptung angesichts von Erfahrung aufgeben? Wenn man sagt, dass 1 + 1 = 2 A-priori-Wissen ist, sagt man auch, man würde diese Behauptung nicht aufgeben müssen, egal welche Erfahrung man macht.

Zusatzinformationen

1. Es gibt unterschiedliche philosophische Ansichten darüber, ob wir von etwas anderem außer von Logik und Wortbedeutungen ein A-priori-Wissen haben können.
2. Einige Philosophen glauben, dass wir überhaupt kein A-priori-Wissen haben, sondern dass auch unser mathematisches und logisches Wissen letztlich von Erfahrung abhängig ist.

Maria Magdalena

Maria Magdalena oder Maria von Magdala war eine Jüngerin Jesu und ganz sicher diejenige, über die am meisten debattiert wurde und wird. In den Evangelien steht, dass Maria Magdalena zur Anhängerin Jesu wurde, nachdem dieser ihr sieben Dämonen ausgetrieben hatte.

Maria Magdalena war bei der Kreuzigung Jesu zugegen, und sie war die Erste, die Zeugin seiner Wiederauferstehung wurde. Am dritten Morgen nach Jesu Tod ging sie zu seinem Grab und fand es leer. Daraufhin erschien ihr Jesus. Zuerst erkannte sie ihn nicht, doch dann rief er sie beim Namen. Jesus trug ihr auf, den anderen Jüngern von dem Wunder zu erzählen.

Über den tatsächlichen Verlauf von Maria Magdalenas Leben gibt es die unterschiedlichsten Auffassungen. Einige behaupten, dass Maria Magdalena mit anderen in den Evangelien erwähnten Frauen identisch sei. Zum Beispiel kommt dort eine weibliche Sünderin vor, die im Haus der Pharisäer wohnt. Diese Frau, die eine Prostituierte gewesen sein könnte, trägt keinen Namen. Seit dem dritten Jahrhundert vertraten daher Kirchengelehrte die Meinung, dass sie Maria Magdalena gewesen sei.

Andere sehen in Maria Magdalena die Ehefrau Jesu. Es gibt weder Beweise für noch gegen diese Behauptung, aber ihre Anhänger argumentieren, dass nirgends ausdrücklich gesagt wird, dass Jesus nicht verheiratet war. Außerdem stand Maria Magdalena ihm näher als andere Jünger, und zu der damaligen Zeit wäre es für einen reisenden und lehrenden Juden sehr ungewöhnlich gewesen, ohne Ehefrau zu sein. Andererseits gibt es wenig Hinweise darauf, dass die beiden verheiratet waren, und wenn man Jesu revolutionäre

Weltanschauung bedenkt, wäre es wiederum nicht undenkbar, dass er als unverheirateter Lehrer reiste.

Zusatzinformationen

1. Es könnte sein, dass die Tradition bemalter Ostereier ihren Ursprung in einem Treffen Maria Magdalenas mit dem römischen Kaiser Tiberius hat. Da Maria Magdalena bei Jesu Kreuzigung und Auferstehung dabei war, wurde ihr eine Audienz beim Kaiser gewährt. Als sie ihm von Jesu Auferstehung von den Toten erzählte, übergab sie dem Kaiser ein Ei. Dieser soll daraufhin geantwortet haben, dass die Auferstehung Jesu genauso wahrscheinlich sei, wie eine Rotfärbung des Eis vor ihren Augen. Daraufhin soll sich das Ei rot gefärbt haben.
2. Maria Magdalena wurde von der römisch-katholischen Kirche, der orthodoxen Kirche und der anglikanischen Kirche heiliggesprochen.

Westfälischer Friede

Im Winter 1648 wurde nach jahrelangen Verhandlungen zwischen den größten europäischen Mächten und den deutschen Fürstentümern eine dreißig Jahre andauernde Zeit des Krieges und der Verwüstung in Europa durch den Westfälischen Frieden beendet. Der vorhergehende so genannte Dreißigjährige Krieg hatte als ein religiöser Kampf zwischen Katholiken und Protestanten in Deutschland begonnen. In Westfalen wurde vereinbart, dass es jedem Staat freigestellt sein sollte, über seine Religion und seine Außenpolitik selbst zu entscheiden. Kein europäischer Herrscher sollte mehr versuchen, seinen Nachbarn seine eigene Version vom Christentum aufzuzwingen.

Der Friedensvertrag besiegelte das Prinzip der nationalen Souveränität, das bis heute die Außenpolitik Europas bestimmt. Vor 1648 führten die unklaren Machtverhältnisse zwischen den deutschen Fürstentümern und dem Kaiser des Heiligen Römischen Reichs Deutscher Nation – vor allem in Bezug auf die Religion – häufig zu Konflikten. Im Vertrag wurde nun eine weitgehende Souveränität der einzelnen deutschen Fürstentümer festgelegt. Das Heilige Römische Reich Deutscher Nation, das damit den größten Teil seiner Macht verloren hatte, endete schließlich 1806, etwas mehr als tausend Jahre nach der Krönung seines ersten Kaisers Karls des Großen im Jahr 800 n. Chr.

Das Konzept nationaler Souveränität beendete die religiösen Kämpfe und trug zur Stabilität Europas bei, was nicht hieß, dass nicht später erneut Kriege ausbrachen. Von einigen Geschichtswissenschaftlern wurde der Westfälische Friede sogar als zerstörerisch angesehen, weil er ihrer Meinung nach zu mehr Uneinigkeit und Konkurrenz zwischen den europäischen Staaten beitrug, indem er ihnen Souveränität zuerkannte. Doch das Konzept nationaler Souveränität bleibt auf jeden Fall bis heute der allgemein akzeptierte Hintergrund internationaler Politik.

Zusatzinformationen

1. Die Friedensverhandlungen fanden für die katholischen Parteien im katholischen Münster und für die evangelischen im evangelischen Osnabrück statt, da beide Lager sich weigerten, direkt miteinander zu verhandeln.
2. Adolf Hitler verwandte eine kurze Zeit den Begriff Drittes Reich für die Herrschaft der Nationalsozialisten, wobei für ihn das erste Reich das Heilige Römische Reich war und das zweite die kurzlebige deutsche Monarchie von 1871 bis 1918.

Candide

Der Roman *Candide* (1759) ist das große satirische Werk der Aufklärung – der intellektuellen Bewegung in Europa von etwa 1650 bis 1800. Geschrieben wurde *Candide* von François-Marie Arouet, besser bekannt unter seinem Pseudonym Voltaire. Mit beißendem Spott werden in *Candide* institutionalisierte Religion, Aristokratie und die Ideen mehrerer Philosophen der Aufklärung angeprangert.

Die Aufklärung brachte eine große Anzahl illustrer Schriftsteller und Denker hervor, aber niemand schrieb so geistvoll und hatte ein so scharfes Auge für die Möglichkeiten von Witz und Ironie wie Voltaire (1694–1778). In Paris geboren, bewies er schon in jungen Jahren seine Begabung für das Satirische.

Wie andere Intellektuelle gehörte er zu den Besuchern der Pariser Salons, wo er seinen rationalistischen Standpunkt vertrat und alteingesessene religiöse und politische Institutionen attackierte. Voltaires Dreistigkeit brachte ihn schon in seinen frühen zwanziger Jahren in Schwierigkeiten, als er den Herzog von Orléans verärgerte. Er wurde verbannt und verbrachte einige Zeit im Ausland. Zurück in Paris verdarb er es sich schon bald aufs Neue mit dem Herzog und kam ins Gefängnis. Er wurde nur unter der Bedingung freigelassen, dass er ins Ausland ginge und hielt sich eine Zeit lang in England auf. Danach verbrachte er eine wechselhafte Zeit in Paris und im Ausland, bevor er 1726 zum zweiten Mal nach England ins Exil gehen musste.

Nach produktiven drei Jahrzehnten, in denen Voltaire viele Theaterstücke, Romane und Essays schrieb, verfasste er die heute berühmte Satire *Candide*. Die Titelfigur ist ein äußerst naiver junger Mann, der im Hause eines deutschen Barons aufwächst. Er wird von

dem Hauslehrer Pangloss unterrichtet, der fest glaubt, dass die Welt, in der sie leben, »die beste aller möglichen Welten« sei. Nachdem der Baron Candide aus seinem Haus verbannt hat, weil er in seine Tochter Kunigunde verliebt ist, reist Candide durch die Welt. Nun folgt ein Unglück nach dem anderen: Candide erlebt den Krieg, Kunigunde muss mit ansehen, wie ihre Familie von bulgarischen Horden ermordet wird und wird selbst als Sklavin verkauft, Pangloss zieht sich Syphilis zu, ein Erdbeben zerstört Lissabon, und Candide wird mehrere Male verprügelt. Nichtsdestotrotz bleiben sowohl Pangloss wie auch Candide bei ihrer optimistischen Weltsicht und glauben weiterhin, dass »alles so am besten« sei.

Candide wendet sich mit Witz und beißendem Humor gegen die Philosophie von Voltaires Zeitgenossen Gottfried Wilhelm Leibniz (1646–1716), der für seinen unerschütterlichen Optimismus bekannt war. Auch wenn Voltaire kein Pessimist war, sah er in Leibniz' optimistischen Abhandlungen eine naive philosophische Spekulation, die die Wirklichkeit der Welt verkennt. Entsprechend verwirft Candide am Ende von Voltaires Geschichte Pangloss' Lehren. Stattdessen erkennt er, dass der Weg zu einem erfüllten Leben darin besteht, »seinen Garten zu bestellen«, in anderen Worten, sich praktisch zu betätigen, um greifbaren Nutzen zu erreichen.

Zusatzinformationen

1. Zu Voltaires Freunden und Bekanntschaften gehörten viele europäische Geistesgrößen, von Friedrich dem Großen über Jonathan Swift und Katharina die Große bis zu Casanova.
2. Der amerikanische Komponist Leonard Bernstein schrieb auf der Grundlage von *Candide* 1956 ein Musical, das bis heute beliebt ist und oft aufgeführt wird.

Rembrandt

Rembrandt van Rijn (1606–1669), der bedeutendste Künstler der Holländischen Schule, ist am bekanntesten für seine meisterhaften und künstlerisch neuartigen Porträts. Rembrandt wurde in Leiden, Holland, geboren und studierte bei Pieter Lastman in Amsterdam. Nachdem er nach Leiden zurückgekehrt war und dort mehrere Jahre lang ein sehr produktives Atelier geleitet hatte, zog er 1631 zurück in die holländische Hauptstadt und verbrachte dort den Rest seines Lebens.

In den frühen Jahren seiner Laufbahn versuchte Rembrandt, in dem zu seiner Zeit so populären dramatischen Barockstil zu arbeiten. Doch er konnte nicht erfolgreich mit anderen Barockmeistern wie zum Beispiel Peter Paul Rubens (1577–1640) konkurrieren. Seine Bilder waren nicht so idealisiert wie die seiner italienischen und flämischen Zeitgenossen. In der *Blendung Samsons* (1636) beispielsweise stellte er den biblischen Helden als besiegt und beklagenswert dar, eine Interpretation, die dem Auftraggeber des Bildes so wenig gefiel, dass er es dem Künstler zurückgab.

In der Porträtkunst, vor allem bei Bildern mit mehreren Personen, war Rembrandt dagegen sofort erfolgreich. In der *Anatomie des Dr. Tulp* (1632) zum Beispiel fing er die Gesichtsausdrücke mehrerer Mediziner ein, wie sie der Sektion zuschauen, die in ihrer Mitte vorgenommen wird. Frühere Darstellungen von Chirurgen zeigten die Männer in einer formalen Aufstellung. 1642 erhielt Rembrandt seinen wichtigsten Auftrag – die Ausführung eines Gruppenporträts für eine Amsterdamer Bürgerwehr. Das Gemälde *Die Kompanie des*

Frans Banning Cocq zeigt die Kompanie eher so, als würde sie sich auf einen Festzug vorbereiten als auf einen wirklichen Kampf. Das Werk ist bekannter unter dem Namen *Die Nachtwache*. Dieser Titel stammt daher, dass die Dunkelheit des Bildes die Betrachter zu der irrigen Annahme veranlasste, das Bild zeige eine Nachtszene. Heute kann das über vier Meter breite Gemälde im Rijksmuseum in Amsterdam besichtigt werden.

Im Laufe der Zeit änderte sich Rembrandts Malstil beträchtlich. Seine Darstellung von Gefühlen wurde subtiler und feinsinniger, nachdem er das Theatralische seiner frühen Jahre hinter sich gelassen hatte. Seine zahlreichen Selbstporträts – insgesamt mehr als sechzig – spiegeln gleichermaßen seine Entwicklung als Künstler und als Persönlichkeit wider. Rembrandts frühe selbstbewusste Posen und seine extravagante Kleidung wichen nach und nach der müden Würde und Weisheit eines erfahrenen Meisters.

Nach einer Reihe finanzieller Krisen zog sich Rembrandt aus der Öffentlichkeit zurück. Trotzdem erhielt er weiterhin wichtige Aufträge, zum Beispiel *Die Vorsteher der Tuchmachergilde* (1662), in dem die fünf Männer aus dem Bild heraus aufsehen, als sei ihre Konferenz gerade vom Betrachter unterbrochen worden.

Rembrandt schuf auch ausgezeichnete Drucke. Er experimentierte mit einer Reihe von Techniken, Papieren und Tinten und arbeitete seine Kupferplatten häufig um, so dass viele Kupferstiche unterschiedliche Entwicklungsstadien von einer einzigen Platte sind.

Da Rembrandt ein großes Atelier hatte und viele Assistenten, die in seinem Stil arbeiteten, wurden ihm nach seinem Tod viele Werke irrtümlich zugeschrieben. 1968 bildete eine Gruppe holländischer Kunsthistoriker ein Rembrandt-Forschungsprojekt, dessen Ziel es war, die falschen Zuordnungen aufzudecken. Die Gruppe kam zu dem Schluss, dass nur etwa 350 von Rembrandts Gemälden überlebt haben.

Gravitation

Die Gravitation oder Schwerkraft ist eins der großen Mysterien des Universums. Die theoretische Begründung für die Gravitation ist, dass jede Masse im Universum andere Massen anzieht und dass die Stärke dieser Anziehung von der Entfernung der Massen voneinander beeinflusst wird. Je größer die Masse ist, desto stärker ist ihre Anziehungskraft. Je größer die Entfernung zu einer anderen Masse ist, desto geringer ist die Anziehungskraft. Aber warum zieht jede Masse im Universum andere Massen an? Dafür gibt es bis jetzt keine Erklärung.

Im alltäglichen Umgang benutzen wir die Begriffe Masse und Gewicht gleichbedeutend, doch tatsächlich bezeichnen sie zwei ganz unterschiedliche Phänomene. Masse ist die Menge an Material, aus der ein Gegenstand besteht. Ein Kissen und ein Briefbeschwerer können die gleiche Masse haben, obwohl sie verschieden groß sind. Der Briefbeschwerer ist nur sehr viel kompakter als das Kissen – das Material darin ist »dichter gepackt«.

Mit Gewicht dagegen wird die Kraft bezeichnet, die in einem Gravitationsfeld auf einen Gegenstand wirkt. Die Masse ändert sich nicht, wenn sich die Umgebung des Gegenstandes ändert, aber das Gewicht kann sich sehr wohl in einer anderen Umgebung ändern. Eine auf der Erdoberfläche befindliche Masse erfährt zum Beispiel eine Erdanziehung von 9,8 Meter pro Sekunde zum Quadrat. Brächte man dieselbe Masse auf den Mond, würde sie dort weniger wiegen, weil der Mond weniger massiv als die Erde ist. Der Mond besitzt nur ein Sechstel der Anziehungskraft der Erde, also würde auch unser Gegenstand nur ein Sechstel seines Gewichts auf der Erde wiegen.

Zum Beispiel würde eine bei uns 150 Pfund wiegende Person auf dem Mond nur noch 25 Pfund wiegen.

Unsere Körper sind darauf eingerichtet, im Gravitationsfeld der Erde zu leben. Wenn Astronauten im Weltraum Schwerelosigkeit ausgesetzt sind – korrekter mit Mikrogravitation bezeichnet –, reagieren ihre Körper mit Übelkeit, Desorientierung, Kopfschmerzen, Appetitverlust und Blutandrang. Sie werden weltraumkrank. Normalerweise muss das Blut, das in unsere Beine fließt, gegen den Widerstand der Schwerkraft zurück zu unserem Herzen fließen. Bei Mikrogravitation stürzt das Blut schnell zurück ins Gehirn, weil es keinen Widerstand gibt. Es ist, als wäre man lange Zeit verkehrt herum aufgehängt.

Zusatzinformationen

1. Astronauten müssen mehrere Stunden am Tag trainieren, um zu verhindern, dass ihre Muskeln verkümmern.
2. Isaac Newton (1642–1727) verfasste die erste mathematische Beschreibung der Schwerkraft (1687).
3. Die Legende, dass Newton die Formel für die Schwerkraft einfiel, als er einen Apfel vom Baum fallen sah, entspricht nicht den Tatsachen.

Wolfgang Amadeus Mozart

Wohl um keinen anderen Komponisten ranken sich so viele Legenden wie um Wolfgang Amadeus Mozart (1756–1791). Geboren wurde er in Salzburg als Sohn Leopold Mozarts, eines Hofkomponisten und Musiklehrers. Den größten Teil seiner Kindheit verbrachte Wolfgang Amadeus als ein von Hof zu Hof reisendes Wunderkind. Er trat in München, Wien, London, Paris und Rom auf und spielte vor Königen, Königinnen, Grafen und Päpsten.

Nach einer Zeit in Salzburg verbrachte Mozart einen großen Teil seiner Laufbahn in Wien, wo er mehrere Aufträge von Joseph II., Kaiser des Heiligen Römischen Reiches Deutscher Nation, erhielt. Seinen Durchbruch als Komponist hatte Mozart mit der Oper *Entführung aus dem Serail* (1781), eine Opera buffa oder komische Oper, Mozarts bevorzugtes Genre. Bei drei aufeinander folgenden Opern – *Hochzeit des Figaro* (1786), *Don Giovanni* (1787) und *Così fan tutte* (1790) – arbeitete er mit dem berühmten Wiener Librettisten Lorenzo da Ponte zusammen. Am Ende seiner kurzen Karriere hatte Mozart ein eindrucksvolles Werk geschaffen: etwa vierzig Sinfonien, dreißig Klavierkonzerte, fünf Violinkonzerte und Hunderte von Ouvertüren, Quartetten und Kompositionen für Flöte, Oboe, Klarinette, Chor und verschiedene andere Ensembles.

Mozart war ein leidenschaftlicher Mensch. Mit ganzem Herzen widmete er sich der Musik, aber auch Festgesellschaften, gutem Essen, gutem Wein, Billard, Sex und dem Kartenspiel. Sein Talent war anscheinend unerschöpflich. Unglücklicherweise konnten er und seine kapriziöse Ehefrau Constanze nicht mit Geld umgehen. Obwohl Mozart fast alle seine besten Werke in den letzten zehn Jahren seines Lebens schrieb, musste er seine schon zu oft bemühten Gläubiger immer wieder um Geld bitten. Mozart starb im Alter von nur fünfunddreißig Jahren wahrscheinlich an rheumatischem Fieber, nachdem er sich überarbeitet und nicht richtig ernährt hatte.

Auch heute noch dauert Mozarts Ruf fort, einerseits ein arrogantes, unreifes Genie gewesen zu sein und andererseits der größte Komponist der Klassik, wenn nicht aller Zeiten.

Zusatzinformationen

1. Im neunzehnten Jahrhundert beanspruchten die Romantiker Mozarts Vermächtnis für sich und verbreiteten den Mythos, dass der Komponist nie angemessen bezahlt worden sei und für seine Musik habe hungern müssen. Tatsächlich galt Mozart aber schon zu Lebzeiten als Genie und war einer der höchstbezahlten Komponisten seiner Zeit.
2. Mozart schrieb seine erste Sinfonie mit acht und seine erste Oper mit zwölf Jahren.
3. Mozarts Schwester Nannerl war ein Wunderkind auf dem Klavier, konnte jedoch wahrscheinlich ihr Talent nie entwickeln, weil sie ein Mädchen war.
4. Nach Mozarts Tod heiratete seine Witwe Constanze einen dänischen Diplomaten, auf dessen Grabstein steht: »Hier ruht der zweite Ehemann von Mozarts Witwe.«

Gottfried Wilhelm Leibniz

Gottfried Wilhelm Leibniz (1646–1716) wurde in Leipzig geboren. Mit vierzehn begann er sein Universitätsstudium, und mit zweiundzwanzig hatte er seine Promotion abgeschlossen. Er wurde jedoch nicht Akademiker, sondern ging in den Dienst verschiedener Adliger und arbeitete als Bibliothekar, Diplomat, Ingenieur und Höfling. Diese Vielseitigkeit seiner Tätigkeiten spiegelt die Vielseitigkeit seiner intellektuellen Interessen. Außer bedeutenden und noch immer wertvollen Beiträgen zur Philosophie, Theologie und Mathematik schrieb Leibniz auch Arbeiten zur Chemie, Physik, Logik, Medizin, Botanik, Optik, Geschichte, Linguistik, Rechtswissenschaft, Philologie und Diplomatie. Seit Aristoteles gab es keinen großen Philosophen mehr, der zu so vielen Wissensbereichen wertvolle Beiträge lieferte.

Philosophisch gesehen gehörte Leibniz zu den Rationalisten. Er vertrat das Prinzip des ausreichenden Grundes, was bedeutete, dass es für jede wahre Behauptung einen Grund geben musste, warum sie wahr und nicht falsch sei.

Da Leibniz der Ansicht war, dass es für alles einen Grund gebe, glaubte er, dass es auch einen Grund geben müsse, warum Gott sich entschlossen habe, die Welt so zu schaffen, wie sie ist, und nicht anders. Der Grund war für Leibniz, dass diese Welt die beste aller möglichen Welten darstelle. Dies beschreibt Leibniz in seinem Buch *Theodizee* (1710), dem einzigen, das er je veröffentlichte.

In einer kürzeren Arbeit mit dem Titel *Monadologie* stellte Leibniz eine ungewöhnliche Theorie auf. Er legte dar, dass die Welt aus einer unendlichen Anzahl Punkte, immaterieller Dinge bestünde, die er Monaden nannte. Unser Geist besteht aus Monaden, aber nicht alle Monaden haben ein Bewusstsein wie wir. Physische Dinge wie Tische und Stühle bestehen nicht aus Monaden. Sie existieren, weil die Monaden sie wahrnehmen; die Dinge sind der gemeinsame Traum der Monaden. Die Monadentheorie hat heute nur wenige Anhänger.

Zusatzinformationen

1. Die im Allgemeinen Isaac Newton (1642–1727) zugeschriebene Differenzialrechnung entwickelte Leibniz unabhängig von Newton etwa zur selben Zeit.
2. Leibniz erfand eine mechanische Rechenmaschine, die einfache Rechnungen ausführen konnte.

Das letzte Abendmahl

Das letzte Abendmahl war das Abendmahl, das Jesus am Vorabend seines Todes einnahm. In den Evangelien des Markus, Matthäus und Lukas steht, dass dieses Mahl ein Passahmahl war, also ein gemeinsames Essen am jüdischen Passahfest, zu dem Jesus nach Jerusalem gekommen war.

Falls das richtig wäre, fand das letzte Abendmahl an einem Dienstag statt, gefeiert als Heiliger Dienstag, und Jesus wurde an einem Freitag gekreuzigt, gefeiert als Karfreitag. Im Johannesevangelium befindet sich indessen ein Hinweis, dass das Mahl ein paar Tage vor dem jüdischen Passahfest stattfand, und die östliche orthodoxe Kirche richtet sich nach den Angaben des Johannesevangeliums.

Jesus nahm das Mahl zusammen mit seinen zwölf Aposteln ein. Er sah die Ereignisse voraus, die nach dem Mahl stattfinden würden. So verkündete er seinen Aposteln, dass einer von ihnen ihn verraten würde. Einer nach dem anderen beteuerten sie daraufhin: »Ich werde es nicht sein.« Schließlich sagte dies auch Judas Ischariot, der in Wirklichkeit bereits zugestimmt hatte, Jesus an das Gericht auszuliefern. Jesus entgegnete ihm: »Doch, du wirst es sein.«

Während sie Brot aßen und Wein tranken, sagte Jesus seinen Jüngern: »Dies ist mein Leib«, und: »Dies ist mein Blut«. Er sagte auch, dass er Brot und Wein nicht mehr zu sich nehmen würde, bis das Himmelreich anbräche. Und er wies die Apostel an, in Erinnerung an ihn so wie jetzt Brot und Wein zu verzehren. Dies ist der Ursprung der Eucharistie oder des Abendmahls. In dem Kelch, aus dem Jesus beim letzten Abendmahl Wein trank, sehen einige den heiligen Gral, dem Wunderkräfte innewohnen. Derselbe Kelch wurde später von Joseph von Arimathäa benutzt, um Jesu Blut aufzufangen, das von seinem gekreuzigten Körper tropfte.

Schließlich sagte Jesus bei dem Mahl noch voraus, dass Petrus ihn in drei Situationen verleugnen und abstreiten würde, jemals Kontakt mit ihm gehabt zu haben. Petrus rief aus, dass er lieber sterben als Jesus verleugnen würde. Nachdem Jesus jedoch vom Gericht wegen Blasphemie verurteilt worden war, wurde Petrus von drei Personen angesprochen, als er aus der Stadt fliehen wollte. Alle warfen ihm vor, Jesus zu kennen, und alle drei Male stritt er es ab. Nachdem ihm bewusst geworden war, was er getan hatte, weinte Petrus vor Scham.

Ludwig XIV.

König Ludwig XIV. (1638–1715) erbte die Krone 1643, als er gerade vier Jahre alt war, und regierte Frankreich erstaunliche zweiundsiebzig Jahre. Während seiner Regentschaft baute der Monarch mit dem Beinamen Sonnenkönig die Macht Frankreichs in Europa aus und stärkte seine eigene Stellung im Land. Von seinem prächtigen Schloss in Versailles aus errichtete Ludwig XIV. einen zentralisierten, absolutistischen Nationalstaat, dessen Herrscher mit einer bis dahin in der französischen Geschichte beispiellosen Macht ausgestattet war.

Während seiner Regentschaft baute Ludwig Versailles zum luxuriösesten Herrschersitz in Europa aus, förderte Künste und Wissenschaften und vergrößerte Frankreichs Territorium.

Ludwig soll gesagt haben: »L'état, c'est moi!« – »Der Staat bin ich.« Die traditionelle Kontrollfunktion von Kirche und Aristokratie wurde von ihm weitgehend ausgeschaltet. Den Adel schwächte Ludwig XIV., indem er die Aristokraten an seinen Hof in Versailles band und sie durch Verpflichtungen am Hofe von Rebellion und Machtansprüchen fernhielt. Ludwig XIV. baute auch seine Kontrolle über die französische Staatskirche aus und löste die Macht des Papstes in seinem Land praktisch auf. Um die religiöse Einheit zu fördern, veranlasste der König die Verfolgung von Protestanten und Juden.

Andere europäische Länder folgten im siebzehnten Jahrhundert dem französischen Beispiel und errichteten ebenfalls absolutistische Monarchien. Diese Herrschaftsform beseitigte zwar die letzten Spuren des Feudalismus, barg aber andererseits die Gefahr selbstherrlicher und tyrannischer Regentschaft. Im Falle von Ludwig XIV. und seiner Nachfolger führte genau dies schließlich 1789 zur blutigen Französischen Revolution.

Zusatzinformationen

1. Der US-Staat Louisiana, eine ehemals französische Kolonie, ist nach Ludwig XIV. benannt.
2. Ludwig brachte sich selbst gern in Zusammenhang mit Apollo, dem griechischen Sonnengott. Ludwigs Schlafzimmer in Versailles wurde das Apollo-Zimmer genannt.

Postmodernismus/Postmoderne

Der Begriff Postmodernismus ist schwer zu definieren. Das liegt zum Teil daran, dass der Postmodernismus weniger ein in sich geschlossener Stil, als vielmehr eine Reaktion auf eine bestehende Bewegung ist – den Modernismus. Im Allgemeinen findet sich in der postmodernen Literatur eine bewusste Vermengung verschiedener Genres und Stile, die Erforschung neuer oder vernachlässigter Perspektiven und eine Mischung aus anspruchsvollen und trivialen Kunstformen, oft gekennzeichnet durch Ironie und Humor. Weitere Mittel sind die Bezugnahme auf ältere Texte, die in der postmodernen Literatur transformiert oder zitiert werden. Den Beginn der Bewegung setzt man etwa um 1945 an. Verschiedentlich wird die Postmoderne jedoch auch eher als eine Geisteshaltung, denn als eine zeitliche abzugrenzende Epoche betrachtet.

In der ersten Hälfte des zwanzigsten Jahrhunderts hatten sich Autoren des Modernismus mit Fragen der Perspektive und der Subjektivität auseinandergesetzt. Viele kamen zu dem Schluss, dass es keine sichere Wahrheit gibt und die Welt hoffnungslos fragmentiert ist; die meisten Autoren sahen darin das tragische Ergebnis menschlicher Entfremdung in der postindustriellen Gesellschaft. Viele Schriftsteller der postmodernen Generation deuteten dieselben Beobachtungen jedoch anders; für sie war die Fragmentierung eine Chance zu einer tiefer gehenden Erforschung und neuen Erkenntnissen.

Diese Chance wurde von postmodernen Schriftstellern auf mannigfaltige Art wahrgenommen: Thomas Pynchons *Die Versteigerung von No. 49* (1966) schwelgt in absichtlich leerer Symbolik und falschen Bedeutungen und macht beides so eher zu einer Quelle des Humors als zur Tragödie. Andere Autoren verwischten oder sprengten konventionelle Genregrenzen: Truman Capotes *Kaltblütig* (1965) handelt von einer realen Reportage über zwei Mörder, verwendet aber gleichzeitig romanhafte Dialoge und Themen. Capote schuf damit das neue Genre der journalistischen Fiktion. Ein weiteres oft behandeltes Thema ist die Entfremdung des Individuums in der modernen Gesellschaft: In Don DeLillos Buch *Weißes Rauschen* (1985) geht es um die absurde Informationsflut und den materiellen Überfluss in den heutigen USA.

Auch bei der Beschäftigung mit Fragen der Perspektive schlagen die Autoren verschiedene Wege ein. Einige wie Toni Morrison und Maxine Hong Kingston ließen in ihren Büchern Minoritäten zu Wort kommen, von denen sie meinten, dass die Autoren des Modernismus sie vernachlässigt hätten. Andere erzählten schon existierende Geschichten neu, aber aus anderer Perspektive. In Jean Rhys' *Sargassomeer* (1966) geht es zum Beispiel um die Geschichte einer Figur aus Charlotte Brontës Roman *Jane Eyre* (1847). Italo Calvinos *Die unsichtbaren Städte* (1972) greift das Marco-Polo-Thema auf und beleuchtet es aus einem ganz eigenen städtebaulichen Blickwinkel. Und Tom Stoppards *Rosenkranz und Güldenstern* (1966) geht gar so weit, Shakespeares *Hamlet* neu zu interpretieren. Faszinierende und oft waghalsige Experimente dieser Art sind in den letzten Jahrzehnten fortgesetzt worden, so dass die Zeit der postmodernistischen Literatur nach Meinung vieler Experten noch nicht zu Ende ist.

Zusatzinformation

1. Von einem typisch postmodernen Schriftsteller kann man nicht sprechen, aber folgende Autoren wurden als postmodern bezeichnet: Umberto Eco, Paul Auster, Salman Rushdie, William Gaddis, Jeannette Winterson, Vladimir Nabokov, Gabriel García Márquez, Philip K. Dick, Michael Ondaatje.

Das Mädchen mit der Perle

Der holländische Kunsthistoriker Ludwig Goldscheider bezeichnete das Porträt *Das Mädchen mit der Perle* von Jan Vermeer (1632–1675) als »die Mona Lisa des Nordens«.

Vor einem dunklen Hintergrund wendet das Mädchen seinen Kopf und schaut mit leicht geöffneten Lippen aus dem Bild heraus. Ihre Augen und ihr Mund sind mit weißen und rosa Tupfen zart akzentuiert. Das von ihrem tropfenförmigen Perlenohrring reflektierte Licht strahlt uns als ein aufgesetzter Klecks weißer Farbe entgegen. Das einfache goldene Kleid gibt keinen Hinweis auf Zeit oder Ort, aber das turbanähnliche, um den Kopf geschlungene Tuch verleiht dem Mädchen einen Hauch Exotik. Kleid und Tuch lassen Vermeers großes Geschick beim Malen von drapierten Stoffen erkennen.

Das Mädchen mit der Perle ist eines von nur drei oder vier Halbporträts, die Vermeer schuf. Höchstwahrscheinlich wurde es als »tronie« gemalt, der holländische Ausdruck für eine Malereiform, die auch Rembrandt verwandte und in der Charakter oder Ausdruck einer Person vor deren realistisch genauer Abbildung Vorrang haben. Das Bild könnte auch als Pendant zu Vermeers *Studie einer jungen Frau* geschaffen worden sein, das sich als so genanntes *Wrightsman Girl* im Metropolitan Museum of Art in New York befindet.

Die Identität des gemalten Mädchens ist nicht geklärt. Einige vermuteten, dass das Modell Vermeers älteste Tochter Maria wäre; andere spekulierten, dass es sich um Magdalena handelte, die Tochter von Vermeers Mäzen Pieter van Ruijven. Bei Tracy Chevalier, Autorin des Bestsellerromans *Das Mädchen mit dem Perlenohrring,* ist das Mädchen Griet, eine Magd, in die sich Vermeer verliebte. Ein nach Chevaliers Roman gedrehter Film kam 2003 in die Kinos.

Die mysteriöse Identität der jungen Frau hat sicher ihren Teil zu der Aura des Werkes beigetragen, das erst 1881 bekannt wurde, als der Kunstsammler Arnoldus Andries des Tombe es auf einer Auktion für zwei Gulden kaufte. Er vermachte es dem Mauritshuis in Den Haag, wo es seit des Tombes Tod 1902 ausgestellt ist.

Der Kunstkritiker Jan Veth bemerkte, dass das Gemälde *Das Mädchen mit der Perle* aussähe, als wäre es »mit dem Staub zermahlener Perlen überzogen«.

Zusatzinformationen

1. Eine Sammlung von Gedichten zu Vermeers Gemälden von Marilyn Chandler McEntyre mit dem Titel *In Quiet Light* (liegt auf Deutsch nicht vor) enthält ein Gedicht mit dem Titel »Girl with a Pearl Earring«.
2. 1994 wurde das Gemälde gründlich restauriert, bevor es für eine große Vermeer-Retrospektive nach Washington ausgeliehen wurde.

Impfstoffe

Impfstoffe bereiten den Körper darauf vor, sich gegen eine Krankheit zur Wehr zu setzen. Üblicherweise bestehen sie aus abgeschwächten oder toten Keimen der Krankheit selbst. Treffen diese abgeschwächten Keime auf das Immunsystem, produziert dieses Antikörper, die die Krankheit besiegen. Wird der Körper nun zu einem späteren Zeitpunkt mit der tatsächlichen Krankheit konfrontiert, »erinnert« er sich an diese Antikörper, die er schon einmal hergestellt hat, und kann die Krankheit leicht abwehren.

Impfstoffe wurden erfunden, als die Pockenepidemie 1796 in Europa auf dem Höhepunkt war. Dem englischen Landarzt Edward Jenner (1749–1823) war aufgefallen, dass die Melkerinnen durch ihren Umgang mit Kühen manchmal Kuhpocken bekamen, eine leichtere Form der Pocken. Dieselben Melkerinnen schienen gegen Pocken immun zu sein. Aufgrund einer Vermutung nahm Jenner infizierte Flüssigkeit von der Hand einer Melkerin und injizierte sie einem achtjährigen Bauernjungen. Der Junge bekam Kuhpocken, von denen er sich aber schnell wieder erholte. Nun injizierte Jenner dem Jungen Krankheitserreger der Pocken, doch der Junge bekam die Krankheit nicht. Jenner folgerte, dass Kuhpocken den Menschen vor Pocken schützen könnten, und tatsächlich war der erste Impfstoff der Kuhpockenvirus. Der Fachterminus für Impfstoff, Vakzine, leitet sich von dem lateinischen Wort für Kuh, *vacca*, ab.

Impfstoffe haben seitdem die Menschheit vor vielen schweren Krankheiten geschützt – zum Beispiel vor Masern, Mumps, Röteln, Tuberkulose, Keuchhusten und Pocken. Interessanterweise muss nicht jeder geimpft sein, um Schutz vor einer Krankheit zu haben.

Das Prinzip der Herdenimmunität besagt, dass es ausreicht, wenn eine bestimmte Anzahl einer Bevölkerungsgruppe geimpft wird; diese Impfungen stellen dann auch für den Rest der Gruppe einen Schutz vor der Krankheit dar. Der Prozentsatz der zu Impfenden ist von Krankheit zu Krankheit verschieden, aber in den meisten Fällen ist die Impfung von 90 Prozent der Bevölkerung genauso wirksam wie die Impfung der gesamten Bevölkerung.

Bei bestimmten Gruppen in der Bevölkerung ist es wahrscheinlicher als bei anderen, dass sie zu Krankheitsüberträgern werden. In den Vereinigten Staaten zum Beispiel sind Schulkinder diejenigen, die am ehesten Krankheiten übertragen, weil sie sich ständig in enger körperlicher Nähe zu anderen Menschen befinden. Eine Untersuchung der Emory University hat ergeben, dass die Impfung von 30 Prozent der Schulkinder die Gefahr der Ausbreitung einer Grippe in der ganzen Gemeinde von 90 Prozent auf 65 Prozent verringert. Würde man 70 Prozent der Schulkinder impfen, würde die Wahrscheinlichkeit einer Grippeepidemie auf vier Prozent sinken.

Zusatzinformationen

1. Sowohl Protestanten als auch Katholiken waren anfangs gegen Impfungen. Timothy Dwight, ein ehemaliger Präsident der Yale University, sagte: »Wenn Gott seit aller Ewigkeit bestimmt hat, dass eine bestimmte Person an Pocken sterben soll, wäre es eine furchtbare Sünde, diese Bestimmung durch den Trick der Impfung zu unterlaufen und ungültig zu machen.«
2. Herdenimmunität existiert nur bei Krankheiten, die von Person zu Person übertragen werden. Zum Beispiel schützt sie nicht vor Tetanus, den man sich zuzieht, wenn eine offene Wunde in Kontakt mit etwas bakteriell Verseuchtem gerät.

Mozarts *Requiem*

Während der letzten zehn Jahre seines Lebens, etwa ab 1782, beschäftigte sich Mozart (1756–1791) intensiv mit den kontrapunktischen Kompositionsstilen von Johann Sebastian Bach und Georg Friedrich Händel. Er studierte Manuskripte von Bachs *Wohltemperiertem Klavier* und seiner *Kunst der Fuge*, beides didaktische Stücke, die sich mit den Möglichkeiten für Instrumentierung und musikalische Formen beschäftigen.

Mit Bachs Kompositionstechniken im Ohr begann Mozart, an seinem *Requiem* (1791) zu arbeiten, eine speziell für ein Begräbnis bestimmte Messe. Sein Eröffnungschor und die Chorstellen von *Lacrimosa* und *Confutatis* enthalten dunkle, machtvolle Passagen mit ineinander verwobenen, fugenartigen Arrangements, die stark an Bach erinnern. Die Komplexität der Struktur des Requiems weist darauf hin, wie sehr Mozart emotional mit diesem Stück verbunden war, und lässt vermuten, dass er die dunkleren Seiten seiner eigenen Natur auslotete, um es zu komponieren. Die Umstände, unter denen das *Requiem* geschrieben wurde, sind dementsprechend makaber.

Das Stück wurde von einem in Grau gekleideten Unbekannten in Auftrag gegeben, der im Juli 1791 Mozart in dessen Haus in Wien aufsuchte. Nach Mozarts Tod stellte sich heraus, dass dieser Unbekannte der Amateurmusiker Graf Franz von Walsegg gewesen war, der Mozart ein Stück schreiben lassen wollte, damit er seinen Namen daruntersetzen und es als von ihm selbst komponiert ausgeben konnte. Mozart, der nichts von dieser betrügerischen Absicht wusste, schrieb in seinen Briefen, dass ihm dieser Unbekannte unheimlich war und dass er viel mehr Zeit mit dem Komponieren des *Requiems* zubrachte, als er sollte. Mozart befand sich zu diesem Zeitpunkt in einem sehr schlechten Gesundheitszustand, wahrscheinlich aufgrund unzuträglicher Essgewohnheiten und seines rastlosen Lebensstils. Nachdem Mozart nach Prag gereist war, um dort die Premiere seiner letzten Oper *Titus* zu dirigieren, schrieb er in Wien noch eine Woche am *Requiem*, bevor er starb.

Zusatzinformationen

1. Ein Schüler Mozarts, Franz Süßmayr, beendete das Requiem, wobei er sich teilweise auf Skizzen Mozarts stützen konnte.
2. In Milos Formans Film über Mozarts Leben nach einem Stück von Peter Shaffer, *Amadeus* (1984), wird der italienische Komponist Antonio Salieri, Mozarts ständiger Konkurrent bei Auftraggebern, als der maskierte Unbekannte dargestellt, der bei Mozart das Requiem bestellt. Eine ausgezeichnete dramaturgische Idee, aber historische Fiktion.
3. Am 4. Dezember 1791, dem Abend vor Mozarts Tod, rief der Komponist seine Sänger-Freunde an sein Bett, um einige Partien des Requiems zu proben.

Zeit

Seit Aristoteles haben Philosophen versucht, das Wesen der Zeit zu ergründen. Anhänger der Darlegungen Isaac Newtons (1642–1727) glaubten, dass Zeit etwas aus mehreren Einheiten Bestehendes ist, dass es also individuelle »Zeiten« gibt. Würde man zum Beispiel sagen, dass ein Ereignis zu einer bestimmten Zeit stattgefunden hat, dann bedeutete dies für diese Philosophen, dass das Ereignis diesen Teil der Zeit oder diese Zeiteinheit ausfüllte.

Gottfried Wilhelm Leibniz (1646–1716) vertrat eine andere Ansicht. Für ihn gab es Ereignisse, die vor etwas, nach etwas oder gleichzeitig passierten. Zeit ist nach Leibniz nur die Art, wie wir diese Beziehungen in unserem Bewusstsein organisieren. Sie ist nichts Zusätzliches, nichts, was sich von den Dingen unterscheidet, die in diesen Beziehungen zueinander stehen.

Gegen Leibniz argumentierte der deutsche Philosoph Immanuel Kant (1724–1804), dass Zeit weder etwas ist, das für sich selbst existiert, noch eine Beziehungsordnung zwischen den Dingen, die für sich existieren. Kant behauptete, Zeit sei nur eine Art, in der wir im Bewusstsein die Erfahrungen organisieren, die wir machen. Für Kant befinden sich Dinge, die an sich existieren, außerhalb unseres Verstandes und unabhängig von uns, nicht in der Zeit.

Auch damit, wie der Mensch Zeit wahrnimmt, beschäftigt sich die Philosophie. Folgt man einem alltäglichen Begriff, fließt die Zeit. Aber tut sie das? Jedes Mal, wenn man sagt »Jetzt ist die Gegenwart«, sagt man etwas Wahres, egal zu welcher Zeit man es sagt. Die Gegenwart ist also einfach nur, *wann* wir gerade sind. Das erklären einige Philosophen so, dass jeder Mensch besonders ist; er lebt in seiner Gegenwart. Diese Philosophen sind der Ansicht, dass die Zeit fließt: Zuerst ist sie die Vergangenheit, dann ist sie die Gegenwart und später ist sie die Zukunft.

Andere wiederum meinen, dass »jetzt« wie »hier« ist; »hier« bezieht sich nicht auf einen bestimmten Ort, sondern immer nur auf den Ort, an dem man sich zufällig gerade befindet, wenn man »hier« sagt. Diese Philosophen glauben, dass Sie und ich nichts Besonderes sind. Zeit fließt nicht. Es gibt nur viele Teile davon, wie beim Raum auch. Wir leben in einem Teil der Zeit, welche für uns die Gegenwart ist, so wie unser physikalischer Aufenthaltsort unser »Hier« ist.

Zusatzinformation

1. Einige Philosophen glauben, dass alle Zeiten – Vergangenheit, Gegenwart, Zukunft – gleichzeitig existieren. Ihnen zufolge gibt es Dinosaurier, prähistorische Menschen, »ausgestorbene« Vögel – nur nicht da, wo wir sind.

Jesu Kreuzigung

Um 30 n. Chr. kam Jesus nach Jerusalem, um dort das Passahfest zu feiern. Im Tempel von Jerusalem, dem heiligsten Ort, hatten Geldwechsler und Kaufleute ihre Tische und Stände aufgebaut. Jesus war erzürnt, weil er dies als Missachtung des jüdischen Glaubens empfand, stürzte Tische und Stände um und brachte Unruhe in den Tempel.

Daraufhin wurde Jesus vom Hohepriester Kaiphas, der dem Sanhedrin (oberstes jüdisches Gericht) angehörte, festgenommen und der Blasphemie angeklagt. Im Neuen Testament wird erzählt, dass Kaiphas Jesus festnehmen konnte, weil dieser durch einen seiner Apostel, Judas Ischariot, durch einen Kuss identifiziert und damit verraten wurde. Vom Sanhedrin wurde Jesus dann dem römischen Statthalter Pontius Pilatus übergeben.

Pontius Pilatus verurteilte Jesus zum Tod durch Kreuzigung. Der Grund für diese harte Strafe ist umstritten. Entweder traf Pilatus diesen Entschluss, weil er einen von Jesus ausgehenden politischen Aufruhr fürchtete, oder aufgrund von Brutalität, für die er berüchtigt war.

Pilatus gab den Befehl, Jesus zu töten, und belegte ihn mit dem Namen »König der Juden«. Dann musste Jesus auf dem Weg vom Gefängnis nach Golgatha, dem Hinrichtungsort, sein Kreuz tragen, das wahrscheinlich mehr als 100 Pfund wog. Auf Bildern ist Jesus oft abgebildet, wie er das ganze Kreuz trägt, doch wahrscheinlich trug er nur den horizontalen Balken, da der vertikale Kreuzteil fest im Boden der Hinrichtungsstätte verankert war. Der Berg Golgatha befand sich außerhalb Jerusalems und war höchstwahrscheinlich ein Friedhof, den die Römer nutzten, um ihre Opfer schnell zu begraben.

Während Jesus am Kreuz hing, näherte sich ihm Joseph von Arimathäa und fing der Legende nach sein herabtropfendes Blut in demselben Kelch auf, aus dem Jesus beim letzten Abendmahl getrunken hatte. Dieser Kelch ist der sagenumwobene Heilige Gral. Nachdem Jesus gestorben war, nahm Joseph seinen Körper und begrub ihn in seiner eigenen Grabstelle.

Zusatzinformationen

1. Im Jahr 36 n. Chr. wurde Pontius Pilatus aufgrund von übermäßiger Brutalität abgesetzt.
2. Erst beim Zweiten Vatikanischen Konzil 1965 verwarf die katholische Kirche offiziell den Glauben, dass Jesus von den Juden getötet wurde.
3. Obwohl es Behauptungen gibt, dass während des Römischen Reiches Tausende Menschen gekreuzigt wurden, hat man nur einen gekreuzigten Leichnam gefunden. Die meisten Opfer blieben einfach am Kreuz hängen und wurden der Verwesung überlassen.

Peter der Große

Zar Peter der Große (1672–1725) regierte Russland von 1682 bis 1725. Während seiner dreiundvierzigjährigen Regentschaft verwandelte er die Nation in eine bedeutende Weltmacht. Er regierte als absolutistischer Monarch und orientierte sich dabei an Ludwig XIV. von Frankreich. In seiner Hauptstadt St. Petersburg baute er sich einen glitzernden neuen Palast, mit dem er Versailles noch übertreffen wollte.

Bevor Peter Herrscher wurde, war Russland weder europäisch noch asiatisch. Die Russen waren Christen, aber ihr weites Land, größer als ganz Europa, grenzte an die alten asiatischen Reiche China und Persien. Ein großer Teil Russlands hatte zu dem ehemaligen mongolischen Imperium gehört.

Peter orientierte sich stark am Westen. Er verlegte die Hauptstadt seines Reichs von Moskau nach St. Petersburg, das er an der Ostsee gründete. Er suchte engere Beziehungen zu europäischen Ländern, übernahm europäische Kleidungsgewohnheiten und war der erste russische Herrscher, der in den Westen reiste. Peter organisierte die Regierung und das russische Militär nach europäischem Modell.

Der Zar war erbarmungslos, jähzornig und trank viel. »Viel zu oft und zu deutlich zeigt er ein Bedürfnis, andere zu richten, zusammen mit einem launischen Temperament«, schrieb ein englischer Beobachter 1698. Peter überragte auch physisch alle anderen, er war über zwei Meter groß.

Nach Peters Tod im Jahr 1725 blieb das russische Reich zwei Jahrhunderte lang eine bedeutende europäische Macht. Doch die Autokratie der Zaren und die andauernde Leibeigenschaft, die erst 1861 abgeschafft wurde, verhinderten die Entwicklung einer starken russischen Mittelklasse. Peters Nachkommen regierten Russland bis zur Revolution 1917.

Zusatzinformationen

1. Um den traditionellen russischen Bart zum Verschwinden zu bringen, erließ Peter für diesen eine Bartsteuer – 100 Rubel für Adlige und eine Kopeke für einfache Bürger.
2. Nach der kommunistischen Revolution 1917 wurde die Hauptstadt Russlands von St. Petersburg wieder zurück nach Moskau verlegt, und St. Petersburg wurde zu Ehren Lenins in Leningrad umbenannt. Doch nach dem Zusammenbruch der Sowjetunion 1991 gab man der Stadt wieder den Namen St. Petersburg.
3. Der von Peter in St. Petersburg gebaute Palast ist heute das Eremitage-Museum, eins der größten Kunstmuseen der Welt.

Schöne neue Welt

Das Genre der »dystopischen Literatur« – Fiktion, die eine alptraumhafte, anti-utopische Zukunft beschreibt – war eine der großen Neuerungen der Literatur des zwanzigsten Jahrhunderts. Der bekannteste Roman dieser Kategorie ist George Orwells *1984*, der seine in Zeiten des Kalten Krieges lebenden Leser mit der Vision eines totalitären Staates in Angst und Schrecken versetzte. Heute jedoch ist das beunruhigendste und wichtigste Werk anti-utopischer Literatur eher Aldous Huxleys *Schöne neue Welt*, in der ein alptraumhafter Staat nicht aus politischer Tyrannei resultiert, sondern aus den Möglichkeiten von Wissenschaft und Technologie.

Schöne neue Welt erschien 1932 und ist erschreckend ahnungsvoll. Der Roman spielt in einem futuristischen England, in dem die Produktion menschlicher Embryos in von der Regierung gehaltenen Brutbetrieben strikt kontrolliert wird. Jedes sich entwickelnde Embryo wird entweder verhätschelt oder brutalen chemischen Behandlungen ausgesetzt, so dass es auf eine vorgesehene Art wächst – oder absichtlich an normalem Wachstum gehindert wird –, um später seinen zugewiesenen Platz in einem rigiden Kastensystem einnehmen zu können. Auf der höchsten Sprosse der sozialen Rangleiter stehen Alphas, die zur führenden und akademischen Schicht herangezogen werden; auf der niedrigsten befinden sich die Epsilons, die nur Handarbeit verrichten. Alle Kinder werden nach ihrer Geburt durch Schulunterricht, Hypnose und andere psychische Indoktrinationsmittel streng »erzogen« und bleiben von Anfang an durch Klassenschranken voneinander getrennt.

Die große soziale Stabilität dieses Systems wird auf Kosten individueller Menschlichkeit und eines freien Willens erreicht. Diese Entmenschlichung hat tragische Folgen, als ein »Wilder« von einem weit entlegenen Teil des amerikanischen Südwestens – eines der wenigen menschlichen Wesen, die außerhalb des Systems aufgewachsen sind – nach London gebracht wird. Er ist fasziniert davon, Teil dieser »schönen neuen Welt« zu sein, von der er viel gehört hat, aber seine Anpassung an seine neue Umgebung geschieht keineswegs reibungslos.

Schöne neue Welt ist einer der wenigen auf einer Wissenschaftsthematik beruhenden Romane, dessen literarische Bedeutung ebenfalls andauert. Seit langem eine Grundlektüre nicht nur in englischen Klassenzimmern, hat das Buch in den letzten Jahren in Zusammenhang mit den Entwicklungen in der Bioethik und beim Klonen besondere Bedeutung gewonnen. Huxleys Vorhersagen über das Angst erregende Potenzial der Wissenschaft, die zu seiner Zeit undenkbar weit entfernt schienen, sehen nur Jahrzehnte, nachdem er sie geschrieben hat, gar nicht mehr unrealistisch und sehr bedrohlich aus.

Zusatzinformationen

1. Der Titel des Romans bezieht sich auf Shakespeares *Der Sturm*, in dem die auf einer Insel aufgewachsene Miranda, als sie zum ersten Mal Menschen von außerhalb sieht, ausruft: »O schöne neue Welt, die solche Einwohner hat!«
2. Huxleys Großvater, ein angesehener Biologe, war einer der führenden Verfechter von Darwins Evolutionstheorie.
3. 1958 veröffentlichte Huxley das Essay *Wiedersehen mit der schönen neuen Welt*, in dem er darlegte, dass die Welt sich tatsächlich näher auf die antiutopische Zukunft zubewegte, die er in *Schöne neue Welt* vorhergesagt hatte.

Das Taj Mahal

Das Taj Mahal in Agra, Indien, wird von vielen als das schönste Gebäude der Welt angesehen. Das weiße Marmormausoleum wurde zwischen 1631 und 1648 gebaut, um das Grab von Mumtaz Mahal, der Ehefrau des Mughal-Herrschers Shah Jahan zu beherbergen, die während der Geburt ihres vierzehnten Kindes starb.

Der Komplex besteht aus fünf Teilen: einem Eingangstor, einem Garten, dem Mausoleum selbst, einer Moschee im Westen und einer Versammlungshalle im Osten. Ein langer reflektierender Teich teilt das Gelände in zwei Hälften und spiegelt die Grabstätte wider.

Wer der Architekt des Taj Mahal war, ist nicht hundertprozentig geklärt. Einige schreiben den Entwurf Geronimo Veroneo zu, einem Italiener, der am Mughal-Hof arbeitete. Mehr Hinweise sprechen jedoch für den persischen Architekten Ustad Isa Khan Effendi, der offensichtlich die Details des Gebäudes bei seinem Schüler Ustad Ahmad in Auftrag gab. Der Entwurf orientiert sich an dem Mausoleum Sultan Hasans in Kairo.

Der Bau des ganzen Komplexes dauerte mehr als siebzehn Jahre, und 20000 Arbeiter wirkten daran mit. Das Grabmal soll dreißig Millionen Rupien gekostet haben zu einer Zeit, als der Goldpreis fünfzehn Rupien pro Tola (ein altes indisches Gewichtsmaß, entspricht 11,66 Gramm) betrug. Das Material, darunter achtundzwanzig Arten Edelsteine und Halbedelsteine, kam aus ganz Asien. Der weiße Marmor stammte aus den Marmorbrüchen in Makrana in Rajasthan.

Das Grabmal ruht auf einem weißen Marmorsockel, der 100 mal 100 Meter groß ist. Das ganze Gebäude (ohne die Minarette) ist so breit wie hoch. Die Kuppel erhebt sich 44,4 Meter hoch und hat genau die gleiche Höhe wie die Fassade. Eine zweite, kleinere Kuppel findet sich im Inneren der Außenkuppel. Das einzige asymmetrische Element ist das Grab Shah Jahans, das sich an der Seite seiner Ehefrau befindet. Am Haupteingang sind in den Stein Zitate aus dem Koran eingelegt, die diejenigen einladen, die »reinen Herzens« sind, die »Gärten des Paradieses« zu betreten.

Der Legende nach plante Shah Jahan – der seine letzten Jahre von seinem Sohn entmachtet als Gefangener zubrachte –, auf der anderen Seite des Flusses ein zweites, schwarzes Mausoleum für sich selbst zu bauen.

Die Zeit hat an dem Gebäude ihre Spuren hinterlassen. Ein britischer Gouverneur Indiens, Lord William Bentinck, soll sogar vorgeschlagen haben, das vernachlässigte Bauwerk wegen seiner teuren Materialien Stück für Stück zu verkaufen. 1983 wurde das Taj Mahal in die Liste des UNESCO-Weltkulturerbes aufgenommen.

Zusatzinformationen

1. Der indische Schriftsteller Rabindranath Tagore nannte das Taj Mahal »eine Träne auf dem Antlitz der Ewigkeit«.
2. Der Name Taj Mahal bedeutet »Kronen-Palast«.

Marie Curie

Wenn man über bekannte Frauen in der Wissenschaft redet, wird als Erstes oft der Name Marie Curie (1867–1934) genannt. Und das mit gutem Grund. Sie war nicht nur die erste Frau, die einen Nobelpreis erhielt, sie war die erste Person überhaupt, die sogar mit zwei Nobelpreisen geehrt wurde.

Der erste Nobelpreis war der für Physik, den Marie Curie 1903 für ihre Erforschung der Radioaktivität erhielt. Zehn Jahre zuvor hatten Curie und andere die Eigenschaften von Uran zu erforschen begonnen. Curie fiel auf, dass von Uran Strahlen ausgingen, die durch Holz und Fleisch hindurchgingen. Aber merkwürdigerweise blieb die Menge der abgegebenen Strahlung im Verhältnis zu der Masse des Urans immer konstant, gleichgültig, was mit dem Uran getan wurde – ob man es nun erhitzte, abkühlte oder mit anderen Elementen kombinierte. Curie schloss daraus, dass die Strahlung oder die Radioaktivität – ein von ihr geprägter Begriff – eine Eigenschaft des Atoms war, nicht das Produkt einer chemischen Reaktion.

Als Nächstes begann Curie, Pechblende zu untersuchen, ein Material, das viel Uran enthielt. Die Pechblende gab noch mehr Strahlung ab, als man es von Uran allein erwartet hätte. Daraufhin gelang es Marie Curie und ihrem Ehemann Pierre Curie, in der Pechblende zwei neue Elemente zu entdecken, die beide hoch radioaktiv waren. Eins der beiden nannten sie nach Maries Heimatland Polen Polonium, das andere Radium nach dem lateinischen Wort für Strahl.

Den zweiten Nobelpreis, diesmal für Chemie, erhielt Curie 1911 für die Entdeckung von Radium und Polonium. Bis heute bleibt sie neben Linus Pauling (1901–1994) die einzige Person, die mit zwei Nobelpreisen in zwei verschiedenen Disziplinen geehrt wurde.

Zusatzinformationen

1. Marie Curie starb 1934 an Leukämie, nachdem sie jahrelang starker radioaktiver Strahlung ausgesetzt gewesen war.
2. Marie und Pierre Curies Tochter Irène Joliot-Curie erhielt 1935 den Nobelpreis für Chemie für ihre Entdeckung künstlicher Radioaktivität.
3. Marie Curies Notizen waren radioaktiv verseucht, bis ihre Enkeltochter sie dekontaminierte.
4. Marie Curie war die erste Frau, die an der Sorbonne in Paris Professorin wurde.

Mozarts *Don Giovanni*

Nach dem internationalen Erfolg von Wolfgang Amadeus Mozarts *Hochzeit des Figaro* (1784) erhielt der Komponist einen nächsten Auftrag vom Prager Opernhaus. Mozart tat sich zum zweiten Mal mit dem Librettisten Lorenzo Da Ponte zusammen und wählte als Thema seiner neuen Oper die Legende von Don Juan. Vorlage war die Oper von Giuseppe Gazzaniga *Don Giovanni ossia Il donvitato di pietra* von 1775, zu der Giovanni Bertati das Libretto schrieb.

Don Giovanni (1787) handelt von einem unverbesserlichen Lebemann und Schürzenjäger, aus dem Mozart und sein Librettist eine fast sympathische Figur gemacht haben. Dadurch wurden die Grenzen zwischen den Genres der Opera seria und der Opera buffa verwischt, so dass am Ende kein strenges Moralstück, auch keine Tragödie oder Komödie herauskam, sondern eine Art Mischung aus allen Gattungen. Dies sei der Grund gewesen, meinen einige Musikwissenschaftler, dass *Don Giovanni* in Wien keinen großen Erfolg hatte, denn das Wiener Publikum war bekannt dafür, dass es konservativ war und an musikalischen Konventionen hing.

Die Musik beginnt in einer Moll-Tonart, düster und dämonisch klingend und auf unheimliche Art passend zur ersten Szene, in der Don Giovanni einen Mann tötet. Im Verlauf des Stücks wechseln sich die berührenden Serenaden des Antihelden, absurde und farcehafte Verführungsszenen und die moralischen Tragödien, die Don Giovanni ereilen, ab. In der letzten Szene wird Don Giovanni vom Geist des von ihm ermordeten Mannes in die Hölle gezogen, weil er sich weigert zu bereuen. *Don Giovanni* ist wahrscheinlich Mozarts größte Oper, auf jeden Fall seine emotional eindringlichste, aber auch die

Komplexität des ganzen Werkes und seine musikalische Formvollendung zeugen deutlich vom Genie Mozarts.

Das neue Opern-Genre, das *Don Giovanni* darstellte, wurde *Dramma giocoso* (heiteres Drama) genannt. Das Werk hatte in allen Städten außer in Mozarts Wohnort Wien großen Erfolg. Als Mozart 1791 starb, war *Don Giovanni* bereits eine der am meisten aufgeführten Opern in Europa.

Zusatzinformationen

1. Der Legende nach sagte Kaiser Josef II., nachdem er *Don Giovanni* gesehen hatte, zu Mozart, dass das Stück »zu viele Noten« hätte. Der Komponist antwortete: »Genau so viele wie nötig, Eure Majestät.«
2. Während er das Libretto zu *Don Giovanni* schrieb, zog sich Da Ponte in ein Zimmer im Haus seines Mäzens zurück. Im nächsten Zimmer stand ein ständig mit Essen und Wein beladener Tisch, und in einem dritten Zimmer stand Da Ponte für seine Inspiration beim Läuten einer Glocke eine Prostituierte zur Verfügung.
3. In Prag wurde die Oper 1787 zum ersten Mal aufgeführt, in Wien 1788, in London 1817 und in New York 1826.

Epistemologie

Epistemologie (oder Erkenntnistheorie) ist der Bereich der Philosophie, der sich mit Wissen beschäftigt. Ein wichtiges Gebiet der Epistemologie, das auf Platon zurückgeht, ist der Versuch, zu definieren, was Wissen ist. Traditionell haben Philosophen Wissen als wahren, gerechtfertigten Glauben definiert.

Zu sagen, dass Wissen Glaube ist, bedeutet als Erstes, dass man etwas glauben muss, um es zu wissen.

Zweitens muss das Wissen wahr sein, denn man kann nicht wirklich etwas wissen, was falsch ist. Wenn etwas falsch ist, kann man es zwar glauben, und man kann sogar glauben, dass man es weiß. Aber nach der philosophischen Definition *weiß* man es nicht wirklich.

Drittens ist wirkliches Wissen gerechtfertigt, weil der Glaube Gründe haben muss. Wählt man zum Beispiel eine Zahl zwischen eins und tausend aus und ein Freund errät die 463 und liegt damit richtig, wusste der Freund dann, dass man diese Zahl ausgewählt hatte? Da er oder sie nur aufgrund eines Zufalls Recht hatte, erscheint es falsch zu sagen, er oder sie wusste es. Wissen kann nicht zufällig sein, man muss Gründe haben, um einen wahren Glauben zu formulieren, nur dann gilt dieser Glaube als Wissen.

Neuerdings haben Philosophen auch in Frage gestellt, ob alles, was wahrer und gerechtfertigter Glaube ist, als Wissen gelten kann. Stellen Sie sich Folgendes vor: Sie fahren über Land und sehen eine Scheune. Sie bilden den Glauben »Dies ist eine Scheune.« Diese Aussage ist ein gerechtfertigter Glaube und auch ein wahrer Glaube. Sie sind überzeugt, dass Sie gerade eine wirkliche Scheune gesehen haben. Doch tatsächlich sind Sie – ohne es zu wissen – im Scheunen-

Fälscher-Land, wo die meisten Farmer keine Scheunen bauen. Sie bauen nur Fassaden von Scheunen. Daher handelt es sich bei Ihrem Glauben nicht um Wissen, denn Sie haben eine vorgetäuschte Scheune gesehen und einen falschen Glauben daraus abgeleitet. Bei wahrem gerechtfertigtem Glauben handelt es sich also nicht immer um Wissen.

Zusatzinformationen

1. Mit Beispielen wie der Geschichte von der vorgetäuschten Scheune argumentierte Edmund Gettier 1963 in einem bekannten Essay mit dem Titel »Ist gerechtfertigter wahrer Glaube Wissen?«. Gettiers Essay, das großen Einfluss auf die Epistemologie hatte, ist nur ein paar Seiten lang!
2. Philosophen diskutieren noch immer, welche weiteren Bedingungen zur Wahrheit und Rechtfertigung hinzukommen müssen, damit ein Glaube als Wissen gelten kann.
3. Andere Probleme der Epistemologie sind zum Beispiel das Problem des Skeptizismus und das Problem der Induktion.

Die Auferstehung Jesu

Drei Tage, nachdem Jesus gekreuzigt und in der Grabstelle von Joseph von Arimathäa beigesetzt worden war, machten sich einige Frauen, unter ihnen Maria und Maria Magdalena, auf den Weg zu seinem Grab. Als sie dort ankamen, fanden sie es jedoch leer vor. Am nächsten Tag erschien Jesus einigen seiner Jünger, um ihnen zu zeigen, dass er auferstanden war. Etwa vierzig Tage nach seiner Auferstehung stieg Jesus zum Himmel auf und verließ die Erde für immer. Die Auferstehung Jesu, deren Geschichte in den Evangelien nach Matthäus, Markus, Lukas und Johannes erzählt wird, wird zu Ostern gefeiert.

Die Auferstehung Jesu Christi ist ein Hauptpfeiler des Christentums. Die meisten Anhänger der christlichen Lehre glauben, dass die Auferstehung Jesu von den Toten tatsächlich stattgefunden hat.

Unter den verschiedenen Interpretationen dieses Ereignisses ist die am weitesten verbreitete diejenige, die besagt, dass Jesus Christus sterben musste, um die Menschen zu erlösen. Gott hielt es für erforderlich, die Menschen für ihre Sünden zu bestrafen. Um dies zu vermeiden, sandte er Jesus auf die Erde, damit dieser die Last der Sünden trage, die die Menschen verübt hatten. Durch seinen Tod büßte Jesus stellvertretend für die Menschen für deren Sünden, und alle, die an ihn glaubten, waren von ihren Sünden erlöst.

Neben dieser im Christentum weit verbreiteten Anschauung glauben einige Christen und viele Nichtchristen, dass die Geschichte von Jesu Auferstehung symbolisch gemeint ist. Sie argumentieren, dass keiner der vier Evangelisten, die von der Auferstehung berichten, selbst dabei war. Auch sonst wird nirgends in der Bibel von jemandem behauptet, dass er Augenzeuge des Ereignisses war. Trotzdem bildet auch für liberale Christen, die nicht daran glauben, dass Jesus wirklich von den Toten auferstanden ist, diese Geschichte ein Zentrum ihres Glaubens, denn sie versinnbildlicht die Hoffnung.

Zusatzinformationen

1. Die vier Evangelien, die die Auferstehung schildern, widersprechen sich in mehreren Punkten. Während manche dies für einen Beweis halten, dass das Ereignis nicht wirklich stattgefunden hat, glauben andere, dass diese leichten Abweichungen gerade für seine Wahrheit sprechen. Denn schließlich wäre es ungewöhnlich, wenn mehrere Augenzeugenberichte genau übereinstimmen würden.
2. Es existieren auch mehrere angeblich nichtchristliche Berichte von diesem Ereignis, darunter der des jüdischen Geschichtsschreibers Flavius Josephus. Er schrieb 98 n. Chr., dass Jesus auferstanden sei. Die Authentizität dieser Passage ist jedoch zweifelhaft, da die Niederschrift von Christen verändert worden sein könnte.
3. Andere Erklärungen dafür, dass Jesus nicht mehr in seinem Grab war, sind unter anderem: Jesus war in einem sehr flachen Grab beigesetzt worden und sein Leichnam wurde von Tieren gefressen; seine Jünger stahlen seinen Leichnam; Jesus ist am Kreuz nicht gestorben, sondern war nur bewusstlos, so dass er später wieder zu Bewusstsein kam und sein Grab verließ.

Benjamin Franklin

Benjamin Franklin (1706–1790) war der bekannteste und einflussreichste Amerikaner des achtzehnten Jahrhunderts. Er war Erfinder, Diplomat, Journalist und Staatsmann und gehörte zu den Unterzeichnern sowohl der Unabhängigkeitserklärung als auch der Verfassung der Vereinigten Staaten. In seinem langen Leben – er wurde in Boston geboren, als die Stadt noch von den Puritanern beherrscht wurde, und starb in Philadelphia am Vorabend der industriellen Revolution – trug Franklin wahrscheinlich mehr zum kulturellen und politischen Leben der jungen Vereinigten Staaten bei als irgendein anderer seiner Zeitgenossen. Franklin war an der Entdeckung der Elektrizität beteiligt, gab eine erfolgreiche Zeitung heraus und erfand den Franklin-Ofen. Sein Ruf zu seiner Zeit, so schrieb Franklins politischer Mitstreiter John Adams, war »größer als der Newtons, Friedrichs des Großen oder Voltaires«. Einige Historiker gaben ihm den Titel »der erste Amerikaner«.

Franklin war das fünfzehnte Kind von Josia Franklin, eines Kerzenmachers, der im späten siebzehnten Jahrhundert nach Boston immigriert war. Mit zwölf Jahren begann Franklin, für einen seiner Brüder als Zeitungsherausgeber zu arbeiten. Eigentlich war er für die Arbeit an den Druckpressen eingestellt, aber schon bald schrieb er selbst Artikel für die Zeitung. Mit siebzehn Jahren war er es leid, für seinen undankbaren Bruder zu arbeiten, und er ging nach Philadelphia. Dort veröffentlichte er Zeitungen und humoristische Bücher und wurde schließlich einer der berühmtesten Bürger der Stadt. Er war ein Mann von mannigfaltigem Talent und unstillbarer Neugier

und gründete ein Krankenhaus, eine Versicherungsgesellschaft, eine philosophische Gesellschaft und eine Universität (die jetzige University of Pennsylvania), die alle noch heute existieren. Nachdem er sich aus dem Verlagsgeschäft zurückgezogen hatte, wandte er sich der Wissenschaft zu. Er trug zur Erforschung der Eigenschaften der Elektrizität bei und erfand die Bifokalgläser und den energiesparenden Franklin-Ofen.

Als in den 1750er und 1760er Jahren die amerikanischen Kolonien der britischen Herrschaft überdrüssig zu werden begannen, lebte Franklin in England. Dort half er, die Ansichten der Amerikaner vor dem britischen Parlament zu vertreten. Als er von London in die Vereinigten Staaten zurückkehrte, war er überzeugt davon, dass diese sich von England lossagen müssten. 1776 unterzeichnete er zusammen mit anderen die Unabhängigkeitserklärung in seiner Heimatstadt Philadelphia. Franklin reiste wieder nach Europa und vertrat die frischgebackenen Vereinigten Staaten in Frankreich, wo er aufgrund seiner wissenschaftlichen Entdeckungen eine Berühmtheit war. In den Augen vieler Europäer wurde der jungen Nation allein durch die Tatsache Glaubwürdigkeit verliehen, dass Franklin ihr angehörte. Franklin kehrte nach Pennsylvania zurück und arbeitete unermüdlich weiter, fast bis zu dem Tag, an dem er mit vierundachtzig Jahren starb.

Zusatzinformation

1. Unter Franklins Erfindungen befand sich auch ein Musikinstrument aus Glas – die so genannte Glasharmonika. Bevor das Instrument im neunzehnten Jahrhundert in Vergessenheit geriet, schrieb Mozart zwei Kompositionen für Franklins Erfindung.

Postkolonialismus

Mit dem Begriff postkolonialistische Literatur wird die Gesamtheit der Werke von Autoren aus ehemals kolonialisierten Gebieten der Welt und auch diejenigen, die über Menschen aus diesen Gebieten geschrieben worden sind, zusammengefasst. Der Hauptteil dieser Literatur wurde seit den 1950er und 1960er Jahren geschrieben, als die letzten großen europäischen Kolonien in Afrika, Asien, Lateinamerika und der Karibik unabhängig wurden.

Als der europäische Imperialismus im späten 19. Jahrhundert auf seinem Höhepunkt war, feierten europäische Autoren gern die Dominanz ihrer Länder in der Welt, indem sie die angebliche »Bürde des weißen Mannes« besangen, die Unzivilisierten zivilisieren zu müssen. Der britische Schriftsteller Rudyard Kipling führte dies Kommando mit oftmals offen rassistischen Gedichten und Romanen an. Nach und nach wurde jedoch von Werken wie Joseph Conrads *Herz der Finsternis* (1899) und E.M. Forsters *Auf der Suche nach Indien* ein kritischerer Blick auf den europäischen Kolonialismus geworfen.

Als nach dem Zweiten Weltkrieg viele ehemalige Kolonien in Asien und Afrika unabhängig wurden, begannen Autoren in diesen Ländern, die kulturellen, sozialen und psychologischen Folgen der Kolonialherrschaft schriftstellerisch aufzuarbeiten. Viele beschäftigten sich mit Fragen der Rasse, Ethnizität und nationalen Identität. Auch die politischen und religiösen Spannungen, die durch die von Europa den Einheimischen künstlich auferlegten nationalen Grenzen entstanden waren, bildeten eine Thematik. Postkoloniale Arbeiten setzen sich oft mit dem Konzept des Andersseins auseinander – eine Idee, die der Theoretiker Edward Said in seinem berühmten

Buch *Orientalismus* formulierte, seiner als Meilenstein angesehenen Abhandlung über die westliche Tendenz, den Osten zu exotisieren.

Die postkoloniale Literatur ist eine weit verzweigte Bewegung und umfasst viele Regionen und Autoren. Zu den bemerkenswerten Werken gehören zum Beispiel aus Afrika Alan Patons *Denn sie sollen getröstet werden* (1948) und Chinua Achebes *Okonkwo oder das Alte stürzt* (1958); aus Asien Graham Greenes *Der stille Amerikaner* (1955), Anita Desais *Spiele im Zwielicht* und Salman Rushdies *Mitternachtskinder* (1981); und aus der Karibik V. S. Naipauls *Ein Haus für Mr. Biswas* (1961), Jean Rhys *Sargassomeer* (1966) und Jamaica Kincaids *Annie John* (1985).

Seit den späten 1980er Jahren hat eine neue Generation postkolonialer Autoren das Ruder übernommen und vielen der alten Themen eine neue Perspektive verliehen. Eine beträchtliche Anzahl dieser Werke, zum Beispiel Hanif Kureishis *Der Buddha aus der Vorstadt* (1990) und Zadie Smiths *Zähne zeigen* (2000) stellen nicht-westliche Immigranten in den Mittelpunkt, die in Großbritannien oder den Vereinigten Staaten leben. Sie haben im Allgemeinen eine optimistischere Haltung als ihre Vorgänger, und indem sie ihre entwurzelte Migrantensituation als eine Realität der modernen Welt akzeptieren, können sie positive und sogar komische Aspekte daran finden.

Zusatzinformationen

1. Postkoloniale Literatur weist eine große Anzahl Werke weiblicher Autoren auf, die feministische Themen und den Fortschritt von Frauen im Kontext der ehemaligen Kolonien behandeln.
2. Der Großteil postkolonialer Autoren steht in einem familiären Zusammenhang mit den ehemals Kolonialisierten selbst, doch auch weiße Schriftsteller wie Athol Fugard und J. M. Coetzee aus Südafrika spielen eine wichtige Rolle.

Hokusai

Katsushika Hokusai (1760–1849) ist der im Westen vielleicht bekannteste japanische Künstler.

Hokusai war der Sohn einer armen Familie und wurde von einem Spiegelmacher adoptiert, der ihm das Holzschneiden beibrachte. Mit achtzehn Jahren kam er in die Werkstatt von Katsukawa Shunsho, ein Künstler, der für seine Porträts von Schauspielern berühmt war. Hokusai war ein von Natur aus ruheloser Mensch; 1778 verließ er Shunshos Werkstatt und begann ein unstetes Wanderleben. Mehr als fünfzig Mal änderte er seinen Namen, und Hokusai nannte er sich erst, als er schon sechsundvierzig Jahre alt war. Mit fünfundsiebzig bezeichnete er sich selbst als Gakyo Rojin, »Alter Mann, der vom Malen besessen ist«. Hokusai wohnte in seinem Leben an mehr als 90 verschiedenen Orten.

Hokusais finanzielle Situation war meist prekär, und oft griff er auf öffentlich wirksame Selbstdarstellungen zurück. Zum Beispiel forderte er einmal Tani Buncho zu einem Wettbewerb heraus, wer von beiden der bessere Künstler sei. Hokusai malte für seinen Beitrag eine breite Fläche Blau auf ein riesiges Papier, tauchte dann die Füße eines Huhns in rote Farbe und ließ das Huhn über das Papier laufen. Das Ergebnis nannte er *Ahornblätter auf einem Fluss*.

Hokusai erstellte im Verlauf der Jahre mehr als 30000 Zeichnungen in 500 Skizzenbüchern. Von 1814 an veröffentlichte er nach und nach fünfzehn Bände *Mangas* (Skizzen), in denen nicht wie in den heutigen Mangas zusammenhängende Geschichten erzählt wurden, sondern die in einer breiten Palette von Themen und unterschiedlichsten Stilen Momentaufnahmen der japanischen Gesellschaft und Kultur darstellen. Der letzte der Bände erschien erst 1878, neunundzwanzig Jahre nach Hokusais Tod.

Am bekanntesten ist Hokusai jedoch für seine so genannten *Ukiyo-e*-Bilder, deren Technik in Tokio entstand. *Ukiyo-e* bedeutet *Bilder der fließenden Welt.* Diese Bilder sind Gesellschafts- und Sittenbilder vorzugsweise im Farbholzschnitt. Das berühmteste Ukiyo-e von Hokusai ist *Die große Welle von Kanagawa* aus seinen *36 Ansichten des Berges Fuji.* Der Druck, auf dem Fischer im Kampf gegen die Mächte der Natur abgebildet sind – kein traditionell japanisches Thema –, war wahrscheinlich von holländischen Drucken beeinflusst, die ihren Weg nach Japan gefunden hatten.

Als Hokusais Werke in Europa bekannt wurden, hatten sie einen ungeheuren Einfluss auf Maler wie Paul Gauguin und Vincent van Gogh. James Whistler behauptete, dass Hokusai der größte Künstler seit Diego Velázquez sei. Die Ausstellung *Rembrandt, Van Gogh und Hokusai,* die 1951 in Amsterdam stattfand, trug viel dazu bei, den japanischen Meister im zwanzigsten Jahrhundert neuerlich bekannt zu machen.

Zusatzinformationen

1. Hokusai war einer der großen Meister der *Shunga* (erotische Drucke) der Edo-Periode, wie seine Serie *Fukojuso* zeigt.
2. In Hokusais Reihe *Fugaku Hyakkei (Einhundert Ansichten des Bergs Fuji,* 1834–35) taucht der berühmte Berg in Bildern unterschiedlichen Inhalts immer wieder aus anderer Perspektive auf, ein deutlicher Hinweis, wie vertraut der Künstler mit ihm war.
3. Hokusais größte Arbeit misst mehr als 200 Quadratmeter.

Hypnose

Seit über 200 Jahren versuchen Wissenschaftler, exakt zu bestimmen, was Hypnose ist. Viele stellen sich bei dem Wort vielleicht einen Mann mit einem respekteinflößenden Schnauzbart und einem schwarzen Hut vor, der einem eine Taschenuhr vor den Augen hin- und herpendeln lässt und mit leiser, einschläfernder Stimme sagt: »Sie werden jetzt müde, gaaanz müüüde.« Nach ein paar Momenten, stellen wir uns vor, kann er unsere Handlungen, unsere Gedanken und unser Gedächtnis kontrollieren.

Psychiater verstehen heute unter Hypnose einen tranceähnlichen Zustand, verbunden mit einer extremen Wahrnehmungsfähigkeit. Aber auch wenn Personen unter Hypnose sich oft frei von Hemmungen fühlen, tun sie nichts gegen ihren Willen. Untersuchungen, bei denen die Hirnströme von Versuchspersonen während der Hypnose mittels eines so genannten Elektroenzephalogramms (EEG) aufgezeichnet wurden, zeigten eine Zunahme von niedrigfrequenten Hirnströmen, die mit Schlaf- und Traumzuständen in Zusammenhang stehen. Außerdem ergaben die Studien eine Abnahme von hochfrequenten Hirnströmen, die mit vollständiger Wachheit zusammenhängen; letztere sind jedoch nicht völlig ausgeschaltet. Dies kann die Nähe der Hypnose zu dem geistigen Zustand während des Träumens erklären, aber es ist kein Hinweis darauf, dass die hypnotisierten Personen menschliche Marionetten sind. Sie denken noch immer selbständig.

Es gibt unterschiedliche Methoden, um jemanden zu hypnotisieren, zum Beispiel die so genannte Augenfixation, bei der der Proband aufgefordert wird, sich auf ein Objekt zu konzentrieren (z.B.

eine Taschenuhr), damit dadurch die Außenwelt ausgeschaltet wird. Diese Methode war in den frühen Tagen der Hypnose üblich, wird aber heute nur noch selten angewandt, da sie lediglich bei einem geringen Prozentsatz der Bevölkerung wirkt. Bei einer anderen Methode wird der Proband mit schnellen Anweisungen bombardiert: »Stehen Sie auf, setzen Sie sich, blinzeln Sie, stehen Sie auf.« Diese Methode wird zum Beispiel oft eingesetzt, wenn jemand auf der Bühne hypnotisiert oder eine Person verhört wird. Psychiater arbeiten mit einer dritten Methode, der progressiven Muskelentspannung. Indem der Psychiater mit beruhigender Stimme spricht und friedliche Bilder ausmalt, schafft er eine Atmosphäre, in der der Patient lernen kann, schädigende Angewohnheiten abzulegen, wie zum Beispiel das Rauchen oder unmäßiges Essen.

Zusatzinformationen

1. Franz Anton Mesmer, ein im achtzehnten Jahrhundert wirkender deutscher Mediziner, gilt als Vater des modernen Hypnotismus. Er glaubte, dass Hypnose eine mystische Kraft sei, die er »animalischen Magnetismus« nannte.
2. Viele Experten sehen Autofahren und Fernsehen als hypnotische Zustände an.
3. Menschen mit einer regen Fantasie sind am empfänglichsten für Hypnose.

Sonatenform

Das bedeutendste Vermächtnis der klassischen Musikepoche ist die Etablierung der Sonatenform als wichtigste Kompositionsform schlechthin. Sie blieb beinahe zwei Jahrhunderte lang für unzählige Sinfoniesätze und kurze Musikstücke das Standardmodell, und ihr Einfluss erstreckte sich bis auf Komponisten des zwanzigsten Jahrhunderts wie zum Beispiel Béla Bartók (1881–1945).

Die Sonatenform ist eine musikalische Konstruktion, die bei einzelnen Sätzen längerer Stücke oder für kürzere, für sich stehende Kompositionen verwandt wird. Sie entwickelte sich aus den zweiteiligen oder binären Formen des Barock.

Die Komponisten des Barock beschränkten sich gewöhnlich in einem Musikstück oder einem Satz darauf, einem einzigen Gefühl Ausdruck zu verleihen, und sie entwickelten normalerweise in einem Stück nur ein Hauptmotiv oder einen motivischen Komplex. Dagegen arbeiteten klassische Komponisten in einer kompositorischen Einheit gern mit gegensätzlichen Motiven und Stimmungen, und die Sonatenform lieferte dafür ein Gerüst. Die Form enthält folgende Teile:

Exposition: Manchmal geht der Exposition eine kurze Einleitung voraus. Die Exposition ist der erste Teil eines Satzes oder eines Musikstücks in Sonatenform. Sie stellt das hauptsächliche thematische Material vor, das normalerweise aus zwei Themen besteht; das erste Thema steht in der Haupttonart und das zweite normalerweise in der Dominante oder einer anders mit der Grundtonart zusammenhängenden Tonart. Diese beiden Themen sind oft durch eine Brücke verbunden, die die Modulation (Überleitung zwischen Tonarten) gefälliger macht.

Durchführung: Die Durchführung kann harmonisch instabil sein und viele Modulationen aufweisen. Hier kann der Komponist seine Vielseitigkeit und sein Talent einsetzen, indem er Themen auseinandernimmt, wieder zusammenfügt und sie in neue harmonische Zusammenhänge stellt.

Reprise: Die Motive der Exposition werden wiederaufgenommen und abschließend in der Haupttonart vorgetragen. Der Reprise folgt oft noch eine kurze Coda oder ein Endteil.

Die Sonatenform ähnelt in gewisser Weise dem Aufbau einer Abhandlung, warum viele sie als Produkt des auf Vernunft und Logik gründenden Geistes jener Zeit ansehen. Was auch immer die Hintergründe für ihr Entstehen sein mögen, die Sonatenform ist einer der am längsten nachwirkenden Beiträge klassischer Komponisten zur Musik.

Zusatzinformationen

1. Der Begriff Sonatenform wurde von den Komponisten, die diese Form entwickelten und umfassend anwandten, nicht benutzt. Er tauchte zum ersten Mal ca. 1755 in den Schriften des Musiktheoretikers Joseph Riepel auf.
2. Beethoven ist berühmt dafür, dass er die Coda in seinen Sinfonien in eine weitere, lange Durchführung ausdehnt. In einigen dieser Codas zeigt sich sein wahres Genie.
3. Die Sonatenform wird nicht nur in Sonaten verwandt, sondern in zahlreichen Musikgenres, zum Beispiel in Sinfonien, Konzerten, Streichquartetten und Chorwerken.

John Locke

John Locke (1632–1704), der erste große englische Empiriker und einer der bedeutendsten politischen Philosophen der modernen Zeit, wurde 1632 in Wrington, England geboren und studierte in Oxford. Er engagierte sich in vielen der wichtigsten philosophischen, wissenschaftlichen und politischen Bewegungen seiner Zeit und war Gründungsmitglied der English Royal Society – ein Verband von Wissenschaftlern, dessen berühmtestes Mitglied Isaac Newton war. Locke spielte auch eine tragende Rolle bei der protestantischen Opposition gegen König Karl II. und seinen katholischen Bruder James.

Zu Lockes großen philosophischen Werken gehört die Abhandlung *Ein Versuch über den menschlichen Verstand*. Darin argumentiert Locke, dass das Gehirn des Menschen bei seiner Geburt eine *tabula rasa* – eine leere Tafel – sei. All unser Wissen stammt nach Ansicht Lockes von den Erfahrungen, die wir machen. Unsere Ideen sind von unseren sinnlichen Erfahrungen in der Welt abgeleitet. Wir können Ideen vergleichen, wir können sie kombinieren, um daraus komplexe Gebilde zu machen, und wir können allgemeine Ideen aus speziellen ableiten. Doch der Ausgangspunkt sind immer unsere Sinne, und dies setzt dem, was wir an Wissen erwarten können, Grenzen. Zum Beispiel war Locke skeptisch in Bezug auf unsere Fähigkeit, die den Dingen zugrunde liegende, wahre Natur zu erkennen.

In der politischen Philosophie spielte Locke eine wichtige Rolle bei der Entwicklung der Theorie des Sozialvertrags. Nach Locke waren die Menschen ursprünglich in einem »Zustand der Natur«, in dem es keine Gesetze gab, und die einzige Grundlage von Autorität war physische Stärke. Wir haben jedoch einen Sozialvertrag geschaffen und damit im Austausch für Sicherheit und andere Garantien bestimmte natürliche Rechte an eine Regierung oder eine andere Autorität abgetreten. Lockes wichtiger Beitrag war sein Argument, dass jeder faire Sozialvertrag bestimmte Eigenschaften haben müsse: Er muss das Recht des Bürgers auf das Leben, die Freiheit und den Besitz respektieren. Werden diese Rechte verletzt, argumentiert Locke, sind die Bürger berechtigt, gegen die Regierungsautorität zu rebellieren, sogar gegen den König.

Zusatzinformationen

1. Wegen seiner Beteiligung an einem protestantischen Komplott gegen den König und seinen Bruder floh Locke aus England nach Holland. 1688 kehrte er während der »Glorious Revolution« zurück.
2. Die Ideen von einer Regierung, die in Lockes Theorie des Sozialvertrags dargelegt sind, beeinflussten die Führer der amerikanischen Unabhängigkeitsbewegung.

Die Evangelien

Der Begriff Evangelium kommt aus dem Griechischen und bedeutet soviel wie »gute Nachricht«. Meist sind mit den Evangelien die vier Evangelien des Matthäus, Markus, Lukas und Johannes des Neuen Testaments gemeint. Sie bilden die Hauptquelle für die Lehren Jesu, da von Jesus selbst nichts schriftlich Überliefertes bekannt ist. Die Evangelien wurden alle ungefähr zwischen 60 und 110 n. Chr. geschrieben, wahrscheinlich in Griechisch, allerdings gibt es auch Gründe für die Annahme, dass das Matthäusevangelium ursprünglich auf Aramäisch geschrieben war.

Die Reihenfolge der Autorenschaft und das Zusammenspiel zwischen den vier Evangelien ist ein komplexes Forschungsfeld. Matthäus, Markus und Lukas beschreiben alle drei Jesu Christi Lebensgeschichte und seine Lehren und behandeln häufig dieselben Geschehnisse, während im Johannesevangelium der Schwerpunkt eher auf den philosophischen und theologischen Ideen Jesu liegt. Weil Matthäus, Markus und Lukas alle von Jesu Leben berichten, wird angenommen, dass sie sich gegenseitig als Quellen benutzt haben könnten.

Heute herrscht die Ansicht vor, dass das Markusevangelium zuerst geschrieben wurde und Matthäus und Lukas danach das Markusevangelium als Vorlage benutzt haben. Es wird auch spekuliert, dass Matthäus und Lukas noch eine zweite, in der Forschung einfach als Q bezeichnete Quelle benutzt haben könnten, die nie entdeckt wurde.

Das Markusevangelium fängt mit der Erzählung vom Leben Jesu nicht bei dessen Geburt an, sondern erst, als Jesus zu lehren beginnt.

Matthäus und Lukas erzählen die Geschichte von Jesu Geburt, die Lehren von Johannes dem Täufer, die Lehren Jesu und die Auferstehung Jesu. Das Johannesevangelium behandelt ebenfalls viele dieser Geschichten, oft jedoch nicht in chronologischer Reihenfolge.

Außer diesen vier Evangelien existieren viele andere, nicht zum biblischen Kanon gehörende, so genannte apokryphe Evangelien. Die meisten von ihnen wurden später als die ersten vier Evangelien geschrieben und daher in der christlichen Lehre nur teilweise anerkannt. An vielen dieser Evangelien wird kritisiert, dass sie Jesus zu märchenhaft darstellen. Zum Beispiel berichtet eine Geschichte davon, wie Jesus einen Vogel aus Ton herstellt, dann mit der Hand wedelt und den Vogel dadurch lebendig macht. Für Angehörige des römisch-katholischen Glaubens sind solche Berichte ketzerisch.

Zusatzinformationen

1. Der Kirchenvater Irenaeus von Lyon vertrat die Ansicht, dass das Neue Testament nur vier Evangelien enthalten sollte. Seine Begründung: Vier war die Anzahl der Winde sowie der Zonen der Erde, und vier Säulen sollten die Kirche stützen.
2. Das Johannesevangelium ist die Hauptquelle für die Behauptung, dass die Juden schuld am Tod Jesu gewesen seien. Obwohl der Autor des Evangeliums höchstwahrscheinlich Jude gewesen ist und seine Anschuldigung sich auf bestimmte jüdische Führer der damaligen Zeit bezog, wurden diese Passagen des Evangeliums in Zeiten der Judenverfolgung gegen Juden eingesetzt.
3. Die Evangelien sind zwar der wichtigste Teil des Neuen Testaments, aber nur vier der siebenundzwanzig Bücher des Werkes.

George Washington

»Der Erste im Krieg, der Erste im Frieden und der Erste im Herzen seiner Landsleute.«

Worte von Washingtons Freund General Henry Lee in einer Gedenkrede vor dem amerikanischen Kongress

George Washington (1732–1799) war der militärische Führer im amerikanischen Unabhängigkeitskrieg und der erste Präsident der Vereinigten Staaten. Bevor die Rebellion 1775 ausbrach, war Washington ein wohlhabender Plantagenbesitzer. Er hatte schon an der Seite der Briten im Krieg gegen die Franzosen und verschiedene indianische Stämme gekämpft und war ein überzeugter Patriot, als der Unabhängigkeitskrieg begann. Der Kontinentalkongress wählte Washington einstimmig zum Führer der Rebellenarmee, und er übernahm das Kommando in Cambridge, Massachusetts, am 3. Juli 1775.

Washingtons Aufgabe schien unmöglich zu bewältigen. 1775 war Großbritannien das mächtigste Land der Welt. Seine gut ausgebildeten Truppen und bezahlten Söldner zählten zu den besten Europas. Gegen eine solche Übermacht konnten die Rebellen durch offene Schlachten kaum gewinnen. Doch Washington rechnete sich aus, dass er die Briten zermürben könnte, indem er keine offenen Schlachten führte. Wie viele Truppen Großbritannien auch in seine rebellischen Kolonien entsandte, die Kolonisten nahmen den Kampf auf. Washingtons Hartnäckigkeit überzeugte Frankreich, Spanien und die Niederlande, als Verbündete der Kolonisten in den Krieg einzutreten. Schließlich gaben die Briten auf. Relativ gesehen forderte diese kriegerische Loslösung bemerkenswert wenige Todesopfer.

Im gesamten Krieg gegen England verlor die patriotische Armee 6824 Soldaten – ein Bruchteil der Opfer, die die Vereinigten Staaten in späteren Kriegen zu beklagen hatten.

Washingtons kluge Armeeführung machte ihn in dem nun unabhängigen Land ungeheuer populär. Aber anstatt nach der Macht zu greifen, zog er sich nach Mount Vernon, seiner Plantage in Virginia zurück. 1789 erklärte sich Washington schließlich bereit, für das Präsidentenamt zu kandidieren, und wurde ohne Gegenstimme gewählt.

Am bedeutendsten an Washingtons Vermächtnis als Präsident war wohl das, was er *nicht* tat. Absichtlich schuf er Vorgaben für zukünftige Präsidenten. Er lehnte pompöse Titel ab und bestand darauf, dass er in einem republikanischen Land nur mit »Mr. President« angesprochen werde. 1796 lehnte er es ab, für eine dritte Amtszeit zu kandidieren, und etablierte damit eine ungeschriebene Regel, die von allen Präsidenten bis 1940 befolgt wurde, als Franklin D. Roosevelt sich um eine dritte Amtszeit bemühte. Als Washington 1799 starb, betrauerten die Amerikaner den Verlust des »Vaters seines Landes«.

Zusatzinformationen

1. Zwölf Präsidenten der Vereinigten Staaten hatten den Rang eines Generals inne. Der Kommandant im Zweiten Weltkrieg, Dwight D. Eisenhower, war der letzte; er war von 1953 bis 1961 Präsident.
2. Als Präsident etablierte Washington viele Fundamente der amerikanischen Regierung. Er unterzeichnete in seiner ersten Amtsperiode Gesetze, die den Dollar zur offiziellen amerikanischen Währung machten, den Ort für die Hauptstadt festlegten und ein Kabinett einsetzten, das den Präsidenten beriet.
3. Washington hielt Sklaverei für unmoralisch, aber er besaß Sklaven und wies es während seines Lebens zurück, sie als Beispiel für andere freizulassen. Doch tat er dies schließlich in seinem Testament.

Anton Tschechow

Anton Tschechow (1860–1904) war einer der großen Meister der Kurzgeschichte und einer der besten Dramatiker. In mehreren als Meilensteine des Theaters geltenden Stücken und zahllosen kleinen Prosameisterwerken gestaltete er beeindruckende literarische Bilder aus dem alltäglichen Leben seiner Figuren. Im Großen und Ganzen sind Tschechows Werke zwar ernst, bewegen sich aber immer wieder auch auf dem schmalen Grat zwischen Komödie und Tragödie.

Tschechow wurde als Sohn einer armen Familie geboren, die sich erst eine Generation vorher aus der Leibeigenschaft freigekauft hatte. Als Medizinstudent in Moskau schrieb Tschechow humoristische Kurzgeschichten und verkaufte Hunderte davon unter mehreren Pseudonymen, um seine Eltern unterstützen zu können. 1884 beendete er sein Studium und begann, als Arzt zu praktizieren, schrieb aber nebenher weiter für Journale und Zeitungen. Als er sich ernsthafteren Stoffen zuwandte und seine ersten Dramen verfasste, wurden auch die Literaturkritiker auf ihn aufmerksam.

Die heute legendäre Petersburger Premiere der *Möwe* (1896) war eine Katastrophe. Das Stück war fälschlicherweise als Komödie angekündigt worden, und als das Publikum zu zischen und zu pfeifen begann, floh Tschechow vor Scham aus dem Theater – eine Erfahrung, die ihn fast dazu gebracht hätte, das Schreiben ganz aufzugeben. Spätere Aufführungen der *Möwe* wurden jedoch gut aufgenommen, und Tschechow konnte einen nächsten Erfolg verbuchen, als er ein früheres mittelmäßiges Stück in den überragenden *Onkel Wanja* (1897) umschrieb. Es folgten *Die drei Schwestern* (1901) und *Der Kirschgarten* (1904), ebenfalls tragikomische Meisterwerke. In den Stücken geht es um Generationskonflikte und andere familiäre Probleme, wobei die dramatische Aktion auf ein Minimum reduziert ist. Die wichtigsten Ereignisse passieren außerhalb der Bühne oder sind schon passiert und werden durch Dialoge übermittelt.

Obwohl Tschechow am bekanntesten für seine Theaterstücke ist, sind auch seine Kurzgeschichten meisterhaft. Sie entfalten sich in einer melancholischen Landschaft scharf beobachteter Wirklichkeit, bevölkert mit Charakteren, die voller Selbstmitleid über die Langeweile und Banalität ihres Lebens sind. Die Handlung der Geschichten ist minimal und irreführend einfach; das Wichtigste ist unter der Oberfläche verborgen. Am Ende gibt es nur eine ansatzweise oder überhaupt keine Lösung. Tschechows mehr als 200 Kurzgeschichten haben wesentlich zur Etablierung des Genres als bedeutende literarische Form beigetragen.

Zusatzinformationen

1. Tschechow arbeitete sogar auf der Höhe seiner schriftstellerischen Karriere weiter als Arzt. Er selbst äußerte dazu: »Die Medizin ist meine angetraute Frau und die Literatur meine Geliebte; wenn ich einer müde bin, verbringe ich die Nacht mit der anderen.«
2. Tschechows Stücke gehörten fast sofort nach ihrer Übersetzung ins Englische in den 1920er Jahren zum Kanon sowohl britischer als auch amerikanischer Theater. Weltweit werden sie noch heute sehr häufig gespielt und genießen große Beliebtheit.
3. Russische Kritiker und Intellektuelle drängten Tschechow oft, politischere Stücke zu schreiben. Er tat es nicht, da er glaubte, dass darunter die Universalität seiner Werke leiden würde.

Romantik

Die Bewegung der Romantik (1750–1850) war zum großen Teil eine Reaktion auf den Klassizismus. Während für die Künstler des Klassizismus die Werte der Aufklärung wie Vernunft, Objektivität, Ordnung und Wissenschaftlichkeit eine große Rolle spielten, fühlten sich die Romantiker zum Reich der Fantasie, Intuition, Subjektivität und des Gefühls hingezogen. Die Romantiker waren inspiriert von dem Enthusiasmus, der die amerikanische Unabhängigkeitsbewegung und die französische Revolution angefacht hatte; für sie waren ein rebellischer Geist und persönliche Freiheit höhere Güter als soziale Konventionen. Beunruhigt vom schnellen Fortschreiten der Industrialisierung, schätzten die Romantiker die Wunder der Natur und die Reinheit einfacherer, primitiverer Kulturen. Im Gegensatz zu den Klassizisten, die die klaren Linien und die Eleganz der griechisch-römischen Kunst bevorzugten, waren die Romantiker fasziniert von der Komplexität gotischer Architektur sowie von dem Mystischen exotischer Kulturen.

In England begann die Welle der Romantik schon um 1749, als der Schriftsteller Horace Walpole beschloss, Strawberry Hill, seine Villa in Twickenham, mit gotischen Motiven zu schmücken. Zu den typischen romantischen Werken der englischen Malerei gehören George Stubbs' *Pferd wird von einem Löwen angefallen* (1763), Henry Fuselis *Der Alptraum* (1781) und William Blakes Illustrationen seiner eigenen Gedichtsammlungen. Ihren Höhepunkt erreichte die englische Romantik in der Malerei von John Constable und Joseph Mallord William Turner. In der Architektur ist ein typisches Beispiel für die romantische Bewegung das 1836 begonnene neogotische Gebäude der *Houses of Parliament,* auch *Palace of Westminster* (Westminster-Palast).

Die französische Romantik wurde stark von den Schriften Jean-Jacques Rousseaus und der französischen Revolutionäre beeinflusst. Wichtige Maler dieser Periode waren in Frankreich unter anderem Antoine-Jean Gros, Théodore Géricault und Eugène Delacroix. Das beste Beispiel französischer romantischer Architektur ist Pierre Vignons Kirche La Madeleine; in ihrer klassizistischen äußeren Form befinden sich drei byzantinische Kuppeln. Solche Verschmelzung verschiedener historischer Stile ist charakteristisch für einen großen Teil der Architektur dieser Epoche.

In Deutschland ist eine für die Bewegung typische Romanfigur der Held aus Johann Wolfgang Goethes Briefroman *Die Leiden des jungen Werther,* der 1774 erschien. Viele der bekanntesten deutschen Schriftsteller, wie z.B. Ludwig Tieck, Novalis, Joseph von Eichendorff und die Brüder August Wilhelm und Friedrich Schlegel, werden zu den Romantikern gezählt. Wichtige Gemälde dieser Zeit sind zum Beispiel Caspar David Friedrichs *Klosterfriedhof im Schnee* (1817–1819) und Philipp Otto Runges *Tageszeiten* (1809).

Der größte spanische Künstler der romantischen Periode war Francisco de Goya.

In den Vereinigten Staaten ist der Stil in den Arbeiten von John Singleton Copley zu finden, dessen Meisterwerk *Watson und der Hai* (1778) vom Überlebenden des Angriffs selbst in Auftrag gegeben wurde.

Kognitive Dissonanz

1957 veröffentlichte Leon Festinger, ein Sozialpsychologe an der Stanford University, sein Buch *Theorie der Kognitiven Dissonanz*, eins der einflussreichsten Werke über menschliches Verhalten überhaupt. Die Theorie ist sehr einfach. Wir alle haben eine Vielfalt an Glaubenseinstellungen, Vorstellungen und Gedanken, die von Wissenschaftlern Kognitionen genannt werden. Die meisten unserer Kognitionen haben nichts miteinander zu tun. Zum Beispiel steht eine Vorliebe für Opern in keinerlei Zusammenhang damit, wer 1980 zum Kanzler gewählt wurde. Hängen jedoch unsere Gedanken und Handlungen zusammen, haben wir das starke Bedürfnis, dass sie in Einklang miteinander stehen. Widersprüche haben einen Zustand der Dissonanz zur Folge, den unser Verstand schlecht ertragen kann. Also muss entweder die mit der Handlung in Konflikt stehende Kognition oder unsere Handlung verändert werden, um unseren Geist wieder in einen ausgeglichenen Zustand zu bringen. Da Gedanken sich leichter ändern lassen als Verhalten, ändern wir wahrscheinlich eher unsere geistige Haltung.

Festinger zieht als Beispiel das Rauchen heran. Jemand, der raucht, erlebt eine kognitive Dissonanz, wenn er etwas über die Gesundheitsrisiken des Rauchens hört. Eine Lösung wäre, das Rauchen aufzugeben. Aber da Verhalten schwer zu verändern ist, wird der Raucher eher seine Ansicht über das Rauchen ändern, um den Stress des Auseinanderklaffens zwischen seiner Handlung und seiner Einstellung zu verringern. Zum Beispiel könnte er sich auf die von ihm wahrgenommenen positiven Gesundheitsaspekte des Rauchens konzentrieren wie zum Beispiel Entspannung und Gewichtsverlust. Er könnte sich selbst sagen: »Wenn ich aufhöre zu rauchen, nehme ich zu, und das ist ebenfalls schlecht für mich.« Oder er könnte die Gefahr des Rauchens mit anderen alltäglichen Risiken wie dem eines Autounfalls vergleichen. Der Raucher könnte denken: »Wenn die Leute sich jeden Tag ohne zu zögern ins Auto setzen, warum sollte ich mir dann Gedanken machen, wenn ich mir eine Zigarette anzünde?« Solche Rationalisierungen erlauben es den Menschen, ihr Verhalten mit ihren Ansichten in Übereinstimmung und so die kognitive Dissonanz gering zu halten.

Zusatzinformationen

1. Die schikanösen Aufnahmerituale in Burschenschaften wirken auf der Grundlage des Prinzips der kognitiven Dissonanz. Forscher haben herausgefunden, dass es einen Zusammenhang zwischen dem Grad der Erniedrigung des Initiationsrituals und dem Zugehörigkeitsgefühl zur Gruppe gibt. Je erniedrigender das Initiationsritual, desto höher die Wahrscheinlichkeit, dass die Neulinge sagen, die Gruppenzugehörigkeit bedeute ihnen sehr viel. Sozialpsychologen nennen dieses Phänomen Aufwandrechtfertigung.
2. Ökonomen schreiben die nachträgliche Reue von Käufern der kognitiven Dissonanz zu.
3. Festinger fand auch heraus, dass Menschen, die fürs Lügen bezahlt werden, die Lügen nicht glauben. Lügen Menschen aber, ohne dafür bezahlt zu werden, glauben sie oft selbst, was sie sagen. Wenn sie also ohne die Rechtfertigung der Bezahlung lügen, erleben sie eine kognitive Dissonanz. Dies führt dazu, dass sie versuchen zu glauben, was sie sagen.

Mozarts Klavierkonzert Nr. 21 und seine Sinfonie Nr. 41

Wolfgang Amadeus Mozart (1756–1791) komponierte in der zweiten Hälfte seiner musikalischen Laufbahn siebzehn Klavierkonzerte, die als die besten Beispiele klassischer Konzertmusik gelten. Viele von ihnen basieren auf einer Kombination aus der üblichen Sonatenform und der Ritornellform – dem Stil, in dem Vivaldi seine Konzerte schrieb. In dieser Struktur wiederholt das Orchester die von den Soloparts gespielten Themen.

Die besondere Form einer Kombination aus Sonate und Ritornell könnte speziell für Klavierkonzerte entwickelt worden sein, um sicherzustellen, dass das Publikum die Melodien auch hört und versteht, denn Klaviere hatten damals noch nicht das gleiche volle Klangvolumen wie heute.

Mozarts Klavierkonzert Nr. 21 gehört zu den bedeutendsten der siebzehn. Es hat im ersten Satz sonnige, heitere Themen, während der mittlere langsame Satz ruhig und anmutig ist und oft auf romantische, gefühlvolle Art interpretiert wird. Im Schlusssatz finden sich viele funkelnde, technisch interessante Passagen.

Mozarts Sinfonie Nr. 41 in C-Dur wird wegen ihres grandiosen ersten Satzes oft auch *Jupiter-Sinfonie* genannt. Sie ist ein Beispiel für Mozarts Fähigkeit, in Sonatenform zu schreiben, ohne deswegen sein besonderes Talent eines vielseitigen Ausdrucks zu opfern. Laute Trompeten und Pauken im Eröffnungssatz verleihen dem Stück etwas Triumphales, und der letzte Satz, der zu einer massiven, von Bach inspirierten Fuge anschwillt, arbeitet mit mindestens sechs verschiedenen Themen, die in einem explosiven Finale zusammenkommen, während die ganze Zeit die Sonatensatzform beibehalten wird.

Das Klavierkonzert Nr. 21 und die Sinfonie Nr. 41 sind beide Höhepunkte der klassischen Musik und der Sonatenform in reifster und eindrucksvollster Vollendung. Musikstücke wie diese waren der Grund für viele Musikwissenschaftler, Mozart als den größten Komponisten anzusehen, der je gelebt hat.

Zusatzinformationen

1. Das Köchelverzeichnis (abgekürzt als KV) wurde 1861 von dem deutschen Musikwissenschaftler Ludwig von Köchel eingeführt, um Mozarts Werke und deren Kompositionsdaten in eine übersichtliche Ordnung zu bringen. Heute fügt man einer Komposition von Mozart meist ihre Köchelverzeichnis-Nummer hinzu. Das Klavierkonzert Nr. 21 trägt die Nummer KV 467, die Sinfonie Nr. 41 die Nummer KV 551.
2. Woher der Name Jupiter-Sinfonie kommt, ist nicht bekannt, aber Mozart selbst hat seine 41. Sinfonie nicht so genannt. Mozarts Sohn behauptete, dass der Name von Peter Salomon stammt, demselben Impresario, der Joseph Haydns Londoner Sinfonien in Auftrag gab.
3. Der langsame, lyrische Satz aus Mozarts Klavierkonzert Nr. 21 wurde für den Soundtrack eines Liebesfilms aus dem Jahr 1967 mit dem Titel *Elvira Madigan* verwandt. Seitdem wird das Konzert oft *Elvira-Madigan*-Konzert genannt – eine sehr unglückliche Bezeichnung für ein solch kraftvolles Werk.

Personale Identität

Erinnern Sie sich an sich selbst als Kind. Trotz vieler qualitativer Unterschiede – Sie sind jetzt älter, größer und vermutlich weiser – sind Sie doch noch immer dasselbe Individuum, das Sie als Kind waren. Ihr »Kind-Ich« und Ihr »Erwachsenen-Ich« sind dieselbe Person. Bezüglich der personalen Identität stellt sich die Frage: Unter welchen Bedingungen ist ein Individuum zu einer Zeit dieselbe Person wie ein Individuum zu einer anderen Zeit? Anders ausgedrückt, welche Veränderungen kann eine Person durchmachen und trotzdem als dieselbe Person weiterexistieren?

Eine mögliche Antwort ist die, dass eine Person einfach ein menschlicher Organismus ist, und solange sie derselbe Organismus bleibt, bleibt sie dieselbe Person.

Aber stellen sie sich folgendes Gedankenexperiment vor: Ein Wissenschaftler entfernt Ihr Gehirn und verpflanzt es in seinen Kopf. Dann entfernt er sein Gehirn und setzt es Ihnen ein. Danach wird er eine der beiden veränderten Personen foltern. Vor der Durchführung der Operation können Sie sich entscheiden: Nur an ihr eigenes Interesse denkend, wen würden Sie lieber foltern lassen – die Person, die Ihren Körper hat und das Gehirn des Wissenschaftlers (A), oder die Person, die den Körper des Wissenschaftlers hat und Ihr Gehirn (B)?

Wenn Sie glauben, dass Sie nur ein Organismus sind, dann sind Sie nach dieser Operation noch immer A. Schließlich ist das Gehirn nur ein Organ, und ein Organismus hört nicht auf zu existieren, nur weil an ihm eine Organtransplantation vorgenommen wurde. Wenn Sie sich also dafür entscheiden, A foltern zu lassen, gehen Sie implizit davon aus, dass Sie kein Organismus sind und Ihre Identität auf andere Art bestimmt ist.

Die Bedeutung dieses Gedankenexperiments besteht in zweierlei: Erstens zeigt es, dass die Natur der Identität nicht leicht zu bestimmen ist. Zunächst sind wir versucht anzunehmen, dass wir nur Organismen sind, aber Gedankenexperimente bringen uns dazu, diese Annahme in Frage zu stellen. Zweitens ist die Frage nach der persönlichen Identität verbunden mit einer weitergehenden Frage nach dem Selbst. Worum geht es uns genau, wenn wir sagen, wir handeln in eigenem Interesse? Das Gedankenexperiment lässt vermuten, dass Eigeninteresse eher mit der Sorge für unsere Erfahrungen und Erinnerungen verbunden ist als mit der für unsere Körper.

Zusatzinformationen

1. Der britische Philosoph John Locke (1632–1704) war der Ansicht, dass eine Person A und eine Person B identisch sind, wenn sie psychisch verbunden sind, und dass dabei das Gedächtnis als zeitliche Verlängerung des Bewusstseins die wichtigste Rolle spielt.
2. Stellen Sie sich vor, Sie werden von einem Apparat zur Teleportation entmaterialisiert und dann auf eine Weltraumstation auf dem Mars gebeamt, wo eine Person zusammengebaut wird, die von Ihnen nicht unterscheidbar ist. Würden Sie diese Methode für eine Langstreckenreise nutzen wollen? Ist die Person, die nach dem Beamen herauskommt, dieselbe, die am Anfang stand?

Katholizismus

Die römisch-katholische Kirche ist mit ca. 1,2 Milliarden Mitgliedern weltweit die zahlenmäßig größte Konfession innerhalb des Christentums. So unterschiedliche Länder wie Italien, Irland, Spanien, die Philippinen, Mexiko und Argentinien sind fast vollständig katholisch.

An der Spitze der katholischen Kirche steht der Papst, der in der Vatikanstadt, dem kleinen unabhängigen Staat innerhalb der Stadtgrenzen Roms, residiert. Von dort aus leitet der Papst, der auch der Bischof von Rom ist und als Nachfolger von Petrus gilt, mit Hilfe seiner Kardinäle die Geschicke der katholischen Kirche. Diese ist in mehr als 2500 Diözesen aufgeteilt, der jeweils ein Bischof vorsteht. Innerhalb der Diözese wird jede Kirchengemeinde von einem Priester oder Diakon geleitet.

Hauptsäule des katholischen Glaubens ist das Praktizieren der folgenden sieben Sakramente:

Taufe: Bedeutet die Vergebung der Erbsünde; der Gläubige wird dabei unter Wasser getaucht oder mit Wasser bespritzt.

Firmung: Eine zweite Bekräftigung des Glaubens für diejenigen, die getauft sind.

Eucharistie: Das symbolische Essen des Leibs Jesu Christi und das Trinken seines Bluts als Wiederholung des Abendmahles. Katholische Lehrmeinung ist, dass Brot und Wein in diesem Ritual tatsächlich zu Fleisch und Blut werden.

Beichte: Bitte um Vergebung der Sünden.

Krankensalbung: Menschen, die vom Tode bedroht sind, werden mit speziellem Öl gesegnet.

Weihe: Das Weiheritual von Bischöfen, Priestern und Diakonen.
Ehe: Anerkennung miteinander Verheirateter als zusammengehörig.

Diese sieben Sakramente sind nach dem Glauben der katholischen Kirche von Jesus Christus der Kirche geschenkt worden, und sie zu praktizieren wird als ein Weg zur Erlösung angesehen. Bei den Katholiken hängt die Erlösung sowohl vom Glauben an Jesus Christus wie auch von guten Werken ab, während sie bei den Protestanten allein vom Glauben abhängig ist. Nachdem die Katholiken durch die Taufe gereinigt wurden, müssen sie also zur Erlangung der Erlösung bei jeder folgenden Sünde um Vergebung bitten.

Die katholische Kirche hat in der Geschichte Europas und auch in anderen Teilen der Welt immer eine große Rolle gespielt. Sie war in Konflikte wie den der Kreuzzüge verwickelt und war ein Repositorium des Wissens während chaotischer Zeiten wie zum Beispiel dem Mittelalter. Die katholischen Päpste und Bischöfe waren in allen Epochen wichtige Mitspieler auf der Bühne der Welt.

Zusatzinformationen

1. Auch für die orthodoxe Kirche stellen die sieben Sakramente einen Grundpfeiler des Glaubens dar. Doch wird hier die Eucharistie nicht als tatsächliches Verzehren von Jesu Christi Körper aufgefasst.
2. Fegefeuer und Hölle, die oft als derselbe Ort angesehen werden, haben im Katholizismus unterschiedliche Bedeutungen. Während die Hölle der ewige Zustand der Verdammnis ist, ist das Fegefeuer der Ort, wo die Verstorbenen auf dem Weg in den Himmel gereinigt werden können, wenn ihnen ihre Sünden noch nicht vergeben worden sind.

Thomas Paine

Thomas Paine (1737–1809) war ein politischer Philosoph und Autor radikaler Streitschriften. Sein berühmtes, 1776 erschienenes Buch *Common Sense* (Gesunder Menschenverstand) überzeugte viele Amerikaner davon, sich der Rebellion gegen die britische Herrschaft anzuschließen. Paine verachtete die britische Monarchie und hielt die Republik für die beste Staatsform. Er war ein lebenslanger Aufwiegler und Propagandist, der von revolutionären Ideen angetan war und sich gegen despotische Regierungen stellte. Paine nahm auch an der Französischen Revolution teil und schrieb das bedeutende Werk *Die Rechte des Menschen*, in dem er die Revolution verteidigte, die König Ludwig XVI. stürzte.

Häufig stieß Paine seine eigenen Mitstreiter vor den Kopf, und sein Leben lang erhielt er nicht viel Dank für seine Mühen. Nachdem er nach Frankreich gezogen war, sprach er sich unerwartet gegen die Exekution des abgesetzten Königs aus. Daraufhin wurde Paine von der revolutionären Regierung, die er selbt unterstützte, gefangen genommen und zum Tode verurteilt. Er entkam der Guillotine durch pures Glück; der Scharfrichter übersah das Kreidezeichen an Paines Zellentür, das bedeutete, dass er geköpft werden sollte. Schließlich kehrte Paine in die Vereinigten Staaten zurück, wo seine zur damaligen Zeit unkonventionellen religiösen Ansichten (z.B. nannte er die Bibel eine märchenhafte Erfindung) ihn zum Außenseiter machten. Paine starb in Armut.

Paines Schreibstil war kompromisslos, aufrührerisch und inspirierend. In *Common Sense* nennt er Georg III. ein »königliches Untier« und die Monarchie ein »Übel«. Paine glaubte, dass die Errichtung einer Republik in Amerika andere leidende Völker in der Welt zum Widerstand anregen würde. »Die Sache Amerikas ist auch die Sache der ganzen Menschheit«, schrieb er. Paines unermüdliche Propagandabemühungen brachten ihm sogar den Respekt seiner Kritiker ein. John Adams, der zweite Präsident der Vereinigten Staaten, der Paine einen »Mischling aus Schwein und Hündchen« nannte, räumte ein, dass »ohne Paines Feder das Schwert Washingtons vergeblich geschwungen worden wäre«.

Zusatzinformationen

1. Zehn Jahre nach Paines Tod wurde seine Leiche von einem Bewunderer exhumiert, der sie in England begraben wollte. Dieses Begräbnis fand aber nie statt, und es bleibt ein Rätsel, was aus Paines Leiche wurde.
2. Paine schrieb *Die Rechte des Menschen* als Reaktion auf Edmund Burke, einen konservativen britischen Staatsmann, der entsetzt über die Französische Revolution war. Paine argumentierte, dass die erbärmlichen Bedingungen der französischen Bauern die Revolution rechtfertigten, und verhöhnte Burkes Aufruf zu gemäßigten, schrittweisen Reformen anstatt einer bewaffneten Revolution.
3. Paine gilt im Allgemeinen als Schöpfer des Namens *Vereinigte Staaten von Amerika* für die dreizehn Kolonien.

Virginia Woolf

Die britische Romanautorin und Kritikerin Virginia Woolf (1882–1941) gehört zu den einflussreichsten Schriftstellern der Bewegung des Modernismus. Zusammen mit James Joyce, William Faulkner und anderen revolutionierte sie den Roman durch radikal neue Erzähltechniken und Inhalte. Woolfs Zugehörigkeit zur intellektuellen Oberschicht Englands machte sie gleichzeitig zu einer bedeutenden Figur der kulturellen Szene.

Virginia Woolf wurde als Adeline Virginia Stephen in London geboren. Ihre Familie gehörte zu den höheren Kreisen. Virginia wurde zu Hause erzogen und las viel in der umfangreichen Bibliothek ihres Vaters, eines in Cambridge unterrichteten Schriftstellers und Herausgebers. Nach dem Tod ihrer Mutter 1895 erlitt sie nervöse Zusammenbrüche und Depressionen, unter denen sie ihr Leben lang leiden sollte. Trotzdem schrieb sie viel, und 1912 heiratete sie Leonard Woolf. 1917 gründete das Paar einen kleinen Verlag, Hogarth Press, um Virginias Bücher und die anderer aktueller Schriftsteller zu produzieren und zu vertreiben.

Die Woolfs gehörten aktiv der liberalen Londoner Intellektuellen-Szene an. Jahrzehntelang trafen sie sich jeden Donnerstagabend im Haus von Virginias Schwester Vanessa in Bloomsbury, einer Wohngegend im Zentrum Londons. Zu den Gästen dort gehörten häufig auch E. M. Forster, Lytton Strachey, John Maynard Keynes, T. S. Eliot und Aldous Huxley. Die Bloomsbury-Gruppe, wie sie bald genannt wurde, diskutierte Fragen der Philosophie, Religion, Politik, Ästhetik, Sexualität und Literatur.

Wie andere Schriftsteller ihrer Zeit, waren Virginia Woolf und die

Mitglieder der Gruppe entsetzt von der sinnlosen Brutalität des Ersten Weltkriegs. Sie hielten die Mittel der realistischen Literatur des neunzehnten Jahrhunderts nicht mehr für geeignet, die Welt zu beschreiben, mit der sie nach dem Krieg konfrontiert waren. Ein gänzlich neuer Bezugsrahmen zur Deutung der veränderten Welt entstand.

Virginia Woolf experimentierte mit der »Stream of consciousness«-Erzählweise – der Darstellung des ununterbrochenen Bewusstseinsstroms einer Person – erstmals in der Erzählung *Mrs Dalloway* (1925). Die einfache Handlung der Geschichte, die einer Frau folgt, während sie eine Abendgesellschaft vorbereitet, ist weniger interessant als das, was derweil im Kopf der Frau vor sich geht. Obwohl die Erzählung sprunghaft in die Köpfe verschiedener Personen wechselt, interagieren diese Personen doch selten auf eine die Handlung vorantreibende Art miteinander.

Woolfs Romane beschäftigen sich auch damit, wie Menschen das Verrinnen der Zeit wahrnehmen, von flüchtigen Momenten zu ganzen Jahrzehnten. Der ausgedehnte erste Teil des Romans *Zum Leuchtturm* (1927) beschäftigt sich in allen Einzelheiten mit einem einzigen Tag; der viel kürzere zweite Abschnitt beschreibt den Verlauf von vielen Jahren auf nur ein paar Seiten. Noch weiter führt Virginia Woolf die Erforschung sowohl der Zeit als auch des Bewusstseinsstroms in *Die Wellen* (1931), eine experimentelle Arbeit, die anhand der Stimmen von sechs befreundeten Personen deren Leben von der Jugend zum hohen Alter folgt.

Zusatzinformation

1. Virginia Woolf konnte schließlich die Last der depressiven Zustände und die Angst davor nicht mehr ertragen. Im März 1941 bereitete sie ihrem Leben selbst ein Ende, indem sie in den Fluss Ouse nahe ihrem Heim Monk's House in Sussex stieg.

Goya

Francisco José de Goya y Lucientes (1746–1828) wurde als Sohn eines Vergolders in Fuendetodos, Spanien, geboren. Er war Hofmaler bei Karl IV. und wurde nicht nur Spaniens erster Künstler der Romantik, sondern auch ein Vorläufer des modernen Expressionismus.

Es gibt unzählige Legenden über Goyas frühes Leben als Stierkämpfer, Gitarrenspieler und Liebhaber der Frauen. 1775 zog er nach Madrid, wo er angestellt wurde, um Entwürfe für die Königliche Teppichmanufaktur Santa Bárbara zu schaffen.

1798 veröffentlichte Goya eine Serie von dreiundachtzig Radierungen mit dem Titel *Caprichos*. Das bekannteste ist Nummer dreiundvierzig, *Der Schlaf der Vernunft gebiert Ungeheuer,* in dem Alpträume darstellende Ungeheuer den Kopf eines Mannes umgeben, der an seinem Schreibtisch eingeschlafen ist. Im selben Jahr ernannte der spanische König Karl IV. Goya zum offiziellen Hofmaler. 1799 beendete Goya das Gemälde *Die Familie Karls IV.*, ein Gruppenporträt, mit dem sich Goya nach Meinung einiger Kritiker über die königliche Familie lustig machte, denn trotz ihrer vornehmen Kleidung erscheint die Familie etwas grotesk und gewöhnlich. Goyas Vorlage für die Komposition war Diego Velázquez' *Las Meninas*. Zwischen 1800 und 1808 malte Goya zwei seiner berühmtesten Werke, *Die nackte Maja* und *Die bekleidete Maja,* die dieselbe junge Frau (Maja ist kein Name, sondern eine spanische Bezeichnung für eine junge Frau) in der gleichen Position darstellen.

Zwei andere Bilder Goyas sind *Der zweite Mai 1808* und *Der dritte*

Mai 1808, deren Thematik mit Napoleons Einmarsch in Spanien 1808 zusammenhängt. Nachdem Napoleon seinen Bruder zum König von Spanien erklärt hatte, versuchten Spanier, die französischen Soldaten zu bekämpfen. Am nächsten Tag erschoss ein französisches Exekutionskommando als Vergeltungsmaßnahme dreißig spanische Zivilisten. Während *Der zweite Mai 1808* die Auseinandersetzung zwischen den Spaniern und den französischen Soldaten zeigt, wird in *Der dritte Mai 1808* dargestellt, wie das Exekutionskommando einen trotzigen, aber ängstlichen Mann erschießt, der seinen Tod mit ausgestreckten Händen erwartet. Sechs Jahre später schenkte Goya die beiden Werke Ferdinand VII., der den Thron wiedergewonnen hatte.

Enttäuscht von der politischen Situation in Spanien, zog sich Goya 1820 in sein Landhaus zurück, dem so genannten *Quinta del Sordo* oder »Haus des tauben Mannes«. (1992 war Goya durch die Nachwirkungen einer Krankheit taub geworden.) Goya bedeckte die Wände seines Hauses mit einer Serie alptraumhafter, so genannter »Schwarzer Bilder«, die seine Verzweiflung und seine fieberhafte Fantasie erkennen lassen. Das vielleicht schrecklichste von ihnen ist *Saturn verschlingt seinen Sohn,* das den Gott der griechischen Mythologie darstellt, wie er in den blutigen Leib eines Kindes beißt.

Nach 1824 schuf Goya keine Bilder mehr. Er ging freiwillig nach Frankreich ins Exil, wo er 1828 in Bordeaux starb. 1899 wurde seine sterbliche Hülle nach Madrid überführt.

Zusatzinformation

1. In dem Gemälde *Der dritte Mai 1808* stehen die französischen Soldaten mit den Rücken zum Betrachter und bilden so eine gesichtslose Mauer, während jeder der Spanier, die ihrem Tod ins Auge sehen, mit einer anderen Emotion dargestellt ist. Goya malte die Opfer verletzlich und menschlich und die Mitglieder des Exekutionskommandos kalt und gefühllos gegenüber dem Schmerz, dessen Verursacher sie sind.

Fortpflanzung

Es gibt im Pflanzen- und Tierreich zwei hauptsächliche Formen der Fortpflanzung: die ungeschlechtliche oder asexuelle und die geschlechtliche oder sexuelle. Eine ist riskanter, die andere aufwändiger.

Bei der ungeschlechtlichen Fortpflanzung ist nur ein Elternteil nötig. Weder für die Partnersuche noch für das Umwerben noch für den eigentlichen Geschlechtsakt müssen Zeit und Energie verwandt werden. Erdbeeren bilden Ableger, Korallen können sich teilen, bei Pappeln können aus abgeworfenen kleinen Zweigen neue Bäume wachsen. Die Nachkommen wachsen aus einem Teil des elterlichen Organismus. Manchmal trennen sich die Nachkömmlinge von diesem ab, manchmal bleiben sie auch ein Leben lang mit den ursprünglichen Organismen verbunden. Zum Beispiel gibt es Erdbeerfelder, die wie ein einziger großer Organismus sind, weil sie durch ein System von Wurzeln und Ranken verbunden sind. Bei der Teilung oder Fragmentation, einer anderen üblichen Form nichtgeschlechtlicher Fortpflanzung, teilt sich ein Elternorganismus in zwei oder mehrere Teile, von denen dann jedes einzelne zu einem neuen Individuum heranwächst. Einige Plattwurmarten zum Beispiel werfen Körpersegmente ab, aus denen neue Würmer werden.

Bei der nichtgeschlechtlichen Fortpflanzung sind die Fortpflanzungsprodukte immer mit dem Elternorganismus identisch. Dies kann ein Nachteil sein, da ohne genetische Verschiedenartigkeit die Population sich schlechter an Veränderungen in ihrer Umwelt anpassen kann. Nichtgeschlechtliche Organismen gedeihen gut in stabiler Umgebung.

Geschlechtliche Fortpflanzung hat den Vorteil größerer Flexibilität. Bei der geschlechtlichen Fortpflanzung tragen zwei Elternteile mit ihren jeweiligen Genen zur Produktion des Nachwuchses bei. Im Allgemeinen befinden sich vom weiblichen und männlichen Teil je die Hälfte der jeweiligen genetischen Ausstattung in einer Keimzelle, beim männlichen Part normalerweise in der Spermie, beim weiblichen Part im Ei. Vereinigen sich Spermie und Eizelle, entsteht ein neuer Organismus, der sich von beiden Elternteilen unterscheidet. Daher kann die geschlechtliche Fortpflanzung schneller eine größere Vielfalt an Eigenschaften in einer Population erzeugen als die nichtgeschlechtliche Fortpflanzung, was in sich verändernden Umgebungen ein großer Vorteil ist. Als Faustregel kann man sagen, dass höhere Organismen sich geschlechtlich fortpflanzen. Sie müssen aber auch viel Energie darauf verwenden, die Keimzellen zu bilden und Partner für die Fortpflanzung zu suchen.

Zusatzinformationen

1. Seesterne pflanzen sich nichtgeschlechtlich durch Regeneration fort. Bricht der Arm eines Seesterns ab, kann der Arm sich zu einem neuen Seestern entwickeln.
2. Manchmal wird der Aufwand geschlechtlicher Fortpflanzung zu groß, und der Organismus greift auf nichtgeschlechtliche Fortpflanzung zurück. Dies könnte beim Löwenzahn passiert sein.
3. Einige Blattläuse und Eidechsen pflanzen sich durch Parthenogenese (Jungfernzeugung) fort, sexuelle Reproduktion ohne Befruchtung durch einen männlichen Partner.

Ludwig van Beethoven

Im Laufe der Zeit wurden Ludwig van Beethoven (1770–1827) viele Rollen zugeschrieben: Er steht für die Brücke zwischen der klassischen und der romantischen Periode, für ein gequältes, leidendes Genie und manchmal sogar für den größten Komponisten aller Zeiten. Aber anders als Bach und Mozart, die man mit letzterem Lob ebenfalls belegt hat, unternahm Beethoven kühne Schritte, um die Konventionen abzustreifen, unter denen sich sein Talent entwickelt hatte. So war sein ganz besonderes Vermächtnis vielleicht, dass er die erste wirkliche musikalische Persönlichkeit der westlichen Musik war. Beethoven brachte sich selbst in jede seiner Kompositionen ein, und er schrieb sich damit in Herz und Kopf eines jeden, der ihn zum ersten Mal hörte.

Beethoven litt als Erwachsener unter einem schmerzhaften Darmleiden, einer geschwollenen Bauchspeicheldrüse und einer Leberzirrhose. Um 1800 ereilte ihn der schlimmste Alptraum jedes Komponisten: Er begann sein Gehör zu verlieren. Anstatt zu verzweifeln, arbeitete Beethoven doppelt so hart und weigerte sich, den Launen seiner Mäzene Vorrang vor seinem eigenen kreativen Drang zu geben. »Was in meinem Herzen ist, muss heraus«, schrieb er in einem Brief, »und so schreibe ich es nieder.«

Beethovens Laufbahn durchlief drei Stadien. In der ersten ähnelt sein Werk einschließlich seiner ersten zwei sehr klassischen Wiener

Sinfonien dem Haydns. Diese erste Phase endet mit seiner Sinfonie Nr. 3 »Eroica« (1804), die er ursprünglich komponierte, um sie Napoleon zu widmen. Mit ihrem triumphalen und wuchtigen Finale erweitert die »Eroica« die Grenzen der klassischen Sinfonie. So etwas hatte man in Wien noch nicht gehört, und in der folgenden Zeit, seiner so genannten »heroischen Periode«, komponierte Beethoven einige seiner Meisterwerke, darunter die Oper Fidelio, einige wunderbare Klavierkonzerte und ein Violinkonzert.

Im letzten Stadium seines Lebens, ab ca. 1810, geriet Beethoven mehr und mehr in Isolation von der Außenwelt. Er fühlte sich einsam, war ständig unglücklich verliebt und tief verzweifelt wegen seines sich verschlechternden physischen Zustands und der zunehmenden Taubheit. 1827 starb er im Kreis von Freunden in Wien.

Zusatzinformationen

1. Beethovens Vater, ein Sänger der Bonner Hofkapelle, war Alkoholiker. Der ruppige und strenge Mann wollte aus seinem Sohn unbedingt ein Wunderkind nach dem Vorbild Mozarts machen und sperrte ihn manchmal stundenlang in sein Zimmer ein, damit er auf dem Cembalo übte.
2. 1802 schrieb Beethoven seinem Bruder einen berühmt gewordenen Brief, der nach dem Ort, in dem er geschrieben wurde, später »Heiligenstädter Testament« genannt wurde. Darin schrieb der Komponist in pathetischen, manchmal abstrusen Worten, dass er in einem ständigen Zustand der Verzweiflung lebte und Selbstmord begehen würde, wenn er nicht seine Liebe zur Musik hätte und das Leben nicht so leidenschaftlich liebte.

Liberalismus

Liberalismus ist eine politisch-philosophische Lehre, bei der Individualität, Gleichheit und Freiheit im Mittelpunkt stehen. Es ist eine normative Theorie, die eher beschreibt, wie die Dinge sein sollten, als wie sie tatsächlich sind, und darstellt, welche Art Regierung oder politisches System ihre Anhänger für richtig halten.

Ein politisches System ist aus Sicht dieser Denkrichtung nur insoweit gerechtfertigt, als es dem Individuum dient. Nach Ansicht der Liberalen haben die Wünsche und Bedürfnisse von Individuen Vorrang vor dem politischen System. Der Sinn des politischen Systems ist es also, dafür zu sorgen, dass die Individuen ihre Wünsche und Bedürfnisse befriedigen können.

Eine andere Forderung der liberalen Theorie ist, dass alle Bürger von der Regierung gleich behandelt werden. Innerhalb liberaler Positionen ist umstritten, ob politische Gleichheit dieser Art mit großen Unterschieden im Wohlstand zu vereinbaren ist. Denker wie John Locke (1632–1704) und Robert Nozick (1938–2002) sprechen dem Menschen ein natürliches Recht auf Eigentum zu – anders ausgedrückt, das Recht auf Eigentum existierte bereits vor jeder Form von Regierung. Daraus schließen sie, dass nur sehr eingeschränkte Verletzungen des vor der Politik existierenden Rechts auf Eigentum gerechtfertigt sind. Andere Theoretiker wie John Rawls (1921–2002) argumentieren, dass es keine wahre Gleichheit geben kann, wenn es große Unterschiede im Wohlstand der Menschen gibt.

Die dritte wichtige Forderung der politischen Philosophie des Liberalismus ist, dass die Regierung die Freiheit ihrer Bürger bewahren muss. Nach Ansicht der Anhänger des Liberalismus ist die Regierung ein Instrument zur Sicherung der Güter, auf die das Individuum ein Anrecht hat. Dazu gehört auch, dass Menschen Freiheiten haben, die vom politischen System unabhängig sind, und dass das System diese Freiheiten nicht ohne Grund verletzen darf. Allerdings gibt es deutliche Unterschiede zwischen Liberalen in der Auffassung, was eine unangemessene Verletzung von Freiheit darstellen würde.

Zusatzinformationen

1. Neben der Tradition des politischen Liberalismus gibt es die Meinung, dass die Gruppe oder Nation selbst Rechte hat, die beachtet werden müssen. Gemäß dieser Theorie muss unter bestimmten Umständen das Wohl des Individuums hinter dem Wohl der Gruppe zurückstehen.
2. Der politisch-philosophische Liberalismus ist nicht dasselbe wie politischer Liberalismus. Eine Partei, die sich liberal nennt, kann diese Philosophie als Grundlage haben, aber auch andere Parteien werden umgangssprachlich häufig als liberal bezeichnet.

Orthodoxe Kirche

Die orthodoxe Kirche löste sich während der großen Kirchenspaltung 1054 von der römisch-katholischen Kirche ab.

Die christliche Kirche hatte schon lange den besonderen Status der Bischöfe in Alexandrien, Antiochia, Konstantinopel, Jerusalem und natürlich Rom anerkannt. Der Bischof von Rom, der Nachfolger des heiligen Petrus, stand über allen anderen. Trotzdem begannen im Laufe der Zeit die östlichen Regionen des Christentums, sich über Verschiedenheiten in Bezug auf Sprache, Politik und liturgische Bräuche von Rom zu entfernen.

In der Mitte des elften Jahrhunderts war die Beziehung so weit zerfallen, dass es zum Bruch kam. Während die beiden Seiten ohne große Aussicht auf Erfolg mitten in Verhandlungen standen, starb Papst Leo IX., und ein Machtkampf brach aus. Die westliche Kirche exkommunizierte den Führer der östlichen Kirche, den Patriarchen Cerularius, und führte damit die Loslösung herbei, die sich in der Folgezeit als irreparabel erwies.

Die östliche Kirche nahm den Beinamen orthodox an (von dem griechischen Wort für richtig, geradlinig), um auf ihr striktes Festhalten an den ursprünglichen Traditionen des Christentums hinzuweisen. In der östlichen Kirche gab es eine stärkere Tradition mündlicher Überlieferung, so dass sie weniger auf den geschriebenen Text der Bibel angewiesen war.

In der östlichen Kirche gilt der Glaube, dass der Mensch ursprünglich gut war, dann der Versuchung zum Opfer fiel und so böse wurde. Daher war jeder, der vor Jesu Christi Geburt gestorben war, in die Hölle gekommen. Doch das Erscheinen Jesu Christi auf der Erde, der gleichzeitig Mensch und Gott verkörperte, eröffnete den Menschen den Weg zum Aufstieg in den Himmel. Dies wiederum beförderte auch all jene, die in der Vergangenheit verdammt gewesen waren, in den Himmel. Die orthodoxe Kirche vertritt den Standpunkt, dass nur Gott entscheidet, wer gerettet wird und wer nicht. Und der beste Weg, um Gott zu Gefallen zu sein, ist die Befolgung der orthodoxen Traditionen, die bis zu Jesus zurückverfolgt werden können.

Anders als Katholiken dürfen die Priester der orthodoxen Kirche heiraten, solange sie es vor der Ordination tun. Es wird sogar die Ansicht vertreten, dass Priester, die eine Gemeinde führen, verheiratet sein sollten, da sie verheiratete Paare beraten müssen.

Heute ist die orthodoxe Kirche dezentralisiert. Jede nationale Kirche (die größte ist die griechische) hat einen Patriarchen, und jeder dieser Patriarchen hat gleich große Macht. Obwohl also sowohl die römisch-katholische als auch die orthodoxe Kirche ihre Wurzeln im frühen Christentum haben, hat sich im zweiten Jahrtausend die östliche orthodoxe Kirche deutlich von ihrem westlichen Vetter entfernt.

Zusatzinformationen

1. Manchmal wird der Begriff griechisch-orthodox für alle östlichen orthodoxen Kirchen und nicht nur für die griechische Nationalkirche verwendet.
2. In der orthodoxen Kirchentradition wird das Fasten oft gefordert, um dem perfekten Zustand von Adam und Eva nachzueifern, die sich, bevor sie der Versuchung anheimfielen, nur von Früchten aus dem Paradiesgarten ernährten. Fasten gilt als ein Privileg.

Die Französische Revolution

Bevor die französische Monarchie 1789 gestürzt wurde, war sie zunehmend korrupt und habgierig geworden, was die Verbitterung und den Hass der niedrigen und mittleren Schichten anfachte. Während die französischen Bauern hungerten, lebte die Aristokratie in üppigem Luxus. Als der Königin Marie Antoinette mitgeteilt wurde, dass ihre Untertanen kein Brot zu essen hätten, soll sie angeblich geantwortet haben: »Dann sollen sie Kuchen essen.«

Zu jener Zeit wurden Gefangene in der Bastille untergebracht, einem gefürchteten Gefängnis mitten in Paris. Die Revolution begann am 14. Juli 1789 mit der Erstürmung der Bastille, um die Gefangenen zu befreien. Die Revolutionäre wollten die französische Gesellschaft von Grund auf verändern, und sie waren gewillt, dafür auch Gewalt anzuwenden. Angefeuert durch die Ideale der Aufklärung – Freiheit, Gleichheit und Brüderlichkeit – war ihr Ziel, die Erbmonarchie abzuschaffen und die Macht der Kirche zu brechen. Es wurde sogar kurzfristig ein neuer Kalender eingeführt, der auf einem stärker rationalistischen Prinzip beruhte.

Doch die Revolution versank in Gewalt und Anarchie. In nur wenigen Jahren fanden Tausende Männer und Frauen den Tod durch die Guillotine. Diese Todesart hielten die aufgeklärten Revolutionsführer für eine weniger schmerzhafte und modernere Art, Kriminelle zu enthaupten, als durch das Schwert. Die erste Guillotine war blutrot angemalt, vier Meter hoch und stand auf einem Platz im Herzen von Paris. Ein Cembalobauer hatte das grausige Gerät in der französischen Hauptstadt in aller Eile für 960 Francs gebaut.

Natürlich waren die meisten Menschen, die durch die Guillotine starben, keine Kriminellen, sondern politische Gegner des Regimes. Tausende starben während der Schreckensherrschaft, die dem Sturz König Ludwigs XVI. folgte, im Jahr 1793 schließlich auch der König selbst und die Königin Marie Antoinette.

Der Sieg radikaler Aufrührer über Europas mächtigste und von vielen bewunderte Monarchie war für den ganzen Kontinent ein schwerer Schock. Das Zeitalter der absoluten Monarchie war vorüber.

Zusatzinformationen

1. Vor der Revolution hatten nur Adlige das »Privileg«, durch Köpfen hingerichtet zu werden. Gewöhnliche Bürger wurden gehängt.
2. Der britische Denker Edmund Burke (1729–1797) vertrat die Meinung, dass die Revolution zu blutig verlief, um auf irgendeine Art gerechtfertigt werden zu können, selbst wenn die Monarchie noch so korrupt war. Seine Schrift *Über die Französische Revolution. Betrachtungen und Abhandlungen* (1790) ist eins der Dokumente, die den heutigen Konservatismus begründeten.
3. Die französische Nationalhymne »La Marseillaise« wurde 1792 von einem Offizier der Revolution aus Marseille geschrieben. Der blutrünstige Text ruft die Franzosen auf: »Vorwärts, marschieren wir! Damit unreines Blut unserer Äcker Furchen tränke!« Das hielt die Beatles nicht davon ab, eine Aufnahme der Hymne in den ersten paar Takten ihres 1967 entstandenen Liedes »All You Need Is Love« zu verwenden.

Moby Dick

Herman Melvilles *Moby Dick* (1851) ist unbestritten einer der Giganten der amerikanischen Literatur. Noch immer spielt der Roman in der westlichen Kultur eine große Rolle, und wahrscheinlich kennen die meisten die Grundzüge der Geschichte, auch wenn sicher nur wenige sie von vorne bis hinten gelesen haben. Doch obwohl das Werk einen großen Teil dazu beigetragen hat, den Stellenwert der amerikanischen Literatur weltweit zu fördern, fand er beim Publikum bei seinem Erscheinen keinen besonderen Anklang und wurde nur als ein Buch unter den vielen anderen angesehen, die Herman Melville (1819–1891) geschrieben hatte.

Der Erzähler der Geschichte, Ismael, beschließt während einer Lebenskrise, auf einem Walschiff anzuheuern. Er reist zum Walfangzentrum New Bedford in Massachusetts und findet Arbeit auf einem Schiff namens *Pequod*. Ismael erfährt, dass dem rätselhaften und verschlossenen Schiffskapitän Ahab ein Bein fehlt, das ihm ein weißer Pottwal, genannt Moby Dick, ausgerissen hat. Ahab taucht erst auf Deck auf, als die *Pequod* schon weit draußen auf See ist. Dann verkündet er seiner Mannschaft, dass das einzige Ziel dieser Expedition sei, Moby Dick zu jagen und zu töten, wo immer er sich in den Weiten des Ozeans auch befinden mag.

Ahabs besessene Suche treibt die *Pequod* Tausende von Meilen über das Meer, um die Südspitze Afrikas herum und in Richtung Südostasien. Trotz zahlreicher unguter Zeichen bleibt Ahab unbeirrt und zwanghaft bei seinem Rachestreben und verteidigt sein Tun mit biblischen Worten: *»Schlingernd halt ich auf dich zu, o Wal, der du alles vernichtest und doch nichts besiegst; bis zum Letzten ring ich mit* *dir, aus dem Herzen der Hölle stech ich nach dir, dem Hass zu liebe spei' ich meinen letzten Hauch nach dir.«*

Schließlich trifft die *Pequod* in den Gewässern des Pazifiks auf Moby Dick. In dem folgenden, monumentalen Kampf zerstört der Wal das Schiff, Ahab wird getötet und die gesamte Mannschaft bis auf Ismael in die Tiefen der See hinabgezogen.

Moby Dick enthält zahlreiche philosophische Überlegungen zu Themen wie dem Schicksal oder der Einsamkeit des Ozeans und Bezüge zur Bibel und zur Mythologie. Der weiße Wal selbst ist eins der großen rätselhaften Symbole der Literatur, und Theorien darüber, was er darstellt, sind höchst unterschiedlich. Für Ahab ist er die Verkörperung alles Bösen auf der Welt, und daher hält er es für seine existenzielle Pflicht, ihn zu jagen und das Böse zu besiegen.

Ismael versucht, den Wal zu verstehen, indem er ihn Stück für Stück betrachtet; einzelne Kapitel beschäftigen sich mit dem Kopf des Wals, seinem Atemloch und so weiter. Doch trotz dieser Bemühungen findet Ismael, dass das gewaltige und unergründbare Wesen dieser Kreatur weder vom menschlichen Geist noch vom geschriebenen Wort erfasst werden kann. Daher gibt es auch die Ansicht, dass der weiße Wal für Gott steht und an das unvermeidbare Verhängnis gemahnen soll, das jeden ereilt, der so hochmütig ist, das Unkontrollierbare kontrollieren, das nicht zu Verstehende verstehen zu wollen.

Zusatzinformationen

1. Vor der chilenischen Küste wurde lange Zeit ein Albinopottwal gesichtet, der Mocha Dick genannt wurde und für seine Wildheit bekannt war. In den 1830er Jahren wurde er schließlich gefangen. Melville ließ sich von dieser Geschichte inspirieren, warum er den Namen des Wals verändert hat, ist nicht bekannt.
2. Mitglieder der *RAF (Rote Armee Fraktion)* zählten *Moby Dick* zu ihren Lieblingsbüchern und benannten sich intern nach den Romanfiguren.

William Turner

Der größte englische Maler der Romantik, Joseph Mallord William Turner (1775–1851) ist am bekanntesten für seine dramatische Landschaftsmalerei und seine Darstellungen der Mächte der Natur.

Turner wurde in Chelsea geboren, heute ein Stadtteil Londons. Sein Vater, ein Barbier, erkannte und förderte schon früh die künstlerische Neigung seines Sohns, und 1789 begann Turner an der angesehenen Royal Academy of Arts in London zu lernen, wo im folgenden Jahr sein erstes Aquarell ausgestellt wurde. 1796 stellte Turner sein erstes Ölgemälde, *Fischer auf See*, aus.

1804 eröffnete Turner seine eigene Galerie, aber er präsentierte seine Bilder auch weiterhin in der Akademie. Fast dreißig Jahre – von 1808 bis 1837 – lehrte er dort auch das perspektivische Malen.

Turner reiste viel, sowohl in Großbritannien als auch im Ausland. Nachdem er Wales, Yorkshire und den Lake District besucht hatte, fuhr er in die Schweiz und dann von 1802 bis 1803 nach Frankreich, wo er die Bilder im Louvre studierte. Während seiner Reisen lernte Turner, im Stil verschiedener alter Meister wie Tizian, Canaletto und Claude Lorrain zu malen. Eine Reise nach Italien im Jahre 1819 hatte große Auswirkungen auf seine Verwendung von Licht und Farbe. Bis 1822 hatte sich Turner in seinem Heimatland einen Ruf als geachteter Maler erworben, und der englische König Georg IV. erteilte ihm den Auftrag, die *Schlacht von Trafalgar* zu malen.

Turner war inspiriert von den Naturschilderungen englischer romantischer Dichtung, und er selbst stellte die Natur mit großer Ehrfurcht dar. Häufig finden sich auf seinen Bildern Gedichtzeilen, manchmal aus seinen eigenen Gedichten. Turner schuf auch Illustrationen für die Werke Lord Byrons, Sir Walter Scotts und Samuel Rogers'.

Doch obwohl er an der Royal Academy unterrichtete, hatte Turner nicht nur Bewunderer. Seine Kritiker bemängelten, dass er die Grenzen dessen, was in der Kunst akzeptabel sei, überschritt. Einen zuverlässigen Verbündeten fand Turner in dem Kunstkritiker John Ruskin, der ihn in seinem berühmten, 1843 veröffentlichten Buch über Landschaftsmalerei, *Moderne Maler*, verteidigte.

Heute gilt Turner als ein wichtiger Vorläufer zukünftiger Kunstrichtungen wie des Impressionismus und des abstrakten Expressionismus. Ein Flügel in der berühmten Galerie *Tate Britain* in London ist ausschließlich dem Werk William Turners gewidmet. 1984 wurde der *Turner Prize* ins Leben gerufen, ein Kunstpreis, der die Leistung herausragender moderner Künstler würdigt.

Zusatzinformation

1. 1840 malte Turner das Bild, das viele für sein bestes Werk halten: *Das Sklavenschiff*. Es beruhte auf einem tatsächlichen Ereignis, das Thomas Clarkson in seinem Buch *The History of the Aboliton of the Slave Trade (Geschichte der Abschaffung des Sklavenhandels*, 1808) berichtete. Ein Schiffskapitän hatte kranke und sterbende Sklaven in den Ozean geworfen, nachdem er erkannte, dass er nur für Sklaven entschädigt werden würde, die auf See verloren gegangen waren, nicht aber für solche, die an Bord des Schiffes gestorben waren.

Stammzellen

Wissenschaftler hoffen, dass Stammzellen ein Schlüssel zur Heilung einiger heute noch nicht heilbarer Krankheiten sein könnten – dazu gehören zum Beispiel die Parkinson-Krankheit, Alzheimer, Diabetes und Krebs. Bei ihnen allen spielt zerstörtes Gewebe eine Rolle, das repariert oder geheilt werden müsste. Stammzellen haben die einzigartige Fähigkeit, sich in andere spezialisierte Zellen entwickeln zu können. Sie können sich auch über lange Zeiträume teilen und gleichzeitig wieder erneuern. Könnte man also zum Beispiel Stammzellen in eine Hirnregion einpflanzen, die durch die Parkinson-Krankheit zerstört wurde, dann könnten die Zellen vielleicht die von der Krankheit beschädigten Neuronen ersetzen.

Es gibt zwei grundsätzlich verschiedene Arten von Stammzellen: embryonale Stammzellen und adulte Stammzellen. Embryonale Stammzellen sind pluripotent, das heißt, sie können sich in alle Zelltypen des Körpers entwickeln. Sie stammen normalerweise von befruchteten Eiern, die nach einer Behandlung gegen Unfruchtbarkeit übrig bleiben. Ist ein Ei befruchtet, beginnt es, sich zu teilen. Ungefähr nach fünf Tagen ist das Ei zu einer Ansammlung von etwa 150 Zellen angewachsen; in diesem Stadium wird es Blastozyste genannt. Die inneren Zellen der Blastozyste sind pluripotente Stammzellen. Über die Verwendung menschlicher embryonaler Stammzellen weiß man nur wenig. Erst 1998 wurden zum ersten Mal embryonale Stammzellen in Laborversuchen verwandt, und aus ethischen Gründen gibt es rigide gesetzliche Einschränkungen für die Forschung mit menschlichen embryonalen Stammzellen.

Adulte Stammzellen werden in der Wissenschaft seit mehr als dreißig Jahren für therapeutische Zwecke eingesetzt. Man findet adulte Stammzellen an vielen Stellen des Körpers – zum Beispiel in der Haut, dem Gehirn und im Knochenmark –, aber sie sind nicht so vielseitig verwendbar wie embryonale Stammzellen. Adulte Stammzellen sind multipotent, das heißt, sie können nur eine eng verwandte Familie von Zellen ausbilden. Knochenmarkzellen zum Beispiel können nur Knochenzellen, Knorpelzellen und Fettzellen bilden. Aber anders als bei embryonalen Stammzellen, die von einer Quelle außerhalb des Kranken kommen müssen, sind adulte Stammzellen oft dem Körper des Kranken entnommen. Damit wird es unwahrscheinlicher, dass das Immunsystem des Patienten sie abstößt.

Zusatzinformationen

1. Auch Haarfollikel enthalten Stammzellen, und einige Wissenschaftler sind der Meinung, dass sich aus ihnen vielleicht ein Mittel gegen Haarausfall entwickeln ließe.
2. Adulte Stammzellen von Knochenmark werden seit den 1970er Jahren zur Behandlung von Leukämie und Lymphomen eingesetzt.
3. Mit der Verwendung von Stammzellen ist es Wissenschaftlern gelungen, fehlende Zähne bei Mäusen zu regenerieren.

Beethovens Sinfonie Nr. 9

1792 begann Ludwig van Beethoven (1770–1827), bei Franz Joseph Haydn zu studieren, und später dann bei Antonio Salieri. Beethoven war ein ungestümer, ziemlich arroganter Schüler, der für seine leidenschaftlichen Klavierimprovisationen bekannt war. Viele Fachleute sind der Meinung, dass Beethoven schließlich zu einem reifen Komponisten wurde, als er lernte, seine Begeisterung und Liebe zur Musik mit der Logik der klassischen Formen zu verbinden.

Beethovens striktes Festhalten an den klassischen Konventionen endete 1810, als für ihn eine Phase tiefer Verzweiflung und Isolation begann, Folge seiner Krankheiten, seines zunehmenden Gehörverlusts und seiner Einsamkeit. 1814 spielte er zum letzten Mal öffentlich auf dem Klavier, und ab 1819 konnte jegliche Unterhaltung mit dem großen Komponisten nur noch mittels schriftlicher Notizen stattfinden.

In dieser geistigen Verfassung schrieb Beethoven 1824, am Ende seines Lebens, seine Sinfonie Nr. 9. Sie ist eine glänzende Demonstration seiner bewundernswerten Kreativität und wurde doch geschrieben, als der Komponist schon völlig taub war – ein letzter Beweis seiner Liebe zur Musik und seiner großartigen künstlerischen Fähigkeit.

Die 9. Sinfonie hat vier Sätze und dauert über eine Stunde. Sie beginnt mit einem dramatischen Eröffnungssatz, der sich lose an die klassische Form anlehnt. Es folgt ein beschwingter, rastloser Scherzosatz. Der dritte ist ein langsamer Adagiosatz – ein langer, zarter, ergreifender Moment der Ruhe, bevor der Sturm des Finales losbricht.

Der Finalsatz ist eins der größten Finale aller Zeiten, und er ist unverkennbar. Hier wird zum ersten Mal in einer Sinfonie zusammen mit dem Orchester ein großer Chor eingesetzt. Wenn der Chor den Refrain der »Ode an die Freude« anstimmt, der eine ekstatische Hymne an das Leben ist, beginnt die Musik, ihrem brausenden, euphorischen Höhepunkt entgegenzustreben.

Zusatzinformationen

1. Der Text der im letzten Satz gesungenen »Ode an die Freude«, die die Zeilen enthält »Freude, schöner Götterfunken, Tochter aus Elysium, wir betreten feuertrunken, Himmlische, dein Heiligtum…«, stammt aus einem 1785 geschriebenen Gedicht Friedrich Schillers.
2. Beethoven starb nicht lange nach der Vollendung seiner neunten Sinfonie. Der Legende nach tobte zu seiner Todesstunde in Wien ein Gewitter, und während Beethoven bewusstlos im Bett lag, blitzte es. Im selben Moment richtete Beethoven sich auf, schüttelte die Faust gen Himmel und fiel tot zurück in die Kissen.

Gesellschaftsvertrag

Der Gesellschaftsvertrag ist ein Konzept der politischen Philosophie, in dem es um Ursprung und Legitimität politischer Systeme geht.

Hinter der Idee eines Gesellschaftsvertrags steht die Vorstellung, dass an irgendeinem hypothetischen Punkt in der Vergangenheit die Menschen keine Regierung und keine Gesetze hatten. Um nun ihre physische Sicherheit zu gewährleisten und die Bedingungen für Wohlstand zu schaffen, trafen diese ursprünglich existierenden Menschen eine Vereinbarung. Im Austausch für Stabilität und Sicherheit durch erlassene und eingehaltene Gesetze trat der Einzelne einige seiner ursprünglichen Freiheiten an eine Regierung ab.

Der erste moderne Theoretiker, der über den Gesellschaftsvertrag schrieb, war der englische Philosoph Thomas Hobbes (1588–1679). In seinem Buch *Leviathan* (1651) beschreibt er das Leben vor der Existenz einer Regierung – er nennt es den »Naturzustand« – als »einsam, armselig, scheußlich, tierisch und kurz«. Daher, so folgert er, war die einzige vernünftige Möglichkeit für die Menschen, einen Gesellschaftsvertrag zu schließen, in dem sie die Autorität einem Herrscher überschrieben. Hobbes zufolge war der Naturzustand für den Menschen so schlecht, dass ihm ein Zustand unter einem Herrscher auf jeden Fall vorzuziehen war, wie tyrannisch oder eigenmächtig dieser auch sein mochte. Daher gesteht Hobbes den Menschen auch nicht das Recht zur Rebellion zu. Außerdem muss nach Ansicht Hobbes' dem Souverän absolute, bedingungslose Macht gewährt werden, ohne Gewaltenteilung oder Kontrolle.

Der englische Philosoph John Locke (1632–1704) vertrat die Ansicht, dass der Gesellschaftsvertrag mehr beinhalten müsse als nur den Schutz der physischen Sicherheit des Menschen. Auch die Rechte des Individuums auf Leben, Freiheit und Besitz sollten respektiert werden. Wenn die durch den Gesellschaftsvertrag eingesetzte politische Autorität diese Rechte verletzte, hätten die Bürger nach Locke das Recht, den Vertrag für ungültig zu erklären und zu rebellieren. Ein weiterer wichtiger Theoretiker, der sich mit dem Gesellschaftsvertrag befasste, war der französische Philosoph Jean-Jacques Rousseau (1712–1778).

Zusatzinformationen

1. Der deutsche Philosoph Immanuel Kant (1724–1804) vertrat die Meinung, dass die höchsten Leistungen der menschlichen Natur durch ein Leben in einem staatsbürgerlichen Zustand ermöglicht würden. Daher ist der Mensch nach Kant verpflichtet, den Naturzustand zu verlassen und einen Gesellschaftsvertrag zu schließen.
2. Rousseaus politische Ideen übten einen großen Einfluss auf die Französische Revolution aus.

Protestantische Reformation

Im frühen sechzehnten Jahrhundert, als viele Menschen in Europa unzufrieden mit der römisch-katholischen Kirche waren, löste Martin Luther die protestantische Reformationsbewegung aus.

Martin Luther, ein deutscher Professor und Priester, studierte religiöse Texte in aller Ausführlichkeit. Was er als Erstes an der Kirche kritisierte, war die Praxis des Sündenerlasses. Zur damaligen Zeit war es üblich geworden, dass die Kirche den Gläubigen versicherte, wenn sie der Kirche Geld spendeten, würden ihnen ihre Sünden erlassen – der so genannte Ablasshandel. Luther widersprach der Vorstellung, dass man sich seine Erlösung erkaufen könne, und wandte ein, dass ein solches Konzept mit dem, was in der Bibel stehe, nicht vereinbar sei.

1517 schlug Luther seine berühmten fünfundneunzig Thesen an die Kirchentür zu Wittenberg, in denen er die katholische Kirche herausforderte und sowohl die Rechtmäßigkeit der Macht des Papstes in Frage stellte als auch die Praxis des Ablasshandels kritisierte. Nach Luthers Ansicht hatte die Kirche ihre ursprüngliche Glaubenslehre aus den Augen verloren, nämlich diejenige, die direkt aus der Bibel stammte, und hatte einen unnötigen Keil zwischen die Geistlichen und die Kirchengänger getrieben.

Die Veröffentlichung der fünfundneunzig Thesen entzündete eine heftige Debatte, die sich schnell im restlichen Deutschland, in der Schweiz, Österreich, England und Schottland ausbreitete. Andere kirchenkritische Schriften, unter anderem die Johannes Calvins, verstärkten in der europäischen Bevölkerung die Unzufriedenheit mit der katholischen Kirche.

Nach und nach kristallisierten sich im Verlauf des Diskussionsprozesses die Grundlagen der protestantischen Religion heraus. Im Herzen dieses reformierten Glaubens stand, dass die einzige religiöse Autorität die Bibel selbst und nicht der Papst ist. Diese Lehre wiederum revolutionierte die Struktur der Kirche und betonte die Möglichkeit des Einzelnen, direkter zu Gott in Beziehung zu treten, ohne Priester als Vermittler.

Die sich von der katholischen Kirche abspaltenden Christen teilten sich schließlich in mehrere Untergruppen wie die Lutheraner, die Calvinisten und die Täufer. Die Katholiken setzten sich gegen die Kritik und gegen die Abspaltung mit einer Gegenreformation zur Wehr, die den römisch-katholischen konservativen Standpunkt bekräftigte und noch verstärkte.

Zusatzinformationen

1. Als Martin Luther zweiundzwanzig Jahre alt war, befand er sich während eines Gewitters auf dem Rückweg von einer Reise nach Hause. Direkt neben ihm schlug ein Blitz mit solcher Wucht ein, dass Luther zu Boden geschleudert wurde. »Hilf, Heilige Anna! Ich will Mönch werden!«, rief er aus, gab bald darauf sein Jurastudium auf und ging ins Kloster.
2. Die Verbreitung der protestantischen Reformation wurde noch befördert, als König Heinrich VIII. von England sich 1529 von der römisch-katholischen Kirche lossagte. Der König ernannte sich selbst zum Oberhaupt der englischen Kirche; nun konnte er sich von seiner Frau Katharina scheiden lassen, wozu der Papst ihm vorher die Erlaubnis verweigert hatte.
3. Obwohl es keinen Beweis dafür gibt, dass Luther die fünfundneunzig Thesen an die Kirchentür nagelte, halten viele Experten es für wahrscheinlich. Zur damaligen Zeit nutzte man die Kirchentüren von Universitäten etwa so wie heute Anschlagtafeln.

Thomas Jefferson

»Gewalt kann Recht nicht ändern.« Thomas Jefferson

Thomas Jefferson (1743–1826) war der dritte Präsident der Vereinigten Staaten und einer der einflussreichsten Männer der amerikanischen Unabhängigkeitsbewegung. In seinen Schriften, unter anderem der Unabhängigkeitserklärung von 1776, formulierte er enthusiastisch und eloquent die Ideale der jungen Republik. Als Präsident überwand Jefferson seine verfassungsrechtlichen Bedenken und setzte sich für den Kauf des damaligen Louisiana-Gebiets von Frankreich ein, womit das Territorium der Vereinigten Staaten sich verdoppelte. Der Kaufpreis betrug etwa sieben Dollar pro Quadratkilometer.

Jefferson wurde 1743 in Shadwell, Virginia geboren. Vor dem Unabhängigkeitskrieg praktizierte er als Anwalt. Seine Interessen beschränkten sich nicht auf Politik, er war auch als Architekt und Erfinder tätig. Starken Einfluss auf seine politischen Ansichten hatte seine Ausbildung am *College of William and Mary,* wo er staatsphilosophische Werke unter anderem von John Locke studierte.

1776 gehörte Jefferson dem Kontinentalkongress in Philadelphia an, der die führenden Bürger der dreizehn unzufriedenen Kolonien zusammenbrachte. Hohe Steuern und Repressionen des Mutterlandes hatten dazu geführt, dass die Delegierten für die Unabhängigkeit von der Britischen Krone eintraten. Die Führer der Versammlung beauftragten den dreiunddreißigjährigen Jefferson, zusammen mit John Adams und Benjamin Franklin eine formelle Erklärung aufzusetzen, die nach England geschickt werden sollte. Das Ergebnis war die Unabhängigkeitserklärung, eine vehemente Lossagung von der britischen Regierung, die Anleihen bei Locke und anderen Staatsphilosophen machte.

Durch was für eine Regierung sollte die britische aber nun ersetzt werden? Jefferson, ein Farmer und Sklavenbesitzer aus dem Süden, stellte sich eine Republik freier Bauern in einem föderalen Staat mit einer nicht zu mächtigen Zentralregierung und einer strikten Trennung von Staat und Kirche vor. Jeffersons Vision blieb für Generationen von Politikern von großem Einfluss. Doch obwohl Jefferson der Zentralregierung nicht allzu viel Macht einräumen wollte, befürwortete er als Präsident den Kauf von Louisiana; darin sehen viele Verfassungsrechtler ein Überschreiten seiner Regierungskompetenzen.

Nach dem Ende seiner Präsidentschaft zog sich Jefferson in sein Haus auf dem Landgut Monticello zurück, wo er am 4. Juli 1826 starb, auf den Tag fünfzig Jahre, nachdem seine Unabhängigkeitserklärung als Fanfare zum Kampf gegen die britische Herrschaft erklungen war.

Zusatzinformationen

1. Eine riesige Büste Jeffersons ist neben denen Theodore Roosevelts, George Washingtons und Abraham Lincolns in den Berg Mount Rushmore in Süddakota eingehauen.
2. Jefferson und Adams waren politische Gegner, die zweimal gegeneinander zur Präsidentschaftswahl antraten. Nachdem sie sich von der Politik zurückgezogen hatten, wurden sie jedoch Freunde. Adams starb am selben Tag wie Jefferson.
3. Auch wenn Jefferson oft äußerte, dass die Sklaverei moralisch unrecht sei, besaß er wie viele andere amerikanische Gründerväter selbst Sklaven. Kürzliche DNA-Untersuchungen haben nachgewiesen, dass er der Vater der Kinder einer seiner Sklavinnen, Sally Hemings, war.

»Der unbegangene Weg«

In einem gelben Wald, da lief die Straße auseinander,
und ich, betrübt, dass ich, ein Wandrer bleibend, nicht
die beiden Wege gehen konnte, stand
und sah dem einen nach so weit es ging:
bis dorthin, wo er sich im Unterholz verlor.

Und schlug den andern ein, nicht minder schön als jener,
und schritt damit auf dem vielleicht, der höher galt,
denn er war grasig und er wollt begangen sein,
obgleich, was dies betraf, die dort zu gehen pflegten,
sie beide, den und jenen, gleich begangen hatten.

Und beide lagen sie an jenem Morgen gleicherweise
voll Laubes, das kein Schritt noch schwarzgetreten hatte.
Oh, für ein andermal hob ich mir jenen ersten auf!
Doch wissend, wie's mit Wegen ist, wie Weg zu Weg führt,
erschien mir zweifelhaft, dass ich je wiederkommen würde.

Dies alles sage ich, mit einem Ach darin, dereinst
und irgendwo nach Jahr und Jahr und Jahr:
Im Wald, da war ein Weg, der Weg lief auseinander,
und ich – ich schlug den einen ein, den weniger begangnen,
und dieses war der ganze Unterschied.

Wohl kein amerikanisches Gedicht ist so oft zitiert und doch so häufig falsch interpretiert worden wie Robert Frosts *Der unbegangene Weg (The Road Not Taken,* 1916). Meistens wird es als ein rosiges Testament des Glaubens an den freien Willen gesehen und als inspirierender Aufruf, der Konvention zu trotzen und den »weniger begangenen« Weg einzuschlagen. Bei genauerem Lesen jedoch enthüllt sich die in dem Gedicht enthaltene ironische Resignation, für die Frost so berühmt ist.

Am häufigsten übersehen wird bei diesem Gedicht, dass der Sprecher die Entscheidung für einen der beiden Wege völlig willkürlich trifft. Als er seine Wahl beschreibt, betont er mehrmals, dass die beiden Wegen im Wesentlichen gleich sind. So entscheidet er sich aus einer bloßen Laune heraus für einen der beiden Wege.

Die letzte Strophe enthält den für Frost so typischen ironischen Humor. Der Sprecher gibt zu, dass »nach Jahr und Jahr und Jahr« er wahrscheinlich diese Geschichte »mit einem Ach darin« erzählen und dann behaupten wird, dass er mutig den unkonventionellen Weg gewählt habe. Doch diese Behauptung wäre falsch. Der Sprecher hat uns ja gerade erzählt, dass seine Wahl völlig beliebig war, da es gar keinen »weniger begangnen« Weg gab. Frost weist damit auf die menschliche Neigung hin, sich selbst größer zu machen, die Ungewissheiten des Lebens nachträglich zu beschönigen, sich damit zu trösten, dass das Leben eine Serie bewusster, begründeter Entscheidungen zwischen guten und weniger guten Alternativen sei. Dagegen vertritt Frost aber gerade den Standpunkt, dass wir in Wirklichkeit oft gar nicht die Möglichkeit haben, zu wissen, welches der bessere Weg im Leben ist, und dass unsere Entscheidungen genauso häufig auf rein zufälligen, unbegründeten Mutmaßungen beruhen.

Zusatzinformationen

1. Frost war sehr wohl bewusst, dass die meisten Leser das Gedicht »Der unbegangene Weg« falsch interpretierten. In einem berühmten Brief warnte er seine Leserschaft: »Sie müssen mit diesem vorsichtig sein. Es ist ein vertracktes Gedicht, sehr vertrackt.«
2. Frosts Laufbahn begann für einen Lyriker bemerkenswert spät. Sein erster veröffentlichter Gedichtband *A Boy's Will* (1913) erschien erst, als Frost fast vierzig war. Frost wurde 1874 geboren und starb 1963.

Impressionismus

Der Impressionismus nahm seinen Anfang in den 1870er Jahren in Frankreich. Die Impressionisten wollten den visuellen Eindruck (französisch: impression), den etwas auf das menschliche Auge macht, wiedergeben. Vor allem waren sie interessiert daran, wie sich das Licht veränderte und dadurch die optische Wahrnehmung der Dinge durch den Menschen beeinflusste.

Anders als vorherige Künstler, die ihre Themen aus der Geschichte oder Mythologie entlehnten, malten die Impressionisten die alltägliche Welt um sie her. Sie waren die ersten Maler, die ständig draußen arbeiteten. Da sie schnell malen mussten, um die Wirkung des Lichts auf einem Objekt einzufangen, machten sie vorher keine Skizzen und planten ihre Bilder nicht sorgfältig im Voraus, sondern arbeiteten direkt nach der Natur. Das Gemalte hatte keine scharfen Konturen, sondern wurde mit lockeren Pinselstrichen auf die Leinwand geworfen. Anstatt Farben auf der Palette zu mischen, tupften die Impressionisten lieber reine Farben dicht nebeneinander direkt auf die Leinwand. Von nahem erschienen die Farben unterschiedlich, aus der Entfernung jedoch vermischte sich ihr Eindruck zu neuen Farben.

Die Erfindung der Fotografie übte einen großen Einfluss auf den Impressionismus aus. Wie die Fotografen waren die Impressionisten fasziniert von Optik, Licht und Farben. Und beide wollten die Welt so darstellen, wie sie dem Auge tatsächlich erscheint.

Auch wenn schon frühere Künstler wie zum Beispiel William Turner (1775–1851) großes Interesse an den Eigenschaften des Lichts gehabt hatten, werden die Wurzeln des Impressionismus eher im Naturalismus und einem seiner Hauptvertreter in Frankreich, Édouard Manet (1832–1883), gesehen. Wie seine impressionistischen Freunde (mit denen er aber nie zusammen ausstellte) bevorzugte Manet alltägliche Themen und eine lockere Pinselführung und wagte es ebenso, die Konventionen der offiziellen, vom Staat geförderten Académie des Beaux-Arts zu missachten.

Als die Impressionisten 1874 zu der jährlich stattfindenden Ausstellung im *Salon des Artistes* nicht zugelassen wurden, organisierten sie ihre eigene Ausstellung. Zu der Gruppe gehörten Größen wie Claude Monet, Auguste Renoir, Edgar Degas und Alfred Sisley. Einem Bild Monets mit dem Titel *Impression: Sonnenaufgang* (1872) entnahm Louis Leroy – ein den Impressionisten feindlich gesinnter Kritiker – den ursprünglich abwertend gemeinten Begriff *Impressionisten* für die Künstler. Die Gruppe organisierte insgesamt acht gemeinsame Ausstellungen, die letzte 1886.

Zusatzinformation

1. Da die Impressionisten sehr schnell arbeiteten und oft ein Bild an einem einzigen Tag fertigstellten, produzierten sie sehr viel mehr Bilder als frühere Künstler, die oft Wochen allein auf die Vorbereitung einer Komposition verwandten. Heute hängen Hunderte impressionistischer Bilder in der ganzen Welt, sowohl in Museen als auch in Privatsammlungen. Besonders bekannt für ihre impressionistischen Sammlungen sind das Musée d'Orsay in Paris, das Art Institute of Chicago und die Barnes Foundation in Philadelphia, USA.

Das elektromagnetische Spektrum

Das elektromagnetische Spektrum beschreibt die vollständige Bandbreite elektromagnetischer Strahlung im Universum. Anders als in der Umgangssprache wird in der Physik die gesamte elektromagnetische Strahlung auch mit dem Begriff Licht bezeichnet, während der für unser Auge wahrnehmbare Teil der elektromagnetischen Strahlung sichtbares Licht genannt wird. Jede Form elektromagnetischer Strahlung besteht aus Photonen, winzigen masselosen Päckchen Energie, die sich in Wellen durch das Vakuum des Weltraums bewegen. Photonen bewegen sich im Vakuum immer mit derselben Geschwindigkeit, nämlich mit 299 792 458 Metern pro Sekunde. Allerdings unterscheiden sich ihre Wellenlängen. Hat ein Photon eine kürzere Wellenlänge und bewegt sich häufiger hin und her, hat es eine höhere Energie. In dieser Beziehung kann man ein Photon mit einem Fußballspieler vergleichen, der ein Feld entlangrennt, um einen Ball zu bekommen. Egal wie, er muss rechtzeitig am Ziel sein. Kann er einigermaßen geradeaus rennen, erreicht er sein Ziel mit relativ wenig Energieaufwand. Muss er viel im Zickzack laufen, wendet er mehr Energie auf.

Radiowellen sind elektromagnetische Wellen mit langer Wellenlänge, niedriger Frequenz und wenig Energie. Ihre Wellenlänge liegt zwischen einem und hundert Metern. Weil sie eine so niedrige Energie haben, interagieren sie selten in irgendeiner greifbaren Form mit Materie.

Sichtbares Licht hat eine kürzere Wellenlänge und eine höhere Frequenz als Radiowellen. Es nimmt innerhalb des elektromagnetischen Spektrums nur einen kleinen Bereich ein, aber in diesem Bereich senden Sonne und Sterne den größten Teil ihrer Strahlung aus. So ist es wohl kein Zufall, dass unsere Augen wie zwei genau auf diesen Bereich eingestellte Antennen sind. Die Farben des Regenbogens – rot, orange, gelb, grün, blau, indigo und violett – befinden sich in diesem winzigen Spektrum. Ultraviolettes Licht kommt im elektromagnetischen Spektrum gleich nach violett, aber wir können es nicht mehr sehen. Es hat eine höhere Energie und Frequenz als das für uns sichtbare Licht und kann unsere Augen und unsere Haut schädigen, wenn wir sie dieser Art Licht zu lange aussetzen.

Zusatzinformationen

1. Gammastrahlen sind die Form elektromagnetischer Strahlung mit der meisten Energie. Sie werden bei einem radioaktiven Prozess vom Atomkern freigesetzt. Theoretisch können sie eine unendlich kurze Wellenlänge haben.
2. Mikrowellenstrahlung liegt innerhalb des elektromagnetischen Spektrums zwischen Radiowellen und sichtbarem Licht. Außer zum Erwärmen von Essen wird diese Strahlung auch für drahtlose Internetübertragung genutzt.
3. Obwohl der Ton sich auch in Wellen fortpflanzt, unterscheidet sich seine Übertragungsform von der des Lichts; Ton kann sich zum Bespiel nicht im Vakuum ausbreiten. Daher gibt es im Weltall keinen Ton.
4. Die meisten Substanzen auf der Erdoberfläche absorbieren ultraviolettes Licht, Schnee jedoch reflektiert es. Dies ist die Ursache der Schneeblindheit.

Musik der Romantik

Die Gefühlsbetontheit der Epoche der romantischen Musik im neunzehnten Jahrhundert stellte ebenso wie in der Literatur, der Kunst und dem Denken jener Zeit eine Reaktion auf die vorhergehende klassische Periode dar, die von kühler Logik und Vernunft beherrscht wurde. Während die Musik Mozarts und Haydns angenehm, inspirierend und ausbalanciert sein sollte, legten Romantiker wie Hector Berlioz, Johannes Brahms und Gustav Mahler größeres Gewicht auf persönlichen, emotionalen Ausdruck. Die Romantiker wandten sich auch häufig in bewundernder Hochachtung der Vergangenheit, der Mythologie, der Magie, dem Mystizismus und dem Heldentum zu. Ihre großen Komponisten Beethoven, Schubert und Wagner ehrten sie als Genies, die bei ihnen Kultstatus genossen.

In der romantischen Musik wurde der Melodie eine besonders große Bedeutung beigemessen – oft in einem solchen Maße, dass die formalen Strukturen geopfert wurden, damit die Melodie sich frei und natürlich entfalten konnte. Die Sinfonie war das bedeutendste Musikgenre der romantischen Musik, und viele Komponisten schufen außer ihren sinfonischen Werken nur wenige Musikstücke. Diese Sinfonien waren länger als zuvor, die Orchester wurden erweitert, und die Musik war sehr gefühlvoll, oft theatralisch, pompös, wuchtig.

Die Opern Richard Wagners (1813–1883) befassten sich mit nordischer und mittelalterlicher Mythologie, und ihre Musik verlangte von den Sängern einen eindrucksvollen Stimmumfang, Ausdauer und viel Kraft. Die Komponisten begannen, von ihren Instrumentalisten eine fast unmögliche Virtuosität zu fordern; das ging so weit, dass nur wenige Solisten in der Welt – manchmal nur der Komponist selbst – in der Lage waren, die Stücke zu spielen.

Der Hauptkritikpunkt gegenüber mancher Musik der Romantik ist, dass ihre Komponisten in der Darstellung von Gefühlen zu subjektiv waren und in Bezug auf den Ausdruck der Emotion keine Grenzen mehr kannten. Doch wurden im neunzehnten Jahrhundert eine große Anzahl bleibender Werke geschaffen, und während dieser Zeit entstanden auch die einflussreichen italienischen und deutschen Opernstile.

Zusatzinformationen

1. Die Anzahl von Musikstücken, die die Komponisten schrieben, verringerte sich im Vergleich zur klassischen Epoche, aber die Länge der Stücke nahm zu. Wagners Ring des Nibelungen, ein Zyklus aus vier Opern, dauert insgesamt länger als fünfzehn Stunden.
2. Auch die Größe der Musikensembles nahm zu. Gustav Mahlers achte Sinfonie, auch unter dem Namen *Sinfonie der Tausend* bekannt, verlangte ein erweitertes Orchester, zwei große gemischte Chöre, einen Knabenchor, drei Solosoprane, zwei Altsolisten und einen Tenor-, Bariton- und Basssolisten.
3. Die Komponisten der Romantik hatten nicht unbedingt den Hintergrund an musikalischer Ausbildung, der die klassischen Genies geformt hatte. Hector Berlioz zum Beispiel konnte nicht Klavier spielen und hatte nie ein akademisches Musikstudium absolviert; dennoch schrieb er einige hochangesehene Musikstücke.

George Berkeley

George Berkeley (1685–1753) wurde in Kilkenny in Irland geboren. Nachdem er als Priester der Kirche von England tätig gewesen war, verbrachte er von 1728 bis 1731 drei Jahre in Newport, Rhode Island, einem Bundesstaat im Norden der Ostküste der Vereinigten Staaten. Dort wartete er auf die ihm zugesagte staatliche Unterstützung aus England, um eine Mission auf den Bermudainseln zu errichten. Als die Unterstützung ausblieb, kehrte Berkeley schließlich nach England zurück, wo er zum Bischof von Cloyne in Irland ernannt wurde.

Berkeleys philosophische Position ist durch Idealismus und Theismus gekennzeichnet. Für Berkeley bedeutete Idealismus, dass es keine materiellen Körper gibt, sondern nur den Geist und seine Ideen oder Gedanken. Wenn wir also etwas wahrnehmen, nehmen wir kein von uns unabhängiges Objekt wahr, sondern nur unsere eigenen Ideen davon. Nichts kann existieren, es sei denn, es ist Geist oder von einem Geist gedacht. Berkeleys Hauptargument für den Idealismus war das folgende: Versuchen Sie sich etwas Materielles vorzustellen, zum Beispiel einen Baum, der von keinem wahrgenommen wird und an den keiner denkt. Das ist tatsächlich unmöglich, denn in dem Moment, in dem Sie sich den Baum vorstellen, denken Sie ja schon daran, und daher denkt sich jemand den Baum. Einen Baum, der von niemandem gedacht wird, gibt es also nicht.

In Berkeleys Idealismus spielt auch Gott eine wichtige Rolle. Für Idealisten gibt es im Allgemeinen ein Dilemma: Wenn unsere Erfahrungen alle nur ein Produkt unserer Wahrnehmung sind und nicht auf von uns unabhängigen Gegenständen beruhen, warum sind diese Gegenstände dann so beständig? Berkeley begründete dies damit, dass es Gott ist, der bewirkt, dass wir Erfahrungen machen, die im Großen und Ganzen übereinstimmen. Durch Gott kann man erklären, dass unsere Wahrnehmungen und Erfahrungen so gleichmäßig und so gesetzesmäßig sind.

Auch wenn Berkeley ein eifriger Verfechter von Gottes Existenz war, hat er sich nicht auf Autorität, religiöse Schriften oder einfach den Glauben berufen. Er versuchte zu beweisen, dass der Glaube an Gott aus rein philosophischen Gründen gerechtfertigt sei.

Konstantin I.

Der römische Kaiser Konstantin I. (ca. 275–337), von christlichen Historikern später Konstantin der Große genannt, schuf die Voraussetzungen dafür, dass sich die christliche Religion ohne Einschränkungen in ganz Europa ausbreiten konnte.

Als Konstantin 306 n. Chr. Kaiser wurde, war das Christentum eine offiziell nicht gebilligte Religion. Wie in Rom üblich, glaubte auch Konstantin, dass Leiden nur zu vermeiden seien, indem man die Götter besänftigte. Er fürchtete, dass die Weigerung der Christen, Idole anzubeten, den Zorn der römischen Götter nach sich ziehen könnte. Daher wurden die Christen nicht in die Regierung aufgenommen und von der römischen Armee unterdrückt.

Doch nachdem Konstantin 312 durch den Sieg in der Schlacht auf der Milvischen Brücke das Latein sprechende westliche römische Reich vereinigt hatte, änderte sich seine Haltung gegenüber dem Christentum. Als er sich darauf vorbereitete, in die Schlacht zu ziehen, sah er angeblich das griechische Monogramm Jesu Christi im Himmel und daneben die Inschrift »Unter diesem Zeichen siege«. Konstantin nahm daraufhin das Christusmonogramm in das Wappen auf den Schildern seiner Soldaten auf. Nachdem die Römer siegreich aus der Schlacht hervorgegangen waren, leitete Konstantin eine Wende in der Stellung des Christentums im römischen Reich ein.

313 erließ Konstantin zusammen mit Licinius, dem Kaiser des griechisch sprechenden römischen Reiches, das Edikt von Mailand, auch als Toleranzedikt von Mailand bekannt. Das Edikt stellte die christliche Kirche den anderen Religionsgemeinschaften rechtlich gleich. Es erkannte das Recht der Christen an, ihre Religion auszuüben,

schrieb vor, konfisziertes christliches Eigentum zurückzugeben, und erlaubte den Christen, öffentlich zu predigen, was die Ausbreitung der Religion beschleunigte. Auch der Sonntag als ein Tag der Andacht wurde in dem Edikt festgelegt. So stand den Christen nun auch die Teilnahme am sozialen und politischen Leben offen.

Während der Regierungszeit Konstantins I. wurden die Geburtskirche in Bethlehem und die Grabeskirche in Jerusalem gebaut. Angeblich konvertierte Kaiser Konstantin selbst zum Christentum, als er im Sterben lag.

Zusatzinformationen

1. Erst im späten vierten Jahrhundert wurde das Christentum unter Kaiser Theodosius I. zur Staatsreligion des römischen Kaiserreiches.
2. Konstantin förderte das Konzil von Nicäa, das 325 das Bekenntnis von Nicäa herausgab, das mit folgenden Worten beginnt: »Wir glauben an einen Gott, den Vater, den Allmächtigen, den Schöpfer alles Sichtbaren und Unsichtbaren. Und an den einen Herrn Jesus Christus, den Sohn Gottes.«

Napoleon Bonaparte

In Frankreich war das Jahrzehnt nach der Revolution von 1789 geprägt durch innere Instabilität und Krieg. Napoleon (1769–1821) schaffte es im Alter von nur dreißig Jahren, mit fester Hand wieder Ruhe ins Land zu bringen, und 1804 krönte er sich selbst zum Kaiser. Als Frankreichs oberster Führer war er von Anfang an eine außergewöhnliche Figur. Er stammte aus Korsika und konnte bis zum Alter von neun Jahren kein Französisch sprechen, sondern nur Korsisch. Aber als junger Armeeoffizier stand er an der Seite der Revolutionäre und gewann das Vertrauen derjenigen, die nach der Enthauptung des Königs an die Macht kamen. Eine Reihe militärischer Siege in Italien und Österreich in den 1790er Jahren machte Napoleon bei den Franzosen beliebt, und als er schließlich selbst die Macht ergriff, gab es dagegen praktisch keine Opposition.

Unter Napoleon verfolgte Frankreich eine aggressive Außenpolitik und exportierte seine Revolution in den übrigen Kontinent. Eine nach der anderen wurden die alten Monarchien Europas gestürzt. Die Franzosen meinten, dass ihre großen Revolutionsideale – Freiheit, Gleichheit, Brüderlichkeit – universelle Gültigkeit hätten und wenn nötig auch mit Gewalt verbreitet werden sollten. Tatsächlich begrüßten viele Bürger in Europa Napoleons Truppen als Befreier von der Tyrannei ihrer Könige und Königinnen. Als Napoleons Armee in Deutschland einmarschierte, widmete Ludwig van Beethoven, ein früher Bewunderer Napoleons, dem jungen Kaiser seine dritte Sinfonie.

Napoleon erneuerte die Gesetze in Frankreich und übertrug sie

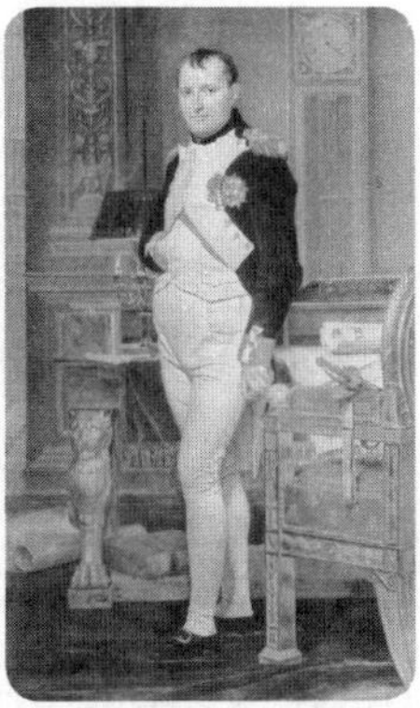

auf die von ihm eroberten europäischen Gebiete. Der so genannte Code Napoléon, in dem die bürgerlichen Rechte festgelegt waren, bildet bis zum heutigen Tag die Grundlage für die Rechtssysteme eines großen Teils von Europa.

Nach Napoleons gescheitertem Einmarsch in Russland 1812 begann das von ihm angestrebte französische Reich zu zerfallen. Eine internationale Koalition, zu der unter anderem Großbritannien, Russland, Spanien und Österreich gehörten, besiegte den französischen Kaiser 1813 und zwang ihn zum Rücktritt. Danach gelang es Napoleon noch einmal, für kurze Zeit die Macht zu übernehmen, doch 1815 wurde er in der Schlacht von Waterloo endgültig besiegt. Um diese Zeit war bereits viel von dem Glorienschein, der Napoleon umgeben hatte, erloschen. Napoleon hatte Schätze aus ganz Europa als Kriegsbeute nach Frankreich bringen lassen. Viele der wertvollen Ausstellungsstücke, die heute im Louvre in Paris zu sehen sind, darunter Kunstwerke aus Deutschland und dem Vatikan, wurden von Napoleons Truppen geraubt. An Ende hinterließ Napoleon auf dem ganzen europäischen Kontinent nur desillusionierte Anhänger.

Zusatzinformationen

1. Nach Napoleons Niederlage bei Waterloo wurde er ins Exil nach St. Helena geschickt. Die winzige Insel im Südatlantik wurde zu der Zeit von den Briten kontrolliert.
2. Entgegen der Legende war Napoleon nicht besonders klein. Mit 1,68 m war er nur geringfügig kleiner als der Durchschnittsfranzose jener Zeit. Es waren die Engländer, die behaupteten, dass Napoleon nur 1,57 m groß war.

Der scharlachrote Buchstabe

Der scharlachrote Buchstabe (1850) ist das bekannteste Werk des amerikanischen Schriftstellers Nathaniel Hawthorne (1804–1864). Wie viele von Hawthornes Geschichten behandelt auch diese soziale und moralische Fragen vor dem Hintergrund Neuenglands zur Kolonialzeit. Die häufige Verwendung von Symbolik macht den Roman zu einem ausgezeichneten Beispiel allegorischer Literatur.

Die Heldin der Geschichte ist Hester Prynne, eine junge Frau, die im puritanischen Boston der 1600er Jahre lebt. In England war sie mit einem älteren Mann verheiratet gewesen, der ihr aber nicht wie versprochen in die Neue Welt gefolgt ist. Sie vermutet, dass sein Schiff auf der Reise untergegangen ist. In Boston wird Hester schwanger, weil sie sich auf eine Affäre mit dem Priester Arthur Dimmesdale eingelassen hat, und bekommt eine Tochter namens Pearl.

Hester weigert sich, den Namen des Kindesvaters zu nennen, obwohl die strengen puritanischen Stadtväter sie dazu drängen. Als Folge wird sie geächtet und gezwungen, ein deutlich sichtbares Symbol für ihren Ehebruch zu tragen – ein scharlachrotes A, das auf ein auffälliges Stück Goldstoff gestickt ist. Trotz ihrer sozialen Isolation und ihres mühevollen Lebens zieht Hester ihre Tochter Pearl liebevoll auf, gibt sich nicht der Verzweiflung hin und hegt keine bösen Gefühle gegen den Rest der Gemeinschaft. Die Situation spitzt sich zu, als sowohl die Identität von Hesters Ehemann, der doch noch am Leben ist, und die des Vaters ihres Kindes bekannt werden.

Als Nachkomme einer der ersten puritanischen Familien von Salem, Massachusetts, war sich Hawthorne deutlich bewusst, dass der strenge Lebensstil und der unduldsame Moralkodex der Puritaner oft mehr Schaden als Gutes anrichteten. Ein direkter Vorfahre von Hawthorne war John Hathorne, einer der Richter, die fast zwanzig Menschen in den berüchtigten Salemer Hexenprozessen von 1692 zum Tode verurteilten. Es ist daher nicht überraschend, dass in *Der scharlachrote Buchstabe* die puritanischen Führer mit ihrer gefühllosen Strenge gegenüber Hesters anmutigem und freundlichem Wesen und ihrer Selbstlosigkeit schlecht wegkommen.

Der Roman ist voller Symbolik und Allegorien. Viele der Symbole sind sehr offensichtlich und leicht zu verstehen, wodurch der Roman bei Englischlehrern beliebt geworden ist, um ihren Schülern eine Einführung in die literarische Analyse zu geben. Eine besondere Vorliebe hatte Hawthorne dafür, seine Charaktere durch ihre Namen zu kennzeichnen. Und der scharlachrote Buchstabe selbst ist das komplexeste Symbol der Geschichte, anfangs ein Zeichen für Hesters Schande und Ausgestoßensein, doch zum Schluss ein Sinnbild ihrer Stärke und Integrität.

Zusatzinformationen

1. Hawthorne wurde als Nathaniel Hathorne geboren und fügte seinem Namen das W hinzu, als er begann, seine Schriften zu veröffentlichen.
2. Einer von Hawthornes engsten Freunden auf dem Bowdoin College war Franklin Pierce, der später der vierzehnte Präsident der Vereinigten Staaten wurde.

Whistlers Mutter

Das berühmteste Bild des amerikanischen Malers James McNeill Whistler (1834–1903) wurde vom Künstler selbst *Arrangement in Grau und Schwarz: Porträt der Mutter des Künstlers* genannt; später wurde es im englischen Sprachraum als *Whistler's Mother* bekannt und zum Symbolbild für die Mutter schlechthin.

Whistler wurde in Lowell, Massachusetts geboren. Ab 1943 verbrachte er sechs Jahre in Sankt Petersburg, wo sein Vater als Eisenbahningenieur arbeitete. Nach dem Tod des Vaters kehrte die Familie nach Amerika zurück. Dort begann Whistler 1851 eine Ausbildung an der United States Military Academy in West Point, die er jedoch drei Jahre später abbrechen musste, angeblich weil er ein Chemie-Examen nicht bestanden hatte. Danach arbeitete er kurze Zeit für den United States Coast and Geodetic Survey, wo er als US-Marine-Kartograph die Technik der Radierung lernte. Schließlich beschloss er 1855, Künstler zu werden, und ging für immer nach Europa, zunächst nach Paris, später nach London.

1871 hielt sich Whistlers Mutter Anna Matilda McNeill Whistler in London auf, wo ihr Sohn ihr Porträt angeblich deswegen zu malen begann, weil sein eigentliches Modell nicht zum verabredeten Termin erschienen war. Das Werk wurde 1872 in der Royal Academy in London ausgestellt. Der eigentliche Titel *Arrangement in Grau und Schwarz: Porträt der Mutter des Künstlers* weist schon darauf hin, dass für den Maler die formalen Elemente der Komposition im Vordergrund standen und nicht die dargestellte Person. Er selbst bemerkte dazu: »Für mich ist es natürlich als Bild meiner Mutter interessant; aber warum sollte sich die Öffentlichkeit um die Identität

eines Porträts scheren?... So wie Musik die Poesie des Klangs ist, so ist Malerei die Poesie des Sehens, und der Gegenstand hat mit der Harmonie des Klangs und der Farbe nichts zu tun.«

In dem Porträt trägt Anna ein einfaches schwarzes Kleid und eine weiße Kappe mit durchscheinenden, herabhängenden Bändern. Whistler verwandte unterschiedliche Arten des Pinselstrichs, um verschiedene Oberflächenbeschaffenheiten innerhalb der Komposition darzustellen. Ursprünglich hatte er seine Mutter stehend porträtieren wollen, doch weil ihr das zu beschwerlich war, wählte er eine andere Komposition. Annas düstere Kleidung war ein Zeichen der Trauer; seit ihr Ehemann 1849 in Moskau gestorben war, trug sie nur noch Schwarz.

Das Gemälde wurde 1883 in Paris ausgestellt und 1890 von der französischen Regierung gekauft. Zunächst hing es im Musée du Luxembourg, dann im Louvre. Heute befindet es sich im Musée d'Orsay in Paris.

Zusatzinformationen

1. *Whistlers Mutter* war 1934 zu Ehren der Mütter der Vereinigten Staaten auf einer amerikanischen Briefmarke abgebildet.
2. Das Bild war Vorlage für viele Karikaturen, unter anderem mit Barbie und Ronald Reagan als Mutter.
3. Whistler arbeitete gerne auf Leinwänden aus rauem Material, damit überschüssige Farbe besser herablaufen konnte.

Tag-Nacht-Rhythmus

Alle Lebewesen haben eine eingebaute biologische Uhr, die Wachheit und Schlaf, Stoffwechsel, Herzschlag, Blutdruck und Körpertemperatur kontrolliert. Das Muster unserer täglichen biologischen Funktionen ist eingestellt auf einen so genannten zirkadianen Rhythmus, das heißt einen Zyklus von vierundzwanzig Stunden. Wenn wir von unserem üblichen Rhythmus nur ein paar Stunden abweichen, spüren wir die Wirkungen sofort. Reisende, die lange Strecken in westlicher oder östlicher Richtung fliegen, leiden oft unter Hitzewallungen oder starkem Frösteln, haben Magenschmerzen oder Kopfschmerzen oder fühlen sich matt und gereizt. Der so genannte Jetlag ist die Folge davon, dass wir den natürlichen Rhythmus unseres Körpers durcheinanderbringen.

Bei Säugetieren befindet sich diese »innere Uhr« im suprachiasmatischen Nukleus (SCN), einer Neuronenansammlung im Hypothalamus, einem Teil des Gehirns, der unter anderem Körpertemperatur, Flüssigkeitstransport, Hunger und Hormonproduktion steuert. Der SCN ist mit der Netzhaut des Auges verbunden, von der er die Information über Licht erhält. Ist es draußen dunkel, löst der SCN die Freisetzung von Melatonin aus, einem Hormon, das schläfrig macht. Ist es draußen hell, verhindert der SCN die Melatoninproduktion. Aber das Gehirn arbeitet langsam beim Anpassen an neue Umgebungen. Es kann zwar den allmählichen Wechsel der Jahreszeiten bewältigen, ist aber nicht dafür gemacht, mit dem plötzlichen Wechsel einer Zeitzone klarzukommen. Dies ist die Ursache für den Jetlag.

Im Winter reagiert der SCN auf die längere Dunkelheit, indem er das Melatonin in zwei Phasen produziert, einmal am Anfang der Nacht und einmal gegen Ende der Nacht. Das bewirkt bei vielen Menschen, dass sie im Winter mitten in der Nacht aufwachen, auch wenn sie selten Lust haben, das Bett zu verlassen. Das Ergebnis ist, dass sie länger brauchen, um genug Schlaf zu bekommen. Dies könnte die Methode der Natur sein, uns länger in den Federn zu halten, wenn es draußen kalt ist.

Wenn der SCN aufgrund von Krankheit oder eines Unfalls ausgeschaltet ist, haben die entsprechenden Menschen überhaupt keinen Wach-Schlaf-Zyklus mehr. Ist der SCN gesund, funktioniert der Körper sogar ohne Licht zunächst noch in einem Rhythmus. Bei Tieren und Menschen wechseln sich weiterhin Wachen und Schlafen in Zeitblöcken ab, allerdings in einem Zyklus von fünfundzwanzig Stunden. Dies weist nach Meinung von Wissenschaftlern darauf hin, dass der SCN in Bezug auf den Rhythmus von Wachen und Schlafen nicht nur von Reizen aus der Außenwelt abhängig ist.

Zusatzinformationen

1. Das Wort *zirkadian* kommt aus dem Lateinischen und bedeutet »ungefähr ein Tag«.
2. Am besten schlafen wir, wenn unsere Körpertemperatur am niedrigsten ist – in den frühen Morgenstunden. Zwischen 6.00 und 8.00 Uhr beginnt unsere Körpertemperatur anzusteigen.
3. Körperstärke und Schmerztoleranz sind am Nachmittag auf ihrem Höhepunkt.
4. Die Wahrscheinlichkeit von Herzinfarkten ist morgens am größten.

Franz Schubert

Beim Begräbnis Ludwig van Beethovens im Jahre 1827 trug Franz Schubert (1797–1828) als Zeichen der Trauer eine Fackel, eine Geste, die mehr Symbolik enthielt, als er selbst ahnte. Er starb ein Jahr später und führte so die Tradition des gequälten, romantischen Komponisten fort, dessen Flamme früh erlosch.

Franz Schubert wurde in Lichtenthal, einem Vorort Wiens, geboren und lernte schon mit sechs Jahren bei seinem Vater Geige spielen, bald darauf bekam er Gesangs- und Orgelunterricht, und 1808 erhielt er ein Stipendium am Stadtkonvikt, der Hauptausbildungsstätte für Komponisten in Wien, wo er unter anderem von Antonio Salieri unterrichtet wurde. Salieri war Mozarts Hauptkonkurrent und auch Beethovens Lehrer gewesen. Schubert war geradezu besessen vom Komponieren und verbrachte jeden Tag mehrere Stunden damit. Sein Vater war Lehrer und wollte, dass sein Sohn es ebenfalls wurde. Franz gab zunächst dem Druck seines Vaters nach und begann 1813 seine Tätigkeit in der Schule, verbrachte aber die meiste Zeit mit Komponieren und ließ nur davon ab, um Schüler zu disziplinieren, die ihn zu unterbrechen gewagt hatten.

Schubert war kein Meister der Sinfonie wie so viele andere Romantiker. Stattdessen etablierte er die deutsche Tradition des romantischen Kunstlieds. Schubert komponierte mehr als sechshundert Lieder, darunter den *Erlkönig* (1820), ein düsteres Lied über einen Elfenkönig, dessen Erscheinen den Tod eines kleinen Jungen vorhersagt. Der Text ist ein Gedicht von Johann Wolfgang von Goethe. Besonders bekannt ist außerdem Schuberts Liederzyklus *Winterreise* (1827).

Schubert war ein typischer Bohemien der romantischen Epoche. Sein Leben lang war er arm, aber gänzlich der Musik ergeben. Dutzende seiner Lieder verkaufte er für weitaus weniger, als sie wert waren. Normalerweise komponierte Schubert am Vormittag mehrere Stunden und verbrachte seine Abende mit einer Gruppe enger Freunde, die sich selbst Schubertianer nannten. Sie führten Schuberts jüngste Werke auf und rezitierten Gedichte, während sie in den Wiener Biergärten und Cafés saßen und reichlich dem Alkohol zusprachen.

Schubert war weder gut aussehend noch besonders an Frauen interessiert, aber 1822 zog er sich Syphilis zu, die damals bei Prostituierten sehr verbreitet war. Schubert starb mit einunddreißig Jahren, lange bevor seine kreative Energie erschöpft war.

Zusatzinformationen

1. 1823 begann Schubert an seiner berühmten *Unvollendeten Sinfonie* zu arbeiten. Nachdem er gestorben war, hielt ein Freund, Anselm Hüttenbrenner, das Manuskript siebenunddreißig Jahre lang versteckt. Die Sinfonie wurde erstmals 1865 in Wien aufgeführt und hatte großen Erfolg.
2. Schubert borgte sich oft Geld von seinen Freunden und wohnte bei ihnen. Er hatte fast nie eine eigene Unterkunft.
3. Als Grundlage für seine Kunstlieder benutzte Schubert Texte von Goethe und anderen deutschen Dichtern seiner Zeit, darunter auch Wilhelm Müller (»Winterreise«).

Idealismus

Ein Idealist in philosophischem Sinn ist jemand, nach dessen Ansicht die Wirklichkeit keine eigene Existenz hat, sondern vom Geist abhängig ist. Der Idealismus besagt, dass die Dinge nicht existierten, wenn es keinen Geist gäbe, der sie sich denkt. Dies ist eine sehr radikale Position, denn in unserem ganz normalen Leben gehen wir davon aus, dass es eine Welt voller Dinge gibt und dass diese Dinge auf eigene Art existieren, unabhängig davon, was wir von ihnen denken.

Idealisten wie zum Beispiel der Philosoph George Berkeley (1685–1753) verwarfen die naheliegende Vorstellung, dass es eine unabhängig von der menschlichen Wahrnehmung existierende Welt der Dinge gibt. Berkeley argumentierte, dass Dinge nur deshalb auch existieren, wenn wir nicht an sie denken, weil Gott an sie denkt. Eine andere Form des Idealismus ist der transzendentale Idealismus, eine Position, die von Immanuel Kant (1724–1804) und Arthur Schopenhauer (1788–1860) vertreten wurde.

Kant räumte ein, dass es Dinge gibt, deren Existenz nicht vom menschlichen Geist abhängig ist. Kant nannte sie die »Dinge an sich«. Doch gleichzeitig behauptete er, dass die Gegenstände, die wir erfahren, nicht die Dinge an sich sind, sondern nur die Erscheinung dieser Dinge an sich, und dass die Erscheinung nur in unserem Geist existiert. Schopenhauer akzeptierte diese Kantsche Unterscheidung, bestritt jedoch, dass es mehrere Dinge an sich gibt. Für Schopenhauer ist die eigentliche Natur der Wirklichkeit ein einziger, undifferenzierter Wille, eine blinde, vernunftlose Kraft, die uns als eine Welt individueller Dinge in Raum und Zeit erscheint.

In der heutigen Philosophie bezieht sich das Konzept des Idealismus eher auf bestimmte Eigenschaften von Gegenständen als auf deren Existenz selbst. So argumentieren viele zeitgenössische Philosophen, dass Werte – wie zum Beispiel Tugend und Schönheit – vom Geist abhängig sind, dass die Dinge in der Welt nur Werte haben, weil wir glauben, dass sie diese haben. Andere Philosophen sind in Bezug auf Werte Realisten im philosophischen Sinne: Ihrer Meinung nach gibt es in der Welt das Gute, das Schlechte, das Schöne, das Hässliche und so weiter wirklich, ob wir es denken oder nicht.

Zusatzinformationen

1. Früher haben die Gelehrten die Geschichte der Philosophie als eine lange Debatte zwischen Realisten und Idealisten angesehen. Demnach war Aristoteles (384–322 v. Chr.) der erste Realist und Platon (427–347 v. Chr.) der erste Idealist. Heute würden diese Ansicht nur noch wenige Philosophiehistoriker teilen.
2. Schopenhauer behauptete, die Ursprünge seines transzendentalen Idealismus seien in der Literatur des Hinduismus zu finden.

Joseph Smith und das Mormonentum

Joseph Smith (1805–1844) wurde in Sharon im amerikanischen Bundesstaat Vermont als Sohn eines Bauern geboren. 1820, so beschrieb er zu einem späteren Zeitpunkt, hatte er seine erste Vision, in der er Jesus Christus und Gott den Vater gesehen haben will. Drei Jahre später wurde er angeblich von dem Engel Moroni besucht, der ihm erzählte, dass auf der Farm goldene Platten versteckt lägen.

Nach Jahren, in denen der Engel Joseph Smith den Zugang zu den Platten verwehrte, erlaubte er ihm 1827 schließlich, sie zu sehen und zu übersetzen. Angeblich übersetzte Smith die Platten, die in einer Art alter ägyptischer Sprache geschrieben gewesen sein sollen, durch göttliche Vermittlung. Während Smith die Übersetzung diktierte, soll er kaum Pausen gemacht und sich nie korrigiert haben.

Das Ergebnis der Übersetzung war das Buch Mormon, das neben der Bibel von den Mormonen als Wort Gottes anerkannt wird. Das Buch Mormon berichtet von einem Propheten aus alter Zeit, Lehi, dem ca. 600 v. Chr. von Gott gesagt wurde, er solle nach Nordamerika gehen. In Amerika, so steht in dem Buch weiter, erwählte Gott weitere Propheten.

Nachdem er das Buch übersetzt und 1830 die neue Kirche Jesu Christi der Heiligen der Letzten Tage gegründet hatte, begann Smith, seine Religion zu verbreiten, was große Unruhe schuf, wo immer er hinkam. Langsam bewegte er sich nach Westen, von Vermont nach New York und Pennsylvania, dann nach Missouri und schließlich nach Illinois. 1844 wurde Smith dort gefangen genommen. Ihm wurde vorgeworfen, den Druck einer Zeitung verhindert zu haben, die Kritisches gegen ihn geäußert hatte. Während der Untersuchungshaft wurde er von einer aufgebrachten Menge ermordet. Nach Smiths Tod übernahm Brigham Young die Kirchenführung und zog weiter nach Westen bis Salt Lake City im Bundesstaat Utah.

Die Kirche Jesu Christi der Heiligen der Letzten Tage gehört weder der orthodoxen noch der katholischen oder protestantischen Glaubensrichtung an, sondern nimmt für sich in Anspruch, dass sie die Wiederherstellung der ursprünglichen Kirche ist, die Jesus Christus auf Erden gegründet hatte. Nach Anschauung der Kirche war Smith der Erste in einer Reihe von Propheten. Ihm folgten Young und weitere bis zum heutigen Tag mit dem derzeitigen Präsidenten, Propheten und Seher der Kirche. Von diesem heutigen Propheten glauben die Mormonen, dass er die Fähigkeit besitzt, direkte Botschaften von Gott empfangen zu können.

Zu den Grundsätzen der Mormonen gehören Keuschheit, bescheidene Kleidung und Familienbibelstunden. Ein als »Wort der Weisheit« bezeichneter Ernährungskodex schreibt vor, dass die Mormonen keinen Alkohol, Tabak, Kaffee oder Tee konsumieren dürfen. Wofür sie vielleicht am bekanntesten sind, ist die Polygamie oder Vielehe. Doch offiziell wurde diese bereits 1890 von der mormonischen Kirche verboten.

Zusatzinformationen

1. In Illinois gründete Smith die Stadt Nauvoo, die 1845 so viele Einwohner wie Chicago hatte.
2. Die Mormonen haben mit 51 000 hauptberuflichen Missionaren weltweit das größte Missionsprogramm der Welt.

Die Große Hungersnot in Irland

Von 1845 bis 1851 erlebte Irland eine der schlimmsten Hungersnöte der neuzeitlichen europäischen Geschichte. In einem Zeitraum von nur einigen Jahren starben an den Folgen des Hungers mehr als eine Million Menschen. Nach einigen Schätzungen sank die Bevölkerungszahl der grünen Insel um 20 Prozent. Die Hungersnot war eine menschliche Katastrophe tragischen Ausmaßes und hatte tiefgreifende Folgen weit über Irlands Küsten hinaus. Sie verursachte einen gigantischen Exodus hungernder Iren, von denen viele auf der Suche nach einem besseren Leben in die Vereinigten Staaten auswanderten. Es war eine der ersten großen Einwanderungswellen in die USA.

Über Generationen waren Kartoffeln, die in Irlands Boden gut gediehen, das Hauptnahrungsmittel der Iren gewesen. Doch in den 1840er Jahren wurden die Kartoffeln von einem Pilz befallen, der die so genannte »Kartoffelfäule« auslöste, bei der die Knollen verfaulten. Da viele irische Farmer keine anderen Nahrungsmöglichkeiten hatten, brach eine große Hungersnot aus.

Um diese Zeit war Irland Teil des britischen Königreichs, des mächtigsten Reiches der Welt, und die britische Regierung sah sich dem Vorwurf ausgesetzt, zu nachlässig auf die Katastrophe zu reagieren. Einer der bekanntesten damaligen Satiriker Großbritanniens, Jonathan Swift, schrieb einen berühmten Artikel mit dem Titel »Ein bescheidener Vorschlag«, in dem er die unbefriedigende Reaktion der Regierung auf die Krise kritisiert. Sarkastisch schlägt er den Iren vor, dass sie, da die Regierung keine Nahrung schickt, doch ihre Babys essen sollten, um zu überleben.

Irland wurde 1169 n. Chr. von den Engländern erobert und gehörte zum britischen Königreich, bis es 1922 mit Ausnahme der sechs Grafschaften Nordirlands unabhängig wurde. Noch immer gibt es in Nordirland widerstreitende Ansichten, ob das Land britisch bleiben oder ein Teil Irlands werden soll. Die dadurch hervorgerufenen äußerst gewalttätigen Auseinandersetzungen in der Region haben seit dem Karfreitagsabkommen des Jahres 1998 nachgelassen.

Zusatzinformationen

1. Die Kartoffel stammt ursprünglich nicht aus Irland und auch nicht aus Europa. Spanische Eroberer brachten die Kartoffelpflanze aus Südamerika mit zurück in die Alte Welt, wo sie schnell zu einem beliebten Grundnahrungsmittel wurde.
2. Die Ankunft irischer katholischer Immigranten in den amerikanischen Städten während und nach der Hungersnot rief bei einem Teil der amerikanischen Bevölkerung eine erboste Reaktion hervor, da sie die Befürchtung auslöste, dass die Vereinigten Staaten ihren protestantischen Charakter verlieren könnten. Die Gegner der Immigranten gründeten sogar eine politische Partei, die in den 1850er Jahren für kurze Zeit großen Zulauf hatte.
3. Die Immigration von Iren in die Vereinigten Staaten hielt bis weit ins zwanzigste Jahrhundert an. Laut dem amerikanischen statistischen Bundesamt sind heute vierunddreißig Millionen Amerikaner irischer Abstammung, fast zehnmal so viele Menschen, wie ganz Irland Einwohner hat.

Walt Whitman

Walt Whitman (1819–1892) war der erste große amerikanische Dichter und leistete einen bedeutenden Beitrag zur Entstehung einer eigenständigen literarischen Stimme des Landes. Besonderen Einfluss hatte sein Werk auf die Verbreitung des freien Verses, einer Versform, bei der Reimschemata und ein strenges Metrum zugunsten flexiblerer Strukturen einer rhythmisierten Sprache aufgegeben werden. Diese Form wurde von den Dichtern des zwanzigsten Jahrhunderts bevorzugt und ist noch heute weit verbreitet.

Whitman wuchs in Brooklyn auf, wo er als Lehrer und Journalist arbeitete und ausgiebig die kulturellen Angebote New Yorks nutzte, vor allem das Theater. In den späten 1840er Jahren reiste er mehrere Monate durch das Gebiet des Mississippi River und bekam ein Gespür für die Atmosphäre im amerikanischen Landesinneren. Zurück in Brooklyn, schrieb er eine große Anzahl von Gedichten und veröffentlichte 1855 auf eigene Kosten seine erste Gedichtsammlung *Leaves of Grass* (dt.: *Grashalme*). *Leaves of Grass* ist ein überschwängliches Werk, seine Gedichte feiern die Demokratie, die Gemeinschaft der Menschen, die amerikanische Landschaft und das Individuum. Wegen seiner manchmal gewagten Beschreibungen des menschlichen Körpers und seines sexuell mehrdeutigen oder offen homosexuellen Untertons warfen viele Kritiker dem Werk bei seinem Erscheinen Obszönität vor. Das berühmteste Gedicht der Sammlung ist wohl der »Gesang von mir selbst«, der schon mit den ersten Zeilen den Ton des gesamten Werkes heraufbeschwört:

Ich feiere mich selbst und singe mich selbst,
Und was ich mir anmaße, das sollt ihr euch anmaßen,
Denn jedes Atom, das mir gehört, gehört auch euch!

Ich bin Müßiggänger und lade meine Seele zu Gaste,
Ich lehne mich an oder schweife umher nach meinem Behagen,
und betrachte einen Halm des Sommergrases.

Meine Zunge, jedes Teilchen meines Blutes ist hier aus diesem
Boden, aus dieser Luft gebildet,
Von Eltern geboren, die hier von ähnlichen Eltern geboren,
und diese wieder von ähnlichen Eltern,
So beginne ich jetzt, siebenunddreißig Jahre alt,
in vollkommener Gesundheit,
Und hoffe nicht eher aufzuhören, bis zum Tode.

Leaves of Grass enthält viele Kennzeichen transzendentaler Literatur, die unter anderem durch Ralph Waldo Emerson (1803–1882) und Henry David Thoreau (1817–1862) in die amerikanischen intellektuellen Zirkel getragen worden war. Der Transzendentalismus war eine optimistische Philosophie, die Individualität und Eigenständigkeit betonte und das Streben nach spiritueller Reinheit propagierte, die über die alltäglichen Belange der Welt hinausging.

Whitman schrieb *Leaves of Grass* mehrere Male um, fügte neue Gedichte hinzu und veränderte bereits vorhandene, bis in seinem Todesjahr 1892 die maßgebliche letzte Fassung erschien. Im Laufe seines Lebens wurden Whitmans Gedichte ernster und zeugten später von seiner tiefen Trauer über den amerikanischen Bürgerkrieg und die Ermordung Abraham Lincolns.

Edgar Degas

Edgar Degas (1834–1917) ist einer der bekanntesten Künstler, die mit der impressionistischen Bewegung in Zusammenhang gebracht werden. Degas, am berühmtesten wohl für seine Darstellung von Balletttänzerinnen, war Zeichner, Bildhauer, Fotograf und Sammler.

Edgar Degas war der Sohn eines reichen Pariser Bankiers und studierte zunächst Jura, entschied sich jedoch nach intensiver Beschäftigung mit den Gemälden alter Meister im Louvre und dem Kopieren ihrer Werke schon bald, Künstler zu werden. 1854 begann er eine Ausbildung als Maler. Zwei Jahre später zog Degas für mehrere Jahre nach Italien, wo er ebenfalls Gemälde alter Meister kopierte und die Grundlage seiner späteren Karriere legte. Ursprünglich wandte er sich eher klassischen Themen zu, malte seine Figuren jedoch nach tatsächlichen Modellen wie bei seiner frühen Arbeit *Junge Spartaner* (1860).

Wie viele Künstler seiner Generation war Degas sehr beeindruckt von der Erfindung der Fotografie. Er experimentierte mit der Fotokamera und benutzte sie oft für Studien für seine Gemälde. Auch von japanischen Drucken war er stark beeinflusst, vor allem durch ihren Mangel an Symmetrie und Zentralkomposition. 1861 machte Degas die Bekanntschaft Gustave Courbets und Édouard Manets, auf deren Anregung hin er begann, alltägliche Szenen des Pariser Lebens zu malen.

Zwischen 1865 und 1874 entwickelte Degas seinen eigenen Stil, bei dem es darauf ankam, die Bildinhalte mit leidenschaftsloser Objektivität zu erfassen. Das Bild *Vergewaltigung* (ursprünglich einfach *Interieur*), das er 1868–1870 malte, erzeugt beim Betrachter das Gefühl, als würde er heimlich in einen tabuisierten Bereich eindringen. Degas nahm mit seinen Werken an sieben Impressionistenausstellungen teil. Doch auch wenn er die Bewegung von Anbeginn unterstützte, mochte er den Begriff Impressionismus nicht und nannte sich selbst einen Realisten oder Naturalisten.

Zwischen 1880 und 1893 erreichte Degas seinen künstlerischen Höhepunkt. Um diese Zeit experimentierte er mit verschiedenen Medien und kombinierte Pastellstift mit Tempera oder Gouache, um eine fließende Wirkung zu erzielen. Beeinflusst von den sozialistischen Ansichten des berühmten Schriftstellers Émile Zola, malte er mitfühlende Porträts von Arbeitern und Arbeiterinnen wie zum Beispiel *Die Büglerinnen* (1884). Nach der letzten Impressionistenausstellung 1886 zeigte Degas seine Werke nicht mehr in Gruppenausstellungen, sondern arbeitete stattdessen mit privaten Kunsthändlern zusammen. In seinen späten Jahren neigte er dazu, in helleren, weniger natürlichen Farben zu malen. Im Alter schwand Degas Sehkraft, bis er schließlich völlig erblindete. Fünf Jahre vor seinem Tod hörte er 1912 ganz zu malen auf.

Zusatzinformationen

1. Im Oktober 1872 verließ Degas Paris für einen fünfmonatigen Aufenthalt in New Orleans, dem Geburtsort seiner Mutter. 1873 malte er *Das Baumwollkontor in New Orleans.*
2. Degas schrieb auch Gedichte, meist Sonette.

Schlaf

Es erscheint merkwürdig, dass die menschliche Entwicklung dazu führte, dass der Mensch ein Drittel seines Lebens bewusstlos und Übeltätern vollkommen ausgeliefert im Liegen verbringt. Aber Schlaf ist für unser Überleben so notwendig wie Essen, Trinken und Schutz. Nach einer Nacht ohne Schlaf werden wir müde und reizbar. Nach zwei schlaflosen Nächten leiden wir unter Gedächtnisverlust und verminderter Konzentration, und nach drei Nächten setzt das Delirium ein. Ein Mensch kann zwar mehr als einen Monat ohne zu essen überleben, aber ohne Schlaf stirbt er in weniger als zwei Wochen.

Was ist also so wichtig am Schlaf? Obwohl man sich dessen heute noch nicht gänzlich sicher ist, scheint es klar, dass der Schlaf unsere Muskeln und Organe regeneriert, unsere Gedanken organisiert und unser Gedächtnis aufbaut. Untersuchungen mit Hilfe von Elektroenzephalogrammen (EEGs), die die Aktivität der elektrischen Ströme im Gehirn darstellen, ergaben, dass unser Schlaf in Phasen verläuft. Wenn wir ganz normal wach sind und an nichts Besonderes denken, erzeugt das Gehirn Alphawellen im Frequenzbereich von etwa acht bis zwölf Hertz. Bei äußerster Konzentration sendet das Gehirn Betawellen aus, die eine doppelt so hohe Frequenz haben.

In der ersten Schlafphase werden die Alphawellen immer weniger, in diesem Stadium des leichten Dösens können wir leicht geweckt werden. Mit fortschreitender Zeit werden die Gehirnwellen länger und langsamer. Nach etwa vierzig Minuten erzeugen wir Deltawellen, die eine Frequenz von weniger als 3,5 Hertz haben. In diesem Stadium des Tiefschlafs regenerieren sich die Muskeln des Körpers, und der Schlafende kann nur schwer geweckt werden. Dann steigen die Gehirnwellen wieder an und erreichen in etwa vierzig Minuten das Stadium der Alphawellen. Aber anstatt aufzuwachen, tritt der Körper in eine Phase ein, die REM-Schlaf genannt wird (REM steht für englisch *rapid eye movement*). Die Augen bewegen sich, als würden sie ein sich bewegendes Objekt betrachten. In dieser Schlafphase träumen wir. Ein durchschnittlicher junger Erwachsener erlebt vier oder fünf Perioden des REM-Schlafs in einer Nacht.

Zusatzinformationen

1. Verhindert man den REM-Schlaf einer Person, führt dies in kurzer Zeit zum Delirium.
2. Babys verbringen mehr als die halbe Nacht in REM-Schlafphasen.
3. Kühe können im Stehen schlafen, aber sie können nur im Liegen träumen.
4. Wale und Delfine müssen beim Schlafen schwimmen und atmen, daher schläft immer nur eine Hälfte ihres Gehirns.

Felix Mendelssohn-Bartholdy

Felix Mendelssohn (1809–1847) wurde als Sohn eines wohlhabenden jüdischen Bankiers und einer Mutter mit großen künstlerischen Talenten geboren. Er erbrachte hervorragende Leistungen vor allem als Musiker und Komponist, aber auch als Maler. Einige seiner besten Werke, zum Beispiel die Musik zu *Ein Sommernachtstraum* (1826) und die *Schottische Sinfonie* (1830–1842), können als musikalisches Äquivalent impressionistischer Gemälde beschrieben werden – voller reifer Symbolik und Imitationen sowohl natürlicher als auch fantastischer Klänge.

Als junger Mann studierte Mendelssohn bei Karl Zelter, einem bekannten deutschen Musiklehrer und Verehrer Johann Sebastian Bachs. Mendelssohn beschäftigte sich eingehend mit der Form der Fuge und dirigierte mit Anfang zwanzig eine Aufführung von Bachs Matthäuspassion, die so begeistert aufgenommen wurde, dass sie der Anstoß zu einer Wiederentdeckung von Bachs Werken in Europa gewesen sein soll. Während der folgenden Tournee besuchte Mendelssohn auch Schottland, wo er verschiedene Werke, darunter seine berühmte *Schottische Sinfonie* schrieb. Mit siebenundzwanzig heiratete Mendelssohn und wurde Direktor des Gewandhausorchesters Leipzig.

Die Musik Mendelssohns ist häufig auf magische Themen bezogen, zum Beispiel in den »Feentänzen« seines *Oktetts* (1825) und in seiner Bühnenmusik zum Theaterstück *Ein Sommernachtstraum.* Mendelssohn war ein sehr strenger klassischer Formalist, kaum berührt von dem romantischen Feuer, das die meisten seiner zeitgenössischen Kollegen antrieb. Er wurde als ein meisterhafter musikalischer Handwerker gepriesen.

Einige Jahre lang erfüllte Mendelssohn einen überaus anstrengenden Zeitplan von Konzerten und Lehre. 1846, als sein Oratorium *Elias* in England Premiere hatte, war Mendelssohn am Ende seiner Kräfte, und 1847 kehrte er nach einer weiteren Aufführung des *Elias* in England für eine Ruhepause nach Frankfurt zurück. Dort erfuhr er, dass seine geliebte Schwester Fanny gestorben war, und erlitt einen Schock. Keine sechs Monate später starb Felix Mendelssohn-Bartholdy nach einem Schlaganfall.

Zusatzinformationen

1. Felix Mendelssohn wurde christlich erzogen und getauft, und seine Eltern Abraham und Lea konvertierten bald darauf zum Christentum. Der neue Familienname war Mendelssohn-Bartholdy.
2. Mendelssohns erster Lehrer, Zelter, war ein persönlicher Freund Goethes. Dieser bewunderte Mendelssohns Musik und lud den Zwölfjährigen oft ein, ihm vorzuspielen.
3. Der Großvater des Komponisten, Moses Mendelssohn, war ein bekannter Philosoph.
4. Mendelssohn schrieb den berühmten »Hochzeitsmarsch«, der seitdem Tausende Hochzeitsgesellschaften aus der Kirche hinausbegleitet.

David Hume

David Hume (1711–1776) wurde in Schottland geboren, brach in seiner Jugend mit dem Calvinismus und entwickelte kontroverse Ansichten zu Moral und Religion. Da ihm der Ruf vorausging, ein Radikaler zu sein, lehnten sämtliche Universitäten seine Bewerbungen ab. Stattdessen arbeitete Hume unter anderem als Sekretär, Bibliothekar und später als Diplomat. In Paris besuchte er die Salons der Intellektuellen und Künstler und lernte dort Jean-Jacques Rousseau und Denis Diderot kennen. Hume starb 1776; er hatte bestimmt, dass sein kontroversestes Werk, *Dialog über natürliche Religion*, nach seinem Tode veröffentlicht werden sollte.

Humes Philosophie ist bemerkenswert wegen ihres Empirismus und Skeptizismus. Hume war der Ansicht, dass all unser Wissen und unsere Gedanken ihren Ausgang in der Erfahrung haben, und er stellte die Forderung auf, dass jedes philosophische Konzept durch Erfahrung gerechtfertigt sein müsse. Gleichzeitig kritisierte er in großem Maßstab nicht nur religiöse Glaubenssätze, sondern auch weit verbreitete philosophische Annahmen und metaphysische Lehren. Am meisten beachtet und am einflussreichsten ist sein Angriff auf die Vorstellung, dass induktives Denken uns zu wahrer Erkenntnis führen könnte.

Im Bereich der Moralphilosophie behauptete Hume, dass nicht der Glaube, sondern nur Wünsche den Menschen zum Handeln bewegen. Er beobachtete jedoch, dass moralische Prinzipien unser

Verhalten steuern. Daher schloss er, dass diese Prinzipien nicht an unseren Glauben, sondern unsere Wünsche appellieren müssten. Anders gesagt argumentierte Hume, dass moralisches Urteilen nicht auf objektiven Eigenschaften der Welt beruhe, sondern einfach nur unsere Vorlieben darstelle. Hume ging davon aus, dass wir alle ein natürliches moralisches Gespür haben, das uns bestimmte Handlungen ablehnen und andere billigen lässt. Wenn wir moralisch urteilen, drücken wir also einfach nur unsere Zustimmung oder Missbilligung aus und nicht etwas, das darüber hinausgeht und sich auf etwas Erhabeneres stützt.

Zusatzinformationen

1. In dem posthum veröffentlichten *Dialog über natürliche Religion* kritisiert Hume verschiedene Annahmen des religiösen Glaubens, vor allem jene, dass Gott die Welt schuf.
2. Um seine Ansicht auszudrücken, dass Wünsche nicht rational bewertet werden können, schrieb Hume: »Es widerspricht der Vernunft nicht, die Zerstörung der ganzen Welt einer Wunde an meinem Finger vorzuziehen.«

Mohammed

Mohammed (570–632) war nach Ansicht der Anhänger des Islam der letzte Prophet Gottes auf Erden. Mohammeds Abstammung kann wie die aller Araber auf Ismael, den ersten Sohn Abrahams, zurückgeführt werden. Die Anhänger des Islams, Muslime oder Moslems genannt, glauben, dass die von Mohammed empfangenen Offenbarungen denen anderer Propheten wie Moses und Jesus Christus nachfolgten.

Mohammed wurde in Mekka geboren, das damals eine blühende Stadt war. In ihrer Mitte stand ein Kaaba genannter Tempel, in dem Götzendienste praktiziert wurden. Mohammeds Vater starb noch vor Mohammeds Geburt, und als Junge reiste Mohammed mit seinem Onkel, der Kaufmann war, durch Arabien. Später wurde auch Mohammed Kaufmann.

Etwa im Alter von vierzig Jahren hatte Mohammed, der als nachdenklicher und grüblerischer Mann bekannt war, in der Höhle von Al-Hira nahe Mekka eine Vision. Der Engel Gabriel sprach zu ihm und befahl ihm, sich Verse zu merken und zu rezitieren; diese Verse wurden später zum Koran. Sein ganzes weiteres Leben wurde Mohammed immer wieder von Gabriel besucht, und er begann, die Lehren Gabriels zu predigen. Mohammed blieb jedoch sein Leben lang Analphabet, so dass die Offenbarungen mündlich tradiert werden mussten.

Ein zentraler Grundsatz von Mohammeds Lehren war der Monotheismus. Das Konzept nur eines Gottes erboste jedoch die mächtigen Führer Mekkas, da das Florieren ihrer Stadt seine Grundlage in der Kaaba und dem dort praktizierten Götzendienst hatte. Schließlich musste Mohammed mit seinen Anhängern nach Medina fliehen, wo der Islam schnell zur Mehrheitsreligion wurde. Mohammed verbannte jedoch Andersgläubige nicht, sondern ließ sie nach Entrichtung einer Steuer ihre religiösen Praktiken fortführen.

Mit dem Anwachsen der Macht Medinas wuchsen die Spannungen zwischen Mekka und Medina, und schließlich brach zwischen beiden Städten ein Krieg aus, den Mohammed und seine Anhänger trotz zahlenmäßiger Unterlegenheit gewannen. In der Folge vereinte Mohammed durch weitere Eroberungen ganz Arabien.

Im Alter von zweiundsechzig Jahren starb Mohammed in Medina. Mündlicher Überlieferung zufolge erschien der Engel Gabriel an Mohammeds Totenbett und brachte ihn auf seinem Pferd von Mekka nach Jerusalem. Dort traf Mohammed Abraham, Moses und Jesus, bevor er auf dem Pferd des Engels in den Himmel und zu seiner letzten Ruhestätte auffuhr. Dieser letzte Aufstieg Mohammeds zum Himmel geschah vom Tempelberg aus, der heute nach Mekka und Medina die drittheiligste Stätte des Islams ist.

Die Uneinigkeit darüber, wen Mohammed zu seinem Nachfolger bestimmte, führte zur Spaltung des Islams in eine sunnitische und eine schiitische Richtung. Gemäß dem sunnitischen Islam wurde Abu Bakr als der nächste Kalif ausgewählt, die Schiiten jedoch sind der Ansicht, dass Mohammed seinen Schwiegersohn Ali als nächsten Kalifen bestimmte und dass Abu Bakr nur durch dessen Sturz an die Macht kam.

Kolonialismus

Die spanische Kolonisierung der beiden Amerikas begann 1492 mit der Reise von Christoph Kolumbus. Britische Handelsleute und religiöse Flüchtlinge landeten ein Jahrhundert später in der Neuen Welt. Doch die Epoche der europäischen Kolonisation war damit nicht beendet und beschränkte sich auch nicht auf Amerika. Im Zeitalter der Forschungs- und Entdeckungsreisen fuhren britische Kaufleute und Kolonisatoren um die ganze Welt und gründeten neue Siedlungen in Indien, China und den Inseln des Pazifischen Ozeans.

Im 19. Jahrhundert »entdeckten« die großen europäischen Mächte – Frankreich, Britannien und Deutschland – Afrika. Im Zeitraum einiger Jahrzehnte teilten die führenden europäischen Nationen Afrika unter sich auf und unterwarfen die Einheimischen der kolonialen Kontrolle. Frankreich wurde Kolonialherr in großen Teilen Westafrikas, Großbritannien in Südafrika und Teilen der Ostküste des Kontinents. Deutschland, Portugal und Belgien kontrollierten kleinere Gebiete.

Die Kolonialmächte wurden angetrieben von einer unersättlichen Gier nach Macht und Reichtum, gepaart mit dem Wunsch nach Verbreitung der westlichen Zivilisation. Ausgerüstet mit neuen Technologien wie der Eisenbahn, mit denen sie das weite Gebiet Afrikas besser zähmen konnten, begann der Westen, die Ressourcen des Kontinents auszubeuten. Ausgedrückt mit den berühmt-berüchtigten Worten des britischen Schriftstellers Rudyard Kipling, hatten die Europäer die »Bürde des weißen Mannes« selbstlos auf sich genommen, die darin bestand, die Zivilisation zu verbreiten – wobei allerdings auch noch ein anständiger Profit heraussprang.

Für die Einwohner Afrikas war die Ankunft der Europäer eine Katastrophe. Viele Europäer sahen die schwarzen Afrikaner kaum als Menschen an, und große Teile der afrikanischen Bevölkerung wurden ausgelöscht. Joseph Conrad beschreibt in seinem berühmten, 1902 veröffentlichten Roman *Herz der Finsternis*, wie der Kolonialismus angeblich zivilisierte Europäer in Monster verwandelte, die afrikanische Einheimische ausbeuteten und töteten. In einigen Gebieten starben Millionen der afrikanischen Ureinwohner. Für die Kolonie Belgisch Kongo wird geschätzt, dass zehn Millionen Afrikaner sich zu Tode schuften mussten. In Deutsch-Südwestafrika wurde ein Großteil der Bevölkerung ausgelöscht, nachdem sie es gewagt hatte, gegen die Kolonialherrschaft zu rebellieren. Erst nach dem Zweiten Weltkrieg gaben die Europäer ihre afrikanischen Kolonien auf und hinterließen einen zerrütteten und verarmten Kontinent.

Zusatzinformationen

1. Vor dem Ausbruch des Ersten Weltkriegs blieben nur zwei Regionen Afrikas frei und unabhängig: Äthiopien und Liberia, eine kleine Nation in Westafrika, die 1847 von befreiten amerikanischen Sklaven gegründet worden war.
2. Nach dem Zweiten Weltkrieg entließen die meisten europäischen Mächte ihre Kolonien friedlich in die Unabhängigkeit, nur Frankreich verweigerte Algerien seine Selbstständigkeit. In einem blutigen Krieg, der von der Mitte der 1950er Jahre bis 1962 dauerte, wurden Hunderttausende Algerier getötet, bevor ihr Land schließlich die Unabhängigkeit errang.
3. Während der Mitte des neunzehnten Jahrhunderts bereiste der britische Forscher David Livingstone auf der Suche nach der Quelle des Nils Afrika. Seine Expedition verlor den Kontakt zur Außenwelt, und erst sechs Jahre später machte 1871 der Journalist Henry Morton Stanley die Gruppe in Tansania ausfindig. Er soll den Forscher mit den berühmt gewordenen Worten »Dr. Livingstone, nehme ich an?« begrüßt haben.

Charles Dickens

Nur wenige Romanciers erreichten die ungeheure Produktivität und Berühmtheit von Charles Dickens (1812–1870). Sein enormes Werk besteht aus mehr als fünfzehn großen Romanen – viele von ihnen äußerst umfangreiche Bände – und unzähligen journalistischen Artikeln. Auch wenn viele Kritiker Dickens' Werk als literarisch anspruchslos lächerlich machten, ignorierte er diese Kritik und fand Erfüllung als ein sozial verantwortungsbewusster Geschichtenerzähler. Gelohnt wurde es ihm durch ein bewunderndes Publikum, das Dickens zu einer der beliebtesten Figuren des viktorianischen Zeitalters machte.

Dickens verbrachte seine Kindheit in Chatham und London, wo sein Vater im öffentlichen Dienst angestellt war. Als die maßlosen Ausgaben seiner Eltern diese ins Schuldgefängnis brachten, musste der zwölfjährige Charles die Schule verlassen und in einer Fabrik für Schuhpolitur arbeiten – eine Erfahrung, die bei ihm ein lebenslanges Mitgefühl mit den Armen hervorrief, das sich in all seinen Werken niederschlug. Als Dickens die Fabrik wieder verlassen konnte, beendete er seine kurze Ausbildung und arbeitete als Angestellter bei einem Rechtsanwalt und später als Journalist.

Dickens' erster veröffentlichter Roman, *Die Pickwickier* (1836), brachte ihm sofortigen Ruhm ein. Wie viele seiner Arbeiten wurde die Geschichte als Fortsetzungsserie in einem monatlichen Magazin veröffentlicht, was finanziell günstig für Dickens war. Die nächsten fünf Jahre schrieb Dickens mit einer unglaublichen Geschwindigkeit und produzierte fünf weitere Fortsetzungsromane, darunter den Klassiker *Oliver Twist* (1837–1839), die Erzählung eines Waisenjungen, der auf den Straßen lebt.

Jeder neue Roman steigerte Dickens' Erfolg, von der moralischen Geschichte *Ein Weihnachtslied* (1843) bis zu seinem eigenen »Lieblingskind«, dem teilweise autobiografischen Roman *David Copperfield* (1849–1850). In all diesen Arbeiten nimmt sich Dickens der Armut und anderer sozialer Nöte an, und in seinen späteren Romanen wird dieses Engagement noch ernsthafter. *Bleakhaus* (1852–1853) beschäftigt sich mit der Ineffizienz des englischen Rechtssystems und *Harte Zeiten* (1854) mit der dunklen Seite der Industrialisierung. Dickens' Schriftstellerkarriere erreichte ihren Höhepunkt mit dem historischen Roman *Eine Geschichte aus zwei Städten* (1859) und der komischen Erzählung *Große Erwartungen* (1860–1861).

Die Qualität von Dickens' einzelnen Werken unterscheidet sich enorm und reicht von meisterhafter Fiktion bis zu rührseligen Handlungen, die von Sentimentalität nur so strotzen. Diese Widersprüchlichkeit ist sicher teilweise darauf zurückzuführen, dass Dickens seine Romane in Fortsetzungen veröffentlichte und oft nach Wörtern bezahlt wurde. Doch arbeitete er immer mit dem Ziel, seinen Lesern Vergnügen zu bereiten, auch wenn das manchmal bedeutete, dass Quantität über Qualität ging. Sein Werk ist noch heute beliebt.

Zusatzinformation

1. Dickens' Produktivität beschränkte sich nicht nur aufs Schreiben; er hatte mit seiner Frau Catherine Hogarth zehn Kinder.

Paul Cézanne

Paul Cézanne (1839–1906) gilt als einer der bedeutendsten Künstler der postimpressionistischen Bewegung. Seine Landschaften und Stillleben hatten Einfluss auf die Entwicklung des Kubismus und Fauvismus im frühen zwanzigsten Jahrhundert.

Cézanne entstammte einer wohlhabenden französischen Familie aus Aix-en-Provence und studierte ursprünglich Jura in der Nähe seines Heimatortes. Dort machte er die Bekanntschaft des Romanciers Émile Zola, mit dem ihn bald eine enge Freundschaft verband. 1861 gab Cézanne das Jurastudium auf, um sich der Kunst zu widmen, und ging nach Paris. Von der École des Beaux-Arts wurde er abgelehnt, woraufhin er an der Académie Suisse zu studieren begann und dort mit Camille Pissarro zusammentraf, der ihn sein ganzes Leben lang beeinflussen sollte. 1874 nahm Cézanne mit dem Bild *Olympia* an der ersten unabhängigen Ausstellung der Impressionisten teil. Ein Kritiker warf dem Bild »ungezügelten Romantizismus« vor.

Cézanne stellte noch zweimal mit den Impressionisten aus, reichte aber gleichzeitig Bilder zum offiziellen Kunstsalon ein, die alle abgelehnt wurden. An den Impressionisten kritisierte Cézanne, dass sie seiner Meinung nach Form und Struktur vernachlässigten, und er schrieb an einen Freund: »Ich möchte aus dem Impressionismus etwas Wertvolles und Bleibendes machen, wie die Kunst in den Museen.« So entwickelte er seinen eigenen Stil, der später als Postimpressionismus bezeichnet wurde. Er vereinfachte die Formen und verzerrte die Perspektive, um das einzufangen, was er für die wirkliche Wahrnehmung der Realität hielt. In *Stillleben mit Fruchtschale, Glas und Äpfeln* zum Beispiel (1879–1882) malte Cézanne den Fuß der Schale leicht von der Mitte versetzt, so als würde er das nicht ausbalancierte Gewicht der Früchte stützen.

1882 zog Cézanne zurück in seinen Heimatort Aix-en-Provence. In seiner späten Periode reduzierte er die Bedeutung des Malgegenstandes und konzentrierte sich stattdessen auf die reine Form. Während dieser Zeit, sozusagen auf dem Weg zur Abstraktion, schrieb er in einem Brief: »Man muss in der Natur den Zylinder sehen, den Kreis, den Kegel, alle in Perspektive gesetzt, so dass jede Seite eines Gegenstandes, einer Ebene auf einen zentralen Punkt zurückgeht.« Nach 1900 malte Cézanne eine Reihe von Ansichten des nahegelegenen Berges Mont Sainte-Victoire mit Farbblöcken und sich verändernden Blickpunkten, um das Gefühl der Landschaft einzufangen anstatt ihre objektive Realität.

Als Cézanne 1906 starb, hatte Pablo Picasso bereits sein kubistisches Meisterwerk *Demoiselles d'Avignon* (1907) begonnen. Diese Komposition verdankt Cézanne viel.

Zusatzinformationen

1. Cézanne beendete 1886 seine Freundschaft mit Émile Zola, als dieser den Künstler in der französischen Zeitung *Le Figaro* als großes, gescheitertes Talent bezeichnete.
2. Picasso nannte Cézanne »den Vater von uns allen«.

Blut

Durch die Adern eines durchschnittlichen erwachsenen Menschen fließen etwa fünf Liter Blut. Aber was ist Blut genau? Es besteht aus vier wesentlichen Bestandteilen, die den Körper bei seinem Funktionieren unterstützen: aus roten Blutkörperchen, weißen Blutkörperchen, Blutplättchen und Blutplasma.

Die roten Blutkörperchen transportieren Sauerstoff von den Lungen in alle Körpergewebe. Normalerweise sind die roten Blutkörperchen wie ein Donut geformt, dessen Loch teilweise ausgefüllt ist, doch sie können ihre Form ändern, um durch winzige Kapillaren hindurchzupassen. Außer dass sie den Körper mit Sauerstoff versorgen, nehmen rote Blutkörperchen Kohlendioxid auf, ein Abfallprodukt der Zellatmung. Wenn die roten Blutkörperchen Sauerstoff mit sich führen, sind sie hellrot, was dem Blut seine charakteristische Farbe verleiht. Blut, das keinen Sauerstoff enthält, ist von einem dunklen Weinrot; wegen der Art, wie das Licht unsere Haut durchdringt, erscheint dieses Blut in unseren Venen blau.

Weiße Blutkörperchen sind ein Teil des Immunsystems, das Infektionen bekämpft; sie töten Bakterien, Viren und Parasiten. Es gibt viele Arten von weißen Blutkörperchen, darunter Neutrophile und Lymphozyten. Neutrophile schlucken ihre Feinde buchstäblich lebendig hinunter. Sie zersetzen sie und verdauen sie in einem als Phagozytose bezeichneten Prozess. Lymphozyten arbeiten auf kompliziertere Art. Sie verändern ihre Form, um neue Viren und Bakterien zu zerstören, die den Körper befallen. Dies braucht zwar einige Zeit, aber danach erinnern sich die Lymphozyten an die vergangenen Begegnungen mit ehemaligen Krankheiten. Haben sie erst einmal gelernt, mit bestimmten Keimen fertigzuwerden, wissen sie immer wieder, wie sie sie besiegen können.

Die Blutplättchen, der dritte Bestandteil des Bluts, enthalten Chemikalien, die Wunden verschließen. Wenn man sich Kratzer oder Schnitte zuzieht, helfen die Plättchen dabei, die Verklumpungen und den Schorf zu bilden, der die Blutung stoppt. Rote Blutkörperchen, weiße Blutkörperchen und Blutplättchen werden alle im Knochenmark aus denselben Stammzellen gebildet.

Blutplasma ist die Flüssigkeit, die die roten Blutkörperchen, die weißen Blutkörperchen und die Blutplättchen durch den Körper transportiert. Blutplasma besteht zu 90 Prozent aus Wasser und zu 10 Prozent aus einer Mischung von Proteinen, Elektrolyten, Glucose, Vitaminen, Hormonen und Cholesterin.

Zusatzinformationen

1. Im Durchschnitt haben Männer 5 200 000 rote Blutkörperchen pro Kubikmillimeter, während Frauen 4 600 000 rote Blutkörperchen pro Kubikmillimeter haben.
2. Tiefgefrorenes Blut ist etwa zehn Jahre lang haltbar.
3. Die jüdischen Ernährungsgesetze schreiben vor, dass Blut auf keine Art verzehrt werden darf. Traditionell wird Fleisch durch Schächten, Salzen und Pökeln vom Blut gereinigt.

Hector Berlioz

Romantiker bis in die Fingerspitzen, war Hector Berlioz (1803–1869) egozentrisch und ständig verliebt. Sein turbulentes Leben passte perfekt zu der Musik, die er schrieb.

Berlioz wurde in der Nähe von Grenoble als Sohn eines Arztes geboren und begann in Paris, Medizin zu studieren. Dort wurde er vom Geist der Romantik angesteckt, ging zu Konzerten und hielt sich in der Gesellschaft von Musikern auf. Gegen den Willen seiner frommen und praktischen Mutter entschloss sich Berlioz, sein Medizinstudium aufzugeben, und schrieb sich am Pariser Konservatorium ein.

1827 besuchte Berlioz eine Aufführung von Shakespeares *Hamlet,* was sein Leben nachhaltig beeinflussen sollte. Er verliebte sich Hals über Kopf in die irische Schauspielerin Harriet Smithson, die die Rolle der Ophelia spielte, und begann, sie zu umwerben. Als Smithson ihn zurückwies, beschloss Berlioz, die Geliebte mit Musik umzustimmen. Das Ergebnis war die programmatische *Symphonie Fantastique* (1830), eins der bedeutendsten Stücke des neunzehnten Jahrhunderts. Ihr Untertitel lautet *Episoden aus dem Leben eines Künstlers.*

Das Werk erzählt die Geschichte eines jungen, ehrgeizigen Komponisten, der hingerissen von einer schönen jungen Frau ist und sich durch eine Überdosis Opium umzubringen versucht. Anstatt zu sterben, taumelt er durch fünf hektische Halluzinationen, die mit den fünf Sätzen des Stücks übereinstimmen: Zuerst trifft er die Geliebte und wird von Sehnsucht ergriffen; dann sieht er sie bei einem Ball tanzen; der nächste Satz ist eine ruhige Szene auf einer Wiese; dann ermordet er die vergebens Begehrte und wird durch die Guillotine hingerichtet; schließlich wird der Körper des Komponisten bei einem Hexensabbat herumgeworfen, bei dem die tote Angebetete als Hexe erscheint, musikalisch begleitet von ihrem nun verzerrten Thema und dem mittelalterlichen Gesang für die Toten, dem »Dies Irae«.

In der *Symphonie Fantastique* setzt Berlioz die revolutionäre Technik der *idée fixe* ein, eine einfache, eingängige Melodie, die für die Geliebte steht und in jedem Satz in neuem musikalischem Gewand wiederholt wird. Da Berlioz von der Erinnerung an Harriet besessen war, ist seine Sinfonie von deren Thema besessen. Viele Jahre später heiratete Berlioz die launenhafte Harriet schließlich doch noch, aber die längst überfällige, inzwischen abgekühlte Liebe hielt nicht mehr lange.

Zusatzinformationen

1. Jean-François Lesueur (1760–1837), Berlioz' Lehrer am Pariser Konservatorium, sagte ihm, dass er ein Genie sei. Das vergaß Berlioz nie, und es ermutigte ihn, in großem Maßstab zu komponieren und riesige, teure Produktionen anzupacken. 1844 dirigierte er in Paris ein gigantisches Orchester- und Chorensemble, das mehr als eintausend Musiker zählte und sieben Assistenzdirigenten benötigte.
2. Berlioz hatte sich selbst Gitarre und Flöte beigebracht, doch darüber hinaus spielte er nur sehr schlecht Klavier und ansonsten weder Geige noch eins der anderen für Komponisten üblichen Instrumente.
3. Ständig im Konflikt mit den anspruchsvollen, konservativen Standards des Pariser Konservatoriums – Berlioz bewarb sich dort mehrmals um Arbeit, wurde jedoch immer abgelehnt –, verdiente sich Berlioz seinen Lebensunterhalt hauptsächlich als Musikkritiker für Pariser Zeitungen und Zeitschriften.

Induktive Methode

Wenn wir daraus, wie sich etwas in der Vergangenheit verhalten hat, darauf schließen, wie es sich in der Zukunft verhalten wird, ziehen wir einen induktiven Schluss. Zum Beispiel glauben wir, dass die Sonne morgen aufgehen wird, weil sie in der Vergangenheit immer aufgegangen ist. Oder wir glauben, dass alle Bücher Seiten haben, weil alle Bücher, die wir je gesehen haben, Seiten hatten. Die meisten unserer Ansichten von der Welt und den Dingen beruhen auf induktiven Schlussfolgerungen.

Induktives Schlussfolgern ist nicht so sicher wie das deduktive Schlussfolgern. Die deduktive Methode wenden wir zum Beispiel an, wenn wir schließen, dass Sokrates sterblich ist, weil er ein Mensch ist und alle Menschen sterblich sind. In diesem Fall machen die Tatsachen aus unserem Schluss eine Wahrheit. Benutzen wir jedoch die induktive Methode, wird durch die Tatsache, wie etwas sich in der Vergangenheit verhielt, nicht wirklich bestimmt, wie es in Zukunft sein wird. Zum Beispiel könnte die Sonne explodieren oder wegen eines anderen neu eingetretenen Umstandes nicht wieder aufgehen.

Man kann also sagen, dass die Benutzung der induktiven Methode bedeutet, dass der Beweis nicht zwingend den Schluss nach sich zieht, ihn aber wahrscheinlich macht. Trotzdem bleibt das Problem erhalten: Mit welcher Berechtigung nehmen wir an, dass etwas in Zukunft mit großer Wahrscheinlichkeit sein wird wie in der Vergangenheit?

Zusatzinformationen

1. David Hume (1711–1776) beschrieb als Erster das Problem der Induktion. Er war der Ansicht, dass es keinen Grund gibt anzunehmen, dass induktives Schlussfolgern uns zur Wahrheit führt.
2. In den 1950er Jahren beschrieb der Philosoph Nelson Goodman (1906–1998) das, was er das neue Rätsel der Induktion nannte: Welche Eigenschaften der Dinge sind legitime Grundlagen für induktive Schlüsse und welche sind es nicht?

Koran

Der Koran ist das heilige Buch der Muslime und für die Anhänger des Islams Gottes letzte Offenbarung für die Menschheit. Weitergegeben wurde die Offenbarung von Gott (der im Islam Allah heißt) an den Engel Gabriel und von diesem an den Propheten Mohammed (570–632) und dann schließlich an alle muslimischen Gläubigen.

Der Koran enthält 114 Suren (Kapitel) und mehr als 6200 Ayat (Verse). Da Mohammed Analphabet war, mussten die Offenbarungen laut ausgesprochen und von jemand anderem niedergeschrieben werden.

Die ursprüngliche Sprache des Korans war eine alte Form des Arabischen. Die arabische Schrift besteht aus Konsonanten und hat keine Vokale; daher kann die Bedeutung der Wörter und Redewendungen mit der Zeit leicht verloren gegangen oder anders interpretiert worden sein. Der alte Stil des Korans wird von den Muslimen verehrt, und sein Arabisch wird als ideal angesehen, weil es die Sprache Gottes sei. Darüber hinaus glauben die Muslime, dass der Koran in Arabisch geschrieben sein muss, um wirklich verstanden werden zu können. Übersetzungen des Heiligen Buches werden daher nur als Zusammenfassungen oder Annäherungen angesehen.

Muslimische Gelehrte sehen im Koran ein eigenes Literaturgenre. In den verschiedenen Suren enthält das Buch alle literarischen Möglichkeiten von Prosa über Vers und Reimschemata bis zu Refrains. Alle Suren bis auf eine beginnen mit den Worten »Im Namen Gottes, des Erbarmers, des Barmherzigen«.

Auch der Inhalt der Suren ist äußerst unterschiedlich. Sie enthalten Erzählungen, Rechts- und Ethiklehren, psychologische Lehren

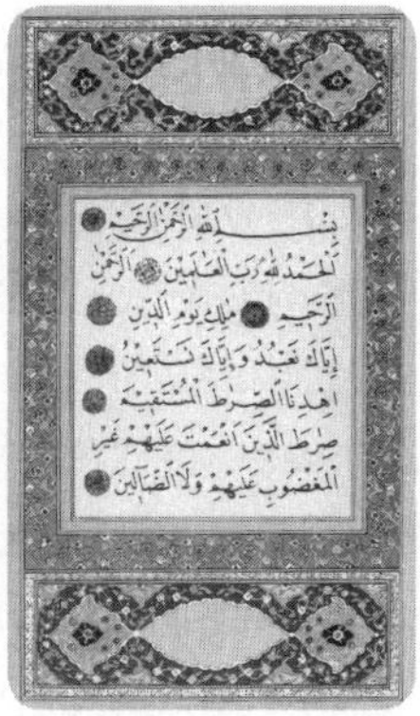

bezüglich der Natur des Menschen und kosmologische Lehren bezüglich der Natur Gottes. Der Koran ist nicht in chronologischer Ordnung aufgeschrieben, sondern grob durch den Umfang der Suren strukturiert, mit der längsten Sure am Anfang. Darüber hinaus kann der Koran eingeteilt werden nach den Offenbarungen, die Mohammed in Mekka zuteilwurden, und denen, die der Engel Gabriel ihm in Medina überbrachte. Während die Mekka zugeordneten Suren eher kürzer sind, sind die Medina zugeordneten eher länger und befassen sich mit rechtlichen Themen.

Uthman ibn Affan, der dritte der vier »rechtgeleiteten« Kalifen des sunnitischen Islams, nahm die Kodifizierung des Korans in Angriff. Da die Offenbarungen hauptsächlich mündlich weitererzählt worden waren, gab es viele Versionen des aufgeschriebenen Korans. Um nun einen offiziellen Koran festzulegen, versammelte Uthman viele Gelehrte, stellte aus vielen Texten eine Standardversion zusammen, sandte diese in alle Teile des arabischen Reiches und ließ alle anderen Versionen zerstören.

Zusatzinformationen

1. Im Koran gibt es einige Widersprüche, aber muslimische Gelehrte sind der Ansicht, dass diese »Irrtümer« von Gott nur dazu gedacht sind, den Pfad zu enthüllen, den Mohammed und alle Muslime in einem gemäßigten Tempo gehen sollen.
2. Wer den Koran auswendig kennt, wird als Hafiz bezeichnet, was »Wächter« bedeutet.

Andrew Jackson

Andrew Jackson (1767–1845) war der siebte Präsident der Vereinigten Staaten und von 1829 bis 1837 im Amt. Er war zu seiner Zeit ganz sicher der ungewöhnlichste Mann, der die amerikanischen Präsidentschaftswahlen hätte gewinnen können. Jackson wurde in South Carolina geboren und schloss sich mit nur 13 Jahren der Armee an, um gegen die Briten zu kämpfen. In den Jahren nach der amerikanischen Unabhängigkeit arbeitete er als Rechtsanwalt und Politiker in Tennessee, dann ging er wieder zur Armee und führte die amerikanischen Truppen im Krieg von 1812 bei einem Überraschungssieg über die Briten in der Schlacht von New Orleans. Jacksons militärische Heldentaten machten ihn zu einem Nationalhelden. Aber seine nicht vorzeigbare Biografie – Jackson tötete einige seiner Gegner bei Duellen in Tennessee und heiratete eine verheiratete Frau – machte ihn zu einem Präsidentschaftskandidaten mit wenig Aussicht auf Erfolg, denn bis 1829 hatten das Amt des Präsidenten die eher vornehmen Angehörigen der Eliten von Massachusetts und Virginia inne.

Sicher auch wegen seines Hintergrunds verlor Jackson seine erste Kandidatur für die Präsidentschaft in den kontroversen Wahlen von 1824 an John Quincy Adams, der aus einer Familie von Politikern aus Massachusetts stammte und der Sohn von Präsident John Adams war. Das Wahlsystem für den amerikanischen Präsidenten war damals noch weniger demokratisch als heute. Viele Bundesstaaten gaben ihren Wählern dafür überhaupt keine Stimme, sondern die Wahlmänner wurden direkt von der Regierung ernannt und stimm-

ten dann über den Präsidenten ab. In den Staaten, die 1824 die Bevölkerung wählen ließen, besiegte Jackson Adams. Aber als das House of Representatives schließlich den Sieger bestimmte, wählte es Adams.

Erbost verbrachte Jackson die nächsten vier Jahre damit, dafür zu werben, dass das Wahlsystem für den Präsidenten demokratischer wurde. Er gründete eine neue politische Partei, die seine Sache voranbringen sollte, die Democratic Party, und in den Wahlen von 1828 besiegte Jackson Adams. Jacksons Wahl war der Beginn einer Wende im amerikanischen politischen System. Von nun an hatten nicht mehr nur die wohlhabenden Aristokraten die Herrschaft im Weißen Haus. Als Präsident drängte Jackson darauf, amerikanische Eingeborene aus Georgia zu vertreiben und die Bank of the United States abzuschaffen, beides im Sinne der neuen Wähler, die Jackson zum ersten demokratischen Präsidenten der Nation gemacht hatten.

Zusatzinformationen

1. Seit 1928 – dem 100. Jahrestag seiner Wahl – schmückt Jacksons Gesicht den Zwanzig-Dollar-Geldschein – eine ironische Ehre, wenn man Jacksons heftigen Widerstand gegen die Bank of the United States bedenkt, ein früher Vorläufer der US-Zentralbank.
2. Jackson beanspruchte, dem Beispiel Thomas Jeffersons zu folgen, doch der vornehme ehemalige Präsident aus Virginia war kein Fan des jähzornigen Mannes aus Tennessee. »Seine üblen Launen sind furchtbar«, schrieb Jefferson über Jackson. »Er ist ein gefährlicher Mann.«
3. Als Präsident vertrat Jackson die Ansicht, dass kein Staat über den Bundesgesetzen stehen oder sich von der Union loslösen dürfe. Diese Doktrin der Unverletzlichkeit der Staatenunion prägte das Denken vieler Amerikaner einschließlich Abraham Lincolns.

Henry James

Als im späten neunzehnten Jahrhundert die Vereinigten Staaten sich als rivalisierende Weltmacht neben Europa etablierten, begannen Autoren auf beiden Seiten des Atlantiks, in ihren Büchern die unvermeidliche Kollision zwischen der Alten und der Neuen Welt zu verarbeiten. Einer der einfühlsamsten und scharfsichtigsten dieser Beobachter war Henry James (1843–1916).

Als in Amerika geborener und spät in seinem Leben eingebürgerter britischer Staatsbürger kannte James die Erfahrungen eines aus Amerika Ausgewanderten aus eigener Anschauung. James wurde in New York City geboren und entstammte einer Familie von Wissenschaftlern. Sein Vater, der ebenfalls Henry hieß, war ein bedeutender Theoretiker und Theologe, und sein älterer Bruder William wurde ein bekannter Philosoph. James profitierte davon, dass er kosmopolitisch aufwuchs; er lebte in London, Paris und Genf, bis seine Familie sich in Newport, Rhode Island, niederließ. Während James in Harvard Jura studierte, schrieb er bereits Geschichten und Buchkritiken, bevor er sich schließlich ganz dem Schreiben widmete. In seinen zwanziger und dreißiger Jahren reiste James weiterhin häufig durch Europa und war überzeugt, dass dies seinem Schreiben förderlich war.

James' erster großer Roman, *Der Amerikaner* (1877), beschäftigt sich mit dem Konflikt, der sich durch viele seiner Arbeiten ziehen sollte: dem Zusammenstoß der Anmaßung und der Naivität der Neuen Welt mit der Urbanität und Dekadenz der Alten Welt. In dem

Roman gerät ein neureicher amerikanischer Geschäftsmann so tief in die Machenschaften der hochmütigen und hinterhältigen französischen Aristokratie, dass es schließlich unausweichlich zur Katastrophe führt. In *Daisy Miller* (1879) nimmt eine eigenwillige junge Amerikanerin keinerlei Rücksicht auf die Konventionen der High Society der Exil-Amerikaner in Europa und fordert damit ihre eigene Tragödie heraus. Und in *Bildnis einer Dame* (1881) wird eine junge amerikanische Erbin zum Opfer einer Intrige von Exil-Amerikanern.

Henry James' Werk ist geprägt durch seinen scharfen Blick für die Angewohnheiten der internationalen feinen Gesellschaft und darüber hinaus durch eine meisterhafte Prosatechnik. James' Vorliebe für lange, verschachtelte Sätze zieht sich durch sein gesamtes Werk und tritt besonders in seinen späten Romanen hervor, zum Beispiel in *Die Gesandten* (1903). In James' Romanen werden detailliert die psychologischen Motivationen seiner Charaktere und die Machtstrukturen persönlicher Beziehungen geschildert. Das macht ihn zu einem frühen Vorläufer des psychologischen Romans des zwanzigsten Jahrhunderts, auch wenn sein Werk ansonsten eindeutig der Tradition des Realismus des neunzehnten Jahrhunderts zuzuordnen ist.

Zusatzinformationen

1. James veröffentlichte mehrere Sammlungen Reiseliteratur, darunter *Kleine Tour durch Frankreich* (1884), *Englische Stunden* (1905) und *Italienische Stunden* (1909).
2. Nachdem James Jahrzehnte in Europa gelebt hatte, entschloss er sich schließlich 1915, britischer Staatsbürger zu werden. Er starb im Jahr darauf.
3. Die Filmcompany Merchant Ivory Productions verfilmte erfolgreich mehrere von James' Romanen, darunter *Die Europäer* (1979), *Die Damen aus Boston* (1984) und *Die Goldene Schale* (2000).

Auguste Rodin

Auguste Rodin (1840–1917) gilt vielen Kunstwissenschaftlern als der letzte große Bildhauer realistischer menschlicher Figuren. Rodin, der am bekanntesten für so monumentale Werke wie *Der Denker* ist, eiferte dem Duktus und den Ausmaßen von Michelangelos gewaltigen unvollendeten Werken nach.

Rodin erhielt seine früheste Ausbildung an der Petite École in Paris, wo er zwischen 1854 und 1857 Zeichnen studierte. An der renommierten Pariser Kunstakademie wurde er nicht aufgenommen, und in der ersten Zeit seiner Laufbahn als Künstler musste Rodin häufig seinen Lebensunterhalt als Handwerker, Keramikmaler und Goldschmied verdienen. 1864 wurde er Schüler in der Werkstatt von Albert-Ernest Carrier-Belleuse. Im selben Jahr vollendete er *Der Mann mit der gebrochenen Nase*, eine Arbeit, die deutlich sein Interesse an naturalistischer Darstellung zeigt. Das Werk wurde jedoch vom offiziellen Pariser Kunstsalon als unfertig abgelehnt. 1870 folgte Rodin seinem Lehrer Carrier-Belleuse nach Brüssel, wo er schließlich ein unabhängiges Atelier eröffnete.

1875/76 lernte Rodin auf einer Studienreise durch Italien die Skulpturen Michelangelos, Donatellos und der klassischen Antike kennen. Als Reaktion darauf schuf er 1877 *Das Bronzezeitalter*, eine so lebensechte Arbeit, dass manche glaubten, es sei der Abdruck eines lebenden Mannes.

1880 erhielt Rodin von der französischen Regierung einen Auftrag für das Bronzeportal des neuen Musée des Arts Décoratifs. Inspiriert von Lorenzo Ghibertis berühmtem Paradiestor am Baptisterium in Florenz, stellte Rodin für sein Höllentor insgesamt mehr als 180 Figuren her. Zur Zeit von Rodins Tod war das Tor noch immer unvollendet.

1884 wurde Rodin von den Bürgern von Calais gebeten, ein Denkmal zu Ehren von sechs Männern zu schaffen, die 1347 ihr Leben geopfert hatten, um gegen die englische Belagerung der Stadt zu kämpfen. Nach der Fertigstellung der Skulptur *Die Bürger von Calais* wurde Rodin vorgeworfen, dass er die Männer eher als Opfer denn als Helden dargestellt hätte. Nachdem Rodin 1891 einen Auftrag für ein Porträt Honoré de Balzacs erhalten hatte, verbrachte er sieben Jahre damit, Daguerreotypien des Mannes zu sammeln; er konsultierte dessen Schneider und untersuchte sogar die Topographie um sein Haus herum, um ein Gefühl für dessen Persönlichkeit zu bekommen. Doch wie *Die Bürger von Calais* wurde das Werk von Kritikern als zu unkonventionell befunden. Rodin reagierte darauf mit den Worten: »Mein Prinzip ist nicht, die Form nachzuahmen, sondern das Leben.« Trotz der Kritik an seinen Arbeiten erhielt Rodin weiterhin wichtige Aufträge von der französischen Regierung.

1895 kaufte Rodin die Villa des Brillants in Meudon, wo er als europäische Berühmtheit lebte und in der Folgezeit viele Ehrenauszeichnungen von ausländischen Universitäten erhielt. 1908 zog er in das Hôtel Biron in Paris um, ein Gebäude, das 1916, ein Jahr vor dem Tod des Künstlers, als zukünftiges Rodin-Museum bestimmt wurde. 1919 als Musée Rodin eröffnet, beherbergt das Haus die größte Sammlung von Rodins Werken in der Welt.

Zusatzinformation

1. Rainer Maria Rilke arbeitete von 1905 bis 1906 als Rodins Sekretär und schrieb später ein Buch über ihn.

Batterien

Batterien sind im Wesentlichen Speicher für Elektrochemikalien, Substanzen, die miteinander reagieren und dadurch Elektronen freisetzen, winzige negativ geladene subatomare Teilchen. Das Fließen von Elektronen von einem Pol zum anderen erzeugt den elektrischen Strom, der unsere Lampen, Fernseher, Autos, Kameras, Satelliten, Handys und Computer mit Energie versorgt. Elektronen fließen durch Leitungen – die Stromkreise. Die Kabel in Ihrem Haus sind Beispiele für Stromkreise.

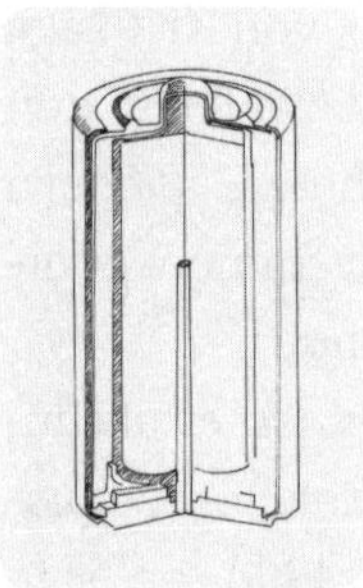

Die meisten Batterien bestehen aus vier Teilen: einer negativ geladenen Anode, einer positiv geladenen Kathode, Elektrochemikalien und Elektrolyten. Die Reaktion der Elektrochemikalien drückt Elektronen auf die eine Seite der Batterie und erzeugt die Anode (üblicherweise mit einem Minuszeichen gekennzeichnet). Das Fehlen von Elektronen auf der anderen Seite der Batterie erzeugt die Kathode (üblicherweise mit einem Pluszeichen gekennzeichnet). Normalerweise würden die Elektronen direkt von der Anode zur Kathode fließen, um die unterschiedliche Ladung auszugleichen, doch Elektrolyten in der Mitte der Batterie dienen als Blockade und verhindern, dass die Elektronen von einer Seite zur anderen fließen können. Stattdessen müssen sie durch einen Stromkreis hindurch, der Anode und Kathode verbindet.

Wenn Anode und Kathode direkt verbunden wären, würden die Elektrochemikalien so schnell wie möglich Elektronen produzieren und die Batterie würde sehr schnell ihre Ladung verlieren. Aber die meisten Batterien sind mit einem elektrischen Gerät verbunden – einer Lampe, einem Fernseher, einem Radio –, was die Elektronen langsam fließen lässt. Doch schließlich hören die Elektrochemikalien auf, Elektronen zu produzieren. In wiederaufladbaren Batterien (Akkumulatoren) kann durch eine äußere Stromquelle der Fluss der Elektronen umgekehrt werden und führt so dazu, dass die Elektrochemikalien andersherum arbeiten und den Ausgleich von Elektronen in der Anode und der Kathode wiederherstellen. Dies passiert zum Beispiel mit der Batterie in Ihrem Handy, wenn Sie es über Nacht an die Steckdose anschließen.

Zusatzinformationen

1. Es gibt Hinweise darauf, dass es schon 250 v. Chr. in Bagdad primitive Batterien gegeben haben könnte.
2. Die erste moderne Batterie wurde 1800 von Alessandro Volta erfunden. Von seinem Namen ist der Begriff Volt (als Maßeinheit elektrischer Spannung) abgeleitet.
3. Eine neue Art von Batterien, die Power Paper genannt werden, befindet sich momentan in der Perfektionierungsphase. Als Power Paper werden extrem flache und flexible Batterien bezeichnet, die auf die meisten Oberflächen gedruckt werden können und Strom erzeugen.
4. Weltweit tätigt die Batterieindustrie jährlich Verkäufe von achtundvierzig Milliarden Dollar.

Robert und Clara Schumann

Das Leben Robert Schumanns (1810–1856) war geprägt von seinem kreativen Genie und seiner geistigen Instabilität. Zwischen Krankheit, psychischen Krisen und Unterbringungen in psychiatrischen Anstalten komponierte Robert Schumann ausdrucksstarke Lieder und Kammermusik. Verheiratet war er mit Clara Schumann-Wieck (1819–1896), selbst eine talentierte und berühmte Pianistin.

Robert und Clara lernten sich in Leipzig kennen, als Clara neun Jahre alt war und Robert Klavierschüler bei ihrem Vater Friedrich Wieck wurde. Robert hatte für die Musik eine berufliche Laufbahn als Jurist aufgegeben und war später Herausgeber der *Neuen Zeitschrift für Musik*, in der »Musikbanausen« attackiert wurden und die sich für Hector Berlioz, Frédéric Chopin und Johannes Brahms einsetzte.

1840 heirateten Robert und Clara gegen den Willen von Claras Vater. Dieser zweifelte an Roberts psychischer Stabilität, denn der junge Mann hatte schon mehrere geistige Zusammenbrüche erlitten – wahrscheinlich die Folge einer Syphiliserkrankung – und 1833 einen Selbstmordversuch verübt. Im ersten Ehejahr schrieb Robert, beflügelt von seiner Liebe, romantische Lieder zu Ehren von Clara. Clara selbst war eine virtuose Konzertpianistin und bildete einige der besten Klaviersolisten jener Zeit aus. Sie schrieb auch mehrere Stücke.

Doch schon bald traten in der Ehe Spannungen auf. Auf Claras Drängen hin schrieb Robert 1841 zwei Sinfonien, die erste von der Kritik gefeiert, die zweite nicht sehr gut aufgenommen. Clara ermunterte Robert auch, als Dirigent tätig zu sein, aber er hatte dazu wenig Talent und fand sich oft nicht mehr in der Partitur zurecht, wenn er vor einem Orchester stand. Hinzu kam, dass seine Nervenkrisen häufiger wurden. Als sein Freund Felix Mendelssohn-Bartholdy ihn einlud, an dem neu gegründeten Leipziger Konservatorium zu lehren, endete dies in einem Desaster. Schumanns Vorlesungen waren vage und unverständlich, und er musste die Arbeit wieder aufgeben.

1844 unternahm das Paar eine Konzertreise nach Russland, auf der Clara als Pianistin reüssierte und auch die Kompositionen Roberts gut aufgenommen wurden. Doch Robert stand im Schatten seiner Frau, und sein geistiger Zustand verschlechterte sich, so dass das Paar auf ärztliches Anraten nun nach Düsseldorf zog. Zwischen 1853 und 1855 wurde Roberts Geisteszustand zunehmend kritisch, er hörte Stimmen, saß nachts allein in Cafés in einer Ecke und pfiff vor sich hin. 1854 verübte er einen Selbstmordversuch, bei dem er in den Rhein sprang. Schließlich wurde er in einer Anstalt für geistig Kranke untergebracht, in der er zwei Jahre später starb.

Zusatzinformationen

1. Der Legende nach musste Schumann das Klavierspielen als junger Mann aufgeben, weil er mit einem selbst erfundenen, die Finger stärkenden Apparat experimentierte, wodurch ein Finger gelähmt wurde. Wahrscheinlicher ist jedoch, dass diese Lähmung die Folge des Quecksilbers war, das man damals gegen Syphilis einsetzte.
2. Robert Schumann erschuf sich zwei Charaktere, um die beiden Seiten seiner Natur auszudrücken: Eusebius (kontemplativ, träumerisch) und Florestan (stürmisch, lebhaft). Unter beiden Namen veröffentlichte er Musikkritiken mit jeweils völlig unterschiedlichen Ansichten.

Kausalität

Ein Mann wirft einen Ziegelstein in ein Fenster, und das Fenster zerbricht. Der Ziegelstein ist die Ursache (lateinisch »causa«) dafür, dass das Fenster zerbrochen ist. Wir stellen uns die Welt so vor, dass bestimmte Dinge dazu führen, dass andere Dinge passieren. Aber was heißt es wirklich, wenn etwas die Ursache dafür ist, dass etwas anderes passiert?

Eine Antwort könnte so aussehen: X ist die Ursache von Y, wenn Geschehnisse wie X normalerweise von Geschehnissen wie Y gefolgt werden. Dies nennt man Regeltheorie der Kausalität. Diese Theorie weist allerdings einen Mangel auf. Jeden Tag stehen Bäcker frühmorgens vorm Sonnenaufgang auf, um Brot zu backen. Aber dass die Bäcker ihre Betten verlassen, ist nicht die Ursache für den Sonnenaufgang. Die Tatsache, dass Geschehnisse einer bestimmten Art häufig aufeinanderfolgen, heißt noch nicht, dass sie einander verursachen.

Eine andere Theorie lautet folgendermaßen: X verursacht Y, wenn Y nicht passieren würde, falls X nicht passiert wäre. Dies nennt man die kontrafaktische Theorie der Kausalität. Doch auch sie weist einen Mangel auf. Stellen Sie sich vor, ein Mann wirft einen Ziegelstein in ein Fenster, und eine Sekunde später werfen Sie einen Stein in dasselbe Fenster. Wenn der Ziegelstein des Mannes das Fenster zuerst trifft, verursacht sein Ziegelstein, dass das Fenster zerbricht. Aber auch wenn er nie einen Ziegelstein geworfen hätte, wäre das Fenster doch durch Ihren Ziegelstein zerbrochen worden.

Wie ersichtlich wird, ist es sehr schwierig zu bestimmen, was Kausalität eigentlich ist. Dies hat einige Philosophen veranlasst, abzustreiten, dass es in der Welt überhaupt Ursachen gibt.

Zusatzinformationen

1. Als vorherbestimmte Harmonie (auch: prästabilierte oder universelle Harmonie) bezeichnet man die Ansicht, dass Gott, als er die Dinge erschuf, sie so erschaffen hat, dass sie ihren eigenen Zustand in einer Art änderten, die erscheint, als ob sie kausal zusammenhingen. Gottfried Wilhelm Leibniz (1646–1716) ist der berühmteste Philosoph, der diese Theorie vertritt.
2. Okkasionalisten stimmen mit Leibniz nicht überein; sie vertreten die Ansicht, dass Gott die einzige Ursache in der Welt ist. Die von Gott geschaffenen Dinge haben nach ihrer Meinung noch nicht einmal die Fähigkeit, sich selbst zu beeinflussen. Die Gesetze der Natur sind nur die Gesetze, die Gott ausgewählt hat, ihm bei der Veränderung der Welt zu gehorchen. Der berühmteste Okkasionalist war Nicolas de Malebranche (1638–1715).

Die fünf Säulen des Islam

Die fünf Säulen des Islam sind die Zeremonien, die jeder Muslim durchzuführen verpflichtet ist.

Die erste ist **Schahada**, das Glaubensbekenntnis. Es lautet: »Ich bezeuge, dass es keinen Gott gibt außer Allah, und Mohammed ist sein Prophet.« Dies ist die Grundlage des Islam, und seine Anhänger glauben, dass das Nichtübereinstimmen mit dieser Aussage das einzig wahre Böse in der Welt ist.

Die zweite Säule ist **Salat**, das tägliche Gebet. Muslime sind verpflichtet, fünfmal am Tag zu beten: bei Sonnenaufgang, mittags, in der Mitte des Nachmittags, bei Sonnenuntergang und bei Nacht. Das Ritual besagt, dass sie sich zuerst waschen müssen, mitsamt der Hände, des Kopfes, der Füße und der Fußknöchel. Dann beten sie mit dem Gesicht gen Mekka gewandt. Man kann das Gebet überall verrichten, aber Männer versammeln sich dazu oft in der Moschee. Frauen dürfen entweder nicht in die Moschee oder müssen einen abgetrennten Bereich benutzen. Freitags sind Männer dazu verpflichtet, sich in der Moschee zu versammeln, um die Predigt des Imam zu hören, ihres spirituellen Führers. Die Gebete können die Gläubigen auswendig, und sie müssen auf Arabisch gesprochen werden.

Die dritte Säule ist **Zakat** – das Geben von Almosen. Im Austausch gegen eine spätere Belohnung wird gefordert, dass Muslime einen Anteil ihres Einkommens zu wohltätigen Zwecken abgeben, um die Religion weiter zu stärken oder den Armen zu helfen. Der Anteil sollte 2,5 Prozent des Einkommens betragen, aber manche Muslime geben freiwillig mehr, um zusätzlich göttliches Wohlwollen zu erlangen.

Die vierte Säule ist **Saum**, das Fasten. Während des Ramadan, des neunten Monats des islamischen Mondkalenders, ist es Muslimen verboten, zwischen Sonnenaufgang und Sonnenuntergang zu essen, zu trinken, zu rauchen oder Sex zu haben. In diesem Monat hatte Mohammed seine erste Offenbarung. Im Ramadan beten die Muslime mehr als gewöhnlich und lesen täglich den Koran.

Die fünfte Säule ist **Hadsch**, die Pilgerreise nach Mekka. Jeder Muslim soll einmal in seinem Leben in Mekka gewesen sein. Bei der Pilgerreise tragen Muslime einfache Kleidung, wodurch sie jeden Hinweis auf Klasse oder Kultur vermeiden. Die Pilgerfahrt symbolisiert Mohammeds Rückkehr nach Mekka, nachdem er die Stadt besiegt und den Götzentempel Kaaba zerstört hatte. Heute ist die Kaaba das Zentrum der Hadsch-Zeremonie.

Zusatzinformationen

1. Für Muslime in nichtmuslimischen Kulturen ist es oft schwierig, die vorgeschriebenen Praktiken auszuführen, vor allem Salat, wofür man fünfmal am Tag innehalten muss, um zu beten (davon zweimal im Verlaufe des normalen Arbeitstages).
2. Diese fünf Säulen des Glaubens bewirken, dass die Muslime durch kleine Übungen ihren Glauben bekräftigen. Dies erinnert sie nicht nur an ihren Glauben an Gott, sondern hilft ihnen auch, sich mit dem Islam zu identifizieren.
3. Es gibt einige Ausnahmen für diese Anforderungen. Zum Beispiel brauchen Menschen ohne die nötigen Mittel nicht Zakat oder Hadsch zu erfüllen. Und Kranke, Junge, Alte oder Schwangere brauchen nicht am Fasten teilzunehmen.

Commodore Matthew Perry und Japan

Als US-Commodore Metthew Perry (1794–1858) und sein Geschwader von vier Kriegsschiffen 1853 in der Bucht von Tokio Anker warf, fand er ein erstaunliches Land vor, das fast jenseits seiner Vorstellung lag. Das Japan, auf das Perrys amerikanische Expedition traf, hatte sich selbst von der Außenwelt isoliert. Während in Europa und den Vereinigten Staaten im frühen neunzehnten Jahrhundert die Industrialisierung schnell voranschritt, blieb Japan eine abgesonderte Insel – für Westler eine unerforschte Region der Welt. Regiert von einem Shogun und einem Feudalsystem von Samurai-Kriegern, ließen die Japaner vor Perrys Ankunft nur begrenzten Kontakt mit Ausländern zu.

Präsident Millard Fillmore, der die Handelsmöglichkeiten Amerikas erweitern wollte, hatte Perry nach Japan gesandt, damit er den Shogun durch Einschüchterung dazu brachte, Handel mit den Vereinigten Staaten zuzulassen. Angesichts der Kanonen der amerikanischen Kriegsschiffe blieb dem Shogun kaum etwas anderes übrig. Ein Vertrag wurde unterzeichnet, und ähnliche Abkommen mit anderen westlichen Mächten folgten bald.

Trotz des anfänglichen Widerstrebens des Shoguns schritt die Modernisierung Japans bald schnell voran. Innerhalb von fünfzig Jahren hatte die mittelalterliche Insel sich in eine bedeutende Industriemacht verwandelt. Mit erstaunlicher Geschwindigkeit zog Japan mit vielen bedeutenden westlichen Mächten ökonomisch und militärisch gleich und überholte schließlich sogar einige von ihnen. Im frühen zwanzigsten Jahrhundert war Japan in der Lage, einen Krieg gegen eine europäische Großmacht, das russische Reich, zu gewinnen.

Perry war ein Veteran des Krieges von 1812, und während seiner langen Laufbahn als Flottenadmiral kämpfte er gegen Piraten und Sklavenhändler, bevor er den Auftrag erfüllte, der ihn berühmt machte. Sein Erbe bleibt jedoch kontrovers. Perrys Expedition löste eine Kette von Ereignissen aus, die Japan zu einer der mächtigsten und wohlhabendsten Nationen der Welt machte, aber viele Japaner verübelten den Amerikanern die demütigende Art, mit der sie Japan zu einer Veränderung seines Lebensstils zwangen.

Zusatzinformationen

1. Perry stammte aus Newport, Rhode Island, wo noch heute jedes Jahr mit einem »Black Ships Festival« an seine Reise erinnert wird. Den Namen »Black Ships« gaben die Japaner den amerikanischen Schiffen.
2. Die amerikanische Flagge von Perrys Expedition wurde aufbewahrt und über dem Schlachtschiff USS Missouri gehisst, als die Japaner auf Deck des Schiffes am Ende des Zweiten Weltkriegs 1945 kapitulierten.
3. Perrys älterer Bruder, Oliver Hazard Perry, war auch ein Held der Marine, der im Krieg von 1812 ein gegen die Briten eingesetztes Kriegsschiff kommandierte.

Das wüste Land

Das wüste Land (1922) von T. S. Eliot (1888–1965) ist der alptraumhafte große Meilenstein der Dichtung des zwanzigsten Jahrhunderts – ein episches Werk, in dem all die Angst, Entfremdung und Desillusionierung stecken, die sich im Westen nach dem Ersten Weltkrieg ausbreiteten. Voller Andeutungen auf buddhistische und hinduistische Mythen, Ovid, die Bibel, den heiligen Augustinus, die Artus-Legende, Dante, Shakespeare und eine Fülle anderer Quellen, stellt das Gedicht eine faszinierende Verbindung von alten Glaubensanschauungen und Riten mit der existenziellen Krise der modernen Welt dar.

Wie viele Werke der Epoche des Modernismus ist *Das wüste Land* größtenteils eine Reaktion auf den Ersten Weltkrieg. Der sinnlose Verlust von Millionen Menschenleben bewirkte in Europa ein Gefühl der Ohnmacht, ebenso das Bewusstsein, dass die besondere Brutalität dieses Krieges erst durch die vom Menschen erfundene Technologie und Maschinerie möglich geworden war. Für viele Menschen war die Welt plötzlich ein inhumaner und spirituell öder Ort geworden, die Zivilisation schien in sich selbst zusammenzubrechen.

In *Das wüste Land* stellt Eliot die Frage, wie in einer solchen Situation der Trostlosigkeit Rettung und Erneuerung überhaupt möglich sein können. Von den ersten Zeilen an ist sein Gedicht mit Bildern der Dürre und Sterilität angefüllt, denen er den Versuch von Natur und Menschheit entgegensetzt, eine Wiedergeburt zu versuchen:

April, der ärgste Monat, heckt
Flieder mit der toten Flur, verquickt
Erinnern und Verlangen, langt
taube Wurzeln an mit Frühlingsregen.

Die Erzählung des Gedichts springt abrupt zwischen verschiedenen Stimmen hin und her, so dass der Leser sich ohne Orientierung fühlt, als sei er in eine Menge von Fremden geraten oder säße an einem ihm unbekannten Ort fest. Auch wenn sich die ominösen Stimmen oft direkt an den Leser wenden, bleibt die Identität der Sprecher unbekannt:

Und ich will dir etwas anderes zeigen als
Deinen Schatten des Morgens,
der dir auf dem Fuß folgt
Oder deinen Schatten des Abends,
der hochtapert dir entgegen:
Angst zeig ich dir in einer Handvoll Staub.

Das wüste Land ist stark von der Artus-Sage und deren Bezügen zum Fischerkönig beeinflusst. Dieser einst mächtige Führer wird verwundet und sein Reich zur unfruchtbaren Wüstenei. Nur wenn der Ritter Parzival eine Reihe von Aufgaben erfüllt, kann der Fischerkönig geheilt werden und sein Königreich wiedererstehen. In *Das wüste Land* geht es darum zu erkennen, wie die moderne Welt zu einer ähnlichen Erneuerung gelangen könnte. Am Ende gibt es schließlich einen Funken Hoffnung, aber es ist höchstens eine fragile Hoffnung – eine, an die sich der letzte Sprecher des Gedichts, wie die gesamte Menschheit, nur mit einem Gefühl der Resignation klammern kann.

Der Denker

Die monumentale Skulptur *Der Denker* (1880) von Auguste Rodin (1840–1917) ist eines der bekanntesten Kunstwerke der Welt und wurde zum Wahrzeichen des schöpferischen Geistes oder eines jeden, der tief in Gedanken versunken ist.

Die Figur wurde ursprünglich für *Das Höllentor* entworfen, das von der französischen Regierung 1880 für das neue Musée des Arts Décoratifs in Auftrag gegebene Portal. Sie sollte Dante darstellen, den italienischen Dichter des Mittelalters, dessen *Göttliche Komödie* als Quelle für das gesamte Projekt diente.

Die ursprüngliche Skulptur war nur 72 Zentimeter groß. Rodin benutzte als Modell einen etwa vierzigjährigen Mann – sein eigenes Alter, als er mit dem Entwurf für *Das Höllentor* begann. Der Denker stützt sein Kinn auf die Rückseite seiner offenen rechten Hand. Seine Schultern sind unter dem Gewicht seiner Gedanken buchstäblich eingesunken. Sein Körper ist angespannt, was man daran erkennen kann, wie seine Zehen sich um den Sockel krallen. Da die Figur genau für die Mitte der oberen Ebene des Portals bestimmt war, ist der Mann nach vorn gebeugt, sein Kopf, seine Hände und Knie stehen über seine Füße vor.

1902 wurde von Henri Lebossé unter Rodins Aufsicht für eine Verkaufsausstellung in Amerika eine sehr viel größere (181 cm), frei stehende Version der Skulptur angefertigt, die jedoch nicht Rodins Billigung fand. Ein weiterer Abguss wurde 1904 beim Pariser Salon ausgestellt und erhielt gemischte Kritiken. Im April 1906 wurde die

Skulptur schließlich an einem öffentlichen Ort aufgestellt. Jahre später wurde sie während einer politischen Krise von den Sozialisten als politisches Symbol vereinnahmt. Daraufhin brachte man sie unter dem Vorwand, dass sie bei öffentlichen Zeremonien ein Hindernis darstellte, in den Garten des Musée Rodin in Paris. Heute gibt es überall auf der Welt Abgüsse des *Denkers*, und fast alle stehen wie das Original im Freien.

Zusatzinformationen

1. Als Rodin den *Denker* schuf, war er ganz offensichtlich von Michelangelo inspiriert, vor allem von dessen *Moses* in der Basilika San Pietro in Vincoli (Rom) und dem *Lorenzo de' Medici* in der Kirche San Lorenzo in Florenz.
2. Eine Kopie des *Denkers* steht auf Rodins Grab in Meudon.

Reibung

Reibung ist die Kraft, die auf einen sich bewegenden Gegenstand einwirkt, wenn dessen Oberfläche gegen einen anderen Gegenstand reibt. Wenn man zum Beispiel einen Ball über den Rasen rollt, wird der Ball durch Reibung verlangsamt und schließlich gestoppt.

Das erste Bewegungsgesetz Isaac Newtons besagt, dass ein Gegenstand so lange in Bewegung bleibt, bis eine Kraft von außen auf ihn einwirkt. Wenn man zum Beispiel einen Ball im Vakuum des Weltraums fortwerfen würde, würde dieser sich ewig fortbewegen, weil es in einem Vakuum keine Reibung gibt. Auf der Erde jedoch existiert keine Oberfläche, die keine Reibung erzeugt. Immer gibt es etwas, das der Bewegung entgegensteht. Sogar wenn man einen Ball in die Luft wirft, reibt die Luft gegen den Ball, erzeugt Wärme und verlangsamt ihn.

Reibung wird durch sehr komplexe molekulare Interaktionen auf der Oberfläche von Gegenständen hervorgerufen. Allgemein kann man sagen, dass raue Oberflächen mehr Reibung erzeugen – zum Beispiel Sandpapier auf rauem Holz. Glatte Oberflächen vermindern die Reibung, ein Beispiel dafür ist das Gleiten eines Hockey-Pucks über das Eis. Aber es gibt Ausnahmen von dieser Regel. Wenn man zwei metallene Oberflächen in einen extrem flachen und glatten Zustand bringt, schmelzen ihre Oberflächen zusammen – man nennt dies »kaltes Schweißen«. In diesem Fall ist der Reibungswiderstand zur Bewegung äußerst groß.

Es gibt viele Arten von Reibung, normalerweise haben wir es im täglichen Leben mit statischer Reibung und kinetischer Reibung zu tun. Statische Reibung ist die Reibung von zwei Gegenständen, die sich in Beziehung zueinander nicht bewegen, zum Beispiel wenn ein Sofa einfach auf dem Fußboden steht. Kinetische Reibung ist die Reibung zweier Gegenstände, die sich in Bewegung berühren und dabei gegeneinander reiben, zum Beispiel wenn jemand ein Sofa über den Fußboden schiebt. Im Allgemeinen ist die statische Reibung größer als die kinetische Reibung. Dies erklärt, warum beim Schieben eines Sofas der anfängliche Schub mehr Mühe kostet als das Weiterschieben, wenn das Sofa erst einmal in Bewegung geraten ist.

Zusatzinformationen

1. Wenn man seine Hände gegeneinander bewegt, führt die Reibung dazu, dass sie warm werden.
2. Schmierstoffe und Gleitmittel wie Öl sind Substanzen, die die Reibung zwischen Oberflächen vermindern. Das Studium von Schmierstoffen und Reibung wird Tribologie oder Reibungslehre genannt.
3. Auto- und Fahrradbremsen funktionieren durch Verstärkung der Reibung.
4. Das Profil an Turnschuhsohlen vergrößert ihre Reibung auf dem Pflaster und machte es einem so leichter, sich vom Boden abzustoßen.

Frédéric Chopin

Die Werke Frédéric Chopins (1810–1849) sind ein Muss für jeden angehenden Pianisten. Seine Kompositionen sind weniger ausladend als die seiner Zeitgenossen, doch fehlt es ihnen nicht an Feinheit, Schönheit und Geschmack. Chopin war eher ein Komponist für die Salons als für die Konzertsäle, und die Rolle des Salonlieblings erfüllte zu seinen Lebzeiten keiner besser als er.

Chopin wurde 1810 nahe Warschau als Sohn eines Franzosen und einer Polin geboren. Er wuchs inmitten der Jungen einer aristokratischen Internatsschule auf, die von seinem Vater geleitet wurde. Dabei nahm er viele Angewohnheiten der Schüler an, und als junger Mann erwarb er schnell den Ruf, snobistisch, geziert und dandyhaft zu sein.

Schon als Teenager begann Chopin, kurze Musikstücke wie Mazurkas und Polonaisen zu komponieren, die beide auf polnischen Volkstänzen beruhten, und bald wurde es in Warschau Mode, dass Chopin seine Stücke in den Wohnzimmern der Aristokratie darbot. 1830 verließ Chopin Warschau und zog zunächst nach Wien und schließlich nach Paris, wo er mit seiner Musik reüssierte.

Chopin versuchte sich in Paris auch an Konzerten für ein großes Publikum, aber sein Komponierstil – mit seinem zarten, nuancierten Gebrauch der Lautstärke, seiner Harmonie und Dissonanz – war für Konzertsäle nicht geeignet. Nach 1835 trat er fast nie mehr außerhalb der Salons der Reichen und Intellektuellen auf; diese aber waren von seinem Vortragsstil und seiner dandyhaften Persönlichkeit äußerst angetan.

In Paris lernte Chopin viele Künstler und Intellektuelle kennen, darunter auch Franz Liszt. Eine wichtige Begegnung für sein Leben war die mit der exzentrischen Schriftstellerin George Sand. Mit ihr verbrachte er 1838–1839 einen Urlaub auf Mallorca. Dort bekam Chopin Tuberkulose, hatte aber noch genügend Kraft, um seine vierundzwanzig *Préludes* zu schreiben. Nachdem die beiden in George Sands französisches Landhaus zurückgekehrt waren, verschlechterte sich Chopins Gesundheitszustand. Schließlich trennte sich Sand, der neurotischen Art und der Krankheiten ihres Geliebten müde, 1846 von ihm.

Chopin starb 1849 in Paris und hinterließ eines der größten Werke an Klavierliteratur, die je ein Komponist geschrieben hat.

Zusatzinformationen

1. Als Chopin Warschau verließ, nahm er eine silberne Urne voll polnischer Erde mit sich. Er kehrte nie in sein Heimatland zurück, aber die Urne wurde als Ausdruck seines Nationalismus mit ihm verbrannt.
2. Nationalismus war in Chopins Laufbahn ein großes Thema, und er drückte seine Liebe zu seiner Heimat vor allem durch die Musik aus, die er schrieb. Seine Liebe zu Polen zeigt sich in seiner Verwendung polnischer Volks- und Hoftänze, vor allem in seiner *Militärpolonaise in A-Dur*, die er im Gedenken an einen fehlgeschlagenen polnischen Aufstand gegen den Zaren im Jahr 1831 schrieb.
3. Chopin schrieb ein Cello-Konzert und eine Handvoll kurzer Stücke für andere Instrumente, aber die meisten seiner Kompositionen – Dutzende Nocturnes, Scherzos, Balladen, Préludes, Mazurkas, Polonaisen und Etüden – waren für Solopiano.

Das Problem des Bösen

Betrachten Sie die folgenden vier Behauptungen:

Gott ist allmächtig.
(Alles Mögliche steht in seiner Macht.)

Gott ist allwissend.

Gott ist vollkommen gut.

Es gibt das Böse in der Welt.

Traditionell haben Theisten – Menschen, die an Gott glauben – diese vier Behauptungen akzeptiert, aber viele Philosophen halten sie für nicht vereinbar. Wenn Gott allmächtig ist, hätte er auch eine Welt ohne das Böse erschaffen können. Und da eine Welt ohne das Böse besser ist als eine Welt mit dem Bösen, wie konnte dann ein vollkommen gütiger Gott wissentlich eine Welt schaffen, in der es das Böse gibt?

Eine Lösung dieses Problems besteht darin, zu bestreiten, dass Gott für das Böse in der Welt verantwortlich ist. Anhänger dieser These sind der Ansicht, dass Gott zwar die Welt schuf, aber der Mensch das Böse. Der Mensch hat einen freien Willen, und die einzige Art, wie Gott das Böse in der Welt hätte verhindern können, wäre gewesen, dem Menschen keinen freien Willen zu geben. Aber, so wird weiter argumentiert, eine Welt, in der der Mensch keinen freien Willen besitzt, wäre noch schlechter als die existierende Welt. Gott hat die bestmögliche Wahl getroffen: Er schuf den Menschen mit freiem Willen, was dazu führte, dass es das Böse in der Welt gibt.

Allerdings löst diese Theorie nicht das Problem des Bösen in der

Natur – Hurrikane, Erdbeben und Tsunamis, die Tod und Leid bringen. Gott hätte eine Natur schaffen können, in der es weniger Katastrophen gibt, die Unschuldige töten. Warum tat er es nicht?

Gottfried Wilhelm Leibniz (1646–1716) beantwortete diese Frage mit seiner berühmten Behauptung, dass diese unsere Welt die beste aller möglichen Welten sei. Zugegebenermaßen gibt es Dinge in der Welt, die schlecht sind – zum Beispiel die Existenz von tödlichen Wirbelstürmen. Leibniz argumentiert jedoch, dass eine Welt ohne diese tödlichen Wirbelstürme schlechter wäre als diese Welt. Zum Beispiel würden ihr die eleganten Naturgesetze fehlen, die das Verhalten des Wetters bestimmen.

Zusatzinformationen

1. Der Versuch, Gottes Allmacht und vollkommene Güte mit dem Bösen in der Welt in Einklang zu bringen, wird Theodizee genannt.
2. Einige Philosophen sind der Ansicht, dass Gott keine bestmögliche Welt wählen konnte, sondern dass er zwischen mehreren weniger guten Alternativen wählte. Sie argumentieren, dass es zu Gottes Wahlfreiheit in Widerspruch stünde, wenn er die beste Welt hätte wählen müssen.

Scharia

Im Islam ist die Scharia, das islamische Recht, von höchster Bedeutung und untrennbar mit der Ausübung des Glaubens verbunden.

Der Gelehrte Seyyed Hossein Nasr stellt folgende Analogie auf: Stellen Sie sich einen großen Kreis vor. Der gesamte Umfang des Kreises ist die Scharia. An diesem Umfang muss jeder Moslem seine Reise entlang des Radius des Kreises beginnen – der Tarîqat oder der Weg genannt wird –, die zur Mitte des Kreises führt – der Haqiqa oder der Wahrheit. Obwohl ein Muslim noch immer als Muslim betrachtet werden kann, auch wenn er die Scharia nicht befolgt, kann er doch nicht die Wahrheit erreichen, ohne dort zu beginnen.

In der Gesellschaft gibt es keine Bereiche, die sich außerhalb der Scharia befinden. Man kann die Gesetze in zwei Gebiete unterteilen: Ibadat oder die Vorschriften, die die Andacht regeln, und Muamalat, die Vorschriften, die die Geschäfte regeln. Muamalat befasst sich mit allen sozialen, politischen und ökonomischen Beziehungen.

In der Scharia gibt es fünf Kategorien für die das Handeln der Menschen regelnden Vorschriften:

- **pflichtmäßige:** zum Beispiel tägliche Gebete
- **empfehlenswerte:** zum Beispiel Wohltaten
- **indifferente:** zum Beispiel die Gemüse in der Nahrung
- **verwerfliche:** zum Beispiel die Ehescheidung
- **verbotene:** zum Beispiel Mord, das Essen von Schweinefleisch oder das Trinken von Alkohol

Im Laufe der Zeit kam es dazu, dass sich verschiedene Rechtsgelehrte in ihrer Ansicht über die Scharia widersprachen. Innerhalb des sunnitischen Islams entwickelten sich daraufhin vier verschiedene Schulen. Doch zum größten Teil und in Bezug auf die Hauptriten des Islam stimmen alle fünf Schulen – vier sunnitische, eine schiitische – überein.

Eine wichtige Unterscheidung zwischen Schiiten und Sunniten besteht im Konzept des Ijtihad, der Interpretation der grundlegenden Quellen der Scharia. Sunniten glauben, dass die Texte seit dem zehnten Jahrhundert für Neuinterpretationen geschlossen sind. Schiiten dagegen halten es für ihre Pflicht, in regelmäßigen Abständen die Regeln von neuem zu durchforschen, um herauszufinden, ob Gesetze an die heutige Zeit angepasst werden sollten.

Zusatzinformationen

1. Die Scharia ist für die Muslime Gottes unveränderliches Gesetz, und auch wenn die Schiiten Interpretationen für zulässig halten, schaffen sie keine neuen Gesetze.
2. Muslime dürfen kein Schweinefleisch essen oder irgendein Fleisch, das nicht im Namen Allahs getötet wurde. Auch Affen, Hunde, Katzen und die meisten fleischfressenden Tiere dürfen sie nicht essen.

John Brown

John Brown (1800–1859) war ein militanter Gegner der Sklaverei, der 1859 vom US-Bundesstaat Virginia hingerichtet wurde, weil er versucht hatte, einen Sklavenaufstand zu entfachen. Militärisch gesehen war Brown erfolglos, aber als soziale Bewegung zeigte der Aufstand den Willen der Gegner der Sklaverei, diese tatsächlich zu beenden. Mit einer Handvoll Anhänger beschlagnahmte Brown ein staatliches Waffenarsenal in Harper's Ferry, Virginia und erwartete, dass die Sklaven der Umgegend ihren Herren entfliehen und sich ihm anschließen würden. Die Revolte kam jedoch nie zur Durchführung, und Brown wurde gefangen genommen und kurz darauf gehenkt.

Brown gehörte zum militanten Flügel der Gegner der Sklaverei, die seit den frühen 1800er Jahren ständig zugenommen hatten. 1859 waren die meisten Bürger des Nordens der Vereinigten Staaten gegen die Sklaverei, aber nur wenige befürworteten Browns extreme Methoden. Viele gemäßigte Nordamerikaner, darunter auch Abraham Lincoln, hofften auf ein baldiges Ende der Sklaverei, ohne die sofortige Abschaffung zu fordern. Radikale wie Brown und William Lloyd Garrison, ein Schriftsteller und führender Gegner der Sklaverei, wollten jedoch eine sofortige Abschaffung der Sklaverei, die sie als ein inakzeptables moralisches Übel ansahen.

Für die Südstaatler dagegen waren beide Lager der Gegner der Sklaverei übertriebene liberale Wichtigtuer. Viele Südstaatler glaubten, dass die Sklaverei durch die Bibel gerechtfertigt sei und darüber hinaus lebensnotwendig für das landwirtschaftliche Gedeihen des Südens. Für John C. Calhoun, einen prominenten Politiker aus South Carolina, war die Sklaverei kein Übel, sondern »ein positives Gut«. Die Kunde von Browns Aufstand rief im Süden Panik und Ungläubigkeit hervor. Browns Revolte war zwar militärisch erfolglos geblieben, politisch jedoch zeigte sie Wirkung. Voller Schrecken zogen viele Südstaatler den Schluss, dass nur die Trennung vom Norden die Sklaverei aufrechterhalten konnte. Als Abraham Lincoln 1860 mit der Unterstützung von Gegnern der Sklaverei aus dem Norden die Wahlen gewann, trennten sich die südlichen Staaten ab und lösten so den Bürgerkrieg aus, der die Sklaverei schließlich beendete.

Browns Kreuzzug gegen die Sklaverei bleibt bis heute umstritten. Nach moderner Definition war Brown fraglos ein Terrorist. Bei einer Streiterei in Kansas, ein paar Jahre vor seinem Coup in Harper's Ferry, tötete er zusammen mit seinen Söhnen eine Familie, die die Sklaverei unterstützte. Trotzdem half Browns Terrorismus einer Sache, die heute fast jeder für gerecht hält.

Zusatzinformationen

1. Brown wurde in Connecticut und Ohio von einem streng christlichen Vater erzogen, und er betonte die religiöse Grundlage seiner Gegnerschaft zur Sklaverei. Am Galgen in Virginia sagte er: »Ich, John Brown, bin jetzt ganz sicher, dass die Verbrechen dieses schuldigen Landes nur mit Blut ausgelöscht werden können. Ich habe mir vergeblich eingebildet, dass es ohne großes Blutvergießen möglich wäre.«

2. Im amerikanischen Bürgerkrieg sangen die Soldaten der Union ein Lied mit dem Titel »John Brown's Body«. Eine Gegnerin der Sklaverei aus Boston, Julia Ward Howe, hörte das Lied und schrieb einen neuen Text. Ihr Lied »The Battle Hymn of the Republic« ist bis heute eins der beliebtesten amerikanischen patriotischen Lieder.

Marcel Proust

Der französische Romancier Marcel Proust (1871–1922) verdankt seine Bekanntheit vor allem einem einzigen Werk, aber dieses hat seinen literarischen Ruhm wohl für alle Zeiten gesichert. Der Mammutroman *Auf der Suche nach der verlorenen Zeit* gehört zu den größten literarischen Leistungen des zwanzigsten Jahrhunderts.

Proust wuchs im Kreise einer wohlhabenden Familie auf und erhielt eine gründliche, sowohl literarische als auch juristische Ausbildung. Schon früh bewegte er sich in illustren Kreisen und nahm aktiv am Salonleben der Pariser Elite der *Belle Époque* teil. Nachdem Proust 1896 seine erste Kurzgeschichtensammlung veröffentlicht hatte, arbeitete er an einem autobiografischen Roman, *Jean Santeuil*, der später als Grundlage seines Meisterwerkes dienen sollte.

1909, als Prousts Gesundheitszustand immer schlechter wurde und er den Tod seiner Eltern zu beklagen hatte, begann er die Arbeit an *Auf der Suche nach der verlorenen Zeit*. Der Roman ist gigantisch, er umfasst mehr als 3000 Seiten und handelt von mehr als 2000 Charakteren. Veröffentlicht wurde das Werk in sieben Bänden von 1913 bis 1927, nachdem es zunächst von mehreren Verlegern abgelehnt worden war.

Auf der Suche nach der verlorenen Zeit ist im Wesentlichen autobiografisch. Es folgt der Entwicklung eines jungen Mannes, der auf der Suche ist nach dem, was ihn zu dem gemacht hat, was er ist. Dabei durchlebt er im Geiste noch einmal Erinnerungen aus seiner Jugend und bereitet sich schließlich darauf vor, einen Roman zu schreiben. *Auf der Suche nach der verlorenen Zeit* ist gleichermaßen meisterhaft in Bezug auf seine philosophischen und psychologischen

Gedanken als auch sein literarisches Können. Während des Verlaufs der Geschichte sinniert der Erzähler über Liebe, Identität, sexuelle Mehrdeutigkeit, Ästhetik, Kunst und andere Themen. Auch wenn der Erzähler im Allgemeinen als Prousts Double angesehen wird, beantwortet Proust selbst die Frage für den Leser nicht eindeutig.

Wie der Titel andeutet, sind Zeit und Erinnerung wichtige Themen des Romans. Für Proust war Zeit eher ein fließendes, amorphes Ganzes als ein geordnetes, lineares Fortschreiten einzelner Momente. Oft wird der Erzähler aufgrund eines sinnlichen Erlebnisses mit einem Mal von vorher verlorenen Erinnerungen überschwemmt. In einer berühmten Passage erinnert sich der Erzähler in lebhaften Bildern an Erlebnisse seiner Kindheit, als er einen kleinen französischen Kuchen, eine Madeleine, isst, die er früher immer in Tee gestippt hatte. Nach Prousts Tod gründeten zahllose moderne Autoren ihre Werke auf die Erforschung von Erinnerung und Zeit.

Zusatzinformationen

1. Den ersten Band von *Auf der Suche nach der verlorenen Zeit* veröffentlichte Proust auf eigene Kosten mit Geld, das er von seinen Eltern geerbt hatte.
2. Während der berüchtigten Dreyfus-Affäre von 1897 bis 1899 wandte Proust eine beträchtliche Menge Geld und Zeit dafür auf, sich mit Petitionen für den französisch-jüdischen Armeeoffizier Alfred Dreyfus einzusetzen, der unschuldig im Gefängnis saß, fälschlicherweise des Verrats angeklagt.

Claude Monet

Claude Monet (1840–1926) war eine der bedeutendsten Figuren der impressionistischen Bewegung. Bekannt ist er vor allem für seine vielen Bilder von Wasserlilien, die er in seinem Garten in Giverny in Frankreich malte.

Monet wurde in Paris geboren, und als er fünf Jahre alt war, zog die Familie nach Le Havre an der Küste der Normandie. Monets frühe Vertrautheit mit der Natur und dem Meer hatte einen starken Einfluss auf sein künstlerisches Schaffen. In Le Havre erwarb sich Monet einen Ruf als Karikaturist und zog damit die Aufmerksamkeit des Landschaftsmalers Eugène Bodin auf sich, der ihm riet, nicht nur zu zeichnen, sondern Landschaften zu malen. Nach zwei Jahren Militärdienst in Algerien erhielt Monet 1862 die Erlaubnis seiner Eltern, Maler zu werden, und zog nach Paris. Dort wurde er Schüler Charles Gleyres, bei dem er die künftigen Impressionisten Auguste Renoir und Alfred Sisley sowie den holländischen Landschaftsmaler Johann Barthold traf.

In den Jahren 1865, 1866 und 1868 stellte Monet konventionelle Bilder im offiziellen Pariser Salon aus. Doch in den späten 1860er Jahren wandte er sich neuen Techniken zu, die schließlich zum Impressionismus führten. 1869 verbrachte er zusammen mit Renoir in La Grenouillère, einem beliebten Ort für den Bootssport. Seite an Seite malend, verwandten die beiden Künstler unterbrochene Pinselstriche, um die flüchtige Eigenschaft des Lichts und der Farbe in der Reflexion auf dem Wasser einzufangen.

1870 heiratete Monet Camille Concieux und zog nach London, um dem deutsch-französischen Krieg zu entkommen. Während der neun Monate, die er in London verbrachte, malte er zahlreiche Bilder der Themse und traf seinen zukünftigen Händler Paul Durand-Ruel. 1872 kehrte Monet nach Frankreich zurück und wohnte die nächsten sechs Jahre in Argenteuil nahe Paris. Monet war eine treibende Kraft hinter der ersten Impressionisten-Ausstellung 1874. Dort stellte er sein Bild *Impression: Sonnenuntergang* (1872) aus, das der Bewegung ihren Namen gab.

1883 zog Monet nach Giverny nordwestlich von Paris, wo er seinen eigenen Garten entwarf, der durch die vielen Bilder berühmt wurde, die er in den kommenden Jahren seines Lebens davon malte. Von Giverny aus unternahm Monet weiterhin viele Reisen – nach London, Venedig und Rouen. In den 1890er Jahren begann er, an mehreren Bilderserien zu arbeiten, die denselben Gegenstand darstellten – z.B. einen Heuhaufen, eine Kathedrale, eine Ansicht von Pappeln –, wie er zu verschiedenen Tageszeiten in verändertem Licht erschien. Wenn Monet dabei war, eine Serie zu schaffen, arbeitete er an bis zu acht Bildern auf einmal und widmete jedem weniger als eine Stunde Zeit.

In den Jahren seit seinem Tod haben Monets Einfluss und seine Beliebtheit enorm zugenommen. 2004 wurde eins seiner Bilder von den Parliament Houses in London für mehr als zwanzig Millionen Dollar verkauft. Tausende Touristen besuchen jedes Jahr sein Haus und seinen Garten in Giverny. Monets Arbeiten hängen in bedeutenden Museen in der ganzen Welt, viele befinden sich in der Orangerie und dem Musée Marmottan in Paris.

Zusatzinformation

1. Monet bemerkte einmal, dass er wünschte, blind geboren zu sein, um dann plötzlich das Augenlicht zu erhalten und ohne vorgefasste Idee sehen zu können.

Sonne und Kernfusion

Die Sonne brennt nicht auf die gleiche Art wie Holz in einem Feuer, sondern sie verhält sich wie ein riesiger Atomreaktor. Die Energie von der Sonne entsteht durch Kernfusion – dem Prozess, bei dem zwei kleine Atomkerne sich zu einem größeren Kern verbinden. Die Sonne verschmilzt hauptsächlich Wasserstoffatome zu Heliumatomen, wobei Energie entsteht.

Wegen der riesigen Masse und der Schwerkraft der Sonne herrschen in ihrem Kern ein enorm großer Druck und eine unvorstellbare Hitze. Diese Eigenschaften führen zur Kernfusion. Unter normalen Umständen stoßen die Protonen in den Kernen von Wasserstoffatomen einander ab, weil sie alle positiv geladen sind. Aber der Druck in der Mitte der Sonne presst sie so stark zusammen, dass die elektromagnetische Kraft überwunden wird. Wenn sich nun zwei Wasserstoffatome zu Helium verbinden, entsteht gleichzeitig aus einer winzigen Menge der Wasserstoffatome eine große Menge Energie. Diese Verwandlung folgt Einsteins berühmter Formel $E=mc^2$. Die freigesetzte Energie ist gleich der verlorenen Masse mal der Lichtgeschwindigkeit zum Quadrat. Weil die Fusion aus so kleinen Mengen an Brennmaterial so fantastisch große Mengen an Energie erbringt, versuchen Wissenschaftler seit Jahrzehnten, auf der Erde kontrollierte Kernfusionsreaktionen herbeizuführen. Aber der wirtschaftlich nutzbare Kernfusionsreaktor bleibt noch immer mehr Science-Fiction als Tatsache.

In den vergangenen 4,5 Milliarden Jahren hat die Sonne etwa die Hälfte ihres Wasserstoffvorrats aufgebraucht. Wenn sie keinen Wasserstoff mehr hat, wird sich der Kern der Sonne aufgrund der

Schwerkraft zusammenziehen, sich aufheizen und seine äußeren Schichten ausdehnen. Die Sonne wird zu einem Roten Riesen werden und die Erde einhüllen, die verdampft.

Zusatzinformationen

1. Die Sonne verwandelt jede Sekunde etwa 600 Millionen Tonnen Wasserstoffkerne in Helium.
2. Während dieses Prozesses verliert die Sonne ungefähr vier Millionen Tonnen ihrer Masse, die in Energie verwandelt wird.
3. Energie von der Sonne wird in Form von Photonen zur Erde transportiert. Jedes Photon muss auf seinem Weg vom Kern der Sonne zu ihrer Oberfläche mit vielen Gasmolekülen interagieren. Diese Reise dauert etwa 100000 bis 200000 Jahre.
4. Von der Oberfläche der Sonne braucht ein Photon etwa acht Minuten, um die Erde zu erreichen.

Virtuosen der romantischen Epoche: Franz Liszt und Niccolò Paganini

Der romantische Sinn für das Extreme, die Dekadenz und die Verehrung des Genies wird anschaulich illustriert durch die Karrieren zweier Musiker der Frühromantik, der Virtuosen Niccolò Paganini (1782–1840) und Franz Liszt (1811–1886).

Paganini, ein hagerer italienischer Meistergeiger, spielte die Geige so ausgezeichnet – vor allem lange, technisch komplizierte Passagen –, dass man ihm oft unterstellte, er habe im Austausch für seine außergewöhnlichen Fähigkeiten einen Pakt mit dem Teufel geschlossen. Paganinis Ruhm begann bei einem Vorspiel in Paris 1828, bei dem er die Frauen im Publikum bezauberte und die Kritiker begeisterte. Doch als Paganini in Nizza starb, hinterließ er kein bedeutendes Repertoire großer Kompositionen. Wie bei anderen Virtuosen auch, waren die meisten seiner Arbeiten dazu geschaffen, seine eigenen Fähigkeiten mit halsbrecherischen, schnellen Solopassagen und minimaler, falls überhaupt einer Begleitung herauszustellen. Paganini schrieb sechs Violinkonzerte, von denen nur zwei regelmäßig gespielt werden.

Als Franz Liszt, ein außergewöhnlich talentierter ungarischer Pianist, 1824 nach Paris kam, war er so beeindruckt von Paganinis Spiel, dass er schwor, »der Paganini des Klaviers« zu werden. Zwei Jahre lang zog er sich zum Üben seiner Technik zurück, und als er schließlich sein Ziel erreicht hatte und aufzutreten begann, wurde schnell offensichtlich, dass er der geborene Selbstdarsteller war. Oft täuschte er am Ende seiner Auftritte hysterische Anfälle vor, um den Eindruck zu verstärken, dass er völlig in dem transzendentalen Erlebnis der Musik aufgegangen war. Bei den Damen taten solche Szenen ihre Wirkung. Liszt hatte viele Geliebte in den obersten Kreisen von Paris, darunter die Gräfin Marie d'Agoult und die russische Prinzessin Caroline de Sayn-Wittgenstein, die er später heiratete und die ihn zu ruhiger katholischer Frömmigkeit bekehrte.

Diese beiden Komponisten und Solisten hatten einen großen Anteil daran, dass sich der Schwerpunkt der romantischen Musik von der Komposition zur Aufführung verlagerte und sich die Musik dadurch weiter als je von der Ästhetik der Klassik entfernte.

Zusatzinformationen

1. Paganinis berühmtester Trick bestand darin, so wild zu spielen, dass drei der Saiten seiner Geige rissen und er sodann auf nur einer weiterspielte.
2. Als Junge verstümmelte Paganini seine Hände, um die Reichweite seiner Finger zu vergrößern.
3. Als alter Mann beichtete Liszt seine Sünden in Liebesdingen dem Papst selbst, der den Komponisten jedoch mit den Worten unterbrach: »Genug, Liszt. Erzählen Sie Ihre Sünden Ihrem Klavier.«

Willensfreiheit

Um moralisch verantwortlich für eine Handlung zu sein, muss man sich zu dieser Handlung entschieden haben. Wenn man zum Beispiel sieht, wie jemand in einem See ertrinkt, selbst aber gleichzeitig an einem Pfahl im Boden angebunden ist und sich nicht befreien kann, dann kann einem nicht moralisch vorgeworfen werden, dass man den Ertrinkenden nicht gerettet hat. Und wenn man einer Gehirnwäsche unterzogen und einem dann befohlen wurde, ein Verbrechen zu begehen, kann man für die Durchführung dieses Verbrechens kaum verantwortlich gemacht werden, da die eigene Entscheidungsfreiheit eingeschränkt war.

Es gibt wissenschaftliche Theorien, die die Welt für deterministisch halten. Setzt man die Welt voraus, wie sie in der Vergangenheit war, und nimmt dazu die physikalischen Gesetze, die in der Welt herrschen, gibt es für die Deterministen nur eine einzige Art, wie die Zukunft aussehen kann. Stellen Sie sich vor, dass diese Theorie auch auf Ihre Handlungen zutrifft. In dem Moment, in dem Sie eine Handlung ausführen, gibt es dann nur ein einziges mögliches Ergebnis – unter der Voraussetzung der Welt, wie sie in der Vergangenheit war, und unter der Voraussetzung der physikalischen Gesetze des Universums. Dann ist bereits jetzt alles physikalisch vorherbestimmt, was Sie in jedem Moment der Zukunft tun werden.

Heißt diese Art Determinismus nun, dass man für sein Handeln keine Verantwortung trägt? Wenn man eine moralisch schlechte Tat begeht, kann man sich dann damit verteidigen, dass die physikalischen Gesetze und die vergangene Geschichte des Universums so gestaltet waren, dass es keine Alternative gab?

Hält man den freien Willen und den Determinismus für unvereinbar, so muss man entweder den Determinismus oder jegliche moralische Verantwortung ablehnen. Lehnt man das Prinzip des Determinismus ab, glaubt man damit auch, dass es in der Welt einen grundlegenden kausalen Indeterminismus gibt, der vom Menschen mit freiem Willen beeinflusst ist; die zukünftige Geschichte der Welt ist dann durch die Naturgesetze nicht vorherbestimmt, sondern wir bestimmen sie durch unser Handeln. Bestreitet man aber jegliche moralische Verantwortung, hieße das, dass die Welt deterministisch ist und wir daher keinen freien Willen haben.

Zusatzinformationen

1. Philosophen, die den freien Willen und das Prinzip des Determinismus für vereinbar (kompatibel) halten, werden Kompatibilisten genannt. Philosophen, die diese Vereinbarkeit bestreiten, heißen Inkompatibilisten.
2. Gottfried Wilhelm Leibniz (1646–1716) war ein berühmter Kompatibilist. Er ging davon aus, dass alle unsere Handlungen kausal determiniert sind, dass wir aber dennoch frei sind.

Schiiten und Sunniten

Die große Spaltung des Islams in die beiden Gemeinschaften der Schiiten und Sunniten fand in der Folge von Mohammeds Tod statt. Als der Prophet des Islams im Alter von zweiundsechzig Jahren 632 n. Chr. starb, hatte er keinen Nachfolger bestimmt. Die Uneinigkeit darüber, wer Mohammeds Platz einnehmen sollte – Ali oder Abu Bakr –, führte zur Spaltung.

Die Schiiten beriefen sich darauf, dass Mohammed in Ghadir al-Khumm eine Rede gehalten hatte, in der er häufig Bezug auf Ali nahm, seinen Vetter und Schwiegersohn, und diesen pries. Daher glauben die Schiiten, dass Ali der erste Führer oder Imam des Islams war. Die Schiiten sind der Überzeugung, dass sie allein Mohammeds ursprünglichen Lehren die Treue gehalten haben, und dass die Sunniten davon abgewichen sind. Ihrer Anschauung nach müssen alle zukünftigen Imame Abkömmlinge Mohammeds sein, vermittelt durch seinen Schwiegersohn Ali und Alis Frau Fatima.

Die Sunniten dagegen glauben, dass Mohammeds Rede in Gadir al-Khumm, in der er von Ali sprach und ihn pries, nicht bedeutete, dass dieser der nächste Führer des Islams werden sollte. Stattdessen halten sie Abu Bakr für den ersten Kalifen. Abu Bakr war ein naher Vertrauter Mohammeds und sein Schwiegervater. Als Mohammed von Mekka nach Medina floh, war Abu Bakr sein einziger Begleiter. Und wenn Mohammed nicht anwesend war, leitete Abu Bakr manchmal die Gebete. Dies alles bewies für die Sunniten, dass er der von Mohammed gewünschte Nachfolger war.

Im Laufe der Jahrhunderte hat sich die Kluft zwischen den beiden islamischen Religionsgemeinschaften vertieft. Ursprünglich begann die Spaltung als ein politischer Konflikt zwischen zwei Gruppen gleichen Glaubens, doch inzwischen geht sie darüber hinaus. Die lange Zeit der Trennung hat verschiedene Glaubensanschauungen, Gesetze und praktische Verhaltensweisen entstehen lassen. Eine der religiösen Differenzen bezieht sich auf Hadith oder den Brauch der mündlichen Überlieferung, durch die die Lehren des Propheten und seiner Begleiter weitergegeben werden. Die Schiiten akzeptieren als authentische Überlieferungen nur diejenigen, die bis zu Mohammed und Ali zurückverfolgt werden können, nicht jedoch diejenigen, die aus anderen Quellen stammen. Daher erkennen die Schiiten viele von den Sunniten als heilig angesehene Traditionen nicht an.

Zusatzinformationen

1. Für die Sunniten war Ali zwar nicht der erste Kalif, aber der vierte der so genannten vier rechtgeleiteten Kalifen und folgte somit Abu Bakr, Umar ibn al-Khattah und Uthman ibn Affan.
2. Heute bilden die Sunniten die größte islamische Gemeinschaft, zu der etwa 90 Prozent der Muslime gehören. Die Schiiten bilden die zweitgrößte Gemeinschaft mit etwa neun Prozent. Diese Zahl kann jedoch angezweifelt werden, da die Schiiten in vielen Gegenden unterdrückt werden und die offiziell erfassten Zahlen daher eventuell nicht vollständig sind.
3. Der Hadsch – die heilige Wallfahrt nach Mekka – ist eins der wenigen Ereignisse, bei denen die normalerweise getrennt lebenden Sunniten und Schiiten zusammenkommen. Während der Pilgerfahrt tragen allerdings alle Muslime die einfache Kleidung eines Pilgers und verdecken so ethnische und soziale Unterschiede.

Abraham Lincoln

Bis heute gilt Abraham Lincoln (1809–1865) als größter Präsident der amerikanischen Geschichte. Er führte die Nation durch den Bürgerkrieg (1861–1865), der die Einheit des Landes bewahrte und das Ende der Sklaverei herbeiführte. Lincoln wurde in Kentucky geboren und 1860 zum Präsidenten gewählt. 1865 wurde er von einem fanatischen Sympathisanten der Südstaaten in einem Theater ermordet, nur ein paar Tage nachdem die Konföderiertenarmee unter General Robert E. Lee kapituliert hatte. Unter Lincolns Leitung gewannen die Nordstaaten den Krieg, aber den Frieden erlebte Lincoln nicht mehr.

Lincoln war ein schlaksiger, wenig attraktiver Mann mit einem Hang zur Melancholie. Manche Wissenschaftler glauben heute, dass er an Depressionen gelitten haben könnte. Bevor Lincoln Präsident wurde, hatte er ein paar lokale Ämter inne, war von 1847 bis 1849 Mitglied des House of Representatives und hatte 1855 einmal vergeblich für den US-Senat kandidiert.

Doch trotz seines nicht sehr verheißungsvollen Starts erwies sich Lincoln als einer der willensstärksten und redegewandtesten Männer, die je die Präsidentschaft gewonnen hatten. Lincoln glaubte daran, dass es unter allen Umständen nötig sei, die Einheit der Vereinigten Staaten aufrechtzuerhalten. Er war davon überzeugt, dass sonst die in ihnen verkörperten republikanischen Ideale zugrunde gehen würden. Lincoln verfasste bewegende Reden, die die Nordstaatler überzeugten, die Härten des Krieges zu ertragen. 1864 wurde Lincoln wiedergewählt und besiegte damit einen Gegenkandidaten, der versprochen hatte, den Krieg zu beenden. Dieser Sieg bewies Lincolns Fähigkeit, die Menschen der Nordstaaten trotz verheerender Verluste von der Wichtigkeit der Einheit der Vereinigten Staaten überzeugen zu können.

Lincoln selbst besaß wenig militärische Erfahrung, aber er zögerte nicht, seinen Generälen zu widersprechen. Nur in General Ulysses S. Grant fand Lincoln einen Führer, dem er vertraute – trotz Gerüchten, dass Grant ein Alkoholiker sei. »Sagen Sie mir, welche Marke Whiskey Grant trinkt«, soll Lincoln angeblich gewitzelt haben. »Ich würde meinen anderen Generälen gern ein Fässchen davon schicken.«

Vor seinem Tod plante Lincoln, die Südstaatler zu großzügigen Bedingungen in die Union zurückkehren zu lassen, ohne die Führer der Rebellion zu bestrafen. Lincoln »hätte sich als bester Freund erwiesen, den der Süden hätte haben können«, schrieb General Grant. »Ich kannte seine Herzensgüte, seine Großzügigkeit … und vor allem seinen Wunsch, alle Menschen der Vereinigten Staaten wieder im vollen Besitz des Privilegs einer Staatsbürgerschaft zu sehen, bei der alle gleich sind.«

Zusatzinformation

1. Lincolns Mörder war John Wilkes Booth, ein bekannter Shakespeare-Schauspieler und ein entfernter Verwandter des ehemaligen britischen Premierministers Tony Blair. Booth floh nach Maryland, wo er von Unionssoldaten gestellt und getötet wurde, als er sich nicht ergab.

Der unsichtbare Mann

Ralph Ellisons Roman *Der unsichtbare Mann* (1952) bringt das seltene Kunststück fertig, scharfe Sozialkritik mit bahnbrechender literarischer Technik zu verbinden. Das Werk ist eine beunruhigende Analyse des Lebens von Afroamerikanern in den USA des zwanzigsten Jahrhunderts und eine innovative Mischung der englischen Sprache mit der Rhythmik der Jazzmusik. Ellison schaffte es, weiße und schwarze Leser gleichermaßen zu schockieren. Die Weißen waren verärgert über Ellisons zornige Rassismuskritik, während die Schwarzen ihm übelnahmen, dass er sie genauso scharf kritisierte wie die Weißen. *Der unsichtbare Mann* wurde ein umstrittener Bestseller und mit dem National Book Award ausgezeichnet.

Ralph Ellison (1914–1994) wurde in Oklahoma geboren und wollte eigentlich Jazzmusiker werden. Nach dem Collegebesuch nahm er jedoch eine Arbeit beim Federal Writers' Project an, einer Regierungsinitiative zur Unterstützung der Literatur während der Großen Depression in den USA. 1936 zog Ellison nach New York City, wo er sich mit dem Dichter Langston Hughes, dem Romancier Richard Wright und anderen schwarzen Künstlern anfreundete.

Der namenlose Protagonist in *Der unsichtbare Mann* ist ein talentierter schwarzer Student aus dem Süden, der sich von einer Gruppe Weißer öffentlich erniedrigen lässt, um ein College-Stipendium zu erhalten. Doch dann erkennt er, dass der schwarze Präsident des Colleges auch kein besserer Mensch ist: er ist so hinterhältig und intrigant wie viele Weiße offen rassistisch. Der Erzähler geht nach Harlem, wo er mit einer politischen Organisation zu tun bekommt, die seine Fähigkeiten als Redner bewundert. Doch auch diese Erfahrung endet in einer Enttäuschung, als der Erzähler sowohl von Schwarzen als auch Weißen in der Gruppe angegriffen wird, denen sein Einfluss nicht passt und die ihn als Bedrohung ihrer eigenen Macht empfinden.

Die Beschreibung des weißen Rassismus in *Der unsichtbare Mann* stellt zwar eine scharfe Kritik dar, doch ebenso hart geht Ellison mit der afroamerikanischen Community ins Gericht. Der Erzähler trifft zahllose Beispiele egoistischer Schwarzer, die sich gegenseitig verraten und gegeneinander intrigieren und denen mehr an ihrer eigenen Politik als an Menschenrechten gelegen ist. Am Ende erkennt der Erzähler, dass er »unsichtbar« ist: Alle, die er trifft, sind entweder durch Rassismus oder die Verfolgung eigener Interessen geblendet und sehen ihn nur als negative Stereotype oder als Werkzeug, um ihre eigenen Ziele zu erreichen. Enttäuscht von der Nichtwahrnehmung seiner Individualität, zieht sich der Erzähler unter die Erde zurück, wo er seine Lebensgeschichte schreibt – das Einzige, was er tun kann, damit seine Stimme gehört wird.

Zusatzinformationen

1. *Der unsichtbare Mann* ist Ellisons einziger Roman. Daneben hat er Essay-Sammlungen und Kurzgeschichten geschrieben.
2. Mehrere Charaktere in *Der unsichtbare Mann* sind wirklichen schwarzen politischen Führern nachgebildet, darunter Booker T. Washington und Marcus Garvey.

Auguste Renoir

Einer der bedeutendsten Maler des Impressionismus ist Auguste Renoir (1841–1919), bekannt für seine Mußeszenen im Freien und seine einfühlsamen Porträts von Frauen und Kindern.

Renoir war der Sohn eines Schneiders und begann schon mit dreizehn Jahren, Fächer zu dekorieren und Blumen auf Porzellan zu malen. Er verbesserte seine Fähigkeiten, indem er im Louvre Bilder kopierte. 1861 ging er an die École des Beaux-Arts in Paris, und ein Jahr später wurde er Schüler des Schweizer Malers Charles Gleyre, bei dem er die späteren Impressionisten Claude Monet, Alfred Sisley und Frédéric Bazille kennenlernte. Renoir stellte beim offiziellen Pariser Salon in den 1860er Jahren mehrere Bilder aus, beteiligte sich aber auch an der ersten Gegenausstellung der Impressionisten 1874.

Im folgenden Jahrzehnt hatte die Entwicklung des Impressionismus einen großen Einfluss auf Renoirs Stil. Bei dem Gemälde *Ball im Moulin de la Galette* (1876) ist die Komposition willkürlich abgeschnitten, so als wäre das Dargestellte eine Weiterführung der Welt außerhalb des Bildes.

Ball im Moulin de la Galette stellte Renoir bei der dritten Impressionisten-Ausstellung 1877 aus. 1878 kehrte er wieder in den offiziellen Salon zurück und fand mehr und mehr wohlhabende Auftraggeber. Frei von finanziellen Sorgen, begann Renoir ausgiebig zu reisen – 1881 nach Nordafrika und 1882 für eine längere Zeit nach Italien. Dort studierte er das Werk Raffaels und alte Skulpturen, was ihn die subjektiven Werte des Impressionismus in Frage stellen ließ. Seit 1883 wurde Renoirs früheres Interesse an flüchtigen Farben, veränderlichem Licht und einem lockeren Pinselstrich durch eine zunehmende Beschäftigung mit Form und Kontur ersetzt.

In den 1900er Jahren beginnt sich Renoirs Gesundheitszustand zu verschlechtern. Schon in den 1890er Jahren litt er unter einer rheumatischen Erkrankung, und nun verlor er zunehmend die Kontrolle über seine Gelenke. Seit 1910 konnte er nur noch malen, indem er den Pinsel an seine Hand binden ließ. Außerdem quälten ihn nun auch noch familiäre Sorgen. 1915 wurde sein Sohn Jean, der später ein berühmter Filmregisseur wurde, im Ersten Weltkrieg schwer verletzt, und nach einem Besuch bei ihm im Hospital starb Renoirs Frau im selben Jahr. Trotzdem arbeitete Renoir weiter, und noch im Alter von siebzig Jahren begann er, Skulpturen zu schaffen, indem er seinen Assistenten Richard Guino anwies, den Ton nach seinen Entwürfen zu modellieren.

Renoirs künstlerisches Schaffen wird am besten mit seinen eigenen Worten zusammengefasst: »Die Erde als das Paradies der Götter. Das ist, was ich malen möchte.«

Zusatzinformationen

1. In Italien entdeckte Renoir die Abhandlung *Das Buch von der Kunst* von Cennino Cennini, einem Florentiner Künstler des fünfzehnten Jahrhunderts, das ihn stark beeinflusste.
2. Madame George Charpentier, eine Herausgeberin, stellte Renoir wohlhabenden Mitgliedern der feinen Gesellschaft vor, von denen er viele Aufträge für Porträts erhielt.

Regenbögen

Regenbögen entstehen, wenn das Sonnenlicht von Regentropfen gebrochen wird. Die Wassertröpfchen werfen das Licht der Sonne zurück und zerlegen es dabei in seine Spektralfarben, von denen jede sich mit ihrer eigenen Frequenz fortbewegt. Auch wenn Sie vielleicht gelernt haben, dass der Regenbogen aus sieben Farben besteht – Rot, Orange, Gelb, Grün, Blau, Indigo und Violett –, hat er in Wirklichkeit so viele Farben, wie es Regentropfen gibt, die das Licht im Himmel zurückwerfen. Der Regenbogen besitzt ein vollständiges Farbspektrum, und jede der Farben wird von einem anderen Winkel aus gesehen. Neben dem Hauptregenbogen gibt es oft auch noch einen Nebenregenbogen.

Der Hauptregenbogen hat einen Radius von 40 bis 42 Grad, dessen Mittelpunkt sich direkt gegenüber der Sonne befindet. Bei Sonnenuntergang kann der Betrachter auf der Erde durch den Einfallswinkel der Sonne einen ganzen Halbkreis sehen, während mittags überhaupt kein Regenbogen entsteht, weil die Sonne direkt über dem Betrachter steht. Von einem Flugzeug aus ist es möglich, einen Regenbogen in Form eines ganzen Kreises zu sehen, weil sich die Regentropfen sowohl über als auch unter dem Betrachter befinden.

Nebenregenbögen entstehen, wenn das Licht in einem Regenbogen zweimal reflektiert wird. Der Nebenregenbogen ist schwächer als der Hauptregenbogen, und wegen der doppelten Reflexion erscheinen die Farben in umgekehrter Reihenfolge. Ein Nebenregenbogen befindet sich 10 Grad höher am Himmel als der Hauptregenbogen.

Zusatzinformationen

1. Außer einem ersten Nebenregenbogen wurden auch schon zweite und dritte Nebenregenbögen beobachtet, und theoretisch existieren auch dreizehnte Nebenregenbögen.
2. Manchmal ist auch das Mondlicht hell genug, um einen Regenbogen entstehen zu lassen. Ein Mondregenbogen erscheint normalerweise als ein schwacher weißer Bogen.
3. Es ist physikalisch unmöglich, unter einem Regenbogen zu laufen, da er tatsächlich nur im Auge des Betrachters existiert.
4. In der griechischen Mythologie hat Iris, die Göttin des Regenbogens, durch den Regenbogen Botschaften vom Himmel zur Erde geschickt.

Johannes Brahms

Einer der letzten großen Meister, dessen Werke den Konventionen der traditionellen Sinfonieform entsprachen, war Johannes Brahms (1833–1897), Klassiker und Romantiker gleichermaßen. Virtuos beherrschte er die sinfonische Sprache des neunzehnten Jahrhunderts, erwies jedoch auch den älteren Musikgrößen seine Reverenz. Brahms' Musik entsprach seiner Persönlichkeit – sensibel, konservativ und trotzdem sehr lebendig. Mit Brahms endete die musikalische Ära der Romantik.

Brahms wurde in Hamburg geboren. Seine Familie war arm, aber er erhielt schon früh Klavierunterricht. Mit zwanzig ging er mit Eduard Remény, einem hervorragenden ungarischen Violinisten, auf Tournee durch Europa. Auf seiner Reise traf er Franz Liszt und Richard Wagner, aber sein größter Freund und ein eifriger Befürworter seiner Musik wurde Robert Schumann. Der ältere Komponist schrieb Artikel für die von ihm herausgegebene »Neue Zeitschrift für Musik«, in denen er Brahms als Genie pries. Brahms wurde bald zum Quasi-Mitglied der schwierigen Schumann-Familie. Während der letzten zwei schweren Jahre von Robert Schumanns Leben, als dessen Flau Clara mehr und mehr unter seiner Geisteskrankheit litt, tröstete Brahms sie unermüdlich und verliebte sich in sie. Doch soll sich daraus nie ein wirkliches Liebesverhältnis entwickelt haben.

Brahms reiste als Dirigent und Komponist ständig zwischen europäischen Städten hin und her. Sein Klavierkonzert Nr. 1 in d-moll schrieb er 1859 für die Schumanns und widmete den zweiten Satz Clara. In den ersten Satz floss der erschütternde Eindruck des ersten Selbstmordversuches Robert Schumanns ein. Seine erste, sehr erfolgreiche Sinfonie schrieb Brahms 1876, und bis 1888 schrieb er noch drei weitere Sinfonien.

Brahms' Sinfonien wie auch seine ungarischen Tänze und andere orchestrale Musikstücke verschafften ihm große Berühmtheit und Beliebtheit bis zum heutigen Tage. Brahms studierte eifrig die kontrapunktischen und klassischen sinfonischen Musikformen Bachs und Palestrinas, verzichtete aber nie auf seine Vorliebe für lebensvolle Melodien in romantischem Stil.

Zusatzinformationen

1. Als junger Mann spielte Brahms in Hamburgs Hafenbordellen Klavier; aus dieser Zeit stammt seine lebenslange Zuneigung zu Prostituierten.
2. Der Kritik Clara Schumanns, an die Brahms einst schrieb: »Ich liebe Sie mehr als alles auf der Welt«, brachte Brahms volles Vertrauen entgegen. Auf ihren Vorschlag hin änderte er sogar die Tonart seines Klavierquartetts in cis-moll zu c-moll.
3. Brahms verscherzte es sich mit Liszt, als er bei einem seiner Konzerte einschlief.

Immanuel Kant

»Zwei Dinge erfüllen das Gemüt mit immer neuer und zunehmender Bewunderung und Ehrfurcht, je öfter und anhaltender sich das Nachdenken damit beschäftigt: Der bestirnte Himmel über mir, und das moralische Gesetz in mir.«

Kritik der praktischen Vernunft

Immanuel Kant (1724–1804) wurde in Königsberg geboren, das damals zu Preußen gehörte. Dort verbrachte er sein ganzes Leben, ohne sich je weit von seiner Heimatstadt zu entfernen. Sohn eines Sattlers, wurde Kant schließlich Professor an der Universität Königsberg und gilt heute als der größte deutsche Philosoph.

In seiner Lebensmitte hatte Kant noch keine bemerkenswerten Werke hervorgebracht. Erst in dem relativ fortgeschrittenen Alter von siebenundfünfzig Jahren veröffentlichte er sein berühmtestes Buch, die *Kritik der reinen Vernunft* (1780) oder die so genannte erste Kritik. Darin legt er dar, dass Metaphysik nur wissenschaftlich sein kann, wenn sie nicht beschreibt, wie die Welt an sich ist, sondern wie wir sie wahrnehmen. Er argumentiert, dass wir niemals wissen können, wie die Welt an sich ist, weil zum Beispiel Ort und Zeit keine objektiven Eigenschaften der Welt selbst sind, sondern Formen unserer Wahrnehmung.

In der *Kritik der praktischen Vernunft* (1788), der zweiten Kritik, führt Kant aus, dass es ein universelles moralisches Gesetz gibt, das für jeden gilt und uns sagt, wie wir uns zu verhalten haben, unabhängig von dem, was wir wollen. Dieses Gesetz zeigt uns, dass wir einen freien Willen haben, und es gibt uns Grund zu glauben, dass es einen gütigen Gott gibt und die Seele unsterblich ist. Allerdings hatte Kant in der Kritik der reinen Vernunft bewiesen, dass wir nie wirklich wissen können, dass wir frei sind, dass es einen Gott gibt oder dass unsere Seele unsterblich ist. Daher musste Kant, in seinen eigenen Worten, »das Wissen außer Kraft setzen, um Raum für Glauben zu bieten«.

Außerdem verfasste Kant die *Kritik der Urteilskraft* (1790) und eine große Anzahl kleinerer Werke und Essays zur moralischen und politischen Philosophie, Religion, Ästhetik, Geschichte und Naturwissenschaft. Sein »kritisches« System, wie er selbst es nannte, zielt darauf ab, Naturwissenschaft, Moral und Religion rational zu begründen, während er gleichzeitig dem Grenzen setzt, was Menschen mit Sicherheit wissen können.

Zusatzinformationen

1. Am bekanntesten ist Kant als Philosoph, doch er hielt über fast alle Themen Vorlesungen – zum Beispiel Pädagogik, Logik, Mathematik, Naturwissenschaft und Geographie – und veröffentlichte mehrere bedeutende Werke zur Physik und Naturwissenschaft.
2. Kants Tageslauf war so regelmäßig, dass die Königsberger angeblich ihre Uhren nach seinen Spaziergängen stellen konnten.

Sufismus

Der Sufismus entwickelte sich als eine Reaktion darauf, dass der traditionelle Islam das Hauptgewicht auf die Worte des Korans legte. Dagegen forderten diejenigen, die später als Sufis bekannt wurden, die Hingabe an den Geist des heiligen Buches.

Für Sufis besteht der Islam aus zwei Teilen, einem äußeren, bei dem es zum Beispiel darum geht, Gutes zu tun, und einem inneren. So glauben die Sufis, dass der Islam im Kern ein Glaube ist, der jeden Einzelnen ganz persönlich angeht, und die Hauptbetonung liegt im Sufismus eher auf den inneren Zielen als nur auf den guten Taten.

Der ideale Sufi war für die Anhänger des Sufismus Mohammed selbst, der ein frommes und tugendhaftes Leben führte. So suchen die Sufis Mohammed in seiner Lebensart so weit wie möglich nacheifern, doch gleichzeitig ist ihr Ziel noch höher gesteckt – sie möchten den Zustand inneren Friedens erreichen, der es ermöglicht, Gottes Offenbarungen zu erhalten.

Die ersten Sufiorden entstanden nach Mohammeds Tod, als die Führer begannen, Geschichten aus seinem Leben und seinen Beziehungen zu seiner Familie und seinen Freunden zu erzählen. Diese Geschichten inspirierten andere, und schon bald bildete sich um die Menschen, die sie erzählten, eine Anhängerschaft.

Viele dieser Orden praktizierten rituelle Gesänge des Korans. Andere, wie die tanzenden Derwische, praktizierten Andachten in Form von rasanten kreisenden Bewegungen. Jeder dieser Orden wird von einem spirituellen Meister, dem Sheikh geleitet. Die verschiedenen Praktiken stehen für die vielen Wege zu Gott, aber alle Orden haben ein ähnliches Ziel: Gott ohne äußere Motivation zu lieben.

Sufis erzählen die Geschichte Rabias, einer Sklavin aus dem achten Jahrhundert, deren Hingabe an Gott so stark war, dass sie ihre Besitzer veranlasste, sie freizulassen. Rabia soll Gott gesagt haben, dass, wenn sie ihn liebt, weil sie die Hölle fürchtet, er sie in der Hölle brennen lassen soll und dass, wenn sie ihn liebt, weil sie in den Himmel gelangen möchte, er ihr den Zugang zum Himmel verweigern soll. Die Sufis erstreben eine reine Vereinigung mit dem Göttlichen – ohne damit etwas erreichen zu wollen.

Zusatzinformationen

1. Das Wort Sufi kommt von Suf, was »Wolle« bedeutet und für die einfache Wollkleidung steht, die viele Sufis tragen.
2. Einige Sufis sind der Ansicht, dass Jesus Christus ein sehr gutes Beispiel für einen Sufi war, weil er das Evangelium der Liebe predigte.
3. Der Sufismus kollidierte oft mit den religiösen Autoritäten des Islam, weil er dem Text des Korans nicht dieselbe hohe Bedeutung wie der traditionelle Islam beimisst.
4. Abd al-Qadir al-Gilani, der Gründer eines der größten Sufiorden, befand sich als Kind in einer Karawane, die ausgeraubt wurde. Die Diebe verlangten Geld von allen, beachteten das Kind jedoch nicht, dem seine Mutter Geld ins Hemd genäht hatte. Daraufhin rief Abd al-Qadir ihnen nach, dass es noch mehr Geld gebe, und die Diebe waren angesichts seiner Ehrlichkeit von solcher Ehrfurcht erfüllt, dass sie auf der Stelle zum Islam konvertierten.

Appomattox Court House – Ulysses S. Grant und Robert E. Lee

Am Nachmittag des 9. April 1865 ritt Ulysses S. Grant, der Oberbefehlshaber der Armee der Vereinigten Staaten, auf seinem Pferd Cincinnati zu einem Farmhaus in dem kleinen Ort Appomattox Court House in Virginia. Dort wartete sein Rivale auf ihn, Robert E. Lee, der Oberbefehlshaber der Konföderiertenarmee. Nach vier Jahren des Kampfes war Lee zu dem Schluss gekommen, dass seine ausgebrannte Armee am Ende war. Auf allen Seiten von den Nordstaatlern umgeben, saßen die Konföderierten in der Falle. Nach einem höflichen Handschlag unterzeichnete Lee die Kapitulationsurkunde seiner Rebellenarmee. Der Bürgerkrieg war vorbei.

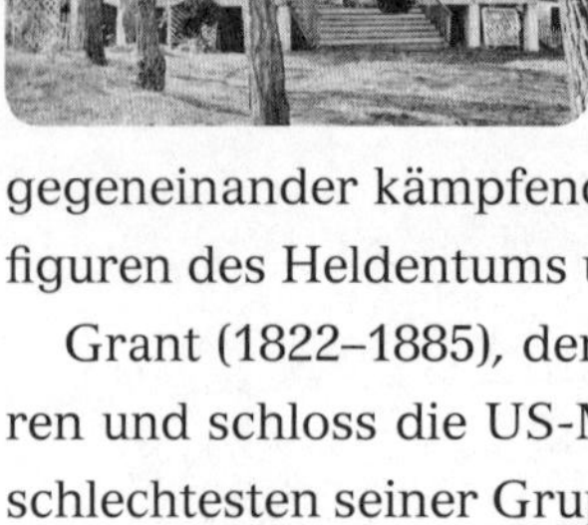

Der Bürgerkrieg, auch Sezessionskrieg genannt, der 1861 in den Vereinigten Staaten ausbrach, war der blutigste Konflikt in der amerikanischen Geschichte. Mehr als 550000 Soldaten kamen ums Leben und Hunderttausende wurden verwundet. Lee und Grant, die beiden Generäle, die die gegeneinander kämpfenden Armeen anführten, wurden zu Symbolfiguren des Heldentums und der Tragödie auf beiden Seiten.

Grant (1822–1885), der Sohn eines Gerbers, wurde in Ohio geboren und schloss die US-Militärakademie in West Point als einer der schlechtesten seiner Gruppe ab. Bevor Grant durch den Bürgerkrieg zum Helden wurde, war er sogar für seinen Vater eine Enttäuschung. Nachdem er im mexikanischen Krieg mitgekämpft hatte, verließ er die Armee und versuchte sich erfolglos an einer Reihe von Geschäftsunternehmen, bevor er 1850 in den Lederladen seines Vaters zurückkehrte, um dort zu arbeiten. Der Ausbruch der Kampfhandlungen gab Grant die Chance, wieder das zu tun, was er konnte: Krieg führen. Grant war Alkoholiker, aber sein fester Glaube an den Sieg und sein Wille, ihn mit allen Mitteln zu erreichen, brachten ihm das Vertrauen von Präsident Abraham Lincoln ein, der ihn 1864 mit der obersten Führung der Unionsarmee beauftragte.

Lee (1807–1870) kam dagegen aus einer wohlhabenden und respektierten Familie aus Virginia. Er war beim Abschluss an der Militärakademie in West Point Zweitbester seiner Klasse, wo er nicht ein einziges Mal wegen mangelnder Disziplin gerügt worden war. Für Lee galt der Ehrenkodex wirklich, den viele Südstaatler zwar propagierten, aber nach dem nur wenige lebten. Lees Karriere bei der Armee verlief erfolgreich, und wie auch Grant diente er im mexikanischen Krieg. Lee war gegen die Ablösung der Südstaaten von den Vereinigten Staaten, doch als sein Heimatstaat Virginia die Union verließ, fühlte er sich verpflichtet, dem neu ausgerufenen Konföderiertenbund zu dienen.

Von dem schicksalhaften Nachmittag bei Appomattox schrieb Grant später in seinen Memoiren: »Ich war alles andere als glücklich über den Untergang eines Feindes, der so lange und so tapfer gekämpft hatte und so viel für eine Sache gelitten hatte, obwohl diese Sache, so glaube ich, eine der schlechtesten war, für die Menschen je gekämpft haben.«

Zusatzinformation

1. Grant, der in den amerikanischen Nordstaaten durch den Sieg der Unionsarmee äußerst beliebt geworden war, wurde 1868 zum Präsidenten der Vereinigten Staaten gewählt, aber Historiker halten ihn für einen der schlechtesten Präsidenten des Landes.

»Howl«

US-Amerikaner tendieren dazu, nostalgisch verklärt auf die 1950er Jahre in ihrem Land zurückzublicken und das ganze Jahrzehnt als eine gelungene Utopie von Nachkriegswohlstand und glücklichem Familienleben in der Art einer der Heile-Welt-Fernsehserien aus den 1960er Jahren anzusehen. Aber auch in dieser anscheinend so ruhigen Zeit gab es unterschwellig bei vielen ein Gefühl von Unzufriedenheit und Rebellion. In der Literatur manifestierte sich dieses Empfinden in der Beat-Generation, zu deren Galionsfiguren Allen Ginsberg (1926–1997) gehörte. Ginsbergs Gedicht »Howl« (dt. »Geheul«), ein spektakulärer, berührender Angriff auf den amerikanischen Status quo, ist ein konzentrierter Ausdruck des Lebensgefühls der Beat-Generation.

Ginsberg war durch und durch New Yorker. Geboren und aufgewachsen im nördlichen New Jersey, studierte er an der Columbia University und lebte die meiste Zeit seines Lebens in Manhattan. Während seines Studiums befreundete er sich mit Jack Kerouac und William S. Burroughs, beide ebenfalls bedeutende Autoren der Beat-Generation. Nach seinem Studium ging Ginsberg auf ausgedehnte Reisen. Während dieser Zeit vermischten sich seine jüdischen Wurzeln mit Zen-Buddhismus, linker Politik, Jazzmusik und intensiven Drogenerfahrungen.

»Howl« (1956), Ginsbergs erstes bedeutendes veröffentlichtes Werk, ist eine ausführliche, wütende, offen emotionale Kritik, die ein Gegenbild zu der anscheinend so perfekten amerikanischen sozialen Landschaft der 1950er Jahre erschafft:

Ich sah die besten Köpfe meiner Generation zerstört vom Wahnsinn,
hungrig hysterisch nackt,
wie sie im Morgengrauen sich durch die Negerstraßen schleppten
auf der Suche nach einer wütenden Spritze,
Hipster mit Engelsköpfen, süchtig nach dem alten himmlischen Kontakt zum Sternendynamo in der Maschinerie der Nacht,
die armselig und abgerissen und hohläugig und high wach hockten
und rauchten im übernatürlichen Dunkel von Altbauwohnungen,
in Jazz-Meditation schwebend über dem Häusermeer der Städte,
die dem Himmel ihre Hirne entblößten unter der Hochbahn und
mohammedanische Engel taumeln sahen auf Mietskasernendächern in Strömen von Licht…

Das Gedicht greift den Materialismus des amerikanischen Lebens an, dreht sich aber auch um Drogenabhängigkeit, Zensur, Homosexualität und Spiritualität. Es wurde mit der Begründung von Obszönität verboten, aber nach einem Aufsehen erregenden Gerichtsstreit, in dem die American Civil Liberties Union Ginsberg zu Hilfe kam, urteilte ein kalifornischer Richter, dass »Howl« »versöhnliche soziale Bedeutung« habe, und ließ die weitere Veröffentlichung zu.

»Howl« war formal von zwei früheren amerikanischen Dichtern, Walt Whitman (1819–1892) und William Carlos Williams (1883–1963), beeinflusst. Das Gedicht mit seinen langen, in freien Versen geschriebenen Zeilen und der realistischen, drastischen Sprache wirkt wie ein spontaner, unkontrollierter Gefühlsausbruch. Sein zorniger und verzweifelter Ton war ein Vorbote der sozialen Unruhen, die die Vereinigten Staaten während des Vietnamkriegs erschüttern sollten.

Zusatzinformation

1. Der deutsche Übersetzer von Ginsberg, Carl Weissner, war einer der Sargträger Charles Bukowskis, dessen Werk er ebenfalls übersetzt hat.

Mary Cassatt

Mary Cassatt (1844–1926), eine amerikanische Malerin, die zusammen mit den französischen Impressionisten in Paris ausstellte, ist vor allem für ihre Bilder von Frauen und Kindern und ihre Rolle bei der Bekanntmachung des Impressionismus in den USA bekannt.

Mary Cassatt wurde als Tochter wohlhabender Eltern in Pittsburgh geboren und verbrachte mehrere Jahre ihrer Kindheit in Deutschland. Mit sechzehn Jahren begann sie, an der Pennsylvania Academy of Fine Arts in Philadelphia Malerei zu studieren. 1866 ging sie nach Europa, wo sie die meiste Zeit ihres Lebens blieb. Nachdem sie einige Zeit in Italien verbracht hatte, wählte Cassatt Paris als ständigen Aufenthaltsort. Bis 1878 spezialisierte sie sich auf Bilder von Frauen, meist in Pariser Umgebung, die sie in den Vereinigten Staaten und 1870 und 1872 bis 1876 beim Kunstsalon in Frankreich ausstellte.

Beeindruckt von den innovativen Arbeiten Edgar Degas' und Gustave Courbets, begann Cassatt, ihren Stil zu verändern. Nachdem Degas sie 1879 aufgefordert hatte, sich den Impressionisten anzuschließen, stellte sie bis zu deren letzter Ausstellung 1886 mit ihnen zusammen aus. Degas legte sogar 1878 letzte Hand an eines ihrer Bilder, *Kleines Mädchen im blauen Sessel*. 1877 zogen Cassatts Mutter und Schwester nach Paris, woraufhin die Malerin ihren unabhängigen Bohème-Lebensstil aufgab und in einem eher familiären Haushalt lebte, was allerdings ihre künstlerische Produktivität in keiner Weise dämpfte. Nach 1886 begann Cassatt, mehr Wert auf Zeichenkunst zu legen. Inspiriert von japanischen Ukiyo-e-Drucken, schuf sie in den 1890er Jahren eine Serie von ausgezeichneten Farb-

drucken. Ihr berühmtes Bild *Das Bad* (1892) zeigt ihre Fähigkeit, die linienbetonte Darstellung orientalischer Kunst mit westlichen Themen zu vereinbaren.

Während ihrer ganzen Karriere waren Cassatt die Rechte der Frauen ein Anliegen. 1892 erhielt sie den Auftrag, für die Weltausstellung in Chicago ein Wandbild der Frau für den Frauenpavillon zu schaffen. 1915 beteiligte sie sich mit achtzehn Arbeiten an einer Ausstellung in der Knoedler Gallery in New York, die dazu dienen sollte, die Aufmerksamkeit auf das Frauenwahlrecht zu lenken.

Cassatt kommt auch das Verdienst zu, den Impressionismus in den Vereinigten Staaten bekannt gemacht zu haben. Sie ermutigte reiche Amerikaner zum Kauf von Werken ihrer Künstlerkollegen und beriet sie bei der Auswahl. Für Henry und Louisine Havemeyer, deren Sammlung impressionistischer Meister heute im Metropolitan Museum of Art in New York City hängt, fungierte sie als persönliche Beraterin. Seit 1900 litt Mary Cassatt an Grauem Star, malte jedoch noch weitere fünfzehn Jahre, bevor sie völlig erblindete.

Zusatzinformation

1. 1878 reiste Cassatt nach Spanien, wo sie die Arbeiten von Diego Velázquez und Bartolomé Murillo studierte und eine Reihe von Werken mit spanischen Themen schuf.

Schallwellen

Schall ist eine Vibration, die sich in längs verlaufenden Druckwellen durch ein Medium hindurch ausbreitet. Schall hat alle klassischen Eigenschaften von Wellen – Frequenz, Wellenlänge, Geschwindigkeit und Amplitude. Anders als elektromagnetische Wellen wie zum Beispiel Radiowellen, Mikrowellen und sichtbares Licht können Schallwellen sich jedoch nicht durch das Vakuum des Weltraums fortbewegen. Sie benötigen für ihre Ausbreitung ein Medium – gasförmig, flüssig oder fest.

Schall entsteht, wenn ein Gegenstand vibriert und dadurch die Partikel um sich her bewegt, die ihrerseits die Partikel um sie her bewegen. So beginnt eine Kettenreaktion von Kompression und Dekompression bei jeder Vibration. Die Druckwellen breiten sich in einer Linie parallel zu der ursprünglichen Vibration aus, man nennt diese Wellen Longitudinalwellen. Die Anzahl von Druckschwankungen pro Sekunde nennt man Frequenz, und den Abstand zwischen Punkten maximalen Drucks Wellenlänge. Höhere Frequenzen nehmen wir als höhere Tonlagen wahr und niedrigere Frequenzen als tiefere Tonlagen.

Die Geschwindigkeit einer Schallwelle ist die Entfernung pro Zeiteinheit, die sie sich in einer gegebenen Richtung ausbreitet. Die Schallgeschwindigkeit hängt zum großen Teil von dem Medium ab, in dem sich der Schall ausbreitet. Im Allgemeinen haben die Teilchen in fester Materie stärkere Interaktionen als die Teilchen in Flüssigkeiten und Gasen, wodurch sich der Schall in festen Medien schneller ausbreiten kann. Daher legt man sein Ohr an die Zuggleise, um zu hören, ob ein Zug kommt. Die Vibrationen des Zuges breiten sich in den Metallgleisen schneller aus als in der Luft.

Die Schallamplitude bezieht sich auf die Druckdifferenz, die der Schall erzeugt. Je mehr Energie in der ursprünglichen Vibration enthalten ist, desto größer ist die Amplitude. Die Amplitude nehmen wir als Lautstärke wahr. Während eine Schallwelle sich ausbreitet, verliert sie an Amplitude. Der Schall wird schwächer und schwächer, bis er nicht mehr gehört werden kann.

Zusatzinformationen

1. Die Einheit für die Frequenz ist ein Hertz (Hz). Ein Hertz entspricht einer Vibration pro Sekunde. Das menschliche Ohr kann Frequenzen zwischen etwa 20 und 20000 Hz hören.
2. Hunde und Delfine können besonders gut Töne hören, die von hohen Frequenzen erzeugt werden. Hunde können Frequenzen bis zu 45000 Hz hören und Delfine bis zu 200000 Hz.
3. Elefanten können besonders gut niedrigere Frequenzen hören, bis zu einer Tiefe von 5 Hz.
4. Unsere Fähigkeit der Wahrnehmung der Amplitude nimmt im Alter ab. Daher brauchen ältere Menschen oft eine Hörhilfe.

Giuseppe Verdi

Giuseppe Verdi (1813–1901) verkörpert den typischen Repräsentanten der italienischen Opernschule. Im Gegensatz zur deutschen Schule beruht der italienische Stil stärker auf direkten Gefühlen – er ist voller mitreißender Dramatik, und die Handlung wird von lebensechten Personen vorangetrieben.

Verdi wurde als Sohn eines Gastwirts in Roncole in der Grafschaft Parma in Italien geboren und hatte schon früh Erfolg. Als er sechsundzwanzig war, wurde seine erste Oper *Oberto* in der Mailänder Scala aufgeführt, Mailands berühmtestes Opernhaus und höchstes Ziel jedes italienischen Sängers und Komponisten. Nach einem Misserfolg mit seiner nächsten Oper gewann er die Herzen der Mailänder mit *Nabucco* (1842) zurück. Bei der Oper handelt es sich um die ausladende Geschichte von Nebukadnezars Invasion Jerusalems. In den acht folgenden Jahren schrieb Verdi dreizehn Opern und verdiente ein Vermögen. Das Jahrzehnt danach war er nicht mehr ganz so produktiv, schrieb aber einige seiner berühmtesten Opern: *Rigoletto* (1851), *Il Trovatore* (1853) und *La Traviata* (1853).

Bevor Verdi seine Opern schuf, war Gioacchino Rossini der beliebteste Komponist der italienischen Oper. Rossinis Werke waren zum größten Teil fröhliche Capriccios mit langen Passagen, in denen das Hauptgewicht auf den Solostimmen lag. Außerdem komponierten im italienischen Opernstil noch Vincenzo Bellini, Gaetano Donizetti und andere Komponisten des Belcantostils, der in den 1830er Jahren eine Blütezeit erlebte.

Verdi schrieb Opern voller seelenvoller Melodien und melodramatischer Handlung, in denen es um Liebe, Verlust und Tragödien ging, die aber leichter als die deutschen Opern waren. Während Richard Wagner und seine Nacheiferer der deutschen Schule abstrakte Ideen thematisierten und eine Vorliebe für riesige, kühne Produktionen hatten, lag bei Verdi das Hauptgewicht auf sehr direktem, realistischem emotionalem Ausdruck und lebensnahen Charakteren, die ihr Herz im Gesang offenbarten.

Zusatzinformationen

1. Verdi wurde ursprünglich am Konservatorium in Mailand abgelehnt, weil ihm das »musikalische Talent fehlte«. Er nahm daraufhin privaten Musikunterricht.
2. Während des Kampfes für die italienische Unabhängigkeit von Österreich schrieben Befürworter »Viva Verdi!« an öffentliche Orte. Dabei stand der Name des Komponisten als Akronym für Vittorio Emanuele, Re d'Italia (»Lang lebe Vittorio Emanuele, König von Italien!«), ein Hinweis auf den Mann, der tatsächlich der erste König des vereinten Italiens werden sollte.
3. Ein bedeutender Beitrag Verdis zur Entwicklung der Oper ist der Verdi-Bariton; Verdi schrieb seine ausdrucksvollsten Arien für den sonoren Baritonpart anstatt den Tenor, wie es traditionell der Fall gewesen war.

Kategorischer Imperativ

Vergleichen Sie die beiden Anweisungen: »Trage deinen Mantel, wenn du nicht frieren willst!« und »Du sollst nicht töten!« Die erste Anweisung liefert eine Begründung, warum Sie sie befolgen sollen; Sie sagt Ihnen, was Sie tun sollen, damit Sie nicht frieren. Wenn es Ihnen nichts ausmacht zu frieren, haben Sie auch keinen Grund, der Anweisung zu folgen. Im Gegensatz dazu glauben die meisten Menschen, dass der Befehl »Du sollst nicht töten!« sehr wohl für sie gilt, ob sie nun das Bedürfnis haben, jemanden zu töten, oder nicht.

Der deutsche Philosoph Immanuel Kant (1724–1804) benutzte zur Beschreibung der Beziehung zwischen den Menschen und Befehlen wie »Du sollst nicht töten!« und anderen moralischen Vorschriften den Begriff *kategorischer Imperativ*. Kant war der Meinung, dass es ein *bedingungsloses* moralisches Gesetz gibt – ein Gesetz, das uns sagt, was wir tun dürfen und was nicht, und das ungeachtet unserer Wünsche für uns gilt. Daher ist dieses moralische Gesetz durch einen Imperativ – ein Gebot – ausgedrückt, also einen Befehl, etwas zu tun oder nicht zu tun, ungeachtet unserer Wünsche.

Kant beschrieb verschiedene Arten, diese moralischen Gesetze zu erkennen, von denen die bekannteste die Universalisierungsformel genannt wird. Er erklärte: »Handle nur nach derjenigen Maxime, durch die du zugleich wollen kannst, dass sie ein allgemeines Gesetz werde.« Die Maxime Ihres Handelns ist der Grund oder das leitende Prinzip Ihres Verhaltens. Wenn Sie sich zum Beispiel Geld von einem Freund borgen und versprechen, es zurückzuzahlen, aber nicht die Absicht haben, dies zu tun, dann wäre Ihre Maxime: Mach ein falsches Versprechen, um zu Geld zu kommen. Die Universalisierungsformel bedeutet, dass diese Handlung, wenn Sie nicht wünschen, dass ein jeder nach der entsprechenden Maxime handelt, das universelle Gesetz verletzt. Wenn alle falsche Versprechungen machen würden, um zu Geld zu kommen, dann würde niemand mehr nur aufgrund eines Versprechens Geld verleihen. Machen Sie also ein falsches Versprechen, müssen Sie wünschen, dass alle anderen, die ein solches Versprechen machen, nicht lügen; denn sonst würde Ihr Trick ja nicht funktionieren. Damit ist bewiesen, dass Ihr falsches Versprechen das moralische Gesetz verletzt.

Zusatzinformationen

1. Eine andere Art, wie Kant den kategorischen Imperativ in eine Formel fasst, nennt man Zweck-an-sich-Formel: »Handle so, dass du die Menschheit sowohl in deiner Person als in der Person eines jeden anderen jederzeit zugleich als Zweck, niemals bloß als Mittel brauchst.«
2. Seine Theorie des kategorischen Imperativs formulierte Kant zum ersten Mal 1785 in seinem Buch *Grundlegung zur Metaphysik der Sitten*.
3. Kant glaubte, dass Selbstmord den kategorischen Imperativ verletze – Gleiches galt seiner Ansicht nach für die Masturbation.

Die vier rechtgeleiteten Kalifen

Nach der sunnitischen Islamtradition waren die vier rechtgeleiteten Kalifen die ersten vier Führer des Islam. Sie galten als Anhänger Mohammeds, die getreu dessen Weg folgten.

Der erste dieser vier Kalifen war Abu Bakr. Trotz der Einwände der Schiiten, die Ali für den rechtmäßigen Nachfolger Mohammeds hielten, übernahm Abu Bakr das Kalifat kurz nachdem Mohammed gestorben war. Er war Mohammeds enger Verbündeter und Schwiegervater gewesen und hatte während Mohammeds Abwesenheit oft die Gebete geleitet. Abu Bakr war von 632 bis 634 n. Chr. Kalif. Sein Kalifat war kurz, aber aufgrund des Konflikts mit Ali und seinen Anhängern bedeutungsvoll für die kommenden Jahrhunderte.

Kurz bevor Abu Bakr starb – einige glauben, dass er vergiftet wurde –, schlug er Umar ibn al-Khattab als seinen Nachfolger vor. Umar wurde 634 der zweite Kalif des Islam und regierte bis 644. Als er gewählt wurde, forderten die Schiiten noch immer, dass der wahre Kalif Ali sein müsse – ohne Erfolg. So war Umar für die Schiiten der nächste Usurpator. Die Sunniten dagegen hielten Umar für einen sehr guten Führer. Sie lobten ihn dafür, dass er der Einsetzung einer Dynastie widerstand, indem er verhinderte, dass sein Sohn ihm nachfolgte. Stattdessen ernannte Umar sechs Männer, darunter auch Ali, die aus ihrer Mitte einen Kalifen wählen sollten.

Als Umar von einem Mann aus persönlichen Gründen ermordet wurde, wählte diese Gruppe als Nachfolger Uthman ibn Affan, der von 644 bis 656 regierte. Uthman ist vielleicht am bekanntesten dafür, dass er den Koran standardisierte. Er vergrößerte auch das islamische Reich und begann mit der Praxis, Familienmitglieder zu ernennen, die mit ihm zusammen das große Land regierten. Diese Praxis führte zu Unruhen, vor allem in Nordafrika. Schließlich stürmten unter der Führung von Soldaten viele erboste Muslime das Haus des Kalifen und töteten ihn.

Nach Uthmans Tod wurde schließlich Ali, auch bekannt als Ali ibn Abi Talib, Kalif. Um diese Zeit herrschten jedoch in den islamischen Gebieten bereits chaotische Zustände. Um sich vor den Sunniten in Sicherheit zu bringen, die gegen seine Herrschaft waren, verlegte Ali seine Hauptstadt in die Gegend des heutigen Irak. Ali regierte bis 661, dann wurde auch er von Dissidenten ermordet.

Sein Tod markierte das Ende der Periode der vier rechtgeleiteten Kalifen. Sein Nachfolger Muawiyah führte eine Erbdynastie ein.

Zusatzinformationen

1. Alle drei ermordeten Kalifen, Umar, Uthman und Ali, sollen getötet worden sein, während sie heilige Riten praktizierten. Umar leitete gerade das Gebet in der Moschee, Uthman las den Koran und Ali verrichtete sein Morgengebet.
2. Kalifen gab es bis ins zwanzigste Jahrhundert. Der letzte Kalif, Abdülmecid II., starb 1944 in Paris.

Transkontinentale Eisenbahn

Vor 1869 war die Reise in den Vereinigten Staaten von New York City nach San Francisco ein langer und gefährlicher Weg. Zwischen der Ost- und Westküste des Landes lag die unwirtliche Prärie. Das vier- bis sechsmonatige Abenteuer war so mühevoll, dass viele Reisende stattdessen lieber den Umweg um die Südspitze Südamerikas auf sich nahmen.

Die Eröffnung der transkontinentalen Eisenbahn im Frühling 1869 verband die beiden Küsten der Vereinigten Staaten und machte es möglich, Güter und Menschen problemlos von Ost nach West zu befördern. Die Eisenbahn, die nur etwa vierzig Jahre früher erfunden worden war, brachte Amerika zusammen und führte zu einer enormen Zunahme des Handels. Außerdem löste sie neue Wellen weißer Siedler aus, die sich im Westen niederließen, und führte so in der Folge zum Niedergang der indianischen Stämme in der Region.

Auch wenn die transkontinentale Eisenbahn von zwei privaten Gesellschaften gebaut wurde, der Union Pacific und den Central Pacific Railroads, war sie von Anfang an ein Regierungsprojekt. Während des Bürgerkriegs hatte Präsident Abraham Lincoln beschlossen, eine bessere Verbindung nach Kalifornien, das 1850 ein Staat der USA geworden war, zu schaffen. In Kalifornien war 1849 Gold entdeckt worden, was den berühmten Goldrausch ausgelöst hatte; viele Goldsucher waren nach Westen gegangen, um dort ihr Glück zu machen. Die Regierung bot den beiden Eisenbahngesellschaften riesige Anreize, damit sie ihre Arbeit schnell fertigstellten.

Zwei Stahlbänder über den gesamten amerikanischen Kontinent zu legen war eine gewaltige Aufgabe. Die Route ging über riesige Wüstenlandschaften, breite Flüsse und die schneebedeckten Rocky Mountains. Mannschaften von chinesischen und irischen Immigranten bauten sechzehn Kilometer Gleise an einem einzigen Tag. Als die transkontinentale Eisenbahn nach sieben Jahren fertig war, dauerte die einst so beschwerliche Reise zwischen Ost und West nur noch sechs Tage.

Zusatzinformationen

1. Einer der Direktoren der Central Pacific war Leland Stanford, der sein mit der Eisenbahn verdientes Vermögen später dazu verwandte, die Stanford University in Kalifornien aufzubauen.
2. Die Vollendung der Strecke wurde von den beiden Eisenbahngesellschaften am 10. Mai 1869 bei Promontory Summit in Utah gefeiert, indem ein goldener Gleisnagel in das letzte Gleisstück getrieben wurde. Heute wird der Ort nicht mehr von der Union Pacific angefahren, und die historischen Gleise wurden 1942 herausgerissen und eingeschmolzen, weil das Material im Zweiten Weltkrieg benötigt wurde.
3. Der Lohn für chinesische Arbeiter bei der Central Pacific betrug anfangs 27 Dollar pro Monat und wurde bis auf 30 Dollar erhöht. Die irischen Arbeiter verdienten 35 Dollar pro Monat inklusive freier Verpflegung.
4. Oft mussten im Westen die Eisenbahngleise über Hindernisse hinweg anstatt um sie herum verlegt werden. In Utah wurde zum Beispiel der in Windungen verlaufende Weber River einunddreißig Mal überquert!

Tennessee Williams

Wenn Eugene O'Neill der große Tragödiendichter des amerikanischen Dramas und Arthur Miller das soziale Gewissen des Theaters in den USA war, so war Tennessee Williams (1911–1983) derjenige, der Themen und lyrische Sprache rigoros erneuerte, der die Grenzen von Sprache und Inhalt am weitesten auslotete. Außerdem gehören seine Werke wie die Romane William Faulkners zu den bedeutendsten der Südstaatenliteratur der USA.

Williams' stark autobiografisch geprägtes Stück *Die Glasmenagerie* (1944) über die dysfunktionale Familie der Wingfields brachte dem Autor den ersten großen Erfolg. Darin geht es um eine ihren Erinnerungen nachhängende Mutter, die durch ihr extrem dominantes Verhalten ihren müde gewordenen Sohn und ihre leicht körperbehinderte Tochter, die sich ihrerseits aus der Wirklichkeit in eine Fantasiewelt inmitten ihrer Glastiersammlung zurückgezogen hat, immer weiter von sich stößt. Als das Stück 1944 in Chicago uraufgeführt wurde, riefen begeisterte Theaterkritiker die Öffentlichkeit dringend dazu auf, sich das Stück anzusehen, und nach dem anfangs spärlichen Zulauf strömten die Besucher schon bald in Scharen ins Theater.

Williams' nächstes großes Werk, *Endstation Sehsucht* (1947), bewies, dass seine Geschichten im Film genauso ihre Wirkung entfalteten wie auf der Bühne. Die Hauptfigur des Stücks, die stolze Südstaatenschönheit Blanche DuBois, richtet sich selbst zugrunde, weil sie nichts für sich behalten kann und immer wieder mit ihrem flegelhaften Schwager Stanley Kowalski aneinandergerät. 1948 erhielt Williams für das Stück den Pulitzer Prize, was sein Ansehen als Dramatiker weiter festigte. 1955 erfolgte die Uraufführung von *Die Katze auf dem heißen Blechdach.* Darin werden die sexuellen und familiären Beziehungen eines scheinbar erfolgreichen Südstaatenclans unter die Lupe genommen und deren tatsächliche Verlogenheit schonungslos enthüllt. Für dieses Stück erhielt Williams ebenfalls den Pulitzer Prize.

Die Themen, mit denen sich Williams in seinen Stücken auseinandersetzt – Gewalt, sexuelle Frustration, Zerrüttung von Ehen, Inzest, Alkoholismus und Homosexualität –, waren für seine Zeit skandalös und schockierten das Publikum. Gleichzeitig verlieh Williams seinen Figuren eine für die amerikanische Bühne ungewöhnliche Sprache. Seine Charaktere reden in einer merkwürdigen, eloquenten Tonart, die ihren Kämpfen ein mythisches Gewicht verleiht – Welten entfernt von den äußerst realistischen Dialogen, die viele Zeitgenossen von Williams ihren Figuren in den Mund legten.

Zusatzinformationen

1. Williams hieß eigentlich Thomas Lanzer Williams; den Spitznamen »Tennessee« erhielt er von seinen College-Freunden – eine Anspielung auf die lange Geschichte der Familie seines Vaters in diesem Bundesstaat.
2. Mit der Filmadaption von *Die Katze auf dem heißen Blechdach* (1958, mit Paul Newman und Elizabeth Taylor in den Hauptrollen) war Williams gar nicht zufrieden, da das Filmstudio alle Anspielungen auf die Homosexualität der männlichen Hauptfigur gestrichen hatte, obwohl diese im Original ziemlich wichtig ist.
3. In der Schuhfabrik, in der sein Vater Williams zu arbeiten zwang, hieß einer seiner Kollegen Stanley Kowalski; von ihm ist die bekannte Figur in *Endstation Sehnsucht* inspiriert.

Postimpressionismus

Der Begriff Postimpressionismus wurde von dem Kritiker Roger Fry geprägt, der eine von ihm 1910 in London veranstaltete Ausstellung »Manet und der Postimpressionismus« nannte. Fry bezeichnete mit diesem Sammelbegriff ganz pragmatisch zeitgenössische Künstler der Periode nach dem Impressionismus. In der Ausstellung wurden Werke von Henri Matisse, Pablo Picasso und Georges Braque gezeigt.

Heute wird der Begriff Postimpressionismus spezifischer gebraucht und bezeichnet die Kunst, die etwa zwischen 1886 und 1905 von Malern wie Paul Gauguin und Paul Cézanne geschaffen wurde. Diese Künstler waren der Ansicht, dass sich die Impressionisten zu stark auf die äußere Erscheinung der Dinge anstatt auf ihre Bedeutung konzentriert und zu viel Gewicht auf Licht und Farbe gelegt hätten. Die Postimpressionisten verwarfen die naturalistische Darstellung in der Kunst und betonten die Bedeutung der Kontur, der Struktur und Komposition. Ihnen ging es mehr um den emotionalen Wert der Kunst, die für sie ein Mittel darstellte, sich selbst auszudrücken.

Der Postimpressionismus schlug eine Brücke zu vielen Kunstrichtungen, die später im zwanzigsten Jahrhundert entstehen sollten. Cézannes Reduktion von Gegenständen auf geometrische Formen, zum Beispiel in seinen Bildern des Mont Sainte-Victoire und seinen vielen späten Stillleben, trug entscheidend zur Entwicklung des Kubismus bei. Gauguins kreative Verwendung intensiver Farben und sein Interesse an so genannten »primitiven Kulturen« hatten großen Einfluss auf die Fauvisten. Vincent van Goghs Spiritualität und die subjektive Weise, mit der er sich seinem Malgegenstand näherte, wurde ähnlich von den Symbolisten verfochten. Auch wenn es in den Malstilen dieser drei Künstler wenig Gemeinsamkeiten gibt, ging es ihnen doch allen um den visuellen Ausdruck von Gefühlen.

Zusatzinformationen

1. Im Gegensatz zu den geselligen Impressionisten, die sich häufig zu Künstlergemeinschaften zusammenfanden, neigten die Postimpressionisten eher zum unabhängigen und individuellen Arbeiten, und oft litten sie, wie zum Beispiel Gauguin und van Gogh, an Depressionen.
2. Weil die Postimpressionisten sich mehr auf Struktur und Komposition konzentrierten als auf flüchtige Eindrücke der physischen Welt, arbeiteten sie meist mit einer bestimmten Absicht und fertigten vor der Vollendung eines Bildes oft viele Entwürfe an.

Röntgenstrahlen

1895 experimentierte der deutsche Physiker Wilhelm Conrad Röntgen mit Elektronenstrahlen in einer Vakuumröhre. Die Röhre war mit dicker schwarzer Pappe umgeben, die eigentlich das Licht von den Elektronenstrahlen hätte auffangen müssen. Doch merkwürdigerweise begann ein fluoreszierender Schirm am anderen Ende des Raums jedes Mal zu leuchten, wenn Röntgen die Elektronenstrahlen freisetzte. Röntgen hatte ganz zufällig eine bis dahin unbekannte Form der Strahlung entdeckt, die bestimmte Materialien leicht durchdringen konnte und von anderen aufgefangen wurde. Als Röntgen seine Hand vor die Röhre hielt, drang die Strahlung durch seine Haut und sein Fleisch, wurde jedoch von seinen Knochen absorbiert, was auf dem fluoreszierenden Schirm ein deutliches Bild seiner Knochen hinterließ. Röntgen nannte die Strahlen X-Strahlen, weil sie so mysteriös waren. Erst nach Röntgens Tod setzte sich in Deutschland die Bezeichnung Röntgenstrahlen durch.

Röntgenstrahlen sind eine Form elektromagnetischer Strahlung genau wie sichtbares Licht. Sowohl Röntgenstrahlen wie auch die Strahlen des sichtbaren Lichts werden in winzigen, Photonen genannten Energiepaketen transportiert, die durch die Bewegung von Elektronen erzeugt werden, die negativ geladene subatomare Teilchen sind. Elektronen bewegen sich auf bestimmten Energieniveaus um den Atomkern, wechselt ein Elektron sein Niveau, erzeugt (oder absorbiert) es ein Photon. Der Unterschied zwischen sichtbarem Licht und Röntgenstrahlen ist, dass Röntgenstrahlen eine deutlich kürzere Wellenlänge haben und daher wesentlich energiereicher sind.

Das weiche Gewebe unserer Haut und unseres Fleisches besteht aus Atomen, die das sichtbare Licht mit der wenigen Energie leicht absorbieren. Die hochenergetischen Röntgenstrahlen gehen durch Haut und Fleisch hindurch. Das Kalzium in unseren Knochen jedoch, wie auch andere, metallische Substanzen, stoppt die Röntgenstrahlen und absorbiert sie. Die Absorbtion von Röntgenstrahlen hängt von der Dichte des Materials ab. Blei hat eine hohe Dichte, die Röntgenstrahlen vollkommen absorbiert. Daher tragen Wissenschaftler, die mit Röntgenstrahlen arbeiten, Bleischürzen, um sich selbst vor der Röntgenstrahlung zu schützen; denn wenn man ihr zu lange ausgesetzt ist, kann sie Krebs erzeugen.

Zusatzinformationen

1. Mittels Röntgenstrahlen kann man nicht durch Kleidung sehen, aber in den frühen 1900er Jahren befürchteten Gesetzgeber dies und wollten die Strahlen verbieten.
2. In englischsprachigen Ländern heißen Röntgenstrahlen noch heute »x-rays« (X-Strahlen).
3. Sterne, Supernovas und Schwarze Löcher senden Röntgenstrahlen aus, diese können jedoch nur mit sich im Weltraum befindlichen Teleskopen wahrgenommen werden, da sie die Atmosphäre der Erde nicht durchdringen können.

Verdis *La Traviata* und *Aida*

La Traviata ist eine der Opern, die Giuseppe Verdi (1813–1901) als Meister der italienischen Oper bekannt machten. Es ist die Geschichte einer »gefallenen Frau« namens Violetta, die sich in einen reichen Mann, Alfredo, verliebt. Alfredos Vater ist gegen die Verbindung und verbietet die Heirat. Am Ende stirbt die Kurtisane Violetta, die Tuberkulose hat, einen tragischen Tod, während sie eine lange Arie singt. Die Oper, deren Libretto von Francesco Maria Piavo geschrieben wurde, enthält viele sehr ausdrucksstarke Arien und einige der Hauptsolostücke für jeden Opernsopran. Die Oper wird noch heute häufig aufgeführt.

Auch *Aida* (1870) gehört zu den bekanntesten Verdi-Opern. Sie wurde 1869 von dem Khediven (Herrscher) von Ägypten in Auftrag gegeben, eigentlich zur Eröffnung des Suez-Kanals und eines neuen Opernhauses. Der Perfektionist Verdi hielt jedoch seinen Liefertermin nicht ein, und daher wurde zur Eröffnung des Opernhauses statt *Aida Rigoletto* gegeben. Ein Jahr später löste Verdi sein Versprechen ein und schuf eine Oper über eine äthiopische Sklavin, Aida, die sich in einen ägyptischen Feldherrn, Radames, verliebt. Wie *La Traviata* ist auch *Aida* eine Liebesgeschichte voller Leidenschaft und Tragik. Der darin vorkommende eingängige und leicht zu merkende »Triumphmarsch« ist eine der bekanntesten Melodien Verdis.

Für die Premiere von *Aida* gab Ägyptens Herrscher ein Vermögen aus. Er kaufte in Frankreich hergestellte Kostüme und stellte mehr als 300 Personen für die Aufführung ein. Helm und Schwert von Radames waren aus purem Silber. Verdi wohnte der Premiere nicht bei. Er war offensichtlich sehr unzufrieden mit dem, was er darüber erfuhr, weil er fand, dass eine solche Art der Vorstellung seine Kunst zu purer Massenunterhaltung reduzierte. Verdi zog sich nun für mehrere Jahre in sein Landhaus zurück und widmete sich nur noch der Gärtnerei und der Pflege seiner Tiere. 1874 kehrte er jedoch mit seinem berühmten *Requiem* zurück und schrieb noch zwei Opern, bevor er 1901 starb.

Zusatzinformationen

1. Das Libretto von *La Traviata* beruht auf dem Roman *Die Kameliendame* von Alexandre Dumas (1824–1895), der sich wiederum zu seiner Geschichte von der Tänzerin Lola Montez inspirieren ließ, die eine Geliebte von Franz Liszt war.
2. Bei der Premiere von *La Traviata* war die Diva, die die Violetta – eine an Tuberkulose sterbende Figur – spielte, sehr dick. Als sie in der Schlussszene zusammenbrach und zu Boden fiel, stieg eine Staubwolke auf, die für einen Moment die Bühne vernebelte.
3. Zur Premiere von *Aida* kam der ägyptische Khedive mit seinem Harem, der drei Logen brauchte.

Utilitarismus

Der Utilitarismus ist eine Theorie darüber, wie wir uns verhalten sollten. Er besagt, dass wir immer das tun sollten, was das größtmögliche Maß an Glück hervorruft. Der Utilitarismus wurde zuerst von dem englischen Ökonomen und Philosophen Jeremy Bentham (1748–1832) entworfen und später von John Stuart Mill (1806–1873) weiterentwickelt.

Heutige Philosophen sehen im Utilitarismus eine Form des Konsequentialismus. Der Konsequentialismus gibt Antwort auf die Frage: Welche Handlungen sind moralisch richtig? Die Antwort konsequentialistischer Theorien ist: Diejenigen Handlungen, die das beste Ergebnis erbringen. Diese Auffassung macht es allerdings erforderlich zu wissen, welcher Zustand der Welt objektiv besser als ein anderer ist. Einige Philosophen bezweifeln, dass dies überhaupt möglich ist.

Utilitaristen sind Konsequentialisten, die eine hedonistische Vorstellung von dem haben, was gut ist. Ihrer Meinung nach ist das einzig objektiv Gute Glück. Andere Utilitaristen sind der Ansicht, dass sich das Gute nicht auf Glück beschränkt, sondern auch Zustände wie Respekt und Gleichheit umfasst.

Einige Utilitaristen klassifizieren die verschiedenen Arten von Glück. Bentham formulierte den berühmt gewordenen Satz: »Kegeln ist genauso gut wie Dichtung.« Er glaubte, dass man das Glück quantitativ, nicht qualitativ messen sollte. Im Gegensatz dazu hielt Mill die Erfüllung von intellektuellen Bedürfnissen für höherwertig als die nur sinnlicher Bedürfnisse. Er schrieb: »Besser ein unzufriedener Sokrates als ein zufriedenes Schwein.«

Zusatzinformationen

1. Bentham entwarf ein Gefängnis, das er Panoptikum nannte und in dem die Wärter alle Gefangenen überwachen, die Gefangenen aber die Wärter nicht sehen konnten. Er versuchte erfolglos, das Gefängnis bauen zu lassen.
2. Mill war das Produkt eines erzieherischen Experiments seines Vaters und Benthams, um den perfekten Utilitaristen zu schaffen. Er begann mit drei Jahren, Latein zu lernen, und mit acht Jahren Griechisch. Später führte er selbst seine Depressionen und seine emotionalen Probleme auf diese Erziehung zurück.

Mohammeds Frauen und seine Tochter

Mohammed blieb unverheiratet, bis er fünfundzwanzig Jahre alt war. Dann traf er Khadijah, die vierzig Jahre alt und zum zweiten Mal Witwe war. Die beiden heirateten in Mekka, und Khadijah war die erste Frau, die zum Islam konvertierte. Sie unterstützte Mohammed sehr, als er zu erzählen begann, dass er Offenbarungen des Engels Gabriel erhielt, und half ihm auch bei der Verbreitung des Islam.

Khadijah gebar Mohammed sechs Kinder. Das sechste, eine Tochter namens Fatima, wurde später die Ehefrau Alis, des vierten Kalifen (gemäß dem Glauben der Sunniten) oder ersten Imams (gemäß dem Glauben der Schiiten). Fatima starb kurz nach Mohammeds Tod 632 nach Christus.

Während seiner Zeit in Mekka blieb Mohammed monogam. Nachdem er jedoch von Mekka nach Medina geflohen war, um den Kritikern seiner Lehren auszuweichen, wurden seine Anhänger zu einer konzentrierteren Gemeinschaft und äußerten sich offener; sie sahen Mohammed als ihren Führer an und erwarteten von ihm, dass er mehrere Ehefrauen hatte. Als Khadijah starb, beschloss er, dem Wunsch seiner Anhänger nachzukommen. Viele seiner folgenden Ehen werden als politisch motiviert angesehen. Die bedeutendste Ehefrau aus dieser Zeit war Aisha, die Tocher Abu Bakrs, der den Sunniten zufolge später der erste Kalif des Islam wurde.

Die Sunniten glauben, dass Aisha Mohammeds Lieblingsfrau war, und berichten, dass er mit dem Kopf in ihrem Schoß starb. Aisha unterstützte nach Mohammeds Tod die nächsten drei Kalifen, Abu Bakr (ihren Vater), Umar ibn al-Khattab und Uthman ibn Affan. Als Ali an die Macht kam, widersetzte sie sich dessen Herrschaft und führte in der Region des heutigen Irak eine Armee gegen ihn an. Ali besiegte sie, ließ Aisha jedoch nach Medina zurückkehren, wo sie den Rest ihres Lebens verbrachte.

Die Ureinwohner Nordamerikas

Zunächst hatten die Nez Percé, ein im Nordwesten der Pazifikküste lebender Stamm nordamerikanischer Ureinwohner, eine freundschaftliche Beziehung zu den Weißen, die sich im neunzehnten Jahrhundert in dieser Gegend anzusiedeln begannen. 1855 wurde in einem Vertrag eine Reservation für die Nez Percé auf den Gebieten der Bundesstaaten Washington und Oregon festgelegt. Doch um den weißen Siedlern in der Heimatregion der Nez Percé mehr Platz zu geben, beschloss die US-Regierung1863, dem Stamm einen neuen Vertrag aufzuzwingen, der die Größe ihres Reservats drastisch verkleinerte.

1877 revoltierten die Nez Percé, die sich betrogen fühlten. Die Armee der Vereinigten Staaten schickte Oliver Otis Howard, der während des Bürgerkrieges gedient hatte, an die Westküste, um die Rebellion zu unterdrücken. Nach ein paar Monaten des Kampfes waren die Nez Percé in die Enge getrieben, und ihr Anführer versammelte seine erschöpften Krieger, um ihnen zu verkünden, dass er sich den Amerikanern ergeben würde. »Hört mich, meine Häuptlinge!«, sagte Chief Joseph. »Ich bin kampfesmüde. Mein Herz ist krank und betrübt. Vom augenblicklichen Stand der Sonne an gelobe ich, ich kämpfe niemals wieder.«

Die bewegende Rede von Chief Joseph, die nach der Kapitulation weithin bekannt wurde, wurde als eine Trauerrede nicht nur für seinen Stamm, sondern für eine ganze besiegte Zivilisation angesehen, die einst im amerikanischen Westen gelebt hatte. Am Ende des neunzehnten Jahrhunderts war jeglicher organisierter Widerstand ausgelöscht. Das Massaker am Stamm der Sioux bei Wounded Knee in South Dakota 1890 war die letzte bewaffnete Konfrontation zwischen den Streitkräften der US-Regierung und den nordamerikanischen Ureinwohnern.

Heute gehören die in Reservationen zusammengepferchten Ureinwohner Nordamerikas zu den ärmsten US-Bürgern. Ein Drittel der amerikanischen Ureinwohner lebt unter der Armutsgrenze. Die Pine Ridge Sioux Reservation auf dem Gebiet des Massakers von Wounded Knee ist der Ort mit der größten Armut in den Vereinigten Staaten. Die US-Regierung vertrieb die amerikanischen Ureinwohner von ihrem Land im Namen des Fortschritts, aber unter dieser Zerstörung ihrer Zivilisation leiden die Gemeinschaften der amerikanischen Ureinwohner noch immer.

Zusatzinformationen

1. Der große Apachen-Krieger Geronimo war einer der letzten Häuptlinge, die den Weißen im Südwesten Widerstand entgegensetzten. Besiegt, aber weltberühmt, erschien er 1905 bei der Amtsantrittsparade von Präsident Theodore Roosevelt.
2. Man nimmt an, dass die Vorfahren der nordamerikanischen Ureinwohner vor etwa 15 000 Jahren von Sibirien nach Alaska kamen.

William Shakespeare

Wohl kaum jemand würde der Feststellung widersprechen, dass William Shakespeare (1564–1616) der größte Dramatiker der Welt war. Sein Einfluss auf die westliche Kultur im Laufe der letzten vierhundert Jahre kann gar nicht überschätzt werden.

Trotz umfassender Forschung weiß man über Shakespeares persönliches Leben wenig. Geboren wurde er in Stratford-upon-Avon in England, wo er wahrscheinlich eine kurze Ausbildung erhielt. Nachdem er eine Frau namens Anne Hathaway geheiratet hatte, schlug er eine Laufbahn als Dramatiker ein, ging nach London und arbeitete als Schauspieler und Direktor des Globe Theatre, das ihm zusammen mit anderen gehörte. Schon zu Lebzeiten fand er breite Anerkennung, und seine Werke waren sowohl bei der Aristokratie wie auch beim einfachen Volk ungeheuer beliebt.

Am bekanntesten ist Shakespeare für seine achtunddreißig Theaterstücke, die man in mehrere Kategorien einteilen kann. Geschichtsdramen wie zum Beispiel *Richard II.* und *Henry V.* handeln von realen historischen Figuren – meist Königen Englands – und beschäftigen sich mit Fragen von Herrschaft, Macht und persönlicher Integrität oder auch verbrecherischem Tun. Tragödien wie zum Beispiel *Hamlet, Macbeth* und *König Lear* thematisieren die monumentalen Auswirkungen fehlerhafter Handlungen und Entscheidungen einzelner Menschen. Komödien wie *Ein Mittsommernachtstraum* und *Viel Lärm um nichts* präsentieren dagegen ein fröhliches Hin und

Her von Liebesgeschichten, in Gang gebracht von Verwechslungen und typischerweise in der Ehe endend. Andere Stücke sind schwieriger einzuordnen, zum Beispiel *Maß für Maß* und *Der Sturm*. Sie vereinen Elemente verschiedener Genres. Über die Jahrhunderte hinweg haben sich diese achtunddreißig verschiedenen Szenarios als zeitloser, fruchtbarer Stoff für die Neuinterpretation durch Regisseure und Schauspieler erwiesen; so werden sie auch heute noch immer wieder gerne eingesetzt, um Themen zu erforschen, die die Menschen auch heute noch bewegen.

Shakespeare schrieb auch maßgebliche Gedichte, darunter 154 Sonette über Liebe, Kunst, Schönheit und andere Themen. Über den stilistischen und formalen Einfluss seiner Lyrik hinaus gibt es in der englischen Sprache unzählige Wörter und Ausdrücke, die von Shakespeare geprägt wurden. England erkannte diesen literarischen und linguistischen Einfluss sofort und wusste bei Shakespeares Tod, dass es einen seiner großen Geister verloren hatte. Und es ist wahrscheinlich, um einen Satz aus Hamlet zu zitieren, dass die Welt »nimmer seinesgleichen sehen wird«.

Zusatzinformationen

1. Obwohl immer wieder angezweifelt wird, dass Shakespeare der Autor einiger ihm zugeschriebener Stücke und Gedichte ist, gibt es kaum Hinweise zur Untermauerung dieser Behauptung.
2. Zu Shakespeares Zeit wurden alle Rollen einschließlich der weiblichen von Männern gespielt. Diese Konvention gab einigen seiner Komödien etwas doppelt Verwirrendes, wenn nämlich, wie in *Wie es euch gefällt*, darin weibliche Figuren vorkamen, die sich im Stück als Männer tarnten, um ihre Identität zu verstecken.

Paul Gauguin

Paul Gauguin (1848–1903) war ein bedeutender Maler des Postimpressionismus, der starken Einfluss auf die Kunst des zwanzigsten Jahrhunderts hatte. Am berühmtesten sind heute wohl seine Bilder von Südseeinseln, und auch seine schwierige Beziehung zu van Gogh ist weithin bekannt.

Gauguin wurde in Paris als Sohn eines linken Journalisten geboren. Seine Großmutter mütterlicherseits war die Tochter eines Aristokraten aus Peru. Als Gauguins Vater aus politischen Gründen Paris verlassen musste, zog die Familie nach Lima in Peru, wo Gauguin vier Jahre seiner Kindheit verbrachte.

Gauguin begann relativ spät, Kunst zu studieren. Ursprünglich ging er zur Handelsmarine und wurde dann Börsenmakler in Paris. Er sammelte zunächst Bilder, begann dann aber schon bald, in seiner Freizeit zu malen. 1876 stellte er ein Bild beim offiziellen Pariser Salon aus. 1879 hatte er sich den Impressionisten angeschlossen und nahm an allen ihren Ausstellungen teil.

Nach einem Börsenkrach 1882 widmete sich Gauguin ganz der Malerei. Doch seine Arbeiten verkauften sich nicht gut. Gauguin war inzwischen mit einer Dänin verheiratet und hatte mit ihr vier Kinder; 1884 reiste er mit seiner Familie nach Kopenhagen, kehrte aber schon nach kurzer Zeit allein nach Paris zurück. Von Natur aus ruhelos und ungeduldig, ging Gauguin 1886 nach Pont Aven in der Bretagne, wo er sechs Monate verbrachte. Als Nächstes reiste er nach Rouen, Kopenhagen, Panama und Martinique. Als er 1888 nach Pont Aven zurückkehrte, malte er *Vision nach der Predigt (Jakob ringt mit dem Engel).* Mit verzerrter Perspektive und eher symbolischer als realistischer Bildgestaltung versucht er in diesem Bild, den Einfluss einer Predigt auf die Zuhörer darzustellen. Die harten Konturen und lebhaften Farben zeugen vom Einfluss japanischer Drucke und mittelalterlicher Glasmalerei.

1888 lud Vincent van Gogh Gauguin zu sich nach Arles ein, um dort eine Künstlerkolonie zu gründen. Doch schon bald kam es zwischen den beiden verschiedenen Temperamenten zu heftigen Streitereien, so dass Gauguin wieder abfuhr. Die nächsten Jahre pendelte er zwischen der Bretagne und Paris hin und her. Er sehnte sich nach einem einfacheren Lebensstil und schiffte sich 1891 nach Tahiti ein, wo er allerdings enttäuscht wurde von dem Mangel an ursprünglicher einheimischer Kunst. Doch von javanesischen Schnitzereien und präkolumbianischen Töpfereien inspiriert, begann Gauguin Szenen der Insel und ihrer Bräuche zu malen.

1893 ging Gauguin zurück nach Paris, wo er *Noa Noa* schrieb, eine romantisierte Erzählung seiner Erlebnisse in der Südsee, die er mit rohen Holzschnitten illustrierte. Er blieb zwei Jahre in Frankreich und stieß während dieser Zeit viele seiner Freunde mit seinem prahlerisch zur Schau gestellten Exotizismus vor den Kopf. Enttäuscht von der wenig begeisterten Aufnahme seiner Werke, verkaufte Gauguin alles, was er besaß, und ging 1895 für immer nach Polynesien, zunächst wieder nach Tahiti.

Drei Jahre später beging er einen Selbstmordversuch, nachdem er sein Meisterwerk *Wo kommen wir her? Wer sind wir? Wohin gehen wir?* geschaffen hatte. Ab 1901 bekam er von seinem Händler in Paris regelmäßig einen bescheidenen Geldbetrag und zog sich auf die abgelegenen Marquesas-Inseln zurück, wo er bis zu seinem Tod 1903 lebte.

Das Atom

Ein Atom ist die kleinste Einheit eines Elements, die alle chemischen Eigenschaften des Elements enthält. Schon 530 v. Chr. begründete der griechische Philosoph Demokrit ein Konzept des Atoms als ein Materieteilchen, das so klein war, dass es sich nicht mehr in kleinere Teile aufgliedern ließ. Zum modernen Konzept eines Atoms gehören noch Unterbestandteile – vor allem Elektronen, Protonen und Neutronen –, aber die Idee ist dieselbe: das Atom als der Grundbaustein jeglicher Materie.

Die moderne Atomtheorie besagt, dass alle Elemente aus Atomen bestehen und alle Atome eines Elements sich gleichen. Elemente wie Wasserstoff, Kohlenstoff, Sauerstoff, Natrium, Kalium, Gold und Uran gehen miteinander chemische Verbindungen ein. Zum Beispiel verbinden sich Wasserstoff und Sauerstoff zu Wasser, und Natrium und Chlor verbinden sich zu Salz.

Die Grundstruktur eines Atoms ist ein von Elektronen umgebener Kern, aber der größte Anteil des Atoms ist leerer Raum. Der Kern ist sehr massereich und besteht aus Neutronen und Protonen. Neutronen haben keine Ladung und wiegen etwas mehr als Protonen, die eine positive Ladung haben. Die Anzahl der Protonen in einem Atom bestimmt, um welches Element es sich handelt. Wasserstoff hat ein Proton, während Uran zweiundneunzig hat. Atome gewinnen und verlieren Protonen durch Verschmelzung und Spaltung, nicht jedoch durch chemische Reaktionen.

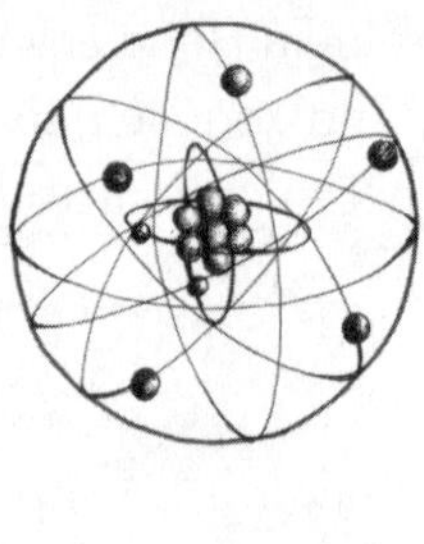

Elektronen sind negativ geladene Teilchen mit einer fast vernachlässigbaren Masse. Die Bewegung der Elektronen um den Atomkern ist noch immer eine der strittigsten Fragen der Chemie und Physik. Frühe Atommodelle beschrieben die Elektronen als um den Kern kreisend, etwa in der Art, wie die Erde um die Sonne kreist. Neue Entwicklungen in der Quantenmechanik führten zu der Annahme, dass Elektronen sich in komplexen, als Orbitalbahnen bezeichneten Wellen bewegen und den Kern auf verschiedenen Energieebenen umkreisen.

Zusatzinformationen

1. Heutige Theorien der Entstehung des Universums gehen davon aus, dass nach dem Urknall das Universum zu heiß zur Bildung von Atomen war. Atome entstanden vermutlich erst 379 000 Jahre nach dem Urknall, als die Temperaturen auf ca. 2727 °C gefallen waren.
2. Man nimmt an, dass früher im Universum Wasserstoff bis zu 75 Prozent der Atome ausmachte, Helium 24 Prozent und die anderen Elemente den verbleibenden Rest von einem Prozent.
3. Protonen und Neutronen bestehen aus noch kleineren Teilchen, so genannten Quarks.
4. Bis vor kurzem glaubte man, dass auf der Erde zweiundneunzig natürliche Elemente vorkommen, aber Wissenschaftler haben kürzlich entdeckt, dass Plutonium, das vierundneunzig Protonen hat, auch in natürlicher Form auf der Erde vorkommt.

Richard Wagner

Richard Wagner (1813–1883) war aufgrund seines enormen Beitrags zur Entwicklung der Oper einer der bedeutendsten Künstler des neunzehnten Jahrhunderts überhaupt. Doch genauso wichtig wie sein Beitrag zur Musik ist der zur Kunst im Allgemeinen, da seine späten Opern den Gedanken eines Gesamtkunstwerks verkörpern – die Idee eines Werks, das Musik, Bildende Kunst, Bewegung, Theater, Dichtung und Philosophie vereint. Viele Generationen von Denkern, Schriftstellern, Malern und Musikern – darunter T. S. Eliot, Arnold Schönberg, Ernest Hemingway und Pablo Picasso – waren von Wagners Ideen beeinflusst.

Wagner wurde in Leipzig geboren, wo er auch die Universität besuchte. 1833 wurde er Chorleiter in Würzburg, wo er *Rienzi* (1842) und *Der fliegende Holländer* (1843) schrieb. Beide waren nur mäßig erfolgreich, und Wagner lebte so sehr über seine Verhältnisse, dass er sogar einige Zeit im Schuldgefängnis verbringen musste. Seine nächste Anstellung bekam er als Kapellmeister am sächsischen Hof in Dresden und schrieb dort *Tannhäuser* (1844) und *Lohengrin* (1848). 1849 schloss er sich einer revolutionären Bewegung an und musste in der Folge nach Weimar fliehen, wo Franz Liszt ihm half, eine Amnestie zu erwirken.

In den folgenden Jahren komponierte Wagner seinen berühmten *Ring des Nibelungen* – vier zusammenhängende Opern –, dann *Tristan und Isolde* (1859), *Die Meistersinger* (1861) und *Parsifal* (1882). Wagner sah sich selbst als Verkörperung des Geistes der deutschen Musik. Er war Sozialist, und zusammen mit Franz Liszt entwickelte er die Idee einer »Musik der Zukunft«, eine Theorie, die die Überle-

genheit der deutschen Musik propagierte und revolutionären Formen von Harmonie, Struktur und Komposition den Weg bahnen sollte.

Wagners Musik rief bei seinen Zuhörern gespaltene Gefühle hervor. Einige liebten seine Musik für ihre revolutionäre Genialität, hassten jedoch Wagners egomanischen Charakter, während anderen Zeitgenossen seine Charakterfehler gleichgültig waren, ihnen aber das Pompöse und Komplexe seiner Musik nicht gefiel. Nach langen Vorbereitungen und Kämpfen konnte Wagner schließlich sein krönendes Lebenswerk realisieren: In Bayreuth wurde 1876 mit dem *Ring* das Festspielhaus eröffnet, das allein den Aufführungen seiner Opern gewidmet war. Wagner starb 1883 in Venedig an einem Herzanfall.

Zusatzinformationen

1. Wagner war Antisemit. Sein 1850 veröffentlichter Aufsatz *Das Judentum in der Musik* griff jüdische Zeitgenossen an, sogar Komponisten wie Giacomo Meyerbeer, der einst sein Freund gewesen war.
2. Wagner verführte und heiratete Cosima von Bülow, vorher die Ehefrau eines seiner besten Freunde und die Tochter von Franz Liszt. Danach weigerte sich Liszt viele Jahre, mit Wagner zu sprechen. Herr von Bülow dagegen behielt ein gutes Verhältnis zu Wagner, dirigierte dessen Opern und räumte ein, dass Wagner als das größere Genie ein Recht auf Cosima hätte.

Georg Wilhelm Friedrich Hegel

G.W.F. Hegel (1770–1831) wurde in Stuttgart geboren. Hegel hoffte auf eine Arbeit an der Jenaer Universität, damals das philosophische Zentrum Deutschlands, doch seine Pläne wurden von der Invasion Napoleon Bonapartes durchkreuzt. Hegel floh und hatte viele Jahre lang verschiedene Posten inne. Er arbeitete zum Beispiel als Zeitungsherausgeber und Schuldirektor, bevor er in Heidelberg und später Berlin Professor wurde. Als er starb, war Hegel der berühmteste Philosoph in Deutschland, und die Studenten strömten in Scharen in seine Vorlesungen.

Hegels philosophisches System ist äußerst komplex, doch kann man einige grundlegende Gedanken herausarbeiten.

Zunächst einmal räumt Hegel in seinem philosophischen Gebäude der Geschichte eine große Bedeutung ein. Für Hegel ist die Geschichte der Prozess, in dem der Geist sich selbst als Geist erkennt. Diese Aussage ist nur schwer zu interpretieren. Nach einer Lesart ist der Geist die Totalität der Normen, nach denen die Menschen leben. Eine Norm ist eine Regel, die besagt, was wir tun sollen oder was wir tun dürfen – unsere soziale Moral. Wenn man sagt, »der Geist erkennt sich selbst als Geist«, sagt man damit, dass die Menschen im Verlauf der Geschichte zusammen erkennen, dass sie selbst die Verfasser der Normen sind, die ihr Leben beherrschen, dass diese Normen aus bestimmten Gründen im Laufe der Geschichte aufgetaucht sind und dass es Gründe gab, sie zu verbessern und zu verändern.

Hegel entwarf eine interessante Theorie, wie die Normsysteme, die er manchmal »Bewusstseinsformen« nennt, sich während der Geschichte verändern. Er meinte, dass sie sich selbst unterminieren. Ein Normensystem unterminiert sich selbst, wenn es beginnt, ungerechtfertigt oder unvernünftig zu erscheinen, gemessen an seinen eigenen Standards. Wenn dies passiert, so führt Hegel aus, taucht ein neues Normensystem auf, das genau die Probleme der vorherigen Bewusstseinsform löst. Wenn wir also die Normsysteme untersuchen, die das Leben der Menschen im Verlauf der Geschichte beherrscht haben – politisch, ethisch, religiös, ästhetisch oder philosophisch gesehen –, finden wir eine Abfolge von Bewusstseinsformen, bei der der Übergang von einer Form in die andere vernünftig erscheint. Untersuchen wir also die Welt auf diese Art, sehen wir, dass unsere Normen das Produkt eines historischen Prozesses sind, der von der Vernunft geleitet wird.

Zusatzinformationen

1. Hegel glaubte, dass sein eigenes philosophisches System die endgültige Bewusstseinsform sei, das endgültige Normsystem, das nie mehr erneuert werden würde. Daher glaubte er, die »Geschichte«, wie er sie verstand, wäre an ihrem Endpunkt angelangt.
2. Hegel nannte den Prozess, in dem die Bewusstseinsformen sich selbst unterminieren und neuen Bewusstseinsformen den Weg bereiten, *Dialektik*.
3. Hegel beschrieb Napoleon einmal als »Weltgeschichte auf dem Pferderücken«.

Muawiya I.

Muawiya ibn Abu Sufyan (ca. 602–680), der unter dem Namen Muawiya I. regierte, war der Nachfolger Alis und der erste islamische Führer nach den vier rechtgeleiteten Kalifen.

Muawiya wurde in Mekka geboren. Sein Vater war ein strikter Gegner von Mohammeds Lehren, und als Muawiya Muslim wurde, musste er seinen Glauben vor seiner eigenen Familie geheim halten. Nachdem Mohammed Mekka erobert und den Götzendienst unterbunden hatte, wurde Muawiya sein Sekretär. Als sich der Islam schließlich ausbreitete, sandte Mohammed Muawiya und dessen Bruder nach Syrien, wo sie die islamische Armee gegen das byzantinische Heer anführten.

Unter Kalif Umar wurde Muawiya zum Gouverneur von Syrien ernannt. Als Gouverneur baute er eine Armee auf, die stark genug war, byzantinische Angriffe abzuwehren und Zypern und Rhodos zu erobern.

Muawiyas Ziele veränderten sich drastisch, als Ali, der letzte der vier rechtgeleiteten Kalifen, an die Macht kam. Ali entschloss sich, die Mörder von Uthman, dem dritten Kalifen, nicht zu bestrafen, und Muawiya sah dies als ein Zeichen an, dass Ali selbst in den Mord verwickelt war. Muawiya begann, eine gegen Ali eingestellte Anhängerschaft um sich zu versammeln. Um diese Unruhen zu stoppen, führte Ali seine Armee in der Schlacht von Siffin gegen Muawiya. Obwohl Muawiya den Kampf verlor, konnte er Alis Soldaten überzeugen, mit dem Kampf aufzuhören und sich auf ein religiöses Schiedsgericht einzulassen, um den Sieger zu bestimmen. Während dieses Schiedsgerichts überzeugte Muawiya viele von Alis Soldaten, sich gegen ihren Führer zu wenden. Dieses Ablenkungsmanöver gab

Muawiya Zeit, eine große Anzahl seiner Anhänger nach Ägypten zu schicken.

Als Ali starb, hatte Muawiya in Syrien und Ägypten eine große Gefolgschaft und war der mächtigste Muslim, und so war es nur logisch, dass er Alis Nachfolger wurde. Muawiya herrschte von 661 bis 680.

Anders als seine Vorgänger bestimmte Muawiya seinen Sohn Yazid I. zu seinem Nachfolger. Um seine Dynastie zu etablieren und die alten Traditionen aufrechtzuerhalten, setzte Muawiya eine Gruppe loyaler Gefolgsleute ein, die den nächsten Kalifen wählen sollten. Diese waren jedoch dem Kalifen treu ergeben und stimmten für den von ihm vorgeschlagenen Erben. So begann eine Reihe von Erbdynastien, deren erste die Herrschaft der Umayyaden von 661–750 war.

Zusatzinformationen

1. Die ersten drei Kalifen regierten von der arabischen Halbinsel aus. Ali verlegte seine Hauptstadt in die Gegend des heutigen Irak, und Muawiya regierte von Damaskus aus.
2. Der Legende zufolge überzeugte Muawiya Alis Truppen, sich auf ein Schiedsgericht einzulassen, indem er Koran-Bücher auf die Lanzen seiner Armee legte. Alis Soldaten, die das heilige Buch nicht beschädigen wollten, hörten auf zu kämpfen.

Otto von Bismarck

Der Diplomat und Politiker Otto von Bismarck (1815–1898) gilt als Gründer der Nation Deutschland. Vor der Mitte des neunzehnten Jahrhunderts bestand das Gebiet Deutschlands aus einem Flickenteppich kleiner, zerstrittener Staaten. Die Zerstückelung war ein Erbe des Heiligen Römischen Reichs, das nach und nach in Dutzende kleiner Ländchen auseinandergefallen war, bis es 1806 schließlich ganz aufhörte zu existieren. Bismarck schaffte es, diese Staaten in ein vereintes Reich zusammenzuführen.

Bismarck wurde als Sohn eines Offiziers in Preußen geboren, einem der mächtigeren deutschen Staaten. Er begann seine politische Karriere in seinen Dreißigern als Konservativer. Trotz anfänglicher Bedenken verfolgte er später die deutsche Einigung mit ganzem Herzen.

Vom preußischen König Wilhelm I. 1862 zum preußischen Ministerpräsidenten ernannt, wandte Bismarck Diplomatie oder die Drohung von militärischer Gewalt an, um Widerstand gegen die Vereinigung zu überwinden. Er förderte auch den wachsenden Nationalsinn. 1870 provozierte Bismarck taktisch klug einen Krieg mit Frankreich, wodurch viele andere deutsche Staaten überzeugt wurden, sich mit Preußen zusammenzutun. Nach Preußens schnellem Sieg über Frankreich entstand 1871 ein deutsches Kaiserreich.

Danach hatte Bismarck das volle Vertrauen des Kaisers und übernahm einen großen Teil der Führungsgeschäfte des neuen deutschen Reichs. Bismarck war kein Liberaler, aber er setzte eine Reihe Reformen durch, um das Reich zu stärken. Er führte eine gemeinsame Währung ein, stieß viele Verwaltungsreformen an und vereinheit-

lichte die Gesetze des Deutschen Reiches, um seine Einheit zu festigen.

Das Deutsche Reich existierte jedoch nicht lange. Nach dem Tod Wilhelms I. im Jahr 1888 zwang sein Enkel Wilhelm II. kurz nach seiner Thronübernahme Bismarck zurückzutreten. Ohne dessen feste Hand nahm die deutsche Außenpolitik einen verhängnisvollen Kurs. 1914 machte Wilhelm II. den fatalen Fehler, Deutschland in den Ersten Weltkrieg hineinzuziehen, eine Entscheidung, die das Ende des Deutschen Reiches bedeuten sollte.

Zusatzinformationen

1. Bismarck wurde wegen seines Rufs, hart und entschlossen zu sein, der eiserne Kanzler genannt.
2. Bismarck überlebte zwei Attentate; das erste wurde 1849 von einem Studenten ausgeführt und das zweite 1874 von einem Böttcher.
3. Ein Kriegsschiff, das nach Bismarck benannt war, wurde im Zweiten Weltkrieg 1941 in einer entscheidenden Seeschlacht von britischen Schlachtschiffen manövrierunfähig geschossen. Die Frage, ob der Beschuss durch die Briten zum Sinken der *Bismarck* geführt hat, oder sie von der deutschen Besatzung selbst versenkt wurde, konnte bis heute nicht eindeutig beantwortet werden.
4. Die Hauptstadt des US-Bundesstaats North Dakota, in dem viele Amerikaner deutschen Ursprungs leben, heißt Bismarck nach dem berühmten Deutschen.

Fjodor Michailowitsch Dostojewski

Fjodor Michailowitsch Dostojewski (1821–1881) war der Meister des psychologischen Romans. Während seiner vier Jahrzehnte umspannenden literarischen Laufbahn bewies er ein unvergleichliches Gespür für die Natur des Menschen, vor allem die Gefühlszustände von Schuld, Verzweiflung und Angst vor dem Tod.

Das harte und tragische Leben, dem Dostojewski selbst sich ausgesetzt sah, hat sicher seinen Anteil an seinen psychologisch einfühlsamen Werken. Dostojewski wurde in Moskau geboren und entstammte einer streng russisch-orthodoxen Familie. Seine Mutter starb 1837, und 1839 wurde sein Vater durch leibeigene Bauern ermordet. Dostojewski hatte auf Wunsch seines Vaters zunächst Bauingenieurwesen studiert, die Arbeit als Ingenieur lag ihm jedoch nicht, und er begann zu schreiben. Schon sein erster Roman *Arme Leute* (1846) brachte ihm großes Lob von den Kritikern ein. Doch nachdem sich Dostojewski einer revolutionären Gruppe angeschlossen hatte, wurde er nach Verlesen eines staatskritischen Textes festgenommen und zum Tod durch Erschießen verurteilt. Erst kurz vor der Erschießung wurde er begnadigt und musste für vier Jahre in ein Arbeitslager nach Sibirien. Diese traumatische Erfahrung hinterließ dauerhafte Spuren in Ton und Inhalt seiner weiteren literarischen Werke.

In den 1860er Jahren schrieb er mehrere erfolgreiche literarische Werke, darunter die Novelle *Aufzeichnungen aus dem Kellerloch* (1864) über einen verbitterten, neurotischen Einsiedler, der unfähig zu einem Leben in der sozialen Gemeinschaft ist, und sein frühes Meisterwerk *Schuld und Sühne* (1866), das detailliert und eindringlich die Schuldgefühle und das Elend eines jungen Mannes beschreibt, der eine ältere Frau ermordet hat. Dieser Roman ist vor allem wegen seiner psychologischen Tiefe bemerkenswert und wegen seiner Aussage, dass die eigenen Schuldgefühle nach einem Verbrechen weit schlimmer sind als jede Strafe, die die Gesellschaft verhängen kann.

Mit zunehmendem Alter wandte sich Dostojewski nach seiner früheren atheistischen Haltung wieder der russisch-orthodoxen Religion zu, die in seiner Familie üblich gewesen war. Sein Roman *Der Idiot* (1868–1869) beschreibt eine tragische Figur, die aufgrund ihrer Güte, Ehrlichkeit und Tugendhaftigkeit in der St. Petersburger Gesellschaft scheitert, und das große Meisterwerk seiner späteren Karriere, *Die Brüder Karamasow* (1879–1880), durchdrungen von russisch-orthodoxer Moral, wurde als bedeutendster je geschriebener christlicher Roman bezeichnet. In dem umfangreichen Werk reflektiert Dostojewski in komplexer Weise durch die Figuren dreier Söhne nach der Ermordung ihres Vaters Probleme von Gut und Böse und des christlichen Glaubens.

Dostojewskis dichter und oft humorloser Stil fand auch Kritiker, doch ist die Meisterschaft der eindringlichen psychologischen Beschreibungen seiner Charaktere unbestritten. Über ihre weitreichende literarische Bedeutung hinaus beeinflussten diese Charakterisierungen nihilistische und existenzialistische Philosophen des zwanzigsten Jahrhunderts von Friedrich Nietzsche bis zu Albert Camus.

Zusatzinformation

1. Dostojewski litt an Epilepsie, die sich in den Jahren in dem sibirischen Arbeitslager verschlimmerte und ihn sein Leben lang quälte.

Vincent van Gogh

Vincent van Gogh (1853–1890), einer der größten holländischen Maler, ist zum Inbegriff des gequälten, missverstandenen Genies geworden. Obwohl er zu Lebzeiten nur einige wenige Bilder verkaufte, sind seine Werke heute ein Vermögen wert.

Van Gogh wurde in Zundert, Holland, als Sohn eines protestantischen Pfarrers geboren. 1869 begann er bei der Firma Goupil & Cie. eine Ausbildung zum Kunsthändler und arbeitete anschließend für die Firma in Den Haag und in London. 1876 verließ er die Firma und übte danach eine Reihe verschiedener Tätigkeiten aus, darunter die eines Hilfspredigers. Ab Dezember 1878 lebte er im südbelgischen Steinkohlerevier, in dem die Menschen extrem arm waren. Van Gogh half Kranken und las Bergarbeitern aus der Bibel vor. Da er nicht besser als die Menschen um ihn her leben wollte, verschenkte er alles, was er besaß, und lebte selbst unter äußerst ärmlichen Bedingungen. Nur in den zehn Jahren von 1880 bis 1890 arbeitete van Gogh aktiv als Künstler. Er brachte sich das Malen selbst bei, indem er Drucke von Bildern kopierte und Bücher über Malerei las. Sein Malstil war zunächst von realistischen Malern beeinflusst, was in seinen Bild *Die Kartoffelesser* (1885) deutlich wird, das in Bezug auf Sujet und Technik an die Werke des französischen Malers Jean-François Millet (1814–1875) erinnert.

1886 ging van Gogh nach Paris. Dort lebte er bei seinem Bruder Theo, einem Kunsthändler, der ihn fast sein Leben lang unterstützte.

Über ihn machte van Gogh die Bekanntschaft von Claude Monet, Paul Gauguin, Camille Pissarro und Georges Seurat. Wie viele Maler seiner Zeit war auch van Gogh fasziniert von japanischen Drucken. Nach zwei Jahren intensiven künstlerischen Schaffens zog van Gogh nach Arles in Südfrankreich. Im Oktober 1888 lud er Gauguin zu sich ein mit dem Ziel, eine Künstlergemeinschaft zu gründen. Doch die beiden gerieten in Streit, und in der Folge schnitt sich van Gogh ein Ohr ab. Die Zeitungen berichteten, dass er es einer Prostituierten präsentiert haben sollte. Dieser Vorfall war das erste Anzeichen von van Goghs psychischer Erkrankung.

Im Mai 1889 ging van Gogh von sich aus in die psychiatrische Anstalt Saint-Rémy. Dort malte er im selben Jahr sein wahrscheinlich berühmtestes Bild *Sternennacht*. Zwölf Monate später zog er in das Haus des homöopathischen Arztes Paul-Ferdinand Gachet in Auvers-sur-Oise in der Nähe von Paris. In einer Phase schwerer Depression schoss sich van Gogh im Juli 1890 in die Brust und starb zwei Tage später. Nach van Goghs Tod stieg seine Anerkennung als Künstler sprunghaft an. 1901 wurden bei einer Ausstellung seiner Werke einundsiebzig Bilder gezeigt. 1987 erbrachten seine *Schwertlilien* 53,9 Millionen US-Dollar, und drei Jahre später wurde sein *Porträt des Doktor Gachet* für die Rekordsumme von 82,5 Millionen US-Dollar verkauft. Heute sind van Goghs 1250 Gemälde und 1000 Zeichnungen über die ganze Welt verstreut, die größte Sammlung besitzt das Van-Gogh-Museum in Amsterdam.

Zusatzinformationen

1. Angeblich waren van Goghs letzte Worte »Die Traurigkeit wird immer bleiben.«
2. Einige Wissenschaftler glauben, dass van Gogh an einer bipolaren Störung litt, also manisch-depressiv war, während andere meinen, seine Geisteskrankheit sei auf seinen exzessiven Absinthgenuss zurückzuführen.

Elemente: Metalle, Nichtmetalle und Halbmetalle

Ein Element ist ein durch chemische Reaktion nicht weiter zerlegbarer Stoff. Alle Elemente bestehen aus Atomen mit einer bestimmten Anzahl Protonen – positiv geladenen subatomaren Partikeln. Zum Beispiel haben alle Kohlenstoffatome sechs Protonen, und alle Goldatome haben neunundsiebzig Protonen. Dreiundneunzig Elemente kommen auf der Erde natürlich vor, und weitere zwanzig können künstlich hergestellt werden. Die Elemente werden in drei grundlegend verschiedene Arten eingeteilt: Metalle, Nichtmetalle und Halbmetalle. Drei Viertel der Elemente sind Metalle, aber Nichtmetalle trifft man in der Natur häufiger an.

Metalle werden dadurch definiert, wie leicht sie sich teilen und Elektronen – winzige negativ geladene subatomare Partikel – abgeben. Wenn ein Metallatom ein Elektron abgibt, wird es zu einem positiv geladenen Ion, genannt Kation. Man denkt sich Metalle oft als Kationen, die in einem Meer von Elektronen schwimmen. Die frei schwebenden Elektronen halten die Metallatome gleichzeitig fest zusammen, aber trotzdem flexibel, und verleihen ihnen dadurch ihre besonderen Eigenschaften. Sie sind dehnbar (man kann sie zu flexiblem Draht formen) und schmiedbar (man kann sie zu einem Blech hämmern). Metalle sind gute Leiter für Wärme und Elektrizität und gehen leicht Verbindungen mit anderen Stoffen ein. Bei Zimmertemperatur sind sie meist glänzend und fest.

Nichtmetalle gewinnen oft Elektronen hinzu und bilden feste chemische Verbindungen. Sie sind spröde und brechen leicht. Nichtmetalle reflektieren normalerweise das Licht nicht, und sie leiten weder Elektrizität noch Wärme besonders gut. Sie geben aber ausgezeichnete Isolatoren und Dämmstoffe ab. Obwohl es nur dreizehn bekannte Nichtmetalle gibt, besteht fast alles Leben auf der Erde aus sechs von ihnen – nämlich aus Wasserstoff, Kohlenstoff, Stickstoff, Sauerstoff, Phosphor und Schwefel. Die meisten anderen Nichtmetalle sind Edelgase, die selten mit anderen Elementen reagieren.

Halbmetalle haben einige Merkmale von Metallen und einige von Nichtmetallen. Zum Beispiel sind Silizium und Germanium Halbleiter, was bedeutet, dass sie unter bestimmten Voraussetzungen Elektrizität leiten. Das ist der Grund, weswegen diese Elemente für den Einsatz bei Computern und Rechenmaschinen so nützlich sind.

Zusatzinformationen

1. Quecksilber ist das einzige Metall, das bei Zimmertemperatur flüssig ist.
2. Oxide von Metallen sind basisch, während Oxide von Nichtmetallen sauer sind.
3. Die meisten Metalle reagieren schnell mit dem Sauerstoff in der Luft, was zum Beispiel der Grund dafür ist, dass sie rosten. Reines Natrium explodiert, wenn es Sauerstoff ausgesetzt wird. Palladium, Platin und Gold sind Metalle, die mit Sauerstoff nicht reagieren, weshalb sie gern für Schmuck verwandt werden.

Wagners *Ring des Nibelungen*

Richard Wagners bedeutendstes Werk ist die gigantische Tetralogie *Der Ring des Nibelungen* (1874), auch als Ring-Zyklus bekannt. Die vierteilige Oper besteht aus dem *Rheingold*, der *Walküre, Siegfried* und der *Götterdämmerung*. Die Aufführung aller vier Teile dauert fast siebzehn Stunden, es ist aber von Wagner vorgesehen worden, dass man jeden Teil für sich an vier aufeinanderfolgenden Abenden hört. Viele Musikwissenschaftler halten Wagners Ring für das größte Opernwerk aller Zeiten.

Wagner begann seine Arbeit an dem Monumentalwerk 1848 mit der Absicht, etwas zu schaffen, das die Magie des griechischen Tragödientheaters wiedererweckt – die Verbindung von Kunst, Musik, Theater, Dichtung und Philosophie in einem großen »Gesamtkunstwerk«.

Wagner schrieb selbst alle vier Libretti, in denen er die Legende des germanisch-nordischen mythischen Helden Siegfried aufgriff. In der Geschichte hat Wotan, der Götterkönig, die Festung Walhall mit der Hilfe von Riesen errichtet. Um bei ihnen seine Schulden zu bezahlen, entwendet Wotan dem Zwerg Alberich einen Ring, der mit besonderer Macht ausgestattet ist. Alberich spricht einen Fluch über den Ring aus, aber das hält Wotan nicht davon ab, ihm nach der Übergabe an die Riesen weiterhin nachzujagen. Der größte Teil der Geschichte dreht sich um die Abenteuer von Wotans Sohn Siegmund und seinem Enkel Siegfried, während verschiedene Mächte versuchen, an den Ring zu gelangen, der von einem Drachen bewacht wird. Eine wichtige Rolle kommt auch Wotans Tochter, der Walküre Brunhild zu. Am Ende wird jeder, der den Ring zu besitzen sucht, durch den Fluch vernichtet, Walhalla von einem Feuer zerstört, und eine neue Weltära bricht an.

Die Musik ist ungeheuer vielseitig und komplex, und eine wichtige Rolle spielt darin die Idee des Leitmotivs – einer kurzen Melodie, die eine Figur, einen Gegenstand oder ein Gefühl repräsentiert. Die Leitmotive tauchen in anderen Szenen in variierten musikalischen Zusammenhängen wieder auf. Für die normalen Opernhäuser stellte die Aufführung des Rings eine nicht zu bewältigende Anforderung dar, daher kämpfte Wagner lange und letztlich erfolgreich für die Errichtung seines eigenen Opernhauses in Bayreuth, wo der Ring 1874 zum ersten Mal aufgeführt wurde.

Zusatzinformationen

1. Die Figur der Walküre im *Ringzyklus* ist der Ursprung der berühmten Opernkarikatur einer fetten Sopranistin, die einen Wikingerhelm und einen Büstenhalter aus Metall trägt.
2. »Der Walkürenritt« aus der Oper *Die Walküre* ist das berühmte Stück, das in Francis Ford Coppolas Klassiker *Apocalypse Now* (1979) während des Helikopterangriffs auf das vietnamesische Dorf ertönt.
3. Die nordische Mythologie, die dem *Ringzyklus* zugrunde liegt, ist auch die Quelle von J.R.R. Tolkiens Buch-Trilogie *Herr der Ringe* (1954–1955) und dem darauf basierenden Film (2001–2003).

Karl Marx

»Die Philosophen haben die Welt nur verschieden interpretiert, es kommt darauf an, sie zu verändern.«

Karl Marx, *Thesen über Feuerbach* (1845)

Karl Marx (1818–1883), der intellektuelle Vater des Kommunismus, hatte mehr Einfluss auf das zwanzigste Jahrhundert als jeder andere Philosoph. Marx wurde in Trier geboren. Sein Vater war Jude, konvertierte jedoch noch vor Karls Geburt zum Christentum. Ursprünglich strebte Marx eine akademische Laufbahn an, wurde jedoch aufgrund seiner radikalen politischen Einstellung abgewiesen. So arbeitete er mehrere Jahre als Journalist, bevor er sich 1848 an der Revolution in Deutschland beteiligte. Als die Revolution scheiterte, ging Marx nach London, wo er den Rest seines Lebens verbrachte.

In Marx' Geschichtstheorie werden historische und politische Veränderungen durch die ökonomischen Produktionsmittel erklärt. Zu jeder gegebenen Zeit verfügt die Gesellschaft über bestimmte Mittel, um Wirtschaftsgüter wie Essen oder Unterkünfte zu produzieren. Die Produktionsmittel geben eine bestimmte ökonomische Organisation vor. Zum Beispiel erfordert die Agrikultur eine große Anzahl Menschen, die das Land bestellen, und wenige Menschen, um diese Arbeit zu überwachen. Im Falle der Landwirtschaft arbeiteten die Bauern für ihren Lehnsherrn, der ihnen das Land verpachtet hatte und sie im Austausch für einen Teil ihrer Ernte vor anderen Feudalherren schützte. Revolutionen treten nach Marx auf, wenn die ökonomische Organisation und das politische System zu Hindernissen für die Produktivkräfte der Wirtschaft werden.

In jedem ökonomischen System gibt es eine Aufteilung der Arbeit und daher auch eine Aufteilung der Menschen in Klassen. Marx sah den Kapitalismus – den er als ökonomisches System darstellte, in dem Waren nicht zum Verbrauch, sondern zum Tausch produziert werden – als Produkt einer langen historischen Entwicklung. Im Kapitalismus ist die Einteilung in Klassen extrem divergierend. Eine riesige Anzahl Arbeiter – das Proletariat – schuftet unter miserablen Bedingungen, während eine winzige Minderheit, der die Produktionsmittel gehören – die Bourgeoisie –, immer reicher wird. Marx sagte voraus, dass der Kapitalismus seinen eigenen Untergang produzieren würde. Während der Kapitalismus gedeiht, so argumentierte Marx, würde er ein immer größer werdendes Proletariat hervorbringen, das unter immer schlechteren Bedingungen lebte. Schließlich würden die Arbeiter revoltieren und ein anderes, genossenschaftliches Wirtschaftssystem etablieren – eines, in dem jeder nach seinen Fähigkeiten gibt und nach seinen Bedürfnissen nimmt.

Zusatzinformationen

1. Marx schrieb viele seiner Werke zusammen mit Friedrich Engels (1820–1895), dem Sohn eines deutschen Industriellen. Auch das vielbändige Werk *Das Kapital*, das Marx als sein Hauptwerk ansah, beruhte auf einer Zusammenarbeit mit Friedrich Engels.
2. Marx beschrieb den Zustand, der dem Zusammenbruch des Kapitalismus folgen und den wahren Kommunismus einläuten würde, als die »Diktatur des Proletariats«.

Al-Ghazali

Abu Hamid Muhammad ibn Muhammad al-Tusi al-Ghazali (1058–1111) oder einfach Al-Ghazali war einer der einflussreichsten islamischen Theologen und Philosophen. Er wurde in Tus im heutigen Iran geboren.

Al-Ghazali studierte und lehrte Schafi'i-Recht, eine Rechtsschule innerhalb des sunnitischen Islam. Mit dreiunddreißig Jahren hatte sich Al-Ghazali einen Namen auf diesem Gebiet gemacht und wurde zum Leiter der Nizamiyyah-Schule in Bagdad ernannt, wo er vier Jahre lang wirkte.

Eins der wichtigsten Werke Al-Ghazalis ist »Die Inkohärenz der Philosophen«, in dem er die These vertritt, dass die Ereignisse in der Welt von Gottes momentanen Launen bestimmt werden. Damit werden im Wesentlichen alle anderen Kausalquellen in der Natur bestritten und Gott allein als Quelle all dessen, was passiert, postuliert.

In dem Werk kritisiert Al-Ghazali frühe Philosophen, zum Beispiel Platon und Aristoteles, und Muslime, die deren Anschauungen folgen. Al-Ghazali behauptet, dass diese Philosophen von falschen Voraussetzungen ausgingen, wenn sie versuchten, religiöse Fragen mit Vernunft zu beantworten. Er argumentiert, dass jeder dem wahren Glauben zustimmen würde, wenn man absolute Wahrheiten über die Religion wie zum Beispiel die Existenz Gottes durch Vernunft beweisen könnte. Daher kann laut Al-Ghazali rationales Denken keine religiösen Probleme lösen.

1095 machte Al-Ghazali eine spirituelle Wandlung durch. Er verließ die Nizamiyyah-Schule und reiste durch Arabien, dann nach Damaskus, Jerusalem, Mekka, Medina, Ägypten, zurück nach Bagdad und schließlich wieder in seinen Heimatort Tus. Während dieser Zeit schloss sich Al-Ghazali einem der vielen Sufi-Orden an.

Al-Ghazali war lange ein Gläubiger der Ashrite-Schule gewesen, der zufolge die wahre Natur Gottes nicht zu erkennen ist. Für diese Schule stellt Al-Ghazalis Schrift »Die Inkohärenz der Philosophen« das wichtigste Werk dar. So ist es nicht erstaunlich, dass Al-Ghazali schließlich den Mystizismus der Sufis für die beste Möglichkeit einer Verbindung mit Gott ansah. Aufgrund von Al-Ghazalis großer Popularität war sein Anschluss an einen der zu jener Zeit entstehenden Sufi-Orden sicher dazu angetan, dem Sufismus in der Gesellschaft zu Glaubwürdigkeit zu verhelfen.

Zusatzinformationen

1. Philosophisch betrachtet kann man Al-Ghazalis Werk zum philosophischen Skeptizismus zählen, ähnlich der britischen Schule, die George Berkeley und David Hume 700 Jahre später begründeten.
2. Al-Ghazalis Hauptkritiker war Averroës, auch bekannt als Ibn Rushd, dessen kritisches Hauptwerk »Inkohärenz der Inkohärenz« hieß.

Elizabeth Cady Stanton und die Frauenrechtsbewegung

»Die Geschichte der Menschheit ist eine Geschichte von ständigen Verletzungen und Übergriffen gegenüber Frauen.«

Elizabeth Cady Stanton, »*The Declaration of Sentiments*«
Seneca Falls Conference, 1848

Elizabeth Cady Stanton (1815–1902) war Abolitionistin (Sklavereigegnerin) und eine unermüdliche Kämpferin für die Frauenrechte im neunzehnten Jahrhundert in den Vereinigten Staaten. Stanton wurde im Bundesstaat New York geboren und trat ihr Leben lang für das Wahlrecht für Frauen ein, ein Ziel, dessen Durchsetzung sie nicht mehr erlebte. Sie starb siebzehn Jahre, bevor die Frauen in den Vereinigten Staaten schließlich das Wahlrecht erhielten.

Als 1848 die amerikanische Bewegung zur Durchsetzung des Wahlrechts für Frauen ernsthaft begann, erschien die Vorstellung von Frauen, die einen Stimmzettel in die Wahlurne werfen, den meisten Menschen noch lächerlich. Nur auf den kleinen Pitcairninseln im Pazifik gab es zu jener Zeit überhaupt ein Wahlrecht für Frauen. Frauen durften auch nur an wenigen Colleges in den USA studieren, und ihre Eigentumsrechte waren stark eingeschränkt. Doch 1848 organisierten Stanton und andere Frauen eine Versammlung in Seneca Falls im Bundesstaat New York, um das weitere Vorgehen in Sachen Frauenrechte zu planen.

Bei der Versammlung in Seneca Falls verfasste Stanton zusammen mit Lucretia Mott eine *»Declaration of Sentiments«*, in der sie gleiche Rechte für Männer und Frauen forderten und die von den Delegierten unterschrieben wurde. Während der nächsten fünfzig Jahre arbeitete Stanton dafür, die amerikanischen Bürger von der Gleichberechtigung der Frauen zu überzeugen.

Die Frauenrechtlerinnen nahmen ihre Sache ernst, und das zu einer Zeit, als es sich für Frauen nicht schickte, mit Politik zu tun zu haben. Als Stanton heiratete, bestand sie darauf, dass aus ihrem Ehegelöbnis das Wort »gehorchen« gestrichen wurde. Wie die Frauenrechtlerinnen späterer Generationen auch, mussten die frühen Feministinnen den primitiven Spott der Reaktionäre über sich ergehen lassen. Viele amerikanische Männer und Frauen hielten die Frauenrechtlerinnen ebenso wie die Sklavengegner für die nächste Gruppe unerträglicher Liberaler aus dem Norden, die die Gesellschaft und ihre Traditionen zerstören wollten.

Stanton erlebte die Ratifizierung der neunzehnten Ergänzung zur US-amerikanischen Verfassung von 1920 nicht mehr, die den Frauen das Wahlrecht garantiert, aber ihre Kolleginnen ließen der Frau, die einst in Seneca Falls die Bewegung in Gang gebracht hatte, die ihr gebührende Ehre zukommen. Susan B. Anthony, die mit Stanton zusammen kämpfte, sagte: »Ihr sollt wissen, dass ich die Arbeit, die ich getan habe, niemals hätte tun können, wenn ich diese Frau nicht an meiner Seite gehabt hätte.«

Zusatzinformationen

1. Der erste US-Bundesstaat, in dem Frauen ein ständiges Wahlrecht hatten, war Wyoming, das sich 1890 den Vereinigten Staaten anschloss.
2. Viele der frühen Frauenrechtlerinnen in den USA, darunter auch Anthony, waren Quäker. Die Quäker waren eine kleine pazifistische Sekte in Großbritannien und den USA, die auch bei der Bewegung gegen die Sklaverei führend war.
3. In Bhutan, Brunei und Saudi-Arabien gibt es noch immer kein Frauenwahlrecht, in der Schweiz haben Frauen erst seit 1971 das Wahlrecht.

Lolita

Vladimir Nabokovs *Lolita* (1955) gehört zu den großartigsten und am kontroversesten diskutierten Romanen des zwanzigsten Jahrhunderts. Anfangs wurde das literarische Verdienst des Romans durch den Skandal überschattet, den sein Inhalt auslöste, doch als sich der Lärm wieder gelegt hatte, erkannten Leser und Kritiker, dass Lolita bahnbrechend nicht nur in Bezug auf seinen Inhalt, sondern auch auf seine Erzählstimme und literarische Technik war.

Nabokov (1899–1977) wurde in Russland geboren, studierte in England und zog dann nach Berlin, wo er seine ersten literarischen Arbeiten schrieb. Von dort floh er vor den Nationalsozialisten in die USA (seine Frau war Jüdin), wo er bald Professor an mehreren Universitäten wurde. Mittlerweile hatte er einen selbstbewussten, sehr individuellen Stil entwickelt, den die einen liebten, die anderen ablehnten.

Lolita beschreibt die sexuelle Obsession eines mittelalten Professors, Humbert Humbert, der einem zwölfjährigen Mädchen verfällt. Humbert mietet sich ein Zimmer im Haus einer Witwe, nachdem er deren junge Tochter Dolores beim Sonnenbaden beobachtet hat. Er heiratet die Witwe, um Dolores oder »Lolita« nahe sein zu können, aber die Witwe stirbt schon bald. Humbert und Lolita nehmen schließlich tatsächlich eine sexuelle Beziehung auf, aber das kapriziöse Mädchen nutzt Humbert aus und brennt schließlich mit einem anderen durch.

Humbert als Erzähler beschreibt die Geschichte virtuos und ausdrucksstark, aber der Leser kann sich nicht darauf verlassen, dass er sie auch authentisch erzählt. Er verdreht die Fakten mit einer poetischen, einnehmenden Sprache, die die beunruhigende Natur seiner Obsession für junge Mädchen verharmlost. Seiner Darstellung nach ist es Lolita, die ihn verführt hat, und seine Vorliebe für »Nymphen« ist nur ein Nebenprodukt einer tragischen Liebesgeschichte in seiner Kindheit. Schon Humberts berühmte Eröffnungszeilen fangen den spielerischen, aber unruhigen Ton des Romans ein:

»Lolita, Licht meines Lebens, Feuer meiner Lenden. Meine Sünde, meine Seele. Lo-li-ta: die Zungenspitze macht drei Sprünge den Gaumen hinab und tippt bei Drei gegen die Zähne. Lo-li-ta.«

Als Nabokov Lolita 1955 beendet hatte, konnte er zunächst in den Vereinigten Staaten keinen Verleger finden; das Werk wurde in Frankreich veröffentlicht, wo die Kritiker es entweder großartig oder abstoßend obszön fanden. Der Roman wurde weithin verboten und erschien in den Vereinigten Staaten erst 1958, woraufhin er dort ein Bestseller wurde. Heute wird er hochgeschätzt sowohl als literarische Erforschung von Sexualität und Unterdrückung wie auch als vorzügliches Beispiel einer den Leser bewusst an der Nase herumführenden Erzählung, die ein Kennzeichen postmoderner Literatur wurde.

Zusatzinformation

1. Nabokov sprach von Jugend an fließend Russisch, Englisch und Französisch; seine frühen Werke sind vor allem auf Russisch geschrieben, seine späteren einschließlich *Lolita* auf Englisch.

Sternennacht

Sternennacht (Zypressen und Dorf) ist eins der bekanntesten Gemälde Vincent van Goghs. Es stellt ein einfaches Sujet dar – die Landschaft der Provence unter einem Sternenhimmel –, ist jedoch oft als tief spirituelles Werk interpretiert worden.

Van Gogh (1853–1890) malte *Sternennacht* im Juni 1889, während er sich in einer psychiatrischen Anstalt in Saint-Rémy aufhielt. Das Bild (73,7 × 92,1 cm) wird von einem weiten Himmel mit wirbelnden Wolken, Sternen und einem Mond dominiert. Am unteren Rand befindet sich ein kleines Dorf mit einer deutlich hervorgehobenen Kirche mit spitzem Kirchturm. Das Dorf liegt inmitten von sanften blauen Bergen. Am linken Rand ragt eine wilde Zypresse in den Himmel.

Es gibt Experten, die der Ansicht sind, das Bild zeige van Goghs Bewunderung für den amerikanischen Dichter Walt Whitman (1819–1892). In einem Kommentar zu Whitmans Gedichten schrieb van Gogh von dem »großen, sternenerleuchteten Himmelszelt, etwas, das man letztlich nur als Gott und die Ewigkeit an ihrem Platz über der Welt bezeichnen kann.«

Im Fall von *Sternennacht* arbeitete van Gogh ausnahmsweise nicht direkt nach der Natur, sondern nach mehreren vorbereitenden Skizzen. In der letzten Version veränderte er die Form der Kirche, die tatsächlich in Saint-Rémy steht, indem er einen steilen Kirchturm hinzufügte. Dieser war eher typisch für van Goghs Heimatland Holland.

Das Bild ist sehr verschieden interpretiert worden. Einige meinen, dass die dunklen Fenster und die dunkle Tür der Kirche bedeuten, dass man Inspiration nicht in organisierter Religion findet, sondern in der Natur, hier durch die großartige Zypresse symbolisiert. Andere glauben, dass die sich biegende Zypresse und der dynamische Himmel van Goghs gequälter Seele Ausdruck verleihen. Es gibt sogar die Ansicht, dass das Bild gar nicht symbolisch gemeint ist, sondern die tatsächliche Himmelskonstellation wiedergibt, wie sie am Abend des 19. Juni 1889 war. Beobachtungen vom Hubble-Weltraumteleskop ließen die Vermutung aufkommen, dass van Gogh vielleicht V838 Monocerotis, einen der geheimnisvollsten Sterne in der Milchstraße, gesehen hat.

Zusatzinformationen

1. Das Gemälde hängt heute im Museum of Modern Art in New York City.
2. Die wirbelnden Pinselstriche lassen die Bäume und den Himmel als elementare Kräfte wie Feuer und Wasser erscheinen.
3. Van Goghs Verwendung von dicken Farbwirbeln, um machtvolle Emotionen hervorzurufen, präfiguriert bereits die Bewegung des Expressionismus des frühen zwanzigsten Jahrhunderts.

Chemische Verbindungen

Chemische Verbindungen bestehen aus zwei oder mehr verschiedenen Elementen. Wasser, Salz oder Öl sind zum Beispiel chemische Verbindungen. Bei einer chemischen Verbindung verbinden sich die Atome der Elemente, um stabilere Elektronenstrukturen zu erzeugen. Elektronen sind winzige, negativ geladene Teilchen, die den Atomkern umkreisen. In einer stabilen Verbindung ist die totale Energie der Verbindung niedriger als die Energie der einzelnen Atome. Es gibt drei grundlegende Arten von chemischen Verbindungen: kovalente Bindungen, ionische Bindungen und metallische Bindungen.

Bei kovalenten Bindungen bilden die Atome zwischen sich ein oder mehrere Elektronenpaare aus. Entsprechend gibt es so genannte Einfachbindungen, die nur ein Elektronenpaar ausbilden, Doppelbindungen, bei denen zwei Elektronenpaare gebildet werden, und Dreifachbindungen mit drei Elektronenpaaren. Selten gibt es auch Vierfachbindungen, die jedoch sehr instabil sind. Im Allgemeinen sind die kovalenten Bindungen die stärksten und stabilsten chemischen Verbindungen, ganz besonders diejenigen zwischen Nichtmetallen. Es gibt zwei Arten von kovalenten Bindungen: polare und unpolare Bindungen. Bei unpolaren Bindungen sind die Elektronen gleichmäßig über das Molekül verteilt, dagegen neigen die Elektronen bei polaren Bindungen dazu, sich an einem Ende des Moleküls zu sammeln. Dies erzeugt bei dem Molekül einen negativen und einen positiven Pol. Die unterschiedlich geladenen Enden ziehen einander an und binden Moleküle zusammen, wie in Eis und Wasser.

Bei ionischen Bindungen geben die Atome ihre Elektronen an andere Atome ab. Ionische Bindungen werden oft von Metallen und

Nichtmetallen eingegangen; Metalle verlieren leicht Elektronen, Nichtmetalle gewinnen sie leicht. Wenn ein Metallatom ein Elektron verliert, wird es ein positiv geladenes Ion, das Kation genannt wird. Wenn ein Nichtmetallatom ein Elektron gewinnt, wird es ein negativ geladenes Ion, das man Anion nennt. Anionen und Kationen verbinden sich in ionischen Bindungen. Gewöhnliches Tafelsalz – Natriumchlorid – ist ein Beispiel dafür, dass sich ein Metall – Natrium – mit einem Nichtmetall – Chlor – durch eine ionische Bindung verbindet.

Metalle gehen häufig miteinander metallische Bindungen ein. Da Metalle leicht ihre Elektronen verlieren, kann man sie sich als Kationen vorstellen, die in einem See von Elektronen schweben. Sogar wenn verschiedene Metalle sich zu Legierungen verbinden, haben sie noch frei schwebende Elektronen, was dazu führt, dass Metalle zugleich stabil und dennoch flexibel sind.

Zusatzinformationen

1. Technisch gesehen existieren rein ionische Bindungen nicht. Sie haben alle zu einem gewissen Anteil kovalente oder metallische Bindungen.
2. Kovalente Bindungen wurden zum ersten Mal 1917 von dem amerikanischen Physikochemiker Gilbert N. Lewis beschrieben.
3. Kovalente Fünffachbindungen gibt es in einigen Chromverbindungen.

Musik und Nationalismus im 19. Jahrhundert

Länger als ein Jahrhundert war Wien der musikalische Mittelpunkt der Welt. Doch in den 1840er Jahren entstanden durch politische Umwälzungen in Österreich, Ungarn, Deutschland, Italien und Frankreich nationalistische Bewegungen, die sich gegen imperialistische Mächte richteten. In der Musik drückten Komponisten ihre Unterstützung für diese Bewegungen dadurch aus, dass sie auf die Volksmusik ihres Heimatlandes zurückgriffen. Ihr Nationalismus sollte schließlich dem kosmopolitischen Internationalismus der Moderne weichen, aber eine Zeitlang war er für viele Komponisten die vorherrschende Inspirationsquelle.

In Paris schrieb Frédéric Chopin (1810–1849) Polonaisen und Mazurkas zu Ehren seines Heimatlandes Polen, und 1831 komponierte er ein Stück, das an den missglückten polnischen Aufstand gegen den Zaren erinnern sollte. Der tschechische Nationalismus wurde von drei Komponisten verkörpert: Friedrich (Bedřich) Smetana (1824–1884), Antonín Dvořák (1841–1904) und Leoš Janáček (1854–1928). Antonín Dvořáks *Slawische Tänze* (1878) und seine Sinfonien Nr. 4 (1874) und Nr. 6 (1880) verwandten Themen und rhythmische Muster der tschechischen Volksmusik.

Richard Wagner (1813–1883) und Richard Strauss (1864–1949) hielten die deutsche Musik für die am weitesten entwickelte und reinste Musik, eine Ansicht, die im zwanzigsten Jahrhundert bei den Nationalsozialisten eine willkommene Heimat finden sollte. Und Pjotr Iljitsch Tschaikowski (1840–1893) und Nikolai Rimski-Korsakow

(1844–1908) verwandten russische traditionelle Musik, um den Interessen des Zaren zu dienen.

Das berühmteste Stück nationalistischer Musik ist vielleicht Tschaikowskis *Ouvertüre 1812* (1888), von der russischen Regierung in Auftrag gegeben, um den Sieg Russlands über Napoleon musikalisch darzustellen. Das Orchesterstück verwendet Musik aus der französischen Nationalhymne, der russischen Zarenhymne und mehreren Hymnen der orthodoxen Kirche. Auch Kanonenschüsse sind zu hören.

Zusatzinformationen

1. 1933 wurde Richard Strauss der Präsident der Reichsmusikkammer, des Musikministeriums unter den Nationalsozialisten.
2. Nationalismus trat auch in der Musik des zwanzigsten Jahrhunderts wieder auf, zum Beispiel in den Kompositionen von Aaron Copland (1900–1990) und Dimitri Schostakowitsch (1906–1975).
3. Die Blütezeit der nationalistischen Musik fiel mit zwei wichtigen politischen Ereignissen in Europa zusammen: mit der Einigung Deutschlands 1871 und der Gründung eines unabhängigen Italiens 1861.

Friedrich Nietzsche

Wahrscheinlich ist kein Philosoph so oft oder so falsch interpretiert worden wie Friedrich Nietzsche (1844–1900), dessen Werk noch heute Anlass zu unterschiedlichen Deutungen und Diskussionen gibt. Nietzsche wurde in dem Dorf Röcken bei Lützen geboren und wurde schon früh zu einem geschätzten Wissenschaftler der klassischen Philologie. Mit vierundzwanzig übernahm er eine Professur an der Universität Basel in der Schweiz. Doch zehn Jahre später musste Nietzsche seine Lehrtätigkeit aufgrund von Krankheit aufgeben. 1889 erlitt er einen schweren Zusammenbruch; er war jetzt geistig wie auch körperlich ein Invalide. Er starb geistesgestört, bis zum Schluss gepflegt von seiner Schwester.

Ein zentrales Thema in Nietzsches Philosophie ist die »Umwertung aller Werte«, wie er selbst es nennt. Damit ist gemeint, dass der Mensch Moral, Wissenschaft und Ästhetik hinterfragen soll. Nietzsche glaubte, dass viele der Werte, die die Grundlage der europäischen Kultur bilden – vor allem die christliche Moral –, das Leben und die Freude unnötig einschränken. Er war der Ansicht, dass viele dieser Werte von Schwachen und Missgünstigen aufgestellt wurden, um Macht über die Starken zu gewinnen. Die christliche Religion mit ihrer Wertschätzung der Bescheidenen und Demütigen war für Nietzsche der Sieg der Kranken über die Gesunden. Bei jedem Wertesystem und jedem philosophischen System stellte Nietzsche die Frage, welchem Leben es diente.

Eine andere bedeutende Vorstellung Nietzsches ist die Lehre von der »ewigen Wiederkehr«. Dies bedeutet, dass die Welt sich immer wieder genau so, wie sie vorher war, in Ewigkeit wiederholen wird. Daher werden wir alle unser Leben genau wie wir es gelebt haben, wieder und wieder leben. Nietzsche fragt: Welcher Mensch möchte alle Momente seines Lebens in alle Ewigkeit wiederholen, auch die banalsten und demütigendsten?

Zusatzinformationen

1. Viele Fachleute glauben, dass Nietzsche an Syphilis litt, die er sich entweder bei einer Prostituierten oder während seiner Zeit als Krankenpfleger im deutsch-französischen Krieg zugezogen hatte.
2. Nietzsches Schwester, Elisabeth Förster-Nietzsche, war nationalsozialistisch eingestellt und versuchte, die Philosophie ihres Bruders für ihre eigenen politischen Zwecke zu verdrehen. Nietzsche war jedoch weder Nationalist noch Antisemit.
3. Nietzsches Idee des »Übermenschen« wurde in der Fehlinterpretation der Nationalsozialisten zum Inbegriff des »arischen« Helden. Nietzsche selbst hat den Übermenschen niemals präzise beschrieben, allerdings hatte er in seinem Konzept weder übermäßig kriegerische noch gewalttätige Eigenschaften.
4. Nietzsche war eng befreundet mit Richard Wagner. Doch die Freundschaft zerbrach, und danach kritisierte Nietzsche Wagner in seinen Schriften auf heftigste Art.

Mahdi

Nach dem Glauben der Muslime lehrte der Prophet Mohammed, dass vor dem Ende der Zeit ein Mann, der Mahdi genannt wird, aus dem Islam hervorgehen wird. Dieser Mann würde ein Mitglied der Linie Mohammeds sein und die Welt in einen reinen und friedvollen Ort verwandeln. Es gibt verschiedene Ansichten von der Natur des Mahdis, und wie üblich unterscheiden sich die Vorstellungen der Schiiten und Sunniten erheblich.

Nach dem sunnitischen Islam ist der Mahdi noch nicht geboren. Wenn er geboren werden wird, wird das in Medina sein, wo Mohammed gestorben ist, und seine Eltern werden Abdullah und Aamina heißen, genau wie die Mohammeds. Außerdem glauben die Sunniten, dass der Mahdi im Alter von vierzig Jahren erscheinen wird, im selben Alter, in dem Mohammed seine erste Offenbarung erlebte. Sowohl der Mahdi als auch ein wiederkehrender Jesus werden die Erde für viele Jahre bewohnen.

Die Vorstellung der Schiiten sieht ganz anders aus: Sie glauben, dass seit dem Tod des Propheten Mohammed der Islam von einer Reihe Imame geführt wurde und dass der erste Imam Ali war. Der zwölfte und letzte dieser Imame wurde 868 geboren. Er ist jedoch noch nicht tot. Als der zwölfte Imam fünf Jahre alt war, starb sein Vater, der elfte Imam. Der Onkel des Jungen wollte gerade einen Gebetsdienst abhalten, als der fünf Jahre alte Mahdi erklärte, dass nur ein Imam diese ehrenvolle Aufgabe wahrnehmen könne, und er übernahm selbst den Gottesdienst. Danach verschwand er spurlos. Die Schiiten glauben, dass er noch heute lebt, Mohammed al-Mahdi heißt und schließlich wiederauftauchen wird.

Zusatzinformationen

1. Nach Mohammeds Worten wird, wenn der Tag des Gerichts kommt und der Mahdi noch nicht erschienen ist, dieser Tag so lange anhalten, bis der Mahdi erscheint.
2. In Frank Herberts Roman *Dune – Der Wüstenplanet* (1965) soll die Hauptfigur der Mahdi sein.

Andrew Carnegie

Andrew Carnegie (1835–1919) war aus Schottland in die Vereinigten Staaten eingewandert, wo er eins der größten Vermögen des neunzehnten Jahrhunderts anhäufte. Carnegie zog sich als reichster Mann der Welt aus seinem Geschäft zurück – und verbrachte dann den Rest seines Lebens damit, Geld für andere auszugeben. Als er starb, hatte Carnegie mehr als 350 Millionen US-Dollar für wohltätige Zwecke gestiftet, ein bis dahin noch nie dagewesener Betrag. Bis heute gibt es in vielen Städten der USA Carnegie-Bibliotheken, die mit dem Geld errichtet wurden, das der Immigrant und Philanthrop gespendet hatte.

Carnegie verdankte sein Vermögen dem unersättlichen Stahlbedarf der USA im neunzehnten Jahrhundert. Nachdem Carnegie im Alter von dreizehn Jahren 1848 mit seiner Familie aus Schottland eingewandert war, wurde er noch im selben Jahr in einer Baumwollspinnerei tätig. Nach und nach arbeitete er sich dann in anderen Berufen hoch und erkannte durch seine Erfahrungen, welche enorme Chance Stahl darstellte. 1865, im Alter von dreißig Jahren, begann er mit der eigenen Carnegie Steel Company in Pittsburgh, Metall für die Eisenbahnen und Brücken zu produzieren, die den in der Industrialisierung befindlichen nordamerikanischen Kontinent bald durchqueren sollten. Carnegie war bekannt dafür, die Kosten niedrig zu halten, und später erwarb seine Firma viele der Konkurrenzunternehmen.

1901 verkaufte Carnegie seine Firma und zog sich aus dem Geschäft zurück. Das Bild, das er von sich selbst kultiviert hatte, war das eines Freundes der Arbeiterklasse, der selbst aus bescheidenen Verhältnissen stammte, und in seinem Buch *The Gospel of Wealth (Das Evangelium des Reichtums,* 1905) vertrat er die Ansicht, dass die Reichen den weniger Glücklichen von ihrem Wohlstand abgeben sollten. Und das tat er jetzt. Seine Spenden finanzierten den Bau von 2500 Bibliotheken in der englischsprachigen Welt, darunter mehr als 1600 in den Vereinigten Staaten. Carnegie gab auch Geld für Museen, wissenschaftliche Expeditionen und die berühmte Veranstaltungshalle in New York City, die Carnegie-Hall.

In den Vereinigten Staaten unterstützte Carnegies »Vom-Tellerwäscher-zum Millionär«-Geschichte die Ansicht, dass jeder den amerikanischen Traum wahrmachen und reich werden könne. Carnegies Name lebt fort als ein Symbol für die amerikanischen Möglichkeiten und für die soziale Verantwortung der Wohlhabenden.

Zusatzinformationen

1. Carnegie bezahlte auch mehr als 7000 Kirchenorgeln, von denen einige noch heute gespielt werden.
2. Carnegie kehrte oft nach Schottland zurück, nachdem er sein Vermögen verdient hatte. Er kaufte sich in den schottischen Highlands ein Schloss, Skibo Castle, als Sommerresidenz. Das Schloss blieb viele Jahre im Besitz der Familie, heute ist es jedoch ein exklusiver Ort für Feriengäste. 2000 heirateten dort Madonna und Guy Ritchie.
3. Ein riesiger Dinosaurier – der Diplodocus carnegii – ist nach Carnegie benannt: Er finanzierte die Expedition, die die Dinosaurierknochen ausgrub.

Die Abenteuer des Huckleberry Finn

Die Abenteuer des Huckleberry Finn (1884) von Mark Twain (1835–1910) bleibt eins der am meisten gelesenen Werke der US-amerikanischen Literatur des neunzehnten Jahrhunderts. Es ist eine unterhaltsame, bewegende Geschichte, die junge und alte Leser gleichermaßen anspricht.

Huck Finn ist ein dreizehnjähriger Junge aus dem Dorf St. Petersburg in Missouri. Er wohnt bei einer alten Witwe, deren Versuche, ihn zu »zivilisieren«, ihm oft gar nicht behagen. Doch dann taucht Hucks Vater, ein gewalttätiger Trinker, auf und nimmt Huck mit in eine entlegene Hütte, wo er ihn oft heftig durchprügelt. Nur durch das Vortäuschen seines eigenen Todes gelingt Huck schließlich die Flucht auf eine Insel inmitten des Mississippi. Dort lernt er Jim kennen, einen entlaufenen Sklaven.

Gemeinsam machen die beiden sich auf einem Floß auf die Fahrt flussabwärts. Dabei treffen sie auf eine ganze Galerie von Kriminellen, Sklavenjägern, Betrügern und anderen Beispielen des Schlechtesten, was die Gesellschaft zu bieten hat. Nach einer Vielzahl von Widrigkeiten wird Jim eingefangen, schließlich aber von Huck und seinem Freund Tom Sawyer wieder befreit. Am Ende kehrt sich alles zum Guten, und Huck beschließt, dass er fortziehen und den wilden Westen erforschen will.

Im Mittelpunkt des Romans stehen Hucks Entwicklung und seine Bemühungen, die Regeln der Gesellschaft mit seinen eigenen Gefühlen und Instinkten zu vereinbaren, vor allem mit seiner Freundschaft zu Jim. Im Süden aufgewachsen, ist Huck immer wieder gesagt wor-

den, dass es falsch ist, einem entlaufenen Sklaven zu helfen. Aber Jim – bei weitem der warmherzigste, fürsorglichste und anständigste Charakter des Romans – wird schnell zu Hucks Vertrautem und fast zu einer Vaterfigur. Am Ende ist Huck zu der Einsicht gekommen, dass die Regeln der Gesellschaft nicht immer gut sind und sein eigenes Gespür für Richtig und Falsch oft die bessere Orientierung ist.

Zusatzinformationen

1. Noch heute ist Huckleberry Finn in manchen US-Schulregionen verboten, weil in dem Roman häufig das Wort Nigger vorkommt – obwohl Twains Gebrauch des Begriffs nur der damals verwendeten Bezeichnung entspricht und somit einem Werk Realismus verleiht, das Toleranz predigt und die Dummheit des Rassismus offenbart.
2. In Twains früherem Roman *Die Abenteuer des Tom Sawyer* (1876) entdecken Tom und Huck einen Goldschatz – dasselbe Gold, an das Hucks Vater am Anfang von *Die Abenteuer des Huckleberry Finn* herankommen will.
3. In seinem berühmten Aufsatz »Die schreckliche deutsche Sprache« setzt sich Twain humorvoll mit den Eigenheiten der für ihn sonderbaren Sprache auseinander, die er 1878 auf seiner zweiten Europareise kennenlernte, als er drei Monate in Heidelberg verbrachte.

Ein Sonntagnachmittag auf der Insel La Grande Jatte

Ein Sonntagnachmittag auf der Insel La Grande Jatte, oft auch nur *La Grande Jatte* (1884–1886) von Georges Seurat (1859–1891) ist eins der berühmtesten Werke des Postimpressionismus und der Inbegriff des Pointillismus. Das Gemälde zeigt eine ruhige Szene am Ufer einer Seine-Insel nahe Paris mit vielen Personen, die hier ihre Freizeit verbringen.

In den Jahren, bevor er *La Grande Jatte* malte, hatte Seurat sich eingehend mit Optik und Farbtheorie beschäftigt. Beeinflusst von Ogden Roods Abhandlung über Farbe, *Théorie scientifique des couleurs* (1881), entwickelte er ein wissenschaftliches System für die Übersetzung von Licht und Farbe in der Natur durch dick und übereinander aufgetragene Punkte oder Farbtupfen auf die Leinwand. Bereits bei seinem Bild *Badende in Asnières* (1883) verwandte Seurat eine ähnliche Technik in kleinerem Format für eine sommerliche Szene im Freien.

An dem 207,6 × 308 cm großen Gemälde *La Grande Jatte* begann Seurat 1884 zu arbeiten und stellte es 1885 rechtzeitig für den offiziellen Salon fertig, wo es jedoch abgelehnt wurde. Daraufhin überarbeitete Seurat mehrere Bereiche des Bildes in einer Technik, die er Chromo-Luminarismus nannte, bevor er es bei der achten und letzten Gruppenausstellung der Impressionisten zeigte. Insgesamt fertigte Seurat neunundfünfzig Studien für das Gemälde an, auf Papier, Holz und Leinwand, die einen faszinierenden Einblick in den kreativen Prozess des Malers bieten.

Die Landschaft des Gemäldes ist das Nordwestufer der Seine-In-

sel La Grande Jatte, die gegenüber dem Ort Courbevoie liegt. Auf dem Bild sind achtundvierzig Personen dargestellt, acht Boote, drei Hunde und ein Affe. Ein stehendes Paar am rechten Bildrand dominiert die Komposition. Die Frau hält zwei Leinen in der Hand, die zu einem Hund und einem Affen zu ihren Füßen gehören. Rechts im Vordergrund befinden sich zwei Männer, der eine von ihnen streckt sich auf dem Rasen aus, ist locker gekleidet und raucht eine Pfeife, der andere trägt elegante Kleidung und sitzt steif aufrecht. Ein Kind im weißen Kleid in der Mitte des Bildes ist die einzige Figur, die den Betrachter anschaut. Personengruppen und Einzelpersonen, promenierend, sitzend, miteinander redend, füllen das Bild bis tief in den Hintergrund. Die Figuren erscheinen etwas steif, wie aus Pappe ausgeschnitten und sorgfältig in die Landschaft hineingesetzt.

Nach seiner eigenen Aussage wollte Seurat mit *La Grande Jatte* eine große Abbildung des zeitgenössischen Lebens schaffen, das den Vergleich mit so ehrwürdigen Werken wie dem Parthenon-Fries nicht zu scheuen braucht. 1924 kaufte Frederick Clay Bartlett *La Grande Jatte* für das Art Institute of Chicago, wo es noch heute das Glanzstück des Museums ist. Ein kürzliches Musical von Stephen Sondheim, *Sunday in the Park with George*, brachte die Leinwand auf der Bühne zum Leben.

Aggregatzustände

Die drei Aggregatzustände – fest, flüssig und gasförmig – werden von Form und Volumen der entsprechenden Materie bestimmt. Feste Stoffe behalten normalerweise Volumen und Form bei. Bei Flüssigkeiten bleibt das Volumen gleich, aber ihre Form wird davon bestimmt, wo sie sich befinden. Gase haben keine bestimmte Form und kein bestimmtes Volumen und breiten sich endlos aus, wenn sie nicht durch etwas zurückgehalten werden.

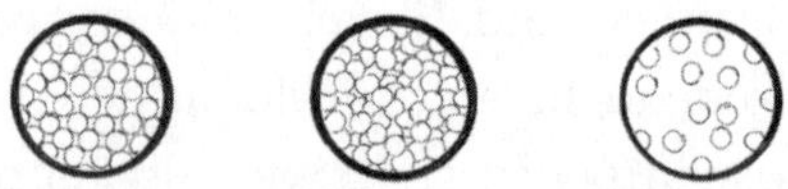

fest *flüssig* *gasförmig*

Materie besteht aus Molekülen, und Moleküle bestehen aus Atomen. Die Natur der Atome und Moleküle bestimmt den Aggregatzustand einer Materie. Alle Moleküle besitzen kinetische Energie, sie bewegen sich. Je mehr sie sich bewegen, desto wahrscheinlicher bewegen sie sich voneinander weg. Aber Moleküle, besonders Moleküle des gleichen Typs, tendieren dazu, sich gegenseitig anzuziehen. Die Spannung zwischen kinetischer Energie und molekularer Anziehung ergibt die verschiedenen Aggregatzustände. Diese Spannung wird stark beeinflusst von Temperatur und Druck. Bei erhöhter Temperatur bewegen sich die Moleküle schneller und haben mehr kinetische Energie, während erhöhter Druck die Moleküle dichter zusammenbringt und damit ihre gegenseitige Anziehung verstärkt.

In festen Stoffen bewegen sich die Moleküle sehr langsam, schwingen oder rotieren, und die Anziehung zwischen ihnen ist sehr stark.

Sie können sich zu festen Strukturen zusammenfügen, die Kristalle genannt werden, oder zu amorphen Strukturen wie Glas. Abhängig von Temperatur und Druck, kann die gleiche Art von Molekülen viele verschiedene Strukturen bilden. Zum Beispiel kann fester Kohlenstoff zu Graphit oder zu Diamant werden. Die unterschiedlichen Strukturen nennt man Phasen.

In Flüssigkeiten ist die kinetische Energie hoch genug und die molekulare Anziehung niedrig genug, damit die Moleküle sich gegenseitig verschieben können. Bei den meisten Substanzen gibt es nur eine flüssige Phase, aber andere haben auch mehrere. Zum Beispiel gibt es zwei Phasen flüssiges Helium. Bei Gasen gibt es kaum eine Anziehung zwischen den Molekülen, so dass sie sich frei bewegen können. Wenn Moleküle genügend kinetische Energie haben und fast keinem Druck ausgesetzt sind, lösen sich ihre Elektronen – winzige, negativ geladene subatomare Teilchen – vom Rest ihres Atoms. Diese Phase, Plasma genannt, kommt in Sternen vor.

Zusatzinformationen

1. Eis – festes Wasser – hat acht verschiedene Phasen.
2. Eine Phase flüssigen Heliums zeigt sehr merkwürdige Eigenschaften. Gießt man das Helium in dieser Phase in einen Behälter, so setzt es sich am Boden fest, kriecht die Innenwände hoch, kriecht über den Rand und kriecht dann an der Außenseite wieder nach unten.
3. Bei extrem niedrigen Temperaturen bewegen sich Moleküle fast gar nicht. Das lässt bizarre Phasen entstehen, die suprafüssig und suprafest genannt werden, außerdem gibt es noch das so genannte Bose-Einstein-Kondensat.

Pjotr Iljitsch Tschaikowski

Pjotr Iljitsch Tschaikowski (1840–1893) wurde zu seiner Zeit von seinen eigenen Landsleuten nicht sehr hoch geschätzt, und noch heute gehen die Ansichten darüber auseinander, was er zum klassischen Musikkanon beigetragen hat. Für die einen war seine Musik bombastisch und sentimental und ohne großes Formverständnis, für die anderen war er ein Nationalist, der mit dem Herzen komponierte und es wagte, seinen Instinkten zu folgen. Auf jeden Fall behaupten Tschaikowskis Orchesterwerke ihren Platz in der Geschichte, und sie stellen eine leicht zugängliche Einführung in die Welt der Kunstmusik dar.

Tschaikowski, der in einer Bergwerksstadt 900 Kilometer östlich von Moskau geboren wurde, war ein schwächliches, kränkliches Kind. Er wurde auf eine Rechtsschule geschickt und war anschließend im Justizministerium tätig. 1862 begann er gegen den Willen seiner Familie, am Petersburger Musikkonservatorium zu studieren. 1866 bekam er auf Vermittlung von Anton Rubinsteins Bruder Nikolai Rubinstein eine Stelle als Dozent für Harmonielehre am Konservatorium in Moskau, wo sich Tschaikowski einem kleinen Kreis nationalistischer Komponisten anschloss. 1872 schrieb er seine Sinfonie Nr. 2, die *»Kleinrussische«*, und mehrere andere Werke, die russische Themen verwendeten.

Tschaikowski wurde zunächst in seiner Heimat nicht sehr geschätzt. Als sein Klavierkonzert Nr. 1 (1875) für den großen russischen Meister Anton Rubinstein gespielt wurde, tat man es als »wertlos und unspielbar« ab. Dagegen fand es in Boston großen Anklang. In seiner späteren Karriere wurde Tschaikowskis Musik auch in Russland anerkannt. Diese Zeit begann, als er Werke wie seine Sinfonie Nr. 4 (1878) schrieb.

Tschaikowskis berühmteste Werke sind die *Ouvertüre 1812* (1888) und die Musik für die Ballettstücke *Schwanensee* (1875) und *Nussknacker* (1892).

Zusatzinformationen

1. Tschaikowski dirigierte in der Carnegie Hall in New York zum ersten Mal 1891. Später schrieb er, dass er in den USA beliebter war, als er es je in Europa gewesen war.
2. Es ist nie geklärt worden, woran Tschaikowski starb. Entweder hat er sich beim Trinken von unabgekochtem Wasser Cholera zugezogen, oder er beging mit Gift Selbstmord, weil es gegen ihn wegen des Verdachts der Homosexualität ein »Ehrengericht« gegeben hatte.
3. Tschaikowski war homosexuell, aber 1877 heiratete er eine Frau namens Antonina Milyukowa, die ihn bewunderte. Nach ein paar Wochen trennten sich die beiden wieder, doch wurde die Ehe nie geschieden.

Modalität

Sie hätten auch etwas größer sein können oder etwas kleiner; Sie hätten mehr Geschwister haben können oder weniger. All das wäre möglich gewesen, ist aber nicht eingetreten. Aspekte der Welt, die anders hätten sein können, werden von Philosophen als kontingent beschrieben. Es gibt jedoch auch Zustände, die nicht anders sein könnten. Zum Beispiel hätten 2 + 2 nichts anderes als 4 ergeben können. Aspekte der Welt wie zum Beispiel 2 + 2 = 4 sind notwendigerweise wahr.

Die Aufgabe der Modalität ist es unter anderem zu bestimmen, welche Eigenschaften der Welt kontingent und welche notwendig sind und wie man den Unterschied bestimmen kann. Die Frage der Modalität ist eine Frage, die bestehen bleiben würde, auch wenn wir sämtliche Wahrheiten über die Welt wüssten. Wir könnten noch immer fragen: Welche dieser Wahrheiten sind notwendig und welche sind kontingent?

Fast alle Philosophen stimmen darin überein, dass Logik notwendigerweise wahr ist: Wenn Sokrates ein Mensch ist und alle Menschen sterblich sind, dann folgt daraus notwendigerweise, dass Sokrates sterblich ist. Es ist nicht möglich, dass die ersten beiden Aussagen wahr sind und die dritte falsch ist. Genauso sind sich fast alle Philosophen einig, dass Mathematik eine notwendige Wahrheit ist: Es ist unmöglich, dass 2+2 nicht gleich 4 ist. Bei anderen Dingen sind Philosophen jedoch unterschiedlicher Meinung, zum Beispiel darüber, ob die physikalischen Gesetze des Universums notwendige Wahrheiten sind. Auch bei Eigenschaften, die Individuen angehen, gibt es unterschiedliche Auffassungen über deren notwendige Wahrheit. Ist es zum Beispiel notwendig oder nur kontingent, dass Sie ein

Mensch sind? Hätte es auch sein können, dass Sie existieren, ohne ein Mensch zu sein, zum Beispiel als Katze oder als Murmeltier? Ein religiöses Beispiel wäre die Frage nach Gott. Wenn er existiert, existiert er notwendigerweise?

Die Philosophen beschäftigen sich auch mit der Frage nach dem Grund für die Möglichkeit in der Welt. Was ist es, das in der Welt bestimmt, dass einige Dinge möglich sind und andere nicht? Nach Meinung einiger Philosophen kann diese Frage nicht beantwortet werden, andere sind der Ansicht, dass etwas möglich ist, wenn es eine »mögliche Welt« gibt, in der dies wahr ist.

Zusatzinformationen

1. Baruch Spinoza (1632–1677) war der Ansicht, dass alles notwendig ist und dass es in der Welt keine Kontingenz gibt.
2. René Descartes (1596–1650) glaubte, dass Gott entscheidet, was notwendig und was kontingent ist. Wenn Gott sich anders entschieden hätte, dann wäre es falsch gewesen, zum Beispiel würde dann 2+2=4 nicht richtig sein.

Dschihad

Das arabische Wort Dschihad hat unterschiedliche Bedeutungen. Oft wird es als »heiliger Krieg« übersetzt und verstanden, es kann aber auch »Anstrengung auf dem Weg Gottes« heißen.

Die Anstrengung, die Dschihad beschreibt, ist die Mühe, die man sich machen muss, wenn man sich mit dem Islam auseinandersetzt. Diese Mühe kann den inneren Kampf bedeuten, um ein besserer Muslim zu werden, oder den Kampf gegen das Schlechte durch Schreiben, Predigten und Gelehrsamkeit.

Großes Gewicht ist auf den Aspekt des heiligen Krieges als Bedeutung des Dschihad gelegt worden, nicht nur wegen der Ereignisse der jüngsten Zeit, sondern auch aufgrund der Geschichte des Islams. Nachdem Mohammed nach Medina geflohen war, sammelte er eine Anhängerschaft um sich, mit der er dann Mekka angriff und unterwarf. Von da an fuhr er fort, den Islam in ganz Arabien zu verbreiten. Traditionell unterteilten die Muslime die Welt in zwei Teile: Dar al-Islam und Dar al-Harb. Dar al-Islam war das Land des Islams, wo die Religion bereits verbreitet war. Dar al-Harb dagegen war das »Haus des Krieges«, oder das Land, in das der Islam noch vordringen musste.

Einige Gelehrte interpretieren dies so, dass die Muslime so lange Krieg führen müssen, bis es auf der Welt nur noch Muslime gibt. Dies ist jedoch nicht notwendigerweise der Fall. Als das Reich der Muslime sich über die arabische Halbinsel ausbreitete, dann bis nach Afrika, Asien und Europa, trafen die Muslime auf Menschen, die bereits Monotheisten waren, und ließen diese ihre Religionen beibehalten. Sie erlebten auch militärische Niederlagen, so dass die islamische Expansion sich verlangsamte und weniger gewalttätig wurde. Viele muslimische Führer begannen, für eine friedliche Koexistenz einzutreten.

Zusatzinformationen

1. Unter islamischen Mystikern gibt es eine Unterscheidung zwischen kleinem Dschihad und großem Dschihad. Der heilige Krieg wurde als kleiner Dschihad bezeichnet, während der Kampf mit der eigenen Seele der große Dschihad war.
2. Mohammed wird oft als großer Krieger in Erinnerung gebracht, um damit das Eintreten für einen militanten Islam zu begründen. Doch muss man auch darauf hinweisen, dass Mohammed nur während der letzten zehn Jahre seines Lebens Krieg führte. Während seiner ersten dreiundfünfzig Jahre war er zunächst Kaufmann und dann Priester.

Wladimir Iljitsch Lenin

Zu Anfang des zwanzigsten Jahrhunderts bemühte sich in Russland eine autokratische Monarchie, das riesige Land unter Kontrolle zu halten. Von seinem prächtigen Winterpalast in Sankt Petersburg aus regierte der letzte Zar Nikolaus II. über ein abgewirtschaftetes Land mit seinen reichen Landbesitzern, verarmten Bauern und verhungernden Fabrikarbeitern. Viele Menschen verlangten mehr politische Freiheit, aber die Armee des Zaren unterdrückte den wachsenden Ruf nach Reformen, richtete Kritiker hin oder schickte sie nach Sibirien ins Gefängnis. Für das russische Volk war der Erste Weltkrieg, der 1914 begann, mehr, als es ertragen konnte. Schockiert und entsetzt über das Gemetzel – 1,7 Millionen russische Soldaten starben im Namen europäischer Machtpolitik –, stürzte die russische Bevölkerung 1917 den Zaren.

Gemäßigte russische Reformer wollten die Monarchie durch eine liberale Demokratie ähnlich wie in Frankreich und anderen europäischen Ländern ersetzen, doch ein Jahr nach der Absetzung des Zaren hatten in ganz Russland die Kommunisten unter der Führung von Wladimir Iljitsch Lenin (1870–1924) die Macht ergriffen. Sie waren gegen eine liberale Demokratie und wollten stattdessen eine neue Art Regierung errichten, die auf der politischen Philosophie des Marxismus basierte. Aus den Scherben des Zarenreiches schufen Lenin und die Kommunisten eine neue Nation: die Union der Sozialistischen Sowjetrepubliken (UdSSR).

Lenin wurde in Simbirsk geboren. Unter dem Zaren verbrachte er wegen seiner staatsfeindlichen Tätigkeiten viele Jahre im Exil oder

im Gefängnis. Während dieser Zeit entwickelte er das Ideengebäude, das später als Leninismus bekannt werden sollte. Der Leninismus verwandelte die Philosophie von Karl Marx in eine Vorlage dafür, wie man einen kommunistischen Staat tatsächlich regieren könnte. In der Praxis führte der Leninismus in der Sowjetunion zu großem Leid bei der Bevölkerung. Bis zu Lenins Tod im Jahr 1924 hatte die Regierung alle privaten Unternehmen enteignet, Tausende hingerichtet und eine Hungersnot ausgelöst, die Millionen sowjetischer Bürger tötete. Doch unter dem Aspekt industrieller Produktion war Lenins Revolution ein Erfolg. Am Ende des Zweiten Weltkriegs war die Sowjetunion eine militärische Supermacht. Nach Lenins Tod hatte Josef Stalin in der Sowjetunion die Macht übernommen, und während seiner unbarmherzigen, dreißigjährigen Herrschaft festigte er in dem Land die Macht des Kommunismus.

Zusatzinformationen

1. Nach Lenins Tod wurde dessen Körper einbalsamiert und in einem Mausoleum inmitten Moskaus bestattet, wo er noch heute ruht.
2. In dem berühmten Buch *Farm der Tiere* (1945) des britischen Schriftstellers George Orwell (1903–1950) ist die Figur des Old Major von Lenin und Marx inspiriert.
3. Der abgesetzte Zar und seine Familie wurden 1918 von den Sowjets ermordet.

Madame Bovary

Gustave Flauberts *Madame Bovary* (1857) war eins der ersten großen Werke des Realismus des neunzehnten Jahrhunderts. Auch wenn die Geschichte des Romans heute etwas klischeehaft anmuten mag, war die realistische Beschreibung einer unausgefüllten Frau, die Ehebruch begeht, zu Flauberts Zeiten revolutionär. Der Inhalt führte sogar zu öffentlicher Empörung und einem Prozess wegen Obszönität gegen Flaubert und seinen Verleger.

Flaubert (1821–1880) lebte zu einer Zeit in Frankreich, als das Land große soziale Veränderungen durchmachte. Nach der Französischen Revolution 1789 verlor die Aristokratie an Bedeutung, während gleichzeitig eine Mittelklasse aus Kaufleuten und Geschäftsleuten einen ökonomischen und sozialen Aufstieg erlebte. Flaubert, der zur intellektuellen Elite gehörte, verachtete die groben und materialistischen Werte der Neureichen. Diese Haltung ist in all seinen Werken, vor allem in *Madame Bovary* zu spüren.

Emma Bovary wächst wohlbehütet auf dem Land auf und wird von Nonnen erzogen. Nachdem sie einen Landarzt geheiratet hat, der nicht gerade wohlhabend ist und mittelmäßig in seinem Beruf, lässt die Enttäuschung über die stumpfe Realität der Ehe, die keineswegs ihren idealisierten Erwartungen entspricht, sie nach und nach immer unzufriedener und leidender werden. Auch als sie eine Tochter bekommt, muntert sie das nicht auf. Emma sehnt sich nach romantischer Liebe, aber ihre Bestrebungen, etwas zu verändern, bleiben unentschieden und ohne wirkliches Ziel. Schließlich lässt sie sich auf eine ehebrecherische Beziehung ein, in der Hoffnung, dass ihr Geliebter mit ihr ein neues Leben beginnt, was dieser jedoch mitnichten vorhat. Emma bleibt mit gebrochenem Herzen zurück und lässt sich nun auf mehrere Abenteuer ein, die sie aber bald langweilen. Emmas Ehemann erfährt von all dem nichts. Emma hat auch heimlich verschwenderisch eingekauft und Schulden gemacht, und als ihr hingehaltener Gläubiger ihr mit dem Gericht droht, verübt sie Selbstmord mit Arsen.

Madame Bovarys Rang als literarischer Klassiker ist sowohl auf das Thema wie auf den literarischen Stil des Buches zurückzuführen. Während die Schriftsteller und Dichter der Romantik in ihren Werken Optimismus und einem Geist der Menschlichkeit huldigten, war Flaubert bei der Schilderung von Emmas Situation pessimistisch, analytisch und distanziert. Neu ist, dass seine Sprache in den verschiedenen Teilen der Erzählung leicht variiert, so dass sie den jeweiligen Stimmungen entspricht. Nach Flauberts Tod schufen Meister des Realismus von Leo Tolstoi (1828–1910) bis zu Thomas Hardy (1840–1928) große Werke, die Flaubert viel verdanken.

Zusatzinformationen

1. Flaubert war dafür bekannt, dass er manchmal endlos, bis zu Tagen und Wochen, nach den richtigen Formulierungen suchte, weil er meinte, er müsse für jede Beschreibung und Situation *le seul mot juste* – das einzige richtige Wort – finden.
2. Flaubert brauchte mehr als fünf Jahre, um *Madame Bovary* zu schreiben. Freunde drängten ihn, das Projekt aufzugeben, aber er widmete sich ausschließlich ihm, bis es beendet war.
3. Der Untertitel für *Madame Bovary* lautet *Ein Sittenbild aus der Provinz* (frz. *Mœurs de province*), Ausdruck von Flauberts Abneigung gegen das Bürgertum.

Expressionismus

Die Expressionisten verwarfen ganz bewusst eine naturalistische Darstellung. Anstatt zu versuchen, die sichtbare Welt objektiv einzufangen, wandelten sie sie der eigenen Wahrnehmung entsprechend um und gaben dies ausdrucksstark wieder. Ohne einen einheitlichen Stil zu pflegen, waren ihnen doch gewisse Merkmale gemeinsam: die Verwendung von kräftigen Farben, eine absichtlich unausgeglichene Bildkomposition und rohe, kindhafte oder primitive Techniken. Der verfeinerte Klassizismus der Renaissance und die akademischen Maler interessierten sie nicht, sie suchten Inspiration bei den emotional aufgeladenen Bildern der deutschen Meister des sechzehnten Jahrhunderts wie zum Beispiel Albrecht Dürer und Matthias Grünewald.

Auch wenn Vincent van Gogh und Paul Gauguin viel zur Entwicklung des Expressionismus beigetragen haben, setzt man den Anfang der Bewegung meist auf 1905 fest, das Jahr, in dem eine gleichgesinnte Künstlergruppe, zu der auch Henri Matisse gehörte, zum ersten Mal ihre Arbeiten in Paris ausstellte. Wegen der von ihnen verwendeten grellen Farben nannte ein Kritiker sie »les fauves« – die wilden Tiere –, weshalb sie später Fauvisten genannt wurden.

Während die Fauvisten in Paris die Gemüter erregten, etablierten sich die deutschen Expressionisten in Dresden. Hier schloss sich eine Künstlergemeinschaft unter dem Namen *Die Brücke* zusammen, zu deren Gründungsmitgliedern unter anderem Ernst Kirchner und Karl Schmitt-Rottluff zählten. Beeinflusst vom Postimpressionismus, den Fauvisten und afrikanischen Holzschnitzereien, entwickelten die

Mitglieder der Brücke einen rauen und vereinfachenden Stil, um zum Beispiel städtische Straßenszenen darzustellen. Zu den wichtigsten Mitgliedern der Gruppe gehörte später auch Emil Nolde, in dessen Gemälde *Maskenstillleben III* sich die künstlerischen Merkmale der Gruppe deutlich wiederfinden. Nach 1905 entstanden überall in Europa gleichzeitig expressionistische Strömungen. Zu den Hauptrepräsentanten gehörten Oskar Kokoschka und Egon Schiele in Österreich, Chaim Soutine und Georges Rouault in Frankreich, Edvard Munch in Norwegen und James Ensor in Belgien. 1911 gründeten in München Wassily Kandinsky und Franz Marc die Künstlergemeinschaft *Der Blaue Reiter*. In ihren Bildern mischten sie expressionistische, symbolistische und kubistische Prinzipien und bereiteten so den Weg für die abstrakte Malerei.

Expressionismus wird manchmal auch als allgemeiner Begriff für alle Kunstströmungen in der ersten Hälfte des zwanzigsten Jahrhunderts, die den Klassizismus verwarfen, gebraucht. Mitte der 1930er Jahre fand der Expressionismus sein Ende, als die Nationalsozialisten ihn als entartete Kunst diffamierten. Viele seiner Vertreter gingen in die USA oder in andere Länder, in denen sie vor der Naziherrschaft sicher waren.

Zusatzinformationen

1. Die Fauvisten, die als erste Expressionisten gelten, wollten mit ihren Bildern im Allgemeinen positive Emotionen hervorrufen, während die Expressionisten in anderen Ländern häufig auch Gefühle wie Angst, Wut, Enttäuschung und Elend darstellten.
2. Die Expressionisten schufen häufig Holzschnitte; sie schätzten diese Technik, weil sie zu rauen Umrissen und harten Kontrasten zwischen Schwarz und Weiß führte.

Fotochemie

Alles Licht erreicht die Erde in Energiepäckchen, die man Photonen nennt. Sichtbares Licht ist nur ein kleiner Teil des gesamten Lichts, des elektromagnetischen Spektrums. Dazu gehören zum Beispiel auch Radiowellen, Mikrowellen, Infrarotlicht, ultraviolettes Licht, Röntgenstrahlen und Gammastrahlen. Jede Art von Licht hat eine charakteristische Wellenlänge, Frequenz und ein bestimmtes Energieniveau. Zum Beispiel sind Radiowellen so lang und energiearm, dass sie durch die meisten Arten von Materie direkt hindurchgehen, ohne auf diese einzuwirken. Ultraviolettes Licht dagegen hat genug Energie, um auf Ihrer Haut chemische Reaktionen in Gang zu setzen, die sie verbrennen. Licht löst auch chemische Reaktionen aus, die es uns möglich machen, Bilder auf Filmmaterial zu bannen.

Schwarzweißfilme bestehen aus einer dünnen schützenden Plastikschicht, einer Emulsion aus Gelatine und Körnern aus Silbersalzkristallen, auch bekannt als Silberhalogenide. Silberhalogenide sind empfänglich für genau die Wellenlänge, Frequenz und das Energieniveau von sichtbarem Licht. Werden sie ihm ausgesetzt, absorbieren sie das Licht und verwandeln sich in Silber. Je mehr Licht darauf fällt, desto dunkler werden die Silbersalzkristalle. Daher sind die Fotonegative an den Stellen am dunkelsten, an denen in Wirklichkeit das meiste Licht einfällt. Wird später durch das Negativ Licht auf Fotopapier gelenkt, das ebenfalls mit einer Emulsion aus Silberhalogeniden beschichtet ist, lassen die dunklen Stellen auf dem Negativ am wenigsten Licht durch, während die hellen Stellen das meiste Licht durchlassen. Daher verwandelt sich das Bild auf dem Fotopapier in Bezug auf Hell und Dunkel in das Gegenteil des Negativs.

Beim Farbfilm besteht die Emulsion aus Schichten, die auf die unterschiedlichen Frequenzen von rotem, grünem und blauem Licht reagieren. Bei der Entwicklung des Films wird durch Farbschichten das volle Farbspektrum erzeugt, das wir um uns her sehen.

Zusatzinformationen

1. Die in der Emulsion verwendete Gelatine ist eine gereinigte Form der Gelatine, die sich auch in Wackelpudding findet.
2. Das erste »Foto« wurde von Joseph Niepce 1826 mit einer Camera Obscura aufgenommen. Er setzte eine Metallplatte, die mit einer Bitumen genannten Fotochemikalie beschichtet war, der Sonne aus. Acht Stunden später hatte er ein Bild auf der Platte.
3. Daguerreotypien waren die ersten kommerziell erfolgreichen Fotografien. Sie wurden in giftigen Quecksilberdämpfen entwickelt, was für viele unachtsame Fotografen zu einem vorzeitigen Tod führte.
4. Die teuerste Fotografie in der Geschichte wurde 2006 für 2,93 Millionen Dollar verkauft. Es handelt sich um die 1904 bei New York von Edward Steichen aufgenommene Ansicht eines baumumstandenen, mondbeschienenen Waldsees (The Pond-Moonlight).

Antonín Dvořák

Der tschechische Komponist Antonín Dvořák (1841–1904) wurde in Böhmen geboren und spielte lange Jahre Bratsche in einer Kapelle, die zunächst an unterschiedlichen Orten auftrat und später zum Orchester des Prager Interimstheaters wurde. 1874 wurde Dvořák vom Staat ein jährliches Stipendium verliehen, das er bis 1877 erhielt. Mitglied der Auswahlkommission war auch Johannes Brahms, der Dvořák sehr schätzte. Zwischen den beiden Komponisten entwickelte sich in dieser Zeit eine lebenslange Freundschaft. Im Oktober 1890 wurde Dvořák Professor für Komposition am Prager Konservatorium, und 1892 trat er die Stelle des Direktors des National Conservatory of Music in New York an, die mit 15 000 US-Dollar jährlich dotiert war.

In seiner Zeit in den USA schrieb Dvořák einige seiner bekanntesten Werke, darunter das Chorwerk *Te Deum* (1892), seine Sinfonie Nr. 9 »*Aus der Neuen Welt*« (1893) und sein Streichquartett op. 96 (1893), das auch als *Amerikanisches Streichquartett* bezeichnet wird. Die Sinfonie *Aus der Neuen Welt* komponierte Dvořák, während er in dem kleinen tschechisch geprägten Ort Spillville in Iowa die Sommerferien verbrachte. Auf der Zugfahrt über die Prärie wurde er von der Landschaft inspiriert, seine eigene Interpretation Nordamerikas zu schreiben. Die Sinfonie erinnert dann auch an die Weite der Landschaft und die dynamische Energie dieses Landes. Die in dem Werk verarbeiteten amerikanischen

Rhythmen und Volksmelodien legen bei manchem Zuhörer die Vermutung nahe, dass sie das Heimweh des Komponisten nach seinem eigenen Land ausdrücken.

In dieser Sinfonie wie in Dvořáks meisten orchestralen Werken zeigt sich der Komponist als Musiker mit einer stark romantischen Seite, der jedoch großen Wert auf klassische Form legt und den Umgang mit ihr vollkommen beherrscht. Was Dvořák von anderen Komponisten unterscheidet, ist seine große Liebe zur Volksmusik, aus der er häufig Elemente in seinen Werken verwendet. Die Sinfonie Nr. 5 (1875) enthält böhmisch klingende Melodien, und in der Sinfonie Nr. 6 (1880) klingt ein tschechischer Tanz an. In seinen späten Jahren komponierte Dvořák auch so genannte Tondichtungen oder sinfonische Dichtungen.

Zusatzinformationen

1. Dvořák ist auch bekannt für seine mitreißenden Streichquartette.
2. Nach drei Jahren in den Vereinigten Staaten kehrte Dvořák nach Prag zurück und beschäftigte sich in seinem letzten Jahrzehnt vorwiegend mit der Komposition von Tondichtungen und Opern.

Pragmatismus

Die philosophische Richtung des Pragmatismus bildete sich um die Wende vom neunzehnten zum zwanzigsten Jahrhundert in den Vereinigten Staaten heraus, vor allem mit den Werken von Charles Sanders Peirce (1839–1914), William James (1842–1910) und John Dewey (1859–1952). Der Pragmatismus ist ein originär amerikanischer Beitrag zur Philosophie.

Peirce, James, Dewey und andere Pragmatisten unterschieden sich im Einzelnen in ihren Anschauungen, aber ihre grundsätzliche Herangehensweise an die Philosophie war gleich. Viele Philosophen suchen nach einer Aussage über die Wahrheit, die sich auf eine abstrakte Realität gründet, die unabhängig von unserem Verstand und der Sprache ist. Demnach wäre es zum Beispiel möglich, dass alle uns richtig erscheinenden Beweise nicht korrekt sind, dass unsere durch bestmögliche Experimente gestützten Ansichten von der Welt sich als falsch herausstellen könnten. Die Pragmatisten waren dagegen der Auffassung, dass die Wahrheit von der Welt, wie wir sie erfahren, abgeleitet sein müsse. Vereinfacht ausgedrückt, hielten sie das für wahr, für das wir die besten Beweise haben.

Darüber hinaus forderten die Pragmatisten, dass bei philosophischen Aussagen auch berücksichtigt werden müsse, welche Rolle sie für die Menschen spielen, wenn diese mit den praktischen Problemen des Lebens konfrontiert sind. Für die Pragmatisten schloss der Begriff *praktisch* Moral, Religion sowie das politische Leben ein. Metaphysik lehnten sie nicht ab, forderten aber, dass sie uns am Ende helfen müsste, uns im Leben zurechtzufinden.

Sowohl James als auch Dewey leisteten auch in anderen Wissensbereichen bedeutende Beiträge. James war ein früher Pionier der empirischen Psychologie in den Vereinigten Staaten und Autor des Grundlagenwerks *Principles of Psychology* (1890). Dewey schrieb viele Werke zur Pädagogik; er sprach sich dafür aus, dass Schulen flexibler sein müssten und stärker auf die Kreativität und Individualität der Kinder eingehen sollten. Für Dewey war sein Pragmatismus eng mit einer progressiven Politik verbunden, für die er im frühen zwanzigsten Jahrhundert beharrlich und vehement eintrat.

Zusatzinformationen

1. Deweys Theorie wird auch als Instrumentalismus bezeichnet.
2. Peirce war ein früher Pionier der Semiotik, der Lehre von den Zeichen.
3. William James war der Bruder des großen amerikanischen Schriftstellers Henry James. Ihr Vater Henry James war zu seiner Zeit ein berühmter Philosoph. Er erzog seine Kinder mit dem ausdrücklichen Ziel, Genies aus ihnen zu machen.

Der Engel Gabriel

Der Engel Gabriel spielt eine bedeutende Rolle im Islam, im Christentum und im Judentum und erfüllt oft die Aufgabe, wichtige Botschaften von Gott zu übermitteln.

In der islamischen Tradition ist Gabriel der wichtigste Engel überhaupt. Er erschien Mohammed, während dieser in einer Höhle meditierte. Dann rezitierte Gabriel den Koran, Vers für Vers, und befahl Mohammed, sich jede Zeile zu merken und den Koran weiterzuverbreiten. Der Koran ist nach muslimischem Glauben eine Sammlung direkter Äußerungen Gottes gegenüber Gabriel, der sie Mohammed weitergegeben hat. Von besonderem Gewicht ist im Islam der tatsächliche Klang der Worte, wie sie in der Höhle widerhallten. Daher stammt die große Bedeutung, die das tatsächlich gesprochene Wort des Korans für Muslime hat, und daher müssen auch alle Gebete in der ursprünglichen arabischen Sprache gesprochen werden.

Im Christentum ist Gabriel einer von Gottes Erzengeln. In manchen Schriften werden drei solcher Engel höheren Ranges erwähnt, außer Gabriel noch Michael und Raphael. Andere Berichte sprechen von sieben Erzengeln. Nach der christlichen Tradition erschien Gabriel mehrmals auf Erden, um Gottes Botschaft zu verkünden. Gabriel erschien Zacharias bei einem Besuch des Tempels und verkündete ihm, dass seine hochbetagte Frau Elisabeth Johannes den Täufer gebären würde. Gabriel erschien auch der Jungfrau Maria und verkündete ihr die Geburt ihres Sohnes Jesus Christus. Dieses Ereignis bezeichnet man im Christentum als Mariä Verkündigung.

Im Judaismus erscheint Gabriel zweimal im Zusammenhang mit Daniel. Das erste Mal hat Daniel eine Vision Gottes, die er nicht versteht, und Gott schickt ihm daraufhin Gabriel, um ihm bei der Deutung zu helfen. Das zweite Mal erscheint Gabriel Daniel, um ihm vorherzusagen, dass das Ende des jüdischen Exils in Babylon bevorsteht.

Zusatzinformationen

1. Gabriels Name bedeutet »Mann Gottes«.
2. Die Mormonen glauben, dass Gabriel und Noah, der die Arche baute, dieselbe Person sind.
3. Von verschiedenen religiösen Traditionen wurden Gabriel mehrere Titel und Eigenschaften zugewiesen: die Farbe Blau, das Element Wasser, die Himmelsrichtung Westen und der Mond. Stellenweise ist er auch bekannt als Engel des Todes, Engel der Rache, Engel der Wiederauferstehung, Engel der Offenbarung, Engel der Gnade und Engel der Verkündigung.

Der Vertrag von Versailles

Der Vertrag von Versailles beendete offiziell den Ersten Weltkrieg. Er wurde nach monatelangen Verhandlungen 1919 in Versailles bei Paris unterzeichnet und ordnete die Weltkarte neu. Auf der Verliererseite stand Deutschland, das große Gebiete seines Reiches und all seine Kolonien abtreten musste. Hinzu kam die Verpflichtung, lange Zeit finanzielle Reparationsleistungen zu zahlen. Zwei der Gewinner, Frankreich und Großbritannien, besetzten die ehemalig osmanischen Gebiete im Nahen Osten.

Schon zur Zeit des Vertragsabschlusses beklagten viele Kritiker, dass durch ihn eine große Chance verpasst werde. Der amerikanische Präsident, Woodrow Wilson, war mit dem idealistischen Plan nach Paris gefahren, den Imperialismus zu beenden und die internationale Zusammenarbeit durch einen neu zu gründenden Völkerbund (»League of Nations«) zu festigen. Aber Großbritannien und vor allem Frankreich, die im Krieg Millionen Soldaten verloren hatten, wollten Vergeltung. Das Ergebnis war ein Vertrag, von dem die Deutschen sich gedemütigt fühlten.

In den vier Jahren, die der Krieg dauerte, hatte er in großen Teilen Europas und einem Teil des Nahen Ostens ein völliges Chaos angerichtet. Nach dem Ende des Ersten Weltkrieges hörten vier ehemals große Reiche auf zu existieren: das Deutsche Kaiserreich, die Monarchie Österreich-Ungarn, das russische Zarenreich und das Osmanische Reich.

In einer Zeit, in der die Welt sich in einem so gewaltigen Umbruch befand, konnte der Vertrag von Versailles nicht die Grundlage für einen dauernden Frieden bilden. Am Ende ratifizierten die Vereinigten

Staaten den Vertrag nicht, weil der Senat dem Beitritt zu dem von Wilson initiierten Völkerbund nicht zustimmte. Wilson war mit dem Versprechen in den Krieg eingetreten, die Welt »sicher für die Demokratie« zu machen, aber die Weltordnung, die sich in Versailles herausgebildet hatte, war weder demokratisch noch sicher. Viele Historiker sind sogar der Überzeugung, dass die Demütigung der Deutschen die Ursache war für die in Deutschland weit verbreitete Abneigung gegen die Westmächte, die Adolf Hitler geschickt ausnutzte, um an die Macht zu gelangen.

Zusatzinformationen

1. Der Vertrag wurde in dem von Ludwig XIV. errichteten berühmten Spiegelsaal unterzeichnet. Die Wahl dieses Ortes war höchst symbolisch: Im selben Saal hatte 1871 Frankreich seine Kapitulation gegenüber Deutschland am Ende des deutsch-französischen Krieges unterschrieben.
2. Im Ersten Weltkrieg wurden zum ersten Mal chemische Waffen eingesetzt, zuerst 1915 von den Deutschen, dann auch von den Alliierten. Schockiert von dem qualvoll langsamen Tod, den Giftgase hervorrufen, vereinbarten die europäischen Staaten 1925 ein Verbot des Einsatzes chemischer Waffen in zukünftigen Kriegen.
3. Woodrow Wilson erhielt 1920 den Friedensnobelpreis für die Gründung des Völkerbundes. Noch zwei andere US-Präsidenten – Teddy Roosevelt 1906 und Jimmy Carter 2002 – erhielten diese Auszeichnung.

Warten auf Godot

Warten auf Godot (1952) ist das bekannteste Werk des irisch-französischen Schriftstellers und Dramatikers Samuel Beckett. Als eines der ersten Stücke absurden Theaters leitete *Warten auf Godot* eine neue Ära von Möglichkeiten für das Theater ein. Das Stück spaltete die Kritiker in zwei gegensätzliche Lager: Für die einen war es der gelungene Ausdruck der Monotonie und Bedeutungslosigkeit des modernen Lebens, während die anderen es als langweiligen Unsinn abtaten. Doch die Vertreter der ersten Ansicht triumphierten, als Beckett 1969 den Literaturnobelpreis erhielt und dabei *Warten auf Godot* als eine seiner größten Leistungen erwähnt wurde.

Beckett (1906–1989) wurde in Dublin geboren. Nach dem Studium romanischer Sprachen bereiste er Europa, wohnte an verschiedenen Orten und immer wieder auch in Dublin und wurde schließlich in Paris sesshaft. Beckett versuchte sich in verschiedensten literarischen Genres und schrieb Romane, Kurzgeschichten, Gedichte und Essays. Aber es sind seine Theaterstücke, für die er heute am bekanntesten ist – und darunter ist *Warten auf Godot* zweifellos das berühmteste.

In diesem Stück passiert wenig. An einem Abend stehen zwei Männer, Wladimir und Estragon, am Straßenrand, reden und streiten miteinander und warten auf jemanden namens Godot. Ein Mann kommt mit seinem Sklaven an einer Leine vorbei. Der Sklave führt einen Tanz auf und hält einen merkwürdigen Vortrag. Später erscheint ein Junge und teilt den beiden Männern mit, dass Godot sich verspätet hat, aber am nächsten Tag kommen wird. Wladimir und Estragon kommen am nächsten Abend wieder und treffen auch wieder den Sklavenbesitzer. Dieser ist jetzt unerklärlicherweise blind und erinnert sich nicht, was er am Tag zuvor gesehen hat. Später kommt der Junge vom letzten Abend wieder und stellt fest, dass Godot nicht kommen wird. Wie der Sklavenbesitzer auch, erinnert sich der Junge nicht mehr, dass er Wladimir und Estragon schon vorher gesehen hat. Die zwei Männer schwören sich, den Ort zu verlassen und nach Hause zu gehen, aber als der Vorhang fällt, warten sie noch immer.

Absurdes Theater wie *Warten auf Godot* hatte in Europa in den 1950er und 1960er Jahren seine Blütezeit. Absurde Stücke erscheinen oft bedeutungslos oder unlogisch, mit vager, minimaler Bühnenausstattung und merkwürdigen Dialogen. Tatsächlich ist nicht angegeben, wo das Stück überhaupt spielt, und der Text gibt auch nie Auskunft darüber, wer Godot ist oder warum die beiden Männer auf ihn warten. Kritiker sehen in dem Stück die Darstellung der existenziellen Misere der modernen Welt, einen trostlosen Stillstand, in dem der Mensch auf etwas von Bedeutung wartet, aber keine Ahnung hat, wann oder ob dieses etwas kommen wird – und noch nicht einmal weiß, was es eigentlich ist.

Zusatzinformationen

1. *Warten auf Godot* mag einem merkwürdig vorkommen, aber andere von Becketts Theaterstücken sind es mindestens ebenso. In *Glückliche Tage* (1961) ist die weibliche Hauptfigur bis zur Taille mit Sand bedeckt und später sogar bis zum Hals. *Spiel ohne Worte 1* und *Spiel ohne Worte 2* (1965) sind Theaterstücke für Pantomimen, und *Atem* (1969) ist nur fünfunddreißig Sekunden lang.
2. Beckett gab fast nie Interviews oder erschien in der Öffentlichkeit. Als er 1969 den Nobelpreis erhielt, blieb er der Verleihungszeremonie in Stockholm fern.

Der Schrei

Das Bild *Der Schrei* (1893), gemalt von dem norwegischen Expressionisten Edvard Munch (1863–1944), ist zum künstlerischen Symbol existenzieller Angst geworden.

Munch malte *Der Schrei* für eine Bilderserie mit dem Titel *Der Fries des Lebens* – »ein Gedicht von Leben, Liebe und Tod«. Beeinflusst war er dabei von der Theorie der Synästhesie – einer Wahrnehmungslehre, die davon ausgeht, dass eine Sinnesempfindung eine andere hervorrufen kann, dass also z. B. Licht und Farbe den Eindruck eines Klangs oder Geruchs erzeugen können – und umgekehrt. Die erste Version von Munchs Bild *Der Schrei* beinhaltete auch einen geschriebenen Bericht des Erlebnisses, das ihn zu dem erschreckenden Bild inspiriert hatte: »Ich war draußen und ging mit zwei Freunden spazieren – die Sonne begann unterzugehen – plötzlich färbte sich der Himmel blutrot – ich blieb stehen, fühlte mich erschöpft und lehnte mich an den Zaun – die Wolken aus Blut und Flammen hingen über dem blau-schwarzen Fjord und der Stadt – meine Freunde gingen weiter und ich stand dort und zitterte vor Angst – und ich fühlte, wie ein unendlicher Schrei durch die Natur ging.«

Die Figur im Vordergrund ist demnach Munch selbst. Der Mann schreit nicht, sondern schützt seine Ohren vor dem ertönenden Schrei. Hinter ihm ist der Oslo-Fjord, wie man ihn von Ekeberg aus sieht. Die verzerrte Perspektive und die grellfarbenen, wirbelnden Linien geben dem Schrei und der Tatsache, dass man ihm nicht entkommen kann, visuelle Form.

Obwohl Munch von diesem Bild mehr als fünfzig Versionen gemalt hat, sind zwei der Bilder besonders eindringlich. Das erste, in Gouache auf Pappe gemalt, wurde 2004 aus dem Munch-Museum in Oslo gestohlen. Das zweite, gemalt in Öl, Tempera und Pastell, befindet sich im Nationalmuseum in Oslo. Munch schuf 1895 auch eine Lithographie des Bildes.

Zusatzinformation

1. Nach den Ergebnissen einer 2003 durchgeführten meteorologischen Untersuchung könnte die Quelle der Inspiration für Munchs *Schrei* ein Vulkanausbruch auf der indonesischen Insel Krakatau im Jahre 1883 gewesen sein. Dieser hatte so viel Gas und Gestein in die Atmosphäre geschleudert, dass sich der Himmel rot färbte. Die Erscheinung konnte von November 1883 bis zum Februar 1884 selbst noch in Europa beobachtet werden.

Isaac Newton

Vielleicht hat niemand anders so viel zu den Wissenschaftsgebieten der Mathematik, der Physik und der Astronomie beigetragen wie Sir Isaac Newton (1642–1727). Newton, der als größtes Genie seiner Zeit galt, war der erste Wissenschaftler, der zum Ritter geschlagen wurde.

Dabei waren die Anfänge dieses Genies alles andere als vielversprechend. Newton wurde drei Monate, bevor sein Vater starb, auf einem englischen Landgut geboren und war so unterentwickelt, dass seine Mutter gescherzt haben soll, er würde in einen Einlitertopf passen. Doch Newton überlebte wunderbarerweise, musste jedoch mit zwei Jahren die Trennung von seiner Mutter verkraften, die erneut heiratete und Isaac zu seiner Großmutter gab. In der Schule zeichnete sich Newton nicht aus, die Lehrer beschrieben ihn als »faul« und »unaufmerksam«. Da er jedoch kein Interesse an der Landwirtschaft zeigte, wurde er zur Universität geschickt.

In Cambridge studierte Newton die Werke von Descartes, Boyle, Galileo, Kepler, Kopernikus und Euklid. Als das College 1665 wegen der Großen Pest geschlossen werden musste, kehrte er gut ausgebildet und inspiriert nach Hause zurück und begann mit seiner wissenschaftlichen Arbeit. Er entwickelte die Infinitesimalrechnung gleichzeitig mit Gottfried Wilhelm Leibniz, erfand optische Geräte und stellte die These auf, dass weißes Licht in Wirklichkeit eine Zusammensetzung aller verschiedenen Farben des sichtbaren Lichts ist. Und er begann, an der Entwicklung seiner drei Bewegungsgesetze zu arbeiten, deren vereinfachte Aussage lautet: Ein Gegenstand in Bewegung bleibt so lange in Bewegung, bis eine Kraft von außen auf ihn einwirkt; die Kraft, die auf einen Körper einwirkt, ist proportional zu seiner Beschleunigung; zu jeder Aktion gibt es eine gleich große, aber entgegengesetzte Reaktion.

Newtons Bewegungsgesetze wurden erst 1687 in seinem Werk *Philosophiae Naturalis Principia Mathematica* (Mathematische Prinzipien der Naturphilosophie) veröffentlicht, das auch das Newtonsche Gravitationsgesetz enthielt. Es besagt, dass jedes Objekt im Universum jedes andere Objekt mit einer Kraft anzieht, die proportional zum Produkt der beiden Massen und umgekehrt proportional zum Quadrat des Abstands zwischen ihnen ist.

Zusatzinformationen

1. Newtons Gravitationsgesetz galt, bis Albert Einstein 1905 seine Theorie der allgemeinen Relativität entwickelte.
2. Newton drohte einst, das Haus seiner Mutter und seines Stiefvaters niederzubrennen. Später entschuldigte er sich dafür.
3. Newton und Leibniz stritten jahrzehntelang, wer die Infinitesimalrechnung zuerst entwickelt hätte.
4. Newtons späte Jahre waren von psychischer Instabilität geprägt. Nach seinem Tod wurden in seinem Körper große Mengen Quecksilber gefunden, wahrscheinlich das Ergebnis seiner fruchtlosen alchimistischen Experimente. Das Quecksilber könnte der Grund für sein merkwürdiges Verhalten gewesen sein.

Gustav Mahler

Vierzig Jahre nach seinem Tod wurde Gustav Mahler (1860–1911) als großer Komponist neu entdeckt. Erst nach dem zerstörerischen Wüten des Zweiten Weltkriegs schien sein Werk bei Kritik und Publikum wieder große Bedeutung zu erlangen.

Mahler wurde in Böhmen als zweites von vierzehn Kindern geboren, von denen allerdings nur sechs überlebten. Er wuchs in schwierigen Familienverhältnissen auf. Sein Vater war Schnapsbrenner und die Familie anfänglich recht arm. Die Eltern sollen sich viel gestritten haben. Schon als Junge suchte Mahler Trost in der Natur, bei langen Spaziergängen in den Hügeln und Feldern, die sein Zuhause umgaben. Früh schon zeigte sich seine musikalische Begabung, und er bekam Klavierunterricht. Mit fünfzehn wurde er am Wiener Konservatorium angenommen und war fasziniert von den Werken Ludwig van Beethovens und Richard Wagners. Er übernahm sogar einige Lebenseinstellungen Wagners, zum Beispiel wurde er wie Wagner Vegetarier.

Für einige Kritiker stellten Mahlers Kompositionen ein merkwürdiges Flickwerk aus unterschiedlichen Formen dar – starke sinfonische Sätze wie bei Johannes Brahms oder Beethoven, Chorwerke und Volkslieder, alles zusammen im selben Musikstück wie in seiner Sinfonie Nr. 9 (1909). Mahlers kompositorische Technik wurde zu seinen Lebzeiten kontrovers beurteilt. Man warf ihm sogar vor, billige Orchestertricks zu verwenden, um die Zuhörer zu überwältigen.

Mahler war einer der ersten großen Dirigenten mit dem Status eines Stars, und seine Bedeutung auf diesem Feld trug dazu bei, dass den Dirigenten eines Orchesters zukünftig oft große Ehre und Respekt zuteilwurden. 1907 wurde Mahler Leiter der New York Metropolitan Opera, und ein Jahr darauf begann er, das New York Philharmonic Orchestra zu dirigieren. Mahlers Kompositionen führten nach seinem Tod ein Schattendasein, erst Jahre später wurden sie durch die Förderung anderer berühmter Dirigenten wie Bruno Walter, Otto Klemperer und Leonard Bernstein wieder bekannt und beliebt.

Zusatzinformationen

1. Mahler heiratete 1902 Alma Schindler, eine der berühmtesten Persönlichkeiten der Kunst-, Musik- und Literaturszene in der ersten Hälfte des 20. Jahrhunderts. Nach Mahlers Tod heiratete sie den Architekten Walter Gropius und später den Schriftsteller Franz Werfel.
2. Mahler war abergläubisch in Bezug auf Komponisten, die nach ihrer neunten Sinfonie starben, wie es bei Beethoven der Fall gewesen war. Um den Fluch zu vermeiden, komponierte er direkt nach seiner achten Sinfonie das Lied von der Erde, einen Liederzyklus für Tenor, Sopran und Orchester. Erst ein Jahr später schrieb er seine neunte Sinfonie. Es half nicht, Mahler starb kurz darauf, seine zehnte Sinfonie blieb unvollendet.
3. Jedes Orchester, das Mahler dirigierte, darunter das der Wiener Oper und die New Yorker Philharmoniker, zählte nach ein paar Jahren unter seiner Leitung zur Weltklasse.

Phänomenologie

Die Phänomenologie ist eine philosophische Schule, die von dem deutschen Philosophen Edmund Husserl (1859–1938) begründet wurde. Husserl wollte unsere bewussten Erfahrungen erforschen. Was jenseits davon ist oder ob überhaupt etwas jenseits davon existiert, gehörte nicht zu seinem Beschäftigungsfeld. Für Husserl war Phänomenologie der Versuch, unsere bewussten Erfahrungen auf systematische Art zu beschreiben, und er war der Ansicht, dass Anstrengung und Bemühen die Grundlage der Philosophie bilden sollten.

Eins von Husserls Hauptzielen war, die *Intentionalität* der Erfahrung zu untersuchen – mit anderen Worten, die Tatsache, dass man Erfahrungen *von etwas* hat, was man nicht selbst ist. Macht man zum Beispiel die Erfahrung, von einem Löwen verfolgt zu werden – entweder weil man einen Alptraum hat, in dem man von einem Löwen verfolgt wird, oder weil man wirklich von einem Löwen verfolgt wird –, dann macht man eine Erfahrung *von* einem Löwen. Im Gegensatz dazu sind die meisten Dinge außerhalb der Erfahrung – zum Beispiel Tische, Felsen oder, um im Bild zu bleiben, Löwen – einfach sie selbst. Für Husserl war die Intentionalität der Erfahrungen das Hauptthema der Phänomenologie.

Doch das Ziel der Phänomenologie war nicht etwa eine genaue Beschreibung einer bestimmten Erfahrung. Husserl ging es um die Definition notwendiger Strukturen und Wechselbeziehungen zwischen verschiedenen Arten von bewusster Erfahrung. Und insofern unterscheidet sich Phänomenologie von Psychologie, die nach Husserl nur beschreibt, wie wir denken.

Viele spätere Philosophen wurden von der Phänomenologie stark beeinflusst. Zum Beispiel nahm Husserls Schüler Martin Heidegger (1889–1976) viele der Ideen in seine Philosophie auf. Auch die französischen Philosophen Jean-Paul Sartre (1905–1980) und Maurice Merleau-Ponty (1908–1961) waren von Husserls Phänomenologie beeinflusst.

Zusatzinformationen

1. Durch ihren Einfluss auf Heidegger und Sartre spielte die Phänomenologie eine wichtige Rolle bei der Entwicklung des Existenzialismus.
2. Husserl prägte für eine bewusste Erfahrung, die intentional auf ein Objekt gerichtet ist, den Begriff »noesis«. Den Inhalt dieser Handlung nennt er »noema«.
3. Der Begriff Phänomenologie leitet sich aus dem griechischen Wort für »Erscheinung« her. In der zeitgenössischen Philosophie wird der Begriff Phänomenologie oft benutzt, um zu beschreiben, wie sich etwas anfühlt oder was für eine Erfahrung etwas darstellt.

Buddha

Buddha wurde im sechsten Jahrhundert vor Christus als Prinz Siddhartha Gautama geboren. Sein Vater war Oberhaupt des Shakya-Volkes in Indien. Sein späterer Beiname Buddha bedeutet »der Erleuchtete«.

Der Legende nach erschien vor Siddhartas Geburt ein Wahrsager und erklärte, dass Siddharta entweder ein großer König und Herrscher oder aber ein religiöser Führer werden würde. Siddhartas Vater hoffte, dass sein Sohn sein Nachfolger werden würde, und versuchte daher, ihn vor dem Leiden der Welt und vor der Religion abzuschirmen. Verließ Gautama das Palastgelände, wurden zuvor Alte und Kranke von den Straßen entfernt. Doch im Alter von 29 Jahren, so berichtet die Legende, sah Siddharta die »vier Zeichen« – einen Alten, einen Kranken, einen Toten und einen Asketen. Nachdem er erkannt hatte, welches Leiden und welcher Glaube in der Welt existierte, verließ Siddharta für immer sein Zuhause, sagte sich von seinem bisherigen Leben los und zog sich nach Nordostindien zurück, wo er Mönch wurde.

Siddharta meditierte mit den Mönchen und versuchte mehrere Methoden wie zum Beispiel das Fasten, um inneren Frieden zu erreichen, aber er fand ihn nicht. So suchte er seinen eigenen Weg, den er den »Mittleren Weg« nannte und der zwischen Maßlosigkeit einerseits und Selbstkasteiung andererseits lag. Nach vielen Jahren erlangte er schließlich die vollkommene Erleuchtung und sah die Wahrheit.

Siddharta formulierte in der Folge die Lehre von den »Vier Edlen Wahrheiten«. Erstens, es existiert Leiden in der Welt. Zweitens, es gibt eine Ursache für das Leiden und die ist Verlangen. Drittens, durch das Erlöschen der Ursache erlischt das Leiden. Viertens, es gibt einen Pfad, der zum Erlöschen des Verlangens und damit zum Erlöschen des Leidens führt.

Zunächst war Buddha unschlüssig, ob er seine Erleuchtung öffentlich machen sollte. Doch dann hatte er eine Vision, die ihn überzeugte, andere in seiner Lehre zu unterweisen. Buddha begann, in der Ganges-Region in Indien zu lehren. Nach seiner Aussage war er nur einer innerhalb einer Reihe von Buddhas, deren Aufgabe es sei, andere auf den Pfad der Erleuchtung zu führen.

Buddha fuhr bis zu seinem Tod fort, seine Wahrheiten zu lehren. Er starb mit etwa achtzig Jahren.

Zusatzinformationen

1. Es wird allgemein angenommen, dass Gautama starb, weil er giftige Pilze gegessen hat.
2. Buddha wird auch Buddha Shakyamuni (der Weise aus dem Shakya-Volk) genannt.
3. Obwohl der Buddhismus in Indien entstand, war er im dreizehnten Jahrhundert fast völlig aus dem Land verschwunden, nachdem viele Regionen durch fremde Völker erobert worden waren. Zu dieser Zeit hatte sich der Buddhismus jedoch schon bis nach Ostasien, Südostasien und in die Himalaya-Region ausgebreitet, wo er überall noch heute große Bedeutung hat.

Winston Churchill

Winston Churchill (1874–1965) war während der Zeit des Zweiten Weltkriegs Premierminister von Großbritannien. Vor dem Krieg wurde Churchill allgemein eher als Versager betrachtet. Seine Karriere war praktisch beendet, nachdem man ihn für britische Fehlentscheidungen während des Ersten Weltkriegs verantwortlich gemacht hatte. In den 1920er Jahren gehörte er dem Kabinett an, aber als Hitler und die Nationalsozialisten in Deutschland an die Macht kamen, spielte er politisch praktisch keine Rolle mehr. Seine Warnungen vor Adolf Hitler wurden ignoriert oder als Panikmache abgetan.

In einer der dunkelsten Stunden des Landes wandte sich Großbritannien Churchill wieder zu. Zu Beginn des Zweiten Weltkriegs war Neville Chamberlain, der Führer der konservativen Partei, Premierminister. Er trat 1940 zurück, als klar wurde, dass er der Aufgabe nicht gewachsen war, sein Land im Kampf gegen Hitler zu führen. Churchill wurde sein Nachfolger in Downing Street 10, dem traditionellen Amts- und Wohnsitz des britischen Premierministers.

Die ersten Monate des Zweiten Weltkriegs waren für die Alliierten eine Katastrophe gewesen. 1939 und am Beginn des Jahres 1940 marschierten die deutschen Armeen in Polen, Dänemark, Norwegen, Belgien, Holland, Luxemburg und Frankreich ein. Britische Streitkräfte, die den Franzosen zu Hilfe kommen wollten, wurden in die Enge getrieben und gezwungen, das Land wieder zu verlassen. Da die Vereinigten Staaten und die Sowjetunion zu dieser Zeit noch nicht in den Krieg eingegriffen hatten, war Großbritannien die einzige verbleibende große Militärmacht, die sich dem Ansturm des nationalsozialistischen Deutschlands entgegenstellen konnte.

Churchill schaffte das Unmögliche. Großbritannien hielt den Nationalsozialisten achtzehn Monate lang stand, bis die Sowjetunion im Juni 1941 in den Krieg eintrat, nachdem Hitler das Land überfallen hatte. Die Vereinigten Staaten folgten später im selben Jahr. Mit zahllosen eloquenten Reden schaffte es Churchill, die Briten und die Bevölkerung der besetzten Gebiete zum Kampf gegen den Naziterror hinter sich zu versammeln. Die Alliierten konnten schließlich den Vormarsch der Nazis stoppen, und am so genannten D-Day – dem Tag der Invasion in der Normandie – 1944 wendete sich das Blatt gegen Deutschland.

Zusatzinformationen

1. Churchill war auch ein fähiger Journalist und Historiker. Nach dem Zweiten Weltkrieg schrieb er eine umfassende Geschichte des Konflikts mit dem Titel *Der Zweite Weltkrieg*. Das Werk trug dazu bei, dass Churchill 1953 den Nobelpreis für Literatur erhielt.
2. Churchill war erfolgreich bei der Führung des Landes während des Krieges, doch die Innenpolitik seiner Conservative Party kam bei den Wählern nicht an. Ein paar Monate nach der Niederlage der Nazis 1945 wählten die Briten Clement Attlee, den Führer der oppositionellen Labour Party, zum Premierminister.
3. In Anerkennung seiner Leistungen während des Krieges wurde Churchill 1963 als Erstem überhaupt der Titel eines Ehrenbürgers der Vereinigten Staaten verliehen.

Oscar Wilde

Der irische Schriftsteller, Dramatiker und Essayist Oscar Wilde (1854–1900) war einer der schärfsten Geister der westlichen Literatur und sicher eine ihrer extravagantesten Persönlichkeiten. Am bekanntesten für sein gnadenloses Aufdecken der Scheinheiligkeit der viktorianischen Gesellschaft, schrieb er auch bedeutende Beiträge zur Philosophie von Kunst und Ästhetik. Doch war sein schillerndes Leben genauso faszinierend wie seine Werke, und sein auffallendes öffentliches Auftreten machte ihn zu seiner Zeit zur Berühmtheit.

Wilde wurde in Dublin geboren. Als Sohn gebildeter Eltern studierte er am dortigen Trinity College und danach in Oxford klassische Literatur und Dichtung. Schon bald machte er sich einen Namen als Schriftsteller und nahm die dandyhafte Art an, die sein Markenzeichen werden sollte. Wilde war fasziniert vom Konzept der Kunst an sich: was Kunst ist, warum sie wichtig ist und welche Rolle sie im Leben und in der Gesellschaft spielen sollte. Er wurde zum Anhänger der ästhetischen Bewegung, die Europa im späten neunzehnten Jahrhundert überschwemmte, des Konzepts des *L'art pour l'art*, das davon ausging, dass Kunst sich selbst genug ist und weder eine Rechtfertigung noch einen konkreten Zweck braucht.

Die meisten seiner großen Werke schrieb Wilde während einer überaus produktiven Phase in den 1890er Jahren. Das erste war der Roman *Das Bildnis des Dorian Gray* (1890), in dem sich das Porträt eines eitlen jungen Mannes im Laufe der Zeit so verändert, dass es seine Verderbtheit und sein fortschreitendes Alter wiedergibt. Es folgten einige seiner bekannten Dramen, deren scharfer Witz die Sitten und Gebräuche der wohlhabenden britischen Gesellschaft aufs Korn nahm. Bei *Lady Windermeres Fächer* (1892) geht es um eine Frau, die ihren Schwiegersohn erpresst, und *Ein idealer Gatte* (1895) beschreibt ebenfalls eine Erpressung, diesmal eines Politikers.

Wildes bestes Theaterstück ist zweifellos *Bunbury oder Wie wichtig es ist, ernst zu sein* (1895), eine Verwechslungskomödie um zwei aalglatte junge Männer, zwei junge Frauen und eine komisch herablassende Aristokratin. Wie es für Wilde typisch ist, strotzt das Stück vor Geheimnissen und Missverständnissen und spießt seine Angriffsziele mit kluger Satire auf und nicht mit offenem Spott oder Beleidigung. Die Figuren des Stückes stellen einen Zitatenschatz dar, da sie einen fast ununterbrochenen Strom kluger Aussagen von sich geben, die gleichzeitig witzig sind und Substanz haben.

Wildes kometenhaftem Aufstieg während der 1890er Jahre folgte ein ebenso steiler Absturz. Obwohl Wilde verheiratet war und Kinder hatte, war er offen homosexuell und wurde 1895 gerichtlich angeklagt, eine »unanständige« Beziehung zum Sohn eines Aristokraten zu unterhalten. Er wurde zu zwei Jahren Zuchthaus mit körperlicher Zwangsarbeit verurteilt, eine Zeit, die seine Gesundheit ruinierte. Seine letzten Jahre verbrachte Wilde in Armut und Isolation auf dem europäischen Kontinent, bevor er 1900 in Paris starb.

Zusatzinformationen

1. Nach einer Vortragsreise durch die Vereinigten Staaten 1882 stellte Wilde fest: »Amerika ist das einzige Land, das von der Barbarei direkt zur Dekadenz gelangte, ohne den Umweg über die Zivilisation.«
2. Als Wilde am Beginn seiner Vortragsreise in New York ankam, sagte er den Zollbeamten, dass er nichts zu verzollen hätte, »nur mein Genie«.

Henri Matisse

Henri Matisse (1869–1954) war einer der Gründungsväter des Fauvismus, einer Bewegung, die gegen den Naturalismus gerichtet war und die Schönheit und psychologische Kraft der Farbe feierte. Matisse ist besonders bekannt für seine großen Bilder tanzender Figuren und die Scherenschnitte seiner späten Jahre.

Matisse wurde in der Picardie im Norden Frankreichs geboren. Seine Eltern gehörten zur Mittelklasse, und Matisse studierte zunächst Rechtswissenschaft und arbeitete als Angestellter. Seine Liebe zur Kunst entdeckte er während der Genesungszeit von einer Blinddarmoperation. Entschlossen zu einer Laufbahn als Maler, ging er nach Paris und schrieb sich an der Académie Julian ein, wo er unter William-Adolphe Bouguereau studierte. Im nächsten Jahr wurde er Schüler bei dem Symbolisten Gustave Moreau und ging gleichzeitig auf die École des Beaux-Arts, wo er die Malerei vor allem durch das Kopieren alter Meister lernte.

Nach einem kurzen Aufenthalt in Korsika in den späten 1890er Jahren kehrte Matisse nach Paris zurück und gründete gemeinsam mit anderen eine Künstlergruppe, die 1905 mit ihren radikal neuen Bildern Aufsehen beim offiziellen Pariser Kunstsalon erregte. Ein Kritiker, dem die Verwendung der leuchtenden Farben und die Bewegtheit der Kompositionen nicht gefiel, nannte die Teilnehmer »Les Fauves«, die wilden Tiere. Typisch für diese Periode ist Matisses Werk *Die Lebensfreude* (1906), das nackte Mädchen darstellt, die in einer vereinfachten Landschaft tanzen und Musik machen. Matisse sagte dazu erklärend: »Komposition ist die Art, auf dekorative Weise die verschiedenen Elemente zu arrangieren, die einem Maler für den

Ausdruck seiner Gefühle zur Verfügung stehen.« Matisses Ziel stimmte in vielerlei Hinsicht mit dem der Expressionisten überein, jedoch missbilligte er ihre Tendenz zum Schwelgen in negativen Emotionen. Seine Kunst sollte erfreuen und »etwas wie ein guter Sessel sein, zum Ausruhen von physischer Müdigkeit.«

In den 1920er Jahren zog Matisse nach Nizza, wo er den größten Teil seines restlichen Lebens verbrachte. 1930 fuhr er über die Vereinigten Staaten nach Tahiti. In den USA hatte er von der Barnes Foundation in Pennsylvania einen Auftrag für das Gemälde *Tanz* erhalten. In den 1930er Jahren widmete sich Matisse Buchillustrationen, zum Beispiel lieferte er Radierungen für Ausgaben von Stéphane Mallarmés *Poésies* und James Joyces *Ulysses*. 1944 produzierte Matisse ein illustriertes Album mit Reflexionen zum Jazz. Er dekorierte es mit Scherenschnitten – seine Technik beschrieb er als »mit der Schere malen«.

Nach einer Augenoperation 1941 wandte sich Matisse immer mehr dem Zeichnen und den Scherenschnitten zu. Er arbeitete bis 1951 weiter. Zu seinen letzten Werken gehören Fenster, Wandbilder und andere Dekorationen für die Chapelle du Rosaire in Vence in Südfrankreich. Die großen Scherenschnitte, die er in den frühen 1950er Jahren schuf, machen deutlich, dass er sogar noch im hohen Alter ein revolutionärer Künstler war.

Zusatzinformation

1. 1920 entwarf Matisse die Kostüme und das Bühnenbild für Sergej Diaghilews Produktion von Igor Strawinskys Oper *Le Rossignol*.

Die reellen Zahlen

Die reellen Zahlen sind die Zahlen, denen Sie wahrscheinlich im alltäglichen Leben begegnen. Die Menge der reellen Zahlen besteht aus allen Zahlen, die auf der Zahlengeraden dargestellt werden können. Dazu gehören natürliche Zahlen, ganze Zahlen oder Ganzzahlen oder Integerzahlen, rationale Zahlen und irrationale Zahlen.

Natürliche Zahlen sind die Zahlen, mit denen man zum Beispiel etwas aufzählt, angefangen mit der Zahl 1. Sie sind die ältesten dem Menschen bekannten Zahlen. Man kann sich einen Höhlenmenschen vorstellen, wie er die natürlichen Zahlen an seinen Fingern entdeckt (1, 2, 3, 4, 5 ...). Viele Kulturen in der frühen Menschheitsgeschichte erfanden auch das Konzept der Zahl Null. Null ist keine natürliche Zahl, sondern eine ganze Zahl. Die Menge der ganzen Zahlen beginnt 0, 1, 2, 3, 4, 5 ...

Als die Mathematik etwas ausgeklügelter wurde, fragten sich die Menschen, was passieren würde, wenn man eine große Zahl von einer kleinen abzöge. Es entstand die Idee der negativen Zahlen, aber lange Zeit waren die Mathematiker nicht bereit, negative Zahlen als Lösungen für Gleichungen zu akzeptieren. Doch ohne negative Zahlen wäre es unmöglich, Schulden zu berechnen. Die Menge aller ganzen negativen und aller ganzen positiven Zahlen wird die Menge der ganzen Zahlen oder Ganzzahlen oder Integerzahlen genannt.

Nach den ganzen Zahlen kommt das Konzept der Bruchzahlen oder rationalen Zahlen. Alle rationalen Zahlen können als Verhältnis (lateinisch *Ratio*) zweier ganzer Zahlen dargestellt werden wie zum Beispiel 5/3 oder 1/8 oder –5/3. Alle Ganzzahlen sind auch rationale Zahlen.

Die Pythagoreer, Anhänger einer altgriechischen Schule, die Zahlen verehrten, waren schockiert, als sie einige Zahlen entdeckten, die nicht als das Verhältnis ganzer Zahlen dargestellt werden konnten. Dazu gehörten zum Beispiel π und die Quadratwurzel von 2. Aber diese Zahlen existieren eindeutig, und man kann sie benutzen, um Probleme zu lösen, zum Beispiel die Probleme, wie man den Umfang eines Kreises oder die Länge der Hypotenuse eines Dreiecks bestimmt. Diese Zahlen werden irrationale Zahlen genannt. Dezimaldarstellungen von irrationalen Zahlen gehen unendlich weiter, ohne dass sie sich in Mustern wiederholen.

Zusatzinformationen

1. Negative Zahlen wurden von indischen Mathematikern etwa 600 n. Chr. erfunden, aber in Europa wurden sie erst im siebzehnten Jahrhundert übernommen.
2. Die Ägypter begannen mit der Verwendung von Bruchzahlen um 1000 v. Chr.

Die Impressionisten Claude Debussy und Maurice Ravel

Die impressionistischen Maler wollten einen Gegenstand oder eine Szene nicht naturgetreu darstellen, sondern eher einen Eindruck davon wiedergeben. Die Musik von Claude Debussy (1862–1918) und Maurice Ravel (1875–1937) unterschied sich in ähnlicher Weise von der Tradition der programmatischen Musik, die bis zum Barock zurückreicht. Eher als eine Szene oder eine Idee direkt darzustellen, strebte ihre Musik danach, indirekt eine Vorstellung davon hervorzurufen. Darüber hinaus vermied Debussy die formalen Strukturen, die für die meiste deutsche Musik bis dahin kennzeichnend waren; das Gleiche galt, nur weniger extrem, für Ravel.

Claude Debussy wurde in St.-Germain-en-Laye in der Nähe von Paris geboren und besuchte mit elf Jahren das Pariser Konservatorium. Nachdem er ein Stipendium für ein Musikstudium in Rom gewonnen und dort zwei Jahre verbracht hatte, kehrte er nach Paris zurück, wo er sich eine Zeit lang dem Leben eines Bohemien hingab und sich häufig mit Malern, Schriftstellern und anderen Musikern traf und sich einer Gruppe anschloss, die als Symbolisten bekannt wurden, und zu denen zum Beispiel die Dichter Charles Baudelaire, Paul Verlaine, Arthur Rimbaud und Stéphane Mallarmé gehörten. Zu ihrer Theorie der Poesie gehörte es, einen Gegenstand oder eine Idee mit Anspielungen anzudeuten, anstatt das Gemeinte direkt zu bezeichnen.

Debussy übersetzte diese Idee in Musik und verwandte manchmal sogar symbolistische Texte. Seine Musik wird fast immer charakterisiert mit Wörtern wie opulent, reich und berauschend. Auch wenn Debussy in Werken wie *Claire de Lune* (1890) und *Prélude à l'après-midi d'un faune* (1894) neue, revolutionäre Harmonien verwandte, ist seine schöne Musik für Zuhörer leichter zugänglich als es revolutionäre Musik häufig ist.

Der andere große Impressionist in der Musik war Maurice Ravel, der wie Debussy auch am Konservatorium in Paris studierte und eine Zeit lang ein bohèmehaftes Künstlerleben führte. Seine Künstlergruppe nannte sich die Apachen. Zu Ravels berühmtesten Werken gehören die mitreißende *Rhapsodie Espagnole* (1908) und sein Miniaturballett *Bolero* (1928), eine bezaubernde Komposition, die hauptsächlich aus einem langen, langsamen Crescendo besteht, dem ein sich ständig wiederholendes rhythmisches Motiv zugrunde liegt.

Zusatzinformationen

1. Debussys Lehrer Ernest Guirand sagte ihm einmal: »Ich sage nicht, dass es nicht schön ist, was Sie machen, aber es ist theoretisch absurd.«
2. Ravel studierte am Konservatorium bei dem berühmten Komponisten Gabriel Fauré.
3. Debussy machte Ravel häufig Plagiatsvorwürfe, zum Beispiel den, dass das Streichquartett des jüngeren Komponisten seiner eigenen Arbeit zu sehr ähnelte. Diese Vorwürfe vergifteten ihre Beziehung, die zunächst freundschaftlich gewesen war, dauerhaft. Heute ist die Eigenständigkeit beider Werke unbestritten.

Martin Heidegger

Martin Heidegger (1889–1976) wurde in Meßkirch geboren. Ursprünglich wollte er katholischer Priester werden. Doch stattdessen wurde er Philosoph und löste sich am Ende sogar ganz von der Kirche. Während seines Studiums an der Universität in Freiburg wurde er ein Anhänger Edmund Husserls (1859–1938), des Begründers der Phänomenologie.

Von 1933 bis 1934 war Heidegger Rektor der Universität von Freiburg und trat der NSDAP bei. Obwohl Husserl und viele von Heideggers anderen Kollegen Juden waren, entschuldigte sich Heidegger niemals dafür, dass er sich mit den Nazis eingelassen hatte. Seitdem wird der Zusammenhang seiner Philosophie mit dem Nationalsozialismus kontrovers gesehen.

Heideggers philosophische Betrachtungsweise hat sich im Laufe seines Lebens entwickelt und verändert, das Hauptgewicht lag für ihn jedoch immer auf dem, was er die »Seinsfrage« nannte: Was ist Sein? Was soll es sein? Nach Heidegger war dies die fundamentale Frage der Metaphysik, die vergessen worden war. Die Philosophen, so Heidegger, haben das Sein mit den »Seienden« – wie den Menschen oder sogar Gott – vermengt oder verwechselt. Entgegen dieser Tendenz betonte Heidegger den Unterschied zwischen dem *Sein* – was es bedeutet zu sein – und *Seienden* – speziellen Wesen, die sind.

Heidegger legte diese Thesen zum ersten Mal in seinem berühmtesten Werk *Sein und Zeit* (1927) dar. Darin untersucht er die Frage nach dem Sein, indem er das eine Seiende untersucht, das das Sein versteht – den Menschen. In späteren Arbeiten tendierte Heidegger dazu, die Analyse der menschlichen Existenz weniger zu betonen und direkt das Sein zu betrachten. Außerdem verstärkte sich sein Interesse an dem, was er »Technologie« nannte. Damit meinte er nicht Computer und Maschinen, sondern eher eine Art, die Welt zu verstehen, indem wir sie als Ressource zu unserer Verfügung betrachten. Diese Haltung kritisierte Heidegger heftig.

Zusatzinformationen

1. In seinen späteren Schriften beschrieb Heidegger sein eigenes Tun eher als »Denken« denn als Philosophie. Er beschrieb das Denken als enger mit Dichtung verwandt.
2. Heideggers Schriften über »Technologie« nahmen Einfluss auf die frühe Umweltbewegung.
3. Heidegger, der verheiratet war, hatte eine Liebesbeziehung zu seiner Studentin Hannah Arendt (1906–1975), die später selbst eine bedeutende Philosophin wurde. Arendt war Jüdin und sehr enttäuscht, dass Heidegger sich mit den Nazis einließ.

Die Vier Edlen Wahrheiten und der Achtfache Pfad

Im Zentrum von Buddhas Erleuchtung standen die Vier Edlen Wahrheiten. Diese waren die ersten Lehren, von denen er nach seiner Erleuchtung zu den Mönchen, die seine Anhänger waren, sprach.

- Die erste Wahrheit war, dass es in der Welt im Gegensatz zu dem, was Buddha in seiner geschützten Kindheit erlebt hatte, Leiden gab.
- Die zweite Wahrheit war, dass dieses Leiden eine Ursache hatte und dass diese Ursache das Verlangen waren.
- Die dritte Wahrheit besagte, dass ein Zustand existierte, der Nirwana genannt wurde und in dem es kein Leiden mehr gab. Der Weg, um diesen Zustand zu erreichen, bestand darin, die Begierden auszulöschen.
- Die vierte und letzte Wahrheit war, dass es einen Pfad gab, der weg von dem Verlangen und hin zum Nirwana führte – den Achtfachen Pfad.

Beim Achtfachen Pfad handelt es sich um die folgenden Regeln, die man befolgen muss, um das Nirwana und die Erleuchtung zu erlangen:

- Die rechte Anschauung bedeutet das Wissen um die Vier Edlen Wahrheiten und das Freisein von Vorurteilen und Selbsttäuschungen.
- Rechtes Denken bedeutet zu vermeiden, jemand anderem Übles zu wollen.

- Rechte Rede ist die Vermeidung von Lüge, Verleumdung, Schimpfen, unnützem Gerede und Klatsch.
- Rechtes Handeln erfordert, dass wir uns friedvoll verhalten und zum Beispiel nicht stehlen oder töten.
- Rechter Lebenserwerb heißt, dass wir uns unseren Lebensunterhalt auf ehrliche Art verdienen.
- Rechtes Streben heißt, dass wir uns ständig bemühen sollen, die Ignoranz anderer und unser eigenes Verlangen zu überwinden.
- Rechte Achtsamkeit bedeutet, dass wir uns unsere Gefühle und unseren geistigen Zustand bewusst machen.
- Rechte Versenkung oder Sammlung bedeutet, dass wir unseren unruhigen und abschweifenden Geist immer wieder völlig konzentriert auf den Moment lenken, damit er zur Ruhe kommt.

Die Vier Edlen Wahrheiten und der Achtfache Pfad sind das Herz der buddhistischen Lehre. Die Wahrheiten können als grundlegender Glaube angesehen werden und der Pfad als eine Leitlinie, um den Glauben zu praktizieren.

Zusatzinformationen

1. Buddha kam zu seiner Glaubenslehre ohne einen Gott, nachdem er enttäuscht darüber war, dass die hinduistischen Götter und Göttinnen dem Leiden der Menschheit nichts entgegensetzten.
2. Jesus Christus wird oft zugeschrieben, als Erster die Bedeutung guter Gedanken betont zu haben – in der Bergpredigt sagte er, dass Mordgedanken genauso schlimm wie die Ausführung eines Mordes sind –, doch Buddha stellte bereits 500 Jahre früher mit seinem Konzept des rechten Denkens ähnliche Regeln auf.

Der spanische Bürgerkrieg

Der spanische Bürgerkrieg war ein blutiger Konflikt in den Jahren 1936 bis 1939, in dessen Verlauf Hunderttausende Soldaten und Zivilisten getötet wurden. Beide Kriegsparteien – linke Sozialisten, die der Regierung loyal gegenüberstanden, und die am Ende siegreichen nationalistischen Rebellen unter dem Kommando von General Francisco Franco – verübten Akte von ungeheurer Brutalität. Schätzungen der Zahl der Todesopfer reichen bis zu einer Million.

In seiner Brutalität war der spanische Bürgerkrieg eine grimmige Vorwegnahme des Zweiten Weltkriegs. Das faschistische Italien und das nationalsozialistische Deutschland kämpften beide an Francos Seite und benutzten Spanien als ein Labor, um die Waffen und Taktiken zu testen, die sie bald im restlichen Europa einsetzen würden. 1937 bombardierte die deutsche Luftwaffe die spanische Stadt Guernica, wobei hunderte Zivilisten getötet wurden. Diese Gräueltat war der Anlass zu Pablo Picassos berühmtem Antikriegsgemälde *Guernica* (1937).

Während Deutschland und Italien die Putschisten unter Franco unterstützten, lieferte die Sowjetunion Waffen an die Loyalisten. Der gewählten spanischen Regierung beizustehen wurde für kommunistische und links eingestellte westliche Intellektuelle fast zur Ehrensache. Viele Amerikaner und Europäer kämpften auf Seiten der Loyalisten mit. Berühmte Schriftsteller, darunter zum Beispiel George Orwell und Ernest Hemingway, reisten nach Spanien.

Nachdem die Truppen der Putschisten im März 1939 Madrid eingenommen hatten, regierte General Franco Spanien als faschistischer Diktator bis zu seinem Tod im Jahr 1975.

Im Westen – vor allem unter Intellektuellen – stärkten die Grausamkeiten des spanischen Bürgerkrieges die Opposition gegen den Faschismus, schwächten den Isolationismus und führten bei vielen zu dem Schluss, dass der Westen letztlich militärisch gegen Deutschland und seine Verbündeten vorgehen müsste. Gleichzeitig waren viele linke Schriftsteller enttäuscht von der Sowjetunion, weil diese das loyalistische Spanien nur soweit das eigene Interesse reichte und letztlich wirkungslos unterstützt hatte.

Zusatzinformationen

1. Ernest Hemingways Roman *Wem die Stunde schlägt* (1940) über einen amerikanischen Freiwilligen, der für das loyalistische Spanien kämpft, beruht auf seinen eigenen Erfahrungen im spanischen Bürgerkrieg.
2. Rick Blaine, der von Humphrey Bogart gespielte zynische Barbesitzer in dem Film *Casablanca* (1942), hatte für die spanischen Loyalisten Waffen geschmuggelt, bevor er nach Afrika ging.
3. Trotz der entscheidenden Unterstützung, die Franco im Bürgerkrieg von Hitler und Mussolini erhalten hatte, blieb Spanien im Zweiten Weltkrieg (1939–1945) neutral.

Metafiktion

Autoren sowohl in der akademischen Welt als auch in der populären Kultur werfen heute erschreckend häufig mit dem Wort *meta* um sich. Meist als Vorsilbe benutzt, ist es das intellektuelle Wort des Tages geworden und wird rücksichtslos viel und unpassend verwandt. Die modische Verwendung des Begriffs verdeckt die Tatsache, dass das literarische Genre der Metafiktion ein schon seit langem etabliertes ist – und wohl einer der faszinierendsten und ergiebigsten Literaturzweige des zwanzigsten Jahrhunderts.

Abgeleitet von der griechischen Vorsilbe *meta,* die »nach« oder »über« heißt, bezieht sich Metafiktion auf Fiktion, die Fiktion selbst behandelt – ihre Schaffung, ihre Mittel und ihre Resultate. Viele Werke der Metafiktion befassen sich mit vorherigen fiktionalen Werken aus einer neuen Perspektive, fügen neue Themen hinzu und richten ein neues Licht auf bereits existierendes Material. Andere thematisieren den Prozess des Schreibens, beleuchten die Beziehung zwischen Autor und Text, der gerade geschrieben wird. Metafiktion ist daher von Natur aus selbst-referentiell und ironisch, da sie die Aufmerksamkeit des Lesers auf ihre eigene Künstlichkeit und Unwirklichkeit lenkt.

James Joyces Roman *Ulysses* (1922), wohl das erste bedeutende Werk metafiktionaler Literatur im zwanzigsten Jahrhundert, lässt den Helden aus Homers *Odyssee* in Gestalt eines Anzeigenakquisiteurs in Dublin im Jahre 1904 wiederauferstehen. Durch diesen Bezug wird das Heldentum in der modernen Welt zum Thema des Romans. Gleichzeitig erforscht Joyce den schriftstellerischen Prozess und die Beziehung zwischen Form und Inhalt, indem er in den verschiedenen Kapiteln unterschiedliche Genres und Sprachformen verwendet.

Viele postmoderne Autoren traten in Joyces Fußstapfen und griffen in ihren Werken auf bereits vorhandene Literatur zurück. Jean Rhys' *Sargassomeer* (1966) thematisiert die Hintergrundgeschichte Bertha Masons, der wahnsinnigen Kreolin aus Charlotte Brontës *Jane Eyre*. John Gardners *Grendel* (1971) ist eine Neuerzählung des altenglischen Heldenepos *Beowulf* aus der Perspektive des Monsters und macht aus Grendel eine einsame, philosophische Kreatur, die menschlicher als Beowulf ist. In Tom Stoppards *Rosenkranz und Güldenstern sind tot* (1967) geht es um das Leben zweier Nebenfiguren aus Shakespeares *Hamlet*.

Andere Werke der Metafiktion befassen sich mit dem Prozess des Schreibens oder Lesens fiktionaler Texte. In Milan Kunderas *Die Unsterblichkeit* (1990) taucht der Autor als Figur in seinem eigenen Werk auf und kommentiert es. Michael Cunninghams *Die Stunden* beschäftigt sich in drei verschiedenen Geschichten mit Virginia Woolfs *Mrs Dalloway*; in der ersten Geschichte schreibt Woolf selbst 1923 ihren Roman, in der zweiten liest eine Hausfrau 1949 in Los Angeles das Buch, und in der dritten erlebt eine Frau unwissentlich die in *Mrs Dalloway* beschriebenen Ereignisse im New York der späten 1990er Jahre.

Zusatzinformation

1. Metafiktion gab es bereits im siebzehnten Jahrhundert in Miguel de Cervantes' *Don Quijote*, in dessen zweitem Teil sich die Hauptfiguren dessen bewusst sind und darüber reden, dass Cervantes ihre Abenteuer aufgeschrieben und ein anderer Autor eine gefälschte Fortsetzung veröffentlicht hat.

Guggenheim-Museum

Das Guggenheim-Museum in New York ist eins der revolutionärsten Gebäude des zwanzigsten Jahrhunderts. Der Entwurf als eine riesige, spiralförmige Rampe bedeutete einen radikalen Bruch mit den Prinzipien früherer Museumsbauten.

Das Museum wurde von dem amerikanischen Architekten Frank Lloyd Wright (1867–1959) für die Sammlung moderner Kunst der Solomon-R.-Guggenheim-Stiftung entworfen. 1943 gab Solomon R. Guggenheim, der bereits ein Museum für abstrakte Malerei gegründet hatte, das Gebäude in Auftrag. Die Wahl des Architekten überließ er seiner künstlerischen Beraterin, Hilla von Rebay. Diese wandte sich an Frank Lloyd Wright, der sich bereits mit vielen innovativen Gebäuden einen Namen gemacht hatte, darunter am bemerkenswertesten Fallingwater, eine Villa in Bear Run, Pennsylvania, die über einem Wasserfall gebaut ist. In ihrem Brief an Wright verkündete von Rebay: »Ich brauche einen Kämpfer, einen Liebhaber des Raumes, einen Agitator, einen Prüfer und weisen Mann … Ich möchte einen Tempel des Geistes, ein Monument!«

1951 kaufte die Guggenheim-Stiftung ein großes Grundstück an der Fifth Avenue zwischen der 88. und der 89. Straße in New York City. 1959 war der Bau des Museums abgeschlossen. 1991 wurde ein Anbau hinzugefügt, um die größer werdende Sammlung aufzunehmen.

Im Guggenheim-Museum verbindet Wright die Geometrie moderner Architektur mit natürlichen organischen Formen. Man hat das Gebäude mit einer Nautilusmuschel oder einer umgedrehten Zikkurat – einem mesopotamischen Stufentempel – verglichen. Die spiralformige Betonrampe, die sich um eine 28 Meter hohe Rotunde windet, dominiert den Innenraum. Der Hauptausstellungsraum befindet sich an den Außenwänden der Rampe, von der auf jeder Etage Flure mit gesonderten Ausstellungsflächen abgehen. Durch die Glaskuppel über der Rotunde flutet das Licht ins Innere des Gebäudes. Die Besucher fahren mit dem Fahrstuhl nach ganz oben und betrachten die Kunstwerke, während sie im Gebäude nach unten gehen.

Nach der Eröffnung des Guggenheim-Museums 1959 wurde es überschwänglich gelobt und scharf kritisiert. Einige warfen Wright vor, er hätte durch die geschlossenen Wände des Gebäudes die Chance des Ausblicks auf den Central Park ungenutzt gelassen. Andere fanden, dass der Blick von der Rampe auf die Bilder nicht genügend Abstand zuließe und dass die Neigung des Spiralgangs ein Gefühl der Instabilität erzeuge. Das von Wright für ausreichend erachtete, durch die Glaskuppel einfallende Licht stellte sich als nicht ausreichend heraus, und es wurden zusätzlich künstliche Lichtquellen angebracht.

Doch trotz aller Probleme des Gebäudes als Ausstellungsort bleibt es eine der Haupttouristenattraktionen in New York mit Tausenden Besuchern jede Woche.

Zusatzinformationen

1. Das Guggemheim-Museum befindet sich an der Upper East Side von New York in einem Bereich, der als Museumsmeile bezeichnet wird. Dort befinden sich auf der Fifth Avenue zwischen der 82. Straße und der 105. Straße fünf Museen.
2. Guggenheim-Museen gibt es inzwischen auch in Venedig, Bilbao, Berlin und Las Vegas. Geplant sind ein weiteres Guggenheim-Museum in New York (entworfen von Frank Gehry) und Guggenheim-Museen in Rio de Janeiro und Tokio.

Primzahlen

Eine Primzahl ist eine natürliche Zahl, die größer als eins ist und nur durch eins und sich selbst glatt geteilt werden kann.

Zwei ist die kleinste und die einzige gerade Primzahl. Drei, fünf und sieben sind auch Primzahlen, ebenso 89, 2521 und 1299007. Ein Fundamentalsatz der Arithmetik besagt, dass jede natürliche Zahl, die größer als eins ist, als ein Produkt aus Primzahlen geschrieben werden kann. So gesehen sind Primzahlen die Bausteine aller positiven Zahlen. Zum Beispiel kann man 209328 auch als Produkt seiner Primfaktoren schreiben: $209328 = 2^4 \times 3 \times 7^2 \times 89$. Alle Zahlen, die das Produkt zweier oder mehr Primzahlen sind, werden zusammengesetzte Zahlen genannt. Sechs ist eine zusammengesetzte Zahl (2×3) und ebenso 209328.

Es gibt unendlich viele Primzahlen. Diese Tatsache hat zuerst Euklid von Alexandria im vierten Jahrhundert vor Christus festgestellt. Sein Beweis ist einfach und elegant. Er forderte dazu auf, das Gegenteil anzunehmen, dass es nämlich eine endliche Anzahl von Primzahlen gäbe. Nehmen wir also all diese Zahlen miteinander mal: $2 \times 3 \times 5 \times 7 \ldots \times$ der größten Zahl der Menge, und addieren wir eins. Teilen wir nun die neue Zahl durch eine beliebige Primzahl, so bleibt immer ein Rest von eins übrig. Eins hinzuzufügen ergibt eine neue Primzahl. Daher kann man immer mehr Primzahlen finden.

Die Suche nach Mustern bei Primzahlen ist eine der größten Herausforderungen der Mathematik von heute. Mathematiker haben noch keine Formel gefunden, die alle Primzahlen erzeugen könnte, obwohl sie immer größere und größere Primzahlen finden.

Zusatzinformationen

1. Die größte bekannte Primzahl ist $2^{32582657}-1$ (gefunden 2006). Sie hat eine Länge von 9808358 Ziffern.
2. Es gibt viele Fragen zu Primzahlen, die noch offen sind. Gibt es zum Beispiel eine unendliche Anzahl von Primzahlzwillingen – Primzahlen mit einer Differenz von zwei, wie zum Beispiel 3 und 5, 101 und 103, 2141 und 2143? Die Antwort ist nicht bekannt.
3. In dem Film *Contact* (1997) übergibt der Alien, der die von Jodi Foster gespielte Figur kontaktiert, ihr eine Liste mit Primzahlen; damit möchte er auf seine Intelligenz und sein Verständnis der Mathematik als universelle Sprache hinweisen.

Tonalität und Atonalität

Die gesamte Musik vom siebzehnten bis zum frühen zwanzigsten Jahrhundert gehört in den Bereich der tonalen Musik. Die tonale Musik beruht darauf, dass in jedem Musikstück einem der zwölf Töne westlicher Musik (C-Cis-D-Dis-E-F-Fis-G-Gis-A-B-H) eine stärkere Bedeutung als dem Rest gegeben und dieser Ton als Referenzpunkt verwendet wird. Dieser eine besondere Ton bildet das tonale Zentrum oder den Flucht- oder Gravitationspunkt des Stückes.

Dieses Konzept spiegelt sich in den Namen klassischer Werke wider. Wenn ein Musikstück *Sinfonie in g-Moll* genannt wird, beruht es wahrscheinlich auf der g-Moll-Tonleiter, und das G ist sein tonales Zentrum.

Richard Wagner war ein Komponist, der anfing, die Musik zu verändern, indem er häufig Chromatik einsetzte. Er schrieb Stücke, die auch Töne zwischen den Noten einer Tonleiter verwandten. Wenn er zum Beispiel in C-Dur komponierte, das auf der C-Dur-Tonleiter C-D-E-F-G-A-H-C beruht, benutzte Wagner auch die Töne Cis, Dis, Fis, Gis und B.

Nach Wagner gingen Komponisten noch weiter über den Rahmen der Tonalität hinaus. Das Ergebnis ist Atonalität, bei der jeder der zwölf Noten gleiches Gewicht gegeben wird und die Musik kein tonales Zentrum hat. Die Melodien bewegen sich nicht mehr in Richtung irgendeines bestimmten tonalen Zentrums. Atonale Komponisten sind der Ansicht, dass das Außerachtlassen eines tonalen Zentrums neue Möglichkeiten des Ausdrucks eröffnet, und vergleichen dies mit der Bewegung des abstrakten Expressionismus in der Kunst, der für die Maler neue Welten von Möglichkeiten eröffnete.

Diese Ausführungen mögen sehr technisch erscheinen, aber zur tonalen Musik gehört fast all jene Musik, die für das menschliche Ohr vertraut und angenehm klingt. Beinahe sämtliche Pop- und Volksmusik bewegt sich im Rahmen tonaler Musik. Hält man sich nicht an die entsprechenden Konventionen, sei es in klassischer Musik, Pop-Musik oder Jazz, hört sich das Ergebnis für die Ohren der Zuhörer meisten schroff und ungewohnt an. Sogar heute noch, fast hundert Jahre nach der Einführung atonaler Musik, klingt sie für die meisten »unangenehm« und »modern«.

Zusatzinformationen

1. Ein bekanntes frühes Werk atonaler Musik ist Arnold Schönbergs *Pierrot Lunaire* (1914).
2. Viele Komponisten wie zum Beispiel Charles Ives und Igor Strawinsky experimentierten mit Polytonalität, bei der es in einem Musikstück mehrere tonale Zentren gibt.
3. Die Abwendung mancher Komponisten von der Tonalität fiel zeitlich zusammen mit der Ablehnung eines erkennbaren Gegenstandes in der abstrakten Kunst.

Ästhetik

Ästhetik ist die Philosophie der Kunst.

Die erste wichtige Frage ist: Was ist Kunst? Ein ganz gewöhnlicher Küchentisch ist vermutlich kein Kunstwerk, aber Leonardo da Vincis Bild *Mona Lisa* ist eins. Philosophen bezeichnen dieses Problem als die Ontologie der Kunst – was ist es, das einen Gegenstand zu Kunst macht?

Eine mögliche Antwort wäre, dass Kunst schön ist. Aber nicht alle schönen Dinge sind Kunst. Sonnenuntergänge, Landschaften und bestimmte Menschen sind schön, aber keine Kunstwerke. Eine andere mögliche Antwort wäre, dass Kunst etwas darstellt, das eine Botschaft vermittelt. Doch das Filmmaterial einer Sicherheitskamera zum Beispiel stellt etwas dar – nämlich die Menschen, die darauf aufgenommen sind –, aber dieses Filmmaterial ist keine Kunst. Genauso übermitteln deutsche Sätze eine Botschaft, aber das heißt nicht, dass alle deutschen Sätze Kunstwerke sind, obwohl einige es sein können.

Eine andere wichtige Frage der philosophischen Theorie der Ästhetik ist: Was sagen wir aus, wenn wir Kunst bewerten? Wenn wir von einem Bild sagen »Das ist schön« oder »Das ist gute Kunst«, sagen wir dann nur, dass wir das Bild mögen oder dass es uns gefällt? Wenn es so ist, dann kann der eine Betrachter sagen, ein Bild ist schön, während ein anderer sagt, dass es hässlich ist, ohne zu widersprechen. Denn die erste Aussage bedeutet nur, dass das Bild dem Betrachter gefallen hat, während die zweite Aussage nur heißt, dass es dem zweiten Betrachter nicht gefallen hat. Keine der beiden Aussagen nimmt für sich in Anspruch, eine allgemeine Wahrheit über das Bild festzustellen. Die Schwierigkeit bei dieser Herangehensweise ist, dass sie keine Möglichkeit zu bieten scheint, sich über den Wert von Kunst mit Argumenten auszutauschen. Sie lässt auch nicht die Möglichkeit zu, dass jemand »Geschmack« hat, dass manche Menschen also besser als andere in der Lage sind zu beurteilen, was gute Kunst ist und warum.

Weitere Fragen der Ästhetik sind zum Beispiel: Was ist ein Genre? Wieso ist ein Werk ein Roman und nicht ein langes Gedicht? Philosophen der Ästhetik beschäftigen sich auch mit Themen wie: Was ist der Sinn von Kunst? Was ist an Kunst wertvoll, und warum sollten wir uns etwas aus Kunst machen?

Zusatzinformationen

1. Das Wort Ästhetik wurde von dem deutschen Philosophen Alexander Gottlieb Baumgarten (1714–1762) geprägt. Es kommt aus dem Griechischen und heißt so viel wie Wahrnehmung oder Gefühl.
2. Platon (427–347 v. Chr.) glaubte, dass Künstler doppelt so weit von der Realität entfernt wären wie andere Menschen, denn nach Platon schufen Künstler nur eine Imitation gewöhnlicher Gegenstände wie zum Beispiel Tische und Betten, die ihrerseits schon nichts anderes als Imitationen der Idealformen waren.

Zen

Die Lehre des Zen-Buddhismus, bekannt als Religion, Philosophie, Lebensstil und Kunstform, nahm ihren Anfang 520 n. Chr. mit einem Mann namens Bodhidharma. Anhänger des Zen-Buddhismus glauben, dass Bodhidharma von Indien in die chinesische Stadt Luoyang reiste. In Luoyang ging Bodhidharma zu Kaiser Wu und erklärte, dass Eigennutz wertlos sei. Dann ging er weiter zu einem Kloster, wo er sich niedersetzte und neun Jahre lang vor einer Mauer meditierte, bevor er Schüler akzeptierte.

Zen (abgeleitet von dem Sanskrit-Wort für Meditieren), betont die Wichtigkeit des Meditierens, um den Geist zu beruhigen oder zu befreien, so dass man schließlich das Nirwana erreichen kann. Die am weitesten verbreitete Art des Zen ist Zazen oder Meditieren im Sitzen, häufig in der Lotusposition ausgeführt. Zen-Buddhisten befürworten besonders das Meditieren in Gruppen.

Zen ist also ein »Ableger« des Buddhismus, und seine Entwicklung in China wurde stark beeinflusst von den dort vorhandenen philosophischen Richtungen des Taoismus und des Konfuzianismus. Was Zen jedoch am meisten von anderen Formen des Buddhismus unterscheidet, ist seine Einstellung zu Texten und zu Lehrern. Zen legt weniger Gewicht auf das Studium alter buddhistischer Texte als der Buddhismus, die Praxis des Meditierens wird als weitaus wichtiger angesehen.

Großer Wert wird andererseits auf die Folge der Lehrer gelegt. Von Bodhidharma und seinen Schülern wurde eine direkte Linie der Weisheit aufgestellt. Die geistige Abstammung eines Meisters nachverfolgen zu können ist wesentlich für die Höhe seines Prestiges.

Nach seiner Ankunft in China verbreitete sich der Zen-Buddhismus bis nach Japan, Korea und Vietnam. Doch im Laufe der vergangenen 1500 Jahre haben die verschiedenen Zweige die Verbindung zu ihrem Ursprung verloren, so dass der japanische Zen nicht mehr der gleiche ist wie sein chinesischer Vorfahre und auch nicht wie seine koreanischen und vietnamesischen Vettern.

Zusatzinformationen

1. Bei einer anderen Art der Meditation namens Kinhin oder Meditation im Gehen geht eine Gruppe von Meditierenden im Uhrzeigersinn in einem Raum herum, wobei ihre rechten Schultern immer in die Mitte zeigen.
2. Das ursprüngliche Sanskrit-Wort für Meditation wurde in China mit Chan transkribiert. Chan wurde später in Japan zu Zen, in Korea zu Seon und in Vietnam zu Thien.

Adolf Hitler

Der deutsche Diktator Adolf Hitler (1889–1945) begann 1939 mit dem Überfall auf Polen den Zweiten Weltkrieg, der sich schließlich in fast alle Ecken der Welt ausbreitete und außer zu einer verheerenden Verwüstung und unvorstellbarem menschlichem Elend zu fünfzig Millionen Toten führte. Obwohl Deutschland Unterstützung von seinen Verbündeten Japan und Italien erhielt, wandte sich 1943 das Blatt gegen Deutschland. 1945, als die siegreichen alliierten Truppen sich schon dem Führerbunker in der Mitte Berlins näherten, beendete Hitler sein Leben mit einem Kopfschuss.

Anders als viele andere Diktatoren wurde Hitler während seiner Regierungszeit von der Öffentlichkeit weitgehend unterstützt. In Deutschlands letzten demokratischen Wahlen vor dem Zweiten Weltkrieg 1932 wurde Hitlers Nationalsozialistische Deutsche Arbeiterpartei (NSDAP) sogar relativ die stärkste Partei. Hitler war ein hypnotisierender Redner, und sein Charisma überzeugte viele Deutsche, dass die Nationalsozialisten den Niedergang der Nation nach der demütigenden Niederlage im Ersten Weltkrieg (1914–1918) umkehren könnten. Nach Deutschlands Kapitulation rückten die meisten Landsleute Hitlers allerdings schnell von dem Führer ab, der ihr Land in den Ruin getrieben hatte.

Hitler wurde in Österreich geboren, zu der Zeit ein Teil Österreich-Ungarns. Er wollte eigentlich Kunstmaler werden, wurde jedoch von der Wiener Kunstakademie nicht angenommen. 1913 ging er nach Deutschland und meldete sich 1914 als Freiwilliger zum Kriegsdienst im Ersten Weltkrieg. Als Soldat wurde er leicht verwundet. Vor dem Krieg hatte Hitler keine besonderen politischen Überzeugungen, doch nach Deutschlands Niederlage machte er sich die verbreitete Ansicht zueigen, dass für die Erniedrigung der deutschen Nation eine jüdische Verschwörung verantwortlich sei. Er trat der um diese Zeit noch unbedeutenden antisemitischen Deutschen Arbeiterpartei bei, die sich auf sein Betreiben bald in Nationalsozialistische Deutsche Arbeiterpartei umbenannte und deren Vorsitzender er 1921 wurde.

Auch wenn der Antisemitismus in Deutschland vor und nach dem Ersten Weltkrieg weit verbreitet war, bewog doch vor allem die Persönlichkeit Hitlers selbst viele Deutsche, in die NSDAP einzutreten. Albert Speer, ein Architekt, der in Kriegszeiten der Leiter der deutschen Waffenfabriken wurde, beschrieb sein Gefühl, als er Hitler zum ersten Mal reden hörte: »...eine Welle der Begeisterung, die man fast spüren konnte... Sie schwemmte jede Skepsis, jeden Vorbehalt weg.«

Zusatzinformationen

1. Nach Hitlers Selbstmord bemächtigten sich sowjetische Truppen seiner Leiche. Hitlers Schädel befindet sich in einem Regierungsgebäude in Moskau.
2. Die Nazis zogen viele Anhänger an, sogar in den westlichen Ländern, die im Zweiten Weltkrieg gegen Deutschland kämpften. Zu Hitlers Bewunderern in den Vereinigten Staaten vor dem Krieg gehörten der berühmte Pilot Charles Lindbergh und der Autoproduzent Henry Ford.
3. Hitler hoffte, bei den Olympischen Spielen 1936 in Berlin seine Theorie der rassischen Überlegenheit der Deutschen zu beweisen. Aber ein afroamerikanischer Sprinter, Jesse Owens, zerschlug diese Hoffnung, als er vier Goldmedaillen gewann – einer der berühmtesten Triumphe in der olympischen Geschichte.

»Dies ist mein Brief an eine Welt«

Dies ist mein Brief an eine Welt
Die niemals schrieb an Mich –
Was schlicht mir die Natur berichtet –
Sanft, würdig, herrscherlich

Ihr Anliegen wird anvertraut
Mir unbekannten Händen –
Um Ihretwillen – Liebe – Landsleut –
Wollt auch von Mir sanft denken –

Obwohl Emily Dickinson (1830–1886) während ihres Lebens praktisch unbekannt blieb, gilt sie seit ihrem Tod als eine der größten Dichterinnen Amerikas. Ihre kurzen, scharf pointierten Gedichte, revolutionär sowohl in Bezug auf den Stil als auch die Technik, werfen ein Licht auf ihr reiches Innenleben.

Dickinson wurde in Amherst, Massachusetts, geboren, wo sie auch aufwuchs. Nach einer schulischen Ausbildung bis 1848 begann sie mit dem Schreiben von Gedichten. Ihre frühen Werke sind noch relativ konventionell und verwenden Metren von Balladen, Hymnen und anderen traditionellen Lyrikformen. In den 1860er Jahren begann Dickinson dann, diese etablierten Formen zu verändern, und experimentierte verwegen mit Rhythmus, Reim, Wortwahl und Interpunktion. Das Ergebnis war eine große Menge an Gedichten, die eine Spannung zwischen Vertrautem und dem Unerwarteten aufweisen und auf dem Papier in einer unverwechselbaren Form und Typografie erscheinen.

»Dies ist mein Brief an eine Welt« (ca. 1862) ist typisch für Dickinsons Stil, Form und Aussage. Wie all ihre Gedichte hat auch dieses keinen Titel und ist nur unter seiner ersten Zeile bekannt. Es besteht aus zwei Strophen mit je vier Zeilen (Vierzeilern) und ist in gereimten jambischen Tetrametern und Trimetern geschrieben, die sich abwechseln – eine Standardballadenform, in der jede Zeile aus sechs oder acht Silben besteht, die abwechselnd betont und unbetont sind. Aber Dickinson spielt mit dieser Standardform: In der ersten Zeile beginnt sie nicht mit einem jambischen Versfuß, sondern mit seinem Gegenteil, einem trochäischen Versfuß (betont-unbetont), wodurch die Betonung auf dem ersten Wort *Dies* liegt. Typisch für Dickinsons Stil ist auch die häufige Verwendung von Gedankenstrichen, die den Fluss der Zeilen unterbrechen und bestimmte Worte hervorheben.

Das Gedicht ist auch ein gutes Beispiel für die sich oft mit inneren Prozessen befassenden Themen von Dickinsons Werk – in diesem Fall geht es um das Thematisieren künstlerischer Kreativität. Dickinson enthüllt, dass es sie unsicher macht, das Produkt ihrer kreativen Energien für die Welt öffentlich zu machen. Sie beschreibt es als ein gewagtes Unterfangen, die Botschaft ihrer Arbeit »Händen anzuvertrauen«, die »ihr unbekannt« sind. Die letzte Zeile – »Wollt auch von Mir sanft denken« – enthält die ängstlichen Befürchtungen, von denen vielleicht jeder Künstler oder Schriftsteller manchmal gequält wird.

Zusatzinformationen

1. Von den über 1700 Gedichten, die Dickinson schrieb, sind zu ihren Lebzeiten nur sieben veröffentlicht worden.
2. Dickinson war auch eine sehr produktive Briefeschreiberin, mit Hunderten von erhaltenen Briefen, die eine wertvolle Ergänzung ihres Werkes darstellen. Die Sprache dieser Korrespondenz ist oft genauso reich wie die ihrer Gedichte.
3. Während der letzten zwei Jahrzehnte ihres Lebens verließ Dickinson das Familienanwesen in Amherst überhaupt nicht mehr.

Kubismus

Der Kubismus war die wohl bedeutendste Kunstrichtung des frühen zwanzigsten Jahrhunderts. Er reduzierte die Formen von Menschen und Dingen auf geometrische Grundfiguren und missachtete bewusst die Regeln der mathematischen Perspektive. Damit stellte er den Betrachter vor die Herausforderung, Raum und Ausdehnung auf einer zweidimensionalen Oberfläche auf neue Art zu erfassen.

Die Ursprünge des Kubismus können bis zu den späten Arbeiten Paul Cézannes zurückverfolgt werden, der natürlichen Formen harte, eckige Konturen verlieh und sie gleichzeitig von unterschiedlichen Blickwinkeln aus darstellte. Pablo Picasso erweiterte diesen Ansatz mit seinem Bild *Les Demoiselles d'Avignon* (1907), auf dem vier Prostituierte in einem Bordell abgebildet sind, die sich einem Betrachter außerhalb des Bildes zuwenden. Die Körper der Frauen sind in geometrische Formen aufgelöst, die mit scharfen Winkeln des Hintergrunds korrespondieren. Die Schatten sind willkürlich angelegt, und die Körper der Frauen werden nicht wie üblich kleiner, je weiter sie entfernt sind. Indem Picasso Vordergrund und Hintergrund nicht durch bildnerische Mittel voneinander unterscheidet, schärft er beim Betrachter das Bewusstsein der Flachheit des Bildes.

Gemeinsam mit seinem Künstlerkollegen Georges Braque entwickelte Picasso die Prinzipien des Kubismus weiter. Der Begriff Kubismus stammt von dem Wort Kubus, das Würfel bedeutet. Henri Matisse sagte einmal zu dem Kunstkritiker Louis Vauxcelles, dass Braque Kunst »mit kleinen Kuben« machte. Daraufhin nannte Vauxcelle Braques Arbeiten *bizarreries cubiques,* »kubische Merkwürdigkeiten«.

Die erste Phase des Kubismus von etwa 1908 bis 1912 wird analytischer Kubismus genannt. In diesem Stadium waren die beiden Künstler hauptsächlich damit beschäftigt, Formen aufzubrechen, indem sie mit den Regeln der Perspektive spielten, willkürlich Schatten malten und fast keine Farbe verwandten. Auch wenn die Bilder abstrakt wirken, beziehen sie sich doch auf etwas in der Natur, im Allgemeinen eine menschliche Figur oder ein Stillleben. Eine typische Komposition dieser Periode ist Braques *Der Portugiese* (1911).

Um ca. 1912 begann Braque damit, Zeitungsausrisse und Tapetenschnipsel auf seine Leinwände zu kleben. So entwickelte sich eine zweite Phase des Kubismus – der synthetische Kubismus, bei dem aufgeklebte Materialien die Bilder ergänzten. In Picassos *Stillleben mit Rohrstuhlgeflecht* (1911–1912) zum Beispiel dient ein Wachstuchstück mit dem Muster eines Rohrstuhlgeflechts als Untergrund des Bildes, und die ganze Komposition ist von einem wirklichen Seil eingerahmt.

Zu Beginn des Ersten Weltkriegs 1914 war die Kunstrichtung des Kubismus im Wesentlichen vorüber, doch ihre radikale Nichtachtung traditioneller Prinzipien der Malerei war eine Inspiration aller folgenden modernen Künstler.

Zusatzinformationen

1. Zu späteren Formen des Kubismus zählen zum Beispiel der Kubofuturismus, Purismus, Orphismus und der Präzisionismus.
2. Die amerikanischen Künstler Stuart Davis und Aaron Douglas waren beide stark vom Kubismus beeinflusst.
3. Braque und Picasso malten während ihrer kubistischen Perioden einige Motive immer wieder, darunter Musikinstrumente, Flaschen, Gläser, Zeitungen und Buchstaben.

Pi

Der Durchmesser eines Kreises ist die Entfernung von einer Seite des Kreises zur anderen, gemessen durch den Kreismittelpunkt. Der Kreisumfang ist die Strecke einmal um den äußeren Rand des Kreises herum. Die Beziehung zwischen dem Durchmesser und dem Umfang des Kreises verändert sich nie. Egal wie groß der Kreis ist, ob es sich dabei um ein Geldstück oder den Erdumfang handelt, der Durchmesser passt immer 3,14-mal in den Umfang. Doch 3,14 ist nur eine Annäherungszahl. Die wirkliche Zahl wird Pi genannt und mit dem Symbol π bezeichnet.

Pi ist eine ungeheuer nützliche Zahl. Kennt man den Durchmesser eines Kreises oder auch nur die Hälfte (seinen Radius r), kann man mit π den Kreisumfang bestimmen, ohne die ganze Entfernung messen zu müssen. Mit π kann man auch die Grundfläche eines Kreises bestimmen (Fläche = πr^2) und die meisten geometrischen Probleme lösen, bei denen es um Kreise, Sphären und Bögen geht. Aber die Zahl Pi ist auch außerhalb der Geometrie nützlich. Sie ist relevant für Werner Heisenbergs Unschärferelation, Albert Einsteins Feldgleichungen der allgemeinen Relativitätstheorie, Charles-Augustin de Coulombs Gesetz zur elektrischen Kraft und viele andere Bereiche der Physik, Statistik und Zahlentheorie.

Pi ist auch deshalb faszinierend, weil es sich trotz eines sehr einfachen Grundkonzepts nicht exakt berechnen lässt. Man schreibt Pi manchmal als 3,14159265 …, weil es kein Ende für Pi gibt. Die Zahlen nach dem Komma gehen unendlich weiter, ohne dass darin ein Muster zu erkennen wäre. Eine solche Zahl, die nicht als Verhältnis zweier ganzer Zahlen ausgedrückt werden kann, heißt irrationale Zahl. Die alten Babylonier und Ägypter kannten Pi und versuchten, sich der exakten Zahl anzunähern, was genau das ist, worum wir uns noch heute bemühen. Sie errechneten Pi als 3,125 (Babylonier) und 3,16 (Ägypter) – keine schlechten Schätzungen. Die Supercomputer heutiger Zeit, die zwei Billionen Rechenoperationen pro Sekunde ausführen können, haben die ersten 1 241 100 000 000 Ziffern von Pi exakt errechnet.

Zusatzinformationen

1. Archimedes von Syrakus (287–212 v. Chr.) verwendete eine frühe Rechenformel und erhielt eine sehr genaue Schätzung von Pi. Er sagte, dass es zwischen 223/71 und 22/7 läge. Der Durchschnitt dieser zwei Zahlen ist 3,1418.
2. Dem deutschen Mathematiker Ludolph van Ceulen gelang es 1596, die ersten fünfunddreißig Ziffern von Pi zu errechnen. Er war so stolz darauf, dass er sie sich in seinen Grabstein einmeißeln ließ.
3. Piphilologie nennen die Anhänger von Pi das Erfinden von Mnemotechniken zum Memorieren der Ziffern von Pi (»Pi-Sport«).
4. Ein neunundfünfzigjähriger japanischer Gesundheitsberater sagte 2005 erfolgreich aus dem Gedächtnis die ersten 83 431 Nachkommastellen von Pi auf.

Die Zweite Wiener Schule

Als Zweite Wiener Schule bezeichnet man die modernen Komponisten Arnold Schönberg (1874–1951), seine zwei Schüler Alban Berg (1885–1935) und Anton Webern (1883–1945) und deren Umkreis, weil sich ihre Laufbahnen als Komponisten auf Wien konzentrierten, so wie im achtzehnten Jahrhundert die der klassischen Wiener Meister Franz Joseph Haydn, Wolfgang Amadeus Mozart und Ludwig van Beethoven. Die Zweite Wiener Schule schuf atonale und Zwölftonmusik, die die Musikwelt schockierte und verstörte.

Schönberg wurde in Wien als Sohn eines jüdischen Kaufmanns geboren. Schon früh lernte er das Geigespielen und machte erste Kompositionsversuche. Als sein Vater starb, begann er 1890 eine Banklehre und arbeitete bis 1895 als Angestellter, um die Familie zu ernähren. 1901 ging er nach Berlin, wo er ab 1902 am Stern-Konservatorium Komposition unterrichtete. 1903 kehrte er nach Wien zurück, wo er sich als Komponist und Kompositionslehrer niederließ und ab 1904 auch Berg und Webern zu seinen Schülern zählte. Schönbergs frühe Musik kann man als nachromantisch bezeichnen, doch zwischen 1905 und 1907 entfernte sie sich langsam vom tonalen System. Zwei 1912 uraufgeführte Werke, *Pierrot Lunaire* und *Fünf Orchesterstücke* schockierten mit ihrer Atonalität die Musikwelt. Eine neue Ära der Komposition begann. Beide Stücke wurden anfangs wegen ihres Mangels an logischer Organisation kritisiert, und als Antwort formulierte Schönberg ein rationales System für Atonalität: die Zwölftontechnik.

Berg und Webern entwickelten die Technik ihres Lehrers weiter. Webern wandte die Zwölftonmusik auf dynamische Wechsel und

Rhythmen an und schuf eine Musiktechnik, die totaler Serialismus genannt wurde. Webern war auch dafür bekannt, Moderne und Romantik zu vereinen, indem er explosive Gefühlsausbrüche in winzige, mathematische, effiziente musikalische Räume zwängte. Berg schrieb in der Technik der Zwölftonmusik einige der ausdrucksvollsten Musikwerke des Jahrhunderts, darunter sein bekanntes Violinkonzert (1935) und die Opern *Wozzeck* und *Lulu*.

Die drei bedeutendsten Komponisten der Zweiten Wiener Schule schrieben Musik, die einschneidend, leidenschaftlich und aufrüttelnd war und so das künstlerische und politische Denken der Zeit reflektierte. Als Schönberg 1933 vor den Nationalsozialisten floh, blieb Webern, ein Sympathisant der Nazis, zurück. Er wurde 1945 versehentlich von einem amerikanischen Soldaten erschossen. Berg starb im Alter von fünfzig Jahren an den von einem Käferbiss stammenden Komplikationen, und Schönberg, der schließlich an der University of South California lehrte, überlebte seine beiden ehemaligen Schüler.

Zusatzinformationen

1. Schönberg hatte eine Abneigung gegen den Begriff atonal, weil er seiner Meinung nach klang wie »ohne Ton«. Stattdessen, schlug er vor, sollte man pantonal sagen, da dies betonte, dass sein Kompositionsstil alle Töne einschloss.
2. Schönberg gründete zusammen mit Berg und Webern 1916 in Wien den »Verein für musikalische Privataufführungen«. Nur Mitglieder durften einer Reihe von Premieren von Avantgarde-Komponisten beiwohnen, und es war verboten zu applaudieren.
3. Webern schrieb nur einunddreißig katalogisierte Stücke, von denen viele nicht einmal zehn Minuten dauern.

Existenzialismus

Mit dem Begriff Existenzialismus wird eine Weltanschauung und Denkungsart französischer Philosophen am Anfang des zwanzigsten Jahrhunderts bezeichnet, die vor allem von Jean-Paul Sartre (1905–1980) und Albert Camus (1913–1960) geprägt wurde. Die Bezeichnung Existenzialismus bezieht sich weniger auf die übereinstimmende Sicht auf bestimmte Themen, sondern auf die Bedeutung, die dessen Anhänger Themen wie menschlicher Freiheit, Authentizität und allgemeinen existenziellen Ängsten beimaßen.

Die Existenzialisten des zwanzigsten Jahrhunderts waren von vielen großen Denkern beeinflusst, darunter besonders von dem dänischen Philosophen Søren Kierkegaard (1813–1855). Kierkegaards Schriften verteidigten den religiösen Glauben. Er argumentierte, dass der Glaube einen willentlichen, von der Vernunft unabhängigen Sprung ins Irrationale erfordere. Aber er war der festen Anschauung, dass der Glaube das einzige Gegenmittel gegen Verzweiflung sei, eine spirituelle Voraussetzung, die er in seinem Buch *Die Krankheit zum Tode* (1849) darlegte.

Sartre und Camus schrieben beide sowohl fiktionale als auch philosophische Werke. In seinem Roman *Der Ekel* (1938) beschreibt Sartre das krankmachende Gefühl, dass die Welt sinnlos ist und das Leben keine Bedeutung hat. In seinen stärker philosophisch ausgerichteten Werken wie zum Beispiel in *Das Sein und das Nichts* (1943) führt Sartre aus, dass ein Mensch frei ist, sein eigenes Schicksal zu wählen, und dass wir nur eins nicht tun können, nämlich nicht wählen. Sartre glaubte jedoch, dass wir unserer Freiheit oft zu entkommen suchen, indem wir uns an etwas klammern, das nicht zu hinterfragen ist, wie zum Beispiel ein System religiösen Glaubens. Diese menschliche Neigung nannte er »schlechter Glaube«.

Von Camus' Werk sind vor allem seine Romane bekannt, darunter insbesondere *Der Fremde* (1942) und *Die Pest* (1947). In *Der Fremde* tötet die Hauptfigur, Mersault, ohne ersichtlichen Grund einen jungen Araber und wird daraufhin zum Tode verurteilt. Während Mersault auf seine Hinrichtung wartet, denkt er über sein Leben und seine Verantwortung für den Mord nach. Camus' Bücher behandeln immer wieder die existenzialistischen Themen von Authentizität, Verantwortung für das eigene Leben und die Frage, ob wir im Leben die Freiheit haben zu wählen.

Zusatzinformationen

1. Kierkegaard veröffentlichte viele seiner Werke unter verschiedenen Pseudonymen.
2. In Sartres Theaterstück *Geschlossene Gesellschaft* befinden sich drei Fremde in einem Hotelzimmer, das sie nicht verlassen können. Während sie sich nach und nach kennen und hassen lernen, wird ihnen klar, dass sie in der Hölle sind. Das Stück enthält den berühmten Ausspruch »Die Hölle, das sind die anderen.«
3. Auch Friedrich Nietzsche (1844–1900) hatte großen Einfluss auf den Existenzialismus.

Karma

Mit Karma bezeichnet man das moralische Prinzip von Ursache und Wirkung, das im hinduistischen Glauben eine zentrale Rolle spielt.

Die Tradition des Hinduismus kann bis 3000 v. Chr. zurückverfolgt werden, ohne dass ein Gründer dieses Glaubens bekannt ist. Die Hindus glauben an einen Kreislauf von Geburt, Leben, Tod und Wiedergeburt. Während des Lebens eines Menschen wirken sich dessen gute oder schlechte Taten auf sein Karma aus. Diese Vorstellung wird oft mit dem Satz ausgedrückt »Was wir säen, werden wir ernten.« Gute Taten führen zu einer guten Zukunft, schlechte Taten führen zu einer schlechten Zukunft. Als Leitlinie für das Ausführen guter Taten dient den Hindus der Dharma, ein Kodex dessen, was entsprechend alter hinduistischer Schriften für den jeweiligen Menschen richtig ist.

Es gibt drei Aspekte des Karmas. Der erste ist Prarabdha. Prarabdha ist jenseits unserer Kontrolle und beschreibt die grundlegenden Bedingungen unseres Lebens, zum Beispiel wer unsere Eltern sind, in welche Kaste der Gesellschaft wir geboren werden, wo unser Haus steht etc. Solche Voraussetzungen können nicht verändert werden und sind von unserem Verhalten in unserem vorhergehenden Leben bestimmt.

Der zweite Aspekt des Karmas ist Samhita. Dieser Aspekt beschreibt, wie all unsere Taten in früheren Leben zu unseren individuellen Interessen, Neigungen und unserer Persönlichkeit führen. Samhita-Karma erklärt, warum zwei Kinder, die in dieselbe Umgebung hineingeboren werden, trotzdem ganz verschiedene Neigungen haben können. Samhita-Karma kann durch harte Arbeit und Besinnung während unseres derzeitigen Lebens verändert werden. Die schlechten Gewohnheiten, mit denen wir geboren werden, können verbessert werden. Auf der anderen Seite können gute Gewohnheiten sich verschlechtern.

Der dritte Aspekt des Karmas ist Agami. Das Agami-Karma besteht aus den Handlungen unseres derzeitigen Lebens, die Auswirkungen auf unser derzeitiges Leben haben. Wenn wir zum Beispiel einen Nachbarn gut oder schlecht behandeln, kann das darüber bestimmen, wie wir irgendwann behandelt werden. Das Agami-Karma können wir am besten kontrollieren.

Die Vorstellung des Karmas gibt es auch im Buddhismus, doch ist ein wesentlicher Unterschied zum Karma im Hinduismus, dass bei diesem das Wirken eines Gottes eine Rolle spielt. Nach dem Glauben der Hindus wiegt nach dem Tod eines Menschen ein übernatürliches Wesen, Brahma, das Gute und Schlechte gegeneinander ab, das der Mensch im Leben getan hat. Danach weist Brahma dem Menschen seinen nächsten Platz nach der Wiedergeburt zu. Darüber hinaus glauben die Hindus, dass Brahma die negative Wirkung früher Fehler im Leben abschwächen kann, wenn man nach einigen schlechten Taten viele gute Taten ausgeführt hat. Für Buddhisten dagegen ist Karma ein absolutes natürliches Gesetz.

Zusatzinformation

1. Durch Karma kann man erklären, warum in einer Welt mit einem Gott Schlechtes existiert. Die schlechten Taten der Menschen erzeugen negatives Karma, das wiederum in kommenden Leben mehr Schlechtes hervorbringt.

Holocaust

Kurz vor dem Ende des Zweiten Weltkriegs erhielt die 45. Infanteriedivision der US-Streitkräfte den Befehl, eine kleine Stadt in Süddeutschland einzunehmen. Colonel Felix Sparks, der Befehlshaber der Division, marschierte mit seinen Leuten in die Stadt ein und sandte eine Abordnung in ein nahegelegenes Konzentrationslager. Der Name des Lagers und der Stadt war Dachau.

Die Zustände, deren Zeugen Sparks und seine Armee an diesem Morgen in Dachau wurden, sollten bald das Gewissen der Welt erschüttern. In der hübschen Landschaft lagen Tausende Sterbende und Tote – völlig unschuldige Menschen. Die wenigen verbleibenden Soldaten um Dachau herum leisteten wenig Gegenwehr. Als die schockierten Männer der 45. Division das Lager betraten, hing ein Geruch nach menschlichem Fleisch in der Waldluft. »Die Szene nahe dem Eingang zu dem eingezäunten Bereich betäubte meine Sinne«, erzählte Sparks später Historikern. »Dantes Inferno erschien blass, verglichen mit der wirklichen Hölle von Dachau.«

Dachau war ein grauenhafter Prototyp gewesen: Es war das erste Konzentrationslager, das Hitler kurz nach seiner Machtergreifung 1933 in Deutschland errichten ließ. Anfangs wurden in dem Lager Oppositionelle des Naziregimes inhaftiert, aber schon bald sperrten die Nazis deutsche Staatsbürger darin ein, nur weil sie Juden waren.

Mehr als 30000 Gefangene waren in Dachau systematisch ermordet worden – eine erschreckende Anzahl, aber nur ein Bruchteil der sechs Millionen Juden, die während des Nazi-Holocausts in Europa sterben mussten. In den Gaskammern von Auschwitz, einem Konzentrationslager im von den Nazis besetzten Polen, kamen mehr als eine Million Juden um.

Erst als die britischen, sowjetischen und amerikanischen Streitkräfte die Konzentrationslager im Frühling 1945 zu befreien begannen, trat nach und nach das volle Ausmaß der Brutalität des Naziregimes in Deutschland zu Tage. Im Namen »ethnischer Säuberung« hatten Hitler und seine Henkersleute die Auslöschung der gesamten jüdischen Bevölkerung in Deutschland und im von den Nazis besetzten Europa befohlen. In den Konzentrationslagern kamen außerdem Tausende Roma und Sinti, Polen, Homosexuelle und politische Oppositionelle um. Nach dem Krieg nahmen die Alliierten eine Anzahl deutscher Offizieller gefangen, die für den Genozid in Europa mitverantwortlich waren, und richteten sie hin.

Zusatzinformationen

1. Einige von Sparks Soldaten waren so außer sich über das, was sie sahen, dass sie innerhalb von Minuten nach Betreten des Lagers begannen, Lagerwachen der SS hinzurichten. Die amerikanischen Soldaten kamen vor ein Kriegsgericht, aber US-General George S. Patton befahl die Einstellung des Verfahrens.
2. Der Architekt und logistische Planer des Holocausts, Adolf Eichmann, konnte in den Nachkriegswirren aus Europa entkommen und wurde erst 1960 in Argentinien gefasst. Er wurde in Israel wegen Verbrechen gegen die Menschlichkeit angeklagt, verurteilt und 1962 gehängt.
3. Trotz der Bemühungen der Alliierten wurden die meisten am Holocaust Beteiligten niemals bestraft. Von den 7000 SS-Leuten zum Beispiel, die in Auschwitz Dienst taten, kamen nach einer Schätzung nur 800 vor Gericht.

Romantik

Die Romantik war eine umfassende intellektuelle und künstlerische Bewegung in Europa und den Vereinigten Staaten in der ersten Hälfte des neunzehnten Jahrhunderts. Sie war eine Reaktion auf den Rationalismus, die Genauigkeit und die Sachlichkeit, die das westliche Denken während der Epoche der Aufklärung im 18. Jahrhundert beherrscht hatten. Romantische Erscheinungsformen finden sich in vielen Bereichen von der Literatur über die Kunst bis hin zur Musik.

Während bei den Denkern der Aufklärung empirische und rationale Vorgehensweisen und Vernunft und Intellekt in hohem Ansehen standen, galten den Romantikern menschliche Gefühle und Leidenschaften als die wahrhaft richtungsweisenden Mächte. Die romantische Literatur feiert daher Kreativität, die Sinne und die Ablehnung von Konventionen zugunsten der eigenen individuellen Vision. Es ist daher nicht erstaunlich, dass viele Werke romantischer Literatur eine Vorliebe für von der Norm abweichende oder unverstandene Charaktere haben. Diese Figuren können grotesk sein wie zum Beispiel das Monster in Mary Shelleys *Frankenstein* (1818) oder nur an den Rand der Gesellschaft gedrängt wie der aufgrund von Intrigen unschuldig im Gefängnis einsitzende Edmond Dantès in Alexandre Dumas' *Der Graf von Monte Christo* (1844–1845).

Der Beginn der romantischen Periode in der Literatur wird oft im Jahr 1798 gesehen, als die englischen Dichter William Wordsworth und Samuel Taylor Coleridge die Gedichtsammlung *Lyrische Balladen* veröffentlichten. 1800 fügte Wordsworth den Lyrischen Balladen ein sehr einflussreiches Vorwort hinzu, in dem Poesie definiert wird als ein »spontanes Überfließen mächtiger Empfindungen«.

Die Dichter Wackenroder (*Herzensergießungen eines kunstliebenden Klosterbruders,* 1797) und Tieck (*Franz Sternbalds Wanderungen,* 1798) stehen in Deutschland für den Beginn der Epoche. Auch der 1799 verfasste Gedichtzyklus *Hymnen an die Nacht* des Dichters Novalis ist ein frühes und einflussreiches Zeugnis romantischer Dichtung, während Autoren wie Joseph von Eichendorff und E.T.A. Hoffmann die Hochzeit der Epoche prägten. Heinrich Heine nimmt eine Sonderstellung ein: Romantischer Dichter einerseits, politischer Dichter und ausgeprägter Spötter andererseits.

Die frühen Galionsfiguren der englischen romantischen Literatur waren: Blake, Wordsworth und Coleridge, dann John Keats, Percy Bysshe Shelley und Lord Byron. Schon bald beeinflusste die Romantik auch die Prosadichtung und verbreitete sich in Europa; ein berühmtes französisches Beispiel ist Victor Hugos Roman *Der Glöckner von Notre-Dame* (1831). Später überquerten die romantischen Ideen den Atlantik, wo amerikanische Schriftsteller für sich die romantische Wertschätzung der Natur entdeckten. Die meisten bedeutenden Figuren der amerikanischen Literatur in der Mitte des neunzehnten Jahrhunderts – Edgar Allan Poe, Nathaniel Hawthorne, Herman Melville und andere – sind der romantischen Tradition verpflichtet.

Im späten 19. Jahrhundert wurde die Romantik vom Realismus verdrängt, der durch Werke wie Gustave Flauberts *Madame Bovary* (1857) angekündigt wurde. Doch der Einfluss der Romantik bleibt bedeutend, und die Werke romantischer Dichter gehören zu den am weitesten verbreiteten des westlichen Literaturkanons.

Zusatzinformation

1. Auch die Musik des 19. Jahrhunderts war von romantischen Idealen geprägt. Ihre Wurzeln hatte sie in den leidenschaftlichen, gefühlsstarken Werken Ludwig van Beethovens, andere Komponisten waren zum Beispiel Frédéric Chopin, Richard Wagner und Pjotr Iljitsch Tschaikowski.

Pablo Picasso

Pablo Picasso (1881–1973) war einer der berühmtesten und einflussreichsten Künstler des zwanzigsten Jahrhunderts. In seiner achtzigjährigen Laufbahn begründete und beherrschte er ein derart großes Spektrum an Stilen, dass man ihn getrost den produktivsten und vielseitigsten Maler aller Zeiten nennen kann.

Picasso wurde in Málaga in Spanien geboren und war ein Wunderkind. Sein Vater, ein Kunstlehrer, erkannte und förderte das Talent des Jungen. Um die Wende zum zwanzigsten Jahrhundert ging Picasso nach Paris, das damals das Zentrum der Avantgarde-Kunstszene war. Nachdem sein bester Freund 1901 Selbstmord verübt hatte, begann Picasso, in dem Stil zu malen, den man heute seine blaue Periode nennt. Er malte Kompositionen in verschiedenen Schattierungen von Blau, die die Traurigkeit und Armut seiner Figuren vermitteln. Etwa ab 1905 arbeitete Picasso mit wärmeren Tönen, und als Bildmotive wählte er mit Vorliebe Gaukler, Seiltänzer und Harlekine. Diese Phase wird als die rosa Periode bezeichnet.

1907 malte Picasso sein erstes kubistisches Bild, *Les Demoiselles d'Avignon*. In dieser Darstellung verwirft Picasso das westliche Ideal weiblicher Schönheit radikal, Teile des Bildes lassen erkennen, dass er sich um diese Zeit mit polynesischen, iberischen und afrikanischen Skulpturen beschäftigte. Die Nichtbeachtung der Regeln jeglicher Perspektive – die seit der Renaissance in der Malerei allgemein befolgt wurden – war ein so radikaler Eingriff in die Gepflogenheiten der Bildenden Kunst, dass Picasso zusammen mit seinem ebenfalls kubistisch malenden Freund Georges Braque damit die Kunst der Zukunft ein für alle Mal veränderte.

Picassos Herangehensweise an die Kunst und damit sein Malstil wandelten sich ständig. 1917 begann er zum Beispiel, seine monochromatischen kubistischen Bilder farbig zu gestalten. Später kombinierte er in dem Bild *Drei Musikanten* (1921) kubistische Elemente mit leuchtenden Farben und lebhaften Mustern, um den dynamischen Rhythmus der Figuren zu vermitteln. In den späten 1920er Jahren wurde Picasso auch von der surrealistischen Bewegung beeinflusst. Fasziniert vom Konzept der Metamorphose, schuf er in den 1930er Jahren Bilder mit halb menschlichen, halb tierischen Wesen. Während dieser Phase schrieb Picasso auch Lyrik und ein surrealistisches Theaterstück mit dem Titel *Wie man Wünsche beim Schwanz packt* (1941).

Mit dem Ausbruch des spanischen Bürgerkrieges Mitte der 1930er Jahre wurde Picassos Kunst politischer. Sein bekanntestes Bild dieser Periode ist *Guernica* (1937), das die Vernichtung einer kleinen baskischen Stadt durch deutsche Bomber auf den Befehl des faschistischen Generals Francisco Franco darstellt. Im Zweiten Weltkrieg wohnte Picasso im von den Nazis besetzten Paris, durch seine Berühmtheit vor Verfolgung geschützt. Picassos kreative Energie ließ auch im Alter nicht nach. Bis zu seinem Tod schuf er Gemälde, Lithographien und Zeichnungen. Als Picasso 1973 starb, ohne ein Testament zu hinterlassen, verwendete die französische Regierung einen Teil seines Besitzes für das Musée Picasso in Paris.

Zusatzinformationen

1. Außer im Musée Picasso in Paris gibt es noch bedeutende Sammlungen von Werken Picassos im Museo Picasso in Málaga und im Museu Picasso in Barcelona sowie in New York im Museum of Modern Art und im Metropolitan Museum of Art.
2. Picassos frühes Bild *Garçon à la Pipe* wurde 2004 für 104 Millionen US-Dollar verkauft – seinerzeit ein Weltrekord!

Der Satz des Pythagoras

Pythagoras war ein griechischer Philosoph im sechsten Jahrhundert vor Christus und der Anführer eines Kults, der Zahlen verehrte. Seine Anhänger beteten zu der *Tetraktys*, den ersten vier Ziffern. *Eins* stellte die Vernunft dar, *zwei* das Argument, *drei* die Harmonie und *vier* die Gerechtigkeit. Aus dieser Religion der Mathematik entsprangen einige der elegantesten Beweise in der Geschichte der Menschheit, darunter derjenige, der Pythagoras' Namen trägt – der Satz des Pythagoras. Er besagt, dass bei allen rechtwinkligen Dreiecken (Dreiecke mit einem 90-Grad-Winkel) $a^2 + b^2 = c^2$ gilt, wobei a und b die kürzeren Seiten des Dreiecks sind und c seine längste Seite ist – die Hypotenuse. Einer Legende nach war Pythagoras so begeistert, als er diesen Satz bewiesen hatte, dass er einen Stier opferte.

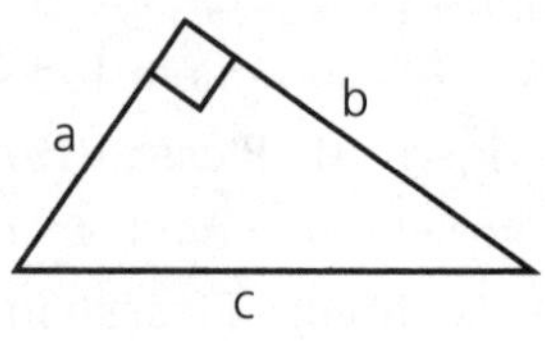

$$a^2 + b^2 = c^2$$

Natürlich wussten bereits viele Kulturen von diesem Satz, bevor Pythagoras ihn bewies. Die Babylonier kannten die Aussage $a^2 + b^2 = c^2$ mindestens 1000 Jahre vor der Zeit des Pythagoras, und die alten Ägypter verwandten die Formel wahrscheinlich schon ca. 2550 v. Chr. beim Bau der Pyramiden. 600 v. Chr. war der Satz in China, Indien und dem größten Teil Mesopotamiens bekannt. Pythagoras gebührt jedoch die Ehre, ihn als Erster in der westlichen Kultur bewiesen zu haben. Heute gibt es Hunderte Beweise des Satzes des Pythagoras. Hier sei nur eine Illustration aufgeführt.

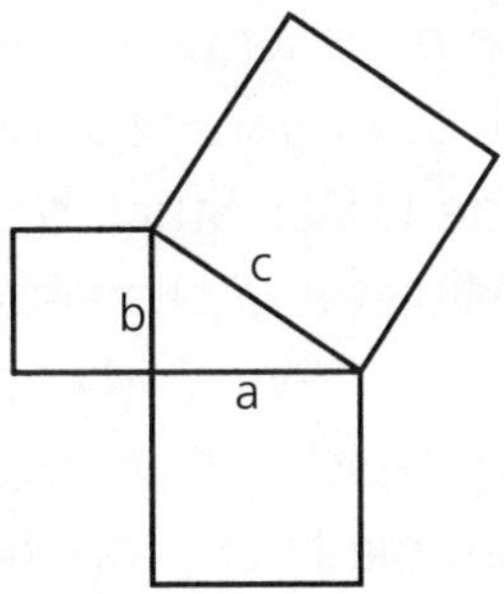

Zusatzinformationen

1. Ein Pythagoreisches Tripel ist eine Reihe dreier ganzer Zahlen a, b und c, und zwar solcher Zahlen, dass $a^2 + b^2 = c^2$. Zwei bekannte Beispiele sind (3, 4, 5) und (5, 12, 13).
2. Ein Präsident der Vereinigten Staaten namens James Garfield (1831–1881) schrieb 1876 seinen eigenen Beweis des Satzes des Pythagoras.
3. In China wird der Satz des Pythagoras Gougu-Theorem genannt, und er erschien ursprünglich in einer mathematischen Abhandlung, die zwischen 500 v. Chr. und 200 n. Chr. datiert wird.

Arnold Schönbergs *Pierrot Lunaire*

Das Musikstück *Pierrot Lunaire* von Arnold Schönberg, dessen Titel übersetzt »mondsüchtiger Pierrot« heißt, war der Beginn atonaler und avantgardistischer Kompositionen im zwanzigsten Jahrhundert. Das Stück besteht aus einer Reihe von einundzwanzig Miniaturstücken für Sopran und kleines Kammerorchester. Der Text, ein Gedicht des belgischen Symbolisten Albert Giraud, beschreibt in oft beängstigenden, erschreckenden Episoden die Liebe von Pierrot zum Mond, der »fieberhaft geschwollen« am schwarzen Nachthimmel steht, sowie andere verstörende Bilder, zum Beispiel Wahnsinn und Enthauptung.

Als *Pierrot Lunaire* 1912 in Berlin uraufgeführt wurde, gab es einen großen öffentlichen Tumult, aber eine äußerst positive Reaktion von den Kritikern. Viele von ihnen sahen das Stück als das wichtigste der expressionistischen Bewegung an. Der Expressionismus drückte sowohl in der Bildenden Kunst als auch in der Musik innerste Empfindungen aus und fiel zusammen mit der weltweiten Verbreitung der Freudschen Psychologie. Expressionistische Maler wie zum Beispiel Oskar Kokoschka wollten die tiefen Regionen ihrer Psyche enthüllen und ihre Freudschen Träume und unbewussten Wünsche ans Licht bringen.

Schönbergs Werk verfolgte die gleichen Absichten. *Pierrot Lunaire* war eins der ersten Musikstücke, die die Technik der Sprechstimme verwandten, eine Methode der Vokalisation, die halb Vortrag, halb Lied ist. Der Komponist notierte ungefähre Tonhöhen mit einem X auf dem Notenpapier. Eine Begleitschrift zum Stück wies den Ausführenden an, die Note nur einen kurzen Moment lang anzutippen und das längere Halten eines Tons zu vermeiden. *Pierrot Lunaire* ist eins der schwierigsten Vokalstücke, die je geschrieben wurden, aber wichtiger sind seine theoretischen Neuerungen.

Nach *Pierrot Lunaire* war es für die Musikwelt klar, dass Melodie und Tonalität das Streben eines Komponisten nicht länger begrenzten. Spätere Komponisten, darunter Schönbergs Schüler John Cage, beseitigten mehr und mehr Spuren der tonalen Musik, aber 1912 wurde von *Pierrot Lunaire* eine deutliche Botschaft ausgesandt. Die Aufführung dieses Stücks kann als ein tiefgreifender Wendepunkt in der westlichen Musik angesehen werden.

Zusatzinformationen

1. Igor Strawinsky, der der Premiere von *Pierrot Lunaire* als junger Mann beiwohnte, beschrieb dieses Erlebnis später als eine sein Leben verändernde Erfahrung.
2. Die Figur des Pierrot stammt aus der italienischen Theaterform *Commedia dell'Arte*, in der der Pierrot ein ungeschickter, komischer Harlekin ist. Bei manchen Aufführungen von *Pierrot Lunaire* tritt der Solist in einem Harlekinkostüm auf.
3. Schönberg war selbst auch ein expressionistischer Maler und hatte daher Verständnis für das, was die damalige Bildende Kunst und moderne Kompositionen gemeinsam hatten.

Analytische Philosophie

Die analytische Philosophie ist eine Richtung, die sich vor allem in der akademischen Philosophie der englischsprachigen Welt und Skandinaviens entwickelt hat. Was die analytischen Philosophen verbindet, ist ein gemeinsames intellektuelles Erbe, eine breite Übereinstimmung über die Natur philosophischer Probleme und die Betonung der Klarheit des Ausdrucks und exakter Argumente.

Die analytische Philosophie hat ihre Anfänge in England im frühen zwanzigsten Jahrhundert. G.E. Moore (1873–1958) und Bertrand Russell (1872–1970) waren stark beeinflusst von den damaligen Fortschritten der Logik, vor allem bezogen auf die Grundlagen der Mathematik. Als Folge lag der Schwerpunkt ihrer Philosophie auf Logik und Sprache. Vielen philosophischen Problemen näherten sie sich über die logische Analyse der Sprache. Russels Schüler Ludwig Wittgenstein (1889–1951) entwickelte diese Gedanken in seinem Buch *Tractatus Logico-Philosophicus* (1921), in dem er die logische Struktur der Sprache und der Welt beschreibt.

Bedeutenden Einfluss auf die analytische Philosophie hatte auch der Logische Positivismus, der vom Wiener Kreis entwickelt worden war – einer Gruppe von Philosophen und Wissenschaftlern, die im Wien der 1920er Jahre lebten. Die Positivisten gestanden der Philosophie nur die Rolle zu, die logischen Strukturen wissenschaftlicher Theorien zu analysieren. Der britische Philosoph A. J. Ayer (1910–1989), der nicht zum Wiener Kreis gehörte, machte durch sein Buch *Sprache, Wahrheit und Logik* viele positivistische Ideen in Großbritannien und den Vereinigten Staaten bekannt.

Die analytische Philosophie wird oft der Kontinentalphilosophie gegenübergestellt, die in Europa vorherrschend ist. Kontinentale Philosophen richten ihr Augenmerk stärker auf die Tradition der Philosophie und ihre Rolle in Kultur und Geschichte.

Zusatzinformationen

1. Russell wies auf einen Widerspruch im logischen System seines Philosophenkollegen Gottlob Frege hin, und Frege war daraufhin tief verzweifelt über das Scheitern seines Lebenswerks.
2. In seinen späten Jahren, so erzählt man, traf A.J. Ayer den Boxer Mike Tyson auf einer Party in New York. Ayer fand, dass sich Tyson unpassend benahm, und sagte es ihm. Tyson antwortete: »Wissen Sie überhaupt, wer ich bin? Ich bin der Weltmeister im Schwergewicht!« Ayer entgegnete: »Ja, und ich bin ehemaliger Professor für Logik in Oxford. Wir sind beide in unserem Bereich hervorragend. Lassen Sie uns also wie vernünftige Menschen miteinander reden.«

Hindu-Epen

In der hinduistischen Tradition gibt es zwei sehr wichtige Epen – das Mahabharata und das Ramayana.

Das Mahabharata, das »Große Epos der Bharata-Dynastie«, ist das zweitlängste bekannte Epos und enthält mehr als 100000 Verse. Seine Ursprünge können bis 3000 v. Chr. zurückverfolgt werden, aber seine heutige Form ist höchstwahrscheinlich um 300 bis 400 n. Chr. aufgeschrieben worden.

Das Mahabharata erzählt von einem Krieg, der vor Tausenden von Jahren zwischen zwei verwandten Fürstenfamilien geführt wurde, den Pandavas und den Kauravas. Ursprünglich teilten sie sich ein Reich, aber nach einem Würfelspiel wurden die Pandavas für zwölf Jahre verbannt. Als sie danach zurückkehren wollen, weigern sich die Kauravas, ihnen die Hälfte des Landes zu überlassen. So kommt es zu einem fürchterlichen Krieg, in dem Verwandte und Freunde gegeneinander kämpfen müssen und aus dem am Ende die Pandavas siegreich hervorgehen.

Innerhalb dieser weit gespannten Handlung gibt es unzählige kleinere Geschichten, in denen es um die hinduistische Lehre geht. Eine dieser Episoden ist zum Beispiel die Bhagavad-Gita, eine Predigt, die der Gott Krishna Arjuna hält, als Arjuna auf dem Schlachtfeld zögert. In den Lehren der Bhagavad-Gita sind viele zentrale Grundsätze des hinduistischen Glaubens enthalten.

In der Bhagavad-Gita sagt Krishna Arjuna, dass er trotz seiner Furcht die Schlacht nicht meiden soll. Sich seinen Pflichten im Leben zu stellen sei die einzige Art, auf die man Erlösung erreichen könne. Krishna lehrt weiter, dass die materielle Welt eine Illusion und die Seele unsterblich sei. Indem man durch diese Welt gehe und dabei

Gott ergeben bleibe, könne man den endlosen Zyklus aus Tod und Wiedergeburt aufheben und eins mit Gott werden. Also, fährt Krishna fort, brauche Arjuna keine Angst vor dem Tod auf dem Schlachtfeld zu haben, denn sich seines Körpers zu entledigen könne zur Einheit mit Gott führen.

Das andere bedeutende Hindu-Epos, das Ramayana, ist mit seinen 24000 Versen erheblich kürzer als das Mahabharata. Das Ramayana erzählt von Rama, der mit seiner Frau Sita verbannt wurde. Im Exil entführt ein anderer König, Ravana, Sita. Rama versucht sie zu befreien, was schließlich auch gelingt, aber nun zweifelt er an ihrer sexuellen Reinheit, weil sie in Ravanas Haus gelebt hat, und verstößt sie. Sita unterzieht sich der Feuerprobe, indem sie auf einen Scheiterhaufen steigt, und überlebt. Rama nimmt sie daraufhin wieder zu sich, doch die Gerüchte über ihre Untreue bestehen fort, und so verstößt er sie schließlich wieder. In der Verbannung gebiert Sita Ramas zwei Söhne, die nun Ramas Geschichte, das Ramayana, weitererzählen, wo immer sie hinkommen. Dieses Epos enthält wichtige Lehren über Heldenhaftigkeit, Aufopferung, Familienloyalität und Respekt gegenüber den Älteren.

Zusatzinformation

1. Vom Mahabharata wird gesagt: »Was hierin steht, kann auch in anderen Quellen stehen. Was hierin nicht steht, ist nicht wichtig.«

Die Schlacht um Midway

Die Schlacht um Midway, ein gigantisches Seegefecht zwischen den Vereinigten Staaten und Japan, war der Wendepunkt im Zweiten Weltkrieg im Pazifik. Während der dreitägigen Schlacht verloren die Japaner vier der insgesamt zehn Flugzeugträger ihrer Flotte, ein schwerer Schlag für ihre Stärke zur See. Die Vereinigten Staaten verloren einen Flugzeugträger, die USS *Yorktown*. Die Folgen des amerikanischen Siegs bei Midway erwiesen sich als entscheidend. Sechs Monate nach dem japanischen Überraschungsangriff auf Pearl Harbor hatten die Vereinigten Staaten die Oberhand im Pazifik zurückgewonnen.

Japan und die Vereinigten Staaten hatten sich in den späten 1930er und den frühen 1940er Jahren auf einen Krieg zubewegt. Japan hatte sich von einem isolierten Inselkönigreich, das es noch im neunzehnten Jahrhundert gewesen war, in eine große Industriemacht verwandelt. Japans Sieg über Russland im russisch-japanischen Krieg (1904–1905) markierte sein Erscheinen auf der Weltbühne als bedeutende Militärmacht. Kurz darauf begann Japan mit der Eroberung angrenzender Gebiete. 1910 annektierte Japan Korea. 1937 marschierten imperialistische japanische Kräfte in Festlandchina ein und provozierten einen Krieg, der mehr als drei Millionen Chinesen das Leben kostete. Japans Militärstrategen sahen die Vereinigten Staaten als das Haupthindernis auf ihrem Weg zur Dominanz im asiatisch-pazifischen Raum.

Doch in den 1930er Jahren hatten die Vereinigten Staaten – die einzige Macht, die Japans Expansionsgelüste hätte stoppen können – wenig Interesse an kriegerischen Auseinandersetzungen. Nach den

Schrecken des Ersten Weltkriegs war die amerikanische Öffentlichkeit dagegen, sich in die Streitigkeiten anderer Länder einzumischen. Als Deutschland Großbritannien den Krieg erklärte, sympathisierten die Vereinigten Staaten zwar mit ihrem traditionellen britischen Alliierten, blieben aber offiziell neutral. Erst die Bombardierung von Pearl Harbor am 7. Dezember 1941 zwang Präsident Franklin D. Roosevelt, den Kongress um Zustimmung zur Kriegserklärung gegen Japan zu bitten.

Zusatzinformationen

1. Der Name der Schlacht bezieht sich auf das Midway-Atoll, eine winzige Gruppe unbewohnter Inseln im Pazifik, die 1859 von einem amerikanischen Kapitän entdeckt wurde und im Krieg als Militärbasis der Vereinigten Staaten diente. Heute sind die Inseln in USA-Besitz und Teil des National-Wildlife-Refuge-Programms.
2. Als Ablenkungsmanöver schickten die Japaner Truppen zu den Aleuten-Inseln vor Alaska, um die Amerikaner dazu zu bringen, Truppen zur Verteidigung der Aleuten aus dem Pazifik abzuziehen. Die Taktik funktionierte nicht, aber die Aleuten waren das einzige US-amerikanische Gebiet, das die Japaner während des Krieges eroberten.

»Sonett 18«

Soll ich dich einem Sommertag vergleichen?
Er ist wie du so lieblich nicht und lind;
Nach kurzer Dauer muß sein Glanz verbleichen,
Und selbst in Maienknospen tobt der Wind.
Oft blickt zu heiß des Himmels Auge nieder,
Oft ist verdunkelt seine goldne Bahn,
Denn alle Schönheit blüht und schwindet wieder,
Ist wechselndem Geschicke untertan.
Dein ew'ger Sommer doch soll nie verrinnen,
Nie fliehn die Schönheit, die dir eigen ist,
Nie kann der Tod Macht über dich gewinnen,
Wenn du in meinem Lied unsterblich bist!
Solange Menschen atmen, Augen sehn,
Lebt mein Gesang und schützt dich vor Vergehn!

William Shakespeares überragende Theaterstücke lassen oft in den Hintergrund treten, dass er auch 154 Sonette geschrieben hat, von denen viele große Leistungen der englischen Literatur darstellen. Sie wurden zum ersten Mal 1609 in einer Sammlung veröffentlicht und sind eine tiefgründige Meditation über Liebe, Poesie und den Tod. Von den 154 Sonetten ist das achtzehnte das bekannteste und am häufigsten zitierte.

Leser nehmen oft an, dass das »Sonett 18« an eine junge Frau gerichtet ist, die das Objekt der romantischen Liebe des lyrischen Ichs ist. Doch auch wenn das Sonett tatsächlich ein Liebesgedicht ist, so ist es in Wirklichkeit der Ausdruck der Liebe für einen männlichen Freund – für denselben namenlosen jungen Herren, an den die ersten 126 von Shakespeares Sonetten gerichtet sind. Die ersten Sonette der Sammlung sind reserviert, erteilen dem jungen Mann Lektionen für das Leben und die Ehe. Die späteren Gedichte werden zunehmend leidenschaftlich und gefühlvoll, zeigen Freude, Enttäuschung und Eifersucht, wodurch sie eher typisch für eine Liebesbeziehung als eine Freundschaft sind. Trotz langer wissenschaftlicher Debatten über die Identität des jungen Mannes und die Natur seiner Beziehung zu dem Sprecher gibt es darüber keine gesicherten Erkenntnisse. Es ist auch nicht klar, in welchem Maße Shakespeare selbst eventuell mit dem Sprecher gleichzusetzen ist.

Das »Sonett 18« enthält Gedanken über Schönheit, Vergänglichkeit und die anhaltende Macht der Liebe. Der Sprecher bemerkt, dass die Schönheit der Natur und sogar die Sonne selbst mit der Zeit und dem Wechsel der Jahreszeiten vergehen. Weil aber die Schönheit des jungen Mannes in Form dieses Sonetts festgehalten ist, wird »nie fliehn die Schönheit, die dir eigen ist«. Sogar der Tod selbst ist machtlos gegen das Fortbestehen des Sonetts, weil das Gedicht den Angesprochenen unsterblich macht:

»Solange Menschen atmen, Augen sehn,
Lebt mein Gesang und schützt dich vor Vergehn!«

Die Sonettform kam ursprünglich Anfang des 14. Jahrhunderts in Italien auf, zuerst bei Dante Alighieri und Petrarca. In den meisten italienischen Sonetten stellen die acht Eröffnungszeilen in Form von zwei Vierzeilern oder Quartetten eine Frage, auf die sich in den letzten sechs Zeilen in Form von zwei Dreizeilern oder Terzetten bezogen wird. In England wurde diese Form leicht verändert: Die meisten englischen Sonett-Dichter verwandten drei Quartette, gefolgt von einem abschließenden zweizeiligen Reimpaar oder Couplet. Dies ist auch die von Shakespeare benutzte Form.

Guernica

Pablo Picassos *Guernica* – ein erschütterndes und kraftvolles Bild der Anklage gegen den Krieg – stellt den Schrecken und das Leid dar, das während des spanischen Bürgerkriegs (1936–1939) von deutschen Bombern über die kleine Stadt Guernica gebracht wurde.

Im Januar 1937 gab die republikanische Regierung Spaniens bei dem zu dieser Zeit bekanntesten spanischen Maler Pablo Picasso (1881–1973) ein Bild für den spanischen Pavillon bei der Weltausstellung in Paris in Auftrag.

Picasso hatte bereits ein Konzept dafür, als am 26. April deutsche Bomber die baskische Stadt Guernica im Norden Spaniens zerstörten. Dies war der erste Luftangriff auf ein rein ziviles Ziel in der Geschichte der Menschheit. Picasso, völlig entsetzt über das Ereignis und Sympathisant der Republikaner, machte den Angriff zum Gegenstand eines riesigen Bildes mit den Maßen 349 × 777 cm und hoffte, damit die internationale Aufmerksamkeit auf diesen schrecklichen Krieg zu lenken. Dora Maar, zu der Zeit Picassos Partnerin, dokumentierte mit einer Fotografieserie den Schaffensprozess.

Die Komposition von *Guernica* ist dreigeteilt, der größere mittlere Teil besteht aus einem zentralen Dreieck und ist von zwei kleineren Rechtecken flankiert. An der oberen Spitze des Dreiecks befindet sich der grell beleuchtete Kopf eines verletzten Pferdes, das für das Leiden aller unschuldigen Opfer steht. Zu seiner Linken repräsentiert ein Stier Brutalität und Dunkelheit. Unter dem Stier hält eine klagende Frau ihr totes Kind in einer Haltung, die an christliche Bilder der Jungfrau Maria erinnert, die ihren gekreuzigten Sohn im Arm hält. Am unteren Rand des Bildes ist ein gefallener Stadtbewohner ausgestreckt. Er umklammert ein zerbrochenes Schwert, mit dem er wohl die Stadt gegen die Kampfflugzeuge verteidigen wollte. Rechts befinden sich drei weitere Figuren in Qual und Todeskampf. Der Stil der Darstellung ist kubistisch inspiriert. Das Bild ist keine Collage, aber einige der Figuren erwecken den Anschein, als seien sie aus Zeitungspapier ausgeschnitten und auf die Leinwand geklebt.

Nachdem das Bild auf der Weltausstellung in Paris zu sehen gewesen war, wurde es in Skandinavien, London und den USA ausgestellt. Picasso verfügte, dass es einer zukünftigen spanischen Demokratie übergeben werden sollte, und als nach dem Bürgerkrieg die Faschisten in Spanien an die Macht gelangten, blieb es zunächst im Museum of Modern Art in New York. Nach Francos Tod 1975 und der Wiedererrichtung der Demokratie wurde *Guernica* nach Spanien gebracht und befindet sich heute im Museo Reina Sofia in Madrid.

Zusatzinformationen

1. Ein Wandteppich mit der Kopie von *Guernica* wurde von Nelson Rockefeller den Vereinten Nationen in New York gestiftet.
2. Baskische Nationalisten haben einen Antrag gestellt, das Bild im neuen Guggenheim-Museum in Bilbao, ca. fünfunddreißig Kilometer östlich von Guernica, unterzubringen.

Der Goldene Schnitt

Die Arme eines Seesterns, die Spirale einer Schnecke und die Blütenblätter einer Rose haben etwas gemeinsam mit dem Parthenon-Tempel in Athen und den Pyramiden von Gizeh. Ihre Strukturen und Streckenverhältnisse orientieren sich alle am so genannten Goldenen Schnitt und damit an einer Zahl, die auch goldene Zahl genannt wird oder Phi nach dem griechischen Bildhauer Phidias, der sie kunstvoll in seinen Arbeiten anwandte. Phi wird in mathematischer Notation mittels des griechischen Buchstabens φ dargestellt und beträgt ungefähr 1,618. Aber Phi ist eine irrationale Zahl, was bedeutet, dass sie unendlich viele Nachkommastellen hat, ohne dass sie sich in einem Muster wiederholen. Der Goldene Schnitt bezeichnet nun das Verhältnis 1,618 : 1 und die zugrunde liegende Zahl Phi wird folgendermaßen bestimmt:

$$\phi = \frac{1+\sqrt{5}}{2} \approx 1{,}618033988\ldots$$

Und so finden wir Phi mathematisch: Zwei Strecken stehen im Idealverhältnis des Goldenen Schnitts zueinander, wenn sich die kürzere Linie zur längeren wie die längere zur Summe beider Linien verhält. Bezeichnen wir die längere Linie mit L und die kürzere mit S, dann gilt:

$$\frac{S}{L} = \frac{L}{L+S}$$

Lösen wir diese Gleichung nach L auf, finden wir:

$$L = \left(\frac{1+\sqrt{5}}{2}\right) S = \phi S \approx 1{,}618S$$

Gegenstände und Bilder, denen der Goldene Schnitt zugrunde liegt, empfindet das menschliche Auge als angenehm. Man findet sie sehr oft in der Natur und der Kunst. Betrachten Sie diese drei sehr häufigen Formen:

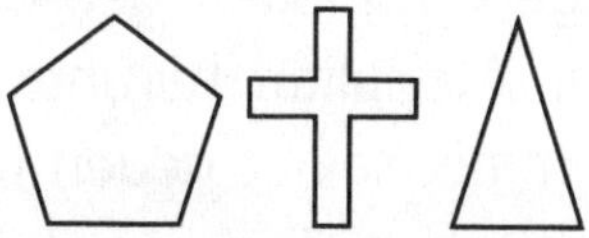

In dem regelmäßigen Pentagon sind alle fünf Seiten gleich lang. Dadurch unterliegen sie dem Verhältnis des Goldenen Schnitts bezogen auf die fünf Diagonalen, die die Spitzen verbinden und ein Pentagramm ergäben, wenn man sie einzeichnete. Der griechische Philosoph Pythagoras war so beeindruckt von dem Pentagramm, dass er es zum geheimen Symbol für die so genannten Pythagoreer machte, die Zahlen verehrten.

Das Kreuz ist ein allgemein übliches Grabkreuz, das zuerst von dem deutschen Psychologen Gustav Fechner untersucht wurde. Er bemerkte, dass das Verhältnis des oberen und unteren Teils der Senkrechte dem Idealverhältnis des Goldenen Schnitts entspricht.

Im dem Dreieck stehen die lange und die kurze Seite in dem gleichen Idealverhältnis.

Zusatzinformationen

1. Länge und Breite von Mona Lisas Gesicht befinden sich zueinander im Idealverhältnis des Goldenen Schnitts.
2. Beim menschlichen Körper gibt es viele dem Goldenen Schnitt entsprechende Proportionen.
3. Michelangelo arrangierte die Figuren auf seinem runden Gemälde *Die Heilige Familie* in einer Anordnung, die sich an einem in den Kreis gezeichneten Pentagramm orieniert.

Zwölftonmusik

Mit Werken wie *Pierrot Lunaire* forderte Arnold Schönberg (1874–1951) die Hörgewohnheiten der Welt heraus. Aber sein neues System der Atonalität beruhte noch auf »freier Atonalität«, die Grammatik seiner neuen Musiksprache war noch nicht formal entwickelt. Die Lösung war Schönbergs Festlegung eines Kompositionssystems in seinen theoretischen Schriften, umgesetzt in seinen späteren Werken, das als Zwölftontechnik bezeichnet wird.

Bei der Zwölftontechnik steht jeder der zwölf Töne der westlichen Musik (C-Cis-D-Dis-E-F-Fis-G-Gis-A-B-H) gleichberechtigt nebeneinander. Diese Kompositionstechnik brachte Schönberg viel Kritik ein. Man warf ihm vor, dass er die Musik technisch und trocken machte, indem er sie mit der Mathematik vermischte. Und letzten Endes war der Angriff der Vertreter der damaligen Moderne auf die Tonalität und andere Musikkonventionen wohl bedeutender für die Entwicklung der Musik als die Zwölftontechnik selbst. Nur wenige Komponisten verwenden sie heute noch als kompositorische Leitlinie.

Bei der Zwölftontechnik bilden die zwölf Ganz- und Halbtöne der Tonleiter eine Grundreihe. Diese dient als melodisches Motiv des Stückes, mit der Grundregel, dass keine Note wiederholt werden darf, bevor nicht die ganze Reihe gespielt wurde. Die Reihenfolge der Töne kann jedoch vom Komponisten nach bestimmten Regeln verändert werden, zum Beispiel kann die Reihe rückwärts geschrieben, umgekehrt oder transponiert oder durch eine Kombination dieser Techniken umgewandelt werden.

Schönberg vermied in seinen Kompositionen Intervalle, die er als tonal ansah, und angenehme Harmonien wie Oktaven und Terzen, die den Zuhörer ein tonales Zentrum hätten vermuten lassen können. Trotz ihrer Trockenheit und ihres schroffen Klangs blieb die Zwölftonmusik die Hauptkompositionstechnik für Musiker etwa vom Ende des Zweiten Weltkriegs 1945 bis in die 1970er Jahre. Dann wurde sie als Musik der Avantgarde von elektronischer Musik, Minimalismus, der neuen Tonalität und anderen Musiktechniken abgelöst.

Zusatzinformationen

1. Schönbergs Schüler Alban Berg entwickelte seinen eigenen Stil, bei dem er tonale Intervalle und andere Elemente integrierte, aber er blieb der Zwölftontechnik treu.
2. Anton Weberns Konzentration auf die totale Beherrschung der tonalen Struktur wies über die Zwölftontechnik hinaus bereits in Richtung der später entwickelten seriellen Musik, bei der neben Intervallstrukturen und Tonhöhe auch Tondauer, Lautstärke, Klangfarbe etc. strengen Regeln folgen.

Wahrheit

Im normalen Sprachgebrauch sagen wir, dass viele Dinge wahr sind: Es gibt wahre Freunde, wahre Anschauungen und wahre Weisheit. Doch im philosophischen Zusammenhang geht es darum, ob bestimmte Aussagen wahr sind. Einige Aussagen sind wahr, während andere falsch sind. Was aber macht genau den Unterschied aus? Dies ist das philosophische Problem der Wahrheit.

Eine verbreitete philosophische Ansicht ist die, dass es eine Übereinstimmung, eine Korrespondenz zwischen einer Aussage und der Welt gibt. Eine wahre Aussage ist eine Aussage, die einer Tatsache entspricht. Philosophen, die diese so genannte Korrespondenztheorie vertreten, müssen erklären, worin diese Entsprechung besteht und unter welchen Bedingungen sie existiert. Sie müssen auch die Tatsachen definieren. Das besondere Merkmal dieser Theorie ist die Behauptung, dass die Wahrheit eine Beziehung zwischen der Sprache (Aussage) und Teilen der Welt (Tatsachen) darstellt, wobei die Tatsachen ihrerseits nicht Teile der Sprache sind. Die Wahrheit ist hier also eine Beziehung zwischen sprachlichen Aussagen und einer objektiven, sprachunabhängigen Realität.

Für andere philosophische Schulen ist die Wahrheit einer Aussage abhängig davon, ob sie mit anderen Aussagen kohärent ist. Wenn man sagt, dass eine Aussage wahr ist, sagt man also, dass sie sich widerspruchslos in ein System von Aussagen einfügen lässt, die wir für wahr halten. Kohärenztheorien müssen erklären, welches die Beziehung der Kohärenz ist, unter welchen Bedingungen sie existiert und aufgrund welcher Gruppe von Aussagen wir die Wahrheit anderer Aussagen beurteilen. Diese Theorie geht davon aus, dass wir nicht über alles im Irrtum sein können. Wir können uns mit einigen unserer Anschauungen irren, aber eine Gruppe privilegierter Aussagen, an denen wir andere Aussagen messen, ist per Definition wahr (vorausgesetzt, dieses Aussagensystem ist in sich stimmig).

Eine andere Auffassung der Wahrheit ist die performative Theorie. Demnach ist die Bekundung, dass ein Satz wahr ist, nur eine bequeme Art der Bestätigung des Satzes. Stellen Sie sich zum Beispiel vor, dass Jane und Bill sich in einer langen Sitzung befinden und Jane sagt: »Wir sind alle müde. Wir sollten eine Pause machen.« Bill würde auch gern eine Pause machen, und so sagt er, anstatt Janes Worte zu wiederholen: »Das ist wahr.« Die performative Wahrheitstheorie geht also davon aus, dass die Aussage, ein Satz sei wahr, nichts anderes ist, als diesen Satz selbst zu sagen. So betrachtet gibt es keine Eigenschaft von Wahrheit, die für alle wahren Aussagen gilt.

Zusatzinformationen

1. Einige Philosophen sehen die Korrespondenztheorie der Wahrheit als so selbstverständlich an, dass sie ihrer Meinung nach gar nicht argumentativ nachgewiesen zu werden braucht.
2. Überprüfen Sie die folgende Aussage: »Dieser Satz ist gelogen.« Wenn der Satz wahr ist, dann ist er falsch. Aber wenn er falsch ist, dann ist er wahr. Dies nennt man das Paradox des Lügners.

Kastensystem

Das indische Kastensystem ist eine Form der sozialen Abgrenzung, die tief in der indischen Geschichte sowie der Religion des Hinduismus verwurzelt ist.

Nach hinduistischem Glauben schuf der Gott Brahma einen Menschen aus Ton, und aus seinen Körperteilen entstanden vier Kasten. Die Brahmanen (Priester) entstanden aus seinem Mund, die Kshatriyas (Herrscher und Krieger) aus seinen Armen, die Vaishyas (Landwirte und Kaufleute) aus seinen Hüften und die Shudras (Handwerker und Diener) aus seinen Füßen. Später entstand noch eine fünfte Kaste, die Dalit oder »Unterdrückten«, die unter anderem den menschlichen Abfall entsorgen mussten.

Die Mitgliedschaft in einer Kaste wird durch die Geburt bestimmt und beruht auf dem Konzept des Karmas. Wenn ein Mensch in seinem Leben gute Taten tut, wird er in einer höheren Kaste wiedergeboren werden. Andererseits führen schlechte Taten zur Wiedergeburt in einer niedrigeren Kaste. In einem Leben kann man aus einer Kaste nicht in eine andere wechseln, und die Leiden, die man als Kastenangehöriger eventuell ertragen muss, werden als göttliche Bestimmung angesehen.

Es gibt auch eine lose Verbindung zwischen Kasten und der Hautfarbe. Früher glaubte man, dass hellhäutigere Inder zu höheren Kasten gehörten als solche mit dunklerer Hautfarbe. Diese Zuordnung wird jedoch heute nicht mehr in dem Maße vorgenommen wie früher. Außer den fünf übergeordneten Kasten gibt es in ganz Indien Hunderte Unterkasten. Diese werden von spezifischeren Kriterien abgeleitet, zum Beispiel der Art der Tätigkeit, dem Lebensort und der Abstammung. Auch wenn verschiedene Kasten in derselben

Stadt wohnen und ökonomisch ihr Überleben voneinander abhängt, sind einige der entfernter untergebrachten Kasten fast wie isolierte ethnische Gruppen. Heiraten zwischen verschiedenen Kasten sind selten, kommen jedoch in jüngster Zeit häufiger vor.

Die Zugehörigkeit zu einer Kaste hat weitere soziale und religiöse Auswirkungen. Während die ersten vier Kasten als »sauber« angesehen werden, gelten die Dalit als »unsauber«. Diese Ansicht hat zum Beispiel in der Vergangenheit zu verschiedenen Vorschriften geführt – wie z. B. zu jener, dass die Dalit eine Glocke tragen mussten, die durch ihr Klingeln andere vor ihrer Annäherung warnte.

Höhere Kasten – die Brahmanen, die Kshatriyas und Vaishyas – gelten als zweimal geboren. Zwischen acht und zwölf Jahren, abhängig von der Kaste, werden die Mitglieder volljährig und gelten als wiedergeboren. Diese Wiedergeburt berechtigt sie, den hinduistischen Glauben vollständig zu praktizieren.

Um frühere Ungleichbehandlung auszugleichen, hat die indische Regierung in den 1980er Jahren ein Programm ins Leben gerufen, das den unteren Kasten durch entsprechende Quoten *(reservations)* Chancengleichheit in der Politik, im Erziehungswesen und bei der Einstellung in den öffentlichen Dienst sichern soll.

Zusatzinformationen

1. Nepal, das einzige Land, in dem der Hinduismus Staatsreligion war (bis 2006), hat ebenfalls ein Kastensystem. Dieses System ist in dem 1854 erstmals schriftlich fixierten nepalesischen Gesetzeskodex *Muluki Ain* ausführlich beschrieben.
2. Die Angehörigen der fünften Kaste, die Dalit, werden im Westen häufig als Unberührbare oder Paria bezeichnet. Dieser Begriff gilt in Indien heute als herabwürdigend.

D-Day

Am 6. Juni 1944 – dem so genannten D-Day – fand die Invasion der Alliierten in das von den Nationalsozialisten kontrollierte Europa statt. Die Invasion hatte ein in der Weltgeschichte bis dahin unbekanntes Ausmaß. An einem einzigen Tag überquerten mehr als 150000 amerikanische, britische und kanadische Armeeangehörige den Ärmelkanal und landeten an der französischen Küste. Mehr als 5000 Schiffe und 11000 Flugzeuge aus einem Dutzend Länder nahmen an der Invasion teil, die praktisch schon seit der französischen Kapitulation im Jahr 1940 geplant worden war. Mit dem D-Day begann endlich die Befreiung Europas von der Naziherrschaft durch alliierte Truppen. Der Zusammenbruch Deutschlands erfolgte bald darauf. Kein Jahr später war Hitler tot, Deutschland lag in Schutt und Asche, und der Krieg in Europa war vorüber.

Eine ungeheuer große Anzahl Menschen mussten am D-Day ihr Leben lassen. Mehr als 4000 Truppenangehörige der Alliierten und Tausende Deutsche starben während der Invasion. Die amerikanischen Truppen, die in der von ihnen Omaha Beach genannten Zone in der Normandie landeten, eine der Hauptlandungsstellen, erlitten enorme Verluste. Doch am Ende des Tages war die deutsche Verteidigung überwältigt. »Für jeden Amerikaner, den ich fallen sah, kamen Hunderte nach«, erinnerte sich ein deutscher Kanonenschütze später. Hitler hatte gewusst, dass eine Invasion bevorstand, aber die Alliierten täuschten ihm erfolgreich vor, dass sie in einem anderen Teil Frankreichs landen würden.

Die Auswirkung des D-Day war unkalkulierbar. Vor der Landung sandte General Dwight D. Eisenhower den Truppen eine Botschaft, in der er sie zum Kampf anspornte. »Die Augen der Welt sind auf euch gerichtet«, schrieb Eisenhower, der Oberkommandierende der Alliierten in Europa. »Die Hoffnungen und Gebete der freiheitsliebenden Völker überall marschieren mit euch.« Und tatsächlich wurden die Alliierten von den Franzosen mit Jubel begrüßt. Ein paar Monate nach der Invasion war Paris befreit. Sowjetische Truppen kamen von der Ostseite und verdrängten die Nazis aus Osteuropa. Deutschland konnte nicht an beiden Fronten kämpfen, und im Frühjahr 1945 war das Naziregime am Ende. Die Alliierten konnten sich jetzt auf den Kampf gegen die verbleibende Achsenmacht Japan konzentrieren.

Zusatzinformationen

1. Entgegen der weit verbreiteten Ansicht steht das D in D-Day nicht für ein Wort. D-Day ist ein militärischer Begriff für den Tag, an dem ein Einsatz begonnen wird – in diesem Fall die Operation Overlord, wie der Codename für die Invasion in der Normandie hieß.
2. Auch die Vorbereitung des D-Day kostete die Alliierten Opfer. Bei Trainingsoperationen im April und Mai 1944 verloren die Alliierten 12000 Soldaten – getötete und verwundete – und 2000 Flugzeuge.
3. Tauben spielten bei der Vorbereitung des D-Day eine wichtige Rolle. Vor der Invasion spionierten Mitglieder der französischen Résistance deutsche Truppen aus und sandten ihre Berichte mit Brieftauben nach London.

Leo Tolstoi

Auch wenn die Geschichte viele große Romanschriftsteller hervorgebracht hat, wird wohl niemand höher geschätzt als Leo Tolstoi (1828–1910). Die Hochachtung, die dieser russische Meister bei Lesern und Kritikern gleichermaßen genießt, wird nur durch die noch größere Bewunderung anderer Schriftsteller übertroffen, die ihn seit langem als praktisch unantastbares Genie verehren. Tolstoi war sehr produktiv, aber sein Ruf beruht vor allem auf zwei großen Werken, *Krieg und Frieden* (1865–1869) und *Anna Karenina* (1875–1877), die als Archetypen des modernen Romans angesehen werden können. Diese Meisterwerke des literarischen Realismus verbinden beispiellose Tiefe der Figurencharakterisierung und scharfe Beobachtungsgabe mit einem ausgeprägten Interesse an den philosophischen Hintergründen des alltäglichen Lebens.

Tolstoi war der Sohn einer prominenten Familie des russischen Adels. Er studierte zunächst orientalische Sprachen und dann Jura, brach sein Studium jedoch ab, bevor er einen Abschluss gemacht hatte. Es folgten unruhige Jahre, in denen er in der Armee diente, Europa bereiste und eine reformpädagogisch orientierte Schule errichtete. 1862 heiratete Tolstoi die achtzehnjährige Sofia Andrejewna Bers, mit der er dreizehn Kinder haben sollte. Von nun an lebte er fast ohne Unterbrechung auf dem Familiengut Jasnaja Polnaja.

In den folgenden zehn Jahren schrieb Tolstoi seine beiden großen Romane. *Krieg und Frieden* spielt während der Napoleonischen Kriege und gipfelt in der französischen Invasion Russlands 1812, die wegen des harten russischen Winters scheiterte. Das Werk mischt Tatsachen und Fiktion und enthält eine große Anzahl erfundener Figuren, die sich die Bühne mit Napoleon, Zar Alexander I. und anderen historischen Personen teilen. Trotz seiner extremen Länge liest sich das Buch erstaunlich schnell, denn das Leben der mit großem psychologischem Geschick dargestellten Figuren ist meisterhaft mit den geschichtlichen Hintergründen verknüpft. Am Ende kommt Tolstoi zu dem Schluss, dass die große formende Kraft der Geschichte die Unvorhersehbarkeit und Irrationalität menschlichen Handelns ist.

Dass Tolstois zweites Meisterwerk *Anna Karenina* sich stärker den persönlichen Beziehungen der Menschen widmet, wird schon durch dessen legendären Eröffnungssatz deutlich: »Alle glücklichen Familien gleichen einander; jede unglückliche Familie ist auf ihre eigene Weise unglücklich.« Die Titelfigur ist eine intelligente, verführerische Frau. Sie sucht die romantische Liebe, die ihr Ehemann, ein ihr ergebener, aber langweiliger Beamter, ihr nicht geben kann. Nachdem sie sich in einen Offizier verliebt hat, gibt Anna ihre Ehe und ihren kleinen Sohn auf, um ihrer Liebe zu folgen. Doch nun ist sie aufgrund ihres Ehebruchs der Verachtung der Gesellschaft ausgeliefert. Tolstois Beschreibung der Momente vor Annas schließlichem Selbstmord ist ein Meisterstück des Realismus und gilt als eine der besten Szenen der Literatur.

Zusatzinformationen

1. In seinen späten Jahren wurde Tolstoi tief gläubig und zum Verfechter von Pazifismus und Anarchie. Schließlich entsagte er völlig jedem materiellem Besitz und verließ überstürzt seine Frau, als diese sich davon wenig begeistert zeigte.
2. Tolstoi besaß den offiziellen Titel eines Grafen und verfügte über einen weit zurückreichenden entsprechenden Stammbaum.

Marc Chagall

Marc Chagall (1887–1985) ist am bekanntesten für seine Kirchenfester, seine Wandmalereien und seine Darstelllungen biblischer Themen. Er schuf auch viele Bilder des kleinen weißrussischen Dorfs, in dem er geboren wurde.

Chagall wurde als Moischa Sacharawitsch Schahalau bei Witebsk geboren, das damals zum russischen Reich gehörte. Er war das älteste von neun Kindern in einer chassidischen Familie. Nachdem er in der Nähe seines Heimatortes Kunst studiert hatte, zog er 1906 nach St. Petersburg, wo er Schüler von Leon Bakst wurde.

1911 ging Chagall nach Paris, wo er die Künstler Amedeo Modigliani, Chaim Soutine und Robert Delaunay kennenlernte. Die leuchtenden Farben und geometrischen Kompositionen der Bilder Chagalls aus dieser Periode spiegeln den Einfluss sowohl des Fauvismus als auch des Kubismus wider, obwohl sich Chagall nie ausdrücklich einer bestimmten Kunstrichtung anschloss. Typisch für seinen Stil dieser Phase ist *Ich und das Dorf* (1911), das das Leben in Witebsk in kubistischem Stil abbildet und vom Geist russischer Volkserzählungen und jüdischer Sprichwörter durchdrungen ist.

Chagall besuchte gerade seine Heimatstadt, als 1914 der Weltkrieg ausbrach, wodurch seine Rückkehr nach Paris verhindert wurde. 1915 heiratete er Bella Rosenfeld, die er später sehr oft malen sollte. Nach der russischen Revolution wurde Chagall zum Kommissar für die »Schönen Künste« im Gouvernement Witebsk ernannt, wo er die dort von ihm ins Leben gerufene Kunstschule leitete. 1920 trat Chagall von seinem Amt zurück und ging nach Moskau. Dort entwarf er Wandbilder, Dekorationen und Kostüme für das Jüdische Theater.

In den Jahren 1922 bis 1923 ging Chagall nach Berlin und von dort nach Paris, wo er an Buchillustrationen für Nikolai Gogols *Die toten Seelen*, Jean de La Fontaines *Fabeln* und die Bibel arbeitete. 1941 emigrierte Chagall auf der Flucht vor den Nazis in die Vereinigten Staaten. Der Tod seiner Frau 1944 stürzte ihn in eine tiefe Krise, und immer wieder malte er Bilder, auf denen er mit ihrem Geist in Kontakt tritt.

Nach dem Ende des Zweiten Weltkriegs kehrte Chagall 1948 nach Paris zurück. Zwei Jahre später zog er in die Nähe von Vence in Südfrankreich, wo er an siebzehn großen Bildern für die Chapelle du Calvaire arbeitete. Gegen Ende seiner Karriere entwarf er Glasfenster unter anderem für die Kathedrale von Metz, das Art Institute in Chicago, den Sitz der Vereinten Nationen in New York und die Hebräische Universität in Jerusalem. 1973 wurde in Nizza das Musée National du Message Biblique Marc Chagall eröffnet. Heute hängen Chagalls Werke in bedeutenden Museen in der ganzen Welt.

Zusatzinformationen

1. 2005 veröffentlichte die Musikerin Tori Amos mit *Garlands* ein Album mit Liedtexten, die von einer Lithographieserie Chagalls inspiriert sind.
2. Chagall sagte einmal: »Alle Farben sind die Freunde ihrer Nachbarn und die Liebhaber ihrer Gegensätze.«

Fermats letzter Satz

Im Jahre 1637 kritzelte der Mathematiker Pierre de Fermat eine mysteriöse Notiz an den Rand des Buches *Arithmetica* von Diophantos, ein Werk über die arithmetische Mathematik, das er wohl gerade studierte. Er schrieb, dass es keine positiven ganzen Zahlen x, y und z gäbe, bei denen $x^n + y^n = z^n$, wenn n eine ganze Zahl ist, die größer als 2 ist. Er hatte einen »wirklich wunderbaren Beweis« für seine Feststellung, aber er hatte nicht genug Platz am Rand, um ihn aufzuschreiben.

Soweit bekannt, hat Fermat diesen Beweis niemals irgendwo aufgeschrieben. Während Hunderten von Jahren versuchten Mathematiker immer wieder, diesen Beweis zu erbringen. Einige gaben den Versuch auf, weil sie den Beweis für unmöglich hielten. Dieser Satz wurde bekannt als großer Fermatscher Satz oder als Fermats letzter Satz, nicht weil es der letzte Satz war, den er schrieb, sondern weil es der einzige war, der niemals verifiziert wurde.

Es ist bekannt, dass es positive ganze Zahlen gibt, für die $x^2 + y^2 = z^2$ ist. Diese werden Pythagoreische Tripel genannt, und es gibt eine unendliche Anzahl von ihnen. Nehmen wir zum Beispiel 3, 4 und 5:

$$3^2 + 4^2 = 5^2$$
$$9 + 16 = 25$$

Es ist jedoch nie der Fall, dass $x^3 + y^3 = z^3$ ($n = 3$) oder dass $x^4 + y^4 = z^4$ ($n = 4$). Obwohl diese besonderen Fälle von n oft bewiesen worden sind, dauerte es 358 Jahre, bis jemand bewies, dass *n* jede Zahl sein konnte, die größer als 2 war.

Es war Professor Andrew Wiles von der Princeton University, der das Problem 1995 löste. Er kombinierte dem Anschein nach nicht miteinander zusammenhängende Zweige der Mathematik, darunter elliptische Kurven und Modularformen, und schrieb einen Beweis von 150 Seiten. Wiles nutzte viele Techniken des zwanzigsten Jahrhunderts für seinen Beweis, die Fermat noch nicht gekannt haben konnte. Daher glaubte Wiles, dass Fermat seinen berühmten Satz nie wirklich bewiesen hat.

Zusatzinformationen

1. Wiles war besessen von Fermats letztem Satz, seit er zehn Jahre alt war. Er glaubte immer, dass es sein Schicksal sei, den Satz zu beweisen.
2. In späteren Jahren schrieb Fermat einen Beweis für den besonderen Fall, in dem $n = 4$ ist. Viele Mathematiker spekulierten, dass er sich nie die Mühe gemacht hätte, den speziellen Fall von $n = 4$ zu beweisen, wenn er bereits den allgemeinen Fall von n größer als 2 bewiesen hätte. Dies gilt als weiteres Indiz dafür, dass Fermat seinen Satz nie bewiesen hat.

Igor Strawinsky

Igor Strawinsky (1882–1971) ließ sich von den vielfältigsten Musikformen inspirieren: von Arnold Schönberg, Tanzrhythmen, russischen Musikweisen und dem Formbewusstsein der klassischen Komponisten. Durch seine ganz eigenen, ausdrucksstarken Werke wurde er zum Inbegriff eines Musikers der Moderne. Strawinsky war klug, ernsthaft und immer an Neuem interessiert – ein akribischer Künstler, der sein Handwerk ernst nahm und daher nie aufhörte, innovativ zu sein.

Strawinsky wurde in St. Petersburg geboren, wo er Schüler des russischen Komponisten Nikolai Rimski-Korsakow wurde. 1908 lernte Strawinsky Sergej Diaghilew, den Leiter des Russischen Balletts, in Paris kennen, für den er drei große revolutionäre Ballettmusiken schuf. *Der Feuervogel* (1910) ist eine Märchengeschichte, die Musik geprägt durch die Chromatik der spätromantischen Ära. Es folgte *Petruschka* (1911), die bezaubernde Geschichte einer Gliederpuppe; außergewöhnliche Rhythmen, Volksweisen und Themen aus Burlesken bestimmen die Musik. Dasjenige der drei Ballette, das am meisten Aufsehen erregte, war *Le sacre du printemps* (1913), ein Ballettstück, das auf einer Idee beruht, die Strawinsky eines Nachmittags hatte, während er den *Feuervogel* komponierte. Er stellte sich ein junges Mädchen vor, das dem Gott der Fruchtbarkeit geopfert wird, indem es sich vor einer Gruppe alter Männer zu Tode tanzen muss.

Le sacre du printemps beginnt mit einem eindringlichen Fagottsolo, dessen Melodie auf eine litauische Volksweise zurückgeht.

Schnell wird die Musik schrill und dissonant, aber mit äußerster Präzision gesetzt, so dass die erzeugten Bilder im Kopf der Zuhörer dem Einfall von Strawinsky gleichen könnten, aber auf jeden Fall etwas Morbides, Chaotisches haben. Die beharrlichen Rhythmen und wiederholten melodischen Motive dieses Werks läuteten eine neue Ära in der Musik ein. Später arbeitete Strawinsky sowohl neoklassizistisch als auch in der Zwölftontechnik. Ständig entwickelte er seinen Kompositionsstil weiter. 1939 ließ sich Strawinsky in Hollywood nieder, wo er unter anderem an einer Auftragsarbeit, der Psalmensinfonie, arbeitete. Zu Strawinskys Spätwerken gehören die Oper *The Rake's Progress* und das Ballet *Agon*.

Zusatzinformationen

1. Bei der Premiere von *Sacre du printemps* erscholl bereits nach den ersten Minuten lautes Zischen und Buhen, und es dauerte nicht lange, da brach unter den Zuschauern ein Tumult los, bei dem sie handgreiflich wurden und sich gegenseitig anschrien, so dass die Tänzer die Musik nicht mehr hören konnten und aufhören mussten zu tanzen.
2. Auch die Komponisten Claude Debussy und Maurice Ravel waren bei der Premiere von *Sacre du printemps* anwesend. Während Debussy die Menge zu beruhigen versuchte, schrie Ravel bewundernd »Genie! Genie!«
3. Das Libretto zur Oper *The Rake's Progress* wurde von dem Dichter und Romancier W. H. Auden geschrieben.

Gerechtigkeit

Die Frage nach der Gerechtigkeit ist eins der wichtigsten philosophischen Probleme und eins, dessen praktische Relevanz für das Miteinander der Menschen in dieser Welt unübersehbar ist. Wie verhält man sich gerecht? Wie müssen politische Institutionen aussehen, um gerecht zu sein? Und was heißt es überhaupt, gerecht zu sein?

Platons Schrift *Der Staat* beschäftigte sich als eines der ersten philosophischen Werke mit dieser Frage. Platon kam zu dem Schluss, dass ein gerechter Staat ein Staat ist, in dem eine rigide Organisation den Menschen Strukturen vorgibt und an dessen Spitze ein weiser Herrscher steht, der die wahre Natur der Welt erkannt hat.

Moderne Philosophen sind zu sehr unterschiedlichen Auffassungen gelangt. John Stuart Mill (1806–1873) vertrat eine utilitaristische Theorie der Gerechtigkeit. Demnach müssen gerechte Institutionen oder muss eine gerechte Gesellschaft das Wohlergehen ihrer Bürger maximieren. Zum Beispiel wäre eine utilitaristische Begründung für das Bestrafen von Verbrechern: Verbrecher zu bestrafen ist gerecht, weil es die Bereitschaft von Menschen, schlechte Taten zu begehen, verringert und somit dazu beiträgt, dass insgesamt weniger schlechte Handlungen geschehen.

Auch der Philosoph John Rawls (1921–2002) hat eine bekannte Theorie zur Gerechtigkeit aufgestellt. Zu ihrer Verdeutlichung fordert er uns auf, uns eine hypothetische Situation vorzustellen, in der die Menschen noch keine Regierung haben und ihr eigenes politisches System wählen. Um sicherzustellen, dass das System gerecht ist, so fährt Rawls fort, sollen die Menschen ihre Entscheidung in einem Zustand des Nichtwissens treffen. Sie sollen ihr Einverständnis zu den nötigen Institutionen und Gesetzen geben, ohne zu wissen, welchen Anteil an Vermögen, Talent und sozialem Status sie in dem neuen System haben werden. Diese Vorgehensweise garantiert, dass Gesetze und Institutionen auch für jene akzeptabel sein werden, die zu denen mit der geringsten Macht und dem geringsten Status gehören. Nach Rawl ist ein wirklich gerechtes politisches System eines, das von vernünftigen Menschen unter diesen Bedingungen des Nichtwissens hätte ausgewählt werden können.

Zusatzinformation

1. Die vielleicht bekannteste Kritik an Rawls Gerechtigkeitstheorie kam von seinem Harvard-Kollegen Robert Nozick (1938–2002). In seinem Buch *Anarchie, Staat, Utopia* argumentiert Nozick, dass die Umsetzung von Theorien wie der von Rawls zu systematischen Verletzungen individueller Rechte führen würde.

Taoismus

Der Taoismus ist eine von Chinas alten spirituellen Traditionen. Heute gilt er sowohl als Philosophie wie auch als Religion. Wer den Taoismus als Religion betrachtet, für den ist der Begründer Lao-Tse eine Gottheit.

Der Taoismus entstand während einer Blütezeit des philosophischen Denkens in China, die unter der Bezeichnung *Zeit der Hundert Schulen des Denkens* bekannt ist und etwa von 700 bis 200 v. Chr. dauerte. Zur vorherrschenden philosophischen Strömung wurde der Taoismus während der Han Dynastie (207 v. Chr. bis 8 n. Chr.), und in seiner heutigen Form festigte er sich während des fünften Jahrhunderts n. Chr.

Lao-Tse soll ein Zeitgenosse von Konfuzius (ca. 551 v. Chr. bis 479 v. Chr.) gewesen sein und für einen chinesischen Kaiser in der kaiserlichen Bibliothek gearbeitet haben. Nach der Legende hat Lao-Tse am Ende seines Lebens den chinesischen Hof verlassen und ist Richtung Westen gereist. Als er an die Grenze des Reiches kam, traf er auf einen Grenzbeamten, dem seine großen Lehren bereits bekannt waren. Der Grenzbeamte bat Lao-Tse, seine Gedanken aufzuzeichnen, bevor er China verließ, was Lao-Tse daraufhin tat. So schrieb er das Tao-Te-King – das Buch vom Sinn und Leben.

Um 200 v. Chr. entwickelte sich in Nordchina die taoistische Strömung des Huang-Lao-Taoismus. »Huang« bezieht sich auf Huang-Di, den legendären Gelben Kaiser, der als Begründer der chinesischen Zivilisation gilt, und »Lao« auf Lao-Tse. Eine wichtige Rolle im heutigen Taoismus spielt außerdem einer von Lao-Tses Schülern, Tschuang-Tse.

Das Tao-Te-King ist ein kurzes Buch mit nur ca. 5000 Wörtern, in dem jedoch die gesamte taoistische Philosophie dargelegt wird. Das Tao, oder »der Weg«, ist demnach in allem enthalten, das in der Welt existiert, es ist das Beständige hinter den sich fortwährend verändernden Kräften des Lebens.

Der Taoismus zielt auf eine Vereinigung mit dem Tao. Taoisten glauben, dass die Welt von Konflikten überflutet wurde und wir Harmonie erreichen können, indem wir uns mit dem Tao wiedervereinigen. Im Taoismus wird sowohl die Kultivierung des Selbst als auch eine soziale Wandlung befürwortet.

Für das Selbst werden Spontaneität, ein gesunder Lebensstil einschließlich Atemübungen und die Minimierung von Bedürfnissen angestrebt. Taoisten glauben nicht an ein Leben nach dem Tod, für sie kommt es darauf an, in diesem Dasein ein friedliches und harmonisches Leben zu führen. Auf die Gesellschaft bezogen empfiehlt der Taoismus, den Einfluss staatlicher Organisation und die Kriegsführung möglichst gering zu halten. Anders als der Konfuzianismus, dessen Lehren sich vor allem auf die Gesellschaft beziehen, steht im Taoismus das Leben des Individuums im Vordergrund.

Zusatzinformationen

1. Während der kommunistischen Herrschaft Mao Zedongs war der Taoismus in China offiziell verboten. Heute gibt es in Taiwan bezogen auf die Gesamtbevölkerung die meisten Taoisten.
2. Feng Shui und Tai Chi sind Teile des praktischen Taoismus, die dazu dienen sollen, ein harmonisches Leben zu erlangen.

Das Manhattan-Projekt

Im August 1939 schrieb Albert Einstein einen kurzen Brief an Franklin D. Roosevelt, den Präsidenten der Vereinigten Staaten, in dem er seiner Befürchtung Ausdruck verlieh, dass Nazi-Deutschland eine Atombombe aus Uran entwickeln könnte. Die Wirkungen einer solchen Bombe in den Händen der Nazis, schrieb Einstein, wären unvorstellbar. »Eine einzige Bombe dieses Typs, von einem Schiff befördert und in einem Hafen zur Explosion gebracht«, hieß es in dem Brief, »könnte ohne weiteres den gesamten Hafen und das ihn umgebende Gebiet zerstören.« Einstein machte sich angesichts der Nachrichten aus Europa, die immer unheilverheißender wurden, in seiner Exilheimat Princeton große Sorgen.

Einsteins Brief sollte Roosevelt warnen, aber er hatte eine unbeabsichtigte Konsequenz. Wenn Nazi-Deutschland eine so furchtbare Waffe entwickeln konnte, entschied Roosevelt, dann sollten die Vereinigten Staaten besser vorher selbst eine haben. Noch bevor die USA 1941 in den Krieg eintraten, hatte die amerikanische Regierung ein Programm gestartet, um das militärische Potenzial von Uran zu testen. Nach dem Angriff Japans auf Pearl Harbor wurde aus diesem Programm das Manhattan-Projekt. Nach jahrelanger Forschung an einem abgelegenen Ort in New Mexico stellte ein Team aus Wissenschaftlern der Alliierten schließlich 1945 eine Atomwaffe her.

Während der besonders intensiven Phase des Projekts arbeiteten Hunderte der besten Wissenschaftler der Welt daran mit. Eine derartige Ansammlung großer wissenschaftlicher Köpfe, die an einem gemeinsamen Ziel arbeiten, ist einmalig in der Geschichte. Wie Einstein selbst waren viele der Wissenschaftler Flüchtlinge aus dem zum großen Teil von den Deutschen besetzten Europa. Die US-Regierung gab für die Entwicklung der Bombe insgesamt das Äquivalent von 20 Milliarden US-Dollar aus.

Als die USA am 6. und 9. August 1945 Atombomben über den japanischen Städten Hiroshima und Nagasaki abwarfen, zerstörten sie damit die zwei großen, für den japanischen Kriegseinsatz entscheidenden Industriezentren und töteten 155000 Zivilisten (110000 Menschen starben innerhalb weniger Wochen danach an den Folgen der radioaktiven Verstrahlung, zahlreiche weitere an Folgeschäden). Die Bomben sollten die Japaner zum Aufgeben bringen, und tatsächlich wurde nach einigen innerjapanischen Auseinandersetzungen schließlich am 2. September die Kapitulationsurkunde unterschrieben. Die Beurteilung des Einsatzes der Atombombe war und ist kontrovers. Viele amerikanische Generäle, darunter Dwight D. Eisenhower, waren schon damals der Meinung, dass der Einsatz der Atombombe nicht nötig wäre und Amerikas Ruf beschädigen würde. Andere waren für die Bombe, weil durch sie der Krieg schneller beendet werden könnte. Einstein selbst, dessen wissenschaftliche Entdeckungen die Entwicklung der Bombe erst möglich gemacht hatten, war entsetzt. Nach dem Krieg erklärte er, dass er bedauere, Roosevelt vor der schrecklichen Macht der Atombombe gewarnt zu haben.

Zusatzinformationen

1. Die erste erfolgreiche nukleare Kettenreaktion fand 1942 mitten in Chicago statt, auf einem Squash-Platz unter den Tribünen des Fußballstadions an der University of Chicago.
2. Einer der britischen Wissenschaftler, die beim Manhattan-Projekt in New Mexico mitarbeiteten, Klaus Fuchs, gab später zu, für die Sowjetunion spioniert zu haben. Unterstützt durch Informationen, die Fuchs und andere Spione lieferten, testete die Sowjetunion ihre erste Atomwaffe 1949.

»Auch ich singe, Amerika«

Auch ich singe, Amerika.

Ich bin der dunklere Bruder.
Sie schicken mich zum Essen in die Küche
Wenn Besuch kommt,
Aber ich lache,
Und esse gut,
Und werde stark.

Morgen
werde ich am Tisch sein
Wenn Besuch kommt.
Niemand wird sich dann getrauen
»Iss in der Küche«
zu mir zu sagen

Und außerdem
Werden sie sehen, wie schön ich bin,
Und werden beschämt sein –

Auch ich bin Amerika.

Langston Hughes' »Auch ich singe, Amerika« (1926) ist eins der großen Gedichte der so genannten Harlem Renaissance, der Bewegung in den großen Städten der USA in den 1920er Jahren, die von einem neuen Kulturbewusstsein und einer immensen künstlerischen Produktivität der afroamerikanischen Bevölkerung geprägt war. In nur wenigen eleganten, in freien Versen geschriebenen Zeilen beschreibt Hughes sowohl die traurige Wirklichkeit des Zweite-Klasse-Status

der Schwarzen in Amerika und gleichzeitig seinen eigenen vertrauensvollen, optimistischen Blick auf die Zukunft.

»Auch ich singe, Amerika« ist eine direkte Antwort auf Walt Whitmans Gedicht »Ich höre Amerika singen« (1860). Darin hatte Whitman über die wunderbare Vielstimmigkeit der verschiedenen Stimmen geschrieben, die Amerika ausmachen – die des Mechanikers, des Tischlers, der Mutter usw. Hughes stellt in seinem Gedicht fest, dass eine bedeutende Stimme vergessen wurde und Whitmans Lied Amerikas daher unvollständig ist.

Die Kraft in Hughes' Gedicht entsteht durch seine minimale, direkte Sprache. Der Sprecher beginnt mit der Erklärung »Auch ich singe, Amerika«, die eine Strophe für sich ist und damit besonderes Gewicht erhält, gefolgt von einer stolzen, schmucklosen Aussage zu seiner Identität – »Ich bin der dunklere Bruder.« Er beschreibt, wie ihm ein Platz am amerikanischen »Tisch« verwehrt wird, eine dann weiter ausgeführte Metapher, bei der »Essen in der Küche« für alle Arten von Rassentrennung und ungleichen Chancen steht.

Aber der Sprecher zeigt keine Feindseligkeit und keinen Ärger. Eher lacht er die Geringschätzung ihm gegenüber fort und ist voller Zuversicht, dass er stark und schön ist, ungeachtet der Verunglimpfung, die er ertragen hat. Und er ist sogar sicher, dass seine eigene Stärke und seine Leistung den Rest Amerikas unweigerlich dazu bringen werden, zur Vernunft zu kommen. Mit der letzten Zeile beschreibt das Gedicht einen Bogen zurück zum Anfang, indem die Eröffnungszeile mit einer kleinen, aber wichtigen Veränderung wiederholt wird; der Sprecher erklärt nun »Auch ich bin Amerika«, überzeugt, dass er eines Tages als Teil der Nation betrachtet werden wird, in der er lebt – ein gleichberechtigter Partner sowohl bezogen auf seine Freiheiten als auch seine Verantwortlichkeiten.

American Gothic

American Gothic von Grant Wood (1891–1942) ist eins der bekanntesten amerikanischen Kunstwerke. Auch wenn das Bild oft für eine Satire auf die amerikanische Provinz und den mittleren Westen gehalten wird, lag dies nicht in der Absicht des Malers.

American Gothic
1930 by Grant Wood

Wood verbrachte die ersten zehn Jahre seines Lebens auf einer Farm in Cedar Rapids, Iowa. Nachdem er in Minneapolis, Chicago und Paris Kunst studiert hatte, kehrte er in seinen Heimatstaat zurück, wo er die Welt seiner Kindheit in Bildern festhielt. Im August 1930 kam er an einem Haus in Eldon, Iowa, vorbei, das im so genannten Zimmermann-Gotik-Stil gebaut war. Wood stellte sich vor, was für Menschen in diesem Haus wohnen könnten, und sah in seiner Fantasie davor einen Bauern und seine Tochter stehen. Schnell fertigte er eine Zeichnung des Hauses auf braunem Papier an und nahm ein paar Fotos davon auf.

Zu Hause in Cedar Rapids führte Wood die Komposition aus, die er sich vorgestellt hatte. Seine Schwester Nan diente ihm als Modell für das Mädchen, und sein Zahnarzt, Dr. Byron McKeeby, war die Vorlage für den Bauern. Wood verwandelte den Zahnarzt in einen beschützenden Vater und Nan in seine unverheiratete Tochter mit einem unscheinbaren Gesicht, wobei er sich bei Komposition und Ausgestaltung des Bildes von viktorianischen Fotografien und der Porträtmalerei des neunzehnten Jahrhunderts inspirieren ließ.

Vater und Tochter tragen Arbeitskleidung, wie sie in der viktorianischen Zeit üblich war. Den Bauern stattete Wood mit einer Heugabel aus, die an eine frühere Zeit denken lässt, als derartige landwirtschaftliche Geräte noch benutzt wurden. Die Zinken der Heugabel finden eine formale Entsprechung in den Fenstersprossen des Hauses und dem Overall des Mannes, die untere Rundung wiederholt sich im Oval der beiden Gesichter. Die Heugabel ist unterschiedlich interpretiert worden: als Symbol für Männlichkeit, für den Teufel und für die Landwirtschaft.

Bei dem Haus sind die Rollos heruntergezogen und die Fenster geschlossen, ein Detail, das die Feindseligkeit und die abweisende Haltung des Paares zu betonen scheint. Der unbewegliche, versteinerte Ausdruck der Figuren erinnert an den auf frühen Fotografien, als die lange Belichtungszeit die Fotografierten zwang, bis zu fünf Minuten regungslos zu bleiben.

Wood beendete das Bild gerade rechtzeitig, um es zu einem Wettbewerb am Art Institute of Chicago einzureichen. Zu seiner eigenen Überraschung gewann das Bild die Bronzemedaille und einen Geldpreis von 300 US-Dollar. Heute gehört es zur ständigen Sammlung des Art Institute.

Zusatzinformationen

1. 1934 wurde Wood zum Kunstdozenten an der University of Iowa berufen.
2. Das Haus in Eldon, Iowa soll in Amerika das zweitbekannteste Haus nach dem Weißen Haus sein.
3. Das Bild *American Gothic* ist häufig parodiert worden, indem die Figuren durch andere Personen und das Haus durch bekannte Häuser ersetzt wurden. In dem Film *Rocky Horror Picture Show* (1975) zum Beispiel posieren Richard O'Brian und Patricia Quinn wie das Paar im Bild vor einem Kirchenportal.

Das Gefangenendilemma

Zwei Kriminelle werden wegen eines Raubes festgenommen, aber die Polizei hat nicht genügend Beweise für ihre Verurteilung. Man trennt die zwei Verdächtigen und macht ihnen das gleiche Angebot. Wenn sie beide gestehen, müssen sie beide für zwei Jahre ins Gefängnis. Gesteht einer von ihnen und der andere schweigt, geht der Geständige ohne Strafe aus und der schweigende Partner muss für zehn Jahre ins Gefängnis. Sagt jedoch keiner von ihnen ein Wort – wenn sie sich vertrauen –, so müssen sie beide nur sechs Monate ins Gefängnis. Keiner von beiden weiß, was der andere tun wird. Ist es nun besser, sich in Schweigen zu hüllen oder auszusagen? Diese hypothetische Situation ist heute als Gefangenendilemma bekannt, so bezeichnet von dem amerikanischen Mathematiker Albert W. Tucker (prisoner's dilemma). Wichtig sind die dargestellte Ausgangslage und ihre möglichen Ergebnisse für die Spieltheorie, die Wirtschaftswissenschaften, die Evolutionstheorie und die Psychologie.

Gefangenendilemma	Gefangener B schweigt	Gefangener B gesteht
Gefangener A schweigt	Beide kommen 6 Monate ins Gefängnis	Gefangener B kommt frei; Gefangener A kommt 10 Jahre ins Gefängnis
Gefangener A gesteht	Gefangener A kommt frei; Gefangener B kommt 10 Jahre ins Gefängnis	Beide kommen 2 Jahre ins Gefängnis

Die vernünftige Lösung für A scheint zu sein, seinen Partner zu verraten und zu gestehen. Die Ergebnisse sind besser. Aber A weiß, dass B wahrscheinlich genauso denken wird. Dann kommen sie beide zwei Jahre ins Gefängnis. Könnten sie allerdings beide einander vertrauen, dann müssten sie nur für sechs Monate ins Gefängnis.

1980 führte der amerikanische Politikwissenschaftler Robert Axelrod ein Experiment durch, das er das wiederholte Gefangenendilemma nannte. Im Wesentlichen spielten zwei Teilnehmer das Gefangenendilemma immer wieder durch, manchmal mit denselben Partnern und manchmal mit anderen. Die Spieler durften dabei auf die Ergebnisse früherer Spiele zurückgreifen. Einige Teilnehmer entwickelten Strategien, die egoistisch Richtung Betrug gingen, andere solche, die eher auf Kooperation beruhten. Über lange Zeiträume schnitten letztlich diejenigen besser ab, die auf Vertrauen setzten.

Zusatzinformationen

1. Zwei Länder, die im Wettrüsten konkurrieren, werden oft im Sinne des Gefangenendilemmas betrachtet: Sie können beide viel Zeit und Geld in die Aufrüstung ihres Waffenarsenals investieren, um mit der anderen Seite Schritt zu halten. Sie können sich aber auch über eine Abrüstung einigen. Aber wie können sie mit Sicherheit wissen, ob das andere Land nicht doch heimlich weiter aufrüstet?
2. Männliche Tiere stellen oft ein Verhalten zur Schau, das in das Muster des Gefangenendilemmas passt. Brüstet man sich kurz und gibt dann nach, oder lässt man sich auf einen Kampf ein? Die beste Strategie im Tierreich scheint etwas von jedem zu beinhalten.

Aaron Copland

Es zeugt für den geringen Status der amerikanischen klassischen Musik bei Europäern, dass ihr bester Komponist fast vierzig Jahre lang nur von den Amerikanern ernst genommen wurde. Aaron Copland (1900–1990) reiste mit einundzwanzig Jahren zum Studium der Musik nach Paris, wo er unter anderem bei der großartigen Nadia Boulanger Komposition studierte. Vier Jahre später kehrte er nach New York zurück, wo 1925 seine *Sinfonie für Orgel und Orchester* in der Carnegie Hall uraufgeführt wurde und ihn bekannt machte.

In New York begann Copland mit der Komposition von Stücken, die starke Einflüsse des amerikanischen Jazz aufwiesen – darunter das *Klavierkonzert* von 1926 und die *Klaviervariationen* von 1930 –, ein Stil, der damals gerade bekannt, aber noch als etwas gewagt angesehen wurde. Copland studierte auch die Werke Igor Strawinskys, übernahm jedoch eher die neoklassizistischen Tendenzen des russischen Komponisten als seine deutlicher revolutionären Ideen.

In der zweiten Periode seines Schaffens wandte sich Copland der Musik des traditionellen Amerikas zu, darunter die von Saiteninstrumenten gespielte Blue-Grass- und Appalachen-Musik. Diese Stile kombinierte Copland mit der gerade vorherrschenden Popmusik à la Tin Pan Alley und Broadway und amerikanischen Folkloregeschichten, um mehrere bezaubernde Ballette zu schreiben, darunter *Billy the Kid* (1938) und *Rodeo* (1942). Seine Oper *The Tender Land* ist eine farbenfroh orchestrierte Bearbeitung amerikanischer Volksmusik, und sein *Appalachian Spring* (1944), wofür er den Pulitzer Prize erhielt, ist eins der noch immer bekanntesten Stücke amerikanischer klassischer Musik.

In späteren Jahren interessierte sich Copland auch für die Zwölftontechnik, aber wenige seiner nach dieser Methode komponierten Werke wurden bekannt, außer *Connotations*, ein Auftragswerk für die Eröffnung des Lincoln Center 1962. Copland blieb aktiv als Komponist, Lehrer und Dirigent bis zum Ende der 1980er Jahre.

Zusatzinformationen

1. Während Copland *The Tender Land* komponierte, wurde er vor das Komitee zur Untersuchung unamerikanischer Aktivitäten vorgeladen und musste als einer von Hunderten Künstlern aussagen, denen während der McCarthy-Ära nachgesagt wurde, dass sie Kommunisten seien.
2. Copland schuf auch mehrere Filmmusiken, darunter die für *Von Mäusen und Menschen* (1938), *Unsere kleine Stadt* (1940) und *Die Erbin* (1949).

Sprachphilosophie

Die Sprachphilosophie untersucht, wie Sprache – von Sprechenden geäußerte Laute und geschriebene Zeichen – benutzt werden kann, um Feststellungen mit Bedeutung über die Welt zu machen. Insofern hat die Sprachphilosophie viel mit der Linguistik gemeinsam.

In der zeitgenössischen Philosophie ist das wichtigste Problem der Sprachphilosophie das Problem der Referenz: Wie beziehen sich Namen auf Gegenstände in der Welt und wie erhalten sie dadurch Bedeutung? Nehmen wir als Beispiel die zwei folgenden Sätze:

(1) »Superman ist Superman.«

(2) »Clark Kent ist Superman.«

Wenn die Bedeutung eines Namens nur das ist, worauf er sich bezieht, dann bedeuten beide Sätze das Gleiche. Wir können jedoch glauben, dass der erste Satz wahr ist und der zweite nicht. Deswegen ist die Bedeutung von *Superman* nicht nur das, worauf sie sich bezieht (Superman). Folgt man diesem Argument, hat die Bedeutung oder der »semantische Inhalt« eines Namens zwei Teile: eine Referenz, also das, worauf der Name Bezug nimmt, und einen *Sinn*, also eine Beschreibung dessen, worauf er sich bezieht. Daher könnte der Sinn von *Superman* »Superheld, der über hohe Gebäude springen kann« sein, während der Sinn von Clark Kent sein könnte »am schlechtesten bezahlter Reporter beim *Daily Planet*«. In diesem Beispiel sind die Bedeutungen der Namen *Clark Kent* und *Superman* verschieden, weil sie verschiedene *Sinngehalte* haben. Also erscheint uns der zweite Satz nicht notwendigerweise sofort als wahr.

Es gibt aber auch Philosophen, die mit dieser Analyse nicht übereinstimmen. Sie sind der Ansicht, dass die Bedeutung eines Namens keine Beschreibung enthalten kann. Nehmen wir als Beispiel den Satz »Es ist möglich, dass Clark Kent nicht der am schlechtesten bezahlte Reporter beim *Daily Planet* ist.« Dieser Satz ist wahr, denn schließlich könnte Clark/Superman in Metropolis einen anderen Job angenommen haben. Nach unserer ersten Theorie jedoch ist die Bedeutung des Namens *Clark Kent* die Beschreibung »am schlechtesten bezahlter Reporter beim *Daily Planet*«. Also haben wir gerade gesagt: »Es ist möglich, dass der am schlechtesten bezahlte Reporter beim *Daily Planet* nicht der am schlechtesten bezahlte Reporter beim *Daily Planet* ist.« Dies ist offensichtlich eine sinnlose Feststellung, und so geht die Debatte über die Bedeutung von Namen weiter.

Zusatzinformation

1. Die Unterscheidung zwischen Sinn und Referenz wurde zuerst von Gottlob Frege (1848–1925) aufgestellt, einem deutschen Mathematiker, dessen Werk über Sprache und Logik einen großen Einfluss auf die zeitgenössische Philosophie hat.

Konfuzianismus

Kung Fu Tse, im Westen bekannt als Konfuzius, lebte etwa von 551 bis 479 v. Chr. Seine Philosophie ist in einigen ostasiatischen Kulturen ein so fester Bestandteil, dass sie als Lebensstil und nicht als Religion angesehen wird.

Obwohl Konfuzius' Vermächtnis heute sehr geschätzt wird, wurden zu seinen Lebzeiten wenige seiner Lehren respektiert. Konfuzius reiste auf der Suche nach einer Anstellung von Reich zu Reich, im Allgemeinen ohne Erfolg.

Konfuzius glaubte an das Tao als eine dem Universum zugrunde liegende Kraft. Für ihn ließ das Tao die gegensätzlichen, aber einander ergänzenden Kräfte Yin und Yang entstehen, die die Quelle endloser Veränderungen auf der Welt sind.

Konfuzius strebte die Schaffung einer harmonischen Gesellschaft an, die diesem ständigen Wechsel widerstehen könnte. Er glaubte, dass die Menschen zwar grundsätzlich gut seien, dass jedoch nicht genügend Gebildete und Aufgeklärte, zusammen mit schlecht organisierten Gesellschaften, der Grund für die Existenz des Bösen seien.

Nach Konfuzius' Auffassung hat jeder Mensch seinen eigenen Platz in der Welt, und durch die Kultivierung der Individuen wird die Gesellschaft verbessert. Beginnen musste man seiner Meinung nach mit »kindlicher Pietät« – Verehrung der Eltern und Ahnen.

Ausgehend von seinem Konzept der kindlichen Pietät stellte Konfuzius fünf Beziehungsverhältnisse auf, jedes mit einem übergeordneten und einem untergeordneten Partner. Diese Beziehungen sollten, so Konfuzius, auch das Modell für die ganze Gesellschaft sein. Die erste und wichtigste Beziehung war die zwischen Vater und Sohn. Dann kamen das Verhältnis Herrscher – Untertan, Ehemann – Ehefrau, älterer Bruder – jüngerer Bruder und schließlich Freund – Freund. Wenn man diese Beziehungen richtig in Ehren hielt – was bedeutete, dass der Untergeordnete den Übergeordneten jederzeit respektierte –, war es nach Konfuzius' Ansicht möglich, dass die Gesellschaft den harmonischen Zustand erlangt, der in früheren Zeiten von den Kaisern herbeigeführt worden war.

Konfuzius' Lehren sind hauptsächlich den *Analekten des Konfuzius* entnommen. Allerdings sind die meisten seiner ursprünglichen Lehren nicht überliefert, da während der Qin-Dynastie (221–207) eine Kampagne zur Unterdrückung von Konfuzius' Werken durchgeführt wurde. Ein großer Teil des heute existierenden Konfuzianismus ist daher eigentlich Neo-Konfuzianismus, der sowohl von taoistischem als auch buddhistischem Gedankengut beeinflusst ist.

Zusatzinformationen

1. Die fünf Beziehungen, die von Konfuzius aufgestellt wurden, sind historisch in das chinesische Rechtssystem eingegangen. Wenn ein Verbrechen die Heiligkeit einer dieser Beziehungen verletzte – wenn zum Beispiel ein Sohn seinen Vater bestahl –, wurde die Bestrafung erhöht.
2. Konfuzius lehrte, dass staatliche Führungspersonen aufgrund ihrer Intelligenz und ihrer Fähigkeiten gewählt werden sollten. Dies führte zum ersten Prüfungssystem für den öffentlichen Dienst, das es auf der Welt gab; es wurde in China 165 v. Chr. eingerichtet.

Mao Zedong

Mao Zedong oder Mao Tse-tung (1893–1976) stand von 1949 bis zu seinem Tod an der Spitze der Volksrepublik China. Mao modernisierte das verarmte Land, jedoch auf Kosten einer ungeheuer großen Zahl von Menschenleben. Im Allgemeinen wird geschätzt, dass während Maos unruhiger Regierungszeit mehrere zehn Millionen Chinesen verhungerten oder hingerichtet wurden. Die heutige chinesische Führung hat sich weitgehend von Maos Ideologie distanziert, aber er wird weiter als der Mann verehrt, der das bevölkerungsreichste Land der Welt geeint und seine jahrhundertelange Erniedrigung durch den Westen beendet hat.

Mao wurde als Sohn eines Bauern in den 1920er Jahren wie viele junge chinesische Intellektuelle von der Lehre des Kommunismus angezogen. Um diese Zeit wurde China vom imperialistischen Japan bedroht, war jedoch zu zerstritten, um den Invasoren wirkungsvollen Widerstand leisten zu können. Mao besuchte zunächst ein Lehrerseminar und arbeitete dann als Hilfsbibliothekar und Lehrer, bevor er sich ganz der Politik widmete. Von 1927 bis zum Ausbruch des Zweiten Weltkriegs kämpfte die kommunistische Rote Armee sowohl gegen die Japaner als auch gegen die chinesische Nationalpartei Kuomintang. Mao gehörte der Roten Armee als Guerillaführer an und formulierte während dieser Zeit seine radikale politische Ideologie, die später als Maoismus bekannt wurde.

Die Rote Armee ging schließlich siegreich aus dem Bürgerkrieg hervor, und 1949 wurde die Volksrepublik China mit Mao als ihrem Führer gegründet. China zu regieren stellte die Kommunisten vor neue Herausforderungen, und oft waren die Ergebnisse katastrophal. Zum Beispiel führte 1958 Maos gescheiterter Versuch, Chinas industrielle Produktion zu erhöhen, zu einer Hungersnot, die rund dreißig Millionen Menschen das Leben kostete. 1966 leitete Mao die »Kulturrevolution« ein, um traditionelle religiöse und kapitalistische Einflüsse auszurotten. Im Verlauf der Kulturrevolution wurden Hunderttausende hingerichtet und ein großer Teil des kulturellen Erbes des Landes zerstört. Mao selbst jedoch, der sich inzwischen als Vorsitzender Mao und Großer Steuermann titulieren ließ, wurde von seinen Anhängern verehrt.

Im Westen fühlten sich viele Anhänger der Linken von Mao und seiner Ideologie angezogen, so dass der Maoismus auch andere Guerilla-Bewegungen beeinflusste. Die meisten Menschen waren jedoch von der Brutalität und Zerstörungswut seiner Regierung abgestoßen. Erst nach Maos Tod begann China, sich von der kommunistischen Politik zu lösen. Heute ist es praktisch nur noch nominell kommunistisch, tatsächlich jedoch ist es dabei, mit kapitalistisch funktionierenden Strukturen auf der Grundlage der von Mao geschaffenen Einheit eine voll entwickelte Weltmacht zu werden.

Zusatzinformationen

1. Im Kalten Krieg verbündete sich China zunächst mit den Kommunisten in der Sowjetunion gegen die Vereinigten Staaten. Als Mao jedoch der UdSSR gegenüber misstrauisch wurde, bemühte er sich um eine Annäherung an die USA und lud 1972 Präsident Richard Nixon zu dessen berühmtem Besuch nach Peking ein.
2. Während der Kulturrevolution mussten die Chinesen alle eine Sammlung mit Maos Schriften lesen, das »Rote Buch« (auch »Mao-Bibel« genannt). Dieses Buch wurde weltweit vertrieben.
3. Mao wurde wie Lenin nach seinem Tod einbalsamiert und öffentlich aufgebahrt. Noch heute lockt sein Mausoleum auf dem »Platz des himmlischen Friedens« in Peking jährlich tausende Besucher an.

»Der Jüngste Tag«

Kreisend und kreisend in immer weiterem Bogen
Entschwindet der Falke dem Ruf des Falkeniers.
Alles fällt auseinander, die Mitte hält nicht mehr;
Bare Anarchie bricht aus über die Welt.
Blutgeblendete Strömungen sind losgelassen. Allenthalben
Wird der heilige Vorgang der Unschuld überschwemmt.
Den Besten erlahmt der Glaube, und die Schlimmsten
Sind voll von leidenschaftlicher Heftigkeit.

Sicherlich steht eine Offenbarung bevor,
Sicherlich steht der Jüngste Tag bevor.
Der Jüngste Tag! Kaum sind die Worte entschlüpft,
Ist meine Sicht verstört von einem ungeheuren Bild,
Ausspiegelung des Spiritus Mundi:
Irgendwo im Wüstensand nähert sich
Die Gestalt eines Löwenleibs mit dem Kopf eines Menschen,
Einem Blick, blank und neidlos wie die Sonne,
Bewegt ihre lässigen Schenkel, umschwungen
von dem Schatten der zornigen Wüstenvögel.
Langsam senkt sich die Dunkelheit wieder.
Doch jetzt weiß ich: zwei Jahrtausende steinernen Schlafes
Sind aufgerührt zu Alptraum durch eine schaukelnde Wiege;
Welch wüste Bestie, deren Stunde nun gekommen ist,
Schlampt gegen Bethlehem in ihre Geburt?

»Der Jüngste Tag« (1920) von William Butler Yeats enthält einige der lebendigsten Bilder der Dichtung des zwanzigsten Jahrhunderts. Das Werk ist atypisch für Yeats, der bekannt ist für seinen Beitrag zur keltischen Wiederbelebungsbewegung – den Versuch, die Kultur seines Heimatlandes Irland vor dem englischen Einfluss zu bewahren. Während daher viel von dem, was Yeats geschrieben hat, einen starken Einfluss gälischer Folklore und Mythologie aufweist, ist bei »Der Jüngste Tag« deutlich zu spüren, wie sehr er sich zum Okkulten hingezogen fühlte.

Yeats hatte eine ziemlich einmalige Sicht auf die Geschichte, von der er behauptete, dass er sie in Offenbarungen von Geistern erhalten hätte. So meinte er, dass die Geschichte in 2000-Jahres-Zyklen von Aufstieg und Niedergang verlief, die er als »gyres« (Bögen, Wirbel) bezeichnete. Yeats glaubte, dass der letzte ansteigende Bogen mit der Geburt Jesu seinen Höhepunkt hatte, was bedeutete, dass der entsprechende niedergehende oder antithetische Bogen seinen untersten Punkt irgendwann im zwanzigsten Jahrhundert erreichen würde. Nachdem Yeats die Schreckensszenarien des Ersten Weltkriegs erlebt hatte, fürchtete er, dass mit dem Niedergang des christlichen Bogens das Ende der Welt bevorstünde.

»Der Jüngste Tag« ist voller Bilder von Chaos und Bösem. Es beginnt mit einer Schwindel erregenden Vision eines Falken, der kreist und kreist und den Ruf seines Falkners nicht mehr hören kann. Unheil verkündende Fantasien türmen sich vor dem Leser auf, bis schließlich eine einer Sphinx ähnelnde Bestie in der Wüste erscheint. In einer Umkehrung der christlichen Mythologie »schlampt (die Bestie) gegen Bethlehem in ihre Geburt.« Auch wenn Yeats selbst sich dazu nicht geäußert hat, sehen Literaturkritiker in dem Biest im Allgemeinen ein Symbol für die totalitären Systeme des Kommunismus und des Faschismus, die in Europa nach dem Ersten Weltkrieg entstanden.

Salvador Dalí

Salvador Dalí (1904–1989) schuf in einer Kombination aus akribischer akademischer Technik und wilden surrealistischen Fantasien Kunstwerke, die provozierten und Skandale auslösten.

Dalí wurde in der Region Katalonien in Spanien geboren. 1921 begann er, an der Real Academia de Bellas Artes de San Fernando in Madrid zu studieren, und lernte dort den Dichter García Lorca und den Filmemacher Luis Buñuel kennen. Zwei Jahre später wurde Dalí von der Kunstschule verwiesen, mit der Begründung, dass er die Studenten zur Rebellion anhalte und behaupte, dass seine Lehrer nicht qualifiziert seien, seine Arbeiten zu beurteilen.

1929 ging Dalí nach Paris, wo er sich der surrealistischen Bewegung anschloss. Fasziniert von dem künstlerischen Potenzial von Wahn- und Traumvorstellungen, entwickelte er eine von ihm so genannte paranoid-kritische Methode. Nach der surrealistischen Philosophie war Paranoia dadurch gekennzeichnet, dass man fähig war, Dinge aus unterschiedlichen Perspektiven zu verstehen, indem man die Welt destabilisierte, also aus der stabilen Einheitlichkeit entließ. Dalí glaubte, dass er durch die Anwendung dieser Methode mächtigere Kunst schaffen könnte.

Eine klassische Arbeit Dalís ist *Die Beständigkeit der Erinnerung* (1931). In dem Bild schmelzen in einer schroffen Landschaft vier Taschenuhren, eine über einem abstrahierten Kopf, auf einer sitzt eine Fliege, und eine andere wird von Ameisen zerfressen. Die unheimliche Komposition ist eine Anspielung auf das Verrinnen der Zeit und ihre Verzerrung in einem Zustand des Traums.

1929 arbeitete Dalí unter anderem an dem surrealistischen Film *Ein andalusischer Hund*, einer von zwei Filmen, die er zusammen mit

Luis Buñuel schuf. Im selben Jahr lernte er Gala kennen, die seine Muse und Ehefrau für mehr als fünfzig Jahre werden sollte. Ein Jahr später schrieben und drehten Dalí und Buñuel den Film *Das goldene Zeitalter*.

Dalí verstand es sein Leben lang, sein Publikum zu faszinieren und zu schockieren. 1936 schmückte er das Cover des *Time*-Magazins, und 1937 schrieb er ein Drehbuch für die Marx Brothers, das jedoch nie verfilmt wurde. In den späten 1930er Jahren distanzierten sich die Surrealisten von Dalí wegen seiner rechten politischen Einstellung und seiner Gier nach kommerziellem Erfolg. 1940 zog Dalí in die Vereinigten Staaten, wo er bis 1955 lebte. Von Walt Disney wurde er eingeladen, für den Film *Fantasia* einen Cartoon zu zeichnen. Erst 2003 wurde sein Beitrag veröffentlicht, als eine revidierte Fassung des Klassikers von 1945 herauskam. Dalí schuf auch eine berühmte Traumsequenz für Alfred Hitchcocks Klassiker *Spellbound (Ich kämpfe um dich)* von 1945.

Seine letzten Lebensjahre verbrachte Dalí in Spanien. 1984 zog er sich bei einem mysteriösen Feuer in seinem Haus Brandverletzungen zu. Fünf Jahre später starb er. Sein gesamtes Vermögen hinterließ er dem spanischen Staat. Heute gibt es mehrere Museen, die ausschließlich seinem Werk gewidmet sind, darunter eines in St. Petersburg in Florida und drei in Spanien.

Zusatzinformationen

1. Im Mai 1955 malte Dalí eine paranoid-kritische Version von Jan Vermeers Spitzenklöpplerin, während er im Nashorngehege im Zoo von Vincennes nahe Paris saß.
2. Ein ganz erheblicher Anteil an Dalí-Werken, die aktuell zum Kauf angeboten werden, sind Fälschungen mit Original-Unterschrift; Dalí hatte im Alter, um Geld zu verdienen, Blanko-Bögen und Leinwände signiert, die erst viel später von Fälschern und Kopisten gefüllt wurden.

Fakultät!

Das Symbol ! in der Mathematik hat eine Bedeutung, die ebenso bemerkenswert ist wie sein Auftauchen inmitten der Zahlen und Rechenzeichen. Es bezeichnet eine Fakultät. Schreibt man n!, spricht man dies »n Fakultät«. Die Fakultät einer Zahl ist das Produkt aller ganzen Zahlen, die größer als null sind und kleiner oder gleich der Zahl selbst.

Die Fakultät von 6 sieht zum Beispiel so aus:

$$6! = 6 \times 5 \times 4 \times 3 \times 2 \times 1 = 720.$$

Und 12 Fakultät sieht so aus:

$$12! = 12 \times 11 \times 10 \times 9 \times 8 \times 7 \times 6 \times 5 \times 4 \times 3 \times 2 \times 1 = 479\,001\,600.$$

Fakultäten sind sehr wichtig in der Zahlentheorie, Wahrscheinlichkeitsrechnung und Computerwissenschaft. Im alltäglichen Leben können sie dazu verwandt werden herauszufinden, wie oft eine bestimmte Gruppe von Gegenständen anders angeordnet werden kann. Stellen Sie sich zum Beispiel vor, dass Sie wissen möchten, auf wie viele verschiedene Arten Sie sechs Bücher auf einem Regal anordnen können. Zuerst haben Sie sechs Bücher, die Sie beliebig verstellen können. Dann bleiben noch fünf zum Hin- und Herschieben. Beim dritten Mal können Sie noch aus vier Büchern auswählen. Beim vierten Mal bleiben drei Bücher frei anzuordnen und so weiter. Zum Schluss bleibt noch ein Buch. Um nun auszurechnen, auf wie viele Arten insgesamt Sie die Bücher anordnen können, müssen Sie malnehmen:

$$6 \times 5 \times 4 \times 3 \times 2 \times 1 = 6! = 720.$$

Interessanterweise ist null Fakultät gleich 1.

$$0! = 1$$

Warum? Stellen Sie sich vor, Sie wollen null Gegenstände auf einem Regal anordnen. Wie viel verschiedene Arten gibt es dafür? Die Antwort lautet: eine.

Zusatzinformationen

1. Der Mathematiker Christian Kramp führte 1808 die Notation *n!* ein.
2. Fakultäten können auch dazu verwandt werden, extrem hohe Primzahlen zu finden.
3. Es gibt noch andere Arten von Fakultäten in der Mathematik: Es gibt Multifakultäten, Hyperfakultäten, Superfakultäten und Superduperfakultäten.

Aaron Coplands *Appalachian Spring*

Appalachian Spring (1940), das populärste Werk des amerikanischen Musikers Aaron Copland (1900–1990), gehört zu einer stark von amerikanischem Heimatgefühl geprägten Gruppe von Kompositionen – dazu gehören auch die Ballette *Rodeo* (1942) und *The Tender Land* (1954). *Appalachian Spring* (Frühling in den Appalachen) komponierte Copland zunächst als Ballettmusik für die herausragende Choreographin und Tänzerin Martha Graham, eine der bedeutendsten Figuren des Modern Dance. Später schrieb er es zu einer Orchestersuite um, und in dieser Form wird es noch heute häufig gespielt.

1943 arbeitete Copland in Hollywood gerade an der Musik für den Film *North Star*, als er einen Auftrag von der Elizabeth Sprague Coolidge Foundation erhielt, ein neues Ballett für die Tanzgruppe von Martha Graham zu komponieren. Copland schrieb zuerst ein Stück für ein dreizehnköpfiges Kammerorchester, doch später machte er daraus eine Suite für ein vollständiges Orchester. *Appalachian Spring* ist durchdrungen vom Geist amerikanischer Volksmusik, auch wenn nur die Melodie der Shakerhymne »Simple Gifts« darin tatsächlich benutzt wird. Die Shaker sind eine christliche Freikirche in den USA, deren Name sich von dem rituellen Schütteltanz herleitet, der bei ihnen als eine Form der Verehrung Gottes gilt. In dem Teil, der auf der Melodie von »Simple Gifts« beruht, variiert Copland ausgiebig dieses Lied der Shaker, das treffend deren einfache, ernsthafte und positive Lebensart ausdrückt. Das Ergebnis ist ein klarer, zugänglicher Stil, den das Publikum und die Kritiker gleichermaßen als von Grund auf amerikanisch empfanden. Zu Coplands eigener Überraschung wurde *Appalachian Spring* schnell zum beliebten Klassiker.

Das Ballett erzählt von einem neu vermählten Paar in der Pionierzeit in Pennsylvania, von ihrer Liebe und davon, wie sie zusammen ihr Haus bauen. Daneben kommen ein Erweckungsprediger und seine Anhänger vor, die singen und jubeln, und eine Pionierfrau macht ihren Traum wahr und zieht ins gelobte Land. Die Geschichte ist voller biblischer Bilder und Themen, die das gesunde Leben auf dem fruchtbaren Land preisen.

Zusatzinformationen

1. Copland nannte seine Musik ursprünglich »Ballett für Martha« und änderte den Titel erst ein paar Wochen vor der ersten Aufführung. Der Name ist einem Gedicht des amerikanischen Dichters Hart Crane entlehnt.
2. Martha Graham arbeitete auch mit George Gershwin zusammen, dem anderen großen amerikanischen Komponisten des Jahrhunderts, der sich viel auf sein Heimatland bezog.
3. Den größten Teil der Ballettmusik schrieb Copland in Kalifornien und Mexiko, doch er beendete das Werk erst, als er nach Cambridge, Massachusetts, gezogen war, um dort an der Harvard University zu lehren.

Bertrand Russell

Bertrand Russell (1872–1970) war einer der Gründerväter der Analytischen Philosophie. Russell war der Sohn einer aristokratischen britischen Familie. Er wurde schon als kleines Kind zum Waisen und wuchs dann zunächst bei seinen Großeltern, nach dem Tod seines Großvaters bei seiner Großmutter auf. Nach dem Tod seines Bruders 1931 erbte er den Titel Earl.

Seit 1890 gehörte Russell dem Trinity College in Cambridge an, zunächst als Student, später als Professor. 1916 wurde ihm vom Trinity College die Professur entzogen, weil er sich an Protestaktivitäten gegen den Ersten Weltkrieg beteiligte, wegen der er 1918 sogar für sechs Monate ins Gefängnis musste. Schon während seiner Zeit am Trinity College schrieb Russell einige seiner bedeutendsten philosophischen Werke und war dort Mentor Ludwig Wittgensteins und des amerikanischen Dichters T. S. Eliot. Nach seinem Ausschluss aus dem Trinity College war Russell zunächst nicht mehr an einer Universität tätig. Er verfasste eine große Anzahl Bücher unter anderem zu philosophischen, mathematischen und gesellschaftlichen Themen. Zu seinen bekanntesten Werken gehören *Warum ich kein Christ bin* (1927), *Ehe und Moral* (1929; eine Kritik an der Institution der Ehe) und *Denker des Abendlandes. Eine Geschichte der Philosophie* (1945).

Die Analytische Philosophie entwickelte Russell zusammen mit G. E. Moore. Russell war ein Hauptvertreter des Logizismus – der Anschauung, dass alle mathematischen Konzepte sich durch das Vokabular der Logik definieren ließen und dass alle mathematischen Aussagen von diesen Definitionen abgeleitet werden könnten, indem man logische Gesetze zugrunde legt. Mit Mathematik hatte sich Russell bereits ausführlich zu Anfang seiner Laufbahn in dem zusammen mit Alfred North Whitehead geschriebenen wichtigen Grundlagenwerk *Principia Mathematica* (1910–1913, 3 Bde.) befasst.

Andere bedeutende Beiträge Russells betreffen Metaphysik, Sprachphilosophie, Erkenntnistheorie und Wissenschaftsphilosophie. 1950 erhielt Russell den Nobelpreis für Literatur und war damit einer der wenigen Philosophen, denen diese Ehre jemals zuteilwurde.

Zusatzinformationen

1. Russells erster Beitrag zur Sprachphilosophie war seine Theorie der bestimmten oder definiten Kennzeichnungen. Eine bestimmte Kennzeichnung ist ein Ausdruck wie zum Beispiel »der König von Frankreich« in Sätzen wie: »Der König von Frankreich ist kahl.« In seinem *Essay On Denoting* (1905) führte Russell seine Kennzeichnungstheorie aus.
2. Russell deckte eine formale Unstimmigkeit in Gottlob Freges logischem System auf. Diese Unstimmigkeit wird als Russell-Paradoxon bezeichnet. Frege war tief betroffen, weil er – zu Unrecht – glaubte, dass sein Lebenswerk nun nichts mehr wert sei.
3. Russell war zeit seines Lebens politisch engagiert und ein vehementer Kritiker des Vietnamkriegs.

Schintoismus

Der Schintoismus ist eine japanische Religion, die untrennbar mit der Kultur dieses Landes verbunden ist.

Der Schintoismus entstand zwischen 300 und 600 nach Christus. Seine wichtigste Gottheit ist Amaterasu, die Sonnengöttin, deren Nachkommen Japan vereint haben sollen. Der Legende zufolge haben die Eltern dieser Göttin, Izanagi und Izanami, die Inseln Japans geboren. Die Anhänger des Schintoismus glauben, dass alle Menschen von Izanagi und Izanami abstammen, während der japanische Kaiser ein Nachkomme von Amaterasu selbst ist. So soll der Kaiser durch die Sonnengöttin seine Macht und das Recht zu herrschen erhalten haben.

Außer an die Sonnengöttin glauben die Schintoisten an viele andere Götter, die Kami heißen und in der Natur wohnen sollen. Daher haben die Natur und ihre Erhaltung im Schintoismus eine sehr große Bedeutung. Ein weiterer wichtiger Bestandteil des Glaubens ist der Respekt gegenüber der Familie und die Teilnahme an verschiedenen Reinigungsritualen.

Es gibt in Japan vier verschiedene Richtungen des Schintoismus. Die erste ist der Schrein-Schintoismus, dieser Zweig ist heute am weitesten verbreitet. Seine Anhänger versammeln sich zum Beten vor Schreinen.

Der Sekten-Schintoismus umfasst dreizehn Untergruppen, die ihre Andacht in Versammlungssälen abhalten. Diese verschiedenen Sekten bildeten sich im neunzehnten Jahrhundert und bezogen andere Glaubenssysteme mit ein, darunter zum Beispiel das Anbeten von Bergen, vor allem des Fujiyama, und Teile des Konfuzianismus.

Der Volks-Schintoismus enthält viel Volksglauben wie zum Beispiel Weissagen und schamanistisches Heilen. Diese Richtung ist wesentlich weniger organisiert als die anderen Traditionen.

Staats-Schintoismus, den es heute nicht mehr gibt, war die offizielle japanische Staatsreligion vor dem Zweiten Weltkrieg. Sie war während der Meiji-Dynastie eingesetzt worden und verlangte völlige Ergebenheit gegenüber dem Kaiser. Konfuzianische und buddhistische Einflüsse sollten beseitigt werden.

Zusatzinformationen

1. Heute praktizieren die meisten Japaner eine Mischung aus Schintoismus und Zen-Buddhismus.
2. Die Bedeutung der Ergebenheit gegenüber dem Kaiser im Staats-Schintoismus war der Hintergrund für die japanischen Selbstmordangriffe mit Flugzeugen (Kamikaze) im Zweiten Weltkrieg.

Brown v. Board of Education

Unter der Bezeichnung *Brown v. Board of Education* wurden fünf vor dem Obersten Gerichtshof der Vereinigten Staaten von 1952 bis 1954 verhandelte Fälle zur Rassentrennung an öffentlichen Schulen zusammengefasst. Oliver Brown war einer der Väter, die klagten, Board of Education ist die Bezeichnung für die entsprechende Schulbehörde, und v. steht für versus und bedeutet »gegen«. Die Entscheidung des Obersten Gerichtshofs 1954 beendete die Rassentrennung an Amerikas öffentlichen Schulen und trug zur Stärkung der Bewegung bei, die schließlich die volle rechtliche Gleichstellung für Afroamerikaner erkämpfen sollte. Für Historiker gilt diese Gerichtsentscheidung, bei der es um das Schulsystem in Topeka, Kansas, und vielen anderen Städten ging, als eine der wichtigsten, die je von amerikanischen Gerichten gefällt wurde.

Bis zu dieser Entscheidung hatten die schwarzen Amerikaner im Süden und anderen Teilen der Vereinigten Staaten nicht die gleichen Rechte wie Weiße. Dies bezog sich nicht nur darauf, dass Schwarze nicht dieselben Schulen wie Weiße besuchen durften, sie mussten sich zum Beispiel im Bus im hinteren Teil aufhalten, an gesonderten Tischen essen und gesonderte Toiletten aufsuchen. Diese Segregation genannte Rassentrennung beruhte auf Gesetzen, die in den USA als Jim-Crow-Gesetze bezeichnet wurden. (Jim Crow ist das Stereotyp eines tanzenden, singenden, aber unterdurchschnittlich intelligenten Schwarzen.) In einem früheren Gerichtsentscheid 1896 hatte das Gericht bei dem Fall Plessy versus Ferguson, bei dem es um getrennte Eisenbahnabteile ging, die Rassentrennung gebilligt, solange die den Schwarzen zustehenden Einrichtungen denen der Weißen gleichwertig seien.

Im Fall Brown argumentierten die Kläger jedoch, dass gesondert an sich ungleich hieße. Das Gericht stellte sich auf die Seite der schwarzen Familien und kippte damit die Entscheidung von 1896. Der Oberste Richter Earl Warren verkündete am 17. Mai 1954 die einstimmige Entscheidung des Gerichts, dass »getrennte Bildungseinrichtungen von Natur aus ungleich« sind.

Die Entscheidung, die die Schulen im Süden nun zur Integration zwang, wurde von vielen Weißen mit Ablehnung aufgenommen. 1957 musste Präsident Dwight D. Eisenhower die Armee nach Arkansas schicken, um die ersten neun Schüler zu schützen, die die High School für Weiße in Little Rock besuchten.

Doch die Entscheidung bedeutete auch wachsende Unterstützung für die schwarze Bürgerrechtsbewegung. Nach dem Brown-Urteil kämpften Bürgerrechtsführer wie Rosa Parks und Martin Luther King Jr. erfolgreich für die Abschaffung noch verbleibender »Jim-Crow-Gesetze« im Süden Amerikas. Einen Höhepunkt der Bewegung stellten der Civil Rights Act von 1964 und der Voting Rights Act von 1965 dar, Bundesgesetze, die von Präsident Lyndon B. Johnson unterzeichnet wurden. Beim ersten ging es darum, Diskriminierung von Schwarzen bei Arbeitsverhältnissen zu verbieten, beim zweiten um die Abschaffung von Praktiken, die im Süden seit Generationen eingesetzt worden waren, um die Schwarzen am Wählen zu hindern.

Zusatzinformation

1. Der die Kläger vertretende Anwalt im Fall *Brown v. Board of Education* war Thurgood Marshall, der der NAACP (National Association for the Advancement of Colored People) angehörte und 1967 der erste schwarze Richter beim Obersten Gerichtshof der USA werden sollte.

Magischer Realismus

Obwohl es eine lange Tradition des Magischen Realismus in der westlichen wie auch der nichtwestlichen Literatur gibt, gilt diese Literaturform erst seit dem letzten Jahrhundert als eigenständiges Genre. Zwar wird Magischer Realismus oft ausschließlich mit lateinamerikanischer Literatur in Zusammenhang gebracht – vielleicht weil er zum ersten Mal in literarischem Kontext von dem kubanischen Autor Alejo Carpentier bekannt gemacht wurde –, doch findet man ihn auch in Werken anderer Nationen.

Der deutsche Künstler Franz Roh verwandte 1925 als Erster den Terminus Magischer Realismus, um eine damals entstehende Kunstrichtung zu beschreiben, die die Welt realistisch abbildete, gleichzeitig aber surreale oder traumhafte Eigenschaften aufwies. Auf Literatur angewandt hat der Begriff ungefähr dieselbe Bedeutung. Literarische Werke des Magischen Realismus stellen die Welt sehr genau und authentisch dar, flechten aber nahtlos übernatürliche oder magische Ereignisse und Situationen in die ansonsten realistische Handlung ein. Ein wichtiges Kennzeichen dieses Genres ist, dass die Romanfiguren die übernatürlichen Ereignisse nicht als ungewöhnlich oder unnormal wahrnehmen, sondern ihnen leidenschaftslos und ohne Erstaunen oder Ehrfurcht begegnen.

Der Autor, der mit seinen Werken am stärksten die weltweite Aufmerksamkeit auf den Magischen Realismus gelenkt hat, ist Gabriel García Márquez. Romane wie *Hundert Jahre Einsamkeit* (1967) und *Die Liebe in den Zeiten der Cholera* (1985), in denen lebhafte, sinnliche und oft blutige übernatürliche Ereignisse in das alltägliche Leben der Personen eingeflochten sind, sind beispielhaft für das Genre.

Oft sind diese irrealen Geschehnisse durchdrungen von Elementen heimischer volkstümlicher Überlieferungen oder erscheinen als Zeichen der Natur, wie zum Beispiel sintflutartiger Regen bei der Beerdigung einer Romanfigur.

Andere herausragende Werke des lateinamerikanischen Magischen Realismus sind – zusammen mit den Kurzgeschichten von Jorge Luis Borges – zum Beispiel Isabel Allendes *Geisterhaus* (1982), Laura Esquivels *Bittersüße Schokolade* (1989) und Jorge Amados *Das Verschwinden der heiligen Barbara* (1988). Aber auch außerhalb Lateinamerikas haben viele Autoren Elemente des Magischen Realismus in ihre Geschichten und Romane integriert, von Salman Rushdies *Mitternachtskinder* (1981) über Toni Morrisons *Menschenkind* (1987) bis zu Haruki Murakamis *Mister Aufziehvogel* (1995).

Zusatzinformationen

1. García Márquez sagte einmal, dass es seine wichtigste Aufgabe als Schriftsteller sei, »die Demarkationslinien zu zerstören, die das, was uns wirklich erscheint, von dem trennen, was uns fantastisch erscheint«.
2. Der Magische Realismus ist nicht mit Fantasy-Literatur oder Science Fiction gleichzusetzen. Werke dieser Genres spielen in alternativen Wirklichkeiten oder in der Zukunft, während die Werke des Magischen Realismus fest in der realen Welt verankert sind.

Jackson Pollock

Jackson Pollock (1912–1956) ist vor allem als Maler des »Action Painting« bekannt, bei dem er durch »Dripping« – das Gießen, Spritzen und Tropfen von Farbe auf große Leinwände – abstrakte Gemälde schuf. Pollock vertrat die Ansicht, dass Kunstwerke als unabhängige Gegenstände an sich gesehen werden sollten und nicht als die Darstellung anderer Dinge. So hatten für ihn auch seine Gemälde keine Themen, sie waren Malereien in ihrer reinsten, eigenständigsten Form.

Pollock wurde in Cody im US-Bundesstaat Wyoming geboren. Er war der fünfte und jüngste Sohn von Stella May McClure und LeRoy Pollock. Seine Kindheit verbrachte er in Kalifornien und Arizona. Von 1925 bis 1927 war er Schüler der Manual Arts High School in Los Angeles und arbeitete anschließend als Landvermesser in Kalifornien.

1929 ging Pollock nach New York City und studierte dort an der Art Students League bei Thomas Hart Benton, der zu den so genannten Regionalisten gehörte. Pollocks frühe Werke zeigen den Einfluss von Albert Pinkham Ryder und den mexikanischen Muralisten José Clemente Orozco und David Alfaro Siqueiros. Während der Großen Depression in den USA lebte Pollock in ziemlicher Armut, bis er 1938 eine Stelle beim Federal Art Project bekam. 1937 begab sich Pollock aufgrund von Alkoholproblemen in psychiatrische Behandlung. Während der Zeit seiner Therapie wurden seine Bilder von Therapeuten analysiert, die ihren Patienten mit der Tiefenpsychologie C. G. Jungs bekannt machten. Seit dieser Zeit war Pollock fasziniert von Traumsymbolismus und dem Unbewussten.

Im Jahr 1945 heiratete Pollock die Künstlerin Lee Krasner. Das

Paar zog nach East Hampton auf Long Island, wo Pollock zwei Jahre später sein erstes »Drip Painting« schuf, *Full Fathom Five*. Auch wenn diese Bilder wie zufällig erscheinen, sind sie doch zielgerichtet und mit großer Sorgfalt hergestellt. Pollock legte eine große Leinwand auf den Boden und tropfte, spritzte oder schüttete dann mit Hilfe von zum Beispiel Stöcken, Pipetten und farbgesättigten Pinseln die Farbe darauf. Indem er die Leinwand anschließend vorsichtig von den Seiten her anhob, ließ er manchmal die Farbe weiter zerfließen, bis ihm die Komposition ausgewogen erschien.

Mit der Methode des Action Painting hatte Pollock für sich eine Methode entdeckt, um reine Malerei zu erschaffen, die sich auf nichts außerhalb ihrer selbst bezog. Um seine Absicht deutlich zu machen, begann er, seine Arbeiten zu nummerieren, anstatt ihnen Titel zu geben. Für Pollock stand der physische Prozess der Erschaffung des Kunstwerks im Vordergrund, und in dieser Hinsicht war er ein bedeutender Vorläufer der Happening-Künstler der 1950er und 1960er Jahre.

Anfang der 1950er Jahre begann Pollock wieder zu trinken. Es ging mit seiner Gesundheit bergab, er malte praktisch nicht mehr und musste sich wegen Depressionen erneut in psychiatrische Behandlung begeben. 1956 fuhr er mit seinem Auto gegen einen Baum und war sofort tot.

Die Normalverteilung

Die Normalverteilung oder Normalkurve beschreibt die Verteilungsmuster bestimmter Statistiken. Zum Beispiel kann man die Ergebnisse von Größenmessungen oder Intelligenztests oft sehr gut mittels einer Normalverteilungskurve darstellen. Die Kurve hat die Form einer Glocke und wird daher häufig auch Glockenkurve genannt.

Bei der Normalverteilung sind die Hauptwerte – arithmetisches Mittel, Median und häufigster Wert (Modus) – alle gleich. Das bedeutet, der Durchschnittswert (arithmetisches Mittel) ist gleich dem mittleren Wert (Median) und gleich dem am häufigsten auftretenden Wert (Modus). Zum Beispiel betrug bei der Normalverteilung der Größe deutscher Frauen die Durchschnittsgröße laut *Financial Times Deutschland* im Jahr 2005 ein Meter fünfundsechzig. Das bedeutet, es gibt genauso viele Frauen, die größer als 1,65 Meter sind, wie es Frauen gibt, die kleiner als 1,65 Meter sind. Und die üblichste Größe bei deutschen Frauen ist 1,65 Meter.

Die Normalverteilung enthält Informationen über Varianz und Standardabweichung, die beschreiben, wie weit entfernt oder wie nahe Werte sich um einen Hauptwert herum befinden. Nehmen wir zum Beispiel eine Gruppe Kinder, die einen Test schreibt. Einige der Kinder schneiden ungenügend ab, andere mit einem ausreichend, befriedigend, gut und sehr gut; die Durchschnittsnote ist befriedigend. Bei einem zweiten Test erhalten die meisten Kinder die Note befriedigend, und die Durchschnittsnote ist auch befriedigend. Beim ersten Test haben wir eine hohe Varianz, beim zweiten eine niedrige Varianz.

Die Standardabweichung ist ein Maß für die Varianz, also dafür, wie weit die Einzelwerte einer Verteilung vom Mittelwert abweichen. Bei der Normalverteilung befinden sich etwa 68 Prozent der Messwerte innerhalb der einfachen Standardabweichung vom Mittel, etwa 95 Prozent im Bereich der zweifachen Standardabweichung und etwa 99,7 Prozent innerhalb der dreifachen Standardabweichung vom Mittelwert. Diese Regel wird auch als empirische Regel bezeichnet. Bei Intelligenztests ist ein Wert von 100 Punkten der Zentralwert – also gleichzeitig das arithmetische Mittel, der Median und der Modus. Ein Ergebnis von 145 Punkten bedeutet eine dreifache Standardabweichung vom Mittel, und ein Ergebnis von 65 Punkten ist ebenfalls eine dreifache Standardabweichung vom Mittel. Das bedeutet, dass auf 2000 Personen drei Personen kommen, die ein höheres Ergebnis als 145 Punkte haben, und drei Personen, die ein niedrigeres Ergebnis als 65 Punkte haben.

Zusatzinformationen

1. Das Prinzip der Normalverteilung wurde 1733 von dem Franzosen Abraham de Moivre, einem nach England emigrierten Hugenotten, erkannt.
2. Die Normalverteilung wird auch als Gaußsche Normalverteilung oder Gauß-Glocke bezeichnet, nach dem deutschen Mathematiker Carl Friedrich Gauß, der sie zur mathematischen Vollendung führte und eindeutig definierte.
3. Die Werte für den Blutdruck bei Erwachsenen verteilen sich auch entlang der Glockenkurve.
4. Auch die Veränderung der von einer einzigen Lichtquelle ausgehenden Lichtintensität entspricht der Normalverteilung.

Die Brücke zwischen Klassik und Pop: George Gershwin und Leonard Bernstein

Die zwei Komponisten, die den Jazz und Popmusikstile mit der Welt der Klassik vereinten, waren beide ihr Leben lang New Yorker und Helden der Broadway-Bühnen.

Der im New Yorker Stadtteil Brooklyn geborene George Gershwin (1898–1937) begann seine Musikkarriere mit dem Schreiben von Liedern für die Musikverlage der so genannten *Tin Pan Alley (Zinnpfannenallee)*. Hier waren zwischen 1900 und ca. 1930 die meisten amerikanischen Musikverlage ansässig. Ihren Spitznamen erhielt die Straße durch einen Journalisten, der das ständige Klimpern der Klaviere dort mit dem Klappern von Zinnpfannen verglich. 1924 produzierte Bernstein zusammen mit seinem Bruder Ira die Musikkomödie *Lady Be Good!*. Dies war der Anfang einer äußerst fruchtbaren und erfolgreichen Zusammenarbeit. Die Brüder produzierten unter anderem *Strike Up the Band* (1927) und die Oper *Porgy und Bess* (1935). George Gershwin schrieb auch mehrere bemerkenswerte Orchesterwerke, darunter die jazzige und äußerst quirlige Piano-Tour-de-Force *Rhapsody in Blue* (1924) und das Klavierkonzert in F-Dur (1925). Gershwin starb mit nicht ganz 39 Jahren an einem Gehirntumor.

Leonard Bernstein (1918–1990) wurde in Lawrence im US-Bundesstaat Massachusetts als Sohn einer jüdischen Familie geboren. Nach seinem Schulabschluss begann er ein Studium an der Harvard-Universität, wo er neben den Musikfächern auch Vorlesungen in Philosophie, Ästhetik, Literatur- und Sprachwissenschaft besuchte.

Auf Anraten des Dirigenten Dimitri Mitropoulos führte er danach sein Musikstudium in Philadelphia am renommierten Curtis Institute of Music bei Fritz Reiner fort. Nachdem er für die verschiedensten Orchester gearbeitet hatte, wurde Bernstein 1958 Musikdirektor des New York Philharmonic Orchestra und blieb dies bis 1969.

Bernsteins Musikschaffen war außerordentlich vielseitig. Viele seiner Werke sind sehr gefühlvoll, wie zum Beispiel die Sinfonie Nr. 1 *Jeremiah* (1941), die von seinem jüdischen Erbe inspiriert ist, und die feierlichen *Chichester Psalms* (1965), eine dreiteilige Suite auf hebräische Psalmtexte, die er als Auftragsarbeit für das jährlich stattfindende Sommermusikfestival in Chichester schrieb. Bernstein komponierte auch sehr erfolgreich von Popmusik inspirierte Arbeiten wie die Filmmusik für *Die Faust im Nacken* (1954), das Broadway-Musical *On the Town* (1944) und seine brillante Adaption von Voltaires *Candide* (1956).

Bernsteins berühmtestes Werk ist sein Musical *West Side Story* (1957), eine Adaption von Shakespeares *Romeo und Julia,* das im New York der 1950er Jahre spielt. Die Musik ist stark beeinflusst von den Rhythmen des Mambo, des Rumba und anderer lateinamerikanischer Tänze, die in den Latinovierteln New Yorks zu hören waren.

Zusatzinformationen

1. Im Jahr 1943 vertrat Bernstein den erkrankten Dirigenten Bruno Walter bei den New Yorker Philharmonikern. Zufällig wurde die Aufführung landesweit über den Rundfunk übertragen und verhalf Bernstein so zu Bekanntheit und Anerkennung.
2. Gershwin hatte nie die Zeit, für seine berühmte *Rhapsody in Blue* die einzelnen Instrumentalstimmen aufzuschreiben. Das Werk wurde von dem Komponisten Ferde Grofé orchestriert.
3. Bernstein setzte sich schon früh nachdrücklich für den jungen Aaron Copland und den unterschätzten Gustav Mahler ein.

Ludwig Wittgenstein

Ludwig Wittgenstein (1889–1951) wurde in Wien als Sohn einer wohlhabenden Familie geboren. 1906 begann er in Berlin ein Studium der Ingenieurwissenschaften, wechselte vier Jahre später nach Manchester, um Luftfahrttechnik zu studieren, entdeckte sein Interesse für die Philosophie und ging schließlich, auch auf Anraten Gottlob Freges, nach Cambridge, wo er unter anderem bei Bertrand Russell studierte. Nach dem Ausbruch des Ersten Weltkriegs diente Wittgenstein in der österreichischen Armee. Während der Kriegsjahre und später in einem Gefangenenlager schrieb Wittgenstein sein erstes Buch *Tractatus Logico-Philosophicus* (1921). Nach einer pädagogischen Tätigkeit in Österreich, einem kurzen Intermezzo als Gärtner und dem Entwurf eines Hauses für seine Schwester in Wien ging Wittgenstein 1929 wieder nach Cambridge, wo ihm Russell zu einer Lehrtätigkeit verhalf. Hier begann er, an seinem zweiten Buch zu arbeiten, den *Philosophischen Untersuchungen*, die erst 1953 posthum veröffentlicht wurden.

In seinem ersten Buch, dem *Tractatus Logico-Philosophicus (Logisch-philosophische Abhandlung)*, führt Wittgenstein in einer Reihe nummerierter Abhandlungen seine Vorstellungen zur Logik, Sprache, Philosophie und deren Zusammenhängen aus. Wittgenstein geht davon aus, dass die Sprache eine bestimmte logische Struktur hat und dass diese Struktur die Struktur der Welt widerspiegelt. Wittgenstein unterschied kategorisch zwischen dem, was ein Satz *sagt*, und dem, was ein Satz *zeigt*. Sätze *sagen*, dass die Welt auf eine be-

stimmte Weise ist, aber sie *zeigen* in ihrer eigenen Organisiertheit, wie die Struktur der Welt ist. Bei Logik geht es einzig um die Struktur von Aussagen. Logik hat keinen eigenen Inhalt, sondern zeigt uns nur die Struktur der Sprache und der Welt auf.

Wittgenstein schloss, dass die meisten philosophischen Probleme daraus resultieren, dass versucht wird zu sagen, was nur gezeigt werden kann. Er behauptete, dass Philosophen auf Probleme stoßen, wenn sie versuchen zu sagen, dass die Welt eine bestimmte Struktur aufweist, anstatt die Struktur einfach durch Logik sichtbar zu machen.

In seinem späteren Werk *Philosophische Untersuchungen* entwickelt Wittgenstein seine Kritik weiter: Er geht davon aus, dass philosophische Probleme zumeist aus der durch Sprache erzeugten Verwirrung und Uneindeutigkeit erwachsen. Er argumentiert, dass Probleme insbesondere dann entstehen, wenn Worte in einer nicht standardisierten Weise benutzt werden oder wenn wir die Vielfalt der Redeweisen, in denen sie benutzt werden, ignorieren. Er schreibt: »Die Philosophie ist ein Kampf gegen die Verhexung unseres Verstandes durch die Mittel unserer Sprache.«

Zusatzinformationen

1. Wittgenstein beendete seinen Tractatus mit dem oft zitierten, kryptischen Satz: »Wovon man nicht sprechen kann, darüber muss man schweigen.«
2. Wittgenstein, Martin Heidegger und Adolf Hitler wurde alle 1889 geboren. Wittgenstein und Hitler besuchten gleichzeitig, allerdings in unterschiedlichen Klassen, die Oberrealschule in Linz.

Sikhismus

Der Sikhismus wurde im fünfzehnten Jahrhundert von dem indischen Guru Nanak gegründet, der mit achtunddreißig Jahren die Erleuchtung hatte, dass es nur einen immer achtsamen Gott gäbe. Der Name dieses Gottes war Ek Onkar. Guru Nanak predigte, dass die Menschen ihre Liebe für Ek Onkar im alltäglichen Leben zeigen sollten und nicht so sehr durch Aberglauben und Rituale.

Im Zentrum der Sikh-Religion steht die Anschauung, dass alle Menschen gleich sind. Damit verwarfen die Sikhs das in Indien vorherrschende Kastensystem. Das zeigte sich beispielsweise in ihrem Verhalten gegenüber Leprakranken. Diese wurden von den meisten Menschen für Sünder gehalten, die eine göttliche Bestrafung erlitten. Die Sikhs, die nicht glaubten, dass Gott nachtragend und rachsüchtig sei, richteten einen besonderen Bereich für Leprakranke ein, wo sie behandelt wurden.

Auf Guru Nanak folgte eine Reihe von neun weiteren Gurus, die den Sikh-Glauben in Indien und Arabien verbreiteten. Trotz ihrer Bedeutung für die Religion wollten die Gurus nicht als Gottheiten verehrt werden, da sie, wie sie sagten, nur Gottes Worte wiederholten. Der letzte Guru, Guru Gobind Singh, starb 1708. Danach wurde ein Text aufgeschrieben, der als so genannter ewiger Guru gilt und die heilige Schrift der Sikhs ist.

Diese Schrift heißt Guru Granth Sahib. Sie besteht aus den Lehren der zehn Gurus des Sikhismus, enthält aber auch Hymnen aus dem muslimischen und dem Hindu-Glauben. Diese Schrift ist in Sanskrit, in Persisch, Hindi und Punjabi aufgeschrieben. Während der Andacht singen die Gläubigen Teile daraus.

Sikhs glauben daran, dass die Zeit des Menschen in Zyklen verläuft und ihre Seelen in dem ewigen Muster von Geburt, Tod und Wiedergeburt gefangen sind. Dieser Zyklus hat seine Ursache in der Selbstbezogenheit der Menschen – ihrem Egoismus, ihrem Ärger, ihrer Gier, ihrer Lust. Wenn ein Mensch sich von dieser Selbstbezogenheit befreien und einen Zustand der Erleuchtung erreichen kann, dann kann er den Kreislauf durchbrechen. Allerdings wird einem die Erleuchtung durch die Gnade Gottes zuteil und ist nicht notwendigerweise das Ergebnis eigener Handlung.

Sikhs dürfen keinen Tabak und keinen Alkohol konsumieren, keinen Ehebruch begehen und ihre Haare nicht schneiden. Es gibt fünf physische Zeichen für einen Sikh: für Männer einen Turban, der das Haar bedeckt (Frauen tragen oft ein dünnes, loses Tuch über ihren Haaren, können aber auch einen Turban tragen), einen hölzernen Kamm, einen metallenen Armreif, ein kurzes Schwert und eine halblange Hose (normalerweise als Unterhose).

Zusatzinformationen

1. Heute gibt es einundzwanzig Millionen Sikhs weltweit.
2. Die meisten Sikh-Männer tragen den Nachnamen Singh – der »Löwe« bedeutet –, während die meisten Sikh-Frauen den Nachnamen Kaur (Prinzessin) haben. Dieses Verfahren wurde eingeführt, um die sozialen Hierarchien zu beseitigen, denn in der Hindu-Kultur war die Zuordnung zu den Klassen schon an den Nachnamen zu erkennen.

Nelson Mandela

»Ich habe gegen weiße Dominanz gekämpft, ich habe gegen schwarze Dominanz gekämpft. Ich habe das Ideal einer demokratischen und freien Gesellschaft geehrt, in der alle Personen in Harmonie und mit gleichen Chancen zusammenleben. Es ist ein Ideal, für das ich zu leben und das ich zu erreichen hoffe. Aber wenn es sein muss, ist es ein Ideal, für das ich auch sterben würde.«

Nelson Mandela 1964 bei dem Prozess gegen ihn wegen Landesverrats

1964 wurde Nelson Mandela (geb. 1918) des Landesverrats gegen sein Heimatland Südafrika für schuldig befunden. Der damals sechsundvierzig Jahre alte Rechtsanwalt entkam nur knapp der Todesstrafe und wurde stattdessen zu lebenslanger Haft auf einer Insel in der Nähe von Kapstadt verurteilt. Mandelas Verbrechen war gewesen, Widerstand gegen Südafrikas rassistische Gesetze zu organisieren, die die so genannte Apartheid untermauerten. Während der Apartheid wurden den schwarzen Südafrikanern – die drei Viertel der Landesbevölkerung ausmachten – viele politische Rechte verweigert, und sie wurden in fast allen Lebensbereichen gegenüber der weißen Minderheit benachteiligt.

Der Aufenthalt im Gefängnis sollte Mandelas Willen brechen. Mandela musste harte Arbeit in einem Steinbruch verrichten, durfte nur einen Besucher jedes Jahr empfangen, und das Licht in seiner winzigen Zelle wurde niemals ausgeschaltet. Weil Mandelas politische Partei, der African National Congress (ANC) beim Widerstand gegen die Apartheid Gewalt angewendet hatte, wurde Mandela von der südafrikanischen Regierung als Terrorist betrachtet. Die herrschenden südafrikanischen Weißen, Nachkommen der holländischen und britischen Siedler, die im siebzehnten Jahrhundert nach Südafrika emigriert waren, führten die Apartheid ein, um ihre Macht im Land zu sichern.

Doch auch im Gefängnis blieb Mandela standhaft. Er führte den ANC von innerhalb der Gefängnismauern aus weiter. Seine unerschütterliche Entschlossenheit brachte ihm sogar den Respekt seiner Gefängniswärter ein. Währenddessen wurde Mandela außerhalb des Gefängnisses zum Helden von Millionen Schwarzen in Südafrika und Menschen in der ganzen Welt und lenkte so die weltweite Aufmerksamkeit auf die Ungerechtigkeiten des Apartheid-Regimes. Im Jahr 1990 schaffte Südafrikas weiße Regierung unter dem Druck der Öffentlichkeit schließlich formal die Apartheid ab und ließ Mandela frei. 1993 wurde ihm der Friedensnobelpreis verliehen, und in den ersten multirassischen Wahlen des Landes 1994 wurde er zum Präsidenten Südafrikas gewählt.

Nachdem Mandela Präsident war, lud er zu seiner Geburtstagsparty einen seiner ehemaligen weißen Gefängniswärter ein. Der alte Mann erzählte einem Fernsehreporter: »Ich war sehr stolz, dass einer meiner Gefangenen … mein Präsident wurde.« Nelson Mandela, einer der am meisten bewunderten Politiker in der Welt, gab 1998 aus Altersgründen das Amt des Präsidenten auf.

Zusatzinformationen

1. Während der Zeit der Apartheid war die Hautfarbe der bestimmende Faktor im alltäglichen Leben der Südafrikaner. Gemischtrassige Ehen und gemischtrassiger Sex waren verboten, und alle öffentlichen Einrichtungen von Stränden bis zu Krankenhäusern waren nach Hautfarbe getrennt.
2. Als Protest gegen die Apartheid ließ das Internationale Olympische Komitee Südafrika nicht an den Olympischen Spielen 1964 teilnehmen. Erst an den Olympischen Spielen 1992 in Barcelona nahmen wieder südafrikanische Sportler teil.

»Ode auf eine griechische Urne«

Du gänzlich unberührte Braut der Ruh,
Langsamer Zeit und Stille Pflegekind,
Des Walds Chronistin, wie viel süßer du
Geschichten ausschmückst als ein Vers ersinnt:
Welch Sage wird dich laubumsäumt umziehn,
Die Götter, Menschen oder beide zeigt,
In Tempe oder in Arkadiens Tal?
Welch Wesen sind's? Welch Mädchen, abgeneigt?
Welch irre Jagd? Welch Kampf, um zu entfliehn?
Welch Pfeifen, Trommeln? Welches Bacchanal?

O Attische! Form schöner Art! im Bund
Mit Männern, Mädchen marmorn überdeckt,
Mit festgetretnem Laubgezweig im Rund;
Du Stille, die uns aus dem Denken schreckt
Wie Ewigkeit: Du kaltes Hirtenspiel!
Wenn uns das Alter fortrafft eines Tags,
Sollst du bestehn, von Leid, dem hier nichts gleicht,
Umringt, ein Freund dem Menschen, dem du sagst:
»Schönheit ist Wahrheit, Wahrheit schön« — so viel
Wisst ihr auf Erden, und dies Wissen reicht.

Von den englischen romantischen Dichtern des frühen 19. Jahrhunderts ist John Keats (1795–1821) einer der populärsten. Sein berühmtestes Gedicht, »Ode auf eine griechische Urne« (1819) bleibt für Leser und Kritiker gleichermaßen faszinierend, die noch immer seine subtilen Bedeutungen diskutieren. Diese Debatte ist ein passendes Schicksal für ein Gedicht, das seinerseits Verwunderung über die in der Zeit eingefrorenen Geschichten auf einer griechischen Vase ausdrückt.

In der »Ode an eine griechische Urne« sind die Worte des Dichters an die Vase selbst gerichtet. Diese Apostrophe genannte Technik, direkt eine abwesende Person oder einen leblosen Gegenstand anzusprechen, ist typisch für Keats' Dichtung und besonders für seine Oden. Der Dichter ist fasziniert von der Vase als einem ästhetischen Objekt und einem die Fantasie anregenden Symbol, einem kleinen Stück Beständigkeit in einer Welt der Vergänglichkeit und des Wandels.

In der ersten der fünf Strophen des Gedichts (von dem hier nur die erste und letzte Strophe abgedruckt sind) beschreibt der Dichter die Urne als eine Verkörperung der Zeiten selbst und nennt sie »Braut der Ruh« und »langsamer Zeit und Stille Pflegekind«. Er macht sich Gedanken über Bilder auf der Vase und möchte gern die Geschichten dazu kennen: »Welch Wesen sind's? Welch Mädchen, abgeneigt? Welch irre Jagd? Welch Kampf, um zu entfliehn?« Aber gerade dies Geheimnis und diese Unsicherheit verstärken den Reiz der Bilder; wie der Dichter in der zweiten Strophe sagt: »Gehört sind Klänge süß, doch ungehört noch süßer«.

Wohl wenig Gedichtzeilen waren Gegenstand so häufiger und eingehender Betrachtung wie die letzten beiden der »Ode auf eine griechische Vase«. Zwar ist klar, dass mit den Worten »Schönheit ist Wahrheit, Wahrheit schön« sich die Vase selbst an den Dichter wendet, doch wegen der Unsicherheit der Interpunktion in Keats' handgeschriebenem Originalmanuskript ist unklar, ob die letzten zehn Wörter des Gedichts von der Urne oder dem Dichter selbst gesprochen werden – ein zeitloses Geheimnis, passend für ein Gedicht über zeitlose Geheimnisse.

Zusatzinformation

1. Viele haben sich gefragt, ob Keats' Gedicht sich auf eine bestimmte Vase bezieht, aber im Allgemeinen sind die Gelehrten der Ansicht, dass dies nicht der Fall ist.

Pop Art

Der Begriff Pop Art wurde zuerst von dem britischen Kunstkritiker Lawrence Alloway benutzt, um die Werke der »Independent Group« zu beschreiben – ein Zusammenschluss von Künstlern, die sich der elitären Anmaßung und der Abgehobenheit der Kunstwelt widersetzten. Sie schufen Werke, die Werbung, Comic Strips, billige Produkte und die Massenmedien zum Gegenstand hatten, sie wollten die Konsumkultur gleichermaßen feiern und parodieren.

Alloway definierte Pop Art als populär und vergänglich, als ein Verbrauchs- und Massengut und als die Aufmerksamkeit junger Leute und großer Geschäftemacher suchend. Diese Begriffe charakterisieren auch die Arbeiten Richard Hamiltons, der zur Independent Group gehörte. In dessen Collage *Just what is it that makes today's home so different, so appealing?* steht in einem Wohnzimmer ein halbnackter Bodybuilder, der einen Riesenlolly in der Hand hält, auf dem in Großbuchstaben die Marke »Tootsie Pop« steht. Dieses Werk wird als der Beginn der Pop Art angesehen.

Die Ursprünge der Bewegung kann man schon in den 1920er Jahren sehen, als der Dadaismus sich über das Pompöse der Hochkultur lustig machte. Einer der führenden Dadaisten, Marcel Duchamp, erlangte Berühmtheit, als er Mona Lisa mit einem Oberlippenbart malte und ein Pissoir in eine Skulptur verwandelte, indem er es umdrehte und »Fountain« (Brunnen) nannte.

In den USA entwickelte sich die Pop Art unabhängig und eigenständig: Bedeutende amerikanische Künstler wie Jasper Johns, Robert Rauschenberg und Larry Rivers schufen berühmte Pop-Art-Kunstwerke. Viele Pop-Art-Künstler arbeiteten in einem leicht erkennbaren Stil – Markenzeichen, die ihren Werken eine kommerzielle Qualität sicherten. Roy Lichtenstein zum Beispiel malte Bilder, die riesigen Comic Strips ähnelten, indem er überdimensionierte Punkte nebeneinandersetzte, was an die bei manchen Comics in den 1950er und 1960er Jahren benutzte Drucktechnik erinnert. Claes Oldenburg schuf riesige Skulpturen, die ganz normale Alltagsgegenstände darstellten wie zum Beispiel Wäscheklammern oder Lippenstifte. Duane Hanson stellte maßstabsgetreue Figuren her, die so lebensecht wirkten, dass man sie in Museen für Besucher halten konnte. Andy Warhol produzierte per Siebdruck massenhaft Bilder von Berühmtheiten, darunter Marilyn Monroe und Mao, und von Campbell's Suppendosen – womit er Menschen auf die Ebene von Konsumgütern stellte.

Während die britischen Pop-Künstler dazu neigten, die Popkultur entweder zu verspotten oder zu glorifizieren, schufen ihre amerikanischen Kollegen eher mehrdeutige Bilder. Warhols Siebdruckbilder von Autounfällen und der Ermordung J.F. Kennedys sind gleichzeitig tragisch und kommerziell. Das Hauptziel beider Gruppen war jedoch zu zeigen, dass der Kapitalismus die Kunst nur zu einem weiteren Konsumgegenstand gemacht hatte.

Kernspaltung

Bei der Kernspaltung wird ein Atomkern – das dichte, aus Protonen und Neutronen bestehende Zentrum – in Bruchstücke gespalten. Diese Bruchstücke haben eine weniger dicht zusammenhängende Masse als das ursprüngliche Atom. Aber die Masse geht nicht verloren. Sie wird in Energie umgewandelt, und zwar entsprechend Albert Einsteins Formel $E = mc^2$, was heißt, dass die freigesetzte Energie gleich der »fehlenden« Masse mal der Lichtgeschwindigkeit zum Quadrat ist. Auch wenn nur etwa ein Tausendstel der Masse umgewandelt wird, bedeutet das eine ungeheure Menge an Energie. Die Energiemenge eines Nuklearbrennstoffs ist etwa eine Million mal so groß wie die Energiemenge einer entsprechenden Masse eines chemischen Brennstoffs, wie zum Beispiel Benzin.

Die Kernspaltung kann spontan oder induziert erfolgen, wenn ein frei herumfliegendes Neutron den Kern eines schweren Atoms trifft und von diesem absorbiert wird. Daraufhin spaltet sich der Kern in zwei oder drei kleinere Atome und zwei oder drei Neutronen. Diese Neutronen können dann weitere Atome beschießen und eine nukleare Kettenreaktion auslösen. Die Kernspaltung dauert nur eine Millisekunde. Fängt man also mit einem freien Neutron an, können bereits nach zehn Millisekunden etwa 10000 Neutronen entstehen und 10000 Reaktionen hervorgerufen werden. Dieser Vorgang wäre eine unkontrollierte Kernspaltung und bildet die Grundlage für Atombomben. In Atomkraftwerken dagegen werden nukleare Kettenreaktionen unter Kontrolle gehalten.

Für die Kernspaltung wird im Allgemeinen Uran-235 benutzt. Uran-235 ist eine seltene Form des Urans mit 92 Protonen und 143 Neutronen (92 + 143 = 235). Natürliches Uran besteht zu 0,72 Prozent aus U-235 und zu 99,27 Prozent aus U-238, einer stabileren Form des Urans mit 92 Protonen und 146 Neutronen, die sich nicht spalten lässt. Natürliches Uran enthält zu wenig U-235, um in Kernkraftwerken eingesetzt zu werden. Auch wenn man es mit Neutronen beschießt, treffen diese kaum je einen Kern des U-235, weil diese zu verstreut sind. Und auch wenn man das Glück hätte, ein paar Atomkerne zu treffen, die sich spalten würden, hätte man noch immer zu wenige Neutronen, um eine Kernreaktion auszulösen. Um in einem Atomkraftwerk eingesetzt werden zu können, muss das natürliche Uran also angereichert werden. Das findet in sehr komplexen Verfahren statt, bei denen der Anteil des U-235 im Uran von 0,7 auf 2,5 bis 3,5 Prozent erhöht wird. Bei einer Atombombe wird das Uran so weit angereichert, dass es bis zu 90 Prozent U-235 enthält.

Zusatzinformationen

1. Weltweit gibt es mehr als 400 Atomkraftwerke, die 17 Prozent der von Menschen genutzten Energie produzieren. Die USA haben mehr als 100 Atomkraftwerke, in Frankreich werden 75 Prozent des Stroms in Atomkraftwerken produziert – in Deutschland allerdings nur 12,6 Prozent.
2. In der Natur findet man Uran als Uranoxid. Nachdem es technisch gereinigt wurde, hat es eine gelbe Farbe und wird daher auch als »Yellow Cake« bezeichnet.
3. Die zwei Atombomben, die die Vereinigten Staaten im August 1945 über Japan abwarfen, bekamen die Spitznamen »Little Boy« und »Fat Man«.

Musik des zwanzigsten Jahrhunderts

Etwa in der Mitte des zwanzigsten Jahrhunderts begannen mehrere Komponisten, Werke zu schreiben, die die Grundlagen der westlichen Kunstmusik in Frage stellten. Eine Hauptentwicklung war die der elektronischen Musik, die durch auf Tonband aufgezeichnete Klänge, durch Synthesizer und Computer erzeugt wurde.

Edgar Varèse (1883–1965) wurde in Paris geboren und wuchs in Frankreich und Italien auf. Er studierte anfangs Mathematik und Naturwissenschaften, ab 1904 dann Musik. Nach Beginn des Ersten Weltkriegs emigrierte er in die USA. Varèse war der Vorreiter elektronischer Musik im Bereich der klassischen Musik. Seine frühen Werke zeigen eine Vorliebe für Perkussion, lösen sich aber nur langsam von den Konventionen europäischer Orchestermusik. In späteren Jahren experimentierte Varèse mit der Erzeugung und Mischung synthetischer Klänge. Die Komposition *Poème électronique,* ein Stück für mehrere Tonbänder, wurde im Pavillon der Firma Philips auf der Weltausstellung 1958 in Brüssel über ein System von 300 Lautsprechern aufgeführt.

John Cage (1918–1992), ein Schüler Arnold Schönbergs, begann mit der Komposition atonaler Werke. Im Verlauf seiner Musikkarriere experimentierte er mit immer neuen Herangehensweisen an Klangerlebnisse und hob dabei sogar die Grenzen zwischen Musik und Concept Art auf. Cage erfand Instrumente wie zum Beispiel das präparierte Klavier – ein großer Flügel, bei dem zwischen den Saiten verschiedene Gegenstände wie Radiergummis, Nägel, Papier usw.

eingesetzt werden, die entweder Mehrklänge, Flageoletttöne oder perkussive Klänge hervorbringen. Cage integrierte Zen und andere östliche Philosophien in seine Musik. In dem Stück *Music of Changes* (1951) warf Cage eine Münze, um zu bestimmen, welche Art Variation er spielen würde.

Steve Reich (geb. 1936) ist ein US-amerikanischer Komponist und teilt die Begeisterung Varèses für Perkussionsinstrumente und Elektronik. Sein Stück *Drummings* (1971) bearbeitet länger als eine Stunde einen einfachen Perkussionsrhythmus. In jüngerer Zeit begann Reich mit der Verwendung von Melodien und Harmonien. Seine Komposition *Different Trains* (1988) für Streichquartett und Tonband erhielt einen Grammy für die beste neue Komposition.

Zusatzinformationen

1. Varèses Stück *Ionisation* von 1931 ist für siebenunddreißig Perkussionsinstrumente und eine Sirene geschrieben.
2. Auf Pink Floyds Album *Ummagumma* von 1969 sagt eine Stimme »Can you dig it Varèse?«, ein Bezug auf den Komponisten, den die Bandmitglieder sehr schätzten.
3. Cage schrieb ein berühmtes Stück mit dem Titel »4'33"«, das aus drei Sätzen besteht, in denen völlige Stille herrscht. In der Uraufführung 1952 zeigte der Pianist die drei Sätze durch Öffnen und Schließen des Klavierdeckels an. Cage sagte dazu: »Wenn etwas nach zwei Minuten langweilig ist, probier's mit vier. Wenn es noch immer langweilig ist, mit acht. Dann sechzehn. Dann zweiunddreißig. Schließlich entdeckt man, dass es überhaupt nicht langweilig ist.«

Moralischer Relativismus

Verschiedene Kulturen haben sehr unterschiedliche Moralvorstellungen und oft auch gegensätzliche Meinungen darüber, was moralisch zulässig ist. Bedeutet das, dass es keine objektiven moralischen Richtlinien gibt?

Der philosophische Begriff Moralischer Relativismus bezeichnet die Auffassung, dass es kein objektiv wahres Urteil darüber gibt, was richtig und was falsch ist. Demnach können wir nur vor dem Hintergrund eines von verschiedenen Maßstäben beurteilen, ob eine Handlung richtig oder falsch ist. Doch die Existenz verschiedener Moralauffassungen heißt nicht notwendigerweise, dass der Moralische Relativismus eine richtige Ansicht ist. Zum Beispiel kann es verschiedene Meinungen über die physischen Eigenschaften der Welt geben, aber das heißt noch nicht, dass alle wissenschaftlichen Auffassungen gleichermaßen gültig sind. Es kann genauso gut sein, dass die wissenschaftlichen Methoden einiger Kulturen einfach fehlerhaft sind und also fehlerhafte Ergebnisse hervorbringen.

Um ihre Position zu verteidigen, gibt es für die moralischen Relativisten zwei verschiedene Strategien. Bei der ersten wird argumentiert, dass der Moralische Relativismus am besten erklärt, warum es unterschiedliche moralische Auffassungen gibt. Was gäbe es sonst für einen Grund – so würden die moralischen Relativisten fragen –, dass unter der Voraussetzung der Existenz verschiedener Moralauffassungen in der Welt die Menschen mit der richtigen moralischen Einstellung (im Sinne der Nicht-Relativisten) in den Besitz der richtigen Auffassung gelangt sind und die Menschen mit der falschen Ansicht zu der falschen kamen?

Die zweite Verteidigung des Moralischen Relativismus behauptet, dass es kein objektives moralisches Faktum gibt. Objektive moralische Fakten erfordern objektive moralische Eigenschaften – »Güte« und »Schlechtigkeit«. Gut zu sein ist jedoch keine physische Eigenschaft, denn moralisch gute Taten haben oft keine physischen Eigenschaften gemeinsam. Daher, so die Schlussfolgerung, gibt es keine objektiven moralischen Eigenschaften, auch wenn wir das normalerweise denken.

Zusatzinformationen

1. Der Moralische Relativismus hat unter zeitgenössischen Philosophen nur wenige Anhänger.
2. Der amerikanische Philosoph Gilbert Harman (geb. 1938) ist der einflussreichste zeitgenössische Vertreter des Moralischen Relativismus.

Zoroastrismus

Der Zoroastrismus – auch Zarathustrismus – ist die älteste monotheistische Religion. Sie wurde zwischen dem achtzehnten und fünfzehnten Jahrhundert vor Christus gegründet. Ihr Begründer war Zarathustra oder Zoroaster, ein wohlhabender Mann, der in Persien lebte. Er war Priester der dortigen polytheistischen Religion, als er im Alter von dreißig Jahren eine Erleuchtung hatte. Dabei wurde er von einem Engel aufgesucht, der ihm mitteilte, dass es einen Gott gäbe, Ahura Mazda, der für das Gute und Böse verantwortlich sei. (Nach diesem Gott wird der Zoroastrismus manchmal auch Mazdaismus genannt.) Ahura Mazda soll neunmal so groß wie ein Mensch gewesen sein. Er wollte eine perfekte Welt schaffen und sowohl Engel wie auch Menschen an dieser Aufgabe beteiligen. Besonders betonte er, wie wichtig es sei, die natürliche Welt – ihre Luft, ihr Wasser und ihr Land – rein zu erhalten.

Nach seiner Erleuchtung begann Zarathustra, die Lehren Ahura Mazdas zu verbreiten. Zarathustra schrieb fünf Gathas, Gesänge und Gedichte, die heute als wichtigste Aussage der Schriften Zarathustras gelten. Die vollständigen Schriften, Avesta genannt, bestehen unter anderem aus diesen fünf Gathas und wurden von Zarathustras Schülern niedergeschrieben.

Zwar ist der Zoroastrismus auch heute noch eine Weltreligion, wurde jedoch in den ersten zehn Jahren nach Zarathustras Erleuchtung von niemandem befolgt und zog auch danach immer nur eine relativ kleine Anhängerschaft an. Sicher auch aus diesem Grund hat der Zoroastrismus immer Wert auf Toleranz gegenüber anderen Religionen gelegt und die Notwendigkeit betont, diese zu verstehen.

Außer dass der Zoroastrismus die erste monotheistische Religion war, war er auch die erste Religion mit dem Konzept von Himmel und Hölle im jenseitigen Leben und der Vorstellung eines jüngsten Gerichts, bei dem Ahura Mazda das Schicksal jeder Person bestimmt.

Zusatzinformationen

1. Heute leben die meisten Zoroastrier in Indien und Pakistan. Sie nennen sich Parsen und werden etwa auf 60 000 geschätzt. Ungefähr 28 000 Zoroastrier gibt es im Iran und noch einmal 37 500 in Europa und Nordamerika.
2. Die Beschreibung Zarathustras von der Hölle ist ziemlich beängstigend. Nach der Legende befindet sich in einer dunklen, engen Erdspalte eine Grube. Dort riecht es fürchterlich, und man fühlt sich so unendlich einsam, dass sich drei Tage wie 9000 Jahre anfühlen.
3. Zarathustrier üben ihre Andachten in Feuertempeln aus. Es wird aber nicht das Feuer selbst verehrt, sondern das Feuer ist ein Symbol für Reinheit.

HERZLICHEN GLÜCKWUNSCH

zum Abschluss Ihrer einjährigen Reise durch *Der **Schlauer**Macher*! Wir hoffen, dass Sie dabei viel Interessantes und Anregendes erfahren und Lust bekommen haben, in Zukunft weitere Reisen dieser Art zu unternehmen …

Nehmen Sie sich auch in Zukunft jeden Tag ein kleines bisschen Zeit, um zu lesen und über etwas nachzudenken. Es ist die beste Art, geistig frisch und beweglich zu bleiben.

David S. Kidder und Noah D. Oppenheim

DANKSAGUNGEN

Dieses Buch entstand durch eine engagierte Zusammenarbeit. Unser Dank gilt Leigh Haber von Rodale, die dieses Projekt bis zur Fertigstellung gefördert hat. Joy Tutela von der David Black Agency war uns engagierter Beistand und Freundin. Andy Carpenter und Tony Serge setzten unsere Vision um. Nelson Kunkel und Vernon Steward lieferten uns anfangs kritische Beiträge.

Jeder Artikel wurde von einem Experten in dem entsprechenden Wissensbereich zusammengestellt. Anschließend haben Wissenschaftler jeden Artikel auf seine Richtigkeit überprüft.

Verfasser

Geschichte – Alan Wirzbicki
Literatur – Matt Blanchard
Bildende Kunst – Eric von Dorster
Wissenschaft – Jennifer Drapkin
Musik – Robbie Whelan
Philosophie – Frederick Stazz
Religion – Andrew Silver

Redakteure

Geschichte – James Downs, PhD
Literatur – Georgette Fleischer, PhD
Bildende Kunst – Irina Oryshkevich, PhD
Wissenschaft – David Boyajian, MD
Musik – Melissa Cox, PhD
Philosophie – Thomas Kelly, PhD

BILDNACHWEIS

David S. Kidder: 10, 26, 31, 156, 198, 217, 252, 254, 282, 326, 352, 382, 394, 408, 422, 434, 450, 478, 492, 518, 521, 522, 536, 550, 560, 562, 576, 590, 594, 606, 630, 644/645, 674, 688, 704, 719

Library of Congress/Prints and Photographs Division: 50 (LC-USZ62-40088), 66 (LC-USZ62-134412), 88 (LC-USZ62-110306), 110 (LC-USZ62-115131), 118 (LC-USZ62-2127), 132 (LC-USZ62-12335), 170 (LC-USZ62-48740), 195 (LC-USZ62-87532), 196 (LC-USZ62-7923), 214 (LC-USZ62-61365), 233 (LC-USZ62-127650), 262 (LC-USZ62-103529), 277 (LC-USZ62-72043), 288 (LC-USZ62-124397), 301 (LC-USZ62-110979), 302 (LC-USZ62-121999), 306 (LC-USZC4-3582), 330 (LC-USZ62-105109), 344 (LC-USZ62-5243), 372 (LC-USZ62-117117), 388 (LC-USZ62-2358), 418 (LC-USZ72-130), 429 (LC-USZ62-5099), 456 (LC-USZ62-21600), 464 (LC-USZ62-130770), 470 (LC-DIG-pga-00380), 514 (LC-USZ62-104495), 527 (LC-USZ62-70672), 554 (LC-USZ62-48403), 557 (LC-USZ62-127284), 569 (LC-USZ62-101877), 588 (LC-USZ62-10191), 668 (LC-USZ62-103369), 683 (LC-USZ62-43605); -/Abdul-Hamid II Collection: 68 (LC-USZ62-82161); -/ Carl Van Vechten Photographs: 150 (LC-DIG-ppmsca-10445), 699 (LC-USZ62-116608); -/Detroit Publishing Company Photograph Collection: 54 (LC-DIG-ppmsc-05175), 220 (LC-D416-591); -/ Historic American Building Survey: 484 (HABS VA,6-APPo,1-1); -/Office of War Information Photograph Collection: 597 (LC-USW33-019093-C); -/Company Photograph Collection 446 (LC-D416-591)

Wikipedia, Die freie Enzyklopädie/gemeinfrei: 23, 24, 28, 32, 46, 53, 58, 65, 78, 82, 84, 86, 92, 120, 125, 126, 128, 134, 137, 138, 152, 158, 160, 163, 166, 174, 176, 181, 189, 206, 208, 220, 234, 237, 244, 251, 267, 274, 278, 284, 286, 292, 308, 317, 321, 332, 348, 362, 387, 391, 402, 410, 416, 427, 430, 432, 436, 460, 480, 489, 498, 504, 512, 516, 528, 540, 544, 559, 570, 583, 598, 672, 692

PhotoDisc: 40

Corbis/lizenzfrei: 222

Edvard Munch »Der Schrei« © The Munch Museum/The Munch Ellingsen Group/VG Bild-Kunst, Bonn 2008: 586

Getty Images/Time & Life Pictures/Martha Holmes: 713

http://www.zeno.org – Zenodot Verlagsgesellschaft mbH: 48, 530

Ullstein Bild: 684 (*American Gothic*, 1930 by Grant Wood. All rights reserved by the Estate of Nan Wood Graham/Lisenced by VAGA, New York, NY)

ZITATNACHWEIS

Joyce, James: Ulysses. Übersetzt von Hans Wollschläger. Suhrkamp Verlag 1991.

Melville, Herman: Moby Dick. Übersetzt von Matthias Jendis. btb Verlag 2003.

Eliot, T.S.: »Das wüste Land«. Übersetzt von Eva Hesse. In: T. S. Eliot.: Gedichte. Suhrkamp Verlag 1964.

Frost, Robert: »Der unbegangene Weg«. Übersetzt von Paul Celan. In: Robert Frost: Gedichte. Langewiesche-Brandt 1963.

Platon. Sämtliche Werke. Bd. 2: Lysis, Symposion, Phaidon, Kleitophon, Politeia, Phaidros. Übersetzt von Friedrich Schleiermacher. Rowohlt Verlag 2004.

Shelley, Percy Bysshe: »Ozymandias«. Übersetzt von Alexander von Bernus. In: Alexander von Bernus (Hg.): Englische Lyriker: Percy Bysshe Shelley. Lambert Schneider Verlag 1958.

Whitman, Walt: »Gesang von mir selbst«. Übersetzt von Wilhelm Schölermann. In: Walt Whitman: Grashalme. Eugen Diederichs Verlag 1904.

Ginsberg, Allen: »Howl«. Übersetzt von Carl Weissner. In: Allen Ginsberg: Howl/Geheul. Edition Kellner 2001.

Dickinson, Emily: »Dies ist mein Brief an eine Welt«. Übersetzt von Gunhild Kübler. In: Emily Dickinson: Gedichte. Hanser Verlag 2006.

William Shakespeare: »Sonett 18«. Übersetzt von Max Josef Wolff. In: Shakespeares Werke. Deutsches Verlagshaus Bong & Co. (Bongs Goldene Klassikerbibliothek o. J.).

Hughes, Langston: »Auch ich singe, Amerika«. Übersetzt von Stephan Hermlin. In: Poesiealbum 40. Hg. Bernd Jentsch. Verlag Neues Leben 1971.

Yeats, William Butler: »Der jüngste Tag«. Übersetzt von Erich Kahler. In: William Butler Yeats: Ausgewählte Werke. Coron-Verlag 1971.

Keats, John: »Ode auf eine griechische Urne«. Übersetzt von Mirko Bonné. In: John Keats: Werke und Briefe. Reclam Verlag 1995.

REGISTER